인강 강사가 떠먹여주는
" 과외식 기출 문제집 "

나기출

12개년
평가원 기출
전문항 수록

2026
수능 국어 대비

화법과 작문

단순 해설이 아니라,
최신 트렌드 설명과 풀이 방법까지 **과외식으로!**

1 콘텐츠가 강하다!
실전 국어 전형태

메가스터디 **전형태**

수능국어, 전형태로 ALL IN ONE!
전형태의 실전 국어

전형태 실전 국어 커리큘럼

입문	실전 국어 기초 시리즈	수능 국어 입문 강좌 **올인원 베이직**	문학의 기초 확립 **평가원에서 쓰는 문학 개념.zip**
개념	올인원 시리즈	일주일 만에 끝내는 **고전시가 올인원** / 해석이 쉬워지는 **문학 올인원**	독해가 쉬워지는 **독서 올인원**
		전형태 시그니처 **언어와 매체 올인원**	화작의 모든 것 **화법과 작문 올인원**
기출	모의평가 분석	6평 상세 해설 및 EBS 연계 분석	9평 상세 해설 및 EBS 연계 분석
연계	나 없이, EBS 하지 마라!	나BS 수능특강 문학 / 나BS 수능특강 문학 변형문제 N제 / 나BS 언어와 매체	나BS 수능완성 문학 스페셜
심화	클리어 시리즈	언어(문법) 심화 학습 **언어(문법) 클리어**	
파이널	EBS 파이널	일주일 연계 작품 총정리! **나BS 파이널.zip**	EBS 파이널 문법 특강 + 언매 모의고사 10회
	전형태 파이널	수능 시험장의 행동강령 **파이널 최종점검**	전형태 **파이널 모의고사**

교재 전용 커리큘럼

올인원	수능 국어에 필요한 모든 어휘 **어휘 올인원**	
나 없이, 기출 풀지 마라	나기출 베이직	나기출 언어와 매체
	나기출 문학 / 나기출 독서	나기출 화작 / 나기출 고난도
N제 시리즈	문법 N제	매체 N제

인강 강사가 떠먹여주는
" 과외식 기출 문제집 "

나기출

12개년
평가원 기출
전문항 수록

2026
수능 국어 대비

화법과 작문

단순 해설이 아니라,
최신 트렌드 설명과 풀이 방법까지 과외식으로!

콘텐츠가 강하다!
실전 국어 전형태

메가스터디 전형태

나기출 화작의 구성과 접근법

나기출 화법과 작문은 문제를 유형별로 구성하였다. 단순하게 연도별로 구성할 수도 있지만,
유형별로 문제의 초점이 다르고 접근법이 다르기 때문이다.

1. 화법 - 토론과 토의

화법 문제의 핵심이라고 할 수 있는 유형으로, A와 B가 각자의 입장에서 견해와 근거를 제시하는 유형이다.
지문을 읽을 때 신경 쓸 부분은 다음과 같다.

> 각자의 주장 근거들 공통점, 상호 인정/허용 부분

이때 **주장이 되는 '견해'**는 당연히 중요하다. 하지만 견해는 신경을 쓰지 않아도 자연스럽게 눈에 들어오고 뇌리에 각인된다. **중요한 것은 '근거'**다.
수상은 하나지만 근거는 여러 개가 나올 수 있다. 반드시 근거에 넘버링을 하면서 세심하게 체크를 해 둬야 한다. 그래야 나중에 문제를 풀 때
빠르게 지문으로 와서 확인할 수 있다. 또한 **두 입장의 '공통점, 상호 인정/허용 부분'**도 체크 사항이다. 이 부분은 합의에 이르게 되는 중요한
지점이기 때문에 단골로 출제가 되는 부분이다. 미리 지문에서 체크가 되었다면, 빠르게 문제를 풀 수 있다.

2. 화법 - 발표

실수만 하지 않으면 거의 틀리지 않는 유형이다. 선지에서 미리 포인트를 체크하고, 지문과 비교하면서 빠르게 읽어 나가면
된다. 특히 다음과 같은 부분은 자주 선지로 구성을 하니, 신경 쓰도록 하자.

> 청중에게 하는 질문 반언어적 표현 (어조, 성량), 비언어적 표현 (몸짓, 손짓, 표정) 견해 인용

3. 화법 - 대화

대화는 단순 일치 문제들이다. 대화 문제를 풀면서 신경 써야 할 것들은 다음과 같다.

> 대화의 의도 공감과 동조의 표현 반언어적 표현(어조, 성량), 비언어적 표현 (몸짓, 손짓, 표정)

'의도 파악' 문제에서 학생들이 흔들리는 가장 큰 이유는 본인의 주관적인 생각만 고수하기 때문이다. **본인의 생각만 옳다고 고수하면서 출제자의
판단을 허용하지 못하면, 명확한 정답이 있음에도 불구하고 오답 선지로 손이 가게 된다.** 대화나 행동의 의도는 A라고 단정 지을 수 없을 때가 있다.
이때는 A'나 A"가 선지에 나왔을 때도 허용하면서, 명확하게 적절하지 않은 선지를 찾아 가야 한다. 의도를 무조건 A만 된다고 우겨 봤자 돌아오는
것은 등급 하락뿐이다.

1. 작문 - 자료 활용

표나 그래프 혹은 기사나 전문가의 견해 등이 글로 제시된다. 이 유형의 핵심은 자료를 단순화하고 선지로 가는 것이다. '**문제/원인/해결**' 중에서
무엇을 말하기 위한 자료인지 핵심 부분을 먼저 정리하고 선지로 가야 시험장에서 당황하지 않고 빠르게 풀이를 할 수 있다. 표가 나올 때는 '**최댓값**'에
신경을 쓰고, **그래프가 나왔을 때는 'X, Y축의 값'과 '증감'을 확인**하면 된다. 구체적인 숫자는 신경 쓸 필요가 없다. 선지를 볼 때는 특히 '**인과 관계**'를
까칠하게 파악하면서 판단해야 한다.

2. 작문 - 개요 수정

개요를 수정할 때는 일단 **허용의 태도**가 중요하다. 수정해서 괜찮을 때는 허용의 태도로 넘어가면 된다.
절대 안 되는 것만 적절하지 않다고 판단하면 된다. 판단할 때 신경 쓸 것은 다음과 같다.

> **통일성의 원리** 주제에서 벗어나는 내용은 울컥하고 반응한다.
>
> **일관성의 원리** 문제의 원인과 해결은 1:1 대응이 되어야 한다. 원인이 2개면 해결도 2개!
>
> **완결성/긴밀성의 원리** 상위 항목(ex. 정부의 지원)과 하위 항목(ex. 세금 감면)은 긴밀하게 연결되어야 한다.

3. 작문 - 조건 제시

조건에 해당하는 개념만 제대로 파악하고 있으면 된다. 비유법(직유, 은유, 의인, 활유)을 자주 출제하니
해당 개념은 명확하게 알고 있어야 한다.

4. 작문 - 고쳐 쓰기

고쳐 쓰기 파트에서도 **허용의 태도**가 중요하다. 고쳐서 괜찮을 때는 허용의 태도로 넘어가면 된다. 절대 안 되는
것만 적절하지 않다고 판단하면 된다. 판단할 때 신경 쓸 것은 다음과 같다.

> **거시적인 시각** 밑줄만 보지 말고, 밑줄에 대응되는 다른 부분까지 신경 쓰면서 판단해야 한다.
>
> **문장 성분 간 호응** 주어와 서술어의 호응을 가장 많이 물어본다. 이때 주어가 멀리 있거나, 생략될 때 난이도가
> 급상승하니 특히 잘 신경 쓰자.
>
> **어휘의 의미 파악** 어휘는 어휘 올인원 교재를 참고하도록 하자.

5. 작문 - 글쓰기 계획

실수만 하지 않으면 거의 틀리지 않는 유형이다. 선지에서 미리 포인트를 체크하고, 지문과 비교하면서
빠르게 읽어 나가면 된다.

6. 작문 - 통합형 / 화작 융합

지금까지 배웠던 유형들의 통합형 문제들이다. 통합형이라고 다를 것은 없다. 각 유형에서 날카롭게 다듬은 판단력을 통해 동일하게 풀이를 진행
하면 된다. 볼 것이 많다고 당황하지 말자. 어차피 지문이나 조건을 제대로 봐야 문제를 풀 수 있다. 누구나 시간이 어느 정도는 걸린다는 생각
으로 차분하게 접근해야 한다.

너의 싸움을 응원한다. 불끈!
전형태

나기출의 특징

| 과외식 기출 분석서, 나기출

01.
모의고사와 동일한 문항 배치로
연습을 실전처럼!

[101~103]

다음은 학생의 발표이다. 물음에 답하시오. **25학년도 수능**

안녕하세요? 오늘 발표를 맡은 ○○○입니다. 오늘은 식물이 살아가는 몇 가지 독특한 방식에 대해 소개하려고 합니다. 흥미로운 내용이 있으니 집중해서 들어 주세요.

생존을 위해 다른 식물에 붙어서 사는 식물들이 있습니다. 먼저, 라플레시아라는 식물인데요. (자료 제시) 이 식물은 특이하게도 잎도 줄기도 뿌리도 없이 꽃만 있습니다. 꽃만으로는 광합성을 할 수 없기 때문에 숙주인 덩굴 식물에 기생하여 양분을 흡수한답니다. 덩굴에 붙어 있는 것 전체가 꽃인데요, 꽃의 무게가 10kg가량이고 지름이 거의 1m가 된다니, 정말 놀랍지 않나요? 다른 식물에 붙어서 살아가는 식물이 또 있습니다. (고개를 저으며) 아, 다른 식물에서 양분을 흡수하는 건 아니에요. (자료 제시) 이 식물은 파인애플과에 속하는 수염틸란드시아인데요, 여기 이 부분은 공기 중에 노출되어 있는 공기뿌리랍니다. 땅속뿌리가 없어 공기뿌리를 이용하여 다른 식물에 붙어서 살아가는 거지요. 뿌리가 땅속에 있는 게 아닌데 양분과 수분은 어떻게 얻을까요? (자료 제시) 보시는 것처럼 수염틸란드시아는 잎에 있는 비늘처럼 생긴 털을 통해 공기에 있는 양분과 수분을 얻는답니다.

번식을 위해 곤충을 속이는 식물도 있다는 걸 아시나요? (청중을 둘러보며) 거의 모르시는군요. 개다래는 곤충을 유인하기 위해 잎의 색깔을 바꾸는 나무입니다. (자료 제시) 영상에서 개다래의 잎 색깔이 달라지는 거 보셨나요? 개다래의 잎은 꽃가루받이 기간에 흰색으로 변했다가 꽃이 수정되고 나면 원래의 녹색으로 돌아옵니다. 개다래의 꽃은 작고 잎에 가려져 있어 곤충들이 잘 볼 수 없는데요, 잎을 꽃처럼 보이게 해서 곤충을 유인하고 번식에 이용하는 것이죠. 다음 식물은 우리에게 익숙한 해바라기입니다. (자료 제시) 여기 보이는 꽃송이가 하나의 꽃처럼 보이시죠? 사실 해바라기 꽃의 가운데 갈색 부분은 아주 많은 꽃들이 모여 있는 거예요. 여기 가장자리에 노란 꽃잎처럼 보이는 것들도 하나하나가 꽃이랍니다. 작은 꽃들이 모여 커다란 꽃처럼 보이게 해서 곤충을 끌어들이는 것이죠.

식물이 살아가는 모습, 신기하지 않나요? 제 발표가 여러분의 상식을 넓히는 데 도움이 되었기를 바랍니다. 발표 마치겠습니다.

101
위 발표자의 말하기 방식으로 가장 적절한 것은?

① 비언어적 표현을 활용하여 청중의 행동 변화를 요구하고 있다.
② 발표 내용과 관련한 질문을 하여 청중의 배경지식을 확인하고 있다.
③ 낯선 용어의 개념을 정의하여 발표 내용에 대한 청중의 이해를 돕고 있다.
④ 발표 중간중간에 앞서 언급한 주요 내용을 요약하여 주제를 강조하고 있다.
⑤ 청중이 발표 내용을 통해 얻을 수 있는 효용을 제시하며 화제를 전환하고 있다.

102
다음은 발표자가 발표에 활용한 자료의 목록이다. 발표 내용을 고려할 때, 자료 활용에 대한 설명으로 적절하지 않은 것은?

- 라플레시아가 덩굴 식물에 붙어 있는 사진 자료 ·············· ㉠
- 수염틸란드시아가 나뭇가지에 붙어 있는 사진 자료 ·············· ㉡
- 수염틸란드시아 잎을 확대한 사진 자료 ·············· ㉢
- 꽃가루받이 기간인 때와 아닌 때의 개다래를 촬영한 동영상 자료 ·············· ㉣
- 해바라기의 꽃송이 전체가 잘 드러나는 사진 자료 ·············· ㉤

① ㉠은 사진 속 식물이 숙주에 기생하여 양분을 얻는다는 것을 설명하는 데에 활용되었다.
② ㉡은 사진 속 식물의 공기뿌리가 하는 역할을 설명하는 데에 활용되었다.
③ ㉢은 사진 속 식물의 잎에 있는 털의 기능을 설명하는 데에 활용되었다.
④ ㉣은 동영상 속 식물의 꽃이 작고 잎에 가려져 있는 이유를 설명하는 데에 활용되었다.
⑤ ㉤은 사진 속 식물의 꽃송이가 낱낱의 꽃들이 한데 모여 이루어져 있다는 내용을 설명하는 데에 활용되었다.

103
발표 내용을 바탕으로 할 때, 〈보기〉에 나타난 학생들의 반응에 대한 이해로 적절하지 않은 것은?

보기

학생 1: 오늘 발표에 나온 라플레시아에 대한 내용을 인터넷에서 본 적이 있어. 그 꽃은 심한 악취를 풍겨서 파리를 유인하는데, 번식을 위해서 그런 거래.
학생 2: 그래? 1m나 되는 큰 꽃이 악취를 풍기면 엄청나겠는걸? 근데 수염틸란드시아는 다른 식물에 기생하는 건 아니라는 거지?
학생 1: 응, 맞아. 나는 수염틸란드시아가 어떻게 번식하는지 알고 싶었는데 그 내용이 없어서 아쉬웠어.
학생 2: 나도 그랬어. 그 부분에 대한 설명이 있었으면 더 좋았을 텐데. 수염틸란드시아가 번식을 어떻게 하는지 찾아봐야겠어.

① '학생 1'은 발표 내용과 관련하여 자신의 기억을 떠올리고 있다.
② '학생 2'는 자신이 이해한 내용이 맞는지 상대에게 확인하고 있다.
③ '학생 1'의 의문에 대해, '학생 2'는 발표에서 제공하지 않은 내용을 추론하고 있다.
④ '학생 1'과 '학생 2'는 모두, 발표에서 궁금한 내용이 다뤄지지 않았음을 아쉬워하고 있다.
⑤ '학생 1'과 달리, '학생 2'는 발표 내용 외의 추가적인 정보를 탐색하려 하고 있다.

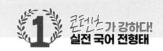

02. 형태쌤의 과외시간+

전형태 선생님과의 1:1 과외!
자주 물어보는 질문에 대한 상세한 과외식 해설.

03. 학생들이 자주 묻는 질문

질문 게시판을 통해 수험생들이 무엇을 어려워 하는지 파악하고, 이에 대한 자세한 개념 설명과 접근법 제시로 기출 분석을 완성한다.

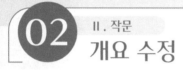

02 II. 작문
개요 수정

과외식 기출 분석서, 나기출

문제분석 01-05번

번호	정답	정답률(%)	선지별 선택비율(%)				
			①	②	③	④	⑤
1	⑤	66	4	15	7	8	66
2	④	87	2	3	5	87	3
3	④	80	2	2	14	80	2
4	⑤	78	3	11	6	2	78
5	④	87	2	4	5	87	2

 형태쌤의 과외시간

개요 수정에는 3가지 원리가 있다.

1. 통일성
- 하나의 글에는 단 한 개의 주제가 있어야 한다. 개요에 있는 모든 내용은 주제를 벗어나면 안 된다. 주제를 벗어난 내용이 있다면 가차 없이 삭제하자.

2. 일관성(응집성)
- 글의 내용이 긴밀하게 연결되어 있다는 의미이다. 예를 들어 [문제 현상-원인-해결 방안]이 있다고 치자. 문제의 원인이 두 개라면 해결 방안도 반드시 두 개가 나와야 한다. 원인과 해결 방안은 세트라는 것을 기억하자. 문제의 원인과 해결 방안이 각각 대응되는지 판단해야 한다.

3. 완결성
- 중심 내용은 반드시 뒷받침 내용에 의해 보조가 되어야 한다. 상위 항목이 구체적인 하위 항목에 의해 뒷받침이 되는지 확인해야 한다. 예를 들어 해결 방안 1, 2가 있다면, 이 1, 2가 '해결 방안'이라는 상위 항목에 적절한지 판단해야 하는 것이다. 그러므로 1, 2를 수정·보완한다면 그 역시 '해결 방안'이라는 항목에 적절한지 판단해야 한다.
개요 문제는 항상 **거시적**으로 보아야 한다는 것을 기억하자.

01

정답설명
⑤ '소비자 의식 함양을 통한 소비자 권익 증진'은 III에 정리된 대책 중 하나에 속한다. IV에는 앞에서 논의된 대책을 포괄할 수 있는 말이 들어가야 하므로, @을 '소비자 권익 증진을 위한 대책 촉구'로 바꾸어 여러 가지 해결 방안을 촉구(급하게 재촉하여 요구함)하며 글을 마무리 짓는 것이 적절하다. 마무리에서 문제 해결이나 대책을 촉구하는 것은 지극히 당연하다.

 학생들이 자주 묻는 질문

Q. '소비자 권익 증진을 위한 대책 촉구'에서 '대책을 촉구한다'는 의미는 대책이 없을 때 대책을 요구하기 위해 쓰는 것 아닌가요?
A. 개요 수정은 크게 봐야 한다.
1. 문제 제기
2. 문제의 원인
3. 문제 해결을 위한 대책
4. 대책을 촉구
이때 4번에 나온 '대책을 촉구'한다는 것은, 3번에 나온 대책을 빨리 시행하려는 것이다. 즉, 아직 시행되지 않았으니 빨리 시행해서 문제를 해결하려는 것이지. 3번에 대책이 나왔다고, 4번에서 또 다른 대책을 촉구한다는 것이 아니다.

오답설명
① '소비자 상품 선호도의 변화'는 소비자 권익 침해의 실태와 관련 없는 내용이다.
② 답으로 ②번 선지를 선택한 학생들은 시각을 넓혀야 한다. 시각을 넓혀서 상위 항목을 잘 살펴보라는 소리다. 'II-2-다'는 '불합리한 피해 보상 절차 및 제도'가 소비자의 권익을 침해하는 '원인'에 관한 내용이고, 'II-1-나'는 그로 인해 '부실한 피해 보상'이 일어난다는 '실태'에 관한 내용이다. 둘의 내용이 중복되지 않으므로 생략할 필요가 없다.
③ 문제 해결에 대해 묻는 선지이므로, 먼저 원인으로 가서 살펴보아야 한다. ©은 'II-2-가'와 대응하므로 이를 살펴보면 된다. 문제의 원인이 '사업자 간 경쟁의 부재'라고 했으니, 경쟁을 활성화시켜야 문제가 해결되겠구나. 그런데 '사업자 간 경쟁을 규제'라고? ©은 그대로 두는 것이 적절하다.
④ @은 'II-2-다'의 문제를 해결하기 위한 올바른 대책이므로, 그대로 두는 것이 적절하다. 또한 'III-3-가'와 'III-3-나'는 새로운 기구를 설치하자는 내용이 아니라, 기존의 기관(소비자 보호 기관, 사업자 감독 기관)을 활용하자는 방안이다. 참고로 '내실화'는 '내적인 가치나 충실성을 다짐.'이라는 뜻이다.

02

일단 커다란 틀을 먼저 봐야 한다. 맨 처음에 제목을 보고, 'I', 'II', 'III'이 무엇을 말하고 있는지 봐라. 이 개요에서는 각각 개념, 실천 방안, 정책 개발 촉구를 다루고 있구나. 그 다음 '1', '2', '3'에 해당하는 하위 항목을 살펴보고 나서 선지와 〈보기〉를 왔다 갔다 하면서 문제를 풀면 된다. 개요 문제는 허용의 자세를 가지고 문제를 풀면 좋다. 정답은 애매하게 출제하지 않으니, 선지가 애매하다 싶으면 답으로 고르지 말고 일단 넘어가야 한다.

정답설명
④ @은 그린 IT 운동과 연관이 없으니 삭제하는 것이 적절하다. 바꾸려 하는 '기업과 소비자의 의식 전환'은 그린 IT 운동의 정책적 차원에서의 실천 방안으로 보기는 어려우므로, 선지의 내용은 적절하지 않다.

Contents
| 이 책의 순서

I
○
화법

나 없이
기출
풀지마라

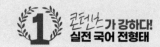
Ⅱ

○

작문

Ⅲ

○

화작 융합

나 없이
기출
풀지마라

화법과 작문

I

화법

Ⅰ. 화법

토론과 토의

⏱ 풀이시간　　　　분　　초

🏛 정답과 해설　　　　p.6

[01~03]

다음은 토의의 일부이다. 물음에 답하시오. 14학년도 6월B

사회자 : 요즘 우리 시의 관광 산업이 위축돼서 지역 경제가 침체될 것을 우려하시는 분들이 많습니다. 그래서 오늘은 '지역 관광 산업의 활성화 방안은 무엇인가?'라는 주제로, 시청 관광진흥과 정○○ 과장님, 한국 대학교 관광학과 김△△ 교수님을 모시고 토의를 진행하려고 합니다. 방청객 여러분께서도 적극 참여해 주시길 부탁드립니다. 그럼 먼저 정 과장님께서 지역 관광 산업의 실태를 말씀해 주시지요.

[A]

정 과장 : 우리 시는 문화유산을 많이 간직하고 있고 자연 경관이 빼어나서 관광지로서 매력적이지만 관광객은 갈수록 줄어들고 있습니다. 지난해 우리 시를 찾은 관광객들을 대상으로 조사한 바에 따르면, 볼거리나 즐길 거리에서 수년 전과 달라진 것이 없다는 반응이 많았습니다.

사회자 : 그렇군요. 그러면 이번에는 김 교수님께서 의견을 말씀해 주시겠습니까?

김 교수 : 말씀을 들어 보니 지속적으로 관광객을 끌 만한 대책이 필요하다는 생각이 듭니다. 이에 대해 저는 우리 시의 역사적 자원을 활용한 관광 상품 개발이 답이라고 봅니다. 제가 얼마 전에 다녀온 지역에서는 17세기에 만들어진 서원을 전통문화 체험 공간으로 활용하고 있었는데요, 문을 연 지 두 달 만에 수천 명이 다녀갔고 외국인 관광객에게도 인기가 높아서 경제적 효과도 클 것으로 보고 있습니다.

사회자 : 정 과장님, 김 교수님 말씀과 관련해서 우리 시에서 추진할 만한 것이 있습니까?

정 과장 : 지역에 있는 향교와 고택들을 개방하고 이를 묶어 이야기가 있는 전통문화 체험 프로그램을 만드는 방안이 있습니다. 이를 추진하기 위해서는 소유주 및 거주인과 고택 개방에 대해 협상을 벌여야 합니다.

사회자 : 그렇군요. 여기서 잠시 질의응답 시간을 갖겠습니다. 궁금한 점이 있거나 의견을 제안하실 방청객께서는 손을 들어 주세요. (방청객을 확인한다.) 제일 앞줄에 계신 분 말씀해 주세요.

고택 주인 : 정 과장님 말씀에 궁금한 점이 있습니다. 말씀하신 방안이 지역 경제를 살리는 데 도움이 될 것 같은데요, 저처럼 종가 고택에 살고 있는 사람에게는 고택이 생활공간이기도 하고 조상님의 유산이기도 합니다. 이걸 개방하면 사생활이 침해되거나 조상 대대로 물려받은 건물이 훼손되지 않을까 염려되기도 하는데요, 이런 문제에 대한 대안은 무엇인지요?

(하략)

---

01 [A]의 흐름에 대한 이해로 가장 적절한 것은?

① 문제 관련 현황 제시 → 대안 비교 분석 → 최선의 해결책 선택
② 문제 관련 현황 제시 → 문제 해결 방안 제시 → 구체적 실행 방안 제시
③ 문제 발생 원인 분석 → 대안 비교 분석 → 구체적 실행 방안 제시
④ 문제 발생 원인 분석 → 문제 해결 방안 제시 → 방안의 장단점 비교
⑤ 문제 해결 방안 제시 → 대안 비교 분석 → 최선의 해결책 선택

02 위 토의에 참여한 이들의 말하기 방식에 대한 설명으로 적절한 것은?

① 사회자는 발언자가 말한 의도를 재차 확인하는 질문을 하였다.
② 사회자는 발언자들의 발언 내용을 요약하며 토의를 진행하였다.
③ '정 과장'은 제공한 정보의 신뢰도를 높이는 구체적 수치를 활용하였다.
④ '김 교수'는 발언의 요지를 제시한 후 사례를 들어 뒷받침하였다.
⑤ '고택 주인'은 자신의 입장을 강조하는 설의적인 질문을 하였다.

03 토의 내용을 바탕으로 다음의 학습 활동을 수행한 결과로 적절하지 <u>않은</u> 것은?

> **[학습 활동]** '정 과장'과 '고택 주인'이 고택 개방을 쟁점으로 아래의 절차에 따라 협상을 한다고 할 때, 조정 단계에서 무엇을 해야 할지 계획해 보자.

시작 단계	• 협상 참여자의 기본 입장 확인

▼

조정 단계	• 상대방이 자신의 요구를 수용하는 것을 전제로 한 제안이나 대안 제시 • 자신이 상대방의 요구를 수용하는 데 필요한 조건 제시 • 실현 가능성, 기대 이익 등에 대한 상호 검토

▼

해결 단계	• 제시된 대안들을 재구성하여 합의

정 과장	• '고택 주인'에게 고택 훼손 방지를 위한 관리 지원 방안을 제시한다. ·········· ①
	• '고택 주인'에게 사생활 침해를 최소화하기 위한 방안을 제시한다. ·········· ②
	• '고택 주인'에게 고택 개방이 지역 경제 활성화 방안이라는 데 공감해 줄 것을 요구한다. ·········· ③
고택 주인	• '정 과장'이 고택 개방을 전제로 제시한 방안의 실현 가능성을 검토한다. ·········· ④
	• '정 과장'의 제안을 수용하는 조건으로 자신에게 유리한 고택 개방 방법을 요구한다. ·········· ⑤

[04~06]

다음은 토론의 일부이다. 물음에 답하시오. `14학년도 9월B`

사회자 : 교내 음악 방송을 폐지하자는 의견이 학교 누리집에 올라오고 있습니다. 하지만 이 방송을 현행대로 유지해야 한다는 의견도 많습니다. 그래서 '교내 음악 방송을 폐지해야 한다.'는 논제로 토론을 하고자 합니다. 입론 은 찬성 측에서 먼저 시작해 주시고 이후에 양측이 번갈아 가면서 발언해 주십시오.

찬성자 1 : 교실에서 자습하는 학생들의 공부할 권리가 침해되므로 교내 음악 방송은 폐지해야 합니다.

반대자 1 : 교내 음악 방송은 유지해야 합니다. 교내 음악 방송 폐지는 휴식 시간에 음악 감상을 하며 쉬고 싶어 하는 학생들의 권리를 침해하는 것이기 때문입니다.

찬성자 2 : 교내 음악 방송은 빠른 템포의 댄스 음악 위주라 공부에 방해가 되고 그 음악 소리 때문에 스트레스를 받기도 합니다.

반대자 2 : 음악 감상은 청소년 정서에 긍정적 영향을 미친다는 연구도 많습니다. 또한 신나는 댄스 음악을 듣는 것은 긴장감 해소에도 도움이 됩니다.

사회자 : 찬성 측은 공부할 권리를, 반대 측은 음악을 들으며 쉴 권리를 근거로 각각 음악 방송의 폐지와 유지를 주장했습니다. 이번에는 반대 측에서 먼저 반론 해 주십시오.

반대자 1 : 음악 감상이 학습 효율을 높여 준다는 전문가의 견해도 있습니다. 따라서 음악 방송이 공부에 방해가 된다는 찬성 측의 주장은 억지 주장입니다.

찬성자 1 : 억지 주장이라고요? 자기랑 생각이 다르다고 그렇게 말해도 되나요? 네?

사회자 : 잠깐만요, 양측은 서로를 자극할 수 있는 발언은 삼가 주십시오.

찬성자 1 : 네. 공부에 방해되지 않는 조용한 음악이면 모를까 지금처럼 댄스 음악만 나오는 방송은 학습에 지장을 주는 것이 사실입니다.

반대자 2 : 짧은 방송 시간에 여러 장르 음악을 섞어 들으니, 지금처럼 댄스 음악만 들으며 스트레스를 푸는 게 더 낫습니다. 그게 아니면 청취 여부를 각 학급별로 선택하게 하는 방법도 있습니다. 현재 교내 음악 방송을 들을 수 있는 곳은 교실뿐이니까 듣기 싫은 사람은 도서관에 가서 공부하면 되지 않나요?

찬성자 2 : 우리에게는 도서관으로 가라고 하고, 반대 측은 지금처럼 교실에서 계속 음악 방송을 듣겠다는 것은 일방적인 강요 아닌가요? 우리도 교실에서 편하게 공부하고 싶습니다. 음악 방송 청취 여부를 반별로 선택하게 하는 것은 수긍할 수 있지만, 도서관으로 이동하는 것은 너무 불편하여 받아들일 수 없습니다.

사회자 : 네. 양측의 반론 잘 들었습니다. 교실이라는 동일한 공간을 두고, 양측의 입장이 엇갈리고 있습니다. (하략)

---

04 위 토론에 나타난 '사회자'의 역할에 대한 설명으로 적절하지 않은 것은?

① 토론자들의 발언을 요약하여 쟁점을 정리하고 있다.
② 토론의 진행 절차에 맞게 발언 순서를 지정하고 있다.
③ 토론이 열리게 된 배경과 토론의 논제를 소개하고 있다.
④ 토론자들이 감정적으로 대립하지 않도록 토론에 개입하고 있다.
⑤ 토론자의 모호한 발언에 대해 질문을 하여 그 의미를 명확히 하고 있다.

05 위 토론 과정에 대한 이해로 가장 적절한 것은?

① 입론 에서 '찬성자 2'는 교내 음악 방송에 대한 학생들의 무관심을 지적하며 '찬성자 1'의 입론을 보강하고 있다.
② 입론 에서 '반대자 2'는 음악 감상이 청소년의 정서에 긍정적 영향을 미친다는 연구를 언급하며 '반대자 1'의 입론을 보강하고 있다.
③ 반론 에서 '반대자 1'은 음악 감상이 학습을 방해할 수도 있다는 전문가의 견해를 인용하며 입론의 '찬성자 2'가 제기한 주장을 반박하고 있다.
④ 반론 에서 '찬성자 1'은 음악 장르 분류의 어려움을 들어 반론의 '반대자 1'이 제시한 논거를 반박하고 있다.
⑤ 반론 에서 '찬성자 2'는 도서관 개방 시간의 제약을 들어 반론의 '반대자 2'가 제시한 논거를 반박하고 있다.

06 위 토론 내용을 바탕으로 찬성 측과 반대 측이 협상을 한다고 할 때, 〈보기 1〉의 '찬성 측 교섭 범위'에 포함될 수 있는 것을 〈보기 2〉에서 모두 고른 것은?

보기 1

협상의 당사자들은 서로의 교섭 범위 내에서 실현 가능한 타협점을 찾아야 하는데, 이때 교섭 범위란 협상 당사자 자신의 목표점에서 최종 양보점까지의 영역을 의미한다.

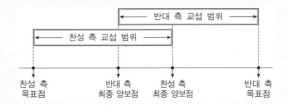

보기 2

ㄱ. 공부에 방해되지 않는 범위 내에서 조용한 음악으로 음악 방송을 편성한다.
ㄴ. 학급별로 구성원의 의견에 따라 반별 음악 방송 청취 여부를 결정한다.
ㄷ. 음악 방송을 듣기 싫은 학생들은 도서관으로 이동하여 공부한다.
ㄹ. 학습 효율을 높이기 위해서 교내 음악 방송의 시간을 연장한다.

① ㄱ, ㄴ   ② ㄱ, ㄷ   ③ ㄴ, ㄷ
④ ㄴ, ㄹ   ⑤ ㄷ, ㄹ

[07~09]
다음은 학습 활동 과제에 따라 진행한 '모의 협상'의 일부이다. 물음에 답하시오.

`14학년도 수능B`

〈 학습 활동 〉
다음 상황을 보고, 양측 대표의 역할을 맡아 협상을 해 보자.

한 식품 가공 회사는 고속도로에 인접한 농업 기반 도시인 ○○시로 공장을 확장하여 이전하기 위해 시청과 협상하려 한다. 회사 측에서는 비용 부담을 최소화하면서 이전 허가를 받으려 하고, 시청 측에서는 공장 이전을 허가하되 그로 인한 피해를 줄이면서 주민 소득을 늘리려 한다.

[모의 협상]

회사 측: 저희 공장 이전과 관련하여 경제적인 측면에 관심이 많으실 테니 그 문제부터 다루었으면 합니다. 저희가 공장을 확장 이전하자면 전체 직원 수의 10%에 해당하는 인원이 추가로 필요한데, 이를 지역 주민만으로 충원하겠습니다. 경제적인 면에서 분명히 지역에 이득이 될 것입니다. ㉠ 그러니 이전을 허가해 주시기 바랍니다.

시청 측: 저희가 걱정하는 건 공장 하수로 인해 하천 오염 및 악취 등의 피해가 발생하는 것입니다. 경제적 효과를 논하기 전에 이에 대한 대비책부터 듣고 싶습니다.

회사 측: 예, 공장을 이전하면서 최신 하수 처리 시설을 완비할 예정인데, 하수 배출 관련 규정에 제시된 것보다 더 엄격한 기준으로 정화 및 탈취 처리를 하겠습니다.

시청 측: 좋습니다. 하수 처리가 철저하게 된다면 공장 이전을 긍정적으로 검토할 수 있겠습니다. 그럼 처음에 제안하셨던 내용으로 돌아가 볼까요. 지역 주민 채용에 대해 말씀하셨는데, 일자리가 늘긴 하겠지만 주민 다수가 공장 이전의 효과를 체감하기엔 제시하신 인원이 너무 적습니다. 말씀하신 채용 인원을 세 배 늘려 주십시오.

회사 측: 그러려면 공장 이전과 동시에 기존 직원 수를 줄이거나 전체 인원을 더 늘려야 하는데, 곤란합니다. 대신 채용 인원을 점차 늘려 5년 후에는 현재 채용 예정 인원의 두 배가 되게 하면 어떻겠습니까? ㉡ 그 이상은 불가능하다는 것을 이해해 주시기 바랍니다.

시청 측: 알겠습니다. 말씀대로 수용하겠습니다. 대신에 가공 식품 원료로 우리 지역의 농산물을 구입해 주십시오. 그러면 공장 이전으로 인한 소득 증대 효과를 주민 다수가 체감할 수 있을 것 같군요.

회사 측: 좋습니다. 어차피 다른 지역과 가격 차이가 없으니 그렇게 하지요. 그 대신 지역 주민들도 안정된 판로를 확보하게 되는 셈이니, 저희가 농산물을 보다 저렴한 가격에 구입할 수 있도록 해 주십시오.

시청 측: 저희 농산물을 구입하신다면 가격 할인 없이도 회사 측에 운송비 절감의 이득이 생기지 않습니까? 그리고, 아시겠지만 농산물 가격 문제는 저희가 결정할 수 있는 것이 아닙니다. 다음에 생산 농가 주민들과 협상할 수 있는 자리를 따로 마련할 수는 있습니다.

회사 측: 좋습니다. 그렇게 해 주십시오.

07 협상에 대한 설명 중, 위 '모의 협상'에서 확인할 수 <u>없는</u> 것은?

① 협상 참여자 양측은 서로 경쟁하면서도 협상 타결을 위해 서로 협력하는 관계이다.
② 협상에서는 참여자 양측의 의견 차이를 좁히는 과정을 통해 구체적인 타협안을 찾아간다.
③ 협상 방법 중에는 상대의 요구를 수용하는 데 필요한 조건을 제시하여 절충하는 방법이 있다.
④ 협상에서 참여자 간의 입장 차이가 조정되지 않을 경우 제삼자에게 중재를 요구할 수 있다.
⑤ 협상에서 어떤 쟁점을 우선 다룰 것인지에 대한 판단은 협상 참여자들 간에 서로 다를 수 있다.

08 '회사 측'의 발화 의도를 고려할 때, ㉠과 ㉡에 대한 설명으로 가장 적절한 것은?

① ㉠은 자신의 기본 입장을 드러내는 발화이고, ㉡은 상대방의 기본 입장을 확인하는 발화이다.
② ㉠은 상대방의 제안에 동의함을 나타내는 발화이고, ㉡은 상대방에게 수용 여부를 묻는 발화이다.
③ ㉠은 자신의 요구를 드러내는 발화이고, ㉡은 자신이 더 이상 양보할 수 없는 한계를 제시하는 발화이다.
④ ㉠은 상대방과의 관계 개선에 초점을 둔 발화이고, ㉡은 상대방과의 정보 공유에 초점을 둔 발화이다.
⑤ ㉠은 상대방과의 의견 차이를 조정하려는 발화이고, ㉡은 상대방과의 의견 차이를 탐색하려는 발화이다.

09 '모의 협상'에서 제시된 제안 가운데 다음 ㉮, ㉯의 공통점으로 가장 적절한 것은?

협상 주체	제안	
회사 측	현재 직원 수의 10%를 지역 주민으로 추가 채용하겠음.	㉮
시청 측	지역 농산물을 원료로 구입해 주기 바람.	㉯

① 제안하는 측에 손실이 발생하는 대신 상대방에게 이익이 발생할 수 있는 제안이군.
② 제안하는 측에 손실이 발생하지 않으면서 상대방에게 이익이 발생할 수 있는 제안이군.
③ 제안하는 측의 이익을 극대화하기 위해 상대방에게 손실을 감수해 줄 것을 요구하는 제안이군.
④ 제안하는 측에서 얻을 수 있는 이익을 양보하지 않으므로 상대방에게 손실이 발생할 수 있는 제안이군.
⑤ 제안하는 측에 손실이 발생하지 않도록 하기 위해 상대방이 얻을 수 있는 이익에 대한 양보를 요구하는 제안이군.

[10~12]

다음은 토의의 일부이다. 물음에 답하시오. `15학년도 9월B`

사회자: 지금까지 지역과 학교의 상생 협력을 위해 학교에 문화 체육 시설이나 편의 시설을 조성하는 과정에서 발생하는 문제들에 대해 들어 보았습니다. ㉠ 이어서 이러한 문제들이 발생하는 원인과 해결 방안에 대해 본격적으로 이야기를 나눠 보겠습니다. 먼저 윤 교수님께서 말씀해 주시겠습니다.

윤 교수: 시설 조성 과정에서 생기는 문제들은 사업 추진 과정에 필요한 세부 규정을 마련하지 않아서 발생합니다. 관련 법규를 보면 학교에 시설 조성이 가능하다는 정도의 조항만 있을 뿐, 학교에 설치할 시설의 기준이나 설치 절차 등에 관한 지침은 마련되어 있지 않습니다. 따라서 학교에 시설을 조성하는 데 필요한 세부 규정을 제정할 필요가 있습니다. **[A]**

사회자: ㉡ 이번에는 최 교수님께서 말씀해 주시겠습니까?

최 교수: 윤 교수님의 말씀처럼 규정도 필요하겠지만, 또 다른 측면에서 보면 이런 문제들은 대부분 사업 참여자들의 입장 차이 때문에 발생합니다. 따라서 사업 참여자들이 서로 상대방의 이익을 고려하여 대안을 마련하고 이를 바탕으로 긴밀하게 협력하는 노력이 중요합니다. 이런 노력에는 시간이 어느 정도 소요되겠지만 결국엔 모두가 만족하는 결과를 가져올 수 있습니다. **[B]**

사회자: ㉢ 지역과 학교가 상생할 수 있는 대안을 마련해야 한다는 말씀이시군요. ㉣ 그렇다면 이와 관련한 사례가 있다면 소개해 주시겠습니까?

최 교수: 네, ○○ 지역에서는 주민과 학교가 필요로 하는 주차장과 체육관 시설을 공동으로 마련하기 위해 사업 참여자들의 요구 조사를 실시하여 추진 과정에서 발생할 문제들을 예측하였습니다. 그리고 이를 바탕으로 서로의 요구를 반영한 대안을 마련하고 지속적으로 협력했습니다. 그 결과, 모두가 만족하는 결과를 얻었고 학교 시설 조성 사업의 모범이 되고 있습니다. **[C]**

사회자: ㉤ 두 분의 말씀을 들으니 제도적 보완과 당사자들의 요구를 고려한 협력이 중요하다는 생각이 듭니다. 이번에는 청중의 질의를 받아 보겠습니다.

청중 1: 윤 교수님께 질문 드리겠습니다. 학교 시설 조성과 관련하여 세부 규정을 마련한다면 사업 참여자들 간에 이견이 발생할 때 이를 근거로 문제를 쉽게 해결할 수는 있을 것 같습니다. 하지만 오히려 규정에 얽매인 나머지, 사업 참여자들의 다양한 요구를 충족하지 못할 수 있다고 보는데 어떻게 생각하십니까? **[D]**

윤 교수: 학교 시설 조성에 관한 구체적인 규정이 거의 없다는 현실을 고려하면, 시간과 비용을 낭비하지 않기 위해서라도 최소한의 원칙은 있어야 한다고 봅니다. 다만, 말씀하신 부작용을 최소화하려면 협력 주체들의 다양한 요구를 고려하여 합리적인 규정을 만들어야 할 것입니다. **[E]**

사회자: 한 분만 더 질문 기회를 드리겠습니다.

청중 2: 저는 △△ 구청 직원인데요, 저희는 지역 내 학교에 공용 주차장을 조성할 계획입니다. 구청에서는 지역의 주차난을 해결하기 위해, □□ 학교에 멀티미디어 기자재를 지원해 주는 조건으로 주차장 조성을 제안하였습니다. 그런데 학교에서는 학생의 안전 문제를 이유로 주차장 조성을 꺼리고 있습니다. 학교의 우려를 해소하면서도 주차장을 설치할 수 있으려면 어떻게 해야 할지 조언을 해 주시면 감사하겠습니다.

사회자: 이에 대해서는 최 교수님께서 답변해 주시겠습니까?

최 교수: [가]

10 ㉠~㉤의 기능에 대한 이해로 적절하지 <u>않은</u> 것은?

① ㉠ : 토의 참여자들이 논의해야 할 사안을 안내한다.
② ㉡ : 토의 진행을 위해 다음에 발화할 토의 참여자를 지정한다.
③ ㉢ : 토의 참여자가 발화한 내용의 장단점을 요약한다.
④ ㉣ : 토의 참여자의 발화 내용에 대해 추가적 정보를 요청한다.
⑤ ㉤ : 두 토의 참여자가 발화한 내용을 종합하여 정리한다.

11 토의 참여자의 발화 [A]~[E]에 대한 설명으로 적절하지 <u>않은</u> 것은?

① [A] : '사회자'의 요청에 따라 문제의 원인과 해결 방안을 제시하고 있다.
② [B] : '윤 교수'의 의견을 듣고 '윤 교수'와는 다른 측면에서 문제의 원인과 해결 방안을 제시하고 있다.
③ [C] : '사회자'의 요청에 따라 자신이 언급한 해결 방안과 관련된 실제 사례를 소개하고 있다.
④ [D] : '윤 교수'의 의견을 듣고 '윤 교수'가 제시한 해결 방안의 효용성을 인정하면서도 발생 가능한 부작용에 대해 의견을 구하고 있다.
⑤ [E] : '청중 1'의 의견을 듣고 '청중 1'의 주장의 타당성을 인정한 후, 현실적 한계를 고려하여 자신의 주장을 유보하고 있다.

12 '최 교수'가 토의 과정에서 드러낸 자신의 관점을 유지하며 말한다고 할 때, [가]에 들어갈 발언 내용으로 가장 적절한 것은?

① 학교가 원하는 것은 결국 재정적 지원이므로 예산을 확보하기 위한 방안을 우선 모색해 보시기 바랍니다.
② 시간과 비용의 절약을 위해 학교 측의 요구보다는 주차난의 해소라는 주민의 요구를 우선시하는 것이 바람직합니다.
③ 구청은 학생의 안전에 대한 학교의 요구를 반영하여 대안을 마련하고 학교와 긴밀하게 협의하는 것이 바람직합니다.
④ 주차장 조성 절차에 대한 규정이 마련되어 있지 않은 점이 학교가 시설 조성을 반대하는 근거가 되므로 절차에 대한 규정부터 마련하시기 바랍니다.
⑤ 주차장 설치를 추진하면서 나타나는 문제들은 지역과 학교의 입장 차이 때문에 발생하는 것이 아니므로 문제의 원인을 다른 시각으로 파악하시기 바랍니다.

[13~15]
다음은 토론의 일부이다. 물음에 답하시오. 15학년도 수능B

사회자: 이번 시간에는, 수필 「갱희자전과 감투」를 변형하여 재구성한 상황을 바탕으로 책방 주인의 이윤 추구 행위가 정당한지 부당한지에 대해 토론해 보겠습니다. 제시문을 통해 논제와 관련된 상황을 확인하고 입론을 진행해 주시기 바랍니다.

> '나'는 쌀을 사기 위해 책을 팔러 간다. 책방 주인은 책값으로 오십 원을 매기며 되팔 때 가격이 칠십 원이어서 오십 원도 높은 가격이라고 강조한다. 몹시 아끼던 책을 판 '나'는 간신히 칠십 원을 마련해 되사러 가지만 주인은 오백 원에 팔아 더 많은 이윤을 남기기 위해 '나'의 판매 요구를 거부한다.

학생 1: 책방 주인의 이윤 추구 행위는 부당하다고 생각합니다. 자신이 투자한 것에 비해 지나치게 많은 이윤을 남기려고 했기 때문입니다. 또한 책값을 결정할 수 있는 우월한 지위를 이용하여 과도한 이익을 얻고자 했다는 점에서도 정당하다고 보기 어렵습니다.

학생 2: 저는 책방 주인의 이윤 추구 행위가 정당하다고 생각합니다. 물건 값은 판매 당시의 여건이나 이윤 등을 고려하여 결정되는 것이지 구입 시의 가격을 기준으로 결정되는 것이 아닙니다. 또한 가격 결정권이 책방 주인에게 있는 대신 '나'는 거래를 할 것인지를 선택할 수 있었으므로 대등한 관계에서 이루어진 거래라 할 수 있습니다.

사회자: 이제 양측의 반론을 들어 보겠습니다.

학생 1: '나'와 책방 주인이 대등한 관계에 있었다는 것에 동의할 수 없습니다. 왜냐하면 '나'는 책을 팔 때 절박한 상황에 있었으므로 선택권이 있을 수 없었기 때문입니다. 또한 책방 주인에게 가격 결정 권한이 있다는 건 인정합니다만, 구입 가격의 열 배에 해당하는 금액으로 결정한 것은 상식적으로 적정한 이윤 추구로 볼 수 없습니다. 이윤 추구 자체가 부당한 것이 아니라, 과도한 것이 문제입니다.

학생 2: 책방 주인이 책을 사고파는 과정에서 '나'의 상황까지 고려하라고 말씀하신 것은 구매자 각각의 형편에 따라 책값을 달리 정해야 한다는 뜻입니까? 그건 합리적이지 않을 뿐만 아니라 현실적으로도 가능하지 않습니다.

학생 1: [[가]   ]

13 위 토론의 논제의 성격을 이해한 것으로 가장 적절한 것은?

① 어떤 행위의 정당성을 판단하고 자신의 판단이 더 타당함을 밝혀야 하는 논제이다.
② 어떤 문제 해결 방법이 더 유용한지를 판단하고 다른 방법과의 절충 방안을 밝혀야 하는 논제이다.
③ 어떤 현안에 대하여 그것이 지닌 문제를 제기하고 문제를 해결할 정책이 필요함을 밝혀야 하는 논제이다.
④ 어떤 상황에 대한 사실 관계를 확인하고 그 사실 관계가 성립하는 데 필요한 조건을 밝혀야 하는 논제이다.
⑤ 어떤 정책이 실현 가능성이 있는지 판단하고 자신의 주장이 더 유용한 가치가 있음을 밝혀야 하는 논제이다.

14 토론의 흐름에 따라 상대측을 반박하려고 할 때, [가]에 들어갈 발언으로 가장 적절한 것은?

① 책방 주인은 '나'의 상황을 알지도 못했을 것이며, 알았다 하더라도 책을 사고팔면서 그것을 모두 고려하여 책값을 책정하는 것은 부당합니다.
② 상대측에서 '나'가 책을 팔았을 때의 상황에 대해 언급하신 것은 논리적인 근거 없이 동정심을 유발하여 설득하려는 것이니 타당하지 않습니다.
③ 제가 제시한 방법에 대해, 합리적이지만 현실적으로 불가능하다고 하신 것은 책방 주인의 이윤 추구 행위가 정당하지 않다고 인정하는 것입니다.
④ 합리성을 고려한다면 책방 주인에게 판매 가격을 결정할 수 있는 권한이 있다는 것을 인정해야 하며, 책값을 수용하지 못할 경우에는 책을 사지 않겠다는 의사를 밝혔어야 합니다.
⑤ 저는 '나'가 책을 팔고 살 때 책방 주인이 우월한 지위를 이용했다고 말한 것인데, 이에 대해 구매자들마다 책값을 달리하는 것이 불합리하다고 한 것은 저의 발언을 왜곡한 것입니다.

15 다음은 위 토론에 청중으로 참여했던 학생이 쓴 글이다. ㉠~㉤에 대한 평가로 적절하지 <u>않은</u> 것은?

> ㉠ 사업자가 이윤을 추구하는 것은 당연한 일이다. ㉡ 물건 가격을 결정하는 것은 사업자다. 따라서 사업자라면 되도록 가격을 높게 책정해 이윤을 높이고자 할 것이다. 그러나 이러한 방법이 지속적인 이윤 창출로 이어지기는 어렵다. 1989년 개인 서비스 요금 자율화 이후 설렁탕 가격이 일시적으로 급등한 일이 있었다. 그러나 ㉢ 시간이 지나면서 소비자의 외면을 받아 결국 가격이 내려가게 되었다. 이는 ㉣ 물건의 가격에 대해 사회적으로 용인되는 수준이 있다는 것을 보여 준다. 그러면 사업자는 어떻게 하는 것이 현명한가? ㉤ 물건의 가격만 높여서 이윤을 많이 남기려고 하기보다는 누구나 공감할 수 있을 정도의 합리적 가격을 책정하여야 한다.

① ㉠ : '학생 1'과 '학생 2'가 모두 동의하는 내용으로 글을 시작하였군.
② ㉡ : '학생 2'의 입론과 '학생 1'의 반론에서 공통으로 인정한 내용을 반영하였군.
③ ㉢ : '학생 2'의 입론에 사용된 둘째 논거가 현실과 어긋남을 보여 주는 사례를 들고 있군.
④ ㉣ : '학생 1'의 반론에 사용된 둘째 논거를 수용하여 논지를 전개하였군.
⑤ ㉤ : '학생 1'의 관점에 부합하는 주장을 결론으로 제시하였군.

콘텐츠가 강하다!
실전 국어 전형태

[16~18]

다음은 토론의 일부이다. 물음에 답하시오. `16학년도 6월B`

사회자 : 지금부터 '청소년의 팬덤 활동은 청소년에게 긍정적 영향을 준다.' 라는 논제로 토론을 시작하겠습니다. 먼저 찬성 측에서 입론을 하신 후 반대 측에서 반대 신문을 해 주십시오.

찬성 1 : 저희는 팬덤 활동이 청소년에게 긍정적 영향을 준다고 생각합니다. '팬덤'은 특정 인물이나 분야를 열정적으로 좋아하는 집단을 말합니다. 팬 덤 활동을 통해 청소년들은 친구와 관심사를 공유하고 인간관계를 확장 할 수 있습니다. 그리고 일상의 답답함에서 벗어나 공연장이나 경기장에 서 스타를 응원하며 삶의 만족감을 얻을 수 있습니다. 최근의 한 조사에 따르면 팬덤 활동을 하는 청소년들과 하지 않는 청소년들의 삶의 만족도 를 비교한 결과 팬덤 활동을 하는 청소년들의 만족도가 두 배 이상 높게 나타났습니다. 또 요즘 팬덤은 대중문화의 문제점을 지적하고 다양한 문 화 운동을 하고 있어 청소년들은 팬덤 활동을 하며 문화 실천의 주체로 발전할 수도 있습니다. ㉠<u>자신이 좋아하는 것을 좋다고 솔직하게 표현하 며 건강하게 성장하는 청소년의 모습, 바람직하지 않습니까?</u> 이상으로 입 론을 마치겠습니다.

반대 2 : 방금 조사 결과를 말씀하셨는데, 그 자료의 출처가 어딘가요?

찬성 1 : 국내 유명 팬덤인 햇살 팬클럽에서 조사한 자료입니다.

반대 2 : [A]

찬성 1 : 저희는 자료에 문제가 없다고 생각합니다.

사회자 : 이번에는 반대 측에서 입론을 하신 후 찬성 측에서 반대 신문을 해 주십시오.

반대 1 : 저희는 팬덤 활동이 청소년에게 부정적 영향을 준다고 생각합니다. 그 근거로는 첫째, 팬덤은 다른 팬덤에 대해 배타적인 경향이 있습니다. 그래서 청소년들이 팬덤 활동을 하면 인간관계가 확장되는 것이 아니라 오히려 편협한 이기주의에 빠질 수밖에 없습니다. 둘째, 찬성 측에서는 팬덤 활동이 청소년에게 만족감을 준다고 하셨지만 그것은 스타에 대한 과도한 몰입이자 일종의 중독 현상으로 볼 수 있습니다. 셋째, 팬덤 참여 자는 스타를 맹목적으로 숭배하기 때문에 문화 실천의 주체가 아니라 단 순히 스타와 관련된 문화 상품을 소비하는 수동적 존재가 될 수 있습니 다. 넷째, 최근 연하의 스타에게 열광하는 이모 팬덤, 삼촌 팬덤이 사회에 물의를 일으킨 것도 저희가 팬덤 활동을 반대하는 이유입니다. 이상으로 입론을 마치겠습니다.

찬성 1 : 중독을 이야기하셨는데 어떤 의미로 사용하신 거죠?

반대 1 : 중독은 어떤 대상에 너무 깊이 빠져서 정상적인 생활을 할 수 없는 상태를 말하는 겁니다.

찬성 1 : 그러면 정상적으로 생활하면서도 팬덤 활동을 열심히 하는 대부분 의 청소년들은 해당이 안 되는 거죠?

반대 1 : 중독된 청소년도 많을 겁니다.

16 토론의 맥락을 고려할 때, ㉠에 대한 이해로 가장 적절한 것은?

① 물음의 형식을 통해 자신의 주장이 옳음을 강조하는 발화이다.
② 실제 사례를 근거로 들어 자신의 주장이 정당함을 입증하는 발화이다.
③ 자신이 사용한 용어의 적절성에 대해 상대방의 의견을 묻는 발화이다.
④ 상대방의 견해를 일부 인정하면서도 자신의 입장을 재확인하는 발화이다.
⑤ 논의의 범위를 한정하기 위해 상대방에게 질문을 하고 답을 요구하는 발화이다.

17 〈보기〉는 토론 전에 실시한 반대 측의 협의 내용의 일부이다. '찬성 1'의 발언 과 〈보기〉를 고려할 때, [A]에 들어갈 말로 가장 적절한 것은?

보기

반대 1 : 반대 신문은 어떻게 하려고 해?
반대 2 : 음, 만일 찬성 측이 자료를 제시한다면 먼저 그것부터 점검해 봐야 하지 않을까?
반대 1 : 어떤 식으로?
반대 2 : 자료의 출처가 불확실하다면 자료의 신뢰성을 문제 삼아야겠지. 또 자료가 편파적일 수 있다면 그 점을 부각하려고 해.

① 출처도 명확하지 않은 자료를 신뢰할 수 있나요?
② 그 자료는 저희에게 유리하게 해석될 수도 있지 않을까요?
③ 그것은 최근에 조사한 자료가 아니기 때문에 지금 현실과는 안 맞지 않나요?
④ 그 자료는 팬덤 활동을 하고 있는 청소년만을 대상으로 조사한 것이 아닌가요?
⑤ 팬덤 활동을 하는 단체에서 조사한 것이라면 그 자료가 공정하다고 할 수 있을 까요?

18 다음은 배심원이 작성한 평가표의 일부이다. 평가 내용으로 적절하지 <u>않은</u> 것은?

단계	평가 기준	토론자	평가 내용
입론	주장에 대한 근거가 타당한가?	찬성 1	친구와의 관심사 공유, 인간관계의 확 장은 팬덤 활동의 긍정적 측면을 제시 한 것이므로 타당함. ……………… ①
			문화 실천의 주체로 발전할 수 있다는 점은 팬덤 활동의 긍정적 측면을 제시 한 것이므로 타당함. ……………… ②
		반대 1	팬덤 활동의 배타성, 스타에 대한 맹목 적 숭배는 팬덤 활동의 부정적 측면을 제시한 것이므로 타당함. ………… ③
			이모 팬덤과 삼촌 팬덤이 사회적 물의 를 일으켰다는 것은 논제에 부합하는 부정적 사례이므로 타당함. ……… ④
반대 신문	상대의 논리적 문제점을 적절하게 지적했는가?	찬성 1	상대방이 사용한 '중독'의 의미를 팬덤 참여자에게 보편적으로 적용하는 데 무 리가 있음을 지적한 것은 적절함. ⑤

[19~21]

다음은 두 마을 간의 협상이다. 물음에 답하시오. 16학년도 9월B

> ○○군에서는 전국적 규모의 축제를 기획하면서 개최 장소를 A 마을과 B 마을 중에서 선정하고자 하였다. 그런데 두 마을이 공동 개최에 합의하였고, 이에 따라 A 마을의 대표 A와 B 마을의 대표 B가 후속 협상을 하게 되었다.

A : 오늘은 우리가 지난번 협상에서 다루지 못한 축제 공식 명칭에 대하여 논의를 했으면 하는데, 어떠세요?

B : 좋습니다. 저희도 같은 생각입니다.

A : 그러면 저희의 입장부터 말씀드리겠습니다. 축제 공식 명칭은 두 마을의 이름을 병기하되 저희 마을 이름을 먼저 표기했으면 합니다.

B : 글쎄요. 저희도 저희 마을 이름이 앞섰으면 하는 생각이 있습니다. 개최지로 저희가 유력했던 상황에서 사실상 저희의 양보로 공동 개최가 가능했습니다. 따라서 명칭과 관련해서는 저희의 의견을 수용해 주십시오.

A : 공동 개최와 관련해 잘못 생각하신 부분이 있는 것 같습니다. B 마을도 공동 개최가 이익이 된다고 판단하여 합의한 것 아닙니까? 그러니 축제 명칭은 각자의 축제 유치 의도를 고려하되 세부 조건을 조율해서 정하는 것이 옳다고 봅니다.

B : 무슨 뜻인지요?

A : 저희가 알아본 바로는 B 마을은 축제 유치를 통한 경제 활성화에 관심이 있다고 알고 있는데, 맞죠?

B : 그렇습니다.

A : 그런데 이미 유명한 B 마을과는 달리 저희는 저희 마을을 전국에 알리는 것이 일차적 목표입니다. 그러니 축제 명칭은 저희가 원하는 대로 하면서 경제적인 면에서는 B 마을에 유리하도록 협상의 세부 조건을 구성하자는 것입니다.

B : 글쎄요. 축제 명칭에서 앞쪽에 표기되는 것은 그 의미가 큽니다. 저희 마을의 인지도가 이미 높다고 하더라도…….

A : 명칭에서 저희 마을 이름을 앞세우는 대신 원하는 조건이 있으면 말씀하시죠.

B : 말씀하신 대로 저희는 경제적 이득이 중요합니다. 따라서 첫째, 명칭보다는 홍보 효과가 적지만 저희 마을 특산품을 축제 캐릭터로 만들겠습니다. 둘째, 공동 개최를 하게 되면 행사들을 서로 나누어 진행하게 될 텐데요, 저희가 전체 행사 중 60%를 가져가겠습니다. 이 조건들이 충족되지 않는다면 축제 공식 명칭과 관련하여 합의할 수 없습니다.

A : B 마을 특산품을 캐릭터로 만들면서 행사를 60%까지 가져간다는 것은 지나친 요구라고 생각합니다. 행사 배분 비율은 공동 개최에 걸맞게 50%를 원칙으로 합시다.

B : 그 제안은 저희 마을 주민들의 동의를 얻기 어려울 것입니다. 지금도 공동 개최에 대한 반대가 많거든요. 차라리 저희 마을이 유치하지 못하게 되더라도 단독 개최를 다시 추진하겠습니다.

A : 지난번 합의를 일방적으로 파기하는 것은 같은 ○○군 마을끼리 온당치 않습니다. 단독 개최를 하더라도 저희 마을의 도움이 필요하지 않겠습니까? 행사 배분 비율은 양보하기 어렵습니다. 그 대신에 B 마을이 원하는 다른 조건을 추가하시는 게 어떨까요?

B : 좋습니다. 이렇게 하죠. 행사 배분은 동일하게 50%씩 하고, 행사 선택은 하나씩 교대로 하되, 저희 마을부터 선택을 시작하는 것으로 하는 겁니다.

그래야 수익성이 높은 행사를 저희 마을에서 가져갈 수 있으니까요.

A : 음. 저희 마을 이름을 먼저 표기하는 것으로 하고 그 정도 조건이면 받아들일 수 있겠네요. 그렇게 합시다.

19 위 협상에 대한 이해로 적절하지 <u>않은</u> 것은?

① A는 지난 협상에서 논의하지 못한 사안을 언급함으로써 의제를 제시하였군.
② A는 의견을 조율하는 과정에서 협상 전에 알아본 B 마을에 대한 정보를 활용하고 있군.
③ B는 A가 제안한 세부 조건이 협상 결렬을 초래할 수 있음을 내비치며 A의 새로운 제안을 이끌어 내었군.
④ B는 A의 양보할 수 없는 지점을 고려하여 자신이 제안한 세부 조건을 수정하여 제시하였군.
⑤ A와 B가 의견을 조율하는 과정에서 지난 협상에서 합의된 사안이 수정되었군.

20 위 협상에 나타난 A의 말하기 방식으로 가장 적절한 것은?

① 의제 타결의 시급함을 강조하며 상대방의 협력을 촉구하고 있다.
② 연쇄적인 질문을 통해 갈등 상황의 원인이 양측 모두에게 있음을 강조하고 있다.
③ 상대방의 의견이 적절하지 않다고 언급하며 자신의 제안에 동의할 것을 유도하고 있다.
④ 자신이 처한 상황을 설명하며 감정에 호소하여 상대방의 무조건적인 양보를 요청하고 있다.
⑤ 가정적 진술을 통해 상대방이 내세운 근거의 신뢰성을 문제 삼으며 자신의 의견이 정당함을 피력하고 있다.

21 위 협상에서 A와 B가 합의에 이를 수 있었던 요인으로 가장 적절한 것은?

① A와 B 모두 상대방의 양보로 축제의 공동 개최가 가능했다고 인식했기 때문이다.
② A는 축제 명칭을, B는 행사 배분 비율을 상대방의 입장을 고려하여 양보했기 때문이다.
③ A는 행사 선택의 순서에서, B는 축제 캐릭터와 관련해서 최초의 입장을 고수하지 않고 양보했기 때문이다.
④ A 마을의 인지도 향상과 B 마을의 경제적 이득 증대를 모두 실현할 수 있는 방안이 도출되었기 때문이다.
⑤ A가 바라는 효과적인 축제 홍보와 B가 바라는 마을의 화합 증진을 모두 실현할 수 있는 방안이 도출되었기 때문이다.

[22~24]

다음은 학생들 간의 토의이다. 물음에 답하시오. **17학년도 6월**

학생 1 : 이번 모둠 과제를 하려면 먼저 『○○의 이해』를 같이 읽어야 하잖아. 내용이 많고 어려워 보이는데 시간도 많지 않아서 걱정이네. 어떻게 하면 좋을지 같이 이야기해 보자. 일단 사회는 내가 볼게.

학생 2 : 매주 정해진 분량을 각자 읽고 매주 한 명씩 돌아가면서 책의 내용에 대해 발표를 한 후 질의응답을 하는 방식이 좋겠어. 그러면 발표자는 자신이 맡은 부분의 내용을 깊이 이해할 수 있게 될 거야.

학생 3 : 그럴 경우 발표자 외의 다른 사람들은 책을 읽어야 하는 책임감이 덜할 수도 있어. 그래서 말인데, 자유 토의 방식은 어떨까? 구성원들 모두가 매주 정해진 분량의 책을 충분히 잘 읽어 와서 자유롭게 이야기를 나누는 거야.

학생 1 : ㉠발표와 질의응답, ㉡자유 토의라는 두 가지 방안이 나왔네. 그럼 어느 방안이 좋을지 말해 보자.

학생 4 : 발표와 질의응답 방식으로 하면 책을 깊이 이해할 수 있어. 친구들이 우리 눈높이에서 설명을 해 주니까 이해도 쉬울 거고, 모르는 부분이 있어도 서로 부담 없이 질문으로 해결할 수 있잖아.

[A] **학생 5 :** 그런데 발표자가 내용을 잘못 이해하면 나머지 모두가 오해를 할 위험이 있어. 자유 토의 방식은 모두가 책을 꼼꼼히 읽고 서로 의견을 나누니까 책을 더 정확하게 이해할 수 있지.

학생 2 : 하지만 모든 사람이 매주 정해진 분량의 책을 꼼꼼하게 다 읽어 와야 하는 것은 솔직히 부담이 돼.

학생 3 : 나는 조금 부담이 되더라도 책을 꼼꼼히 읽고 다른 사람과 자유롭게 많은 이야기를 나누고 싶어.

학생 4 : 하지만 자유 토의 방식은 구심점 역할을 하는 사람을 따로 정하지 않아서 토의가 활발히 진행되기가 쉽지 않아. 이에 반해 발표와 질의응답 방식은 발표자가 그 역할을 하면서 논의가 활발해질 수 있어.

학생 2 : 그리고 자유 토의 방식으로 할 경우, 책을 안 읽고 오는 사람이 있다면 문제가 돼. 책을 읽고 온 사람들은 활발히 참여하겠지만 안 읽고 온 사람은 소외될 수도 있어. 그러다 한두 명씩 빠지다 보면 모임이 어려워질 거야.

[B] **학생 3 :** 그건 발표와 질의응답 방식도 마찬가지야. 발표자가 준비를 제대로 해 오지 않으면 모임을 할 수가 없잖아.

학생 4 : 하지만 그런 상황이 생길 수도 있다는 부담감이 발표자에게 오히려 책임감을 부여하게 되지.

학생 1 : 자, 그러면 둘 중에 어느 것이 좋을지 결정해 볼까?

학생 3 : 음, 생각해 보니까 자유 토의 방식은 준비에 시간이 많이 필요할 것 같아. 다들 책 내용 모두를 이해하고 싶지만 현실적으로는 책을 꼼꼼하게 다 읽을 시간적 여유가 없을 것 같아. 안 그래?

학생 5 : 그러면 발표와 질의응답 방식이 좋겠다는 거지? 내 생각도 마찬가지야. 다들 책 읽기 모임을 처음 하는 상황이라 토의를 하는 것도 익숙하지 않을 거고.

[C] **학생 1 :** 그러면 발표와 질의응답 방식으로 해 보는 게 어때? 문제점도 나타나겠지만, 그것들은 차츰 개선해 나가 보도록 하자. 모두 동의하지?

학생들 : (모두 동의를 표한다.)

22 위 토의의 맥락을 고려할 때, ㉠과 ㉡에 대한 이해로 적절하지 **않은** 것은?

① ㉠은 모임마다 주도적인 역할을 하는 특정인이 사전에 결정된다.
② ㉡은 준비 과정에서 각 참여자의 역할이 같다.
③ ㉠과 ㉡ 모두에서는 참여자들이 의견을 상호 교환한다.
④ ㉠과 ㉡ 모두에서는 매주 모임에서 참여자들이 다룰 분량이 정해져 있다.
⑤ ㉠은 참여자들이 사전에 모여서 책을 함께 읽는 방식이고, ㉡은 책을 각자 읽는 방식이다.

23 [A], [B]에 대한 설명으로 가장 적절한 것은?

① [A]에서는 특정 방안의 단점을 언급한 후 다른 방안의 장점을 제시하고 있다.
② [A]에서는 특정 방안의 문제점을 해결할 방안을 언급한 후 다른 방안이 지닌 문제점을 말하고 있다.
③ [A]에서는 특정 방안의 장점을 인정한 후 다른 방안이 그 장점을 더 발전시킬 수 있음을 언급하고 있다.
④ [B]에서는 특정 방안의 한계를 언급한 후 그 방안의 의의를 제시하고 있다.
⑤ [B]에서는 특정 방안의 장단점을 언급한 후 단점을 보완할 수 있는 방법을 제시하고 있다.

24 위 토의의 흐름으로 볼 때, [C]의 의의를 가장 잘 설명한 것은?

① 토의에서 결정된 사항을 이행하기 위한 세부 계획을 결정하였다.
② 예상되는 문제점의 보완을 전제로 특정 방안을 실행하는 데에 합의하였다.
③ 최적화된 결과를 도출하기 위해 제삼의 방안을 절충안으로 결정하였다.
④ 소수 의견 존중을 전제로 특정 방안을 유연하게 실행하는 데에 합의하였다.
⑤ 오류 가능성을 줄이기 위해 특정 방안에 대한 전문가의 의견을 구하는 데에 합의하였다.

[25~27]
다음은 학생들의 토의이다. 물음에 답하시오. 17학년도 9월

사회자: 이번 교내 학생 연설의 주제는 '사이버 언어폭력 근절을 위해 노력합시다'이고 오늘 ㉠우리가 할 토의 주제는 '사이버 언어폭력 근절을 위한 교내 학생 연설을 어떻게 할 것인가'야. 지금부터 ㉡우리가 할 연설에 대해 토의해 보는데 먼저 연설을 시작할 때 친구들의 ⓐ주의를 집중하게 하는 방법에 대해 얘기해 볼까?

학생 1: 우선 연설을 할 장소와 연설을 들을 친구들의 특성을 감안해야 해. 연설 장소가 넓은 강당이고, 주제에 대한 관심의 정도가 제각각인 친구들이 대상이니 인기 가요를 틀어 친구들의 주의를 끄는 게 어떨까?

학생 2: 글쎄, 그 방법은 이미 다른 친구들이 여러 번 쓴 방법이라 더 이상 친구들의 주의를 집중시키기 어려워. 가볍고 재미있는 이야기로 시작하는 건 어때?

학생 3: 연설 분위기를 부드럽게 하는 데에는 도움이 되겠지만 우리 연설 주제를 고려할 때 적합하지 않아. 주제와 관련 있는 내용이면 좋겠어. 그래서 말인데, 연설을 시작할 때 연설 주제에 적합한 시를 낭송한 후 사이버 언어폭력의 개념과 사이버 언어폭력 근절의 시급성을 언급하자.

학생 1: 응. 시 낭송은 참신한 방식이니 친구들의 주의를 끄는 데 도움이 되겠네. 주제와도 관련이 있으니 연설 내용 이해에도 도움이 될 거고.

학생 2: 그래. 생각해 보니 그 방법이 좋겠다.

사회자: 그럼, 이제는 사이버 언어폭력 근절을 위해 노력하자는 우리의 ⓑ주장을 뒷받침하기에 적절한 근거와 그 제시 순서에 대해 논의해 보자.

[A]
학생 1: 사이버 언어폭력 문제의 핵심은 피해자가 극심한 고통을 겪게 된다는 것이므로 이 점을 첫째 근거로 제시하자. 순식간에 확산되는 사이버 언어폭력으로 인한 피해자의 고통을 핵심 근거로 들어야 해. 피해 사례를 다룬 언론 보도 자료를 보여 주면 친구들이 문제의 심각성을 인식하게 될 거야.

학생 2: 피해자가 겪는 고통을 핵심 근거로 보는 네 의견에는 동의해. 그런데 친구들이 미처 생각하지 못했던 내용을 첫째 근거로 제시하면 어떨까? 가해자는 별다른 죄의식 없이 사이버 언어폭력을 저지르지만 사이버 언어폭력은 처벌받게 되는 범죄 행위라는 점을 첫째 근거로 들어 경각심을 불러일으키자. 관련 법 조항을 자료로 제시하면 더 효과가 있을 거야.

학생 3: 친구들에게 경각심을 준다는 점에서 좋은 근거라고 생각해. 그런데 먼저 친구들이 이 문제에 공감하도록 하는 게 어떨까? 누구나 사이버 언어폭력의 피해자가 될 수 있다는 점을 첫째 근거로 제시하면 친구들이 이 문제에 쉽게 공감할 수 있을 거야. 사이버 언어폭력으로 인한 피해자가 급증하고 있다는 통계 자료를 인용하면서 더 이상 방관해서는 안 된다는 내용으로 호소하는 거지.

학생 1: 지금까지 제안된 근거와 자료는 다 적절하다고 생각되니 모두 채택하자. 단, 순서는 문제의 심각성을 인식할 수 있도록 하는 핵심 근거, 문제에 공감할 수 있도록 하는 근거, 경각심을 불러일으킬 수 있도록 하는 근거의 순으로 제시하면 좋겠어.

학생 2: 좋은 생각이야. 그렇게 하자. 연설 마지막엔 친구들의 행동 변화를 촉구하는 내용으로 마무리하자.

학생 3: 좋아. 나도 동의해.

사회자: 그럼, 지금까지 ㉢합의된 토의 내용을 반영하여 연설 계획을 정리해 볼게. 이제, 토의를 마치자.

25 ㉠과 ㉡에 대한 설명으로 적절하지 않은 것은?

① ㉠에서는 ㉡을 들을 청중의 특성이 고려되고 있다.
② ㉠에서는 ㉡이 행해지는 공간적 상황이 고려되고 있다.
③ ㉠에서는 ㉡에서 다룰 근거의 제시 순서가 논의되고 있다.
④ ㉠에서는 ㉡의 내용을 효과적으로 전달할 방법이 모색되고 있다.
⑤ ㉠에서는 ㉡의 마무리 부분에서 활용할 비언어적 표현 방법이 논의되고 있다.

26 [A]에 나타난 참여자들의 발화에 대한 이해로 가장 적절한 것은?

① 학생 1은 청중의 주의 집중 효과 측면에서 ⓐ에 대한 학생 3의 제안이 적절하지 않다고 판단하였다.
② 학생 2는 청중의 주의 집중 효과 측면에서 ⓐ에 대한 학생 1의 제안이 적절하다고 판단하였다.
③ 학생 3은 연설 주제와의 부합 여부 측면에서 ⓐ에 대한 학생 2의 제안이 적절하다고 판단하였다.
④ 학생 2는 핵심 근거로서의 적합성 측면에서 ⓑ에 대한 학생 1의 제안이 적절하지 않다고 판단하였다.
⑤ 학생 3은 청중의 경각심을 유발하는 측면에서 ⓑ에 대한 학생 2의 제안이 적절하다고 판단하였다.

27 사회자가 ㉢에 따라 연설 계획을 세운다고 할 때 적절하지 않은 것은?

① 사이버 언어폭력 행위는 처벌 대상임을 관련 법 조항을 들어 주장의 근거로 제시해야겠어.
② 청중의 주의를 집중시키기 위해 연설을 시작할 때 주제와 관련된 시 작품을 활용해야겠어.
③ 사이버 언어폭력 피해자가 극심한 고통을 겪고 있음을 언론 보도 사례를 활용해 주장의 근거로 제시해야겠어.
④ 사이버 언어폭력 가해자가 늘어날수록 가해자가 별다른 죄의식 없이 사이버 언어폭력을 저지른다는 것을 주장의 근거로 제시해야겠어.
⑤ 누구나 사이버 언어폭력의 피해자가 될 수 있음을 사이버 언어폭력 피해자 관련 통계 자료를 인용해 주장의 근거로 제시해야겠어.

[28~30]

다음은 토론의 일부이다. 물음에 답하시오. **17학년도 수능**

사회자 : 우리 학교 동아리 축제에서 동아리 홍보관은 신입 회원 모집을 위한 홍보 효과가 높기 때문에 동아리들에게 인기가 많습니다. 그러나 홍보관 설치를 위한 공간이 한정되어 있어, 지금까지는 학생회가 홍보관 운영 계획서를 공모하여 심사한 후 홍보관을 운영할 동아리를 선정해 왔습니다. 그런데 기존 방식인 ㉠심사 방식 대신 새로운 방식으로 ㉡추첨 방식을 요구하는 동아리들이 많이 있어, 이번 시간에는 '동아리 축제에서 홍보관을 운영할 동아리를 선정할 때 추첨 방식으로 해야 한다.'라는 논제로 토론을 하겠습니다. 찬성 측 입론해 주십시오.

찬성 1 : 동아리 축제에서 홍보관을 운영할 동아리를 선정할 때 추첨 방식으로 해야 합니다. 심사 방식의 평가 기준이 타당하지 않고, 평가자 주관이 개입될 수 있어 평가의 신뢰성이 낮아 학생들의 불만이 높기 때문입니다. 반면에 추첨 방식은 선정 과정에서 평가자의 견해가 반영될 수 없습니다. 또한 추첨 방식으로 한다면 홍보관 운영 동아리로 선정될 수 있는 기회가 모든 동아리에 균등하게 부여될 수 있습니다. 그리고 동아리 홍보관 운영 계획서를 준비하는 과정에서 동아리들이 시간과 노력을 불필요하게 들이는 문제도 해소할 수 있습니다.

사회자 : 이번에는 반대 측에서 반대 신문 해 주십시오.

[A]
┌ **반대 2** : 추첨 방식이 기회를 균등하게 부여한다고 말씀하셨는데, 그럴 경우 동아리 홍보관 운영을 더 잘 계획하고 준비한 동아리가 탈락할 수도 있죠. 준비가 덜 된 동아리가 선정된다면 동아리 홍보관 운영의 부실로 이어질 수 있지 않나요?

찬성 1 : 그렇지 않습니다. 선정된 동아리들은 새로운 회원을 모집하기 위해 적극적으로 홍보해야 하므로, 홍보관 운영에 최선을 다할 것입니다.

사회자 : 이번에는 반대 측에서 입론해 주십시오.

반대 1 : 홍보관 운영 동아리 선정을 추첨 방식으로 하는 것에 반대합니다. 기존의 심사 방식은 전체 학생을 대표하는 다수의 평가자가 참여하여 평가자의 주관적 개입을 줄일 수 있고, 평가 기준 역시 매년 학생들의 의견을 수렴하여 개선해 왔기 때문에 그 타당성이 매우 높다고 할 수 있습니다. 또한 심사 방식은 모든 동아리가 홍보관 운영 계획서를 제출할 기회를 공평하게 부여하고 있습니다. 그리고 이 계획서를 준비하는 과정에서 동아리 구성원들이 동아리 축제의 목적에 부합하는 활동을 고민하게 되므로 축제가 내실화될 수 있습니다.

사회자 : 이번에는 찬성 측에서 반대 신문 해 주십시오.

[B]
┌ **찬성 1** : 홍보관 운영 계획서를 평가하는 기준이 타당하다고 하셨는데 작년 설문 조사 결과에 따르면 평가 기준 중의 일부가 특정 동아리에게 유리하게 작용한다고 응답한 학생들이 많았습니다. 이런 점에서 평가 기준이 타당하다고 보기 어렵지 않나요?

반대 1 : 그 문제는 평가 기준의 일부를 개선하여 해결할 수 있습니다.

---

28 위 토론의 입론에 대한 이해로 가장 적절한 것은?

① '찬성 1'은 용어의 개념을 정의함으로써 논의의 범위를 한정하고 있다.

② '찬성 1'은 기존 방식이 유지될 때 발생하는 기대 효과를 중심으로 주장하고 있다.

③ '반대 1'은 논제와 관련된 문제 해결의 시급성을 강조하고 있다.

④ '반대 1'은 기존 방식의 긍정적 측면을 근거로 삼아 새로운 방식을 반대하고 있다.

⑤ '반대 1'은 새로운 방식을 도입할 때 발생할 수 있는 부정적 측면에 대하여 언급하고 있다.

29 [A]와 [B]에 대한 설명으로 가장 적절한 것은?

① [A]는 상대측이 제시한 사례가 적합한지에 대해 의문을 제기하고, 적합한 사례를 제시할 것을 요구하고 있다.

② [A]는 상대측이 앞서 진술한 내용의 일부를 확인하고, 기존 방식을 고수할 경우 생길 문제점을 제기하고 있다.

③ [B]는 상대측 주장을 뒷받침하는 근거가 믿을 만한지 의문을 제기하고, 출처를 제시할 것을 요구하고 있다.

④ [B]는 상대측이 언급한 내용의 일부를 확인하고, 설문 조사 결과를 근거로 평가 기준의 타당성에 대해 의문을 제기하고 있다.

⑤ [A]와 [B] 모두 상대측이 인용한 전문가의 설명이 적합한지 따지고, 사실 관계를 확인하고 있다.

30 ㉠과 ㉡에 관한 토론의 내용을 분석한 것으로 적절하지 않은 것은?

① 찬성 측은 평가자의 주관이 개입될 수 없다는 점에서 ㉡이 적합한 방식이라고 주장하고 있군.

② 찬성 측은 시간과 노력이 불필요하게 드는 ㉠의 문제점을 ㉡이 해소할 수 있다는 점에서 ㉡이 적합하다고 주장하고 있군.

③ 반대 측은 홍보관 운영을 더 잘 계획하고 준비한 동아리가 ㉡으로 인해 탈락할 수 있다는 점을 들어 ㉠을 옹호하고 있군.

④ 반대 측은 동아리가 홍보관 운영 계획서를 준비하는 과정을 통해 축제가 내실화될 수 있다고 주장하며 ㉠을 지지하고 있군.

⑤ 반대 측은 ㉡을 도입하면 모든 동아리에게 선정 기회가 균등하게 부여된다는 점을 들어 ㉡이 ㉠보다 더 공평하다고 주장하고 있군.

[01~02]

다음은 수미가 발표를 하기 전에 친구들과 나눈 대화이다. 물음에 답하시오.

14학년도 6월A

> **수미** : 과학 시간에 '물이 표면부터 어는 현상'이라는 주제로 발표를 해야 하는데, 너희들 얘기를 좀 듣고 싶어.
>
> **경완** : 재미있는 주제네. 추운 겨울에 연못 표면은 얼어도 그 아래쪽은 얼지 않는 경우가 있잖아. 발표 시작할 때 이런 사례를 사진으로 보여 주고, 이게 우리 주변에서 흔히 볼 수 있는 현상이라는 걸 강조하는 거야.
>
> **수미** : 그래. 그리고 전개 부분에서는 이 현상의 원리를 설명해야겠어. 이때는 특정 온도 구간에서 나타나는 물의 특성이 다른 물질들과 차이가 있다는 점도 말해야겠다.
>
> **지현** : 연못 말고 다른 사례를 찾아서 소개해 줘도 좋을 것 같아. 이 원리가 적용될 수 있는 것으로 말이야. 그리고 이 원리를 알아 두면 실생활에서 어떤 도움을 받을 수 있을지도 덧붙이면 좋겠어.
>
> **경완** : 내용도 중요하지만 어떤 방법으로 설명해야 친구들이 쉽게 이해할 수 있을지 고민해야 되지 않나? 자료를 활용하는 것도 포함해서 말이지.
>
> **지현** : 마무리할 때 친구들이 발표 내용을 잘 파악했는지 질문해서 확인해 보는 게 어때? 참, 정리 부분에서 발표 내용을 요약해 주는 거 잊지 말고.
>
> **수미** : 고마워. 너희들 얘기가 큰 도움이 됐어.

01 다음은 수미가 작성한 발표 계획이다. 대화 내용에 부합하지 <u>않는</u> 것은?

- ∘ 도입
  - • 주제 제시
    - - 사진과 함께 구체적 사례 제시
    - - ㉠ 쉽게 접할 수 있는 현상임을 강조
- ∘ 전개
  - • ㉡ 물이 표면부터 어는 현상의 원리 설명
    - - 물과 다른 물질의 차이점 언급
  - • ㉢ 원리가 적용되지 않는 사례 제시
  - • ㉣ 원리를 알면 실생활에 도움이 되는 점 제시
- ∘ 정리
  - • ㉤ 질문을 통한 청중의 이해도 점검
  - • 발표 내용 요약

① ㉠   ② ㉡   ③ ㉢
④ ㉣   ⑤ ㉤

02 다음은 수미가 한 발표의 일부이다. 이에 대한 친구들의 반응으로 적절한 것을 〈보기〉에서 고른 것은?

> 그럼 물이 표면부터 어는 현상의 원리를 설명하겠습니다. (그래프를 보여 준다.)

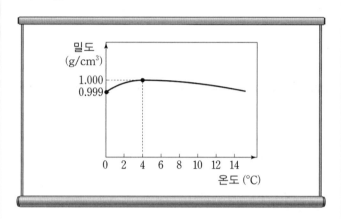

> 이 그래프는 온도에 따른 물의 밀도 변화를 보여 줍니다. 지난 과학 시간에 일반적으로 물질은 온도가 내려갈수록 밀도가 커진다는 것을 배웠는데, 기억나시죠? 그런데 이 그래프에서 보듯이 물은 4℃에서 0℃로 온도가 내려갈수록 밀도가 작아집니다. 물이 표면에서 차가운 공기를 만나서 물 표면의 온도가 4℃보다 낮아지면 위쪽 물의 밀도가 아래쪽 물의 밀도보다 작아지므로 밀도가 작은 물은 위쪽에, 밀도가 큰 물은 아래쪽에 머물게 됩니다. 이런 상태가 표면의 물이 0℃에 도달할 때까지 계속되어 물은 표면부터 얼게 되는 겁니다.

보기

㉠ 전문 용어의 개념을 정의함으로써 어려운 내용을 쉽게 풀어 준 것 같아.
㉡ 실험 과정을 객관적으로 제시함으로써 발표 내용의 신뢰도를 높인 것 같아.
㉢ 원리와 관련된 그래프를 활용함으로써 발표의 시각적 효과를 높인 것 같아.
㉣ 청중의 배경지식을 환기함으로써, 설명하려는 현상의 특수성을 부각하는 것 같아.

① ㉠, ㉡   ② ㉠, ㉢   ③ ㉠, ㉣
④ ㉡, ㉣   ⑤ ㉢, ㉣

[03~04]

다음은 수업 중 학생의 발표이다. 물음에 답하시오. 14학년도 9월A

여러분은 컴퓨터 파일을 어떻게 관리하시나요? 혹시 중요한 파일을 아무 폴더에나 저장해 두었다가 정작 필요할 때 찾지 못하는 경우가 있지는 않나요? 이런 분들을 위해 저의 컴퓨터 파일 정리 방법을 소개하려고 합니다.

바탕 화면에 너무 많은 폴더나 아이콘을 두면 파일 관리가 어렵기 때문에 저는 바탕 화면에는 기본 폴더들과 자주 쓰는 아이콘만 남겨 두고 있습니다. 파일은 성격에 따라 폴더별로 분류하는 것이 편리하고 자주 쓰는 아이콘은 바탕 화면에 그대로 두는 것이 더 효과적이기 때문입니다. 구체적인 방법은 준비한 자료를 보면서 설명하겠습니다.

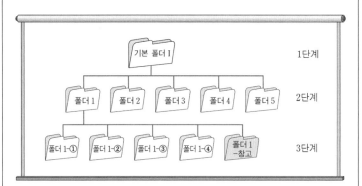

보시는 것은 저의 파일 정리 방법을 도식화한 것입니다. 바탕 화면 위치에서 1단계로 기본 폴더를 만들고, 기본 폴더의 성격에 따라 3단계까지 하위 폴더를 생성합니다. 제 경험으로는 파일을 3단계로 분류할 때 관리하기 가장 쉬웠고 단계가 너무 적거나 많으면 파일을 찾는 데 시간이 많이 걸렸습니다. 그리고 각 단계별 폴더 수는 5개로 유지하고 있습니다. 그 이유 역시 폴더 수가 너무 적거나 많은 경우에도 파일 위치를 찾기가 어려워지기 때문입니다. 폴더 수를 적정하게 유지하기 위해서 필요 없는 파일은 바로바로 삭제하고, 활용도는 낮지만 버리기는 아까운 파일들은 3단계의 '창고' 폴더에 따로 저장해 두고 있습니다. 이 파일들도 이미 상위 폴더에 따라 분류된 것이기 때문에 나중에 찾을 때도 그다지 어렵지는 않더군요.

이와 같이 폴더는 3단계까지 생성하고 단계별 폴더 수는 5개로 유지하는 것이 제 파일 정리 방법의 핵심입니다. 사용 환경이 다른 컴퓨터에 이 방법을 똑같이 적용하기는 어렵겠지만, 적절하게 응용만 한다면 파일 정리에 도움이 될 수 있을 것입니다. 제가 지금까지 설명한 내용 외에 더 알고 싶은 것이 있으면 질문하시기 바랍니다.

03 다음은 위 발표를 준비하는 과정에서 떠올린 생각이다. ㉠~㉤ 중 발표에 나타나지 않은 것은?

이번 발표 과제가 정보를 전달하는 말하기였지? 선생님께서 자신의 경험이나 관심사가 반영되고 듣는 사람도 관심을 가질 만한 내용으로 발표하라고 하셨으니까 ㉠ 내가 컴퓨터 파일을 정리하는 방법을 소개해야겠어. 친구들이 대체로 파일 정리를 귀찮아 하니까 내 발표가 친구들에게 도움이 될 것 같아. 먼저 친구들의 주의를 끌기 위해 ㉡ 질문 형식으로 시작하는 것이 좋겠어. 그리고 친구들이 관심을 가질 수 있도록 ㉢ 파일 정리가 학습에 도움이 되었던 사례를 제시해야겠어. 말로만 설명하면 이해하기가 어려울 수도 있으니까 ㉣ 파일 정리 방법은 시각 자료를 보여 주면서 설명하고, 발표를 정리할 때는 친구들이 기억하기 쉽도록 ㉤ 발표한 내용을 요약해야겠어.

① ㉠   ② ㉡   ③ ㉢

④ ㉣   ⑤ ㉤

04 발표에 대한 반응으로 가장 적절한 것은?

① 발표자는 전문가의 견해를 인용함으로써 발표 내용의 신뢰성을 높이고 있군.

② 발표자는 폴더 수를 적정하게 유지해야 파일을 쉽게 찾을 수 있다고 생각하고 있군.

③ 발표자는 파일을 분류하는 단계가 많을수록 파일을 간편하게 관리할 수 있다고 여기고 있군.

④ 발표자는 사용 환경이 다른 컴퓨터에서도 자신이 제시한 방법을 똑같이 적용할 수 있다고 믿고 있군.

⑤ 발표자는 친구들 앞에서 발표하고 있다는 점을 고려하여 반말을 사용함으로써 친밀감을 형성하고 있군.

[05~06]

다음은 학생이 수업 시간에 한 발표이다. 물음에 답하시오. **14학년도 수능AB**

여러분은 엑스선이라 하면 흔히 의학 분야에 활용된다고 생각하실 겁니다. 하지만 저는 엑스선이 미술 작품 연구에도 활용된다는 것을 여러분께 알려 드리려고 합니다.

(화면으로 '그림 1'을 보여 주면서) 먼저 인물화를 하나 보시죠. 혹시 이 그림 보신 적이 있으신가요? (본 적이 없다는 대답을 듣고) 아마 그럴 것입니다. 이 인물화는 고흐가 그린 것으로 알려져 있지만 고흐 작품 전시회에서도 직접 보기는 어렵답니다. 왜 그런지 궁금하시죠? 일단 다음 작품을 보시죠.

(화면으로 '그림 2'를 보여 주면서) 이 작품은 어디선가 본 것 같지 않나요? (청중의 대답을 듣고) 맞습니다. 우리 학교 미술실에도 사진으로 걸려 있는, 고흐의 '잔디밭'이란 작품입니다. 이 작품은 조금 전에 보여 드렸던 인물화와 밀접한 관계가 있는데요, 이 관계를 밝혀내는 데 엑스선이 활용됐다고 합니다.

엑스선이 이용됐다니까 의아하시죠? 과학 선생님께 들은 이야긴데, 과학자들이 엑스선을 이용해서 고흐의 작품들을 조사하다가 이 '잔디밭'이 그려진 캔버스에 원래는 다른 그림이 그려져 있었다는 사실을 밝혀냈다고 합니다.

컴퓨터로 복원한 원래의 그림을 제가 인터넷에서 찾았는데요, 과연 어떤 그림이었을까요? (청중의 대답을 듣고) 그렇습니다. (화면으로 '그림 1'을 다시 보여 주며) 바로 여러분이 처음에 보셨던 이 인물화입니다. 이 인물화가 그려진 캔버스 위에 고흐가 다시 물감을 덧칠해서 '잔디밭'을 그렸던 것이죠. 그래서 이 인물화를 전시회에서는 직접 보기 어렵고 이렇게 컴퓨터로 복원한 이미지로만 볼 수 있는 것입니다.

('그림 1'과 '그림 2'가 나란히 배치된 화면을 보여 주며) 자, 이제 이 두 그림이 어떤 관계인지 잘 아시겠지요? 이렇게 미술 작품을 연구하는 데 엑스선이 이용되기도 한답니다. 그럼 발표를 마치겠습니다.

05 학생의 발표 계획 중 위 발표에 반영되지 <u>않은</u> 것은?

① '그림 1'을 전시회에서 보기 어렵다는 점을 발표 앞부분에서 제시하고 그 이유를 뒷부분에서 알려 주어야겠군.
② '그림 2'의 분석에 엑스선이 이용되었다는 과학 선생님의 말을 활용해야겠군.
③ '그림 2'가 미술실에 사진으로 걸려 있다는 사실을 친구들에게 상기시켜야겠군.
④ '그림 1'과 '그림 2'를 작가가 한 캔버스에 겹쳐 그린 이유를 설명해야겠군.
⑤ '그림 1'이 '그림 2'와 달리 컴퓨터로 복원한 이미지라는 점을 제시해야겠군.

06 위 발표에 대한 평가로 가장 적절한 것은?

① 청중의 응답을 이끌어 내고 반응을 확인하여 청중과 상호 작용을 강화하였다.
② 발표 중간 중간에 그림들의 예술적 의미를 강조하여 청중의 이해를 도왔다.
③ 사적인 상황에 걸맞은 호칭어를 사용하여 청중에게 친근감을 불러일으켰다.
④ 도입부에서 화면을 통해 발표 순서를 안내하여 청중이 내용을 예측하며 듣도록 하였다.
⑤ 발표의 핵심을 강조하는 비유적 표현으로 발표를 마무리하여 청중에게 강한 인상을 남겼다.

[07~08]

다음은 독서 토론 동아리 부장의 발표이다. 물음에 답하시오. **15학년도 6월AB**

지난 시간에 우리는 '독서 토론이 잘 안 되는 원인'에 대한 설문 조사를 했습니다. 결과가 궁금하시죠? (청중의 대답을 들은 후) 결과를 말씀드리면 1위는 '책을 읽어 오지 않는 학생이 많아서'였고, 2위는 '논제에서 벗어나는 발언으로 토론을 방해하는 학생이 많아서'였습니다. 이 시간에 저는 설문 조사 결과에 나타난 우리 동아리의 문제점을 해결하고 독서 토론을 활성화하기 위한 방안으로 독서 토론 노트 사용을 제안하고자 합니다.

(독서 토론 노트를 보여 주면서) 이 노트는 토론 전, 중, 후 이렇게 세 번에 걸쳐 활용할 수 있습니다. 먼저, 토론 전 활용법부터 설명하겠습니다. (윗부분을 가리키며) 이곳에 책의 제목과 독서 진행 상황을 적습니다. 그리고 이 밑에는 책의 내용 및 저자의 주장을 정리하고, 토론거리가 될 만한 논제는 따로 정리해 둡니다. 여기에 자신의 주장을 덧붙이면 더욱 좋겠죠. 이렇게 토론이 시작되기 전에 노트를 작성하면 첫째, 다른 친구들의 독서 상황을 확인하여 토론 진행 시점을 결정할 수 있습니다. 둘째, 저자의 주장을 정확하게 파악하게 되어, 저자가 주장하지도 않은 것을 논제로 삼는 일도 막을 수 있습니다. 셋째, 토론할 때 자신의 논거와 상대방에 대한 반박 논리를 충분히 마련할 수 있습니다. 다음으로, 토론하는 중에는 다른 학생의 발언 내용을 정리하거나 궁금한 것을 메모할 수 있습니다. 그러면 같은 입장에 있는 학생의 발언을 불필요하게 반복하는 실수도 줄일 수 있고, 다른 입장에 있는 학생의 발언에 더 효과적으로 대응할 수 있습니다. 마지막으로, 토론이 끝난 후에는 이 노트에 토론 결과나 토론할 때 잘한 점과 잘못한 점 등을 적어 두면 다음 번 토론할 때 참고할 수 있습니다.

이처럼 독서 토론 노트는 독서에서 토론에 이르기까지 모든 과정을 철저히 관리할 수 있게 구성되어 있습니다. 따라서 독서 토론 노트를 사용하면 책을 읽어 오지 않는 학생들은 물론 논제에서 벗어난 발언으로 토론을 방해하는 학생들도 줄어들어서, 우리 동아리의 독서 토론이 훨씬 활성화될 것이라고 생각합니다.

07 학생의 발표 계획 중 위 발표에서 실현되지 <u>않은</u> 것은?

① 발표 앞부분에서 질문을 하여 청중의 호기심을 유발해야겠어.
② 발표 주제를 선정한 목적을 분명히 제시해야겠어.
③ 문제를 해결하기 위한 방안과 그에 대한 근거를 제시해야겠어.
④ 청중이 발표 내용을 구조적으로 파악할 수 있도록 담화 표지를 사용해야겠어.
⑤ 마무리 부분에서 청중의 이해도를 점검하고 발표 내용을 요약해야겠어.

08 〈보기〉는 위 발표를 들으며 학생들이 한 생각이다. 〈보기〉에 드러난 학생들의 듣기 전략을 파악한 것으로 적절하지 <u>않은</u> 것은?

보기

학생 1 : 요즘 독서 토론이 제대로 이루어지지 않는 건 사실이지. 논제와 관련 없는 얘기로 토론을 방해하는 애들도 있고…….
학생 2 : 부장은 독서 토론을 활성화하기 위해 독서 토론 노트에 대해 연구를 많이 한 것 같군.
학생 3 : 지난 시간 학교 행사 때문에 설문 조사 참여율이 낮았는데 전체 의견을 다시 들어 보면 결과가 달라질 수도 있지 않을까?
학생 4 : 독서 토론 노트는 좋은 점만 있을까? 단점도 있을 텐데…….
학생 5 : 부장 말대로 독서 토론 노트를 쓰면 토론에 적극적으로 참여할 수 있을 것 같아. 오늘 당장 써 봐야지.

① 학생 1은 발표의 동기에 공감하며 들었다.
② 학생 2는 발표자의 준비 상황을 추리하며 들었다.
③ 학생 3은 발표에 활용한 자료가 믿을 만한지 점검하며 들었다.
④ 학생 4는 발표자의 주장과 그 근거가 편향된 것은 아닌지 평가하며 들었다.
⑤ 학생 5는 발표자가 결론을 이끌어 내는 과정이 합리적인지 판단하며 들었다.

[09~11]
(가)는 발표 준비 과정에서 학생들이 나눈 대화이고, (나)는 '학생 2'가 수업에서 발표한 내용이다. 물음에 답하시오. **15학년도 9월A**

(가)

학생 1 : 내일은 네가 발표할 차례지? 준비는 다 했어?

학생 2 : 음…… 솔방울과 습도의 관계에 대해 발표하려고 해. 자료 준비는 충분한 것 같은데 ㉠ 발표를 잘 할 수 있을지 걱정이야.

학생 1 : 흥미로운 주제네. 자료 준비도 잘한 것 같은데 뭘 그렇게 걱정해?

학생 2 : 사실 나는 여러 사람들 앞에서 발표해 본 경험이 별로 없잖아. 그래서 친구들이 모두 나에게 집중하면 오히려 발표를 잘 못할 것 같아.

학생 1 : 그러면 몇몇 친구들 앞에서 연습을 한번 해 보는 건 어때?

학생 2 : 그래. 그러면 발표를 어떻게 해야 할지 알 수 있을 것 같아. 네 말대로 해 볼게. 고마워.

(나)

여러분은 솔방울을 한번쯤 본 적이 있을 테니 솔방울이 어떻게 생겼는지 떠올릴 수 있을 것입니다. 제가 지금부터 발표하려는 내용은 솔방울의 모양과 습도의 관계에 관한 것입니다.

바닥에 떨어진 솔방울을 잘 살펴보면 날씨에 따라 오므라들기도 하고 벌어지기도 하는데 그 이유를 아시나요? (청중의 반응을 살핀 후) 그럼 먼저 솔방울의 구조부터 말씀드리겠습니다. (사진을 보여 주며) 보시는 것처럼 솔방울 겉면은 작은 조각들이 물고기 비늘처럼 서로 조금씩 겹쳐져 있습니다. 이 조각을 '실편'이라고 하는데, 실편 한 개는 대개 소나무 씨앗 한 개씩을 감싸고 있습니다. 솔방울 하나는 보통 70~100개 정도의 실편으로 이루어져 있는데, 각 실편을 이루는 조직 중 바깥쪽 조직은 안쪽 조직보다 습기에 더 빨리 반응합니다. 이 부분은 영상을 보면 쉽게 이해되실 것입니다. (영상을 보여 주며) 벌어진 솔방울에 물을 부으면 솔방울이 서서히 오므라드는데요, 이것은 실편의 바깥쪽 조직이 안쪽 조직보다 물기를 더 빨리 흡수해서 그만큼 빨리 팽창하기 때문이에요. 그래서 실편들이 모두 안쪽으로 굽어져서 솔방울이 오므라들게 되는 것이지요. 이 솔방울을 건조시키면 어떻게 될까요? (청중의 대답을 듣고) 맞습니다. 실편 바깥쪽 조직이 안쪽보다 더 먼저 수축해서 솔방울이 다시 벌어지게 됩니다.

옛날 사람들은 이런 솔방울의 특성을 알고, 솔방울이 벌어진 정도로 날씨를 예측하기도 했다고 합니다. 오늘날에도 솔방울의 특성을 응용하려는 연구가 진행되고 있는데요, 그중에는 땀을 잘 배출하도록 고안된 운동복도 있습니다. 이 운동복은 솔방울의 특성을 응용하여 땀을 외부로 배출하는 데 초점을 맞춰 제작되었다고 합니다. 운동할 때 이런 운동복을 입으면 참 시원할 것 같습니다.

지금까지 솔방울이 습도에 따라 모양이 변하는 이유와 이 원리를 생활에 이용한 사례를 소개해 드렸습니다.

09 (가)의 상황에서 ㉠의 해소 방안으로 가장 적절한 것은?

① 청중 앞에서 발표해 본 경험이 부족하여 부담감을 느끼고 있으므로 미리 친구들 앞에서 연습을 하며 자신감을 얻는다.

② 발표할 주제가 청중의 흥미를 끌지 못할 것을 걱정하고 있으므로 청중이 관심을 가질 만한 내용으로 주제를 교체한다.

③ 발표 준비가 부족하다고 생각하여 불안감을 느끼고 있으므로 발표 내용에 관한 다양한 자료를 사전에 충분히 준비한다.

④ 발표에서 실패했던 예전의 기억 때문에 발표에 대한 두려움을 느끼고 있으므로 전문가의 조언을 토대로 두려움을 이겨낸다.

⑤ 청중의 높은 지적 수준에 대해 압박감을 느끼고 있으므로 다양한 질문을 작성해 봄으로써 성공적인 발표에 대한 자기 암시를 한다.

10 다음은 '학생 2'의 발표 계획이다. (나)에 반영되지 <u>않은</u> 것은?

ㄱ. 발표 내용과 관련하여 친구들의 경험을 환기하는 방식으로 시작해야겠어.

ㄴ. 설명하려는 현상을 명료하게 전달하기 위해서 매체 자료를 활용해야겠어.

ㄷ. 소개하려는 사례가 경제적으로 유용하다는 점을 부각하기 위해 통계 자료를 제시해야겠어.

ㄹ. 친구들이 발표에 집중할 수 있도록 발표를 진행하면서 질문을 던지고 반응을 확인해야겠어.

ㅁ. 친구들이 발표 내용을 정리할 수 있도록 내용을 요약하며 마무리해야겠어.

① ㄱ   ② ㄴ   ③ ㄷ
④ ㄹ   ⑤ ㅁ

11 (나)의 발표를 듣고 추론한 내용으로 가장 적절한 것은?

① 솔방울 하나에는 소나무 씨앗 한 개가 들어있겠군.

② 솔방울이 습기를 잃으면 실편은 안쪽으로 오므라들겠군.

③ 옛날 사람들은 솔방울이 활짝 벌어지면 비가 올 가능성이 낮다고 생각했겠군.

④ 솔방울의 실편 안쪽 조직은 바깥쪽 조직에 비해 습기에 더 빨리 반응하겠군.

⑤ 솔방울의 특성을 응용하여 만든 운동복은 외부의 습기를 차단하는 기능에 초점을 맞추어 제작되었겠군.

[12~14]

(가)는 발표 준비 과정에서 학생들이 나눈 대화이고, (나)는 수업에서 발표한 내용이다. 물음에 답하시오. 15학년도 수능A

(가)

학생 1 : 우리 모둠은 우리 지역 전통 시장인 '아름시장'의 특징을 소개하기로 했지? 조사한 자료를 선별해 보자.

학생 2 : 며칠 전 ○○신문에 전통 시장에 대한 기사가 나왔는데, 아름시장이 전통 시장의 우수 사례로 소개되었어. 아름시장의 특징을 잘 소개했으니 그것을 활용하자.

학생 3 : 나도 그 기사를 봤는데, 그 기사에서 다룬 전국의 전통 시장 분포에 대한 내용은 아름시장의 특징과 상관이 없으니 그것은 빼고 활용하자.

학생 2 : 그래. 내가 찾은 한 연구 보고서에 있는 설문 결과에 의하면 소비자들은 전통 시장을 불편하다고 생각하고 있던데? 아름시장의 장점을 부각하기 위해서 설문 결과를 포함하면 좋겠어.

학생 1 : 좋아. 자, 그럼 지금까지 나온 의견을 정리해 보자. ○○신문 기사의 일부와 연구 보고서 자료를 활용하자.

학생 2, 3 : 그래, 그렇게 하자.

(나)

최근에 여러분은 전통 시장에 가 본 적이 있나요? 거의 없네요. 아마도 시장이 불편하다는 생각 때문일 겁니다. 저도 여러분과 비슷한 생각이었어요. ⊙ 하지만 우리 지역 전통 시장인 아름시장에 대한 발표를 준비하면서 그것이 편견이었음을 깨닫게 되었습니다. 그래서 저는 오늘 여러분께 아름시장의 특징에 대해 소개하려고 합니다.

한 연구 보고서에 따르면 전통 시장이 대형 매장보다 불편하다고 여기는 소비자들이 많다고 합니다. 그런데 아름시장에 대해서는 그렇게 생각하지 않는 것 같아요. ⓛ 며칠 전 ○○신문에 아름시장이 전통 시장의 불편함을 해소한 우수 사례로 실렸을 정도니까요. 이것은 아름시장이 소비자 중심의 시장을 지향하며 노력한 결과이지요. 신문에 소개된 것처럼 아름시장에는 장보기 도우미들이 있습니다. 이들에게 전화 한 통화만 하면 원하는 품목을 대신 구매해 주고 배달까지 해 줍니다.

ⓒ 아름시장은 또 다른 흥미로운 특징을 갖고 있는데, 궁금하지 않으세요? 신문 기사에 따르면 매주 금요일 밤에 열리는 '야금장터'도 아름시장의 특징 중 하나입니다. 대형 매장에서는 밤늦은 시간에도 장을 볼 수 있지만 아름시장에서는 그럴 수 없어서 소비자들이 불편해했습니다. 이러한 불편을 해소하고자 매주 금요일에 밤늦게까지 운영하는 것이지요. 야금장터에는 지역 예술가들이 주축이 되어 자신들이 만든 제품도 판매하고 있어 소비자들의 관심을 끌고 있습니다. ② 저도 그곳에 관심이 생겨 가 보았는데 예술가들의 개성을 느낄 수 있는 제품이 많아서 구경하는 것만으로도 재미있었습니다. 또한 다채로운 공연도 열어 소비자들에게 문화 체험의 기회도 제공합니다.

이렇듯 아름시장은 기존 전통 시장에 대해 소비자들이 느꼈던 불편을 해소하기 위한 시도와 시장에 문화를 접목하려는 시도로 재탄생한 시장입니다. ⑩ '백문이 불여일견'이라고 하지요? 여러분도 아름시장을 방문하여 시장의 변화를 직접 확인해 보시기 바랍니다.

---

12 (가)의 자료 선별 과정에 대한 설명으로 가장 적절한 것은?

① 자료의 내용들이 서로 중복되는 것이 없는지 비교하여 자료 활용 여부를 결정하였다.

② 발표 장소에서 이용할 수 있는 매체 자료인지 점검하여 자료 활용 여부를 결정하였다.

③ 자료의 출처가 객관적으로 신뢰할 만한 것인지 파악하여 자료 활용 여부를 결정하였다.

④ 자료의 수준이 청중이 이해하기에 적절한지 고려하여 자료 활용 여부를 결정하였다.

⑤ 자료가 화제의 특징을 제시하는 데 필요한지 판단하여 자료 활용 여부를 결정하였다.

13 ⊙~⑩의 기능에 대한 설명으로 적절하지 않은 것은?

① ⊙ : 발표 내용이 청중에게 새롭게 여겨질 수 있음을 암시하기 위해 발표자의 인식이 변화되었음을 밝히고 있다.

② ⓛ : 발표자의 견해를 뒷받침하기 위해 구체적인 자료를 근거로 제시하고 있다.

③ ⓒ : 발표 내용에 대한 청중의 이해 정도를 확인하기 위해 질문의 방식을 사용하고 있다.

④ ② : 청중의 관심을 이끌어 내기 위해 발표자의 경험을 사례로 들고 있다.

⑤ ⑩ : 청중에게 효과적으로 권유하기 위해 한자 성어를 활용하고 있다.

14 다음은 (나)를 들은 후 청중이 보인 반응이다. (나)를 고려하여 청중의 반응을 분석한 것으로 적절하지 않은 것은?

> **청자 1 :** 아름시장에서 장보기 도우미를 도입하고 야금장터를 열었다고 했는데, 이건 대형 매장에 대한 경쟁력을 높이기 위한 좋은 시도라고 나도 생각해. 소비자의 관심을 불러일으키면 매출이 늘게 될 테니까.
>
> **청자 2 :** 연구 보고서의 내용과 신문 기사를 대비하여 아름시장의 특징과 성공적인 변화 양상을 전달한 것은 효과적이었던 것 같아. 발표 내용대로 나도 아름시장의 장보기 도우미나 야금장터가 전통 시장에 관한 인식 변화에 큰 기여를 하고 있다고 생각해. 나도 전통 시장에 대해 다시 생각해 보는 계기가 되었어.
>
> **청자 3 :** 아름시장의 새로운 시도 중 장보기 도우미에 대한 발표 내용에는 쉽게 공감이 가. 하지만 소비자들의 관심을 끌기 위해 야금장터에 예술가들을 참여시켜 시장을 활성화하려 했다는 데는 공감이 가지 않아. 단순한 볼거리 행사에 그치지 않을까?

① 청자 1의 반응으로 볼 때, 발표 내용에 공감하면서 아름시장의 시도들을 긍정적으로 평가하고 있군.

② 청자 2의 반응으로 볼 때, 발표의 내용 구성 방식을 긍정적으로 평가하는 한편 발표 내용을 듣고 생각의 변화를 경험하고 있군.

③ 청자 3의 반응으로 볼 때, 발표 내용 중 일부에 대해서는 긍정적으로 수용하면서도 다른 부분에 대해서는 비판적 태도를 보이고 있군.

④ 청자 1과 청자 3의 반응으로 볼 때, 야금장터를 예로 들어 아름시장의 특징을 설명한 것은 청자의 행동 변화를 유도하는 데 효과적이었다고 볼 수 있군.

⑤ 청자 2와 청자 3의 반응으로 볼 때, 장보기 도우미를 예로 들어 아름시장이 경쟁력을 강화했다고 한 발표 내용은 공감을 얻고 있다고 볼 수 있군.

[15~17]

다음은 '영우'가 수업 시간에 한 발표이다. 물음에 답하시오. **16학년도 6월A**

지난여름에 저는 전통 한옥 체험을 하면서 냉방 장치기 없는 한옥 안이 한낮에도 시원하다는 것을 알게 되었습니다. 그 이유가 궁금해서 자료를 조사해 보니 바로 처마의 기능과 관계가 깊더군요. 그래서 제가 조사한 처마의 기능을 여러분께도 알려 드리려고 발표를 준비했습니다. 먼저, 처마가 무엇인지부터 설명하고 그 뒤로 처마의 기능을 두 가지로 나누어 말씀드리겠습니다.

처마는 기둥이나 벽체 밖으로 길게 돌출된 지붕의 아랫부분을 가리키는데, 긴 처마는 서양식 주택과 비교되는 전통 한옥의 가장 큰 특징이라 할 수 있습니다. (화면으로 사진을 보여 주며 화면을 응시한 채) 보시는 것처럼 서양식 주택은 대체로 처마가 짧거나 아예 없습니다. (두 번째 사진을 보여 주며) 한옥 처마가 어떤 모양인지 잘 보이시죠? 한옥은 이렇게 벽체 밖으로 서까래를 길게 내서 긴 처마를 만들어 두고 있습니다.

(발표 원고를 응시한 채) 처마의 가장 중요한 기능은 바로 벽과 기둥을 보호하는 것입니다. 벽과 기둥 보호가 왜 중요하냐면 한옥의 벽은 흙으로, 기둥은 나무로 만들어지는데, 흙으로 된 벽은 오랫동안 빗물에 노출되었을 경우에는 무너져 내릴 수도 있고 나무 기둥도 습기에 오래 노출되면 썩을 수 있기 때문입니다. 그래서 이렇게 처마를 길게 만들어서 빗물을 기단 밖으로 흘려보내 벽과 기둥에 빗물이 닿지 않게 하려 한 것이죠. 장마가 길고 여름에 강수량이 집중되는 한반도의 기후를 고려하면 벽과 기둥을 빗물로부터 보호하는 것이 처마의 가장 중요한 기능이라 할 수 있답니다.

[A] 두 번째로 처마는 계절에 따라 실내의 일조량을 조절하는 기능을 합니다. (화면으로 자료를 보여 주며 화면을 응시한 채) 보시는 것은 여름과 겨울의 태양의 고도 차이에 따라 처마에 의해 일조량이 조절되는 원리를 그림으로 표현한 것입니다. 처마의 길이는 한반도의 계절별 태양의 고도 차이를 고려하여 만들어집니다. 그래서 보시는 것처럼 여름에는 한낮의 직사광선이 처마에 막혀 실내로 들어오지 못하고, 해가 낮게 뜨는 겨울에는 햇빛이 처마에 걸리지 않아 집 안 깊이 들어오게 됩니다. 한반도의 여름과 겨울의 기온 차가 크다는 점을 고려하면 이렇게 일조량을 조절하는 것은 여름에는 시원하고, 겨울에는 따뜻한 주거 환경을 만드는 데 효과적이라고 할 수 있습니다.

지금까지 한옥의 가장 큰 특징인 처마가 한옥 재료의 단점을 보완하고, 햇빛을 조절하여 쾌적한 주거 환경을 만드는 기능을 한다는 것을 말씀드렸습니다. 이상 발표를 마치겠습니다.

15 다음은 '영우'의 발표 계획이다. 발표에 반영되지 <u>않은</u> 것은?

ㄱ. 청중이 발표 내용을 예측하며 듣도록 발표 순서를 안내해야겠어.

ㄴ. 청중의 이해를 돕기 위해 설명하려는 대상에 대한 전문가의 평가를 직접 인용하여 제시해야겠어.

ㄷ. 설명하려는 대상의 특징이 청중에게 분명하게 인식되도록 다른 대상과의 차이점을 부각해야겠어.

ㄹ. 발표에 대한 청중의 관심을 유도하기 위해 설명하려는 대상과 관련된 나의 경험을 제시해야겠어.

ㅁ. 발표의 핵심적인 내용을 청중이 잘 기억할 수 있도록 설명한 내용을 요약하며 발표를 마무리해야겠어.

① ㄱ   ② ㄴ   ③ ㄷ
④ ㄹ   ⑤ ㅁ

16 다음은 어느 학생이 [A]를 들으며 메모한 내용이다. ⓐ~ⓔ에서 드러나는 학생의 듣기 과정에 대한 설명으로 적절하지 <u>않은</u> 것은?

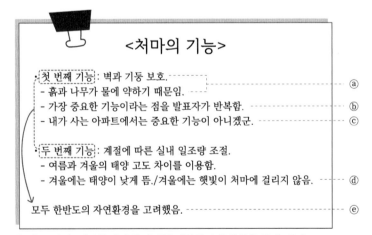

① ⓐ로 보아, 정보들 사이의 관계를 파악하며 들었음을 알 수 있다.
② ⓑ로 보아, 발표자가 강조하는 내용이 무엇인지 파악하며 들었음을 알 수 있다.
③ ⓒ로 보아, 발표 내용을 자기 경험과 관련지으며 들었음을 알 수 있다.
④ ⓓ로 보아, 제시된 정보를 사실과 의견으로 구분하며 들었음을 알 수 있다.
⑤ ⓔ로 보아, 정보들 사이의 공통점이 무엇인지 비교하며 들었음을 알 수 있다.

17 다음은 '영우'의 발표를 들은 후 청중이 보인 반응이다. 발표를 고려하여 청중의 반응을 분석한 것으로 가장 적절한 것은?

> **청자 1 :** 발표자가 한옥 안이 여름에도 시원하다고 느낀 것은 처마가 실내로 들어오는 직사광선을 막아 주었기 때문이야. 그런데 처마가 한옥의 대표적인 특징이라는 말에는 공감이 되지 않아. 내가 알기로는 창호를 한옥의 대표적 특징으로 꼽는 사람들도 있었어.
>
> **청자 2 :** 한옥에서 처마가 어떤 기능을 하는지를 무척 흥미롭게 들었어. 그런데 발표자가 청중의 반응을 살피지 않고 화면과 발표 원고에만 집중하며 발표한 것은 고쳐야 할 점이라고 생각해.
>
> **청자 3 :** 처마의 모양과 계절에 따른 일조량 조절 원리를 시각 자료를 활용해 설명해서 내용을 쉽게 이해할 수 있었어. 그렇지만 '서까래'나 '기단'과 같은 말은 정확한 뜻을 설명해 주지 않아서 아쉽다는 생각이 들었어.

① 청자 1의 반응으로 볼 때, 발표를 듣고 처마가 한옥의 가장 큰 특징이라는 발표자의 생각에 공감하게 되었군.

② 청자 1의 반응으로 볼 때, 발표 내용과 달리 여름철에 한옥의 실내가 시원하게 느껴지는 이유를 창호와 관련지어 이해했군.

③ 청자 2의 반응으로 볼 때, 선정된 발표 주제에 대해서 부정적으로 인식하고 있군.

④ 청자 2의 반응으로 볼 때, 발표자가 청중과 상호 작용한 것을 긍정적으로 평가하고 있군.

⑤ 청자 3의 반응으로 볼 때, 매체 활용의 효과에 대해서는 긍정적으로 평가하면서도 용어 설명이 부족했다고 생각하고 있군.

memo

[18~20]
다음의 (가)는 발표 준비를 위한 학생들 간의 대화이고, (나)는 수업 중 학생의 발표
이다. 물음에 답하시오. **16학년도 9월A**

(가)

학생 1 : 이번에 자유 주제로 학급 친구들 앞에서 발표하는 과제 있잖아. 우리 모둠은 아직 어떤 내용으로 발표할지 정하지 못해서 고민이야. 좋은 생각 없니?

학생 2 : 최근 세계 로봇 대회에서 우승한 우리나라 로봇 '휴보'가 여러 방송 매체에서 보도되었잖아. 로봇에 대해 발표해 보는 게 좋겠어.

학생 1 : 그거 좋다. 그런데 로봇에 대한 내용은 너무 포괄적이어서 다룰 내용을 좀 좁히면 좋겠는데, 어떤 내용을 다뤄야 친구들이 흥미롭게 들을까?

학생 2 : 이건 어때? 로봇이 우리 삶에 어떤 도움을 줄 수 있는가를 로봇의 발전과 관련하여 발표해 보는 거야.

학생 1 : 괜찮다. 이번 발표는 친구들이 좋아할 것 같아.

(나)

[A] 여러분, 앞의 화면을 잠시 봐 주세요. (로봇 영상을 보여 주며) 여기 등장하는 로봇은 올해 세계 로봇 대회에서 우승한 우리나라 로봇 '휴보'입니다. 두 발로 걷고 층계를 오르내리는 것이 사람과 비슷한데 참 신기하죠? 이 시간에는 이런 로봇의 발전과 인간의 삶에 대해 발표하고자 합니다.

[B] 먼저 여러분께 질문 한 가지를 드리겠습니다. 로봇이라고 하면 무엇이 떠오르시나요? (청중의 대답을 듣고) 네, 말씀하신 것처럼 뉴스 보도나 영화에서 봤던 여러 형태의 로봇이 생각날 것입니다.

[C] 자, 여기 사진을 봐 주십시오. (사진을 보여 주며) 이 당시의 로봇은 사람을 닮은 데라고는 하나도 없었습니다. 이후에 기술이 발전하면서 사람의 팔 모양을 한 로봇이 만들어지고 최근에는 '휴보'처럼 인간의 신체와 유사한 형태를 갖추어 두 발로 걷는 로봇이나 인간의 감정을 읽는 로봇까지 등장하였습니다.

[D] 그렇다면, 이렇게 발전하고 있는 로봇들은 우리 삶에 어떤 변화를 주고 있을까요? 초창기 로봇들은 운반이나 부품 조립과 같은 작업을 수행함으로써 인간이 해야 할 일들을 대신해 주었습니다. 그러다 두 발로 걸을 수 있는 로봇이 개발되어 화재를 진입하거나 인명을 구조하는 등 복잡하고 어려운 일들을 대신해 줌으로써 인간이 안전한 삶을 누릴 수 있게 되었습니다. 그뿐만 아니라 이제는 대화가 가능한 로봇이 등장하여 인간과 소통할 수 있는 친구의 역할까지 해 줄 수도 있게 되었습니다.

[E] 향후에 기술 발전에 따른 로봇의 상용화가 가속화될 것이며 그로 인해 우리는 보다 많은 시간적 여유와 삶의 혜택을 누리게 될 것이라고 생각합니다. 로봇 상용화에 대한 긍정적 전망은 로봇 시장 규모를 통해 알 수 있습니다. 2014년에 국내 로봇 산업 실태를 조사한 △△ 연구소의 보고서에 따르면, 국내 로봇 시장 규모는 2013년 2조 2,210억 원에서 2018년 7조 원으로 성장해 약 3.2배 증가할 것이라고 전망하고 있습니다.

물론 로봇이 인간의 일자리를 빼앗을 수 있다는 등 로봇 기술의 발전이 인간의 삶에 부정적인 영향을 줄 수 있다는 비판의 목소리도 있습니다. 하지만 이것은 인간이 로봇에 지나치게 의존할 때 발생하는 문제일 뿐, 인간이 로봇을 적절하게 활용한다면 크게 걱정할 문제는 아니라고 생각합니다. 앞으로 계속 이어질 로봇의 발전을 기대하며 이상으로 발표를 마치겠습니다. 들어주셔서 감사합니다.

18 (가)에서 '학생 2'의 말하기 방식으로 가장 적절한 것은?

① 상대방의 의도를 질문을 통해 확인하며 말하고 있다.
② 상대방의 질문에 대해 해결 방안을 제시해 주고 있다.
③ 상대방의 의견에 대해 의문을 제기하며 말하고 있다.
④ 상대방의 발언 내용을 요약하며 대화를 진행하고 있다.
⑤ 상대방의 발언 가운데 이해하지 못한 내용에 대해 설명을 요청하고 있다.

19 [A]~[E]에 활용된 발표 전략으로 적절하지 않은 것은?

① [A] : 청중의 관심을 유발하기 위해 로봇과 관련된 최근 사례를 제시하며 발표를 시작하고 있다.
② [B] : 청중과의 상호 작용을 위해 로봇이란 말이 무엇을 떠오르게 하는지 질문을 하고 그에 대한 답변을 듣고 있다.
③ [C] : 청중들이 발표 대상을 시각적으로 확인할 수 있도록 매체를 활용하여 로봇의 형태를 제시하고 있다.
④ [D] : 로봇의 형태가 변화해 온 이유를 설명하기 위해 다양한 예를 들고 있다.
⑤ [E] : 국내 로봇 시장 규모의 증대에 관한 보고서를 근거로 발표 내용의 신뢰성을 높이고 있다.

20 다음은 (나)를 들으며 학생이 메모한 내용이다. ⓐ~ⓒ의 공통점에 대한 설명으로 가장 적절한 것은?

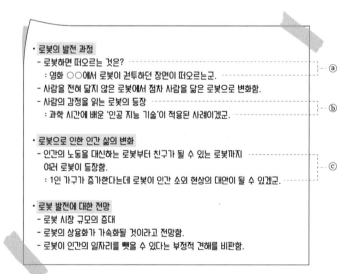

① 발표 내용을 자신의 경험이나 지식과 관련지으면서 들었다.
② 발표자가 제시한 자료가 신뢰할 만한지를 따지면서 들었다.
③ 발표자가 언급했던 내용들 사이의 관계를 규정하면서 들었다.
④ 발표 내용이 사실인지 발표자의 의견인지를 구분하면서 들었다.
⑤ 발표자의 의견이 한쪽에 치우치지 않았는지를 판단하면서 들었다.

[21~23]

다음은 학생이 수업 시간에 한 발표이다. 물음에 답하시오. **16학년도 수능A**

[A] ┌ 여러분, '희토류'에 대해 들어 본 적이 있으신가요? (별로 들어 본 적이 없다는 대답을 듣고) 네. 그러시군요. 희토류는 우리 생활 속에서 쉽게 접할 수 있는 제품들에 널리 사용되고 있습니다. 하지만 희토류에 대해 잘 알지 못하는 분들이 많은 것 같아 이번 시간에는 희토류가 무엇이고 어떻게 쓰이는지 등에 대해 알려 드리고자 합니다.

원소에 대해서는 잘 아시죠? (그렇다는 대답을 듣고) 잘 아시는군요. 희토류는 원소 주기율표에서 원자 번호 57부터 71까지의 원소와 그 외의 2개 원소를 합친 17개의 원소를 가리킵니다. 희토류는 다른 물질과 함께 화합물을 형성하여 다양한 산업 분야에서 주요 소재로 널리 활용되고 있습니다. 이제 희토류에 대해 이해되셨나요? (그렇다는 대답을 듣고) 그럼 다음으로, 희토류의 실제 활용 사례를 살펴보겠습니다. (영상을 보여 주며) 희토류 중 하나인 이트륨이 활용된 사례입니다. 이 희토류를 포함한 화합물은 LED나 TV 스크린 등에 발광 재료로 쓰이는데 이 경우에 발광 효율이 높아 에너지 절약 효과를 가져올 수 있습니다. 다음은 역시 희토류 중의 하나인 네오디뮴이 활용된 사례입니다. 이 희토류를 포함한 화합물 중에서 강한 자성을 갖는 것은 하이브리드 자동차나 전기 자동차의 모터용 자석에 널리 사용됩니다.

최근에는 첨단 산업 분야에서 희토류에 대한 수요가 늘면서 희토류의 생산량이 증가하고 있습니다. (표를 제시하며) 여기를 보시면 2010년의 전 세계 희토류 생산량은 약 13만 톤이었는데요. 1986년부터 2010년까지 25년 동안 희토류 생산량이 꾸준히 증가했다는 것을 알 수 있습니다. 최근 한 전문가의 연구에 따르면, 2050년에는 전 세계 희토류 수요량이 약 80만 톤에 이를 것이라고 합니다. 그런데 희토류는 특정 광석에만 존재하며, 광석에서 분리하여 정제하기가 매우 까다롭다고 합니다. 이러한 이유로 최근 여러 국가에서는 희토류의 생산 확대를 위한 기술을 적극적으로 개발하고 있습니다.

지금까지 희토류에 대한 여러분의 이해를 돕기 위해 희토류의 개념과 산업 분야에서의 활용 사례 등을 중심으로 발표를 하였습니다. 앞서 말씀드린 바와 같이 희토류는 여러 산업 분야에 걸쳐 주요 소재로 활용되고 있어서 '산업의 비타민'이라고 불립니다. 제 발표를 통해 여러분이 희토류에 대해 잘 이해하셨길 바랍니다. 더불어 생활 속에서 희토류가 실제로 얼마나 다양하게 활용되고 있는지 관심을 갖고 찾아보셨으면 합니다. 이상으로 발표를 마치겠습니다. 감사합니다.

21 [A]에서 사용한 발표 전략에 대한 설명으로 가장 적절한 것은?

① 청중의 이해 여부를 확인하기 위해 청중에게 질문을 한 뒤 반응을 살피고 있다.

② 발표 대상의 유용성과 한계를 인식시키기 위해 발표 대상의 장단점을 비교하고 있다.

③ 발표 내용에 대한 신뢰도를 높이기 위해 전문가의 설명을 직접 인용하여 제시하고 있다.

④ 발표 대상에 대한 청중의 관심을 유발하기 위해 발표를 시작할 때 시각 자료를 활용하고 있다.

⑤ 발표 대상의 특성을 잘 기억할 수 있게 하기 위해 발표 대상의 활용 사례를 설명한 후 이를 요약하고 있다.

22 다음은 학생의 발표 연습을 들은 선생님의 조언이다. ㉠~㉣ 중 학생이 발표에서 실제로 반영한 것만을 있는 대로 고른 것은?

> 발표에서는 효과적인 마무리가 중요해요. ㉠ 발표 목적을 청중들에게 환기시키고 ㉡ 산업 분야에서의 희토류의 역할을 비유적 표현으로 제시하여 발표 내용을 인상적으로 전달하는 것도 좋아요. ㉢ 희토류와 관련된 우리 삶에 대한 긍정적인 전망을 제시하거나 ㉣ 희토류에 대해 청중이 관심을 갖기를 권하는 내용을 포함할 수도 있어요.

① ㉠, ㉡   ② ㉠, ㉢   ③ ㉢, ㉣

④ ㉠, ㉡, ㉣   ⑤ ㉡, ㉢, ㉣

23 다음은 발표를 들은 청중이 발표자에게 한 질문의 일부이다. 발표 내용에 대한 이해를 바탕으로 추가 설명을 요청하는 학생의 질문으로 적절하지 <u>않은</u> 것은?

> **학생 1 :** 이트륨을 포함한 화합물을 사용한 TV 스크린 제품은 에너지 절약 효과가 있다고 하였는데요. 이러한 제품과 그렇지 않은 제품을 비교할 때 실제 에너지 절약 효과는 어느 정도인가요? ·················· ①
>
> **학생 2 :** 네오디뮴을 포함한 화합물 중에서 강한 자성을 갖는 것으로 하이브리드 자동차나 전기 자동차의 모터용 자석을 만든다고 했는데요. 네오디뮴이 포함된, 강한 자성을 갖는 화합물을 활용한 다른 제품 사례는 없나요? ·················· ②
>
> **학생 3 :** 2010년을 기준으로 이후 25년간 전 세계 희토류 생산량이 증가할 것이라고 설명하였는데요. 2010년 이전의 희토류 생산량에 대한 정보는 없나요? ·················· ③
>
> **학생 4 :** 광석에서 희토류를 분리하여 정제하는 것이 매우 까다롭다고 했는데요. 이러한 문제를 해결하기 위해 개발되고 있는 생산 기술을 아는 대로 설명해 줄 수 있나요? ·················· ④
>
> **학생 5 :** 2050년에 전 세계 희토류 수요량이 약 80만 톤에 이를 것이라는 연구 자료를 소개하였는데요. 미래의 희토류 수요량을 예측한 다른 연구 자료는 없나요? ·················· ⑤

[24~26]
다음은 연설 의뢰서와 이에 따라 행한 연설이다. 물음에 답하시오.

16학년도 수능B

[연설 의뢰서]

저는 20××년 세계 □□ 사이클 대회 A시 유치 위원회 위원장입니다. 지난 대회 우승자인 ○○○ 선수께 개최지 결선 투표를 위한 지지 연설을 부탁드리고자 합니다. 투표단은 대부분 사이클에 애정을 지닌 선수 출신들로, 전문 지식을 갖추고 있으며 개최지가 대회 취지에 잘 부합하는지를 중시한다는 점을 고려해 주시기 바랍니다.

[연설]

여러분, 안녕하세요? 사이클 선수 ○○○입니다. 새로운 역사를 만드는 자리에 섰다고 생각하니 무척 설렙니다.

여러분도 아시다시피 세계 □□ 사이클 대회의 취지는 전 세계적으로 사이클을 활성화하는 데 있습니다. 하지만 그동안 개최된 마흔두 번의 대회 중 사이클 강국인 유럽과 북미가 아닌 곳에서 개최된 적은 단 두 번뿐이었습니다. 우리 A시는 사이클 비인기 지역인 아시아의 도시이고 경쟁 도시는 유럽의 도시입니다. 흔히 사이클 비인기 지역의 도시가 대회를 개최하는 것이 대회의 취지를 실현하는 데 부적합하다고 합니다. 하지만 달리 생각해 보면 대회를 통해 사이클에 대한 A시의 시민들, 나아가 아시아 각국 시민들의 관심을 증폭할 수 있으므로 사이클 활성화에 기여할 수 있습니다.

우리는 개최지로서 좋은 여건을 갖췄습니다. 사이클에 대한 시민들의 관심이 높아지고 있고 사이클 인구도 빠르게 늘어나고 있습니다. 경쟁 도시는 시민의 지지가 낮지만 우리는 90퍼센트가 넘는 시민의 합의를 이끌어 냈고 정부도 재정 지원을 약속했습니다. 사이클 전용 경기장에 비해 도로 경기장이 노후화됐다는 우려도 있지만, 선수로 출전해 본 제 경험에 비추어 볼 때 A시의 도로 경기장은 천혜의 자연조건을 갖추고 있어 정비만 하면 최적의 경기장이 될 것이라 자신합니다.

이미 많은 분들이 인정하신 것처럼 우리는 각종 국제 대회를 성공리에 개최하여 전 세계인의 찬사를 받은 바 있습니다. 이러한 경험은 이번 대회도 충분히 잘 치를 수 있는 능력이 있다는 사실을 뒷받침하는 것입니다.

우리는 그동안 사이클 회원국과의 친선을 도모하고 사이클 활성화에 앞장서면서 세계 사이클 협회와의 약속을 지켜 왔습니다. 이전 대회의 유치에는 성공하지 못했지만, 세계 우호 증진에 힘쓰겠다는 당시의 공약대로 사이클 전용 경기장이 없는 해외 도시들의 청소년을 초청하여 지도하는 프로그램을 운영해 왔습니다. 개최지로 확정되면 이러한 신뢰를 바탕으로 대회 준비에 매진하겠습니다.

여러분처럼 저도 사이클을 사랑합니다. 여러분과 마찬가지로 사이클 없는 제 삶은 상상할 수 없습니다. 이제 제 꿈은 A시에서 열리는 대회에 전 세계 젊은이들이 참가하는 모습을 보는 것입니다. 이것은 A시 모든 시민들의 꿈이기도 합니다. 이 꿈이 꼭 실현될 수 있도록 지지를 부탁드립니다. 감사합니다.

24 연설 의뢰서의 내용을 바탕으로 세운 계획 중 연설에 나타나지 <u>않은</u> 것은?

① 대회 유치를 위해 청중을 설득해야 하므로 A시가 선정되어야 하는 이유를 밝혀야겠어.
② 청중이 대회의 취지를 중시하므로 A시가 대회 취지를 잘 실현할 수 있음을 강조해야겠어.
③ 청중이 사이클에 애정이 있을 것이므로 청중과의 공통점을 내세워 공감대를 형성해야겠어.
④ 청중에게 신뢰감을 주어 지지를 얻어야 하므로 A시 도로 경기장에 대해 설명할 때 선수로서의 경험을 내세워야겠어.
⑤ 청중이 전문 지식이 있으므로 A시 사이클 전용 경기장의 내부 구조가 경기력 향상에 도움이 된다는 점을 설명해야겠어.

25 연설자가 연설에 사용한 전략과 구체적 내용이 바르게 연결된 것은?

예상 평가 항목 \ 전략	강점 부각	약점에 대한 인식 전환
대회 취지 부합성	㉠	㉡
대회 개최 여건	㉢	㉣
대회 운영 능력	㉤	-

① ㉠ : 대회 개최가 A시 시민들 간의 우호 증진에 도움이 된다는 점에서 대회 취지에 부합함을 보여 준다.
② ㉡ : 사이클 비인기 지역에서의 대회 개최가 사이클 저변 확대에 기여할 수 있다는 점을 부각한다.
③ ㉢ : 경기 시설에 대한 우려를 언급한 후 개선 방안을 제시하여 부정적 시각을 차단한다.
④ ㉣ : 개최지 선정의 불공평성을 근거로 내세워 대회 유치의 타당성을 주장한다.
⑤ ㉤ : 자료를 인용하여 사이클 강국이 아닌 곳에서도 대회를 성공적으로 운영했던 사실을 강조한다.

26 A시의 경쟁 도시를 지지하는 청중이 위 연설을 반박한 내용으로 가장 적절한 것은?

① A시의 경쟁 도시 시민의 지지가 낮다고 한 것은 근거를 제시하지 않았으므로 타당하지 않습니다.
② A시가 국제 대회 개최 경험이 많다고 한 것은 성공 여부를 밝히지 않았으므로 높은 점수를 줄 수 없습니다.
③ 정부의 지원 여부를 밝히지 않고 지지를 호소한 것은 재원 마련에 대한 확신을 주지 못하므로 신뢰할 수 없습니다.
④ 해외 청소년 대상 사이클 프로그램 운영에 대해 언급한 것은 사이클 활성화의 사례가 되므로 A시의 지지자를 늘리는 결과를 가져올 것입니다.
⑤ A시에서 사이클이 비인기 종목이라고 언급한 것은 대회 개최에 대한 주민들의 무관심을 보여 주므로 A시가 자격이 없음을 증명하는 것입니다.

[27~28]

다음은 강연의 일부이다. 물음에 답하시오. **17학년도 6월**

학생 여러분 안녕하세요. 저는 타이포그래피 디자이너 ○○○입니다. 이렇게 진로 축제에 초청받아 타이포그래피에 대해 소개하게 되어 무척 기쁩니다.

타이포그래피는 원래 인쇄술을 뜻했지만 지금은 그 영역이 확대되어 문자로 구성하는 디자인 전반을 가리킵니다. 타이포그래피에는 언어적 기능과 조형적 기능이 있는데요, 그 각각을 나누어 말씀드리겠습니다.

먼저 타이포그래피의 언어적 기능은 글자 자체가 가지고 있는 의미 전달에 중점을 두는 기능을 말합니다. 의미를 정확하게 전달하기 위해서는 가독성을 높이는 일이 무엇보다 중요하지요. **(화면의 '작품 1'을 가리키며)** 이것은 여러분들도 흔히 보셨을 텐데요, 학교 앞 도로의 바닥에 적혀 있는 '어린이 보호 구역'이라는 글자입니다. 운전자에게 주의하며 운전하라는 의미를 전달해야 하므로 이런 글자는 무엇보다도 가독성이 중요하겠지요? 그래서 이 글자들은 전체적으로 크면서도 세로로 길게 디자인하여 운전 중인 운전자에게 글자가 쉽게 인식될 수 있도록 제작한 것입니다.

이어서 타이포그래피의 조형적 기능을 살펴보겠습니다. 타이포그래피의 조형적 기능이란 글자를 재료로 삼아 구체적인 형태의 외형적 아름다움을 전달하는 기능을 말합니다. **(화면의 '작품 2'를 가리키며)** 이 작품은 '등'이라는 글씨의 받침 글자 'ㅇ'을 전구 모양으로 만들었어요. 그리고 받침 글자를 중심으로 양쪽에 사선을 그려 넣고 사선의 위쪽을 검은색으로 처리했어요. 이렇게 하니까 마치 갓이 씌워져 있는 전등에서 나온 빛이 아래쪽을 환하게 밝히고 있는 그림처럼 보이지요. 이렇게 회화적 이미지를 첨가하면 외형적 아름다움뿐만 아니라 글자가 나타내는 의미까지 시각화하여 전달할 수 있습니다.

(화면의 '작품 3'을 가리키며) 이 작품은 '으'라는 글자 위아래를 뒤집어 나란히 두 개를 나열했어요. 그러니까 꼭 사람의 눈과 눈썹을 연상시키네요. 그리고 'ㅇ' 안에 작은 동그라미를 세 개씩 그려 넣어서 눈이 반짝반짝 빛나고 있는 듯한 모습을 표현했습니다. 이것은 글자의 의미와는 무관하게 글자의 형태만을 활용하여 제작자의 신선한 발상을 전달하기 위한 작품이라고 할 수 있습니다.

지금까지 작품들을 하나씩 보여 드리며 타이포그래피를 소개해 드렸는데요, 한번 정리해 봅시다. **(화면에 '작품 1', '작품 2', '작품 3'을 한꺼번에 띄워 놓고)** ㉠ 좀 전에 본 작품들은 타이포그래피의 어떤 기능에 중점을 둔 것일까요?

27 위 강연자의 말하기 방식으로 가장 적절한 것은?

① 청중과 공유했던 경험을 직접 제시하여 강연의 목적을 밝히고 있다.
② 청중이 강연 내용을 신뢰할 수 있도록 객관적인 통계 자료를 활용하고 있다.
③ 청중에게 구체적인 사례를 제시하고 이를 분석하면서 강연의 중심 내용을 설명하고 있다.
④ 청중이 희망하는 직업들의 특징을 서로 대비함으로써 강연 내용의 활용 가치를 강조하고 있다.
⑤ 청중이 던진 질문에 답변을 함으로써 강연 내용에 대한 청중의 궁금증을 해소해 주고 있다.

28 위 강연을 고려할 때, ㉠에 대한 대답으로 가장 적절한 것은?

① '작품 1'은 운전자가 쉽게 읽을 수 있도록 글자를 제작하였으므로 타이포그래피의 언어적 기능에 중점을 둔 것이라 할 수 있어요.
② '작품 2'는 글자가 나타내는 의미와 상관없이 글자를 작품의 재료로만 활용하고 있으므로 타이포그래피의 조형적 기능에 중점을 둔 것이라 할 수 있어요.
③ '작품 3'은 회화적 이미지를 활용하여 글자의 외형적 아름다움을 표현했으므로 타이포그래피의 언어적 기능에 중점을 둔 것이라 할 수 있어요.
④ '작품 1'과 '작품 2'는 모두 글자의 색을 화려하게 사용하여 의미를 정확하게 전달하고 있으므로 타이포그래피의 언어적 기능에 중점을 둔 것이라 할 수 있어요.
⑤ '작품 2'와 '작품 3'은 모두 글자의 외형적 아름다움을 통해 글자의 의미 전달을 돕고 있으므로 타이포그래피의 조형적 기능에 중점을 둔 것이라 할 수 있어요.

[29~30]

다음은 강연의 일부이다. 물음에 답하시오. **17학년도 9월**

> 여러분 안녕하세요? 방금 소개받은 요리 연구가 ○○○입니다.
> '맛있는 꽃'이라는 강연 제목에서 짐작하셨을 텐데 오늘 제 강연은 먹는 꽃, 즉 식용 꽃에 대한 것입니다. 여러분, 꽃을 먹는 것이라고 생각해 본 적이 있나요? 재스민 차 드셔 본 분은요? 아, 몇 분이 고개를 끄덕여 주셨어요. 그래요, 여러분이 마시는 차 중에는 말린 꽃잎을 재료로 한 것들이 있습니다. 또 꽃은 소스나 샐러드의 재료로도 자주 쓰인답니다. 화면을 보시죠. 장미 꽃잎을 올린 샐러드가 참 예쁘지 않습니까? 이외에도 팬지꽃, 호박꽃도 샐러드나 소스 재료로 쓰인답니다. 이렇게 꽃을 음식 재료로 쓰는 이유는 꽃잎의 화려한 색과 은은한 향기가 식욕을 자극하고 입맛을 돋우는 효과가 있기 때문입니다.
> 우리 전통 음식에도 꽃을 넣은 게 있는데요, 혹시 꽃을 넣은 전통 음식을 먹어 본 학생이 있으면 손을 들어 볼까요? (손을 든 학생을 가리키며) 네, 어떤 음식을 먹어 보았나요? (학생 : 강연을 듣다 보니, 어렸을 적 할머니께서 진달래꽃으로 화전을 만들어 주셨던 것이 생각나요.) 네, 좋은 예를 들어 주었네요. 이 학생에게 다 함께 박수를 쳐 주세요. 고맙습니다. 우리 조상들은 오래전부터 꽃으로 다양한 음식을 만들어 먹었답니다. 예를 들어 봄철에는 여럿이 모여 진달래 화전을 만들어 먹었고, 가을이면 국화차를 마시기도 했습니다.
> 그런데 여러분, 이 말씀은 꼭 드려야겠네요. 철쭉꽃은 화전 재료로 쓰이는 진달래꽃과 비슷하게 생겼지만 절대 드시면 안 됩니다. 독성이 있으니까요. 철쭉꽃뿐만 아니라 아네모네, 은방울꽃 같은 것들도 독성이 있답니다. 그러니 꽃을 먹기 전에 독성이 있는 꽃인지 꼭 확인해야 합니다.
> 또한 꽃에는 농약이나 오염 물질이 묻어 있는 경우가 있으니 주의해야 합니다. 그리고 꽃에 따라서는 꽃가루가 알레르기를 일으키는 것도 있으니 이런 꽃은 암술, 수술, 꽃받침을 제거하고 꽃잎만 드셔야 해요. 특히 진달래꽃은 수술에 약한 독성이 있으므로 반드시 이를 제거하고 물에 씻어야 한답니다.

29 강연자의 말하기 방식에 대한 설명으로 가장 적절한 것은?

① 질문을 통해 청중의 경험을 이끌어 내어 강연의 내용과 연결 짓고 있다.
② 강연 중간 중간에 자신이 말한 내용을 요약하여 청중의 이해를 돕고 있다.
③ 설명 대상에 대한 역사적 사건을 제시하여 청중의 흥미를 유발하고 있다.
④ 자신의 과거 경력을 소개하여 청중이 강연 내용에 대해 신뢰감을 갖게 하고 있다.
⑤ 강연 진행 순서를 처음에 안내하여 청중이 강연 내용을 예측할 수 있도록 하고 있다.

30 다음은 강연을 들은 학생이 작성한 학습 활동지이다. 학생의 듣기 활동을 이해한 내용으로 적절하지 <u>않은</u> 것은?

학습 활동지
• 듣기 전후에 떠올린 생각 〈듣기 전〉 - 어떤 꽃을 먹을 수 있을까? - 꽃을 재료로 하는 음식에는 무엇이 있을까?　　　　— ㉠ 〈듣기 후〉 - 진달래꽃과 철쭉꽃의 형태적 차이점은 무엇일까?　— ㉡ - 학교 화단의 꽃은 함부로 음식 재료로 쓰면 안 되겠군.　— ㉢ - 동아리 행사로 무엇을 할지 아직 정하지 못해 걱정했는데, 꽃을 재료로 한 음식 만들기를 하면 좋을 것 같아.　— ㉣
• 강연을 듣고 정리한 내용   - 꽃을 재료로 한 음식 : 꽃잎 차, 샐러드, 화전 등 - 식용 가능 : 장미꽃, 팬지꽃, 호박꽃, 진달래꽃, 국화꽃 　　※ 농약이나 오염 물질 없는 것, 꽃잎만 섭취 - 식용 불가 : 철쭉꽃, 아네모네, 은방울꽃　　　　　— ㉤

① ㉠과 ㉤을 함께 고려할 때 듣기 전 떠올렸던 질문에 대한 답을 강연에서 찾았음을 확인할 수 있다.
② ㉡에서는 들은 내용이 사실과 부합하는지 점검했음을 확인할 수 있다.
③ ㉢에서는 들은 내용을 강연자가 직접 언급하지 않은 대상에 적용하였음을 확인할 수 있다.
④ ㉣에서는 들은 내용을 자신의 문제 해결에 활용하려 함을 확인할 수 있다.
⑤ ㉤에서는 들은 내용을 정보 간의 관련성이 드러나도록 범주화하여 정리했음을 확인할 수 있다.

[31~32]
다음은 학생의 발표이다. 물음에 답하시오. 17학년도 수능

다음 주에 우리 학교에서는 겸재 정선의 산수화전을 관람할 예정입니다. 여러분들이 정선의 산수화를 감상할 때 도움이 되도록 정선의 '관동팔경'을 중심으로 정선의 산수화에 대해 발표하도록 하겠습니다.

'관동팔경'은 관동 지방을 소재로 한 여덟 점의 산수화로 정선의 작품 세계가 잘 드러난다고 평가받습니다. 산수화 연구가에 따르면, 산수화 중에는 실제 산수가 가질 수 없는 완전한 아름다움이 형상화된 것들이 있는데 이러한 아름다움을 산수화의 '환'이라고 합니다. 정선의 산수화에서도 이러한 특징을 찾아볼 수 있습니다. 정선은 실제 자연의 모습을 있는 그대로 재현하기보다 생략이나 변형의 방식 등을 통해 자연의 아름다움이나 정취를 부각함으로써 '환'을 실현했습니다. '관동팔경'의 산수화들을 통해 이를 살펴보도록 하죠.

(화면을 보여 주며) 이 그림은 〈총석정〉입니다. 정선은 수직으로 죽죽 내려 긋는 수직준법을 사용해 돌기둥을 표현하고 돌기둥 위에 있었던 소나무를 생략함으로써 다른 자연물보다 돌기둥을 더욱 부각했습니다. (화면을 전환하며) 이 그림은 〈삼일포〉입니다. 정선은 그리고자 하는 대상과 같은 높이에서 수평으로 사방을 둘러보며 원근을 표현하는 평원법을 사용하여 호수의 광활함을 부각했습니다.

정선의 산수화가 가진 또 다른 특징은 점경 인물이 자주 등장한다는 것입니다. 점경 인물이란 산수화에 등장하는 간단하고 작게 묘사된 인물인데요, 이들은 주로 명승지를 여행하며 자연과 교감하는 친자연적 존재로 표현됩니다. 이러한 점경 인물을 정선이 산수화에 형상화한 것은 인간이 자연과 조화를 이루는 대상이라고 인식했기 때문이라고 합니다. 이러한 특징을 '관동팔경'의 작품 중 〈낙산사〉를 통해 확인해 보겠습니다.

(화면을 보여 주며) 이 그림이 바로 〈낙산사〉입니다. 이 점들이 보이시나요? (대답을 기다린 후) 네, 잘 안 보이시죠. 이 점처럼 보이는 것들은 일출의 장관을 즐기는 선비들로 이 그림 속의 점경 인물입니다. 이렇게 정선은 자연을 즐기고 있는 점경 인물을 등장시켜 자연과 인간의 조화를 드러냈습니다.

제 발표가 정선의 산수화전을 관람하는 데 도움이 되었으면 좋겠습니다. 이상 발표를 마치겠습니다.

31 발표에 반영된 학생의 발표 계획으로 가장 적절한 것은?

① 제시된 시각 자료에 대한 신뢰성을 높일 수 있도록 참고한 서적들을 열거해야지.
② 청중이 발표 대상을 이해하는 데 도움이 되도록 그 특징이 드러난 사례를 시각 자료로 제시해야지.
③ 청중이 발표 내용을 기억할 수 있도록 전체 발표 내용을 요약하는 시각 자료를 제시하며 마무리해야지.
④ 청중이 발표 내용을 예측하며 들을 수 있도록 발표 순서를 안내하는 시각 자료를 활용하며 발표를 시작해야지.
⑤ 청중이 발표 대상의 발전 과정을 파악할 수 있도록 발표 대상과 관련된 역사적 사건을 시각 자료로 제시해야지.

32 다음은 발표를 들은 학생이 '정선의 산수화'에 대해 소개하는 글을 쓰기 위해 작성한 메모이다. 발표 내용을 고려할 때, 적절하지 <u>않은</u> 것은?

> [정선의 산수화의 특징]
> • 정선의 산수화에는 실제 산수가 가질 수 없는 아름다움인 '환'이 실현되었음. ·· ⓐ
> • 정선은 자연과 교감하는 친자연적 존재인 점경 인물을 산수화에 등장시킴. ·· ⓑ
>
> ['관동팔경'의 산수화들]
> • 〈총석정〉에서는 일부의 자연물을 생략해서 돌기둥을 더욱 부각함. ·· ⓒ
> • 〈삼일포〉에서는 수직준법을 사용하여 호수의 광활함을 드러냄. ·· ⓓ
> • 〈낙산사〉에서는 일출의 장관을 즐기는 인물을 점경 인물로 형상화했음. ·· ⓔ

① ⓐ   ② ⓑ   ③ ⓒ
④ ⓓ   ⑤ ⓔ

[33~35]

다음은 학생의 발표이다. 물음에 답하시오. **18학년도 6월**

안녕하세요? 지난 주 진로 시간에 우리 학급은 '디지털 기술의 오늘과 내일'을 주제로 한 강연을 들었는데요, 디지털 기술의 활용을 쉽게 이해하고 진로 선택에도 도움이 되었던 유익한 시간이었습니다. 여러분도 강연을 들어 잘 알고 있듯이 디지털 기술의 활용 범위는 점차 확대되어 가고 있는데요, 그래서 오늘은 문화유산의 디지털 복원에 대해 말씀을 드리겠습니다.

문화유산의 디지털 복원이라는 개념이 생소하게 느껴질 텐데요, 문화유산의 디지털 복원이란 디지털 기술을 활용해 문화유산을 디지털 자료로 변환하여 보존하거나 그것을 가상의 공간에 복원하는 것을 의미합니다.

문화유산의 디지털 복원을 활용하면, 파손 정도가 심해서 사라질 우려가 있는 문화유산을 디지털 자료의 형태로 반영구적으로 보존할 수 있습니다. 또한 현재 훼손이 심각하여 현실의 공간에 복원이 불가능한 문화유산을 가상의 공간에 복원할 수 있습니다.

한편, 문화유산을 직접 접하고 싶은데 거리가 멀어서 그러지 못한 적이 있지요? 문화유산의 디지털 복원을 활용하면, 멀티미디어 기기를 활용하여 간접적이지만 문화유산을 쉽게 접할 수 있습니다. 더 나아가 가상 체험 기술과 결합하여 문화유산을 가상공간에서 체험할 수 있는 디지털 콘텐츠로도 만들 수 있습니다. 몇 년 전 석굴암을 가상 체험 할 수 있는 디지털 콘텐츠가 큰 인기를 끌었던 것처럼 문화유산을 다양한 디지털 콘텐츠로 만드는 움직임이 활발하게 이루어지고 있습니다. 여러분들도 평소 디지털 콘텐츠 이용에 관심이 많은데, 문화유산을 소재로 한 디지털 콘텐츠에도 관심을 가져 본다면 그 매력을 느낄 수 있을 거예요.

지금까지 말씀드린 것처럼 디지털 기술은 문화유산 복원에 유용하게 활용될 수 있습니다. 디지털 기술에 대한 관심에서 더 나아가 문화유산의 디지털 복원에도 관심을 가져 보는 건 어떨까요? 마침 학교와 가까운 ○○ 박물관에서 '디지털로 복원한 조선 시대 한양 도성 체험전'이 다음 주까지 열린다고 합니다. 눈앞에 생생하게 펼쳐진 한양 도성을 저와 함께 걸어 보지 않겠어요? 이상으로 발표를 마치겠습니다.

33 위 발표에 대한 설명으로 가장 적절한 것은?

① 디지털 기술과 문화유산의 관계를 비유적으로 설명하며 문화유산 복원에 디지털 기술이 유용함을 강조하고 있다.

② 문화유산의 디지털 복원이 성공한 요인을 제시하며 다양한 학술 분야 간의 연계가 선행되어야 함을 강조하고 있다.

③ 디지털 기술을 활용한 문화유산 복원의 장점을 소개하며 문화유산의 디지털 복원에 대한 관심을 갖도록 권유하고 있다.

④ 문화유산과 관련된 산업의 발전 가능성을 언급하며 디지털 기술의 개발을 위한 재정적 지원이 필요함을 강조하고 있다.

⑤ 문화유산 훼손의 근본 원인을 다각도로 분석하며 문화유산 복원에 학생들이 더 많은 관심을 가져 줄 것을 요청하고 있다.

34 다음은 위 발표를 위해 사전에 청중을 분석하여 세운 발표 계획이다. 발표 내용에 반영되지 <u>않은</u> 것은?

• 지역
- 학교 가까운 곳에 박물관이 있으니, 그곳에서 발표 내용과 관련된 체험을 함께 해 보자고 제안해야겠다. ……………………………… ①

• 사전 지식
- 디지털 기술의 활용에 대해서는 알고 있을 테니, 문화유산 복원을 디지털 기술과 관련지어 설명해야겠다. ……………………………… ②
- 문화유산의 디지털 복원이라는 용어가 낯설 테니, 개념을 설명해야겠다. ……………………………… ③

• 요구
- 발표 내용이 진로 선택에 도움이 되기를 바라니, 문화유산의 디지털 복원과 관련된 직업을 소개해야겠다. ……………………………… ④

• 관심사
- 디지털 콘텐츠 이용에 관심이 많으니, 문화유산을 디지털 콘텐츠로 만든 사례를 언급해야겠다. ……………………………… ⑤

35 다음은 위 발표를 들으며 학생이 떠올린 생각이다. 이를 바탕으로 발표자에게 질문할 내용으로 가장 적절한 것은?

디지털 기술을 활용하더라도 문화유산의 종류에 따라 디지털 복원의 가능 여부가 다를 것 같은데, 이에 대해서는 구체적으로 밝히지 않은 것 같아.

① 발표 내용이 유형 문화유산에만 해당하는 것 같은데요, 한옥을 짓는 기술과 같은 무형 문화유산도 디지털 기술을 활용해 복원할 수 있는 건가요?

② 얼마나 훼손되어야 현실 공간에 문화유산을 복원하는 게 불가능한지 구체적으로 밝히지 않았는데요, 복원 가능 여부를 판단하는 기준은 무엇인가요?

③ 디지털 기술을 활용하면 문화유산을 반영구적으로 보존할 수 있다고 했는데요, 구체적으로 디지털 기술의 어떤 원리로 그것이 가능하다는 건가요?

④ 문화유산의 복원을 과학 기술의 차원에서만 다룬 것 같은데요, 그 외에 제도적 차원에서 문화유산의 복원을 위해 할 수 있는 노력에는 무엇이 있을까요?

⑤ 앞으로 해결해야 할 과제에 대해서는 말씀하지 않았는데요, 만약 개인이 소장한 문화유산을 디지털 콘텐츠로 제작한다면 그 소유권은 누구에게 있는 건가요?

[36~38]

다음은 강연의 일부이다. 물음에 답하시오. `18학년도 9월`

안녕하세요? 영양 성분 표시 제도와 관련해 강연을 하게 된 ○○보건소의 △△△입니다. 2018년부터는 개정된 영양 성분 표시 방법으로 식품의 영양 정보를 표시하게 되는데요, 알고 있나요? (학생들의 대답을 듣고) 모른다는 학생들이 많은데요, 오늘은 이에 대해 알려 드리고자 합니다.

식품의약품안전처에서는 일부 가공 식품에 영양 정보를 표시하는 영양 성분 표시 제도를 운영하고 있는데요, 소비자들이 좀 더 쉽게 영양 정보를 확인하고 건강한 식생활을 실천하는 데 도움이 되도록 영양 성분을 표시하는 방법을 개정하였습니다. 개정 전과 후의 표시 도안을 같이 보시죠. (시각 자료를 보여 주며) 함량을 의무적으로 표시해야 하는 대상이 열량, 나트륨, 탄수화물, 당류, 지방, 트랜스지방, 포화지방, 콜레스테롤, 단백질인 점은 이전과 변함이 없습니다. 그러나 이를 표시하는 기준은 달라졌습니다. 개정 전에는 한 번에 섭취할 것으로 예상되는 양인 1회 제공량을 기준으로 영양 성분의 함량을 표시했는데요, 업체마다 1회로 보는 양이 달라서 소비자에게 혼란을 줄 수 있었습니다. 그래서 제품의 총 내용량을 기준으로 영양 성분의 함량을 표시하는 것으로 바뀌었습니다. 단, 한 번에 먹기 힘든 대용량 제품은 별도의 표시 기준을 두기로 했습니다.

영양 성분의 표시 순서에도 변화가 있는데요, 개정 전에는 에너지 공급원순으로 표시했는데 소비자의 관심도가 높고 국민 건강상 중요해진 성분들은 순서를 위로 올려 표시하는 것으로 바뀌었습니다. 예로 나트륨의 표시 위치가 개정 전보다 올라가게 되었는데요, 이는 우리나라 국민이 나트륨을 과도하게 섭취하고 있어 1일 나트륨 섭취량의 관리가 시급하기 때문입니다. 질병관리본부 발표 자료에 따르면 우리나라 국민의 1일 나트륨 섭취량은 세계보건기구 권고량의 2배 수준이라고 합니다.

또한 열량의 표시 방식도 바뀌었는데요, 열량에 대한 소비자들의 관심이 높은 만큼 이를 확인하기 쉽도록 다른 성분들과 분리해 열량을 표시하게 되었습니다. 그리고 그동안 1일 영양 성분 기준치에 대한 비율을 표시하지 않았던 열량, 당류, 트랜스지방 중에서 당류는 이번에 개정되면서 그 비율을 표시하도록 바뀌었습니다.

36 위 강연자의 말하기 방식으로 가장 적절한 것은?

① 강연 중간 중간에 자신이 말한 내용을 요약하여 청중의 이해를 돕고 있다.
② 관련 기관의 발표 자료를 인용하여 자신이 언급한 내용을 뒷받침하고 있다.
③ 강연 대상과 관련된 자신의 경험을 사례로 들어 청중의 흥미를 유발하고 있다.
④ 강연 대상을 친숙한 소재에 빗대어 표현함으로써 대상의 개념을 설명하고 있다.
⑤ 청중의 질문에 답을 함으로써 강연 내용과 관련된 청중의 궁금증을 해소하고 있다.

37 다음은 강연자가 사용한 시각 자료이다. 시각 자료를 보며 강연을 들은 학생이 떠올린 생각으로 적절하지 <u>않은</u> 것은?

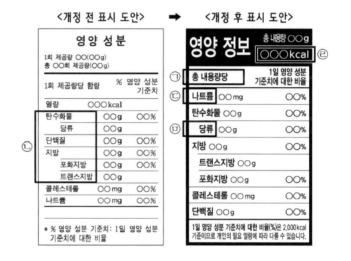

① ㉠은 영양 정보를 확인할 때 소비자의 혼란을 줄이기 위한 함량 표시 기준이구나.
② ㉡은 에너지 공급원순에 따라 탄수화물, 단백질, 지방을 표시한 것이구나.
③ ㉢은 소비자의 관심도와 국민 건강상의 중요도가 반영되어 이전과 표시 위치가 달라졌구나.
④ ㉣은 소비자들이 확인하기 쉽도록 다른 성분들과 위치를 구분해 표시한 것이구나.
⑤ ㉤은 함량을 의무적으로 표시해야 하는 성분으로 추가되면서 1일 영양 성분 기준치에 대한 비율도 표시하게 되었구나.

38 강연 내용에 대한 이해를 바탕으로 추가 설명을 요청하는 학생의 질문으로 적절하지 <u>않은</u> 것은?

① 영양 성분 표시 제도가 일부 가공 식품에 적용되고 있다고 하셨는데, 무엇을 기준으로 적용 대상을 결정하나요?
② 식품의약품안전처에서 영양 성분 표시 방법을 바꿨다고 하셨는데, 그 이유는 무엇인가요?
③ 의무적으로 함량을 표시해야 하는 성분들을 말씀해 주셨는데, 비타민이나 칼슘 등은 왜 의무 표시 대상이 아닌가요?
④ 대용량 제품의 경우에는 별도의 표시 기준을 둔다고 하셨는데, 그 기준은 무엇인가요?
⑤ 우리나라 국민의 나트륨 섭취량이 세계보건기구 권고량의 2배 수준이라고 하셨는데, 그 권고량은 얼마인가요?

[39~41]

다음은 학생이 수업 시간에 한 발표이다. 물음에 답하시오. 18학년도 수능

오늘은 조신의 궁중 음식 중 수라상에 대해 말씀드리겠습니다. 발표는 수라상의 상차림, 왕의 식사 횟수와 식사 장면, 그리고 수라상의 음식을 포함한 조선의 궁중 음식이 지닌 의의 순으로 진행하겠습니다.

우선 '수라'는요, 고려 때 몽골의 영향으로 생긴 말로 왕에게 올리는 밥을 높여 이르던 말입니다. ㉠ 지금 보시는 화면이 수라상의 사진인데요, 세 개의 상과 화로를 한눈에 볼 수 있습니다. (사진을 가리키며) 왼쪽에 보이는 큰 상인 대원반에는 흰밥과 탕, 반찬들이, 오른쪽에 보이는 소원반에는 팥밥과 탕, 접시가 놓여 있습니다. 왕이 고를 수 있게 밥과 탕을 두 가지씩 준비한 겁니다. 소원반 옆에 놓인 화로는 전골 요리에 썼다고 해요. 「조선 왕조 궁중 음식」이라는 책에 따르면 왕은 이러한 수라상을 아침과 저녁에 받았다고 합니다.

왕이 하루에 식사를 두 번만 한 것은 아니었어요. ㉡ 두 번째 화면을 볼게요. 이것은 수라상 외에 왕이 받은 초조반상, 낮것상, 야참의 사진입니다. 초조반상과 낮것상은 주로 죽으로, 야참은 면, 식혜 등으로 간단히 차린 걸 볼 수 있죠. 야참을 식사로 본다면 왕은 하루에 몇 번이나 식사를 했을까요? (청중의 대답을 듣고) 예, 다섯 번이죠. 아침, 저녁의 수라상까지 합해 왕은 하루에 다섯 번 식사를 한 셈입니다. ㉢ 다음 화면에서 보실 것은 왕의 식사 장면을 재현한 동영상입니다. (동영상을 보여 준 후) 어떤 상궁은 왕보다 먼저 음식을 먹어 보아 독의 유무를 확인하고, 다른 상궁은 왕에게 생선을 발라 드리는 모습을 보셨습니다. 이렇게 왕은 상궁들의 시중을 받으며 식사를 했어요.

수라상의 음식을 포함한 조선의 궁중 음식은 우리 전통 음식을 대표한다고 할 수 있는데요, 이는 궁중과 민간의 교류를 통해 조선의 궁중 음식이 민간의 음식뿐만 아니라 민간의 뛰어난 조리 기술까지 받아들여 우리 음식 전반을 아울렀기 때문이지요. 이러한 의의가 인정되어 조선의 궁중 음식은 무형 문화재로 지정되었어요. 수라상에 대해 제가 참고한 기록은 대한 제국 시기 상궁들의 구술을 토대로 한 것입니다. 수라상에 대해 이해가 되셨기를 바라며 발표를 마치겠습니다.

39 발표에 반영된 학생의 발표 계획으로 적절하지 <u>않은</u> 것은?

① 정보의 출처를 언급하여 발표 내용의 신뢰성을 높여야겠어.
② 내용을 요약하며 마무리하여 발표의 중심 내용을 한 번 더 강조해야겠어.
③ 발표 중에 질문을 하여 발표 내용에 대한 청중의 이해를 확인해야겠어.
④ 발표 주제와 관련된 단어의 의미를 설명하여 발표 내용에 대한 청중의 이해를 도와야겠어.
⑤ 발표할 내용의 순서를 앞부분에 제시하여 청중이 발표 내용을 예측하며 들을 수 있게 해야겠어.

40 발표에서 학생이 자료를 활용한 방식에 대한 설명으로 가장 적절한 것은?

① 전골을 조리하는 과정을 설명하기 위해 ㉠에 소원반과 화로의 사진을 제시하였다.
② 수라상의 전체적인 모습을 보여 주기 위해 ㉠에 음식이 차려진 상들과 화로의 사진을 제시하였다.
③ 왕이 식사한 시간을 알려 주기 위해 ㉡에 수라상의 사진을 제시하였다.
④ 수라상을 간단히 차린 이유를 알려 주기 위해 ㉡에 낮것상의 사진을 제시하였다.
⑤ 수라상을 차리는 과정을 설명하기 위해 ㉢에 시중을 드는 상궁들의 모습을 담은 동영상을 제시하였다.

41 〈보기〉는 발표를 들은 후 청중이 보인 반응이다. 발표를 고려하여 청중의 반응을 분석한 것으로 적절하지 <u>않은</u> 것은?

보기

청자1 : 궁중 음식을 민간과 무관한 것으로 생각했는데, 민간과 교류를 했다는 사실을 알게 되어 좋았어. 그런데 수라상에 세 개의 상이 있다고 하면서도 설명은 두 개만 해서 아쉬웠어.

청자2 : 왕의 음식에 독이 들었는지 확인하는 상궁을 기미 상궁으로 알고 있는데, 동영상의 상궁 중 한 명이 기미 상궁이겠군. 그리고 발표자가 참고한 기록이 대한 제국 시기 상궁들의 구술을 토대로 했다면, 오늘 들은 수라상에 대한 내용은 조선 시대 전반에 걸친 것이 아닐 수도 있지 않을까?

청자3 : 궁중 음식이 무형 문화재로 지정되었다는 것은 단지 음식만이 아니라 조리법을 비롯한 음식 문화 전반의 가치를 인정한 것이겠군. 그리고 고추와 같은 재료는 조선 후기에 유입된 것으로 알고 있는데, 그렇다면 그에 따라 수라상의 음식들에 변화가 있었겠군.

① 청자 1은 이전에 몰랐던 사실을 발표를 통해 알게 된 것을 긍정적으로 생각하고 있군.
② 청자 2는 발표 내용의 일부를 언급하며 이와 관련하여 의문을 제기하고 있군.
③ 청자 3은 발표 내용을 바탕으로 발표에서 직접적으로 언급되지 않은 내용을 추론하고 있군.
④ 청자 1과 청자 3 모두 발표 내용에 누락된 내용이 있는 것을 부정적으로 생각하고 있군.
⑤ 청자 2와 청자 3 모두 발표 내용과 관련된 자신의 배경지식을 활용하고 있군.

[42~44]

다음은 강연이다. 물음에 답하시오. **19학년도 6월**

안녕하세요. 야생조류보호협회의 ○○○입니다.

여러분, 혹시 걷다가 유리문에 부딪친 적 있나요? (대답을 듣고) 네, 몇 몇 학생들이 경험했군요. 꽤 아팠죠? 그런데 사람보다 훨씬 빠른 야생 조류가 유리창에 부딪치면 어떻게 될까요? □□연구소에서 발간한 안내서에 따르면 유리창 충돌이 야생 조류가 사고로 죽는 원인 중 2위에 해당한다고 합니다.

야생 조류는 왜 유리창에 잘 부딪치는 걸까요? (㉠ 자료 제시) 보시는 것처럼 사람은 양쪽 눈의 시야가 겹치는 범위가 넓어서 전방에 있는 사물을 잘 인식하지만, 대부분의 야생 조류는 눈이 머리 측면에 있어서 양쪽 눈의 시야가 겹치는 범위가 좁습니다. 이 때문에 전방 인지 능력이 떨어지므로 유리창을 인식하지 못해서 부딪치는 경우가 많은 거죠.

그렇다면, 야생 조류가 유리창에 부딪치지 않도록 도울 방법이 없을까요? □□연구소의 안내서에는 그물망 설치나 줄 늘어뜨리기 등의 방법이 소개돼 있습니다. 그중 자외선 반사 테이프를 붙이는 것은 건물의 미관을 해치지 않으면서도 효과를 볼 수 있는 방법입니다. 사람은 자외선을 볼 수 없다고 과학 시간에 배웠죠? (대답을 듣고) 다들 잘 알고 있군요. (㉡ 자료 제시) 보시는 것처럼 대부분의 야생 조류는 사람과 달리 우리가 보는 색뿐만 아니라 자외선도 볼 수 있습니다. 이를 이용한 것이 바로 자외선 반사 테이프입니다. 이 테이프를 유리창에 붙이면 야생 조류가 테이프에서 반사된 자외선을 보고 그곳에 장애물이 있다고 인식할 수 있지요. 그러면 얼마나 효과가 있을까요? 테이프 부착 전후를 비교한 결과, (㉢ 자료 제시) 보시는 것처럼 부착 후 야생 조류의 유리창 충돌이 크게 줄었습니다.

야생 조류의 유리창 충돌 사고는 우리 주변에서 계속 일어나고 있습니다. 여러분의 작은 관심이 야생 조류의 유리창 충돌을 줄이는 데 큰 힘이 됩니다. 제가 안내한 방법 중에는 여러분이 집에서 활용할 수 있는 것도 있으니 가능한 방법을 찾아 실천해 보세요. 이상으로 강연을 마치겠습니다.

42 위 강연에 대한 설명으로 가장 적절한 것은?

① 강연에서 제시된 용어를 정의하여 청중의 이해를 돕고 있다.
② 청중의 응답을 이끌어 내고 반응을 확인하여 청중과 상호 작용하고 있다.
③ 청중의 배경지식이 잘못되었음을 지적하여 청중의 주의를 환기하고 있다.
④ 강연의 앞부분에서 강연 내용의 순서를 제시하여 청중들이 내용을 예측하며 듣게 하고 있다.
⑤ 강연 내용의 이해 정도를 확인하는 질문을 하면서 강연을 마무리하여 청중에게 강연 주제를 강조하고 있다.

43 다음은 학생이 강연을 들으며 떠올린 생각들이다. 이를 바탕으로 학생의 듣기 활동을 이해한 내용으로 적절하지 <u>않은</u> 것은?

• 며칠 전 우리 집 유리창에도 비둘기가 부딪쳐서 놀랐어.
• 비둘기도 야생 조류에 해당할까?
• 자외선 반사 테이프는 정말 좋은 방법인 것 같아. 우리 집에도 부착하면 새가 부딪치지 않겠지.
• 야생 조류가 부딪치지 않게 유리창에 그물망을 설치하는 것은 나도 할 수 있을 것 같아.

① 강연 내용과 관련된 자신의 과거 경험을 떠올리며 들었다.
② 강연자가 설득의 근거로 제시한 내용에 의문을 제기하며 들었다.
③ 강연을 통해 알게 된 정보에 대해 긍정적으로 평가하며 들었다.
④ 강연자가 제시한 방법이 실제로 효과가 있을 것이라고 생각하며 들었다.
⑤ 강연자의 제안에 따라 자신이 실천할 수 있는 방법을 생각하며 들었다.

44 〈보기〉는 강연에서 강연자가 제시한 자료이다. 강연자의 자료 활용에 대한 설명으로 가장 적절한 것은?

보기

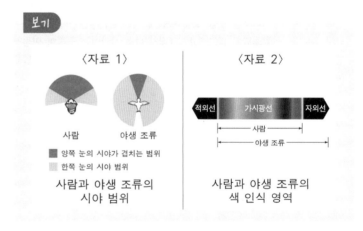

① 〈자료 1〉은 야생 조류의 유리창 충돌로 인한 피해 현황을 보여 주기 위해 ㉠에서 활용하였다.
② 〈자료 1〉은 사람과 야생 조류의 시야 범위가 다름을 설명하기 위해 ㉡에서 활용하였다.
③ 〈자료 1〉은 자외선 반사 테이프의 부착 효과를 보여 주기 위해 ㉢에서 활용하였다.
④ 〈자료 2〉는 야생 조류가 유리창에 충돌하는 원인을 설명하기 위해 ㉠에서 활용하였다.
⑤ 〈자료 2〉는 야생 조류가 자외선 반사 테이프를 장애물로 인식할 수 있음을 설명하기 위해 ㉡에서 활용하였다.

[45~46]

다음은 수업 중 학생의 발표이다. 물음에 답하시오. 19학년도 9월

안녕하세요? 이번 학기 프로젝트 과제는 '숨어 있는 들꽃의 재발견'인데 요. (슬라이드를 보여 주며) 여기 우리 모둠의 발표 차례를 봐 주세요. 우리 모둠의 1차 탐구 과제는 '들꽃의 아름다움'이고, 2차 탐구 과제는 '들꽃의 아름다운 이름을 찾아서'입니다. 오늘은 1차 탐구 과제 발표를 하겠습니다.

여러분, 지난주 국어 시간에 배운 「옥상의 민들레꽃」에서 들꽃이 하나 등장했었는데 기억나시나요? (청중의 답을 듣고 고개를 끄덕이며) 네, 그렇 죠. 시멘트 틈을 뚫고 피어나 주인공에게 삶의 희망을 일깨워 준 민들레꽃 이 있었죠. 그리고 여기 이것은 (사진을 보여 주며) 제가 산책을 하다가 보 도블록 틈에 수줍은 듯 피어 있는 모습에 저도 모르게 이끌려 찍은 제비꽃 사진이에요. 이처럼 우리는 기대치 않은 곳에 핀 들꽃을 발견할 때 그 아름 다움에 이끌려 자세히 보게 됩니다.

그럼 우리는 왜 들꽃의 아름다움에 매료되는 걸까요? (동영상을 보여 주 며) 이 높은 산 위에 부는 세찬 바람 소리 들리시죠? 이곳을 자세히 보세요. (화면을 가리키며) 여기 짙은 자주색의 들꽃 보이시죠? 바로 이곳, 고산 지 대에서 피는 고려엉겅퀴꽃입니다. 이런 곳은 바람뿐 아니라 자외선도 강해 꽃이 자라기 힘든데요. 그래서 고산 지대에서 피는 들꽃 중에는 빛깔이 짙 고 크기는 아담한 것이 많습니다. 강한 자외선을 걸러 내며 짙은 색의 꽃잎 이 되었고 강한 바람을 견디며 아담한 크기의 꽃이 되었습니다. 우리는 바 로 여기서 들꽃의 강인한 생명력을 느껴 그 아름다움에 감탄하게 되는 거 죠. (인터넷을 검색한 화면을 보여 주며) 여기 이 들꽃들도 아담하면서 색이 선명하죠? 고산 지대에서 피는 금강초롱꽃과 동자꽃입니다.

그런데 여기 보세요. (슬라이드를 보여 주며) 도표 왼쪽 부분은 들꽃의 아름다운 모습에 어울리는 이름이 붙은 꽃들입니다. 금강초롱꽃, 숲바람꽃 등 정말 잘 어울리는 이름이죠? 그런데 도표 오른쪽의 이름들을 보세요. 예 컨대 도둑놈의갈고리꽃을 보면, 들꽃 이름에 어울리지 않는 '도둑놈'이라는 말이 들어 있는데 놀랍지 않으세요? 그래서 다음 시간에는 들꽃이 이렇게 명명된 이유를 알아보고 들꽃의 아름다운 이름을 찾아보는 내용으로 발표 하겠습니다.

45 학생의 발표에 대한 반응으로 가장 적절한 것은?

① 청중의 이해도를 점검하고 발표 내용을 요약하며 마무리하고 있군.
② 공유할 수 있는 경험을 환기하여 발표 내용에 대한 청중의 관심을 끌고 있군.
③ 전문가의 말을 직접 인용하여 청중이 발표 내용에 대해 신뢰를 가지게 하고 있군.
④ 청중을 칭찬하는 말로 발표를 시작하여 청중과 긍정적인 유대감을 쌓고 있군.
⑤ 청중의 질문에 답을 함으로써 발표 내용과 관련된 청중의 궁금증을 해소하고 있군.

46 다음은 위 학생 모둠의 1차 탐구 과제 발표 계획안이다. 발표에 반영된 매체 활용 방안에 대한 설명으로 적절하지 <u>않은</u> 것은?

프로젝트 과제		숨어 있는 들꽃의 재발견	
발표 단계 및 발표 내용	도입	1차 탐구 과제 제시 ··················	㉠
	전개	1. 기대치 않은 곳에서 찾은 들꽃의 아름다움 ······· ㉡ 2. 들꽃의 아름다움에 매료되는 이유 • 고산 지대의 생태 환경 ·················· ㉢ • 고산 지대에서 피는 들꽃 　- 고려엉겅퀴꽃 　- 금강초롱꽃과 동자꽃 ·················· ㉣	
	정리	2차 탐구 과제 예고 ··················	㉤

① ㉠ : 슬라이드를 활용하여 모둠 탐구 과제의 차례를 보여 주며 오늘 발표할 탐 구 과제를 제시하고 있다.
② ㉡ : 사진을 활용하여 들꽃의 모습에 청중의 시선을 집중시키고 있다.
③ ㉢ : 동영상을 활용하여 고산 지대의 생태 환경을 실감나게 전달하고 있다.
④ ㉣ : 인터넷으로 검색한 화면을 활용하여 고산 지대의 들꽃이 지닌 특징을 뒷 받침하는 사례를 제시하고 있다.
⑤ ㉤ : 슬라이드를 활용하여 들꽃 이름이 분류된 도표를 보여 주며 들꽃 이름과 자연 환경의 관계를 파악하게 하고 있다.

[47~49]

다음은 라디오 방송이다. 물음에 답하시오. 19학년도 수능

> 혹시 어두운 밤길을 걸어 본 적이 있으신가요? 예전에 제가 밤길을 혼자 걸은 적이 있는데요, 처음엔 어둡고 무서웠지만 달빛 덕분에 어렵지 않게 걸었답니다. 여러분의 삶에 든든한 달빛 같은 방송, 청취자의 사연을 읽고 상담해 주는 '나에게 말해 줘' 시간입니다. 저는 이 방송의 진행자인 심리 상담가 ○○○입니다. 오늘의 사연을 읽어 드릴게요.
>
> > 저는 고등학생 □□라고 해요. 제 친구는 자꾸 친구들과 비교하면서 자신이 못났다고 생각해요. 차분하고 손재주도 좋은 친구인데 스스로를 그렇게 생각하는 게 안타까워요. 또 작은 실수에도 "난 항상 이래."라며 자책하고 우울해해요. 그런 생각을 안 하도록 돕고 싶은데 방법을 모르겠어요.
>
> □□님은 스스로를 못났다고 생각하는 친구를 돕고 싶은데 방법을 모르신다는 거네요. 친구를 생각하는 마음이 참 따뜻하게 느껴져요. 저도 □□ 님처럼 안타깝네요.
> 자신의 능력과 가치에 대한 전반적인 평가와 태도를 나타내는 말을 자존감이라고 합니다. 자존감이 낮은 원인은 다양하지만 일반적으로 알려진 것에는 남과 비교하는 버릇이 원인인 경우와 자책하는 태도가 원인인 경우가 있습니다. 사연 속 친구는 자신을 다른 사람과 비교해서 열등감을 느끼고, 사소한 실수에도 자신을 탓하며 스트레스를 받아서 자존감이 낮아진 것으로 보이네요.
> 이러한 경우에는 '장점 말해 주기'와 '감정 헤아려 주기' 방법이 도움이 될 수 있어요. 먼저 친구가 현재 가지고 있는 긍정적인 면들을 자주 말해 주세요. 그러면 친구가 자신의 장점을 깨닫고 남과 비교하지 않을 거예요. 그리고 친구의 마음을 헤아려 주세요. 만약 친구가 실수해서 자책하고 있으면 "많이 속상하겠구나. 괜찮아. 누구나 그럴 수 있어."라며 친구의 감정을 이해해 주는 식으로요. 그러면 친구가 스스로 괜찮다고 느껴 스트레스를 덜 받고 자책하지 않을 거예요.
> 오늘 방송 잘 들으셨나요? 저에게 하고 싶은 말이나 청취 소감은 언제든 게시판에 올려 주세요. 그럼 △△의 노래 '우리 함께'를 들으며 오늘 방송 마치겠습니다. 추운 날씨에 감기 조심하세요.

47 위 방송 진행자의 말하기 방식에 대한 설명으로 가장 적절한 것은?

① 사연 내용을 정리하고 사연 신청자의 마음에 공감하고 있다.

② 사연 신청자의 궁금증을 해소하고 다음 방송을 예고하고 있다.

③ 사연 내용을 선정하게 된 동기를 밝히고 청취자의 참여를 독려하고 있다.

④ 사연과 관련된 자신의 과거 경력을 소개하고 전문성을 부각하고 있다.

⑤ 사연에 대한 상담 중에 질문을 던지고 사연 속 상황을 다양한 관점에서 생각해 보도록 유도하고 있다.

48 다음은 위 방송을 진행하기 위해 진행자가 세운 계획이다. 방송에 반영되지 <u>않은</u> 것은?

> [오프닝] 방송의 취지를 드러내기 위해 '달빛' 이야기로 시작
>
> [사연 소개 및 고민 진단]
> • 사연 신청자가 보낸 사연 소개
> • 내용의 이해를 돕기 위해 자존감이라는 용어의 의미 제시 ········ ㉠
> • 자존감이 낮은 원인 중 일반적으로 알려진 원인을 제시하고 사연의 문제 상황에 적용 ·················· ㉡
> • 사연의 문제 상황을 설명하기 위해 유사한 문제 상황 제시 ······· ㉢
>
> [방법 제시]
> • '장점 말해 주기' 방법을 안내하고 효과 제시 ························· ㉣
> • '감정 헤아려 주기' 방법을 예를 들어 소개하고 효과 제시 ········ ㉤
>
> [클로징] 청취자 게시판에 관한 안내 및 인사말로 마무리

① ㉠　　　　　② ㉡　　　　　③ ㉢

④ ㉣　　　　　⑤ ㉤

49 다음은 위 방송을 들은 청취자들이 게시판에 올린 댓글이다. 방송 내용을 고려하여 청취자들의 반응을 분석한 것으로 적절하지 <u>않은</u> 것은?

> **나에게 말해 줘 게시판**
>
> ○월 ○일 방송에 대해 자유롭게 의견을 남겨 주세요.
>
> └ 청취자 1: 저도 자존감이 낮은 거 같아서 좋은 방법이 나오기를 기다리며 들었는데, 스스로 자존감을 높이는 방법은 안 나오네요.
>
> └ 청취자 2: 자존감을 높여 주려면 자기만 부족하다는 생각에서 벗어나게 해 주라는 거네요. 그렇다면 가능한 목표를 세워서 도달하게 하는 방법도 성취감을 느낄 수 있게 해 주어 자존감을 높이는 데 도움이 되겠군요.
>
> └ 청취자 3: 딸아이의 자존감이 향상되도록 앞으로는 제 아이에게 긍정적인 면들을 말해 줘야겠어요.
>
> └ 청취자 4: 도와주고 싶은 대상의 연령대가 사연 속 친구와 다를 때에도 방송에서 알려준 방법대로 해도 되는 건가요?
>
> └ 청취자 5: 감정을 헤아려 주는 건 좋은 방법이네요. 제가 직설적으로 말하는 버릇이 있어서 친구들이 속상했을 텐데 활용해 볼게요.

① '청취자 1'은 자신이 방송을 들은 목적과 관련해 방송 내용이 충분하지 않다고 판단하고 있군.

② '청취자 2'는 방송 내용을 이해한 바를 확인하고 방송에서 안내되지 않았던 방법의 효과를 예측하고 있군.

③ '청취자 3'은 방송에서 언급한 방법을 다른 사람들에게 권유하고 적용할 것을 다짐하고 있군.

④ '청취자 4'는 방송에서 제시한 방법을 다른 경우에도 적용할 수 있는지 궁금해 하고 있군.

⑤ '청취자 5'는 방송에서 언급한 방법을 긍정적으로 평가하고 자신의 언어 습관을 반성하고 있군.

[50~52]

다음은 학생의 발표이다. 물음에 답하시오. 20학년도 6월

여러분, '탈'이라고 하면 무엇이 떠오르세요? (청중의 대답을 듣고) 저는 며칠 전에 『세계 여러 나라의 탈』이라는 책을 읽었는데요, 인상적인 탈이 있어서 여러분께 소개하고자 발표 주제로 선정했습니다. 발표를 준비하던 중 마침 국어 시간에 '봉산 탈춤'을 배워서 발표를 준비하는 데 도움이 되었습니다.

여러분, (화면 1을 가리키며) 이 탈의 이름을 아세요? (청중의 반응이 없자) 안동에서 볼 수 있는 탈이에요. (대답을 듣고) 하회탈이라고 말씀하신 분들이 많군요. 흔히들 그렇게 알고 계시는데 정확히는 하회탈 중 양반탈입니다. '봉산 탈춤'의 양반탈과 달리 눈 아래부터 귀 위까지 이어진 선이 눈꼬리와 겹쳐 미소를 만드는데, 단순한 얼굴형에 특별한 장식이나 화려한 색채 없이 눈썹, 눈, 코, 입을 선으로 표현한 것이 인상적입니다. "양반은 냉수 마시고도 이 쑤신다."라는 말에 담긴 허풍과 여유가 동시에 느껴지지 않나요?

(화면 2를 가리키며) 이 탈은 중국의 장수 관우 탈인데요, 무엇이 가장 먼저 보이세요? (청중의 대답을 듣고) 저는 용이 새겨진 복잡한 모양의 관에 시선이 갔습니다. 양반탈이 이마 부분까지만 표현돼 있는 것과 달리 관우 탈은 머리에 쓴 관까지 표현돼 있습니다. 그리고 보시는 것처럼 얼굴이 강렬한 붉은색이어서 무시무시하면서도 화려한 느낌을 줍니다. 얼굴과 머리 부분을 모두 이용해 관우의 박력과 위엄을 드러내고 있는 것이 인상적입니다.

마지막은 아프리카 카메룬의 탈입니다. 일반적으로 아프리카의 탈은 과장과 생략이 특징입니다. (화면 3을 가리키며) 보시는 것처럼 이 탈도 추상적으로 보일 만큼 과감한 생략이 인상적인데요, 단순한 곡선과 직선으로 표현된 커다란 눈이 작은 코와 대비되어 더 두드러져 보입니다.

지금까지 소개한 탈들을 (화면 4를 가리키며) 이렇게 정리해 보았습니다. 선을 활용하여 단순하게 표현된 왼쪽 탈들, 화려한 장식에 다소 복잡한 오른쪽 탈이 보이시죠? 이 차이가 탈의 용도 때문은 아닌지 궁금하여 기회가 되면 '탈의 용도에 따른 모양'이란 주제로 탐구해 보려 합니다. 여러분도 한번 조사해 보시면 어떨까요? 이만 발표를 마치겠습니다. 감사합니다.

50 위 발표에 대한 설명으로 가장 적절한 것은?

① 도입부에서 발표에 사용될 용어의 개념을 설명하며 화제를 제시하고 있다.
② 수업 시간의 경험이 발표 주제 선정의 동기가 되었음을 밝히고 있다.
③ 전문가의 말을 인용하며 발표 내용에 대한 신뢰도를 높이고 있다.
④ 청중에게 질문을 던지고 청중의 반응을 확인하며 추가 정보를 제시하고 있다.
⑤ 발표 내용에 대한 청중의 이해도를 확인하며 마무리하고 있다.

51 다음은 위 발표에 반영된 매체 자료 활용 계획이다. 발표를 참고할 때 A, B에 들어가기에 가장 적절한 것은?

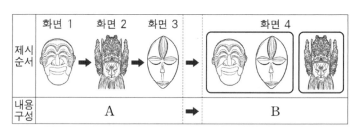

	A	B
①	사용된 색채를 중심으로 각각의 탈 소개하기	탈들의 형태상 차이점이 부각되도록 구분하여 제시하기
②	형태적 특징을 중심으로 각각의 탈 소개하기	탈들의 복잡성이 대비되도록 유형화하여 제시하기
③	인상적이었던 순서를 밝히며 각각의 탈 소개하기	탈들의 공통점이 드러나도록 순서를 변경하여 제시하기
④	지리적으로 인접한 순서를 밝히며 각각의 탈 소개하기	탈들의 관이 가진 장식성이 대비되도록 제시하기
⑤	표현된 선의 유사성을 중심으로 각각의 탈 소개하기	탈들의 선의 형태에 따른 분류 기준이 드러나도록 제시하기

52 〈보기〉는 위 발표를 들으며 떠올린 생각들이다. 〈보기〉의 듣기 활동을 이해한 내용으로 적절하지 <u>않은</u> 것은?

보기

◦저 탈이 하회탈인 줄 알았는데, 하회탈의 한 종류였구나. 양반탈 말고 다른 하회탈도 설명해 주겠지?
◦나도 관우 탈을 박물관에서 봤을 때에 정말 화려하다고 생각했었어.
◦발표자가 말한 대로 '탈의 용도에 따른 모양'에 대해 조사해 보면 좋을 것 같아.

① 발표 내용을 예측하며 능동적인 태도로 듣고 있다.
② 발표를 들으며 갖게 된 의문을 해결하며 듣고 있다.
③ 발표자가 제안한 탐구 주제를 긍정적으로 수용하며 듣고 있다.
④ 발표 내용과 관련된 경험을 떠올리며 발표자의 설명에 공감하며 듣고 있다.
⑤ 발표를 통해 알게 된 새로운 정보를 활용하여 기존 지식을 수정하며 듣고 있다.

[53~55]

다음은 학생이 수업 시간에 한 발표이다. 물음에 답하시오. `20학년도 9월`

안녕하세요? 이번 시간에 발표를 맡은 ○○○입니다. 저는 전통극과 관련된 문화유산 중 '예산대'를 소개하고자 합니다.

예산대를 알기 위해서는 먼저 '산대'를 알아야 하는데요, 산대는 산 모양의 큰 무대입니다. 산대는 대개 고정되어 있었지만 『광해군 일기』에 사람들이 산대를 끌어냈다는 기록이 있는 것으로 보아 이동이 가능한 산대가 있었음을 알 수 있습니다. 그중 하나가 바로 예산대인데, 이 명칭은 『성종실록』에 이미 기록되어 있습니다. 예산대의 구체적인 모습은 조선 영조 때 중국 사신단의 일정을 담은 『봉사도』에서 찾아볼 수 있습니다. 여러분의 이해를 돕기 위해 준비한 자료를 보겠습니다. (㉠ <u>자료</u> 제시) 기이한 돌산처럼 보이는 물체를 사람들이 움직이고 있죠? 이것이 바로 전통 인형극을 위한 예산대의 전체 모습입니다.

우선, 예산대에 있는 인형들을 알아볼까요? 수레바퀴 바로 위에는 선녀 인형과 낚시꾼 인형이, 그 위에는 원숭이 인형 등이 있습니다. 그림이 작아 잘 안 보일테니 이 인형들만 확대해서 보여 드릴게요. (㉡ <u>자료</u> 제시) 지금 보는 선녀 인형은 양팔을 흔들며 춤을 추었답니다. 낚시꾼 인형은 낚싯대를 앞뒤로 움직이는 모습을 연출했다고 해요. 그리고 원숭이 인형은 돌아가면서 주변 구멍에 얼굴을 내밀어 관객들에게 웃음을 주었다고 합니다.

여러분, 예산대 위의 인형들은 어떻게 움직일 수 있었는지 궁금하지 않으세요? 예산대 아랫부분에 힌트가 있습니다. (㉢ <u>자료</u> 제시) 여기 보이는 수레바퀴가 그 역할을 했는데요, 이 그림은 최근 예산대를 복원하는 과정에서 내부 구조를 재현한 것입니다. 사람들이 예산대를 이동하면, 예산대 내부의 톱니바퀴가 수레바퀴로부터 동력을 전달받아 회전하면서 인형들을 움직였습니다.

이처럼 예산대는 이동 시에 인형들을 자동으로 움직여 극에 활력을 불어넣었다는 점에서 우리 조상들의 지혜를 보여 줍니다. 여러분, 예산대에 대해 관심이 좀 생겼나요? (청중의 대답을 듣고) 여러분도 기술과 예술을 접목한 전통문화의 또 다른 예를 찾아보면 좋겠습니다. 이상으로 발표를 마치겠습니다.

---

53 위 발표에 대한 설명으로 적절하지 <u>않은</u> 것은?

① 청중에게 질문을 하여 발표 내용에 관심을 유도하고 있다.
② 정보의 출처를 언급하여 발표 내용의 신뢰성을 높이고 있다.
③ 청중과 공유했던 경험을 제시하며 발표의 목적을 밝히고 있다.
④ 발표 주제와 관련된 단어의 의미를 설명하여 청중의 이해를 돕고 있다.
⑤ 발표에 대한 청중의 반응을 확인하며 청중에게 바라는 바를 제시하고 있다.

---

54 <보기>는 위 발표에서 발표자가 제시한 자료이다. 발표자의 자료 활용에 대한 설명으로 가장 적절한 것은?

보기

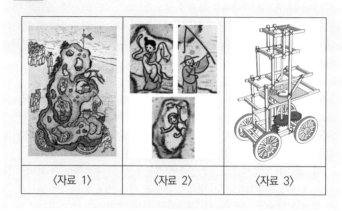

<자료 1>   <자료 2>   <자료 3>

① 예산대의 제작 과정을 보여 주기 위해 ㉠에 <자료 1>을 활용하였다.
② 예산대의 구조를 설명하기 위해 ㉠에 <자료 3>을 활용하였다.
③ 예산대의 유래를 설명하기 위해 ㉡에 <자료 2>를 활용하였다.
④ 예산대 인형의 형태를 보여 주기 위해 ㉡에 <자료 2>를 활용하였다.
⑤ 예산대 인형이 움직이는 원리를 설명하기 위해 ㉢에 <자료 3>을 활용하였다.

---

55 다음은 발표 후 청중의 질문에 대한 발표자의 답변이다. 발표 내용과 답변을 바탕으로 할 때, 청중의 질문으로 가장 적절한 것은?

> "신선의 세계에서 유희를 즐기는 인물과 동물을 나타낸 것입니다. 당시 사람들이 꿈꾸던 이상향 속의 존재들이지요."

① 예산대에는 여러 인형들이 있다고 하셨는데, 그 인형들은 어떤 의미를 지니고 있나요?
② 전통극 무대에는 상징적 의미가 있다고 하셨는데, 예산대는 무엇을 상징하는 것인가요?
③ 예산대는 산 모양의 큰 무대라고 하셨는데, 그 산은 신선의 세계와 어떤 관련이 있나요?
④ 예산대에서 인형극이 행해졌다고 하셨는데, 사람이 직접 예산대 위에서 공연할 수 있었나요?
⑤ 『봉사도』는 중국 사신단의 일정을 보여 준다고 하셨는데, 예산대 외에 다른 그림에는 무엇이 있었나요?

[56~58]

다음은 학생의 발표이다. 물음에 답하시오. 20학년도 수능

안녕하세요. 여러분의 필통에는 어떤 필기구가 가장 많은가요? (청중의 답을 듣고) 네, 제 생각대로 볼펜이 많군요. 그럼 사람들은 왜 볼펜을 애용할까요? 값이 싸고 휴대하기 편해서이기도 하지만 또 다른 장점이 있습니다. 그래서 오늘은 볼펜이 사람들에게 널리 사용되는 이유를 말씀드리겠습니다.

먼저 볼펜은 글씨를 쓸 때 종이가 찢어지거나 볼펜 끝 부분이 망가지는 일이 적습니다. 이게 왜 장점일까요? (자료 1을 가리키며) 보시는 것처럼 볼펜이 사용되기 이전부터 쓰이던 만년필은 모세관 현상에 의해 힘들이지 않고 글씨를 쓸 수 있습니다. 하지만 펜촉이 날카로워 종이가 찢어지기도 하고, 거친 표면에 글씨를 쓰면 펜촉이 망가지기도 쉽습니다.

아, 질문이 있으시네요. (㉠ 청중의 질문을 듣고) 겉으로는 잘 보이지 않지만 종이의 섬유소가 가는 대롱의 역할을 하기 때문에 펜촉에 있던 잉크가 모세관 현상에 의해 종이로 흘러가서 쉽게 필기할 수 있는 겁니다. 이해되셨나요? (청중이 고개를 끄덕이는 것을 보고) 네, 그럼 발표를 이어 가겠습니다.

(자료 2를 가리키며) 보시는 것처럼 볼펜은 글씨를 쓸 때 볼과 종이의 마찰에 의해 볼이 구르지요. 이 과정에서 볼의 잉크가 종이에 묻으며 글씨가 써집니다. 그런데 볼펜의 볼이 빠진 경험이 한 번쯤 있으시죠? (자료 3을 가리키며) 보시는 것처럼 볼펜은 잉크가 들어갈 대롱의 끝에 볼을 넣은 후 밑 부분을 오므려 볼이 빠지지 않도록 하는데요, 볼이 빠지는 문제를 정밀한 기술로 보완하고 있습니다.

또한 볼펜은 종류가 다양하여 사람들이 필요에 따라 고를 수 있어서 좋습니다. 글자가 물에 잘 번지지 않는 유성 볼펜, 필기감이 부드러운 수성 볼펜, 여러 색을 하나에 담은 다색 볼펜, 글씨를 쓰고 지울 수 있는 볼펜, 우주에서 사용할 수 있는 가압 볼펜 등 선택의 폭이 넓습니다.

볼펜은 신문 기자였던 라즐로 비로가 특허를 낸 이후 상용화되면서 기존 필기구의 단점을 보완하고 사람들의 다양한 요구를 반영하여 꾸준히 사용되고 있습니다. 지금까지, 볼펜이 사람들에게 널리 사용되는 이유를 말씀드렸습니다. 감사합니다.

56 위 발표자의 말하기 방식으로 적절하지 <u>않은</u> 것은?

① 발표 대상의 종류를 열거하여 장점을 소개하고 있다.
② 청중의 대답을 예상하고 질문하여 화제를 제시하고 있다.
③ 청중의 경험을 이끌어 내며 관련된 내용을 설명하고 있다.
④ 내용의 신뢰성을 높이기 위해 전문가의 견해를 인용하고 있다.
⑤ 발표 대상의 특징을 부각하기 위해 다른 대상과 비교하고 있다.

57 다음은 위 발표에 활용된 매체 자료이다. 발표를 참고할 때, 발표 내용과 자료를 활용한 이유를 바르게 짝지은 것은?

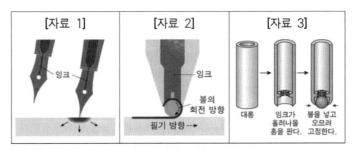

	자료	발표 내용	매체 자료를 활용한 이유
①	자료 1	만년필에 적용된 모세관 현상	표면의 거친 정도에 따라 모세관 현상이 일어나는 정도의 차이를 대비하여 보여 주기 위해
②	자료 2	볼펜의 제작 과정	볼펜의 복잡한 내부 구조를 단순화하여 보여 주기 위해
③	자료 2	볼펜으로 글씨가 써지는 원리	볼이 있는 부분의 단면을 확대하여 볼의 잉크가 종이에 묻는 원리를 보여 주기 위해
④	자료 3	볼펜의 볼을 고정하는 과정	볼펜의 볼을 정밀하게 가공하는 절차를 단계적으로 보여 주기 위해
⑤	자료 3	볼펜에 잉크를 주입하는 방법	잉크가 흘러나오는 과정을 한눈에 확인할 수 있도록 순서대로 보여 주기 위해

58 위 발표의 흐름을 고려할 때, ㉠으로 가장 적절한 것은?

① 만년필로 종이에 글씨를 수월하게 쓸 수 있는 것이 모세관 현상과 어떤 관련이 있나요?
② 만년필 외에 모세관 현상이 적용되어 손쉽게 필기할 수 있는 필기구에는 무엇이 있나요?
③ 만년필 펜촉의 굵기와 필기할 때 힘을 들이는 정도는 어떤 연관성이 있나요?
④ 만년필로 힘들이지 않고 글씨를 쓰려면 어떤 형태의 펜촉을 사용해야 하나요?
⑤ 종이의 섬유소가 가는 대롱과 같은 역할을 한다는 것이 무슨 의미인가요?

[59~61]

다음은 '교내 연설 대회'에 참가한 학생의 연설이다. 물음에 답하시오.

21학년도 6월

여러분, 환경의 날 행사 때 교내 방송으로 시청했던 영상을 잠시 떠올려 봅시다. 작은 빙하에 의지한 채 바다를 부유하던 북극곰의 눈물을 보며 모두들 가슴 아파하지 않으셨습니까? 그 눈물은 이산화탄소에 의한 지구 온난화가 빚어 낸 비극입니다. 이와 관련하여 저는 연안 생태계의 가치와 보호에 대한 관심을 촉구하고자 합니다.

2019년 통계에 따르면 우리나라의 이산화탄소 배출량은 세계 11위에 해당하는 높은 수준입니다. 그동안 우리나라는 이산화탄소 배출을 줄이려 노력하고, 대기 중 이산화탄소 흡수를 위한 산림 조성에 힘써 왔습니다. 그런데 우리가 놓치고 있는 이산화탄소 흡수원이 있습니다. 바로 연안 생태계입니다.

연안 생태계는 대기 중 이산화탄소 흡수에 탁월합니다. 물론 연안 생태계가 이산화탄소를 얼마나 흡수할 수 있겠냐고 말하는 분도 계실 것입니다. 하지만 연안 생태계를 구성하는 갯벌과 염습지의 염생 식물, 식물성 플랑크톤 등은 광합성을 통해 대기 중 이산화탄소를 흡수하는데, 산림보다 이산화탄소 흡수 능력이 뛰어납니다. 2018년 정부 통계에 따르면, 우리 연안 생태계 중 갯벌의 면적은 산림의 약 4%에 불과하지만 연간 이산화탄소 흡수량은 산림의 약 37%이며 흡수 속도는 수십 배에 달합니다.

또한 연안 생태계는 탄소의 저장에도 효과적입니다. 연안의 염생 식물과 식물성 플랑크톤은 이산화탄소를 흡수하여 갯벌과 염습지에 탄소를 저장하는데 이 탄소를 블루카본이라 합니다. 산림은 탄소를 수백 년간 저장할 수 있지만 연안은 블루카본을 수천 년간 저장할 수 있습니다. 연안 생태계가 훼손되면 블루카본이 공기 중에 노출되어 이산화탄소 등이 대기 중으로 방출됩니다. 그러므로 블루카본이 온전히 저장되어 있도록 연안 생태계를 보호해야 합니다.

㉠ 지금 우리가 연안 생태계로 눈을 돌리지 않으면 북극곰의 눈물은 우리의 눈물이 될 것입니다. 건강한 지구를 후손에게 물려주기 위해 일회용품 줄이기, 나무 한 그루 심기와 함께 이산화탄소의 흡수원이자 저장고인 지구의 보물, 연안 생태계를 보호하고 그 가치를 알리는 데 동참합시다.

60 다음은 위 연설자가 자신의 연설을 홍보하기 위해 작성한 포스터이다. 위 연설을 바탕으로 할 때 적절하지 <u>않은</u> 것은?

○○고등학교 교내 연설 대회
지구 온난화 대응의 새로운 접근, 연안 생태계!

연설자 : △△△

• 연설 관련 그림 자료

〈연안 생태계〉

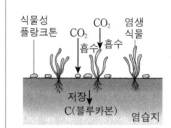

연안의 염생 식물과 식물성 플랑크톤은 광합성을 통해 대기 중의 이산화탄소를 흡수하여 갯벌과 염습지에 탄소를 저장함. ……… ①

• 연설 내용

• 우리나라는 이산화탄소 배출량 순위가 높은 편이며 대기 중 이산화탄소를 줄이고자 노력해 왔음. ……………………………… ②
• 연안 생태계는 대기 중 이산화탄소 감축 효과가 있으며 산림보다 이산화탄소 흡수 능력이 우수함. ………………………… ③
• 연안 생태계가 훼손되면 블루카본이 공기 중에 노출되어 문제가 발생함. ……………………………………………………… ④
• 대기 중 이산화탄소 감축을 위한 기존의 방법을 연안 생태계 보호가 대체할 수 있음. ………………………………… ⑤

59 위 연설자의 말하기 방법으로 적절하지 <u>않은</u> 것은?

① 청유의 문장을 사용하여 주장이 야기한 논란을 해소한다.
② 통계 자료를 근거로 활용하여 주장의 신뢰성을 강화한다.
③ 예상되는 반론을 언급하여 특정 대상의 가치를 강조한다.
④ 청중과 공유하는 경험을 들어 상황의 심각성을 인식시킨다.
⑤ 비유적 표현을 활용하여 문제 해결에 동참할 것을 촉구한다.

61 위 연설을 듣고 그 취지에 공감한 학생이 ㉠에 주목하여 친구들을 설득할 말로 가장 적절한 것은?

① 연안 생태계의 복구에 무심했던 나를 반성했어. 일회용품 사용을 자제하여 연안 생태계를 되살리자.
② 블루카본이 지구 온난화의 원인임을 알았어. 북극곰을 위해 연안 생태계 보호의 중요성을 홍보하자.
③ 북극곰의 모습에서 우리의 미래를 보는 것 같았어. 북극곰을 살리기 위해 산림 조성이 시급함을 알리자.
④ 우리도 북극곰처럼 위기에 처할 수 있어. 이제 연안 생태계의 가치를 알고 이를 보호하기 위해 관심을 갖자.
⑤ 북극곰과 공생하려면 나무 한 그루가 의미 있다는 것을 알았어. 이산화탄소를 줄이기 위해 작은 일부터 실천하자.

[62~64]

다음은 학생이 수업 시간에 한 발표이다. 물음에 답하시오. `21학년도 9월`

> 떫은맛이 어떤 느낌인지 모르는 사람은 없을 것입니다. 그런데 그 맛이 어떻게 해서 느껴지는지, 떫은맛이 나는 식품이 몸에 어떤 영향을 주는지에 대해서는 잘 모르는 것 같습니다. 그래서 여러분에게 떫은맛에 대해 알려 드리려고 합니다.
>
> 과학 시간에 단맛, 짠맛, 신맛 등과 같은 기본적인 맛이 혀의 미각 세포를 통해 느껴진다고 배운 적이 있는데, 기억하시나요? (대답을 듣고) 다들 잘 알고 있네요. 그런데 떫은맛은 입속 점막과 같은 피부 조직이 자극을 받아 느껴지는 촉각에 해당해요. 떫은맛을 내는 성분은 입안에서 혀 점막의 단백질과 결합합니다. 그 과정에서 만들어진 물질이 혀의 점막을 자극하죠. 이 자극 때문에 우리는 입안이 텁텁하다고 느낍니다. 그 텁텁한 느낌을 떫은맛이라고 하는 거죠.
>
> (사진을 보여 주며) 이것은 감의 단면입니다. 과육 사이에 보이는 작고 검은 점들을 본 적이 있으시죠? (대답을 듣고) 네, 다들 본 적이 있는 이 점들이 떫은맛을 내는 성분 중의 하나인 타닌입니다. 덜 익은 감의 타닌은 침에 녹는 성질이 있어 떫은맛을 느끼게 해요. 하지만 감이 익어 가면서 타닌이 침에 녹지 않는 성질로 변하기 때문에 잘 익은 감에서는 떫은맛이 느껴지지 않습니다.
>
> 떫은맛이 나는 식품을 적당히 먹으면 건강에 도움이 됩니다. ○○ 연구소의 연구에 따르면, 떫은맛을 내는 타닌이 들어 있는 감과 녹차는 당뇨와 고혈압 등을 개선하는 기능이 있다고 합니다. 다만 떫은맛이 나는 식품을 많이 섭취하면 입이 마르고, 대장에서 수분 흡수율이 지나치게 높아져서 속이 불편할 수 있으니 적당히 섭취하는 게 좋습니다.
>
> 떫은맛을 꺼리는 사람도 있지만 떫은맛은 다른 맛과 혼합돼 독특한 풍미를 형성하기도 합니다. 그 풍미 때문에 녹차나 홍차를 즐기는 사람도 많은데요, 발표를 준비하면서 우리 주변에 떫은맛이 나는 식품이 많다는 것을 알게 되었습니다. 떫은맛이 나는 식품에는 무엇이 더 있는지 여러분도 찾아보면 어떨까요? 이상으로 발표를 마치겠습니다.

62 위 발표에 대한 설명으로 가장 적절한 것은?

① 발표에 사용할 용어의 개념을 정의한 후 화제를 제시하고 있다.
② 청중의 요청에 따라 발표 내용에 대한 정보를 추가하여 설명하고 있다.
③ 발표 중간중간에 청중이 발표를 들으면서 주의해야 할 점을 안내하고 있다.
④ 발표 내용과 관련된 청중의 경험을 환기하며 청중의 반응을 확인하고 있다.
⑤ 발표 내용에 대한 청중의 이해 여부를 확인하는 질문을 하며 발표를 마무리하고 있다.

63 다음은 발표를 하기 위해 작성한 메모와 발표 계획이다. 발표 내용에 반영되지 <u>않은</u> 것은?

	메모		발표 계획
①	청중은 떫은맛의 느낌은 알지만 떫은맛과 관련된 지식은 부족할 것임.	→	떫은맛에 대한 정보를 제공하는 것이 발표의 목적임을 밝혀야지.
②	청중은 기본적인 맛은 미각 세포를 통해 느낀다는 것을 배운 적이 있음.	→	기본적인 맛과 떫은맛이 느껴지는 감각의 차이를 언급하며 떫은맛이 느껴지는 과정을 설명해야지.
③	감의 타닌(과육의 검은 점)이 떫은맛을 냄.	→	떫은맛을 내는 다양한 성분을 분석한 시각 자료를 보여 줘야지.
④	떫은맛이 나는 식품이 건강에 도움을 줌.	→	떫은맛이 나는 식품의 효능과 관련된 연구 결과를 인용해야지.
⑤	떫은맛이 나는 식품은 여러 가지가 있음.	→	떫은맛이 포함되어 풍미를 느낄 수 있는 식품의 예를 언급해야지.

64 〈보기〉는 위 발표를 들은 학생들의 반응이다. 발표의 내용을 고려하여 학생의 반응을 이해한 내용으로 가장 적절한 것은?

> **보기**
>
> **학생 1** : 녹차에 타닌이 들어 있다는 사실을 처음 알았어. 녹차의 떫은맛이 물에 우려내는 정도에 따라 달라지는 걸로 봐서 녹차의 타닌은 물에 녹는 성질을 가지고 있겠군.
> **학생 2** : 떫은맛에 대해 관심이 없었는데 쉽게 접하는 과일인 감과 연결해서 설명하니 떫은맛에 관심이 생겼어. 떫은맛이 나는 건 먹어서 좋을 게 없다고 생각했는데 그렇지 않네. 몸에 좋다니 앞으로 적당히 먹어봐야겠어.
> **학생 3** : 감의 검은 점이 단맛을 내는 것이라고 생각했는데 떫은맛을 내는 성분이었구나. 감이 익어 가면서 그 성분의 성질이 변한다는 점이 흥미로웠어.

① '학생 1'은 발표 내용과 자신이 알고 있던 사실을 비교하며 발표에서 제시한 정보의 문제점을 지적하고 있다.
② '학생 2'는 발표자가 청중에게 익숙한 사물을 소재로 제시한 것에 대해 그 이유를 궁금해하고 있다.
③ '학생 3'은 발표에서 새롭게 알게 된 사실에 대해 추가적인 정보가 필요하다고 판단하고 있다.
④ '학생 1'과 '학생 2'는 모두, 발표에서 직접적으로 언급하지 않은 내용을 추론하고 있다.
⑤ '학생 2'와 '학생 3'은 모두, 발표에서 새롭게 알게 된 정보를 통해 자신이 평소 생각하던 바를 수정하고 있다.

[65~67]

다음은 학생의 발표이다. 물음에 답하시오. **21학년도 수능**

안녕하세요? 이번 탐구 과제는 '우리 문화재 깊이 보기'인데요, 저는 '고구려 고분 벽화'에 대해 발표하려고 합니다. 여러분은 고구려 고분 벽화를 본 적이 있나요? (청중의 대답을 듣고) 생각보다 많지 않네요. 우리나라 고분 벽화의 대다수는 고구려 돌방무덤에 있습니다. 돌방무덤은 돌을 쌓아 방처럼 만든 무덤으로 3세기부터 만들어졌는데요, 바로 이 시기에 고분 벽화가 그려지기 시작했습니다. (㉠ 자료 제시) 여기가 돌방무덤의 내부입니다. 고분 벽화는 이곳의 천장과 벽에 그려져 있어요.

그럼 고구려 고분 벽화에는 무엇을 그렸을까요? (청중의 반응을 살피고) 네, 다양한 답변이 있네요. 3세기 중반부터 5세기 초에는 밥 먹는 모습, 사냥하는 모습 등 무덤 주인의 일상생활을 주로 그렸습니다. (㉡ 자료 제시) 이것은 주인과 종의 모습입니다. 여기에서 주목할 점은 주인을 종에 비해 크게 그린 건데요, 이렇게 주가 되는 것을 크게, 나머지는 작게 그리는 방법을 '주대종소법'이라고 합니다. 보시는 것처럼 고분 벽화에서는 이 방법을 활용하여, 무덤 주인의 권위를 강조하고 그의 풍요로운 삶이 사후 세계에서도 이어지길 바라는 마음을 담아냈습니다.

5세기 중반부터 6세기 초의 고분 벽화에는 연꽃무늬가 주로 등장합니다. 이때는 불교가 확산되는 시기로, 무덤 주인이 이상 세계에 다시 태어나길 바라는 마음을 연꽃을 통해 표현했습니다. 6세기 중반부터 7세기 전반의 일부 고분에는 연꽃 위에 도교 사상과 관련된 신선을 그렸는데요, (㉢ 자료 제시) 이것은 불교와 도교 사상이 공존하던 당시의 상황이 반영된 것이라 할 수 있습니다. 한편 이 시기 대다수의 고분 벽화에는 도교의 영향으로 청룡, 백호 등과 같은 사신(四神)을 주로 그렸습니다. 사신이 무덤 주인을 수호해 준다고 여겼기 때문입니다.

당대의 인식과 사회상을 담아낸 고분 벽화의 전통은 조선 전기까지 이어졌습니다. 고구려 고분 벽화는 선조들의 삶의 모습을 보여 준다는 점에서 역사 자료로서의 가치를 지니고 있습니다. 이상으로 발표를 마치겠습니다.

65 위 발표자의 말하기 방식으로 가장 적절한 것은?

① 청중에게 기대하는 바를 언급하여 발표 목적을 부각하고 있다.
② 발표 내용과 관련된 질문을 하여 청중의 반응을 이끌어 내고 있다.
③ 청중의 요청에 따라 발표 내용과 관련된 정보를 추가하여 설명하고 있다.
④ 발표 내용의 순서를 안내하여 청중이 발표 내용을 예측하도록 돕고 있다.
⑤ 발표 내용이 청중과 관련성이 높음을 제시하여 청중의 흥미를 유발하고 있다.

66 다음은 발표자가 제시한 자료이다. 발표자의 자료 활용에 대한 설명으로 적절하지 <u>않은</u> 것은?

[자료 1]　　　　[자료 2]　　　　[자료 3]

① 고구려 돌방무덤 내부에 벽화가 그려져 있음을 보여 주기 위해 ㉠에 [자료 1]을 활용하였다.
② 무덤 주인의 권위를 고분 벽화에 담아내었음을 보여 주기 위해 ㉡에 [자료 2]를 활용하였다.
③ 사후 세계에 대한 염원이 고분 벽화에 반영되어 있음을 보여 주기 위해 ㉡에 [자료 2]를 활용하였다.
④ 무덤 주인을 지켜 준다고 여긴 대상을 고분 벽화에 담아내었음을 보여 주기 위해 ㉢에 [자료 3]을 활용하였다.
⑤ 종교 사상이 고분 벽화에 영향을 주었음을 보여 주기 위해 ㉢에 [자료 3]을 활용하였다.

67 학생의 발표를 바탕으로 할 때, [A]에 들어갈 청중의 질문으로 가장 적절한 것은?

[발표 후 질의응답]
- **청 중** : [A]
- **발표자** : 네, 그것은 고구려 이후에도 사람들이 사후 세계에 대해 관심을 가지고 있었음을 의미한다고 생각합니다.

---

① 고구려 고분 벽화의 전통이 후대까지 이어졌다고 하셨는데요, 무덤 내부에 벽화를 계속 그렸다는 것은 어떤 의미인가요?
② 고구려에 도교가 확산된 시기가 있었다고 하셨는데요, 이 시기에 사신이 상징성을 지니게 되었다는 것은 어떤 의미인가요?
③ 고구려 고분 벽화에 주대종소법이 활용되었다고 하셨는데요, 당시에 인물의 크기를 다르게 그렸다는 것은 어떤 의미인가요?
④ 고구려 돌방무덤은 3세기에 출현했다고 하셨는데요, 이전 시기에서 볼 수 없었던 무덤 형태가 나타나게 된 것은 어떤 의미인가요?
⑤ 고구려 고분 벽화가 역사 자료로서의 가치가 있다고 하셨는데요, 문화재가 시대를 초월하여 가치를 지닌다는 것은 어떤 의미인가요?

[68~70]
다음은 봉사 동아리 학생들을 대상으로 한 강연이다. 물음에 답하시오.

22학년도 6월

안녕하세요. □□ 산림 연구소 연구원 ○○○입니다. 강연 시작에 앞서 먼저 사진을 보실까요? (사진을 보여 주며) 기억나시지요? 지난 겨울 방학에 가로수 지킴이 활동을 하는 여러분의 모습입니다. 이번 여름 방학에도 가로수 지킴이로 활동할 여러분에게 도움을 드리고자 여름철 가로수 고사의 원인과 대책을 주제로 말씀드리겠습니다.

(사진을 보여 주며) 어디인지 아시겠어요? 여러분이 사는 △△시의 2년 전 사진입니다. 몇 월의 모습일까요? (청중의 답변을 듣고) 11월이나 12월이라고요? 그렇게 보이지만 8월의 모습입니다. 그해 여름이 얼마나 더웠는지 기억나시지요? (사진을 보여 주며) 이 사진도 가뭄과 폭염으로 말라 죽은 가로수의 모습입니다. 특히 도시의 가로수가 가뭄과 폭염으로 인한 건조에 취약한 것은 도시의 열악한 토양 환경 때문입니다. 도시의 토양은 물이 스며들기 어려워서 토양 내 수분 함유량이 매우 낮습니다. (그림을 보여 주며) 보시는 바와 같이 차도와 보도의 압력으로 토양 입자 사이의 틈이 줄어들어 있습니다. 이로 인해 뿌리에 충분한 수분이 전달되지 못하는 것이지요. 그래서 건조에 강한 수종을 가로수로 선정합니다. 잔뿌리가 땅 표면 가까이에 분포해서 적은 강우량에도 수분을 잘 흡수할 수 있는 수종을 선택하는 것이지요. 이와 함께 가로수가 건조에 견딜 수 있는 환경을 만들어 주기 위해 가로수의 기존 보호 틀을 확대해 물이 스며드는 면적을 넓히고 잔뿌리가 잘 자라도록 최대한 생육 공간을 확보합니다.

그런데 다들 아시는 것처럼 최근 기후 변화로 가뭄과 폭염이 심해지고 있어 도시의 가로수에 수분을 공급하는 일이 절실합니다. 가로수가 말라 죽지 않도록 땅 표면 아래 20㎝까지 적셔 주려면 2시간 이상은 비가 내려야 하는데 폭염에는 잠시 쏟아지는 소나기로는 턱없이 부족합니다. 살수차를 동원해 물도 뿌리지만 한계가 있습니다. 그래서 사람이 직접 나무마다 물주머니를 매달고 토양 보습제를 투입하는 것입니다. 일일이 수작업해야 하는 일이라 여러분과 같은 자원봉사자의 역할이 매우 중요합니다. 가로수를 지키는 건 여러분이 살아갈 도시를 더욱 건강하게 가꾸는 일입니다. 여러분 덕분에 △△시의 가로수가 올 여름에는 말라 죽지 않을 것입니다. 이상 강연을 마칩니다.

68 위 강연자의 말하기 방식으로 가장 적절한 것은?

① 강연 대상을 다른 소재에 빗대어 설명하고 있다.
② 강연 내용과 관련한 청중의 경험을 환기하고 있다.
③ 통계 자료를 인용하여 강연 내용을 설명하고 있다.
④ 과거 사례와 최근의 사례를 대조하며 설명하고 있다.
⑤ 강연을 하게 된 소감을 밝히며 강연을 시작하고 있다.

69 다음은 동아리 부장이 강연자에게 보낸 전자 우편이다. 이를 바탕으로 세운 강연자의 계획 중 강연에 반영되지 않은 것은?

✉ □ ☐ ✕

답장 | 전체 답장 | 전달 | ✕삭제 | 스팸신고 　　　　　　 목록 | 위 | 아래

안녕하세요. 저는 △△시 △△고등학교 봉사 동아리 부장입니다. 여름 방학 봉사 활동을 위해 도시의 가로수가 여름에 왜 말라 죽는지, 이를 막기 위해서 필요한 것은 무엇인지, 저희의 활동이 어떤 의미가 있는지를 알고자 동아리 학생들을 대표해 강연을 부탁드립니다. 강연하실 때 저희 지역과 관련한 자료를 활용해 주시면 도움이 될 것 같습니다. 감사합니다.

① 청중이 여름 방학 봉사 활동에 참여하므로 여름철 가로수 지킴이 활동을 위한 준비 사항을 안내한다.
② 청중이 도시 가로수 고사의 원인을 알고자 하므로 이와 관련한 도시의 토양 환경을 시각 자료를 활용하여 설명한다.
③ 청중이 도시 가로수의 고사를 방지하기 위한 방안을 알고자 하므로 가로수에 수분을 공급하는 다양한 방안을 설명한다.
④ 청중이 봉사 활동의 의의를 알고자 하므로 봉사 활동이 가뭄과 폭염에서 가로수를 보호하는 데 기여한다는 것을 설명한다.
⑤ 청중이 자신의 지역과 관련한 자료의 활용을 희망하므로 △△시의 사진을 보여 주며 질의응답한다.

70 다음은 학생이 강연을 들으면서 작성한 메모이다. 이를 바탕으로 학생의 듣기 과정을 이해한 내용으로 적절하지 않은 것은?

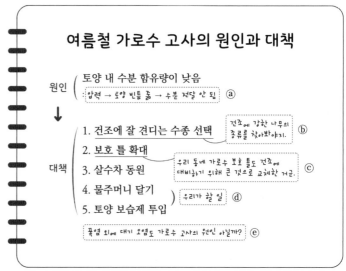

① ⓐ : 화살표를 사용하여 강연 내용을 메모한 것으로 보아, 세부 정보들 사이의 관계를 파악하며 들었겠군.
② ⓑ : 강연 이후의 조사 계획을 작성한 것으로 보아, 강연 내용에서 더 알고 싶은 점을 떠올리며 들었겠군.
③ ⓒ : 동네 가로수의 보호 틀을 교체한 이유를 추측한 것으로 보아, 강연 내용을 자기 경험과 관련지으며 들었겠군.
④ ⓓ : 자신이 할 일을 따로 묶은 것으로 보아, 특정 기준으로 정보를 구분하며 들었겠군.
⑤ ⓔ : 강연 내용에 의문을 제기한 것으로 보아, 강연 내용의 논리적 모순을 확인하며 들었겠군.

[71~73]
다음은 라디오 방송이다. 물음에 답하시오. **22학년도 9월**

> 안녕하세요. 〈대화가 있는 지금〉의 진행자 □□□입니다. 오늘은 청취자께서 보내 주신 사연을 듣고 해결을 도와 드리는 시간을 가질 텐데요, 지난주에 여러분이 보내 주신 사연 중에서 하나를 선정했어요. 이제 읽어 볼게요.
>
> > 안녕하세요. 친구를 사귀는 것이 어려운 고등학생 ○○입니다. 저는 대화를 통해 서로에 대해 많이 알게 될수록 더 깊이 서로를 이해할 수 있다고 생각했어요. 그래서 친해지고 싶은 친구들과는 처음 만나 대화를 할 때부터 저의 고민을 이야기하려고 노력했어요. 그런데 오히려 친구들이 저와 더 거리를 두는 것 같은 느낌이 들어요. 매번 이런 상황이 반복되는데, 어떻게 하면 좋을까요?
>
> ○○ 님, 친구들과 더 가깝게 지내고 싶은 마음이 통하지 않아 많이 속상했겠어요. 다른 사람에게 자신에 대한 정보를 알리는 걸 자기표현이라고 하는데요, 대화를 할 때 진솔하게 자신을 드러내는 것은 다른 사람들과의 관계를 발전시키는 데 필요한 일이죠. 고민을 나누는 것도 자기표현의 일종이에요. 그런데 친밀감이 형성되기 전에 자신의 고민과 같은 민감한 정보까지 드러내는 것은 상대방이 부담을 느끼고 거리를 두는 원인이 돼요. 그래서 자기표현의 정도와 속도를 적절하게 조절할 필요가 있어요.
> ○○ 님, 이렇게 한번 해 보는 건 어떨까요? 친해지고 싶은 친구들과 처음에는 날씨, 텔레비전 프로그램 정도의 가벼운 화제로 대화를 시작하는 거예요. 그 후 친밀감이 형성되면 개인적 감정이나 고민, 자신의 성격과 가치관까지 이야기하고요. 친구를 알아 가면서 조금씩 마음속 이야기까지 하는 거죠. 청취자 여러분 중에서도 ○○ 님과 비슷한 경험을 하신 분이 계실 것 같아요. 여러분도 한번 시도해 보시겠어요?
> 방송을 듣고 여러분이 조언하고 싶은 말이나 소감을 청취자 게시판에 글로 남겨 주시면 좋겠어요. 오늘 방송 들어 주셔서 감사합니다. 다음 주에 또 다른 사연으로 만나요.

71 위 방송 진행자의 말하기 방식에 대한 설명으로 가장 적절한 것은?

① 질문의 형식을 활용하여 청취자에게 실천을 권유하고 있다.
② 견해의 근거가 되는 출처를 언급하여 청취자가 신뢰감을 갖게 하고 있다.
③ 감사 표현을 반복적으로 사용하여 청취자에게 정중한 태도를 드러내고 있다.
④ 스스로 묻고 답하는 방식으로 개념을 설명하여 청취자의 이해를 돕고 있다.
⑤ 중심 화제를 다양한 일상적 소재에 비유하여 청취자에게 친숙한 느낌을 주고 있다.

72 다음은 진행자가 방송 진행을 위한 계획을 메모한 것이다. 위 방송에 반영되지 <u>않은</u> 것은?

> • 도입부
> - 청취자의 사연을 읽고 문제 해결을 돕는 방식으로 방송을 진행할 것임을 소개 ············ ①
> • 중심부
> - 사연을 읽고, 사연 속 상황으로 인해 사연 신청자가 느꼈을 감정을 언급 ············ ②
> - 사연 속 문제 상황의 원인을 밝히고, 사연 신청자의 문제 해결을 위해 조언 ············ ③
> - 대화할 때 활용할 수 있는 화제의 예를 제시하고, 각각의 예를 활용한 발화 내용을 구성하여 소개 ············ ④
> • 마무리
> - 방송 내용에 관해 청취자가 자신의 생각을 남길 수 있는 방법을 안내 ············ ⑤

73 〈보기〉는 위 방송의 게시판에 청취자가 남긴 글이다. 방송 내용을 고려할 때, 〈보기〉에서 확인되는 청취자의 듣기 반응에 대한 이해로 적절하지 <u>않은</u> 것은?

보기

> 안녕하세요, 진행자님. 방송 정말 잘 들었어요. 저도 사연을 들으면서, 친구가 친해지기도 전에 갑자기 고민을 이야기해서 당황했던 기억이 떠올랐어요. 저도 다른 사람들에게 말하지 못했던 이야기를 그 친구와 공유해야 할 것 같은 의무감을 느껴서 부담이 됐었거든요. 대화할 때 상대방과의 친밀감을 고려해야 한다는 진행자님의 말씀을 들으면서 앞으로 제가 대화할 때에도 그렇게 하는 것이 도움이 되겠다고 생각했어요. 그래서 저도 ○○ 님께 자신을 드러내는 정도를 조절하면서 대화하는 건 정말 중요하다는 걸 꼭 말씀드리고 싶어요.

① 자기표현과 관련된 사례를 언급한 내용을 보니 자신의 경험을 떠올리며 들었다.
② 의무감을 느꼈다고 언급한 내용을 보니 자신의 고민을 나누어야 친밀감이 형성될 수 있다는 진행자의 말에 공감하며 들었다.
③ 대화할 때 고려할 점에 대해 언급한 내용을 보니 진행자의 조언을 올바르게 이해하며 들었다.
④ 방송에서 들은 조언을 자신에게 적용할 것을 언급한 내용을 보니 방송에서 얻은 정보의 유용성을 생각하며 들었다.
⑤ 사연 신청자에게 조언하는 내용을 보니 자기표현을 조절하는 대화에 관한 진행자의 의견에 동의하며 들었다.

[74~76]

다음은 학생의 발표이다. 물음에 답하시오. `22학년도 수능`

안녕하세요? 오늘 발표를 맡은 ○○○입니다. 저는 얼마 전 읽은 책에서 17세기의 우리 음식 중 흥미로운 음식을 발견하여 '17세기의 두 가지 음식'을 발표 주제로 정했습니다. 혹시 『음식디미방』이라는 책을 알고 계신가요? (청중의 반응을 보며) 예상대로 아는 분이 많지 않으시네요. 이 책은 1670년경에 쓰인 한글 음식 조리서로, 당대의 음식을 알 수 있는 대표적인 자료인데요, '음식디미방'이란 '음식의 맛을 아는 방법'이라는 뜻입니다. 지금부터 책에 실린 음식 중 석류탕을 먼저 소개한 후 난면을 소개하겠습니다.

먼저 화면을 보시죠. (화면에 사진을 보여 주며) 어떤 음식에 더 관심이 있으신가요? (청중의 대답을 듣고 화면을 넘기며) 네, 여러분이 관심을 보이시는 이 사진이 '석류탕'입니다. 여기서 석류는 여러분이 알고 계신 바로 그 과일의 이름입니다. 석류탕은 석류 모양으로 빚은 만두를 넣어 만든 음식이기 때문에 붙여진 이름이지요. 석류탕은 꿩고기, 무, 표고 등에 간장과 후춧가루를 넣고 볶아 만두소를 만들고, 밀가루로 만든 피에 만두소와 잣가루를 넣어 석류 모양의 만두를 빚은 뒤 맑은장국에 넣어 끓여낸 음식입니다.

(화면을 넘기고) 이 사진은 '난면'입니다. '계란' 할 때의 '란', '냉면' 할 때의 '면'입니다. 난면은 계란 흰자와 밀가루를 반죽한 후 썰거나 분틀에 눌러 면을 만들고 이를 삶아 낸 다음 꿩고기를 삶은 국물에 그 면을 말아 만든 음식입니다.

지금까지 17세기의 두 가지 음식을 소개했습니다. 『음식디미방』에는 두 음식을 포함하여 총 146가지의 음식이 면병류, 어육류, 주국방문 및 초류, 이 세 가지로 나뉘어 소개되어 있습니다. 면병류는 밀가루로 요리한 종류, 어육류는 생선과 고기를 요리한 종류, 주국방문 및 초류는 술과 식초 종류를 말합니다. 제가 소개한 것은 어육류에 속하는 음식이었습니다. 이 외에 다른 음식에 관심 있으신 분은 책을 보시면 흥미로운 음식들을 발견할 수 있을 겁니다. 제 발표는 여기서 마무리하겠습니다. 감사합니다.

74 위 발표에 대한 설명으로 가장 적절한 것은?

① 두 가지 음식에 대해 발표한 내용을 중간중간 요약하고 있다.
② 소개한 두 음식에 대해 추가로 자료를 탐색할 것을 권유하고 있다.
③ 소개한 조리법을 활용하여 만들 수 있는 다른 음식들의 예를 들고 있다.
④ 발표자 자신의 경험과 관련하여 발표 주제의 선정 동기를 밝히고 있다.
⑤ 언급한 책의 역사적 가치를 전문가들의 서로 다른 견해를 인용하며 설명하고 있다.

75 다음은 발표자가 위 발표를 준비하면서 작성한 메모이다. ㉠~㉤을 바탕으로 하여 발표에서 사용한 발표 전략으로 적절하지 <u>않은</u> 것은?

〈상황 분석〉
• 수업 시간에 이루어지는 정보 전달 목적의 발표임. ·················· ㉠
• 발표 장소는 대형 모니터가 설치된 교실임. ·················· ㉡
• 청중이 『음식디미방』이라는 책을 잘 알지 못할 것임. ·············· ㉢
• 청중이 음식 이름에 익숙하지 않을 것임. ·················· ㉣

〈실행 계획〉
• 청중의 반응을 고려하여, 발표할 내용의 순서나 분량을 조정할 수 있음. ·················· ㉤

① ㉠ : 청중이 발표 내용을 신뢰할 수 있도록 발표에서 다루려는 음식이 소개된 문헌을 밝힌다.
② ㉡ : 전달 효과를 높이기 위해 모니터를 활용해 사진을 화면으로 제시하며 설명한다.
③ ㉢ : 책에 대한 청중의 사전 지식을 점검하고, 책에 대한 이해를 돕기 위해 책의 집필 시기와 책 제목의 의미를 밝힌다.
④ ㉣ : 청중의 이해를 돕기 위해 청중에게 익숙한 단어를 사용하여 음식의 이름을 설명한다.
⑤ ㉤ : 청중과의 상호 작용으로 파악한 청중의 관심을 반영하기 위해, 도입부에서 안내한 발표 순서를 바꾸어 소개한다.

76 〈보기〉는 위 발표를 들은 학생들의 반응이다. 〈보기〉에 드러난 학생들의 듣기 방식으로 가장 적절한 것은?

보기

학생 1 : 석류탕과 난면을 조리할 때 모두 꿩고기를 재료로 사용하는 걸 보니 당시에는 꿩고기가 구하기 쉬웠나 봐.
학생 2 : 석류탕에서 만두 만드는 방법이 내가 아는 만두 만드는 방법과 크게 다르지 않네.
학생 3 : 석류탕이 어육류에 속하는 걸 보니 고기를 핵심적인 재료로 간주해서 분류한 것 같아.

① 학생 1은 학생 2와 달리 발표에서 음식 재료를 설명한 내용이 정확한지 평가하며 들었다.
② 학생 2는 학생 1과 달리 자신이 알고 있는 조리법과 비교하며 제시된 정보를 사실과 의견으로 구분하며 들었다.
③ 학생 2는 학생 3과 달리 발표자가 두 번째로 소개한 음식의 조리법에 대한 발표 내용을 배경지식을 바탕으로 예측하며 들었다.
④ 학생 1과 학생 3은 모두 발표 내용과 관련하여 발표자가 언급하지 않은 내용을 추론하며 들었다.
⑤ 학생 2와 학생 3은 모두 사전 경험을 바탕으로 발표 내용의 효용성을 점검하며 들었다.

콘텐츠가 강하다!
실전 국어 전형태

[77~79]
다음은 텃밭 가꾸기를 안내하기 위한 사례 발표이다. 물음에 답하시오.

23학년도 6월

안녕하세요. 텃밭 선배 ○○○입니다. 잘 들리시나요? (청중의 반응을 살펴며 큰 목소리로) 잘 안 들리시는 것 같으니 좀 더 크게 말씀드릴게요. 저는 텃밭을 처음 가꿀 때 가정에서 필요한 다양한 작물을 심고 싶었어요. 아마 15제곱미터 정도의 좁은 텃밭을 가꾸기 시작하시는 여러분도 비슷한 마음이실 거예요. 그러면 어떻게 해야 할까요? (잠시 뒤에) 작물을 심기 전에 효율적인 배치를 위해 작물 배치도를 그려 보면 도움이 됩니다.

(화면에 자료를 제시하며) 왼쪽은 제가 첫해 심은 작물의 배치도이고, 그 옆은 다음 해에 그것을 수정한 배치도입니다. 첫해 배치에는 두 가지 문제가 있는데요, 우선 작물의 키를 고려하지 않았다는 점이에요. 해는 동쪽에서 떠서 한낮에 남쪽을 지나 서쪽으로 지고 해가 떠 있는 반대 방향으로 그림자가 생기죠. 작물은 광합성이 많이 이루어지는 오전부터 한낮까지 그림자의 영향을 최소한으로 받아야 잘 자랄 수 있어요. 이를 고려해 키가 작은 작물을 동쪽과 남쪽에 배치해야 해요. (자료를 가리키며) 그런데 보시는 것처럼 상대적으로 키가 큰 고추와 옥수수를 동쪽에 배치하여 상추와 감자에 그늘이 많이 생겼어요.

두 번째 문제는 작물의 재배 기간을 고려하지 않았다는 점이었어요. (자료를 가리키며) 제가 4월부터 텃밭을 가꾸기 시작했는데 8월에 옥수수를 수확한 후 같은 자리에 배추를 심었어요. 그런데 문제는 남쪽에 심은 고추의 재배 기간이었어요. 고추 재배가 10월까지 계속되는 바람에 배추가 광합성을 많이 하지 못했거든요. 그래서 좁은 땅을 효율적으로 사용하기 위해 기존 작물을 수확하고 다른 작물로 교체할 때에는 주변 작물의 재배 기간도 함께 고려하여 배치해야 한다는 것을 알았어요.

(자료를 다시 가리키며) 다음 해에는 이러한 실패를 교훈 삼아 작물의 키 순서에 따라 작은 것부터 상추는 남동쪽, 감자는 북동쪽, 고추는 남서쪽, 옥수수는 북서쪽에 배치했어요. 그리고 감자 수확 이후 재배 기간과 주변 작물의 키를 고려해 감자 위치에 배추를 심었더니 첫해와 동일한 위치임에도 배추가 더 잘 자랐어요.

좁은 텃밭에 다양한 작물을 잘 기르고 싶으신가요? 그렇다면 배치도를 그려 효율적으로 텃밭을 가꿔 보세요. 땀을 흘려 손수 먹거리를 수확하는 기쁨을 누리실 수 있을 겁니다.

77 위 발표자의 말하기에 대한 설명으로 적절하지 않은 것은?

① 그림을 그리면서 설명을 하여 청중의 이해를 돕고 있다.
② 준언어적 표현을 조절하여 발표의 전달력을 높이고 있다.
③ 자신의 경험에 비추어 청중의 관심을 짐작하여 말하고 있다.
④ 질문하고 답하는 방식을 사용하여 발표 내용을 전달하고 있다.
⑤ 청중이 얻을 수 있는 효용을 제시하며 실천을 권유하고 있다.

78 발표자의 자료 활용 계획 중 발표에 반영되지 않은 것은?

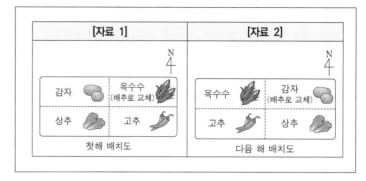

① 상추보다 키가 큰 고추가 상추의 동쪽에 배치되어 상추에 그늘이 많이 생겼음을 [자료 1]을 활용하여 설명해야지.
② 옥수수를 수확하고 나서 심은 배추가 고추 때문에 광합성이 부족했음을 [자료 1]을 활용하여 설명해야지.
③ 작물들의 키 순서를 고려하여 감자를 북동쪽에 배치했음을 [자료 2]를 활용하여 설명해야지.
④ 키가 제일 큰 옥수수는 어느 위치에 심어도 잘 자랄 수 있었음을 [자료 1]과 [자료 2]를 활용하여 설명해야지.
⑤ 동일한 위치에서도 주변 작물에 따라 배추가 자라는 정도가 달랐음을 [자료 1]과 [자료 2]를 활용하여 설명해야지.

79 발표 내용을 참고할 때 〈보기〉에 제시된 청중의 반응을 이해한 내용으로 가장 적절한 것은?

보기

청자 1 : 작물을 수확하고 난 후 다른 작물로 교체한 이유를 제시하지 않았는데, 작물을 교체한 이유가 뭘까?
청자 2 : 브로콜리가 케일보다 키가 크게 자란다고 알고 있어. 이번에 케일과 브로콜리를 심을 계획인데, 들은 것을 활용해 봐야겠어.
청자 3 : 작물들의 키 순서만 알려 줘서, 작물들이 다 자랐을 때의 키를 알 수 없었어. 작물들의 키를 구체적으로 알려 주면 좋았겠어.

① 청자 1은 발표 내용의 정확한 이해를 바탕으로 발표 내용에서 보완할 점을 지적하고 있다.
② 청자 2는 자신이 알고 있던 사실과 발표 내용을 비교하며 발표에서 다룬 정보의 문제점을 제시하고 있다.
③ 청자 3은 자신이 필요하다고 생각하는 내용이 다루어지지 않았음을 지적하며 아쉬워하고 있다.
④ 청자 1과 청자 2는 모두 자신의 과거 경험을 떠올리며 발표 내용에 의문을 제기하고 있다.
⑤ 청자 2와 청자 3은 모두 발표 내용이 적용되지 않는 예외적 상황이 있는지 검토하고 있다.

[80~82]

다음은 학생의 발표이다. 물음에 답하시오. `23학년도 9월`

안녕하세요? 오늘 발표를 맡은 ○○○입니다. 개똥쑥에서 말라리아 치료 성분을 발견했다는 지난주 특강 내용 기억나시나요? (청중의 대답을 듣고) 네, 인류를 살리는 식물에 관한 얘기였죠. 이런 식물이 지구상에서 사라진 상황, 상상이 되시나요? (㉠ 화면을 보여 주며) 나무의 경우 30%에 해당하는 종이 멸종 위기라고 합니다. 또 다른 조사 결과에 따르면 (㉡ 화면을 보여 주며) 보시는 바와 같이 전체 식물 중 40%에 해당하는 종이 멸종 우려 수준이라고 합니다. 그래서 식물을 품고 있는 씨앗, 즉 종자의 보존은 중요합니다. 오늘 발표는 그 종자 보존과 관련된 내용입니다.

종자를 보존하기 위한 시설로 시드볼트가 있습니다. 종자와 금고를 합친 말인데, 용어가 어려우니 종자 금고라고 할게요. 종자 금고는 기후 변화나 전쟁 등 예기치 못한 재앙으로 인한 식물의 멸종을 막기 위해 지어진 종자 영구 보관 시설입니다. 여기서 잠깐 퀴즈를 내 볼게요. 종자 금고는 전 세계에 몇 군데 있을까요? (청중의 대답을 듣고) 아, 정답자가 없네요. 놀라지 마세요. (손가락 두 개를 펼쳐 보이며) 단 두 나라, 노르웨이와 우리나라에 있습니다.

인류의 미래를 지키는 데 일조하고자 지은 우리나라 종자 금고는 경북 봉화군에 있습니다. (㉢ 화면을 보여 주며) 화면 속 건물 아래쪽에 보이는 공간이 저장고가 있는 지하의 모습인데, 외부 영향을 최소화하기 위해 지하에 종자를 보관하고 있습니다. 우리나라뿐만 아니라 외국의 종자도 기탁받아 4천 종 넘게 보관하고 있는데, 저장고 내부는 종자의 발아를 억제해 장기 보관이 가능하도록 적정 온도와 습도를 유지하고 있습니다. 보관된 종자는 특수한 상황이 아니면 반출하지 않는데 식물의 멸종이나 자생지 파괴 등을 대비해 보관하고 있기 때문입니다.

종자를 지키는 일은 미래를 지키는 일입니다. 다음 세대에 물려주어야 할 살아 있는 유산인 씨앗. 씨앗을 보존하기 위한 노력의 일환인 우리나라의 종자 금고는 그런 점에서 의미가 크다고 할 수 있습니다. 제가 준비한 내용은 여기까지인데 궁금한 점을 질문 받고 발표를 마무리할까 합니다.

80 위 발표자의 말하기 방식으로 가장 적절한 것은?

① 청중에게 친숙한 사례로 개념 간의 차이를 부각하고 있다.
② 비언어적 표현을 통해 청중의 행동 변화를 촉구하고 있다.
③ 발표 중간중간에 청중의 질문을 받으며 청중과 상호 작용하고 있다.
④ 청중과 공유하고 있는 경험을 언급하여 청중의 주의를 환기하고 있다.
⑤ 발표 내용에 대한 청중의 이해 정도를 확인한 후 이어질 발표의 순서를 안내하고 있다.

81 다음은 발표자가 보여 준 화면이다. 발표자의 시각 자료 활용에 대한 설명으로 가장 적절한 것은?

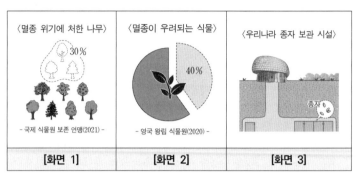

⟨멸종 위기에 처한 나무⟩	⟨멸종이 우려되는 식물⟩	⟨우리나라 종자 보관 시설⟩
30% · 국제 식물원 보존 연맹(2021) ·	40% · 영국 왕립 식물원(2020) ·	종자
[화면 1]	**[화면 2]**	**[화면 3]**

① [화면 1]은 매년 나무 종이 얼마나 감소하고 있는지를 보여 주는 자료로 ㉠에 제시하였다.
② [화면 1]은 멸종 위기의 나무 종 중에서 종자가 보존되고 있는 종의 비율을 보여 주는 자료로 ㉠에 제시하였다.
③ [화면 2]는 전체 멸종 우려 종에서 식물 종이 차지하는 비율을 보여 주는 자료로 ㉡에 제시하였다.
④ [화면 3]은 외부 영향을 최소화하기 위해 종자를 지하에 보관하고 있음을 보여 주는 자료로 ㉢에 제시하였다.
⑤ [화면 3]은 지하 종자 저장고의 위치가 종자의 발아 상태에 따라 달라짐을 보여 주는 자료로 ㉢에 제시하였다.

82 다음은 청자와 발표자가 나눈 질의응답의 일부이다. [A]에 들어갈 청자의 질문으로 적절하지 <u>않은</u> 것은?

청자 : 발표 잘 들었습니다. 그런데 듣고 나서 궁금한 점이 생겨 질문합니다.

[A]

발표자 : 그 내용은 발표에 없었네요. 추가로 그 내용에 대해 알려 드릴게요.

① 종자 금고는 현재 두 나라에 있다고 하셨는데, 두 나라의 종자 금고에는 어떤 차이점이 있나요?
② 기탁받은 종자를 보관하고 있다고 하셨는데, 종자를 기탁받는 절차는 어떻게 되나요?
③ 현재 보관 중인 종자 규모를 말씀하셨는데, 종자 금고에는 우리나라 종자만 보관하나요?
④ 적정한 온도를 유지해 종자를 보관한다고 말씀하셨는데, 적정 온도는 어떻게 되나요?
⑤ 종자 금고에 보관된 종자는 특수한 상황이 아니면 반출하지 않는다고 하셨는데, 반출했던 경우가 있나요?

[83~85]

다음은 수업 중 학생의 발표이다. 물음에 답하시오. `23학년도 수능`

안녕하세요? 발표를 맡은 ○○○입니다. 지난 수업 시간에 우리는 도로에서 볼 수 있는 안전 설계에 대해 배웠는데요, 이와 관련한 유익한 내용이 있어 소개하려 합니다.

여러분, 달리는 차 안에서 특정 구간을 지날 때 드르륵하는 소리가 들리며 차가 진동하는 것을 느껴 본 적이 있나요? (대답을 듣고) 많은 분들이 경험했군요. 여러분이 느낀 진동은 도로에 시공된 홈 때문일 수 있습니다. (㉠ 자료 제시) 왼쪽은 진행 방향과 일치하는 세로 홈을, 오른쪽은 진행 방향에 수직인 가로 홈을 진하게 표시한 그림입니다. 세로 홈은 도로에 살얼음이 생기는 일을 줄이고, 가로 홈은 제동 거리를 줄여 주죠.

특히 가로 홈을 활용하면 도로에서 멜로디가 들리게 할 수 있는데요, 잠시 영상을 보겠습니다. (영상 제시) 차가 특정 도로 구간을 지날 때 동요 멜로디가 들리는 것이 신기하죠? (㉡ 자료 제시) 화면에 보이는 것처럼 홈의 너비와, 홈 사이의 도로면 너비를 합한 값에 따라 음 높이가 정해집니다. 홈 너비는 일정하니까 결국 홈 사이 도로면의 너비에 따라 음 높이가 달라지는 셈이죠. 이 자료에는 없지만 음 길이도 달라지게 홈을 시공하면 차가 달릴 때 멜로디가 들리게 됩니다. 이 멜로디는 운전자의 주의를 환기하여 졸음운전을 예방합니다. 실제로 졸음운전으로 인한 교통사고 발생 건수가 월평균 2.6건이었던 구간에 멜로디가 들리게 가로 홈을 시공하자 해당 도로 구간에서의 교통사고가 3개월간 0건이었다고 합니다.

도로에서의 또 다른 안전 설계는 터널에서도 확인할 수 있습니다. (㉢ 자료 제시) 조명등이 설치된 간격이 달라서 낮에 터널 입구 쪽과 출구 쪽이 중간 구간보다 밝은데요, 이는 우리 눈이 터널 입구에서는 어둠에, 출구에서는 밝음에 서서히 익숙해지도록 하는 것이지요.

이 외에 곡선 도로에서 차가 이탈하는 것을 막기 위해 도로 바깥쪽이 높아지게 경사를 주고, 밤에도 차선이 잘 보이게 미세한 유리 알갱이를 차선에 바르기도 합니다. 발표 내용 잘 이해되었나요? 그동안 무심코 지나쳤던 도로에서 안전을 위한 장치들을 찾아보길 바라며 발표를 마치겠습니다.

83 위 발표자의 말하기 방식으로 적절하지 <u>않은</u> 것은?

① 용어의 개념을 정의하여 발표에서 다룰 화제의 범위를 한정하고 있다.
② 청중과 공유하는 기억과 관련지어 발표의 계기를 밝히고 있다.
③ 청중의 경험과 관련한 질문을 하며 청중의 반응을 확인하고 있다.
④ 구체적인 수치를 밝혀 발표 내용의 근거로 활용하고 있다.
⑤ 발표 내용과 관련하여 청중에게 바라는 바를 언급하며 발표를 마무리하고 있다.

84 다음은 발표자가 제시한 자료이다. 발표자의 자료 활용에 대한 설명으로 가장 적절한 것은?

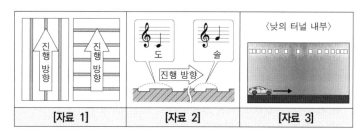

① [자료 1]은 홈 사이의 도로면 너비를 달리해서 멜로디를 만든다는 내용을 설명하기 위해 ㉠에서 활용하였다.
② [자료 1]은 살얼음 발생 감소에 효과적인 홈과 제동 거리 단축에 효과적인 홈을 설명하기 위해 ㉢에서 활용하였다.
③ [자료 2]는 특정 구간을 지날 때 느끼는 차의 진동이 홈 때문일 수 있다는 내용을 설명하기 위해 ㉡에서 활용하였다.
④ [자료 3]은 낮에 터널의 중간 구간이 입구 쪽과 출구 쪽보다 어둡다는 내용을 설명하기 위해 ㉠에서 활용하였다.
⑤ [자료 3]은 달라지는 밝기에 눈이 서서히 적응하도록 조명등의 설치 간격을 달리한다는 내용을 설명하기 위해 ㉢에서 활용하였다.

85 발표 내용을 바탕으로 할 때, 〈보기〉에 나타난 학생들의 반응에 대한 이해로 가장 적절한 것은?

보기

학생 1 : 곡선 도로에 경사를 준다는 내용을 간략히 제시해서 아쉬워. 도서관에서 그 원리를 알아봐야겠어.
학생 2 : 멜로디가 들리는 도로가 재미를 위한 것인 줄 알았는데, 안전을 위한 거였군. 이런 도로가 실제로 어디에 있는지 조사해 봐야겠어.
학생 3 : 미세한 유리 알갱이를 차선에 바르는 방법이 무엇인지, 밤에도 터널 구간별로 밝기가 다른지 알고 싶어.

① 학생 1은 자신의 의문이 해소되었다는 점에서 발표 내용을 긍정적으로 평가하고 있다.
② 학생 2는 발표 내용이 자신의 배경지식과 일치하지 않는 이유를 궁금해하고 있다.
③ 학생 1과 학생 2는 모두, 발표에서 언급된 내용과 관련하여 추가적인 정보를 탐색하려 하고 있다.
④ 학생 1과 학생 3은 모두, 발표를 통해 새롭게 알게 된 정보가 사실과 부합하는지 판단하고 있다.
⑤ 학생 2와 학생 3은 모두, 자신의 경험을 바탕으로 발표 내용의 효용성을 점검하고 있다.

[86~88]

다음은 학생들을 대상으로 한 강연의 일부이다. 물음에 답하시오.

24학년도 6월

안녕하세요? ○○고 학생 여러분, 문화 해설사 □□□입니다. 한글 창제 이야기는 이미 잘 알고 계실 테니, 오늘은 한글 대중화에 힘쓴 두 인물에 대해 말씀드리죠. (목소리를 높여) 바로 주시경, 최현배 선생입니다. 역사적으로 암울했던 시기에 한글을 교육하고 연구하는 데 앞장선 두 분은 특별한 관계이기도 한데요. 어떤 관계일까요? 강연 내용에 힌트가 있으니 끝까지 잘 들어 주시길 바랍니다.

(한 손을 올렸다 내리며) "말이 오르면 나라도 오르고, 말이 내리면 나라도 내리나니라." 나라와 민족을 지키기 위해 한글 교육과 연구에 매진했던 주시경 선생이 남긴 말씀입니다. 선생은 한글을 가르칠 수 있다면 어디든 마다하지 않고 책 보따리를 들고 다녔기에 '주 보따리'로 불렸다고 합니다. 이런 열정으로 국어 강습소를 개설했고, 여기에서 배출한 제자들과 함께 국어 연구 학회를 설립하였는데 이는 오늘날 한글 학회의 뿌리가 됩니다. 대표 저서로는 『국어 문법』, 『국어문전음학』, 『국문 초하』 등이 있습니다. 그리고 얼마 전 주시경 선생에 대한 다큐멘터리가 방영되었는데, 이 영상을 찾아보는 것도 도움이 될 것입니다.

다음 소개할 인물은 최현배 선생입니다. 선생은 국어 강습소에 다니며 만난 어떤 인물로부터 큰 영향을 받게 됩니다. 이쯤에서 주시경 선생과의 관계를 눈치채신 분도 있을 텐데요. (청중의 반응을 살피며) 맞습니다. 두 분은 사제 간입니다. 최현배 선생은 스승의 길을 따라 한글 교육과 연구에 전념합니다. 조선어 학회 사건에 연루되어 옥고를 치르는 중에도 검열을 피해 솜옷 속에 쪽지를 숨겨 놓으며 한글을 연구했다는 이야기는 선생의 굳은 의지를 잘 보여 주죠. 대표 저서로는 『우리말본』과 『한글갈』이 있습니다. 아, '갈'이 무슨 뜻인지 잘 모르실 텐데, 연구를 의미하는 우리말입니다. 선생은 해방 후에 국어 교재 집필과 교원 양성에 힘썼습니다. 최현배 선생에 대한 자료는 △△ 기념관 누리집에서 찾으실 수 있습니다.

86 위 강연자의 말하기 방식으로 가장 적절한 것은?

① 인물의 특성을 보여 주는 일화를 제시하고 있다.
② 자신의 경험을 시간 순서에 따라 전달하고 있다.
③ 대조를 통해 두 인물 간의 차이를 부각하고 있다.
④ 준언어적 표현을 조절하여 화제를 전환하고 있다.
⑤ 강연을 하게 된 소감을 밝히며 강연을 시작하고 있다.

87 다음은 강연자의 강연 계획이다. 강연에 반영되지 <u>않은</u> 것은?

- **화제 선정**
  - 청중의 배경지식을 고려하여 강연 내용을 한글 대중화에 힘쓴 두 인물로 선정해야겠다. ·· ①
- **청중 분석**
  - 청중이 생소하게 느낄 만한 우리말의 의미를 풀이해서 제시해야겠다. ②
  - 강연 내용에 관심 있는 청중을 위해 추가 정보를 찾을 수 있도록 안내해야겠다. ·· ③
- **강연 전략**
  - 강연 내용에 집중할 수 있도록 먼저 질문을 던져 궁금증을 유발하고 나중에 답을 제시해야겠다. ··· ④
  - 강연 내용을 인상적으로 기억할 수 있도록 두 인물이 남긴 말을 각각 인용해야겠다. ··· ⑤

88 강연 내용을 참고할 때, 〈보기〉에 제시된 청중의 반응을 이해한 내용으로 가장 적절한 것은?

보기

청중 1 : 한글 학회의 출발점이 국어 연구 학회였음을 알게 되었어. 국어 연구 학회는 어떤 활동을 했는지 찾아봐야겠어.
청중 2 : 조선어 학회 사건에 대한 발표를 맡았는데 강연 내용이 도움이 될 것 같아. 최현배 선생이 옥중에서도 한글을 연구했다는 내용을 발표에 추가해야지.
청중 3 : 주시경 선생의 저서를 별다른 설명 없이 제목만 알려 줘서 아쉬웠어. 그 저서들이 어떤 내용인지 찾아봐야겠어.

① 청중 1은 자신이 알고 있던 내용을 강연 내용과 비교하여 평가하고 있군.
② 청중 2는 강연을 통해 알게 된 정보를 유용성 측면에서 평가하고 있군.
③ 청중 3은 강연 내용을 바탕으로 강연에서 직접 언급되지 않은 내용을 추론하고 있군.
④ 청중 1과 3은 강연에서 새롭게 알게 된 사실에 대해 의구심을 드러내고 있군.
⑤ 청중 2와 3은 강연에서 언급된 내용과 관련하여 추가 정보를 탐색하려 하고 있군.

[89~91]

다음은 학생의 발표이다. 물음에 답하시오. 24학년도 9월

안녕하세요? 지난 수업 시간에 곰팡이의 생육 환경에 대해 우리가 조사했던 활동이 기억나나요? (청중의 반응을 듣고) 네, 기억하는군요. 자료를 더 찾아보니 식물 뿌리와 함께 사는 곰팡이에 관한 흥미로운 사실이 있어 소개하려 합니다.

식물 뿌리와 함께 사는 곰팡이가 식물 뿌리와 상호 작용한다는 것을 알고 있나요? (청중의 반응을 살피고) 대부분 모르는군요. 곰팡이와 식물 뿌리의 상호 작용에는 곰팡이의 균사가 중요한 역할을 합니다. (㉠ 화면 제시) 이렇게 식물 뿌리를 감싸고 있는 실처럼 생긴 것이 곰팡이의 균사인데요, 균사는 곰팡이의 몸을 이루는 세포가 실 모양으로 이어진 것을 말합니다.

식물 뿌리와 연결된 곰팡이의 균사는 양분이 오가는 통로가 됩니다. 마치 서로를 잇는 다리와 같은 역할을 하지요. (㉡ 화면 제시) 이렇게 곰팡이가 토양에서 흡수한 양분은 식물 뿌리로 전달되고, 식물이 광합성으로 만든 양분도 곰팡이로 전달됩니다. 또한 균사는 땅속에서 퍼져 나가면서 거리가 떨어져 있는 식물 뿌리와 연결될 수 있고, 한 식물의 뿌리와 또 다른 식물의 뿌리를 연결할 수도 있습니다. 식물과 식물을 연결한 균사를 통해 양분이 식물 간에 전달되지요.

아, 질문이 있네요. (ⓐ 질문을 듣고) 곰팡이나 식물에 눈이 있어 서로를 찾아가는 것은 아닙니다. 곰팡이와 식물 뿌리는 각각 상대의 생장을 촉진하는 물질을 내놓아 상대를 자기 쪽으로 유인하여 만날 수 있지요. 이해되었나요? (고개를 끄덕이는 모습을 보고) 그럼 발표를 이어 가겠습니다.

곰팡이의 균사가 식물 뿌리와 연결되는 방식은 곰팡이에 따라 다릅니다. 예를 들어, (㉢ 화면 제시) 화면의 왼쪽처럼 균사가 식물 뿌리 세포의 내부로 들어가는 곰팡이가 있고, 화면의 오른쪽처럼 균사가 식물 뿌리의 겉면이나 식물 뿌리 세포를 감싸는 곰팡이도 있습니다.

곰팡이와 식물 뿌리의 상호 작용이 흥미롭지 않나요? 발표 내용이 잘 이해되었기를 바라며 이만 마치겠습니다.

89 위 발표에 활용된 발표 전략으로 적절하지 <u>않은</u> 것은?

① 청중의 주의를 환기하기 위해 청중과 공유하고 있는 경험을 언급한다.
② 청중이 발표 내용을 예측하도록 발표 내용의 제시 순서를 발표 도입에서 밝힌다.
③ 청중이 발표 내용에 대해 사전에 알고 있었는지 확인하기 위해 발표 내용과 관련된 질문을 한다.
④ 청중이 특정 대상의 개념을 파악하도록 대상의 정의를 제시한다.
⑤ 청중의 이해를 돕기 위해 특정 대상을 일상적 소재에 빗대어 표현한다.

90 다음은 발표자가 보여 준 화면이다. 발표자의 시각 자료 활용에 대한 설명으로 가장 적절한 것은?

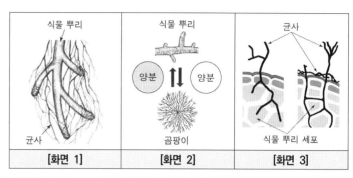

① [화면 1]은 균사가 식물 뿌리를 감싸는 정도가 식물 뿌리의 부위마다 다름을 설명하기 위해 ㉠에 제시하였다.
② [화면 1]은 균사를 통해 한 식물의 양분이 다른 식물에 전달됨을 설명하기 위해 ㉠에 제시하였다.
③ [화면 2]는 곰팡이의 몸을 이루는 세포가 실 모양으로 이어진 것이 균사임을 설명하기 위해 ㉡에 제시하였다.
④ [화면 2]는 곰팡이가 토양에서 흡수한 양분은 식물 뿌리로 전달되고, 광합성으로 만들어진 양분은 곰팡이로 전달됨을 설명하기 위해 ㉡에 제시하였다.
⑤ [화면3]은 땅속에서 퍼져 나가는 특성이 있는 균사가 주변에 서식하는 여러 식물의 뿌리와 연결될 수 있음을 설명하기 위해 ㉢에 제시하였다.

91 위 발표의 흐름을 고려할 때, ⓐ로 가장 적절한 것은?

① 균사가 식물 뿌리 세포의 내부까지 어떻게 들어가나요?
② 곰팡이는 식물 이외에 다른 생물과도 상호 작용할 수 있나요?
③ 서로 떨어져 있는 곰팡이와 식물 뿌리가 어떻게 닿을 수 있나요?
④ 곰팡이와 식물 뿌리의 생장을 촉진하는 물질에는 어떤 것이 있나요?
⑤ 곰팡이와 연결된 식물 뿌리는 그렇지 않은 식물 뿌리보다 빨리 생장하나요?

[92~94]

다음은 학생의 발표이다. 물음에 답하시오. `24학년도 수능`

여러분, 물고기가 눈을 감는 모습을 상상해 봅시다. (청중의 반응을 살피며) 잘 떠오르지 않으시죠? 일반적으로 물고기는 눈꺼풀이 없어 눈을 감지 못합니다. 물에 사니 눈을 촉촉하게 하고 이물질을 제거해 주는 역할을 하는 눈꺼풀이 필요 없는 거죠. 그런데 사람의 눈꺼풀처럼 눈을 덮어 주는 피부가 있어, 눈을 개폐하는 물고기가 있다고 합니다. 오늘은 그 물고기에 대해 발표하겠습니다.

바다와 갯벌을 오가는 말뚝망둑어를 소개해 드리죠. 화면을 봅시다. (자료 제시) 동영상에 보이는 것처럼 말뚝망둑어가 눈을 닫을 때 위로 볼록 솟아 있는 눈이 아래의 구멍으로 들어가고, 이어서 눈 아래 피부가 올라와 눈을 덮어 줍니다. 함몰된 눈이 다시 올라오면 피부가 내려가서 눈이 열리죠. 말뚝망둑어의 눈 구조에 대해 말씀드릴게요. (자료 제시) 말뚝망둑어와 물속에서만 사는 둥근망둑어의 안구와 눈 근육을 각각 그린 그림입니다. 말뚝망둑어 눈 근육은 둥근망둑어에 비해 그 기울기가 훨씬 가파릅니다. 이로 인해 눈 근육이 수지 방향으로 수축하며 안구를 아래로 잡아당길 수 있죠. 그래서 말뚝망둑어는 둥근망둑어와 달리 눈을 닫을 수 있습니다. 한 연구에 따르면 말뚝망둑어 눈의 개폐는 사람의 눈 깜빡임과 같은 역할을 수행하며, 이를 통해 갯벌에서도 살아갈 수 있다고 합니다.

민물고기 꾸구리도 말뚝망둑어처럼 눈을 개폐합니다. 다만 차이는 눈이 좌우로 개폐된다는 거죠. (자료 제시) 나란히 놓인 두 사진이 보이시죠? 왼쪽 사진은 밝은 곳에서 꾸구리가 눈으로 들어오는 빛을 줄이기 위해 눈 양옆의 피부로 눈을 덮은 모습입니다. 오른쪽 사진에서는 어두운 곳에서 꾸구리의 눈이 활짝 열린 것을 확인할 수 있죠. 꾸구리의 눈 양옆 피부는 눈으로 들어오는 빛의 양을 조절하는 역할을 하는 겁니다. 그렇다면 꾸구리는 낮과 밤 중 언제 주로 활동할까요? (대답을 듣고) 맞습니다. 밤이죠. 야행성인 꾸구리는 어두운 밤에 먹이를 잘 찾을 수 있도록 눈을 여는 겁니다.

오늘 발표 내용 잘 이해되었나요? 말뚝망둑어와 꾸구리는 모두 눈을 개폐하지만, 그 양상과 역할은 각각 다르죠. 특별한 두 물고기에 대해 알게 된 유익한 시간이 되었길 바랍니다.

92 위 발표자의 말하기 방식으로 가장 적절한 것은?

① 청중의 이해를 돕기 위해 전문 용어의 개념을 정의한다.
② 청중의 요청에 따라 발표 내용에 대한 정보를 추가한다.
③ 청중이 내용을 예측하며 듣도록 발표 진행 순서를 안내한다.
④ 청중의 참여를 이끌어 내기 위해 질문을 하고 청중의 반응을 확인한다.
⑤ 청중과 공유하는 기억을 환기하여 발표 주제를 선정하게 된 계기를 밝힌다.

93 다음은 발표를 준비하며 참고한 내용이다. ㉠~㉢을 구체화한 발표 계획 중 발표에 반영되지 <u>않은</u> 것은?

> · **청중 분석**
>   - 청중의 요구, 배경지식, 청중과의 관련성 등
> · **발표의 구성**
>   - 도입부 : 청중의 관심 유발 ·························· ㉠
>   - 전개부 : 효과적인 정보 전달을 위한 내용 조직 ·········· ㉡
>   전달할 내용에 알맞은 자료 활용 ············· ㉢
>   - 정리부 : 내용 요약 및 강조

① ㉠ : 청중의 관심을 끌기 위해 물고기에게서 흔히 보기 어려운 모습을 떠올리도록 청중에게 요청해야겠어.
② ㉡ : 말뚝망둑어 눈의 개폐 과정을 드러내기 위해 눈과 눈 아래 피부의 움직임을 순서대로 설명해야겠어.
③ ㉡ : 말뚝망둑어 눈의 개폐가 가능한 이유를 설명하기 위해 말뚝망둑어와 둥근망둑어의 눈 근육을 비교하여 말해야겠어.
④ ㉢ : 두 물고기의 눈 개폐 양상을 보여 주기 위해 말뚝망둑어의 동영상과 꾸구리의 사진을 제시해야겠어.
⑤ ㉢ : 꾸구리 눈이 개폐된 모습의 차이를 드러내기 위해 두 사진을 화면에 순차적으로 제시해야겠어.

94 발표 내용을 바탕으로 할 때, 〈보기〉에 나타난 학생들의 반응에 대한 이해로 적절하지 <u>않은</u> 것은?

> **보기**
>
> **학생 1** : 눈꺼풀이 없는 다른 물고기들은 눈으로 들어오는 빛의 양을 어떻게 조절하는지에 대한 설명이 빠져 있어서 그것을 알고 싶어.
> **학생 2** : 상어에도 눈꺼풀 같은 피부가 있다고 알고 있어. 그 피부가 꾸구리 눈에 있는 피부와 같은 역할을 수행하는지 누리집에서 검색해야지.
> **학생 3** : 말뚝망둑어 눈의 개폐가 사람의 눈 깜빡임과 같은 역할을 한다는 정보는 흥미롭지만, 그 연구 결과가 믿을 만한 것일까? 관련 내용을 도서관에서 찾아봐야겠어.

① 학생 1은 발표에 언급되지 않은 정보에 대해 궁금증을 드러내고 있다.
② 학생 2는 발표 내용과 관련하여 자신의 배경지식을 떠올리고 있다.
③ 학생 3은 발표에 제시된 내용을 신뢰할 수 있는지에 대해 의문을 제기하고 있다.
④ 학생 1과 학생 3은 모두, 발표 내용을 통해 알게 된 정보의 효용성을 판단하고 있다.
⑤ 학생 2와 학생 3은 모두, 발표 내용과 관련하여 추가적인 정보를 탐색하려 하고 있다.

[95~97]
다음은 수업 중 학생의 발표이다. 물음에 답하시오. `25학년도 6월`

안녕하세요. ○○○입니다. 여러분, 어제 급식에 나온 김자반 맛있게 드셨나요? 예, 많은 분들이 고개를 끄덕이시네요. 그럼 여기 사진 하나 보실까요? (화면 제시) 이 사진은 김을 사기 위해 길게 줄을 서 있는 외국인들의 모습입니다. 외국인에게도 우리 김의 인기가 대단하지요? 그런데 K-푸드 선두 주자이자 세계인의 입맛을 사로잡은 우리 김을 어떻게 양식하는지 아시는 분은 많지 않을 것 같은데요. (반응을 살피며) 예, 그래서 오늘 제가 김 양식 방법에 대해 소개하려고 합니다.

우리나라의 대표적인 김 양식 방법에는 두 가지가 있습니다. (㉠ 화면 제시) 지금 보시는 화면은 지주식 양식 방법의 모습입니다. 수심이 낮은 가까운 바다에 김발을 매단 버팀목을 세워 김을 양식하는 것이지요. 밀물과 썰물에 따라 김발이 햇빛과 공기에 노출되기 때문에 맛과 품질이 좋은 김을 생산할 수 있습니다. 그런데 김이 햇빛과 공기에 노출되면 왜 맛과 품질이 좋아질까요? (오른손을 내밀며) 그것은 바로, 광합성이 활발해지고 살균 작용이 일어나기 때문입니다. 다만, 김은 바다의 양분을 먹고 자라야 하기 때문에 지주식 양식 방법은 김의 생장 속도가 더디다는 단점이 있습니다.

지주식 양식보다 좀 더 먼 바다에서 김을 양식하는 방법도 있습니다. (㉡ 화면 제시) 화면에 보이는 부류식 양식 방법입니다. 이 방법은 뜸에 김발을 매달아 수면 아래 잠기게 하여 김을 키우는 것이지요. 뜸은 김발을 지탱하게 하는 물건입니다. 김이 바닷물에 잠겨 있어 생장이 빨라 지주식 양식 방법에 비해 대량 생산이 가능합니다. 그런데 이 양식 방법은 김이 햇빛과 공기에 직접 노출되지 않아 갯병에 취약한 면이 있습니다. 갯병을 막기 위해 일정 시간 동안 김을 햇빛과 공기 중에 노출하는 김발 뒤집기 작업을 하는데, 이를 노출 부류식 양식 방법으로 구분하기도 합니다.

이렇게 생산된 김은 김부각, 조미김 등 다양한 상품으로 세계 곳곳에 수출되고 있습니다. 검은 반도체라 불리며 수산 식품 수출 1위, 연간 수출액 1조 원을 달성한 우리 김! 우리 김의 미래를 함께 응원해 주세요. 발표 마치겠습니다.

95 위 발표자의 말하기 방식으로 가장 적절한 것은?

① 청중의 실천을 강조하기 위해 전문가의 의견을 인용하고 있다.
② 청중의 요구를 충족하기 위해 발표 중간에 내용을 요약하고 있다.
③ 청중의 관심을 끌기 위해 화제와 관련한 청중의 경험을 환기하고 있다.
④ 청중의 이해를 돕기 위해 비언어적 표현을 활용하여 발표 순서를 안내하고 있다.
⑤ 청중의 궁금증을 해소하기 위해 스스로 묻고 답하는 방식으로 용어의 개념을 설명하고 있다.

96 다음은 발표자가 보여 준 자료이다. 발표자의 시각 자료 활용에 대한 설명으로 가장 적절한 것은?

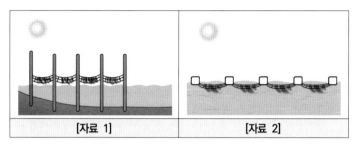

[자료 1]   [자료 2]

① 김발 뒤집기로 바다의 양분을 김에 공급할 수 있다는 것을 설명하기 위해 ㉠에 [자료 1]을 활용하였다.
② 햇빛과 공기에 김이 노출되지 않아 갯병에 걸릴 수 있음을 설명하기 위해 ㉡에 [자료 1]을 활용하였다.
③ 밀물과 썰물의 반복으로 살균 작용이 활발해짐을 설명하기 위해 ㉠에 [자료 2]를 활용하였다.
④ 김의 생장 속도가 빨라 대량 생산에 유리하다는 점을 설명하기 위해 ㉡에 [자료 2]를 활용하였다.
⑤ 두 양식 방법을 구별하는 요소가 김발의 유무라는 점을 설명하기 위해 ㉠에 [자료 1]을, ㉡에 [자료 2]를 활용하였다.

97 발표 내용을 바탕으로 할 때, 〈보기〉에 나타난 학생의 반응에 대한 이해로 적절하지 <u>않은</u> 것은?

보기

학생 1: 김이 광합성을 하지 않는다고 생각했는데, 김도 광합성을 하는구나. 그런데 김이 광합성을 하면 왜 맛과 품질이 좋아지는지 궁금한걸. 그 내용이 발표에 포함되어 있었으면 좋았을 텐데.
학생 2: 외국인들이 김을 사려고 줄을 서 있는 사진 덕분에 김의 인기를 실감할 수 있었어. 그런데 수산 식품 수출 1위, 연간 수출액 1조 원이라는 내용이 정확할까?
학생 3: 해조류인 김도 양식한다는 걸 알게 됐어. 광어, 우럭 같은 어류만 양식하는 줄 알았는데 그게 아니었군. 다른 해조류도 양식한다면 김 양식과 어떻게 다른지 정보를 찾아봐야겠어.

① '학생 1'은 알고 싶은 정보가 발표에서 다루어지지 않았음을 아쉬워하고 있다.
② '학생 2'는 발표에 포함된 정보가 믿을 만한지 의문을 드러내고 있다.
③ '학생 3'은 발표의 내용과 관련하여 추가적인 정보를 탐색하려 하고 있다.
④ '학생 1'과 '학생 3'은 모두, 발표에서 언급된 정보를 통해 자신이 평소 알고 있던 바를 수정하고 있다.
⑤ '학생 2'와 '학생 3'은 모두, 발표 내용을 바탕으로 발표에서 제공하지 않은 정보를 추론하고 있다.

[98~100]

다음은 수업 중 학생의 발표이다. 물음에 답하시오. **25학년도 9월**

안녕하세요. 잠시 집중해 주세요. (효과음 제시 후) ㉠ 딸깍. 무슨 소리일까요? 네, 안전벨트 착용하는 소리죠. 전 오늘 안전벨트에 대해 소개하겠습니다. 2023년 한국교통안전공단 자료에 따르면 일정 속도 이상으로 달리던 차량이 충돌할 때, 조수석 탑승자가 안전벨트를 착용하지 않은 상태면 중상을 입을 가능성이 80%에 달하나, 정상적으로 착용하면 12.5%로 감소한다고 합니다. 안전벨트는 탑승자의 몸을 어떻게 보호하는 걸까요?

안전벨트가 탑승자를 보호하는 원리는 몸을 잡아 주는 과정과 띠를 풀어 주는 과정으로 구분됩니다. 잡아 주는 과정부터 살펴볼게요. (ⓐ 자료 제시) 이것은 띠를 잠그는 장치로, 차량이 급정지하면 화살표가 가리키는 부분이 바깥쪽 톱니에 걸리면서 띠가 더 이상 풀리지 않게 잠깁니다. (ⓑ 자료 제시) 이것은 잠그는 장치를 떼어 내면 안쪽에 있는, 띠를 당기는 장치로, 차량 충돌 시 화살표가 가리키는 피스톤이 아래로 내려가면서 톱니를 회전시켜 띠를 감아 당기면서 몸을 잡아 줍니다. 그런데 이때 띠의 압박으로 오히려 부상을 입을 수 있습니다. 이를 막기 위해, 당기는 장치는 톱니를 반대로 회전시켜 띠를 느슨히 풀어 주는 과정을 통해, 몸에 가해지는 충격을 줄여 줍니다.

또한 안전벨트 착용 시 탑승자를 잘 잡아 주면서 띠의 압박으로 인한 부상을 막기 위해, 띠가 고정되는 지점의 수를 늘리기도 하는데요. (ⓒ 자료 제시) 승용차에서 많이 본 안전벨트죠? 고정 점이 세 개가 있는 안전벨트를 3점식이라고 합니다. 골반 좌·우측에 하나씩 고정 점이 있는 2점식에 비해, 3점식은 여기 탑승자 어깨 위에도 고정 점이 하나 더 있습니다. 그래서 띠가 이렇게 어깨까지 잘 잡아 주어, 사고 시 몸이 튕겨나가는 것을 막고 띠의 압박을 상체에 고루 분산시킬 수 있죠.

더 안전한 안전벨트를 개발하기 위한 연구는 지금도 계속되고 있습니다. 하지만 아무리 기술이 발달해도 안전벨트를 착용하지 않으면 소용없겠죠. 차를 탈 때 안전을 지켜 주는 소리, ㉡ 딸깍. 이 소리를 듣는 일, 잊지 말기로 해요. 고맙습니다.

98
㉠과 ㉡을 중심으로 파악한 발표자의 말하기 방식으로 가장 적절한 것은?

① 청중의 의견을 듣기 위해 활용한 ㉠과, 자신의 의견을 밝히기 위해 활용한 ㉡을 비교하여 생각의 다양함을 드러낸다.
② 대상의 장점을 드러내기 위해 활용한 ㉠과, 단점을 드러내기 위해 활용한 ㉡을 대조하여 청중의 인식 변화를 유도한다.
③ 발표 순서를 안내하기 위해 활용한 ㉠과, 발표 순서를 환기하기 위해 활용한 ㉡을 정리하여 발표 내용을 구조화한다.
④ 문제를 제기하기 위해 활용한 ㉠과, 해결 방안을 제시하기 위해 활용한 ㉡을 대응시켜 문제 해결의 어려움을 부각한다.
⑤ 청중의 궁금증을 유발하기 위해 활용한 ㉠과, 청중에게 당부하기 위해 활용한 ㉡을 연결하여 실천의 중요성을 강조한다.

99
다음은 발표자가 제시한 자료이다. 발표자의 자료 활용에 대한 설명으로 적절하지 <u>않은</u> 것은?

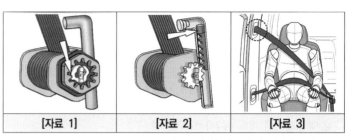

[자료 1]   [자료 2]   [자료 3]

① 바깥쪽 톱니에 걸려 띠가 풀리지 않게 하는 장치를 보여 주기 위해 [자료 1]을 ⓐ에 제시하였다.
② 차량이 충돌할 때 톱니를 돌아가게 하는 장치를 보여 주기 위해 [자료 1]을 ⓐ에 제시하였다.
③ 피스톤이 아래로 내려가면서 띠를 감아 당기는 장치를 보여 주기 위해 [자료 2]를 ⓑ에 제시하였다.
④ 2점식에 비해 3점식 벨트에 추가된 고정 점의 위치를 설명하기 위해 [자료 3]을 ⓒ에 제시하였다.
⑤ 3점식 안전벨트가 2점식보다 몸의 더 많은 부분을 잡아 주는 방식임을 설명하기 위해 [자료 3]을 ⓒ에 제시하였다.

100
발표 내용을 바탕으로 할 때, 〈보기〉에 나타난 학생의 반응에 대한 이해로 적절하지 <u>않은</u> 것은?

보기

학생 1 : 통계의 출처가 분명하니 발표 내용에 믿음이 가. 그래서 안전벨트가 중요하단 생각이 확고해졌어.
학생 2 : 근데 통계를 제시할 때 뒷좌석 안전벨트의 효과를 알려 주지 않은 점은 아쉬워. 그래도 안전벨트의 원리를 구분해서 설명한 것은 효과적이었어. 특히 띠를 잠그는 장치를 활용하여 몸을 잡아 주는 과정이 흥미로웠어.
학생 1 : 안전 교육 때 원리가 비슷한 장치에 대해 배웠잖아. 그걸 떠올리며 들으니 안전벨트의 원리가 잘 이해됐어.
학생 2 : 아, 그래? 난 인터넷에서 안전벨트에 적용되는 또 다른 원리가 있는지를 더 알아봐야겠어.

① '학생 1'은 발표 내용을 통해 안전벨트에 대하여 자신이 기존에 가지고 있던 인식을 전환하고 있군.
② '학생 1'이 발표 내용의 신뢰성을 높였다고 여긴 자료와 관련하여 '학생 2'는 발표에 제시된 정보가 부족하다고 보고 있군.
③ '학생 2'는 발표자의 설명 방식에 대해 긍정적으로 평가하고 있군.
④ '학생 2'가 흥미롭다고 여기는 내용에 대해 '학생 1'은 그 내용과 관련한 학습 경험을 언급하고 있군.
⑤ '학생 1'이 배경지식을 활용해서 이해한 내용에 대해 '학생 2'는 추가 정보를 탐색하려고 하고 있군.

[101~103]

다음은 학생의 발표이다. 물음에 답하시오. `25학년도 수능`

> 안녕하세요? 오늘 발표를 맡은 ○○○입니다. 오늘은 식물이 살아가는 몇 가지 독특한 방식에 대해 소개하려고 합니다. 흥미로운 내용이 있으니 집중해서 들어 주세요.
>
> 생존을 위해 다른 식물에 붙어서 사는 식물들이 있습니다. 먼저, 라플레시아라는 식물이에요. (자료 제시) 이 식물은 특이하게도 잎도 줄기도 뿌리도 없이 꽃만 있습니다. 꽃만으로는 광합성을 할 수 없기 때문에 숙주인 덩굴 식물에 기생하여 양분을 흡수한답니다. 덩굴에 붙어 있는 것 전체가 꽃인데요, 꽃의 무게가 10kg가량이고 지름이 거의 1m가 된다니, 정말 놀랍지 않나요? 다른 식물에 붙어서 살아가는 식물이 또 있습니다. (고개를 저으며) 아, 다른 식물에서 양분을 흡수하는 건 아니에요. (자료 제시) 이 식물은 파인애플과에 속하는 수염틸란드시아인데요, 여기 이 부분은 공기 중에 노출되어 있는 공기뿌리랍니다. 땅속뿌리가 없어 공기뿌리를 이용하여 다른 식물에 붙어서 살아가는 거지요. 뿌리가 땅속에 있는 게 아닌데 양분과 수분은 어떻게 얻을까요? (자료 제시) 보시는 것처럼 수염틸란드시아는 잎에 있는 비늘처럼 생긴 털을 통해 공기에 있는 양분과 수분을 얻는답니다.
>
> 번식을 위해 곤충을 속이는 식물도 있다는 걸 아시나요? (청중을 둘러보며) 거의 모르시는군요. 개다래는 곤충을 유인하기 위해 잎의 색깔을 바꾸는 나무입니다. (자료 제시) 영상에서 개다래의 잎 색깔이 달라지는 거 보셨나요? 개다래의 잎은 꽃가루받이 기간에 흰색으로 변했다가 꽃이 수정되고 나면 원래의 녹색으로 돌아옵니다. 개다래의 꽃은 작고 잎에 가려져 있어 곤충들이 잘 볼 수 없는데요, 잎을 꽃처럼 보이게 해서 곤충을 유인하고 번식에 이용하는 것이죠. 다음 식물은 우리에게 익숙한 해바라기입니다. (자료 제시) 여기 보이는 꽃송이가 하나의 꽃처럼 보이시죠? 사실 해바라기 꽃의 가운데 갈색 부분은 아주 많은 꽃들이 모여 있는 거예요. 여기 가장자리에 노란 꽃잎처럼 보이는 것들도 하나하나가 꽃이랍니다. 작은 꽃들이 모여 커다란 꽃처럼 보이게 해서 곤충을 끌어들이는 것이죠.
>
> 식물이 살아가는 모습, 신기하지 않나요? 제 발표가 여러분의 상식을 넓히는 데 도움이 되었기를 바랍니다. 발표 마치겠습니다.

101 위 발표자의 말하기 방식으로 가장 적절한 것은?

① 비언어적 표현을 활용하여 청중의 행동 변화를 요구하고 있다.
② 발표 내용과 관련한 질문을 하여 청중의 배경지식을 확인하고 있다.
③ 낯선 용어의 개념을 정의하여 발표 내용에 대한 청중의 이해를 돕고 있다.
④ 발표 중간중간에 앞서 언급한 주요 내용을 요약하여 주제를 강조하고 있다.
⑤ 청중이 발표 내용을 통해 얻을 수 있는 효용을 제시하며 화제를 전환하고 있다.

102 다음은 발표자가 발표에 활용한 자료의 목록이다. 발표 내용을 고려할 때, 자료 활용에 대한 설명으로 적절하지 <u>않은</u> 것은?

> ■ 라플레시아가 덩굴 식물에 붙어 있는 사진 자료 ·············· ㉠
> ■ 수염틸란드시아가 나뭇가지에 붙어 있는 사진 자료 ·············· ㉡
> ■ 수염틸란드시아 잎을 확대한 사진 자료 ·············· ㉢
> ■ 꽃가루받이 기간인 때와 아닌 때의 개다래를 촬영한 동영상 자료 ·············· ㉣
> ■ 해바라기의 꽃송이 전체가 잘 드러나는 사진 자료 ·············· ㉤

① ㉠은 사진 속 식물이 숙주에 기생하여 양분을 얻는다는 것을 설명하는 데에 활용되었다.
② ㉡은 사진 속 식물의 공기뿌리가 하는 역할을 설명하는 데에 활용되었다.
③ ㉢은 사진 속 식물의 잎에 있는 털의 기능을 설명하는 데에 활용되었다.
④ ㉣은 동영상 속 식물의 꽃이 작고 잎에 가려져 있는 이유를 설명하는 데에 활용되었다.
⑤ ㉤은 사진 속 식물의 꽃송이가 낱낱의 꽃들이 한데 모여 이루어져 있다는 내용을 설명하는 데에 활용되었다.

103 발표 내용을 바탕으로 할 때, <보기>에 나타난 학생들의 반응에 대한 이해로 적절하지 <u>않은</u> 것은?

> **보기**
>
> **학생 1**: 오늘 발표에 나온 라플레시아에 대한 내용을 인터넷에서 본 적이 있어. 그 꽃은 심한 악취를 풍겨서 파리를 유인하는데, 번식을 위해서 그런 거래.
> **학생 2**: 그래? 1m나 되는 큰 꽃이 악취를 풍기면 엄청나겠는걸? 근데 수염틸란드시아는 다른 식물에 기생하는 건 아니라는 거지?
> **학생 1**: 응, 맞아. 나는 수염틸란드시아가 어떻게 번식하는지 알고 싶었는데 그 내용이 없어서 아쉬웠어.
> **학생 2**: 나도 그랬어. 그 부분에 대한 설명이 있었으면 더 좋았을 텐데. 수염틸란드시아가 번식을 어떻게 하는지 찾아봐야겠어.

① '학생 1'은 발표 내용과 관련하여 자신의 기억을 떠올리고 있다.
② '학생 2'는 자신이 이해한 내용이 맞는지 상대에게 확인하고 있다.
③ '학생 1'의 의문에 대해, '학생 2'는 발표에서 제공하지 않은 내용을 추론하고 있다.
④ '학생 1'과 '학생 2'는 모두, 발표에서 궁금한 내용이 다뤄지지 않았음을 아쉬워하고 있다.
⑤ '학생 1'과 달리, '학생 2'는 발표 내용 외의 추가적인 정보를 탐색하려 하고 있다.

01 다음은 라디오 대담의 일부이다. 댓글에 나타난 청취자의 반응을 고려할 때, (가)에 들어갈 진행자의 말로 가장 적절한 것은? 14학년도 6월A

진행자 : 오늘 문화 초대석에는 벽화 마을로 화제가 되고 있는 ○○ 마을의 박△△ 대표를 모셨습니다. ○○ 마을이 문화 예술 공간으로 새롭게 탄생했다고요?

박 대표 : 네, 저희 마을은 주거 환경이 열악했는데 올해 초 예술 재능 기부자들께서 벽화 30여 점을 그려 주신 덕에 마을 전체가 아름답게 바뀌었습니다.

진행자 : ○○ 마을이 관광 명소로도 유명해졌지요?

박 대표 : 네, 많은 분들이 찾아 주시다 보니 주민들도 마을을 무척 자랑스러워하십니다.

진행자 : 마을의 긍정적 변화가 느껴지네요. ○○ 마을이 예술 마을로서 계속 발전하기 위해서 현재 해결해야 할 과제도 있을 텐데요. 이에 대해서는 청취자들의 실시간 댓글을 살펴본 후에 이야기를 나눠 보죠.

번호	내용
759	신문 기사를 보니 그림을 보러 와서 남의 집을 기웃거리는 사람도 있다고 하더군요.
758	친구랑 구경 갔을 때 거기 사시는 분이 시끄럽다고 화내셔서 기분이 나빴는데, 생각해 보니 주민들 입장을 배려하지 못했던 것 같아요.
757	예쁜 그림을 오래 볼 수 있으려면 아이들과 함께 가시는 분들이 그림에 낙서하는 아이들이 없도록 신경 써 주셔야 합니다.
756	어제 다녀왔는데요. 아직까지는 그림이 잘 보존되고 있지만, 몇 년이 지나도 지금과 같을지 걱정되네요.

진행자 : 올라온 댓글들로부터 ○○ 마을의 당면 과제들을 끌어낼 수 있겠는데요, 주어진 시간이 많지 않으니 종합해서 한 마디만 여쭤 보겠습니다.

(가)

① 마을 벽화의 훼손 실태와 원인은 무엇이라고 생각하십니까?
② 벽화를 보기 위해서 아이들과 함께 마을을 방문하시는 분들은 얼마나 됩니까?
③ 마을 주민들이 예의를 지키며 마을을 안내할 수 있는 방법에는 무엇이 있겠습니까?
④ 마을 주민들의 사생활을 보호하고 벽화를 유지·관리하기 위해서는 어떤 방안이 있겠습니까?
⑤ 소음으로 인한 피해를 최소화하면서 관람 편의를 제공하기 위해서는 어떤 대책이 필요하겠습니까?

[02~03]
다음은 친구 간의 대화이다. 물음에 답하시오. 14학년도 6월AB

소연 : 영화 어땠니?

창완 : 주인공이 한복 디자이너로 나왔잖아. 한복을 많이 볼 수 있는 게 정말 좋았어. 한복이 진짜 멋지더라.

소연 : 그래, ㉠ 정말 멋지던데.

창완 : 또 있어. 이 영화가 가족 관계의 회복을 다루고 있잖아. 그게 참 마음에 와 닿았어.

소연 : ㉡ 나도 그렇게 느꼈는데, 어떤 장면이 인상적이었어?

창완 : 부자간에 갈등이 깊었지만, 결국엔 서로 이해하고 화해하는 과정이 참 인상적이었어. 근데…… (말을 멈추고 한숨을 쉰다.)

소연 : ㉢ 괜찮아, 말해 봐.

창완 : 실은, 영화를 보면서 아버지랑 내가 자꾸 떠오르더라고.

소연 : 그래? ㉣ 혹시 너도 아버지랑 갈등이 있었던 거야?

창완 : 사실, 어제 아버지께 옷차림이 불량하다고 엄청 혼났거든. 난 평범하게 입었던 거 같은데……. 평소에는 큰소리를 잘 안 내시는데 어젠 심하게 혼내시더라고. 그래서 말씀이 끝나기도 전에 그냥 방으로 들어가 버렸어. 그래서 오늘까지 기분이 좋지 않았어.

소연 : ㉤ 너 정말 맘이 불편하겠구나. 나라도 그랬을 것 같아.

창완 : 아버지께서 꾸중하신 건 내가 혹시라도 단정하지 못한 사람으로 보일까 봐 걱정하셔서 그러셨을 텐데…….

소연 : 그럼 고민만 하지 말고 아버지께 네 맘을 표현해 봐.

창완 : 난 말재주가 없는데……. 뭐라고 말씀드려야 하지?

02 ㉠~㉤에 대한 설명으로 적절하지 <u>않은</u> 것은?

① ㉠ : 상대의 발언 내용 중 일부를 반복하여 동조의 뜻을 표현하고 있다.
② ㉡ : 상대의 표현 방식에 대한 자신의 평가가 옳은지 확인하기 위해 질문하고 있다.
③ ㉢ : 상대가 말을 중단한 점에 주목하여 상대가 말을 계속하도록 격려하고 있다.
④ ㉣ : 대화 맥락을 바탕으로 추론한 내용에 대해 확인하고 있다.
⑤ ㉤ : 상대의 감정을 파악하고 이를 바탕으로 공감을 드러내고 있다.

03 대화 내용과 〈보기〉를 참고할 때, 창완의 마지막 말에 대한 소연의 대답으로 가장 적절한 것은?

보기

대인 관계에서 갈등이 일어났을 때에는 어떤 의사소통 방식이 갈등을 유발했는지를 정확히 진단하고, 적절한 의사소통 방식으로 문제를 해결해야 한다. 이때 상대방에게 부담이 되는 표현은 최소화하고 자신에게 부담이 되는 표현은 최대화하는 것이 좋다.

① "아버지께서 우리 세대를 잘 모르시는 것 같아요. 시대가 달라졌다는 걸 인정해 주실 수는 없나요?"라고 말씀드려 봐.
② "제가 불손하게 행동해서 놀라셨죠? 아버지께서 제 취향을 몰라주신 게 화가 나서 그랬어요."라고 말씀드려 봐.
③ "제가 건방지게 굴어서 당황하셨죠? 아버지께서 심하게 혼내셔서 그럴 수밖에 없었어요."라고 말씀드려 봐.
④ "아버지께서 평소에 자주 소리치고 화를 내셔서 아버지 말씀을 받아들이기가 힘들었어요. 그래도 제가 아무 말도 안 한 건 죄송해요."라고 말씀드려 봐.
⑤ "제가 말도 없이 방으로 들어가 버리는 바람에 속상하셨죠? 아버지께서 저를 위해 하신 말씀인데 제가 아버지의 마음을 헤아리지 못해서 죄송해요."라고 말씀드려 봐.

04 다음은 대담의 일부이다. '학생'과 '연구원'의 말하기 방식에 대한 설명으로 적절하지 <u>않은</u> 것은? 14학년도 9월A

> **학생** : 안녕하세요. △△고등학교 신문부 기자 ○○○입니다. 교내 신문에 '우주 정거장에서의 생활'이란 주제로 기사를 작성하고자 찾아뵙게 되었습니다. 기사를 준비하면서 우리 학교 학생들이 궁금해 하는 점을 미리 조사했는데요, 그 내용을 바탕으로 질문 드리겠습니다. 무중력 상태에서 식사는 어떻게 하나요?
>
> **연구원** : 우주인들이 공중에 둥둥 떠다니는 음료를 먹는 영상을 본 적이 있죠?
>
> **학생** : 네. 인터넷에서 본 적 있어요.
>
> **연구원** : 그런 영상에서처럼 물 같은 음료의 경우 공중에 떠 있는 상태로 먹기도 하지만 일반적으로는 빨대를 사용한답니다.
>
> **학생** : 그렇군요. 빨대를 사용하는군요. 그럼 액체가 아닌 것들은 어떻게 먹나요?
>
> **연구원** : 지구에서는 보통 빵이나 과자를 먹다 부스러기가 생겨도 괜찮잖아요? 그런데 우주 정거장 안은 첨단 장비들이 많아 아주 위험해요. 그래서 우주에서 먹는 음식물은 가능한 한 부스러기가 생기지 않도록 만들고요, 먹을 때에도 매우 조심한답니다.
>
> **학생** : 부스러기 때문에 지구에서처럼 편하게 음식을 먹을 순 없군요. 그렇다면 모든 것이 떠다니는 상황에서 샤워는 가능한가요?
>
> **연구원** : 네, 지구에서 하던 것처럼은 불가능하지만 물에 젖은 스펀지나 목욕 수건, 젖은 화장지 등을 사용하죠. 양치를 할 때는 삼키는 치약을 이용하기도 한답니다.

① 학생은 연구원과 원활한 의사소통을 위해 대화의 목적을 밝히고 있다.
② 학생은 이해하지 못한 용어에 대해 좀 더 상세한 설명을 요청하고 있다.
③ 학생은 연구원의 말을 반복함으로써 설명 내용을 잘 이해했음을 드러내고 있다.
④ 연구원은 답변 내용을 실감나게 전달하기 위해 학생에게 일상의 경험을 환기하고 있다.
⑤ 연구원은 학생의 이해를 돕기 위해 우주 정거장에서의 생활을 지구에서의 생활에 견주어 설명하고 있다.

[05~06]

다음은 친구 간의 대화이다. 물음에 답하시오. **14학년도 9월AB**

성민 : 환갑 넘으신 할머니께서 강사로 나오시고, 오늘 특강 참 특별했어.

혜경 : ㉠ 맞아. 나도 오늘 특강 정말 좋았어. 할머니께서 20년 동안 꾸준히 공부해서, 대학에 다니시는 모습이 감동적이었어.

성민 : ㉡ 나도 "천천히 갔지만 포기하지는 않았다."라는 말씀이 무척 인상적이었어.

혜경 : 병수야! 너도 좋았어?

병수 : ㉢ 글쎄……

혜경 : 응? 왜 그렇게 생각해?

병수 : 나는 할머니 말씀이……. 뭐랄까? 그렇게 가슴에 와 닿지는 않았어. 우리는 지금도 늘 시간에 쫓겨서 빠르게만 가려고 하는데, '우리가 천천히 가면서도 무엇인가를 끝까지 할 수 있을까?' 하는 의문이 계속 들어서…….

성민 : ㉣ 너는 할머니 말씀이 현실성이 떨어진다고 생각했구나.

혜경 : ㉤ 야, 김병수! 왜 그렇게 심각해? 너 요즘 부쩍 쓸데없는 생각을 많이 하는 거 같아.

병수 : 그런가? 사실 요즘 삶에 대한 명확한 목표가 없어서 이런저런 고민이 많아. 며칠 혼자만의 시간을 가지면서 차분히 생각을 정리하면 괜찮아질 거야.

성민 : [_____ ⓐ _____]

병수 : 맞아, 네 말대로 누군가에게 상담을 받으면 좋을 거 같아. 조언해 줘서 고마워.

05 ㉠~㉤에 대한 설명으로 가장 적절한 것은?

① ㉠ : 자신의 견해를 드러내지 않고 상대의 말을 들어주고 있다.

② ㉡ : 특강 시간에 들었던 말을 인용하여 상대에게 자신의 느낌을 말하고 있다.

③ ㉢ : 질문에 대한 답을 생략하여 상대의 생각에 동조의 뜻을 표현하고 있다.

④ ㉣ : 상대의 말을 요약하여 상대의 생각이 이치에 맞는지 확인하고 있다.

⑤ ㉤ : 상대의 말을 비판하면서 문제를 해결할 수 있는 방안을 제시하고 있다.

06 대화 내용과 〈보기〉를 참고할 때, ⓐ에 들어갈 말로 가장 적절한 것은?

보기

대화를 통해 상대의 행동에 대해 조언할 때는 상대 행동의 문제점을 직접적으로 지적하기보다 상대를 이해하고 있다는 점을 먼저 표현하는 것이 필요하다. 그리고 나서 상대가 하려는 행동이 초래할 결과를 미리 예상하여 말해 주고, 그 행동에 대한 대안을 제시하는 것이 좋다.

① 네가 혼자 고민하는 것은 문제가 좀 있어. 네 주변의 인생 경험이 많은 분과 상담을 해 보는 게 어때?

② 네가 인생 경험이 짧은데 혼자 고민한다고 삶의 목표가 생길 것 같아? 인생 경험이 많은 분에게 상담을 받아 보도록 해.

③ 요즘 여러 가지 고민하느라고 힘들었겠다. 그런데 혼자서만 고민하지 않았으면 좋겠어. 네 주변에 좋은 사람들 많으니까, 그분들에게 상담을 요청해 보는 게 어때?

④ 네가 삶에 대해 깊이 고민하는 모습은 보기 좋아. 삶의 문제는 혼자 고민한다고 쉽게 해결되는 것은 아니야. 네가 지금 가장 잘 할 수 있는 일이 무엇인지를 생각해야 돼.

⑤ 요즘 너 삶에 대한 명확한 목표가 없어서 혼자 고민하느라고 힘들었겠구나. 다만 우리는 인생 경험이 많지 않아서 혼자 차분히 고민한다고 삶의 목표를 찾기란 쉽지 않을 거야. 인생 경험이 많은 분과 상담을 해 보는 것이 어떨까?

[07~08]

다음은 친구 간의 대화의 일부이다. 물음에 답하시오. `14학년도 수능A`

> **재은** : 성아야, 같이 가. 어? 그거 수민이 가방 아니야?
>
> **성아** : 응, 수민이가 보건실에 있는데 조퇴하려고 하거든.
>
> **재은** : ㉠ 하긴, 점심 먹을 때부터 안색이 안 좋긴 했지. 그래서 가방 가져다 주는 거구나. 저번에 내가 다쳤을 때도 꼼꼼하게 잘 챙겨 주더니, ㉡ (엄지를 치켜들며) 역시 김성아야.
>
> **성아** : (웃으며) 고마워. 언제나 네 말을 들으면 힘이 나.
>
> **재은** : 근데 너, 아까 점심시간에 할 말 있다고 하지 않았어?
>
> **성아** : 어? (잠시 말을 머뭇거리며) 그게⋯⋯.
>
> **재은** : 뭔데? 얘기해 봐. 우리 사이에 못할 얘기가 어디 있어?
>
> **성아** : 음, ㉢ 너니까 하는 얘긴데, 내가 이번 전교 학생 회장 선거에 출마해 보면 어떨까?
>
> **재은** : 정말? 훌륭한데! 그런데 갑자기 왜?
>
> **성아** : 내가 원치는 않았지만 잠깐 임시 반장을 했었잖아. 학기 초에 내가 만든 프로그램 덕분에 친구들이 친해지고 즐거워하는 걸 보니까 참 좋았어. 난 많은 친구들을 도와주고 싶은데, 전교 학생 회장이 되면 그럴 수 있을 것 같아서.
>
> **재은** : 그렇구나. 그런데 너, ㉣ 예전에는 뒤에서 친구들을 많이 도와주기는 했어도 앞에 나서는 건 꺼리지 않았어?
>
> **성아** : 그랬지. 그런데 막상 임시 반장을 해 보니까 남들 앞에 선다는 게 그렇게 많이 두려워할 만한 건 아니더라고. 또⋯⋯. (잠시 침묵)
>
> **재은** : ㉤ 그리고? 계속해 봐.
>
> **성아** : 그리고 생각해 보니까 내가 그동안 도전이라고 할 만한 것들은 피하면서 살았다는 생각이 들었어. 그래서 이번 기회에 극복해 보려고.
>
> **재은** : 그랬구나. 큰 결심 했다. 나도 도와줄게.
>
> **성아** : 고마워. 그런데, 좀 고민되는 게 있어. 선거 운동 기간에 연설을 해야 하는데 어떤 내용으로 하면 좋을까?
>
> **재은** : 음, 대중 앞에서 설득적 말하기를 할 때는, 훌륭한 성품을 청중이 알 수 있도록 자신의 의미 있는 경험을 제시하면 설득력을 높일 수 있대. 그러니까 (_____ ⓐ _____)

07 위 대화를 고려할 때, ㉠~㉤을 통해 알 수 있는 것으로 적절하지 <u>않은</u> 것은?

① ㉠ : 대화 참여자는 상대방의 말을 이해하는 데 자신이 알고 있는 정보를 활용할 수 있다.

② ㉡ : 비언어적 표현이 언어적 표현의 의미를 강화할 수 있다.

③ ㉢ : 대화 참여자 간의 관계가 자신에 대한 정보를 드러내는 정도에 영향을 미칠 수 있다.

④ ㉣ : 대화 참여자 간의 문화적 배경 차이가 화제 선택에 제약을 줄 수 있다.

⑤ ㉤ : 대화 참여자의 협력적 반응이 대화를 원활하게 진행하는 데 도움이 될 수 있다.

08 대화의 흐름과 내용을 고려할 때, ⓐ에 들어갈 말로 가장 적절한 것은?

① 네가 학생 회장으로서 학생들의 고민을 모두 해결해 줄 수 있는 적임자라는 것을 강조해 봐. 그러면 청중이 너의 자신감을 높이 살 거야.

② 네가 그동안 도움이 필요한 친구들을 많이 도와줬던 이야기를 해 봐. 그러면 청중은 네가 학생 회장에게 어울리는 따뜻한 마음이 있다는 걸 알게 될 거야.

③ 네가 항상 앞에 나서서 적극적으로 학급 일을 주도해 왔다는 것을 강조해 봐. 그러면 청중은 네가 많은 학생들을 이끌 수 있는 학생 회장이 될 거라고 생각할 거야.

④ 네가 임시 반장을 하며 만든 프로그램이 친구들의 호응을 얻지 못했던 이야기를 말하는 건 어때? 그 말에 청중은 네가 학생 회장에게 필요한 경험이 있다고 판단할 거야.

⑤ 네가 학생 회장이 되면 다양한 동아리 활동의 기회를 제공하겠다고 해 봐. 그러면 청중은 자신의 숨어 있는 재능을 발견할 수 있는 기회를 많이 갖게 될 거라고 기대할 거야.

09 다음은 라디오 대담의 일부이다. 대담 참여자의 말하기 방식에 대한 설명으로 적절하지 <u>않은</u> 것은? `14학년도 수능A`

> **진행자** : '책 사랑' 시간입니다. 오늘은 우리의 전통 선박에 대해 재미있게 설명한 『우리나라 배』의 저자를 모셨습니다. 안녕하십니까?
>
> **전문가** : 반갑습니다.
>
> **진행자** : 선생님, 우리나라 전통 선박에 담긴 선조들의 지혜를 설명한 책의 내용이 참 흥미롭던데요, 구체적인 사례 하나만 소개해 주시길 부탁드립니다.
>
> **전문가** : 많은 사례가 있지만 그중에서도 판옥선에 담긴 선조들의 지혜를 소개해 드릴까 합니다. 혹시 판옥선에 대해 들어 보셨나요?
>
> **진행자** : 자세히는 모르지만 임진왜란 때 사용된 선박이라고 들었습니다.
>
> **전문가** : 맞습니다. 판옥선은 임진왜란 때 활약한 전투함인데, 우리나라 해양 환경에 적합한 평저 구조로 만들어졌습니다.
>
> **진행자** : 선생님, 평저 구조가 무엇인가요?
>
> **전문가** : 네, 그건 배의 밑 부분을 넓고 평평하게 만든 구조입니다. 덕분에 판옥선은 수심이 얕은 바다에서는 물론, 썰물 때에도 운항이 용이했죠. 또한 방향 전환도 쉽게 할 수 있었습니다.
>
> **진행자** : 그러니까 섬이 많고 수심이 얕으면서 조수 간만의 차가 비교적 큰 우리나라 남해안과 서해안에 적합한 구조라는 말씀이시죠?
>
> **전문가** : 네. 그렇습니다.
>
> **진행자** : 선조들의 지혜가 대단하다는 생각이 드네요. 이런 특징을 가진 판옥선이 전투 상황에서는 얼마나 위력적이었는지 궁금합니다. 설명해 주시겠습니까?

① 전문가는 진행자의 의견에 동조하며 자신의 견해를 수정하고 있다.

② 전문가는 진행자의 부탁에 따라 소개할 내용을 선정하여 제시하고 있다.

③ 진행자는 전문가의 설명에 대한 자신의 이해가 맞는지를 확인하고 있다.

④ 진행자는 전문가의 말에 나온 용어의 개념을 물음으로써 청취자의 이해를 돕고 있다.

⑤ 진행자는 전문가에게 중심 화제와 관련된 추가 정보를 요구하며 대담을 진전시키고 있다.

[10~12]

다음은 텔레비전 방송 대담의 일부이다. 물음에 답하시오. `15학년도 6월A`

> **진행자** : 시청자 여러분, 안녕하십니까. 지난 시간에 이어 나무 해설가 김 선생님을 모시고 이야기를 들어 보겠습니다. 선생님, 오늘은 어떤 이야기를 들려주시겠습니까?
>
> **해설가** : 지난 시간에 나무에 관한 일반적인 이야기를 했으니, 오늘은 나무와 문화 예술이라는 주제로 이야기해 볼까 합니다. (㉠ 그림을 보여 주며) 우선 이 그림을 보시죠. 멋지지 않나요?
>
> **진행자** : 네, 정말 멋진 산수화네요. 그림을 보니 어떤 말씀을 해 주실지 더 기대가 되는데요.
>
> **해설가** : 우리 조상들은 산, 물, 나무를 그림의 중요한 소재로 생각했다고 해도 과언이 아닙니다. 혹시 산수화에 자주 등장하는 나무가 뭔지 짐작이 되십니까?
>
> **진행자** : 소나무가 아닌가요?
>
> **해설가** : 맞습니다. (㉡ 표를 제시하며) 표를 보면 두 번째로 나오는 나무보다도 소나무가 두 배 정도 많이 출현했습니다.
>
> **진행자** : 소나무가 그렇게 많이 등장한 이유가 있을까요?
>
> **해설가** : 그림에서 소나무만 다시 볼까요? (소나무를 확대해 찍은 ㉢ 사진을 보여 주며) 나무의 굽은 모습이 보이시나요? 바로 이것 때문이죠.
>
> **진행자** : 굽은 모습 때문이라니 쉽게 이해가 되지 않는데요. 어떤 의미인가요?
>
> **해설가** : 전통 조형의 아름다움은 자연의 이치를 존중하는 곡선에 근거를 두고 있는데 소나무가 그 기조에 적합하죠. 또 사철 푸른 특성은 지조와 절개를 상징하기에 적절하다고 판단했기 때문입니다.
>
> **진행자** : 아, 소나무의 아름다운 외형과 그것에 부여된 상징적 의미 때문이라는 말씀이시죠?
>
> **해설가** : 그렇습니다. 그림의 나무를 통해 선조들의 가치관을 엿볼 수 있는 거죠. 이번엔 노래를 한 곡 들려 드릴 텐데요, 가사에 나무가 등장하니 잘 들어 보세요. (㉣ 음악을 들려준다.)
>
> **진행자** : 제가 어릴 때 듣던 대중가요네요. 노래에 나무가 등장하는 건 어떤 의미인가요?
>
> **해설가** : 대중가요를 통해 당시 사람들의 정서를 엿볼 수 있습니다. 20세기 대중가요에는 어떤 나무가 가장 많이 등장했을까요?
>
> **진행자** : 음…… . 소나무인가요?
>
> **해설가** : 이번에는 틀렸습니다. 버드나무입니다.
>
> **진행자** : 의외네요. 저도 그렇지만 시청자들께서도 궁금해하실 것 같은데요. 특별한 이유가 있나요?
>
> **해설가** : 대중가요의 주요 주제 중 하나는 고향에 대한 향수입니다. (시냇가에 있는 버드나무 ㉤ 영상을 보여 준다.) 시냇가 버드나무는 떠나온 고향을 연상케 하는 대표적인 소재이죠. 최근에는 버드나무가 줄어든 만큼 노랫말에서도 쉽게 찾아볼 수 없어 아쉽습니다.
>
> **진행자** : 예술 속에 나타난 나무를 통해 사람들의 가치관과 정서를 알 수 있다는 것이 무척 흥미롭네요. 오늘 이야기 감사합니다.

10 진행자의 말하기 방식에 대한 설명으로 적절하지 <u>않은</u> 것은?

① 해설가의 물음에 대해 질문의 형식을 취하며 답변하고 있다.
② 해설가의 말에 호응하며 해설가의 발언에 대해 관심을 표현하고 있다.
③ 해설가의 공감을 끌어내기 위해 자신의 개인적인 경험을 강조하고 있다.
④ 해설가의 답변을 듣고 추가 질문을 통해 구체적인 설명을 요청하고 있다.
⑤ 해설가의 설명을 요약하면서 자신이 제대로 이해했는지를 확인하고 있다.

11 〈보기〉는 방송 대담을 시청한 후 언니와 동생이 나눈 대화이다. 위 대담과 〈보기〉를 비교한 내용으로 가장 적절한 것은?

보기

> **언니** : 예술 작품에 등장하는 나무…… . 꽤 흥미로운걸.
> **동생** : 그러게. 나도 재미있었어. 근데 언니, 요즘 나오는 노래 중엔 나무가 나오는 거 없어?
> **언니** : 글쎄. 잘 모르겠는데.
> **동생** : 그럼 인터넷으로 검색해 볼까?

① 대담은 〈보기〉에 비해 경어적 언어 표현을 주로 사용하는 의사소통 활동이다.
② 대담은 〈보기〉에 비해 시간적 제한을 받지 않고 이루어지는 의사소통 활동이다.
③ 〈보기〉는 대담에 비해 일정한 절차를 중시하면서 이루어지는 의사소통 활동이다.
④ 〈보기〉는 대담에 비해 특정한 목적을 미리 설정하고 계획에 의해 이루어지는 의사소통 활동이다.
⑤ 대담과 〈보기〉는 모두 복수의 가상적 청자를 의식하고 이루어지는 의사소통 활동이다.

12 위 대담에 관한 다음의 학습 활동을 수행한 결과로 적절하지 <u>않은</u> 것은?

> **[학습 활동]** 아래의 그림을 참고하여, 방송 대담에서 해설가가 ㉠~㉤ 등의 매체를 사용한 의도를 파악해 보자.
>
> **매체 종류**
> • 시각 매체
> • 청각 매체
> • 복합 매체
>
> **매체 사용 목적**
> • 정보 뒷받침
> • 정보 구체화
>
> 매체
>
> **매체 수용 효과**
> • 직관적 수용
> • 명료한 심상 형성
> • 흥미 높이기
> • 이해 높이기

① ㉠ : 그림에 나타난 자연의 모습에 시선을 집중하게 하여 화제에 대한 흥미를 갖게 하려고.
② ㉡ : 산수화에 등장한 나무의 출현 순위를 확인하게 하여 소나무가 가장 많이 등장하는 나무라는 정보를 뒷받침하려고.
③ ㉢ : 소나무의 굽은 모습에 집중하게 하여 전통 미의식의 바탕이 되는 곡선의 아름다움을 시각적으로 수용하게 하려고.
④ ㉣ : 노래에 등장하는 나무에 관심을 기울이게 하여 나무가 그림 이외의 예술 분야에도 등장함을 직관적으로 인식하게 하려고.
⑤ ㉤ : 고향에서 볼 수 있는 버드나무를 영상으로 감상하게 하여 소나무와 대비되는 예술적 가치를 구체적으로 인지하게 하려고.

[13~15]

다음은 모의 면접 수업의 일부이다. 물음에 답하시오. 15학년도 6월B

선생님: 이 시간에는 예고한 대로 대학 입학 모의 면접을 진행해 볼 거예요. 피면접자가 되는 학생은 지원하려는 학과와 희망하는 진로에 대해 소개하는 글을 간단히 써서 면접자에게 전해 주라고 했었죠? 나름대로 질문을 예상해 보고 효과적으로 답변할 준비를 했나요?

학생들: 네.

선생님: 면접자가 되는 학생은 면접 목적을 고려해서 질문을 준비하는 것이 과제였어요. 피면접자의 학과 선택 동기와 진로 준비 정도를 확인하기 위해 필요한 정보를 수집하거나 평가할 수 있는 질문으로 준비했나요?

학생들: 네.

선생님: 좋습니다. 여러분이 직접 질문하고 답하면서 면접 담화에 대해 더 잘 이해할 수 있게 되리라 기대합니다. 이제 모의 면접을 시작하겠습니다. 면접을 진행하면서 여러분 스스로 과제를 잘 해결했는지 점검해 보세요.

[모의 면접]

면접자: 음, 학생의 글을 보니 그림에 재능이 있고, 진로도 그와 관련된 분야를 생각하고 있는데 문예창작과에 지원했군요. 이 말은 학생이 우리 학과에 적절하지 않다는 뜻이 아니니 편안한 마음으로 학생이 쓴 내용을 보충해서 설명해 보세요. ⊙ 그림과 문예창작과가 어떻게 연결되는 건가요?

피면접자: 희망 학과를 말씀드릴 때마다 많은 분들께서 궁금해하시던데요, 그림을 그리고 싶다면서 문예창작과에 지원한 이유를 물으신 거죠? (잠시 숨을 고르고) 제가 그리고 싶은 그림은 소설이나 동화의 삽화입니다. 좋은 삽화를 보면 이야기의 일부라는 느낌을 받는데, 바로 그런 삽화를 그리는 게 제 꿈입니다. (약간 높은 목소리로 또박또박) 이야기에 딱 맞는 삽화를 통해 감동을 주고, 직접 소설을 쓰기도 하는 삽화가가 되기 위해 지원했습니다.

면접자: 진로에 대해 명확한 목표를 세웠군요. 학생의 답변을 들으니 소설에 관심이 있다는 말인데, 그럼 그림 공부는 잠시 미루는 건가요?

피면접자: 아뇨. (힘을 주어) 그동안 꾸준히 해 온 것처럼 힘들더라도 그림 공부는 앞으로도 계속할 생각입니다.

면접자: 꿈을 향한 의지가 대단한데, 그를 위해 어떤 노력을 해 왔는지 궁금합니다. ⓛ 그림 그리는 것 외에 소설 창작이나 다른 글쓰기 활동을 한 적이 있나요?

피면접자: 음, 글을 쓰는 데 도움이 될 거 같아서 소설을 많이 읽으려고 노력했고요, 읽고 나서는 감상문을 기록했는데, 삽화에 대한 느낌도 함께 적었습니다. 또 학급 문집 만들기나 학교 신문반 활동도 했습니다.

면접자: 그렇군요. 다음 질문은 질문지에 있습니다. (질문지를 건네주며) 수업 시간에 배운 내용을 떠올리면 쉽게 답할 수 있을 겁니다.

[질문] 인물의 심리를 표현하고 있는 자료 (가)와 (나)의 차이점을 설명하시오.

(가)

그는 친구들의 칭찬에 '뭐, 그 정도쯤이야.' 싫었지만 생각할수록 스스로가 대견했다. 자꾸만 입꼬리가 올라가는 것을 느끼며, 으쓱한 기분으로 손가락으로 턱을 문질렀다.

(나)

면접자: 표현 내용이나 효과의 차이를 설명하기 전에, 먼저 표현 수단의 차이부터 설명해 볼까요?

피면접자: (_____ [A] _____)

---

13 '모의 면접'에서 '면접자'의 질문과 '피면접자'의 답변에 대한 설명으로 적절하지 <u>않은</u> 것은?

① '면접자'는 '피면접자'의 답변에 긍정적으로 반응하며 질문하였다.
② '면접자'는 '피면접자'의 답변 내용을 바탕으로 하여 추가로 질문하였다.
③ '면접자'는 '피면접자'의 심리적 부담을 완화하려는 표현을 사용하며 질문하였다.
④ '피면접자'는 질문의 내용을 이해하지 못하여 다시 확인한 뒤 답변하였다.
⑤ '피면접자'는 말하려는 내용을 강조하는 반언어적 표현을 활용하여 답변하였다.

14 '선생님'의 안내에 따라 '모의 면접'을 평가할 때, ⊙과 ⓛ에 대한 이해로 적절하지 <u>않은</u> 것은?

① ⊙은 미리 제공된 피면접자에 대한 정보를 토대로 한 질문이군.
② ⊙은 질문 의도를 고려할 때 제시된 과제에 부합하는 질문이군.
③ ⊙에 대한 답변을 통해 지원 동기가 학과의 성격에 부합하는가를 판단할 수 있겠군.
④ ⓛ에 대한 답변을 통해 진로에 대한 피면접자의 준비 정도를 판단할 수 있겠군.
⑤ ⓛ은 피면접자가 진로를 결정하게 된 계기에 대한 정보를 수집하려는 질문이군.

15 〈보기〉와 '모의 면접'의 흐름을 고려할 때, [A]의 답변을 위한 피면접자의 사고 과정으로 가장 적절한 것은?

보기

면접에서 피면접자는 질문 내용을 정확하게 이해하여 질문에서 요구하는 답변이 사실에 관한 것인지, 의견에 관한 것인지 파악해야 한다. 사실에 관한 것일 경우 구체적이고 객관적인 정보를 바탕으로 답해야 하고, 의견에 관한 것일 경우 자신의 견해를 논리적으로 전개하며 답해야 한다.

	질문 파악	→	답변 계획
①	두 자료에서 심리를 표현하는 수단의 차이를 묻고 있으니 사실에 관한 질문이구나.	→	자료에 드러난 정보를 활용해서 글과 그림이라는 두 매체의 특징을 대조하며 답해야겠다.
②	두 자료의 표현 수단에 따른 내용의 차이를 묻고 있으니 사실에 관한 질문이구나.	→	각각의 자료에서 인물이 드러내는 감정을 토대로 인물이 처한 상황을 짐작하여 답해야겠어.
③	두 자료에서 심리를 표현하는 수단에 관해 묻고 있으니 사실에 관한 질문이구나.	→	글과 그림 모두 인물의 행동을 묘사하여 심리를 드러낼 수 있음을 구체적인 예를 들어 답해야겠어.
④	두 자료의 표현 수단에 대한 견해를 묻고 있으니 의견에 관한 질문이구나.	→	글과 그림 중 선호하는 매체에 대한 견해가 분명하게 드러나도록 다른 자료를 활용하여 답해야겠어.
⑤	두 자료에서 심리 표현 수단이 다른 이유를 묻고 있으니 의견에 관한 질문이구나.	→	인물의 심리를 있는 그대로 표현할 수 있는 방법에 대한 생각과 근거를 논리적으로 답해야겠어.

[16~17]

다음은 상담 선생님과 학생 간의 대화이다. 물음에 답하시오. 15학년도 9월AB

진희 : (상담실에 들어서며) 선생님 안녕하세요? 저……, ㉠ 선생님, 혹시 시간 좀 있으세요?

선생님 : 응, 괜찮아. 여기 앉아서 편하게 말해 보렴. 무슨 일이니?

진희 : (자리에 앉으며) 제가 친구들이랑 얘기해 보니까, ⓐ 친구 문제나 진로 문제 때문에 고민이 있는데 부모님이나 선생님께는 선뜻 고민을 털어놓기 힘들어하는 친구들이 많더라고요. 그럴 때 그 친구들과 같은 눈높이에서 상담해 줄 사람이 있으면 좋겠다는 생각이 들어서 제가 몇몇 친구들이랑 또래 상담 동아리를 만들었어요.

선생님 : 오, 좋은 생각을 했구나. 선생님도 또래 상담 동아리가 있었으면 하고 생각했단다. ㉡ 물론 상담 선생님하고 상담하는 것도 좋지만 같은 또래 친구들이 상담해 주는 것도 좋지. 편하게 얘기하면서 같이 해결 방안을 찾아 갈 수 있으니까.

진희 : 네. 그런데 막상 또래 상담 동아리를 만들어 상담을 할 생각을 하니까 어떻게 상담하면 친구들에게 도움이 될지 잘 몰라서요…….

선생님 : ㉢ 그러니까 상담 방법을 알고 싶다는 거지? 음……. 여러 가지가 있겠지만 가장 중요한 건 친구의 말을 잘 들어 주는 거라고 생각해. 혹시 친구가 말하는 내용이 네 생각과 맞지 않아도 섣불리 비판하지 말고.

진희 : ㉣ (고개를 끄덕이며) 그렇군요. 그렇게 하면 친구가 자기의 말을 더 편하게 할 수 있겠군요.

선생님 : 그렇지. 그리고 그 친구의 생각과 감정을 너도 공감하고 있다는 사실을 전달하는 것도 중요해. '그래, 그것 때문에 크게 힘들었겠구나.'처럼 말야.

진희 : ㉤ 아, 정말 그렇겠네요? 또 다른 방법은 없나요?

선생님 : 또, 어려움을 극복한 사례들을 얘기해 주며 용기를 주는 것도 도움이 될 거야.

진희 : 네. 선생님, 많은 도움이 되었어요.

선생님 : 그런데 상담을 하려면 이보다 알아야 할 것들이 훨씬 많단다. 또래 상담 동아리 활동을 제대로 하려면 상담 방법을 체계적으로 배워야 할 테니까 선생님이 관련 기관을 소개해 줄게.

진희 : 고맙습니다. 많은 학생들이 ⓑ 또래 상담 동아리를 통한 상담을 받을 수 있도록 열심히 노력할게요.

16 ㉠~㉤에 대한 설명으로 적절하지 <u>않은</u> 것은?

① ㉠ : 상대방이 가질 부담을 완화하기 위한 표현을 사용하고 있다.

② ㉡ : 상대방과 공유한 정보를 근거로 태도 변화를 요청하고 있다.

③ ㉢ : 자신이 상대방의 의도를 정확히 파악했는지를 확인하고 있다.

④ ㉣ : 상대방의 말에 수긍함을 언어적 · 비언어적 표현으로 나타내고 있다.

⑤ ㉤ : 상대방의 말에 동의하면서 추가적인 정보를 요구하고 있다.

17 '진희'가 ⓐ를 대상으로 ⓑ를 홍보하기 위해 교내 방송을 하고자 한다. 〈보기〉와 같이 내용을 조직하여 말하고자 할 때, 각 단계에 따른 발화로 적절하지 <u>않은</u> 것은?

보기

• 1단계 : 청자의 관심을 끌 질문을 던진다.

• 2단계 : 문제 상황과 청자를 연관시킨다.

• 3단계 : 청자에게 해결 방안을 제시한다.

• 4단계 : 해결 방안의 효과를 보여 줄 수 있는 사례를 제시한다.

• 5단계 : 청자가 해결 방안을 실행하기 위한 방법을 안내한다.

①	1단계	여러분, 드라마 '○○' 보셨죠? 주인공이 또래 친구에게 고민거리를 털어놓고 위로받는 모습이 참 인상적이지 않았나요?
②	2단계	여러분은 고민이 있어도 부모님이나 선생님께는 말씀드리기 부담스러워 고민을 이야기하지 못한 적이 있었을 겁니다.
③	3단계	이제는 이런 걱정을 하지 않으셔도 됩니다. 말하기 힘들었던 여러분의 고민을 △△ 상담 동아리에서 또래 친구들에게 마음껏 털어놓을 수 있습니다.
④	4단계	고민을 털어놓지 않은 채 계속 마음속에 담아 두고 있으면 자신뿐만 아니라 주변 사람들까지도 힘들게 만들 수 있습니다.
⑤	5단계	망설이지 말고 연락하세요. 학급 게시판에서 상담 가능 날짜를 확인한 후 게시판에 있는 연락처로 신청하시고, 만나서 고민을 털어놓아 보세요.

[18~19]

다음은 인터뷰 대화의 일부이다. 물음에 답하시오. 15학년도 수능AB

학생 : 안녕하세요? 저는 ○○고등학교 학생 기자 유서연입니다. 박사님의 책 『화폐 속 문화』를 흥미롭게 읽었습니다. 저희가 이번에 지폐 속에 담긴 우리 문화유산을 주제로 교지에 실을 특집 기사를 준비하고 있는데, 그에 대해 자세히 알고 싶어서 박사님을 찾아뵈었습니다.

박사 : 안녕하세요? 만나서 반가워요.

학생 : 제가 몇 가지 질문을 적어 왔는데요. 먼저, 천 원권에 담긴 우리 문화유산에 대해 말씀해 주시겠습니까?

박사 : 그러죠. 천 원권에는 어떤 그림이 그려져 있는지 알고 있나요?

학생 : 네. 앞면엔 퇴계 이황, 뒷면엔 도산 서원이 있어요.

박사 : 맞아요. (천 원권 뒷면을 가리키며) 그러면 이 그림을 누가 그렸는지도 아나요?

학생 : 어, 그거는 잘 모르겠네요.

박사 : 이 그림은 조선 후기 겸재 정선이 그린 '계상정거도'라는 작품입니다. 정선은 퇴계 이황의 도산 서원과 그 주변의 아름다운 풍경을 그렸습니다.

학생 : 그렇군요. 작품 안에 이황 선생이 계실 것만 같아요.

박사 : (웃음) 여기를 자세히 보세요. 작품 속을 유심히 보면 책을 읽고 있는 학자의 모습도 보이지요?

학생 : 와! 있네요. 작아서 있는지도 몰랐어요.

박사 : 그렇죠? 주의 깊게 보지 않으면 잘 안 보인답니다.

학생 : 그럼 다음 질문을 드릴게요. 만 원권에는 어떤 문화유산이 들어 있나요?

박사 : 국어 시간에 '용비어천가'를 배운 적이 있을 텐데요. (만 원권을 가리키며) 여기 세종 대왕 초상 옆에는 한글을 사용한 최초의 작품인 '용비어천가' 2장이 있어요.

학생 : 그렇군요. 이번에는 뒷면에 대해서도 이야기해 주시겠어요? (뒷면을 가리키며) 이 그림은 별자리인가요?

박사 : 맞아요. 이것은 조선 초에 제작된 천문도 '천상열차분야지도'의 일부예요.

학생 : 좀 더 자세히 설명해 주시겠어요?

박사 : 이 천문도는 세계적으로도 손꼽을 만큼 오래된 천문도 중 하나예요. 별자리를 보여 줄 뿐만 아니라 별의 밝기까지도 표시했지요. 조선 시대의 높은 과학 수준을 보여 주는 귀중한 문화유산이에요.

학생 : 와! 지갑 속에 우주가 들어 있었군요.

박사 : 참 신기하죠? 평소에 저는 학생들이 지폐 속에 담긴 우리 문화유산에 대해서도 많은 관심을 가지면 좋겠다고 생각해 왔는데, 이번 인터뷰가 그 계기가 되었으면 좋겠어요.

---

18 위 대화 참여자들의 의사소통 방식에 대한 설명으로 적절하지 <u>않은</u> 것은?

① 학생은 질문을 통해 박사의 설명에 대한 자신의 이해가 맞는지 확인하고 있다.

② 학생은 박사의 답변에 긍정적으로 반응함으로써 공감하며 듣는 태도를 드러내고 있다.

③ 박사는 학생의 배경 지식을 점검해 가며 화제에 대해 설명하고 있다.

④ 박사는 정보 전달의 효과를 높이기 위해 학생의 학습 경험을 환기하고 있다.

⑤ 박사는 학생의 요청에 따라 화제와 관련한 정보를 추가적으로 설명하고 있다.

---

19 위 내용을 바탕으로 교지의 특집 기사를 작성하기 위해 나눈 대화로 적절하지 <u>않은</u> 것은?

민지 : 오늘은 지난 회의에서 결정한 편집 지침을 바탕으로 교지 기사를 어떻게 쓸지 논의해 보자. 먼저 표제는 독자의 흥미를 끌 수 있도록 비유적 표현을 활용하여 질문의 형태로 제시하기로 했지?

서연 : 그럼 인터뷰의 내용이 지폐의 그림에 담긴 문화유산에 관한 거니까 표제는 '우리의 지폐가 박물관이라는 사실을 아시나요?'로 하면 좋을 것 같아. ·· ①

민지 : (회의록을 살펴보며) 다음으로 기사의 내용은 인터뷰 때 질문한 순서대로 구성하기로 했어.

태성 : 그건 박사님의 설명 순서대로 지폐의 그림에 담긴 문화유산들을 시대순으로 서술하면 되겠네. ·········· ②

민지 : 또 친구들의 이해를 돕기 위해 어려운 내용은 정보를 추가하여 설명하기로 했지?

서연 : '천상열차분야지도'라는 말의 뜻을 잘 모르는 친구가 있을 수 있을 테니 그 의미를 추가하여 설명하면 좋겠어. ·········· ③

민지 : 그리고 전달 효과를 높이기 위해서 시각적 자료도 활용하기로 했어.

태성 : '계상정거도'에 대한 설명 내용은 독자들이 시각적으로 쉽게 확인할 수 있도록 지폐 속 그림을 확대해서 신기로 하자. ·········· ④

민지 : 기사의 끝 부분에는 전문가의 당부를 포함하기로 했어.

서연 : 그러면 지폐 속 문화유산에 대한 학생들의 관심을 기대한다는 박사님의 말씀을 기사의 마무리 부분에 신도록 하자. ·········· ⑤

[20~21]

다음은 친구 간의 대화의 일부이다. 물음에 답하시오. `16학년도 6월AB`

학생 1 : 공연이 얼마 안 남았는데 우리 둘이 기타 화음을 좀 더 맞춰 봐야 할 것 같아.

학생 2 : ⊙ 아무래도 그렇겠지? 그럼 우리 토요일에 연습할까? 주중에는 방과 후에 내가 학생회 회의가 계속 있거든.

학생 1 : ⓒ (고개를 저으며) 안 될 것 같아. 나는 토요일에 공연 홍보지를 만들기로 약속이 잡혀 있어. 기타 연습은 주중에 했으면 했는데. 서로 시간이 안 맞네.

학생 2 : 아, 연습을 더 하긴 해야 하는데…….

┌ **학생 1** : 연습 시간을 맞출 방법이 없을까?

│ **학생 2** : 수요일과 금요일에 연습하는 건 어때? 네가 주말에 바쁘다고 하니까 내가 주중 회의 시간을 조정해 볼게. 그런데 그것만으로는 연습 시간이 부족할 것 같아. 너도 시간을 좀 조정해 봐.

│ **학생 1** : 그래. 내가 토요일 오전까지 홍보지를 마무리하면 오후에는 같이 연습할 수 있을 텐데.

│ **학생 2** : 토요일 오전에는 마무리할 수 있겠어?

│ **학생 1** : 그런데 처음 해 보는 일이라 빨리 끝낼 수 있을지 모르겠어. 경험자가 도와주면 빨리 할 수 있을 것 같은데. ⓒ 너는 경험이 많고 잘 하잖아. 혹시…….

[A] │ **학생 2** : 응? 왜 그래?

│ **학생 1** : ② 혹시 시간이 괜찮다면 홍보지 만드는 걸 좀 도와줄 수 있을까?

│ **학생 2** : 토요일 오전에 일을 끝내면 오후에는 연습을 할 수 있다는 말이지? 알았어. 그럼 내가 도와줄게.

│ **학생 1** : 그럼 수요일과 금요일 방과 후와 토요일 오후에 연습하도록 하자.

└ **학생 2** : 그래 좋아.

┌ **학생 1** : 그럼 연습 장소는 어디가 좋을까? 이제부터는 강당에서 연습하는 게 어때? 무대 위에서 여러 번 연습을 해 봐야 공연 당일에 떨리지 않을 것 같아. 무대에서 연습하는 기회를 많이 가져야지.

[B] │ **학생 2** : ⑩ 무대에서 연습하는 기회를 많이 갖자는 말이구나. 무대 연습도 꼭 필요하긴 해. 하지만 아직 우리는 화음도 제대로 맞춰 보질 못했잖아. 조용한 연습실에서 우리 둘이 화음을 맞춰 보고 연습도 충분히 해 보는 게 중요한 것 같아. 그래야 무대 위에서도 떨리지 않지.

└ **학생 1** : 그래 좋아.

---

20 위 ⊙~⑩의 말하기 방식에 대한 이해로 적절하지 <u>않은</u> 것은?

① ⊙ : 질문하는 방식을 통해 상대방이 뜻에 동조하고 있음을 드러내고 있다.

② ⓒ : 비언어적 표현과 언어적 표현을 통해 부정의 의미를 드러내고 있다.

③ ⓒ : 상대방에게 자신을 낮추어 표현하는 것을 통해 겸손의 의도를 드러내고 있다.

④ ② : 상대방이 부담을 덜 느끼도록 표현하면서 부탁의 의도를 드러내고 있다.

⑤ ⑩ : 상대방의 말을 재진술하여 상대방의 말을 제대로 알아들었음을 드러내고 있다.

21 [A]와 [B]에 대한 분석으로 가장 적절한 것은?

① [A]에서는 '학생 1'과 '학생 2'가 서로의 요구를 수용함으로써 의견의 일치점을 찾았다.

② [B]에서 '학생 1'은 '학생 2'와의 의견 차이를 좁히기 위해 새로운 대안을 제시하였다.

③ [A]에서는 '연습 시간 축소'의 문제를, [B]에서는 '연습 장소 이동'의 문제를 해결하였다.

④ [A]에서는 대화 참여자 간의 공동의 문제를, [B]에서는 공동이 아닌 '학생 1' 개인과 관련된 문제를 중심 화제로 대화하였다.

⑤ [A]와 [B]에서는 각각 제시된 안들을 '학생 1'이 종합하였다.

[22~23]

다음은 친구 간 대화의 일부이다. 물음에 답하시오. `16학년도 9월AB`

지호: 오늘 들은 [A] '마음을 움직이는 심리학' 특강 재미있더라.

승우: 처음엔 들을 생각 없다더니, 너 정말 집중하면서 듣던데.

지호: 그러게. 우리 반 애들 대부분이 신청하기에 따라서 신청한 거였는데 잘한 것 같아.

승우: (웃으며) 뭔가를 결정할 때 다수의 사람들이 하는 행동 쪽으로 마음이 움직인다는 특강 내용이 딱 네 얘기였구나.

지호: 그러네. ㉠ 넌 특강에서 들었던 내용과 관련된 경험 없어?

승우: 당연히 있지. 한정판으로 나온 상품이라고 하면 왠지 사야 할 것 같은 기분이 들더라고. 이것도 특강 내용과 관련되는 거잖아.

지호: ㉡ 한정판으로 나온 상품이라……. 맞아. 한정된 것이어서 일부 사람들만 누릴 수 있다고 하면 사람의 마음이 움직일 수 있다는 거잖아. 특강에서 말한 희소성의 원리네.

승우: 맞아. 그런데 강의는 재미있게 잘 들었는데 어째 좀 피곤하다. 어제 잠을 못 자서 그런가?

지호: 왜? ㉢ 아, 아까 반장이 그러던데 너 이번 학기에 동아리 부장 돼서 학술제 준비로 바쁘다고 하던데 그것 때문에 할 일이 많은 모양이구나.

승우: 응. 처음 해 보는 일이라 그런지 할 일도 많고 어렵네.

지호: ㉣ 내가 작년에 학술제 준비를 해 봐서 아는데 일이 많아서 혼자 하긴 벅차지. 그 마음 충분히 이해해. 내가 작년에 해 본 경험도 있으니까 도와줄게.

승우: 진짜? 정말 고맙다.

지호: ㉤ 아! 그러고 보니 이것도 오늘 들은 특강 내용과 관련되는구나.

승우: 우와, 그러네. 상대방과 공통된 경험이 있으면 상대방과 공감대를 형성하게 되어 마음이 움직일 수 있다는 그 내용.

지호: 맞아. 정말로 얻은 게 많은 특강이었어.

---

22 ㉠~㉤에 대한 설명으로 적절하지 <u>않은</u> 것은?

① ㉠ : 질문을 통해 특강에서 들은 내용과 직접적으로 관련된 승우의 경험을 묻고 있다.

② ㉡ : 승우 말의 일부를 단서로 하여 승우의 경험이 특강과 관련되는 내용임을 확인하고 있다.

③ ㉢ : 반장의 말을 통해 얻은 승우에 대한 정보를 바탕으로 승우의 상황을 추측하고 있다.

④ ㉣ : 자신의 경험에 비추어 승우가 처한 상황에 공감하고 있다.

⑤ ㉤ : 특강에서 들은 말을 인용하여 승우의 상황에 대한 자신의 이해를 확인하고 있다.

23 〈보기〉는 [A]의 일부이다. 〈보기〉의 [가]에 들어갈 학생의 대답으로 가장 적절한 것은?

보기

강사: 오늘 특강 잘 들으셨나요? '다수가 보이는 경향, 희소성, 상대방과의 공통된 경험'이 사람의 마음을 움직일 수 있다는 이야기였는데요. 지금 제시하는 사례를 특강 내용과 연결 지어 말해 볼 학생 있나요?

[사례]

"경회루 내부 특별 관람 사전 예약제가 실시된다는 소식을 듣고 예약을 해서 와 보게 되었습니다. 평소 문화재에 관심이 없었는데 한시적으로 개방되는데다가 특별 관람 가능 인원이 소수로 제한되어 있다는 소식을 들으니까 왠지 경회루를 관람해 보고 싶은 마음이 들더라고요."

학생: _____[가]

강사: 좋아요. 제시된 사례를 특강 내용과 잘 연결했네요.

① 경회루 내부 개방으로 문화재에 대해 평소 갖고 있던 관심이 더욱 커졌다는 내용이니까 희소성의 원리를 보여 준다고 생각합니다.

② 경회루를 관람해 보고 싶던 차에 사전 예약제 실시 소식을 듣고 예약을 했다는 내용이니까 다수의 사람들이 하는 행동을 따르려는 심리를 보여 준다고 생각합니다.

③ 한시적으로 개방되는 경회루의 관람 인원이 소수로 제한되어 있다는 소식에 경회루를 관람하고 싶은 마음이 들었다는 내용이니까 희소성의 원리를 보여 준다고 생각합니다.

④ 특별 관람 신청을 사전 예약제로 받는다는 소식에 경회루를 관람해 보고 싶은 마음이 들었다는 내용이니까 사전 예약한 사람들과 공감대를 형성하려는 심리를 보여 준다고 생각합니다.

⑤ 경회루가 한시적으로 개방된다는 소식에 경회루를 관람해 보고 싶은 마음이 들었다는 내용이니까 상시적으로 문화재를 관람하는 사람들과의 공통된 경험을 통해 공감대를 형성하려는 심리를 보여 준다고 생각합니다.

[24~25]

다음은 라디오 대담의 일부이다. 물음에 답하시오. 16학년도 수능AB

┌─ **진행자** : 오늘은 남한산성의 유네스코 세계 문화유산 등재 1주년을 맞아
[A] 남한산성의 문화유산으로서의 가치를 알아보고자 문화 해설사 ○○
└─ ○ 님을 모시고 이야기를 나누겠습니다. 안녕하세요?

해설사 : 네. 안녕하십니까?

┌─ **진행자** : 남한산성은 오랜 역사 속에서 한 번도 함락된 적이 없는 곳이
[B] 라고 알고 있는데 사실인가요?
├─ **해설사** : 맞습니다. 험준한 자연 지형에 적합한 축성술로 성벽을 쌓았기
└─ 때문에 적이 공격하기 쉽지 않았습니다.

┌─ **진행자** : 자연에 축성 기술을 접목한 조상들의 지혜네요.
[C] **해설사** : 그렇습니다. 『택리지』에는 남한산성이 그러한 이유로 큰 전란
└─ 에도 함락되지 않았다는 기록이 남아 있죠.

진행자 : 그렇군요. 그럼 오늘 대담의 주제와 관련하여 질문드리겠습니다. 남
한산성은 문화유산으로서 어떤 가치를 지니고 있나요?

해설사 : 남한산성의 가치로는 먼저 시대별 축성술을 보여 주는 표본이라는
점을 들 수 있습니다.

진행자 : 남한산성이 시대별 축성술의 표본이라는 것은 어떤 의미인가요?

┌─ **해설사** : 그것은 하나의 성에서 시대별 축성술의 특징을 볼 수 있다는
것을 의미합니다. 남한산성은 신라 시대에 처음 쌓은 주장성을 조선
시대에 이르기까지 조금씩 증축한 성이기 때문입니다.
[D] ├─ **진행자** : 예전에 남한산성에 갔을 때 보니까 성벽을 쌓은 돌의 종류나
쌓은 방식이 조금씩 다르던데 방금 말씀하신 시대별 특징 때문인 것
└─ 으로 볼 수 있나요?

해설사 : 맞습니다. 예를 들어 조선 시대 이전의 성벽은 옥수수 알 모양으로
다듬은 돌로 쌓았고 조선 영조 때의 성벽은 크기와 형태가 다양한 돌을
이어 붙이듯이 쌓았습니다. 이처럼 남한산성에서는 시대별로 다른 축성술
을 한눈에 볼 수 있죠.

┌─ **진행자** : 청취자 여러분도 남한산성에 가시면 성벽의 돌들을 유심히 살
[E] 펴보시면 좋겠네요. 그럼 시대별 축성술과 관련된 또 다른 특징에 대
└─ 해 이야기를 나눠 보겠습니다.

---

24 [A]~[E]에 나타난 대담 참여자의 말하기 방식에 대한 설명으로 가장 적절한
것은?

① [A] : 진행자는 대담의 취지를 밝히며 대담에서 소개될 내용의 순서를 안내하
고 있다.

② [B] : 해설사는 소개할 내용과 관련된 진행자의 배경지식을 물은 후 용어의 개
념을 설명하고 있다.

③ [C] : 해설사는 문헌의 내용을 인용하여 진행자 말의 일부를 수정하고 있다.

④ [D] : 진행자는 해설사가 말한 내용이 진행자 자신의 경험과 관련이 있는지 질
문을 통해 확인하고 있다.

⑤ [E] : 진행자는 해설사의 말을 요약한 후 다음에 나눌 이야기를 안내하고 있다.

---

25 〈보기〉는 위에 제시된 대담 내용을 바탕으로 학생들이 나눈 대화이다. 이 대
화를 고려할 때, ㉠과 ㉡에 들어갈 내용으로 가장 적절한 것은?

> **보기**
>
> 학생1 이번 남한산성 답사의 홍보 포스터를 어떻게 만들지 생각해 봤어?
>
> 학생2 응. 포스터 초안을 만들어 봤는데 한번 봐 봐. 포스터 제목은
> 의인법을 활용했고 답사 목적은 대담의 핵심 내용을 바탕으로
> 만들어 봤어.

> 제목 : ㉠
> 답사 목적 : ㉡
> 답사 일시 : 2015. ○. ○. ○시~○시
> 답사 신청 방법 : 학교 홈페이지 신청방 이용

① ㉠ : 우리나라 축성술의 꽃, 남한산성
㉡ : 남한산성 축성술에 담긴 과학적 원리에 대해 알아보기

② ㉠ : 남한산성이 들려주는 시대별 축성술 이야기
㉡ : 남한산성을 답사하며 시대별 축성술의 특징을 살펴보기

③ ㉠ : 우리 함께 타임머신을 타고 남한산성으로 떠나요!
㉡ : 남한산성에 얽힌 항전의 역사를 확인해 보기

④ ㉠ : 세계 속에 우뚝 선 우리의 건축 문화, 남한산성
㉡ : 유네스코 세계 문화유산으로 등재되기까지의 과정을 통해 남한산성에 대
한 자부심을 느껴 보기

⑤ ㉠ : 남한산성의 돌, 신라 시대 축성술의 비밀을 간직하다
㉡ : 옛 주장성을 완벽히 재현해 낸 축성술을 중심으로 남한산성에 담긴 조상
들의 지혜를 배워 보기

나 없이

기출

풀지마라

나 없이
기출
풀지마라

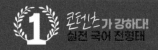
콘텐츠가 강하다!
실전 국어 전형태

작문

01 〈보기〉는 '청소년의 진로 결정'에 대한 글을 쓰기 위해 진로를 결정하지 못한 학생들을 대상으로 조사한 자료이다. 자료 활용의 방안으로 적절하지 않은 것은? 09학년도 6월

보기

(가) [진로 미결정 이유]

(단위 : %)

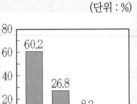

A : 적성과 흥미를 몰라서
B : 직업에 대해 아는 것이 없어서
C : 부모님과 의견 차이가 커서

(나) [진로 탐색 경험]

(단위 : %)

진로 탐색	있다	없다
진로 검사	68	32
학과 안내 행사	64	36
진로 교과 수업	34	66
직업 체험	9	91

(다) [진로 탐색 경험 만족도]

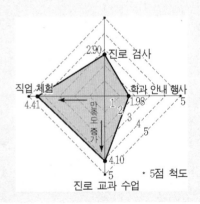

• 5점 척도

① (가)와 (나)를 활용하여, 학생들의 '진로 탐색 경험'이 '적성과 흥미'를 파악하는 것으로 이어지지 못했음을 문제로 제기한다.
② (가)와 (다)를 활용하여, 학생들이 '적성과 흥미'를 보다 효율적으로 찾을 수 있도록 만족도를 고려한 진로 지도를 제안한다.
③ (가)와 (다)를 활용하여, 학생들의 진로 결정을 돕기 위해서는 '진로 교과 수업' 중에 직업에 대한 정보를 강화할 것을 제시한다.
④ (나)와 (다)를 활용하여, '직업 체험'에 대한 학생들의 만족도가 높은 데 비해 참여율이 낮았음을 문제로 지적한다.
⑤ (나)와 (다)를 활용하여, 진로 결정을 효율적으로 하도록 하기 위해 '학과 안내 행사'의 횟수를 늘려야 함을 제시한다.

02 〈보기〉는 '도로 교통 현안'에 대한 글을 쓰기 위해 수집한 자료이다. 이를 활용하여 이끌어 낸 내용으로 적절하지 않은 것은? 09학년도 9월

보기

(가) 「보도 자료」의 일부
    도로 교통량의 증가와 자동차 과속으로 인해 야생동물이 교통사고로 죽는 일이 지속적으로 발생하고 있다. 이를 막기 위해 생태 통로를 건설하였으나, 동물의 행동 특성에 대한 고려가 부족해 기대만큼의 성과는 거두지 못하고 있다.

(나) 도로 교통 지표 추이

구분	2001년	2003년	2005년
도로 연장(km)	2,599	2,659	2,850
차량 대수(천 대)	12,914	14,586	15,396
교통 혼잡비용*(십억 원)	21,108	22,769	23,698

* 교통 혼잡비용 : 교통 혼잡으로 인하여 추가로 발생하는 사회적 비용.

(다) 자동차 배출 가스의 오염 물질 농도
    - 1km 주행 시 일산화탄소(CO)의 농도

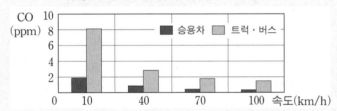

① (가)+(나) : 교통 혼잡을 개선하기 위해 도로를 신설할 때에는 동물의 행동 특성을 고려한 생태 통로를 만들 필요가 있다.
② (가)+(다) : 자동차 속도를 줄일수록 야생동물의 교통사고와 배출 가스의 오염 물질 농도가 줄어든다.
③ (나)+(다) : 교통 혼잡은 사회적 비용을 증가시킬 뿐 아니라 자동차 배출 가스의 오염 물질 농도를 증가시킨다.
④ (나) : 도로가 지속적으로 연장되고 있음에도 불구하고 교통 혼잡비용은 줄어들지 않고 있다.
⑤ (다) : 자동차의 배출 가스에 함유된 오염 물질의 양은 차량 종류 및 속도와 밀접하게 관련된다.

03 다음은 '청소년 우대 정책의 문제점과 개선 방안'에 관한 기사를 쓰기 위해 정리한 메모의 일부이다. 이를 토대로 쓸 기사 내용으로 적절하지 <u>않은</u> 것은?

09학년도 수능

---

1. 인터뷰 내용
◦ 청소년증을 제시하면 학생이 아니라는 사실이 밝혀지므로 청소년증을 발급 받고 싶지 않음.
　　　　　　　　　　　　　　　　 - 전우치 (17세, 근로 청소년)
◦ 공공시설 이용 시 할인 혜택을 주었으면. 우대 혜택을 주는 민간 시설, 기업도 늘어나길.
　　　　　　　　　　　　　　　　 - 심청 (24세, 대학생)

2. 관련 자료 조사
◦ 청소년기본법 : 9세 이상 24세 이하를 청소년이라 함.
◦ 청소년복지지원법 : 학생증이나 청소년증을 소지한 18세 이하 대상. 주로 공공시설 이용 시 할인 혜택 부여. 혜택이 제한적.

3. 설문 조사 결과
앞으로 가장 우대되어야 할 영역
（단위 : %）

구분	교통수단 이용	문화·여가 활동	소비 활동	기타
고등학생	58.9	20.9	16.7	3.5
대학생	53.4	25.5	13.6	7.5

4. 국내외 현황
◦ 국내 : 정부, 지방 자치 단체, 민간 기업 간 상호 협조 체계 미흡 및 관련 예산 부족.
◦ 복지 선진국 : 주로 24세 이하 청소년 대상으로 각종 보조금 지급(A국), 다양한 혜택이 주어지는 청소년 카드 발급(B국) 등 실질적 사회 보장 제도의 성격을 지님.

---

① 공공시설의 우대 규정이 민간 시설에 비해 미비하고 우대 혜택이 교통수단 이용에 편중되어 있음을 지적한다.
② 기존의 청소년증 제도가 지닌 한계를 극복할 수 있는 제도를 마련하고 우대 혜택을 확대할 것을 제시한다.
③ 수혜 대상이 되는 청소년층을 확대하고 실질적인 청소년 우대 정책을 마련해야 함을 제시한다.
④ 청소년 우대 정책에 민간 시설과 기업이 동참하도록 유인하는 제도가 필요함을 제시한다.
⑤ 현행 제도가 청소년층의 다양한 요구를 반영하지 못해 실효성이 떨어짐을 지적한다.

04 '가정에서 버리는 폐의약품의 처리'에 관한 글을 쓰기 위해 자료를 수집하였다. 자료 (가)~(다)를 통해 글감을 이끌어 낸 뒤 관련 자료를 더 찾으려고 할 때, 적절하지 <u>않은</u> 것은? 10학년도 6월

(가) 신문 기사 자료
◦ 안 모 씨(45세)의 집에는 70여 가지 약이 쌓여 있었다. 안 씨 집에서 사용 기한이 지났거나 정체불명인 약들을 모두 수거하니 5리터가 넘었다. 안 씨는 오래된 약들을 처리할 때 보통 쓰레기통이나 개수대에 버린다고 한다. 의약품을 그냥 버리면 안 되지만, 약 포장지에도 처리 방법이 나와 있지 않아 어떻게 처리해야 하는지 잘 모른다고 했다.
　　　　　　　　　　 - ○○ 신문, 2009년 6월 ○일 -

(나) 보고서 자료
○○강 방류수에서의 항생제(에리트로마이신) 검출 결과

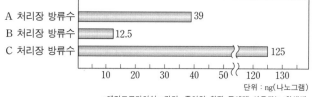

단위 : ng(나노그램)
*에리트로마이신 : 감기, 중이염 환자 등에게 사용되는 항생제.
　　　　　　　　　　 - ○○ 연구소, 2009년 6월 -

(다) 인터뷰 자료
◦ 폐의약품에 오염된 물을 장기간 섭취했을 때 건강에 어떤 변화가 생길지는 아무도 모릅니다.
　　　　　　　　　　 - ○○ 대학교 송○○ 교수 -
◦ 폐의약품으로 인한 환경오염을 줄이기 위해서 환경부는 '폐의약품 수거 시범 사업'을 벌여 3개월 동안 7톤 가량의 폐의약품을 수거했습니다. 유럽에서는 쓰고 남았거나 사용 기한이 지난 약은 약국으로 돌려주라는 문구를 포장지에 의무적으로 표기하도록 하고 있습니다.
　　　　　　　　　　 - ○○ 약사회 허○○ 실장 -

---

① (가)와 (나)를 통해, 가정에서 버리는 의약품 중 일부가 강물을 오염시키는 요인이 될 수도 있음을 확인하고, 주택 밀집 지역과 다른 지역의 하수 처리장에서 검출된 항생제 농도를 비교할 수 있는 자료를 찾아본다.
② (가)와 (다)를 통해, 우리나라와는 달리 약품의 포장지에 폐의약품 회수 정보를 안내하도록 한 유럽의 사례를 확인하고, 제도 시행 후에 나타난 효과를 분석한 자료를 찾아본다.
③ (가)와 (다)를 통해, 가정에서 적절한 처리 방법을 몰라 임의로 폐의약품을 버리고 있는 상황을 확인하고, '폐의약품 수거 시범 사업'의 후속 조치에 관한 자료를 찾아본다.
④ (나)와 (다)를 통해, 강물에서 검출된 항생제가 자연에 미치는 부작용의 결과를 확인하고, 항생제의 처방을 줄일 수 있는 방법에 대한 자료를 찾아본다.
⑤ (나)와 (다)를 통해, 폐의약품에 오염된 강물이 인체에 영향을 끼칠 수 있다는 점을 인식하고, 하수 처리장에서 폐의약품을 어떻게 정화하고 있는지 조사한 자료를 찾아본다.

05 〈보기〉의 자료를 활용하여 '학생들의 글쓰기 능력 신장'이란 주제로 글을 쓰려고 한다. 토의한 내용으로 적절하지 않은 것은? 10학년도 수능

보기

(가) 신문 보도 내용
'인터넷에서 타인의 글을 무단으로 복사해 자신이 직접 작성한 과제물인 것처럼 제출한 경험이 있다'고 응답한 학생들이 89.1%에 이른다. 그 주된 이유로 '글쓰기에 대한 자신감이 없고 두려워서', '글쓰기 경험이 부족해서' 등을 들었다.

(나) 통계 자료

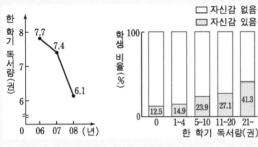

1. 1인당 독서량   2. 독서량과 글쓰기 자신감

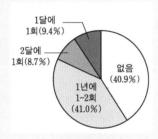

3. 체험 활동 경험

(다) 연구 자료
1. 체험 활동은 배경지식을 형성하여 문제 해결력 및 사고력 신장에 큰 도움을 줌.
2. 글쓰기에는 자신감, 사고력, 어휘력, 글쓰기 경험, 글쓰기 환경 등이 영향을 미침.

① (가)를 활용하여, 학생들의 잘못된 글쓰기 태도를 지적하고 논의의 필요성을 드러내야겠어.
② (가)와 (나)-1, 2를 활용하여, 독서량 감소가 글쓰기 능력과 관련한 문제의 원인 중 하나임을 밝혀야겠어.
③ (나)-3과 (다)를 활용하여, 체험 활동 경험이 늘어나면 글쓰기에 필요한 사고력 형성에 도움이 될 수 있음을 제시해야겠어.
④ (나)-1과 (다)-2를 활용하여, 어휘력 부족이 독서 기피의 한 원인임을 밝혀 어휘력을 길러 줄 수 있는 교육 프로그램의 필요성을 제시해야겠어.
⑤ (나)-2와 (다)-2를 활용하여, 글쓰기에 필요한 자신감을 신장시키기 위해 책을 많이 읽도록 권장하는 것이 바람직한 해결책임을 제시해야겠어.

06 〈보기〉는 '청소년 상담의 실태와 개선 방안'에 대한 글을 쓰기 위해 수집한 자료이다. 〈보기〉 자료의 활용 방안으로 적절하지 않은 것은? 11학년도 9월

보기

〈자료 1〉 통계 자료 : 청소년의 고민 내용

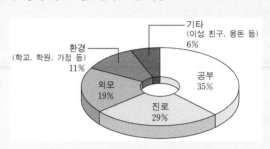

〈자료 2〉 설문 조사 : 청소년이 부모와의 대화에서 느끼는 점

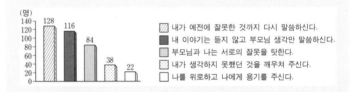

〈자료 3〉 연구 자료
청소년 대부분은 일상적인 고민을 방치하거나 혼자 해결하고 있다. 고민을 털어놓더라도 상대는 주로 친구에 국한되어 있으며, 그 결과 실질적으로 문제를 해결하기보다는 친구들과 공감대를 형성하는 데 그치고 있다.

〈자료 4〉 보도 자료
지역 사회 내 청소년 상담 기관의 주요 사업은 가출, 폭력, 약물 중독과 같은 '위기 청소년'의 문제에 대한 진단과 치료에 집중되어 있다. 공부, 진로 등 청소년의 일상적인 고민에 대한 상담 신청이 증가하고 있지만, 인력 부족으로 수요를 감당하기 힘든 실정이다.

① 〈자료 1〉, 〈자료 3〉을 활용하여, 대부분의 청소년은 공부나 진로 등 일상적인 고민을 상담으로 해결하지 못하고 있음을 보여 준다.
② 〈자료 2〉를 활용하여, 부모와의 대화에서 발생하는 어려움으로 인해 청소년이 고민 해결에 필요한 도움을 부모로부터 얻는 데 한계가 있음을 보여 준다.
③ 〈자료 1〉, 〈자료 4〉를 활용하여, 대부분의 청소년이 일상적인 고민에 대해서 상담 기관에서 상담을 받기 어렵다는 점을 보여 준다.
④ 〈자료 1〉, 〈자료 2〉, 〈자료 3〉을 활용하여, 청소년의 일상적 고민에 대해 공감대를 형성할 수 있도록 부모와 친구의 태도 변화를 제안한다.
⑤ 〈자료 4〉를 활용하여, 청소년 상담 기관 및 전문 인력을 확충하고 상담 영역도 확대해야 함을 제안한다.

07 '리셋 증후군'의 증상과 예방에 대한 글을 교지에 싣고자 할 때, 〈보기〉 자료의 활용 방안으로 적절하지 않은 것은? 11학년도 수능

보기

(가) 신문 기사

컴퓨터가 제대로 작동하지 않거나 온라인 게임과 같은 가상 현실에서 뜻한 대로 일이 풀리지 않을 때 버튼을 눌러 언제든 다시 시작할 수 있는데, 현실에서도 이것이 가능하다고 착각하는 증상을 '리셋 증후군'이라 한다. 이 증후군은 컴퓨터를 '리셋'하듯, 힘든 일에 부딪힐 때 책임감 없이 쉽게 포기하거나 타인과의 관계를 쉽게 맺고 끊는 모습으로 나타난다. 경우에 따라 현실과 가상 세계를 혼동해 극단적인 일을 실제로 저지르는 모습으로도 나타난다.

- ○○ 신문 -

(나) 인터뷰

"폭넓은 인간관계를 맺거나 활동적인 체험을 할 수 있는 마땅한 기회가 없다 보니, 청소년들이 자극적인 온라인 게임에 쉽게 빠져 들고 이로 인해 리셋 증후군을 보이기도 합니다. 또 이런 청소년들의 대부분은 가족들과 함께 시간을 보내기보다는 게임으로 혼자 시간을 보내는 경우가 많았고, 사용 목적이나 시간을 스스로 정해 적절하게 컴퓨터를 사용하려는 의지도 부족했습니다."

- 청소년 상담 센터 ○○○ 소장 -

(다) 통계 자료

1. 우리나라 중고생의 99% 이상이 하루 평균 2시간 정도 인터넷을 사용하는 것으로 조사되었다.
2. 청소년 인터넷 이용 유형

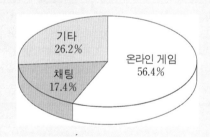

① (가)를 활용하여, 리셋 증후군의 증상으로 무책임한 태도, 인간관계 소홀, 극단적인 행동이 있음을 제시한다.
② (나)를 활용하여, 온 가족이 함께하는 취미 생활과 컴퓨터 사용 규칙을 마련하는 일이 리셋 증후군 예방에 도움이 됨을 제시한다.
③ (가)와 (나)를 활용하여, 청소년이 처한 여건이 개선되지 않는다면, 리셋 증후군이 사회 문제를 유발할 수 있음을 제시한다.
④ (가)와 (다)를 활용하여, 리셋 증후군의 증상을 보이는 청소년 가운데 원만한 대인 관계를 맺지 못하는 유형이 가장 많음을 제시한다.
⑤ (나)와 (다)를 활용하여, 청소년의 인터넷 사용의 일상화와 온라인 게임 위주의 이용이 리셋 증후군 유발과 관련이 있음을 제시한다.

08 '여성 고용 촉진 방안'에 대한 글을 쓰려고 한다. 자료의 활용 방안으로 적절하지 않은 것은? 13학년도 6월

(가) 성별 고용률 변화

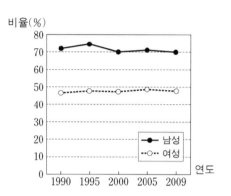

(나) 여성 취업 장애 요인

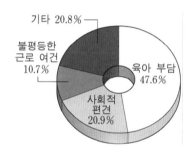

(다) 전문가 의견

선진국에서는 여성들이 직장과 가정의 일을 모두 잘할 수 있도록 정부 차원에서 다각도의 정책을 시행해 왔습니다. 금전적 지원, 휴가 정책, 보육 서비스 등의 정책을 통해 직업과 가사를 병행할 수 있도록 돕는 것이죠. 그 결과 노동 시장에서 여성 고용이 크게 증대되었다고 합니다.

① (가)를 활용하여, 최근 20년간 여성 고용률과 남성 고용률의 격차가 거의 줄어들지 않고 있음을 지적하고, 그 원인을 알아볼 필요가 있음을 제시한다.
② (나)를 활용하여, 여성 취업의 장애 요인을 가정, 사회, 직장 차원으로 나누어 제시한다.
③ (다)를 활용하여, 정부의 노력으로 여성 고용률을 높이고 있는 선진국의 사례를 제시한다.
④ (가)와 (다)를 활용하여, 성별 고용률 격차를 줄이기 위해서는 사회적 편견의 해소가 가장 중요하다고 주장한다.
⑤ (나)와 (다)를 활용하여, 여성의 고용 촉진을 위해 정부가 보육 서비스를 강화할 필요가 있다고 주장한다.

09 〈보기〉의 자료를 활용하여 '교내 학생 상담의 바람직한 방향'이란 주제로 글을 쓰려고 한다. 자료 활용 방안으로 적절하지 <u>않은</u> 것은? `13학년도 9월`

보기

(가) 학생의 고민 내용 조사

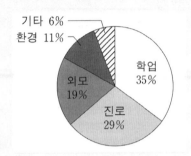

(나) 희망 상담자에 대한 학생의 요구 조사

순위	내가 선호하는 상담자	내게 도움이 되는 상담자
1	친구	교사
2	선배	선배
3	교사	친구

(다) 연구 보고서

∘ 상담자와 정기적으로 만나 지속적인 관계를 유지한 경우 일회에 그친 상담보다 서로에 대한 공감과 신뢰가 쌓이면서 상담 효과가 커지는 것으로 나타났다.

∘ 선배와 후배를 연결해 서로 상담할 경우, 선배는 학습 동기를 심어 주고, 학습 방법 습득에 도움을 주어 후배가 학교생활에 잘 적응하게 만드는 것으로 나타났다.

① (가) : 학생들이 주로 학업이나 진로에 대해 고민하고 있음을 들어 학업이나 진로와 같은 고민 내용에 대한 상담이 필요함을 밝힌다.

② (나) : 학생들이 선호하는 상담자와 도움이 되는 상담자가 다른 경우가 있음을 들어 상담자 선정은 신중하게 이루어질 필요가 있음을 밝힌다.

③ (다) : 일회적인 만남보다 지속적인 관계를 유지할 경우 상담 효과가 커짐을 들어 지속적인 상담이 이루어져야 함을 밝힌다.

④ (가), (나) : 진로에 대한 고민이 있는 학생들은 교사를 가장 선호하는 상담자로 인식함을 들어 교사를 상담자로 활용할 필요가 있음을 밝힌다.

⑤ (가), (다) : 학업에 대한 고민이 있는 학생들은 선배와의 상담을 통해 학습 관련 도움을 받을 수 있음을 들어 선배를 상담자로 활용할 필요가 있음을 밝힌다.

10 '수돗물 누수 문제와 해결 방안'에 관한 글을 쓰려고 한다. 자료 활용 방안으로 적절하지 <u>않은</u> 것은? `13학년도 수능`

(가) 통계 자료

수돗물 누수 현황

노후 수도관 비율

(나) 인터뷰

"수돗물의 누수 현상은 대부분 노후 수도관의 부식으로 발생합니다. 누수를 막으려면 누수 지점을 정확하게 찾아야 하는데, 현재는 수도관 밖으로 물이 새어 나오는 소리를 탐지하는 방법을 쓰고 있습니다. 하지만 이 방법으로는 누수 위치를 정확하게 찾기 어렵습니다."

(다) 신문 기사

□□신문	○○○○년 ○월 ○일

최근 정보 기술을 이용한 새로운 누수 탐지 기술이 개발되었다. 물이 흐르면 수도관에 일정한 형태의 진동이 발생하는데, 누수가 생기면 진동의 형태가 변하게 된다. 이 기술은 일정한 간격으로 발생하는 진동을 감지하는 센서를 수도관에 미리 부착하여 누수 즉시 탐지하는 것이다.

① (가)와 (나)를 활용하여, 수돗물 누수 현황과 노후 수도관 비율을 소개한 후 누수율 감소 대책이 필요함을 제기한다.

② (나)를 활용하여, 현재의 누수 탐지 방법으로는 누수를 줄이는데 한계가 있음을 지적한다.

③ (다)를 활용하여, 새로운 기술의 원리를 설명하고 이 기술이 누수 문제를 해결할 수 있는 방안 중 하나임을 밝힌다.

④ (나)와 (다)를 활용하여, 누수가 진행 중인 지점에 센서를 부착하는 방식으로 노후 수도관의 부식을 막을 수 있음을 강조한다.

⑤ (가)~(다)를 활용하여, 수도관 교체 시 새로운 기술을 적용하면 누수율을 효과적으로 감소시킬 수 있음을 제안한다.

01 〈보기〉는 '소비자 권익 증진'에 관한 글을 쓰기 위해 작성한 개요이다. 수정 의견으로 가장 적절한 것은? 09학년도 9월

보기

I. 문제 제기

II. 소비자 권익 침해의 실태와 그 원인
  1. 실태 ·· ㉠
    가. 상품 선택권 제약
    나. 부실한 피해 보상
  2. 원인
    가. 사업자 간 경쟁의 부재
    나. 소비자 의식 교육 기회 부족
    다. 불합리한 피해 보상 절차 및 제도 ·············· ㉡

III. 소비자 권익 증진을 위한 대책
  1. 사업자 간 경쟁의 활성화 ···························· ㉢
  2. 소비자 의식 교육 기회 확대
  3. 소비자 구제 제도의 내실화 ························ ㉣
    가. 소비자 보호 기관의 역할 강화
    나. 사업자 감독 기관과의 정책 연계

IV. 소비자 의식 함양을 통한 소비자 권익 증진 ········ ㉤

① 글의 완결성을 높이기 위해 ㉠의 하위 항목으로 '소비자 상품 선호도의 변화'를 추가해야겠어.
② ㉡은 'II-1-나'와 중복되므로 생략해야겠어.
③ ㉢은 주제에서 벗어난 내용이므로 '사업자 간 경쟁의 규제'로 바꿔야겠어.
④ 논리적 일관성을 고려해 ㉣을 '소비자 피해 실태 조사를 위한 기구 설치'로 바꿔야겠어.
⑤ 주장을 요약하여 강조하기 위해 ㉤을 '소비자 권익 증진을 위한 대책 촉구'로 바꿔야겠어.

02 다음의 공모전에 응모하기 위해 〈보기〉와 같이 개요를 작성하였다. 개요의 수정 방안으로 적절하지 <u>않은</u> 것은? 09학년도 수능

그린 IT 운동의 필요성과 실천 방안을 알리는 원고 공모

그린 IT 운동이란, 정보 통신 분야에서 에너지와 자원을 효율적으로 사용하여 환경오염을 줄이려는 사회적 운동입니다.

보기

제목 : 그린 IT 운동의 확산을 위하여

I. 그린 IT 운동의 개념 ·· ㉠

II. 그린 IT 운동의 실천 방안
  1. 기술 및 기기 개발 차원
    가. 획기적인 정보 통신 기술 개발 ·················· ㉡
    나. 폐기물을 재활용한 정보 통신 기기 개발
  2. 기기 이용 차원
    가. 에너지 효율이 높은 기기 이용
    나. 빈번한 기기 교체 자제
    다. 성과에 대한 포상 제도 마련 ···················· ㉢
  3. 정책적 차원
    가. 사회적 인식 확산을 위한 대책 마련
    나. 경쟁력 강화를 위한 생산성 향상 ·············· ㉣

III. 그린 IT 운동 정착을 위한 당국의 정책 개발 촉구 ········ ㉤

① ㉠은 공모의 취지를 고려해, '그린 IT 운동의 개념과 필요성'으로 고친다.
② ㉡은 구체적이지 않으므로, '에너지 효율을 높이는 정보 통신 기술 개발'로 바꾼다.
③ ㉢은 상위 항목에 어울리지 않으므로, 'II-3'의 하위 항목으로 옮긴다.
④ ㉣은 글의 주제에서 벗어나므로, '기업과 소비자의 의식 전환'으로 바꾼다.
⑤ ㉤은 글 전체의 흐름으로 보아, '그린 IT 운동 확산을 위한 사회 공동의 노력 촉구'로 바꾼다.

03 〈보기〉의 개요를 수정·보완할 방안으로 적절하지 <u>않은</u> 것은?

10학년노 수능

보기

주제문 : 학교에 옥외 쉼터를 조성하자.

Ⅰ. **서론 :** 학교 휴식 공간의 실태와 문제점

Ⅱ. **본론**
1. 조성의 필요성
　가. 학생들의 여가 활용 시간 부족 ·············· ㉠
　나. 자연 친화적 성격의 공간 요구
2. 조성의 장애 요인
　가. 학교 휴식 공간에 대한 사회적 무관심
　나. 자연 친화적 공간 활용 계획 수립 ·········· ㉡
　다. 재원 확보의 어려움
3. 해결 방안 ································ ㉢
　가. 사회적 관심 제고를 위한 캠페인 실시 ········ ㉣
　나. 학교 옥외 공간의 활용 방안 부재

Ⅲ. **결론 :** 학교 공간에 대한 발상 전환의 촉구 ········ ㉤

① ㉠은 주제에서 벗어난 내용이므로, '휴식 및 친교 기능의 공간 요구'로 바꾼다.
② ㉡은 상위 항목과의 관계를 고려하여, 'Ⅱ-3-나'와 위치를 바꾼다.
③ ㉢에는 글의 완결성을 고려하여, '지역 공동체와의 협력을 통한 재원 확보'라는 하위 항목을 추가한다.
④ ㉣은 글의 일관성을 고려하여, '낙후된 교실 환경에 대한 사회적 관심 촉구'로 고친다.
⑤ ㉤은 글의 흐름을 고려하여, '정서적·환경적 가치가 높은 학교 옥외 쉼터의 조성 제안'으로 바꾼다.

04 '중고 물품 교환 활성화'를 주제로 인터넷 블로그에 글을 쓰기 위한 계획서를 작성하였다. 이를 보완하기 위한 의견으로 적절하지 <u>않은</u> 것은?

11학년도 6월

글의 목적	• 정보 제공 및 설득을 통한 동참 유도
예상 독자	• 검색을 통해 방문하는 사람, 주변 사람
자료 수집	• 중고 물품 재활용 실태와 개선에 관한 설문 및 통계 자료 • 중고 물품 교환 장면을 담은 사진과 동영상 자료
내용 선정	• 중고 물품 교환을 위한 여건 미비 및 의식 부족 • 중고 물품 교환 장소와 이용 방법
조직	• 문제 제기, 원인 분석, 활성화 방안
매체 활용	• 글의 내용에 어울리게 사진, 동영상 배치 • 설문 결과, 통계 자료의 다운로드 기능 제공

① [자료 수집] 네티즌이 활용할 정보를 제공하기 위해, '중고 물품 교환 사이트 목록'을 추가하는 것이 좋겠어.
② [내용 선정] 문제 상황을 드러내기 위해, '중고 물품 재활용 실태와 문제점'을 추가하는 것이 좋겠어.
③ [내용 선정] 활성화 방안의 하나로 '중고 물품 교환을 위한 일일 시장 개설 제안'을 추가하는 것이 좋겠어.
④ [조직] 글의 목적을 고려하여, '동참 제안'을 추가하는 것이 좋겠어.
⑤ [매체 활용] 주제를 고려하여, '취미 활동과 관련된 홈페이지 소개 및 주소 연결'을 추가하는 것이 좋겠어.

05 〈보기〉는 '우리 학교 직업 체험 활동의 내실화'라는 주제로 글을 쓰기 위해 작성한 개요이다. 검토 내용과 수정 방안이 모두 적절한 것은?

`11학년도 수능`

보기

Ⅰ. 직업 체험 활동의 의의
 1. 직업 체험 활동에 대한 학생들의 요구 증대 ·····················ㄱ
 2. 직업 탐색을 통한 진로 선택 기준 제공 ·····················ㄴ
 3. 직업과 관련한 능력 향상에 대한 동기 유발 ·················ㄷ

Ⅱ. 우리 학교 직업 체험 활동의 문제점 ·······························ㄹ
 1. 간접 체험 위주의 활동
 2. 학생들의 적성 미반영
 3. 학년 간 체험 활동 내용의 중복

Ⅲ. 우리 학교 직업 체험 활동의 개선 방향 ·························ㅁ
 1. 직접 체험의 비중 강화
 2. 학생들의 적성 검사 결과 반영

Ⅳ. 실질적인 직업 체험 활동으로의 전환 촉구 ···················ㅂ

	검토 내용	수정 방안
①	ㄱ은 상위 항목과의 관련성이 떨어짐.	'직업 체험 활동 개선에 대한 사회적 요구 증대'로 수정한다.
②	ㄴ과 ㄷ은 내용이 서로 중복됨.	ㄴ은 남기고 ㄷ은 삭제한다.
③	ㄹ은 하위 항목들을 포괄하지 못함.	'우리 학교 직업 체험 활동의 과정'으로 바꾼다.
④	ㅁ은 Ⅱ의 하위 항목과의 관계를 고려할 때 내용의 보충이 필요함.	'학년 간 체험 활동 내용의 차별화'를 하위 항목으로 넣는다.
⑤	ㅂ은 글의 주제에서 벗어난 내용임.	'직업 선택 기준에 관한 발상의 전환 촉구'로 바꾼다.

06 〈보기〉는 '거짓말'에 관한 기사를 학교 신문에 연재하기 위한 계획의 일부이다. 개요의 수정 · 보완 방안으로 적절하지 <u>않은</u> 것은?

`12학년도 수능`

보기

◇ 기획 의도 : 거짓말이 넘치는 우리 사회의 문제점을 살펴 바람직한 삶의 방향과 공동체상을 모색함.

◇ 연재 계획
 [1회] 거짓말의 심리적 동기
✔ [2회] 거짓말하는 사회와 그 폐해
 [3회] 신뢰를 바탕으로 소통하는 사회를 위한 제언

◆ [2회] 작성 계획
 • '사례 → 원인(구조 및 제도적 차원) → 폐해'의 순서로 전개
 • 전체 연재 기사와의 연계성 고려

◆ [2회] 개요
 1. 우리 사회의 거짓말 양상
  가. 자기 방어와 자기 보호 심리
  나. 루머와 흑색선전
  다. 논문 표절, 실험 결과 조작
  라. 근절되지 않는 주변국의 한국사 왜곡

 2. 거짓말이 성행하는 원인
  가. 과도한 업적주의와 성공 지상주의
  나. 사회적 발언에 대한 검증 제도의 미비

 3. 거짓말이 사회에 미치는 악영향
  가. 실효성 있는 제재 수단 부족
  나. 불신 풍조의 확산으로 사회적 소통 단절
  다. 사회 구성원 간 연대감 파괴

① '1-가'는 [1회]의 내용에 해당하므로 '사실 은폐와 위증'으로 교체한다.
② '1-라'는 [2회]의 내용 범위를 벗어나므로 삭제한다.
③ [2회]의 작성 계획과 '1'의 내용을 고려하여, '2'에 '신뢰성 없는 정보가 쉽게 확대 재생산되는 구조'를 추가한다.
④ '3-가'는 상위 항목과의 관계와 [2회]의 작성 계획을 고려하여, '2'의 하위 항목으로 옮긴다.
⑤ '3-나'는 [3회]에서 다루는 것이 효과적이므로, '사회적 투명성을 확보하기 위한 제도 마련'으로 수정한다.

07 '방과 후 문화 · 예술 활동 활성화'를 주제로 글을 쓰기 위해 작성한 개요이다. 개요를 수정 · 보완하기 위한 방안으로 적절하지 <u>않은</u> 것은?

13학년도 6월

> Ⅰ. 서론
> 1. 청소년기 문화 · 예술 체험의 중요성
> 2. 청소년기 자기 주도 학습의 중요성 ·············· ㉠
> 3. 방과 후 문화 · 예술 활동의 필요성
>
> Ⅱ. 방과 후 문화 · 예술 활동의 실태
> 1. 방과 후 활동의 참여도 ···················· ㉡
> 2. 방과 후 문화 · 예술 활동의 만족도
>
> Ⅲ. 방과 후 문화 · 예술 활동의 문제점
> 1. 방과 후 문화 · 예술 활동 관련 인식 부족 ········· ㉢
> 2. 방과 후 문화 · 예술 활동 프로그램 부족
> 3. 방과 후 문화 · 예술 활동 비용 부담 과중
>
> Ⅳ. 방과 후 문화 · 예술 활동의 활성화 방안 ············ ㉣
> 1. 방과 후 문화 · 예술 활동에 대한 인식 개선
> 2. 교과 내용 중심의 다양한 프로그램 편성 ·········· ㉤
>
> Ⅴ. 결론

① ㉠ : 논지 전개상 주제와 연관성이 없는 내용이므로 삭제한다.

② ㉡ : 상위 항목을 고려하여 '방과 후 문화 · 예술 활동의 참여도'로 수정한다.

③ ㉢ : Ⅳ-1과의 관계를 고려하여 '방과 후 문화 · 예술 활동의 시간 확대'로 대체한다.

④ ㉣ : Ⅲ-3을 고려하여 '방과 후 문화 · 예술 활동 활성화를 위한 재정 지원'이라는 하위 항목을 추가한다.

⑤ ㉤ : 주제와 Ⅲ을 고려하여 '학생 요구에 기반한 다양한 방과 후 문화 · 예술 활동 프로그램 개발'로 수정한다.

08 '응급 처치 교육의 활성화'를 주제로 글을 쓰기 위해 작성한 개요이다. 개요를 수정 · 보완하기 위한 방안으로 적절하지 <u>않은</u> 것은? 13학년도 9월

> 주제문 : 학생 대상의 응급 처치 교육을 활성화하자.
>
> Ⅰ. 서론
> 응급 상황 발생 시 학생의 대처 능력 부족
>
> Ⅱ. 응급 처치의 한계 ······················ ㉠
> 1. 인명을 지키는 데 필수적임.
> 2. 회복 및 치료 기간 단축에 도움이 됨.
>
> Ⅲ. 응급 처치 교육의 문제점
> 1. 응급 처치 교육 기회 부족
> 2. 응급 처치 관련 교육 자료의 부족
> 3. 강사의 시범 보이기에 그친 교육 내용 ··········· ㉡
>
> Ⅳ. 응급 처치 교육 활성화 방안 ················· ㉢
> 1. 응급 처치 교육 기회 확대
> 2. 학생 체험을 통한 실습 위주의 교육 강화
> 3. 유행성 질병 감염 방지를 위한 위생 교육 강화 ······ ㉣
>
> Ⅴ. 결론
> 응급 상황의 종류와 발생 빈도 ················ ㉤

① ㉠ : 하위 항목과의 연관성을 고려하여 '응급 처치의 의의'로 수정한다.

② ㉡ : 상위 항목과의 연관성을 고려하여 'Ⅳ-2'와 맞바꾼다.

③ ㉢ : 'Ⅲ-2'를 고려하여 하위 항목에 '응급 처치 교육 자료 확보 및 활용'을 추가한다.

④ ㉣ : 상위 항목에 부합하지 않는 내용이므로 삭제한다.

⑤ ㉤ : 글의 주제를 강조하기 위해 '응급 처치 교육 활성화 촉구'로 대체한다.

09 예상 독자와 글의 목적이 달라져 개요 (가)를 (나)로 바꾸었다. (나)를 수정하거나 구체화하는 방안으로 적절하지 <u>않은</u> 것은? `13학년도 수능`

(가)

예상 독자	지역 주민
목적	주민들의 참여를 위한 여론 형성

Ⅰ. 생활 체육 활동 참여 실태
  1. 생활 체육 활동에 대한 주민들의 무관심
  2. 주민들의 참여율 저조

Ⅱ. 생활 체육 활동의 중요성
  1. 개인의 건강 증진과 여가 활용
  2. 지역 사회의 연대감 및 공동체 의식 함양

Ⅲ. 생활 체육에 대한 주민들의 적극적인 관심과 참여 당부

▼

(나)

예상 독자	지방 자치 단체의 정책 입안자
목적	지방 자치 단체의 정책 수립과 지원 요청

Ⅰ. 생활 체육의 필요성

Ⅱ. 생활 체육 활성화의 장애 요인
  1. 생활 체육 프로그램의 부족
  2. 생활 체육 시설의 미비
  3. 지방 자치 단체의 행정·재정적 지원 미흡

Ⅲ. 생활 체육 활성화 방안
  1. 홍보 강화를 통한 주민들의 관심 유도
  2. 다양한 생활 체육 프로그램 개발
  3. 생활 체육 시설 확충
  4. 지방 자치 단체의 정책적 지원과 예산 확대

Ⅳ. 국민의 풍요로운 생활 도모

① (가) 'Ⅰ-1'은 생활 체육 활성화의 장애 요인이 될 수 있으므로 (나) 'Ⅱ'의 하위 항목으로 포함시켜야겠어.

② (가) 'Ⅰ-2'와 관련된 문제를 해결하기 위해 (나) 'Ⅲ'에 '생활 체육 참여가 지역 발전에 미치는 영향'을 추가해야겠어.

③ (가) 'Ⅱ'의 하위 항목들을 (나) 'Ⅰ'의 하위 항목으로 포함시켜 생활 체육의 필요 성을 강조해야겠어.

④ 예상 독자를 고려하여 타 지역의 다양한 생활 체육 프로그램에 관한 정보를 (나) 'Ⅲ-2'의 사례로 제시해야겠어.

⑤ 글의 목적을 고려하여 (나) 'Ⅳ'를 '생활 체육 활성화를 위한 정책 수립과 지원 촉구'로 바꿔야겠어.

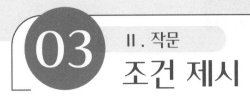

II . 작문
조건 제시

01 〈보기〉의 조건에 따라 공익 광고 문안을 만든다고 할 때, 가장 적절한 것은?
09학년도 6월

보기

• 무엇을 말할 것인가?
 - 게임 중독이 건강에 미치는 폐해

• 어떻게 쓸 것인가?
 - 표제 : 감각어를 활용한 대구적 표현
 - 본문 : 구체적 상황으로 경각심 고취

① **차가운 상상 속의 만남, 따뜻한 현실 속의 만남**
 체온 없는 캐릭터가
 당신의 친구가 될 수 있습니까?

② **네모 속에 갇힌 당신, 세상 밖으로!**
 당신이 게임에 둘러싸여 있는 동안
 당신의 활력은 방안에 갇혀 있습니다.

③ **아직도 게임 중! 시간은 진행 중!**
 검은 파도에 휩쓸려 가는
 당신의 보랏빛 미래가 보이지 않습니까?

④ **달콤한 승리의 환상, 씁쓸한 좌절의 현실**
 움켜쥔 당신의 마우스는
 미래를 여는 열쇠가 될 수 없습니다.

⑤ **하양게 지새운 밤, 노랗게 흔들리는 아침**
 당신이 지난밤 모니터 속의 적과 대결하는 동안
 당신은 적에게 생기를 빼앗겼습니다.

02 수행 평가 과제로 장래의 명함을 만들고자 한다. [A]에 들어갈 문구로 〈보기〉의 조건이 모두 충족된 것은? 09학년도 9월

전통 ○○ 연구가

[A]

홍길동
전통시 연구동 1번지
000-123-4567
전통@연구소.com

보기

• 전통문화를 언급할 것
• 공감각적 표현을 활용할 것
• 청유형 문장을 사용할 것

① 여기 있습니다, 달콤한 햇살의 속삭임이 머무는 집. 우리의 몸과 마음을 쉬게 합시다.
② 우리 부엌으로 오세요. 진정한 우리의 맛을 느껴봅시다. 고향의 된장 뚝배기가 당신을 기다립니다.
③ 옷이 아닌 멋을 입는다. 저고리, 마고자, 외씨버선, 우리 맵시 찾아 10년. 이제 당신의 것이 됩니다.
④ 가야금 곡조 따라 광한루까지. 춘향의 마음과 어우러지는 옥빛 소리 한 자락, 우리 연구소에서 즐겨봅시다.
⑤ 학을 품은 달 항아리, 자라 모양 청자연적. 둥근 곡선 따라 흐르는 영롱한 빛을 당신의 마음에 새겨드립니다.

03 다음 공모에서 요구한 표현 조건을 모두 충족한 것은? 10학년도 6월

- 공 모 -

 아직도 연주회장에서 휴대 전화의 벨 소리가 울려 연주와 감상을 방해하는 일이 있습니다. 이에 우리 ○○ 예술 회관에서는 연주회장 입구에 게시할 문구를 공모하오니 많은 응모 바랍니다.
 문구에는 휴대 전화의 벨 소리와 연주회의 음악을 대비하고, 다른 관객과 함께하고 있다는 점을 환기하는 표현이 들어가야 합니다. 휴대 전화를 끄도록 요청하는 표현도 포함해 주십시오.

① 전화로 나누는 대화는 이제 그만입니다. 연주회장에서는 음악만으로도 충분히 대화를 나눌 수 있습니다.
② 기계의 울림보다 악기의 울림이 더 아름답습니다. 바쁜 일상일지라도 잠시 여유를 갖고 감상하는 음악이 더 아름답습니다.
③ 당황스러운 벨 소리보다 이웃과 공감하며 듣는 음악이 더 소중합니다. 잠시 휴대 전화를 재워 두실 때 우리의 연주회는 아름답게 빛납니다.
④ 마음을 울리는 선율은 주머니 속이 아니라 무대 위에 있습니다. 휴대 전화의 전원을 내려 두는 작은 실천이 음악의 감흥을 더 크게 자아냅니다.
⑤ 관객들은 벨 소리와 음악 소리의 부조화가 아니라 음악과 갈채의 조화를 즐기기 위해 연주회장을 찾았습니다. 당신도 그런 관객 중의 한 사람입니다.

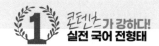

04 〈보기〉는 체육 대회 때 사용할 현수막 문구에 대한 학급 회의 결과이다. 〈보기〉의 조건을 모두 충족한 것은? `10학년도 9월`

보기

∘ 협동심을 드러내는 내용을 담자.
∘ 현수막에 넣을 색채 이미지의 특성을 살리자.
∘ 자연물을 이용해 비유하자.

	색채 특성	문구
①	정열 (붉은색)	우승을 향한 나의 일념 뜨겁게 불타오르는 가슴!
②	생명 (초록색)	한 그루 두 그루 모여 초록 숲 신록처럼 넘실대는 우리들의 함성!
③	희망 (파란색)	바다 위를 자유로이 날아가는 새처럼 드넓은 운동장에서 펼치는 승리의 날개!
④	순수 (하얀색)	맑고 깨끗한 흰 구름처럼 정정당당하게 높은 곳을 향하여!
⑤	승리 (노란색)	나 혼자 승리하면 은메달! 우리가 승리하면 금메달!

05 대출 도서에 붙일 스티커를 제작하고자 한다. 〈보기〉의 조건에 따라 작성한 문구로 적절한 것은? `10학년도 수능`

보기

의도 : 대출 도서를 훼손하지 않도록 함.
표현 : 의인화와 대구를 활용함.

① 책과 함께 하는 세상
   남과 함께 사는 세상
② 책에 흔적을 남기기보다
   당신의 마음에 지혜의 흔적을
③ 제 몸 곳곳에 늘어나는 상처
   당신의 양심에 새겨지는 낙서
④ 지나친 손길로 얼룩져 갈수록
   지울 수 없는 아픔의 시간들
⑤ 늘어나는 책꽂이의 빈자리
   나눌 줄 모르는 당신의 빈 가슴

06 〈보기〉의 조건에 따라 졸업 앨범에 '친구들에게 남길 말'을 쓴 것으로 적절한 것은? `11학년도 6월`

보기

∘ 비유법과 생략법을 활용하기
∘ 친구들과의 추억을 내용으로 담기

① 너희들과 함께 먹던 순대, 떡볶이가 맛있었어.
   언제나 웃으며 맞아 주던 매점 아줌마도 그리울 거야.
   친구들아, 기억하렴, 보름달 같은 내 얼굴을.
② 나야, 농구대. 친구들아, 사랑해.
   우리들의 앞날이 정말 기대되는구나.
   어디서 무엇이 되든 꼭 다시 만나자.
③ 친구들아, 잘 지내라.
   앞으로 멋진 날들을 만들었으면.
   너희들의 친구, 이 고구마가 너희들의 행운을 빌게.
④ 잊지 말자, 우리들의 우정을.
   우리가 함께 했던 나날들을.
   언젠가 이곳에서 우리 다시 만나길.
⑤ 나야 나, 마른 장작. 잊지 않겠지?
   너희들과 함께 뛰놀던 운동장이 생각날 거야.
   졸업이 흩어지는 구름처럼 영원한 헤어짐이 아니길.

07 '청소년 상담의 실태와 개선 방안'에 대해 글을 쓴 후, 독자들의 관심을 끌기 위해 표지에 인상적인 문구를 넣으려고 한다. 〈보기〉의 조건에 따라 쓴 것으로 가장 적절한 것은? `11학년도 9월`

보기

∘ 상담을 바라는 청소년의 마음이 드러나도록 할 것
∘ 비유를 써서 대조적으로 표현할 것

① 소나기만 문제는 아닙니다. 가랑비에도 옷이 젖습니다. 우리에게 관심의 우산을 씌워 주세요.
② 방황하는 미운 오리도 아름다운 백조가 될 수 있습니다. 우리에게 맡겨 주세요.
③ 우리는 사랑의 햇볕을 받고 자라는 나무입니다. 따스한 햇볕이 되어 주세요.
④ 어둠 속에서 빛을 발하는 반딧불이처럼 마음에 있는 빛을 지켜 가세요.
⑤ 엄격한 가르침이 아니라 따뜻한 관심으로 우리를 이끌어 주세요.

08 '폐휴대전화 수거 운동'에 대해 글을 쓴 후, 독자들의 관심을 높이기 위해 홍보 문구를 작성하려고 한다. 〈보기〉의 조건을 모두 충족한 것은?

〔11학년도 수능〕

보기

° 폐휴대전화의 양면성을 대구의 형식으로 표현할 것
° 활유의 방식으로 표현하여 호소력을 높일 것

① 자원 활용은 두 배로, 환경오염은 반으로.
　우리에게 맡기세요, 폐휴대전화. 지구가 아프지 않게.
② 우리에게 버리세요, 꼭꼭 숨어 있는 폐휴대전화.
　환경을 사랑하는 당신의 마음, 지금 바로 실천하세요.
③ 함부로 버리지 마세요, 당신의 오랜 친구 폐휴대전화.
　한데 모아 다시 쓰면 유용한 자원으로 다시 태어납니다.
④ 관심만 있다면 쓰레기도 귀중한 자원이 될 수 있습니다.
　조용히 잠자는 폐휴대전화, 다시 써서 깨끗한 세상 만들어요.
⑤ 버리면 해로운 쓰레기가 되지만, 모으면 소중한 자원이 되지요.
　폐휴대전화 수거에 동참하세요, 살기 좋은 세상을 만들 수 있게.

09 '우유 팩 재활용 활성화'를 주제로 표어를 작성하려고 한다. 〈보기〉의 조건을 모두 충족한 것은? 〔12학년도 6월〕

보기

° 주제가 환경에 미치는 효과를 점층적으로 드러낼 것.
° 비유와 대구의 표현 방법을 활용할 것.

① 우리가 살린 우유 팩, 나무를 지키고
　우리가 지킨 나무, 지구를 살립니다
② 우리 몸을 건강하게 하는 우유
　우리 경제를 튼튼하게 하는 우유 팩
③ 당신이 함부로 버린 쓰레기로
　우리의 자연이 상처 입습니다
④ 환경을 위한 당신의 작은 손길
　등불 되어 어두운 세상 밝힙니다
⑤ 우유 팩 모으기, 생각으로 부족합니다
　산림 보호, 행동으로 가능합니다

10 다음은 여행 중 작성한 일기의 일부이다. 〈보기〉의 조건에 따라 ㉠에 시구를 넣으려고 할 때 가장 적절한 것은? 〔12학년도 9월〕

　내 인생의 첫 도보 여행. 청명한 10월 하늘을 머리에 이고 나는 시골 길을 걸었다. 수확을 기다리는 벼들이 시원한 가을 바람에 잔잔한 물결을 이루고 있었고, 길가엔 코스모스가 한창이었다. 바람에 하늘하늘 흔들리는 코스모스는, 미소 지으며 손 흔드는 친구처럼 반가웠다. 그 모습이 오늘따라 더욱 다정하게 느껴져 나도 모르게 시구가 떠올랐다.

㉠

보기

° 앞부분의 내용과 긴밀하게 연결되도록 할 것.
° 계절감을 드러내는 시어를 포함할 것.
° 의인법과 도치법을 활용할 것.

① 노란 벼 이삭과 함께 미소 짓는 코스모스
　나도 몰래 끌렸네 정겨운 그의 마음에
② 하늘은 높아 가고 벼들이 익어 가네
　반가움 때문인가 내 입가에 번지는 미소는
③ 무리 지어 피어서 더 아름다운 꽃들
　붉은 단풍보다 더 붉은 꽃들의 향연
④ 내내 끓어오르던 내 마음을 식히며
　나에게 더 넓어지라고 하네 바람은
⑤ 반가운 친구와 함께 걷는 그 길에서
　바람에 흔들리는 코스모스를 보았네

11 〈보기〉는 '표어 대회'의 조건이다. 이에 따라 작성한 표어로 가장 적절한 것은? 〔13학년도 6월〕

보기

° '빛 공해' 줄이기에 동참하자는 내용을 담을 것.
° 비유와 대구를 활용할 것.

① 도시를 뜨겁게 달구는 조명의 불빛
　하늘을 슬프게 헤매는 새들의 눈빛
② 무심코 불을 켜면 한숨 쉬는 나무들
　당신이 불을 끄면 미소 짓는 나무들
③ 거리의 환한 조명으로 잠 못 드는 사람들
　당신의 손길이 편히 쉴 수 있게 해 줍니다
④ 밤하늘을 수놓은 불꽃들의 아름다운 향연
　화려한 조명들이 선물하는 사진 속의 예술
⑤ 별빛마저 삼켜 버린 솔잎같이 따가운 불빛
　아아 그립구나! 깜깜한 밤하늘의 아름다운 별빛

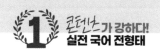

12 작문 시간에 '친구를 칭찬합니다'를 주제로 간단한 문구를 작성하려고 한다. 〈보기〉의 조건을 모두 충족한 것은? 13학년도 9월

보기

◦ 대상이 되는 친구의 행위에 동참하자는 내용을 담을 것.
◦ 역설법을 활용할 것.

① 시각 장애인들에게 책을 읽어 주는 김○○을 칭찬합니다. 이제 그들은 보이지 않는 세상도 볼 수 있습니다. 두 눈이 아니라 마음으로 보기 때문입니다.
② 토요일마다 경로당에 가서 작은 음악회를 개최하는 장○○을 칭찬합니다. 그의 마음에는 웃음꽃, 할머니의 마음에는 행복꽃. 이번 기회에 우리도 힘을 보탭시다!
③ 벽화 그리기 봉사를 하는 박○○을 칭찬합니다. 서툴지만 정성들여 그린 그림 덕분에 어둡고 침침했던 골목이 환해졌습니다. 새삼스럽게 그녀가 예쁘게 보입니다.
④ 우리 고장의 문화재를 소개하고 홍보하는 정○○을 칭찬합니다. 과거는 미래 속에 존재하고 미래는 과거 속에 존재합니다. 문화재를 알리는 일에 당신도 함께하세요.
⑤ 사회 복지 시설에서 과학 실험 봉사를 하는 최○○을 칭찬합니다. 아직은 아이들의 호응을 불러일으키지 못해 힘들어 하지만, 당신이 돕는다면 친구에게 큰 힘이 될 것입니다.

13 다음 [자료]를 읽고 [조건]에 맞게 쓴 글로 가장 적절한 것은?

14학년도 수능A

[자료]
　　학습 만화는 교과 학습과 독서 습관 형성에 도움을 준다. 왜냐하면 학습 만화는 시각적 이미지를 통해 교과 내용을 알기 쉽게 제공하고, 독서에 대한 흥미를 높여 주기 때문이다. 따라서 학생들이 학습 만화를 자주 접할 수 있게 하고 즐겨 읽게 할 필요가 있다.

[조건]
1. 자료에 제시된 견해를 일부 인정하면서 시작한다.
2. '학습 만화 읽기'의 문제점을 제기하고 그에 대한 해결 방향을 제안한다.

① 학습 만화가 재미있는 것은 사실이다. 하지만 쉽고 짧은 표현으로만 이야기가 전개되다 보니 다양한 어휘 습득이 어렵다.
② 학습 만화는 시각적으로 자극적인 장면이 많다. 그러므로 독자는 학습 만화에 담긴 내용을 비판적으로 수용하는 태도를 길러야 한다.
③ 학습 만화가 교과 학습에 도움이 되기는 한다. 그러나 깊이 있는 학습을 하는 데는 한계가 있다. 따라서 같은 주제를 다룬 참고 도서를 폭넓게 읽도록 한다.
④ 학습 만화는 학생들로 하여금 그림에만 집중하여 교과 내용을 단편적으로 이해하게 한다. 그러나 학습 만화는 교과에 대한 이해도를 높이는 좋은 방안이 된다.
⑤ 학습 만화는 심화 과목 학습에 기초가 된다. 어려운 내용을 쉽게 전달하기 때문이다. 따라서 학습 만화를 통해 교과 지식을 넓힌다면 학업에 보탬이 될 수 있다.

01 〈보기 1〉은 '차별에 대한 단상'이라는 제목으로 쓴 초고이다. 이를 고쳐 쓰기 위한 계획으로 적절한 것을 〈보기 2〉에서 골라 바르게 묶은 것은?

09학년도 6월

보기 1

'미운 오리 새끼' 동화의 주인공인 백조는 오리들과 생김새가 다르다. 새끼 오리들은 자신들과 다른 백조를 따돌리지만, 어미 오리는 백조를 그대로 받아들인다. 백조가 다른 오리들에게는 차별받았지만 어미 오리에게는 한 가족으로 인정받은 것이다. 어린 새는 태어나 처음 본 움직이는 대상을 어미로 여기고, ㉠어린 새를 자신의 새끼로 받아들이는 습관이 있다.

우리 역시 동화에 나오는 새끼 오리들처럼, 끊임없이 다른 사람과 자신의 차이를 찾아서 그것을 차별의 근거로 삼으려 한다. ㉡내가 차별받지 않기를 바란다면 나 역시 다른 이를 차별하지 말아야 한다. 이를 위해서는 어미 오리처럼 다른 사람과의 차이를 받아들이고 그 사람을 포용하려는 미덕을 가져야 한다.

보기 2

㉠은,
- '어미도 그것을 자신의 새끼로 받아들이는 습관이 있다.'로 고친다. ⓐ
- '그 어린 새를 자신의 새끼로 받아들이는 습벽이 있기 때문이다.'로 고친다. ⓑ
- '어미도 그 어린 새를 자신의 새끼로 받아들이는 습성이 있기 때문이다.'로 고친다. ⓒ

㉡에는,
- '그러나 막상 우리 자신은 다른 사람에게 차별받고 싶어하지 않는다.'를 넣는다. ⓓ
- '한편 세상에는 손으로 음식을 먹는 사람도 있고 수저로 먹는 사람도 있다.'를 넣는다. ⓔ
- '그런데 차별은 차이를 전제로 하므로 사람 사이의 차별은 차이에서 비롯된다.'를 넣는다. ⓕ

① ⓐ, ⓔ   ② ⓑ, ⓓ   ③ ⓑ, ⓕ
④ ⓒ, ⓓ   ⑤ ⓒ, ⓕ

02 다음은 교과 카페에 올릴 수업 일기의 초고이다. 고치기 위한 의견으로 적절하지 않은 것은? 09학년도 9월

일시	○월 ○일 3교시	이름	○○○

급변하는 사회에 적응하기 위해 빠른 속도로 자신을 변화시켜야 하는 현대인에게 느림은 곧 게으름으로 ㉠비추기도 한다.

오늘은 선생님께서 독일의 어느 성당에서 연주되고 있는 오르간 악보를 하나 보여 주셨다. ㉡얼마 전 영화에서 본 오르간 연주 장면이 생각났다. 거기에는 각 음표에 연주를 시작하는 날짜와 끝나는 날짜가 지정되어 있었다. 첫 음이 2003년에 시작되어 2005년에 끝나고, 다음 음이 2004년에 시작되어 2006년에 끝나는 식이었다. 이렇게 연주하여 그 곡을 다 마치기까지는 639년이나 걸린다고 한다. 선생님께서는 이것이 우리에게 느림에 대해 한 번쯤 ㉢생각해 보게 하는 시도일 수 있다고 말씀하셨다.

오늘도 그 성당에서는 오르간 소리가 이어지고 있을 것이다. 내가 지금 그곳에 가서 그 연주를 ㉣들었다면 내 마음도 조금은 여유로워질지 모른다. 직접 가서 듣지는 못하지만 ㉤본 것만으로도 마음이 느긋해지는 것 같았다.

① ㉠은 어휘가 잘못 사용되었으므로 '비치기도'로 바꾼다.
② ㉡은 글의 통일성을 해치므로 삭제한다.
③ ㉢은 호응을 고려하여 '생각해 보는'으로 고친다.
④ ㉣은 시간 표현의 자연스러움을 고려하여 '듣는다면'으로 바꾼다.
⑤ ㉤은 필요한 문장 성분이 생략되어 있으므로 '악보를'을 삽입한다.

[3~4]
다음은 지역 사회와 연계한 학교 축제 프로그램의 제안서 초고이다. 3번과 4번의 두 물음에 답하시오. 09학년도 수능

프로그램명	공공건물 벽화 그리기
제안 단체	△△고등학교 미술반, 지역 문화 탐방반

[제안 이유]　우리 ○○면에는 칠이 벗겨진 벽을 그대로 ㉠ 배치한 건물이 많습니다. 특히 면사무소나 보건소는 지저분한 벽 때문에 건물뿐 아니라 주변 공간까지 황폐해 보입니다. 저희는 이런 공공건물에 생동감을 불어넣고자 벽화 그리기를 제안합니다. ㉡ 그래서 주민들이 자주 찾고 싶어 하는 공간이라는 생각이 들지 않습니다.

[제안 내용]　벽화에는 마을에 대한 주민들의 자부심을 담아야 합니다. ㉢ 그런데 저희는 주민들을 대상으로 설문 조사를 하여 주제와 소재를 결정하려고 합니다. 축제 기간에는 각자 역할을 나누어 ㉣ 밑그림을 그리고 채색을 할 것입니다. 벽화를 완성한 후에는 이를 축하하는 행사도 마련하려 합니다. 저희가 벽화를 그릴 건물을 지정해 주십시오. 또 이 활동을 마을 축제와 연계하여 ㉤ 추진될 수 있도록 협조해 주십시오.

[기대 효과]　　　　　　　　　　　[A]

03 윗글을 고쳐 쓰기 위한 구상으로 적절하지 않은 것은?

① 문맥으로 보아 ㉠을 '방치한'으로 바꿔야겠군.
② 문장 간의 의미 관계를 고려하여 ㉡과 바로 앞 문장을 맞바꾸어야겠군.
③ ㉢을 '이를 위해'로 바꾸면 앞 문장과의 연결이 자연스러워지겠군.
④ 중복된 내용을 생략하려면 ㉣을 '밑그림과 채색을 할 것'으로 바꿔야겠군.
⑤ 문장 성분 간의 호응을 고려하여 ㉤을 '추진할'로 바꿔야겠군.

04 [A]에 넣을 표현으로 〈보기〉의 조건이 모두 충족된 것은?

보기
· 참여 학생들에게 미치는 교육적 효과를 드러낼 것
· 지역 주민들에게 가져올 생활상의 변화를 제시할 것

① 우리 학생들은 최선을 다해 이 일을 추진하겠습니다. 주민 여러분께서도 관심을 갖고 많은 격려와 지원을 해 주시기 바랍니다.
② 벽화 그리기는 학교 축제와 마을 축제를 연계하기에 적합한 활동입니다. 앞으로 마을 환경을 개선하는 일에 더 많은 학생이 동참하게 될 것입니다.
③ 그동안 주민들은 마을 일에 관심을 갖지 않았고, 낙후된 생활환경 때문에 삶에 활력이 없었습니다. 벽화 그리기는 이런 문제들을 해결하는 방법입니다.
④ 벽화 그리기는 자율적이고 창의적인 학교 축제 문화를 만들어 나가는 출발점이 됩니다. 이런 교육적인 활동에 주민들이 함께한다면 그 의의가 더욱 클 것입니다.
⑤ 이 활동은 학생들에게 마을에 대한 자부심과 협동 정신을 심어 줍니다. 개선된 생활공간에서 주민들은 서로 활발히 교류하며 문화에 대한 관심도 높이게 될 것입니다.

05 다음은 도서관 홈페이지에 게시할 글이다. 고쳐 쓰기 위한 방안으로 적절하지 않은 것은? 10학년도 9월

**우리 학교 도서관 이름이
왜 '슬기ᄀ름'인지 아십니까?**

우리는 책을 통해 많은 지식뿐만 아니라 살아가는 데 필요한 지혜를 얻을 수 있습니다. 도서관은 우리가 이러한 책들과 만나게 해 주는 장소입니다. ㉠ 그리고 도서관 이름을 '슬기ᄀ름'으로 정했습니다. 이렇게 한 것은 '슬기'가 '사리를 밝히고 잘 처리해 가는 능력'이라는 순 우리말이고, 'ᄀ름'은 '강'의 순 우리말로서 인간이 모여 생활을 유지하고 문명을 발전시켜 온 ㉡ 터전입니다. ㉢ 강은 인간에게 혜택도 주지만 피해도 줍니다.
다시 말하면, '슬기ᄀ름'은 도서관이 '슬기를 얻는 터전', 그것도 작은 시내나 샘보다는 강처럼 우리에게 많은 슬기를 주는 터전이라는 뜻입니다. 많은 학생들이 '슬기ᄀ름'에 자주 ㉣ 들려 '슬기의 강'을 헤엄치면서 지혜에 대한 ㉤ 갈증이 해소되어지기를 바랍니다.

① ㉠ : 문장을 자연스럽게 연결하기 위해 '그래서'로 고친다.
② ㉡ : 주어와 서술어의 호응을 고려하여 '터전이라는 뜻입니다'로 고친다.
③ ㉢ : 글의 통일성을 해치므로 삭제한다.
④ ㉣ : 단어의 기본형을 고려하여 '들러'로 고친다.
⑤ ㉤ : 어색한 표현을 자연스럽게 하기 위해 '갈증을 해소하기를'로 고친다.

06 다음은 체험 활동을 하고 난 후 쓴 소감문의 초고이다. 고쳐 쓰기 방안으로 적절하지 않은 것은? 10학년도 수능

제목 : 간이역을 다녀와서

이제까지 간이역은 사진으로만 보아 왔다. 사람들은 흔히 '추억의 간이역'이라는 표현을 쓰곤 한다. ㉠ 나는 그 이유를 이번에 다녀온 ○○역 대합실 안의 물건들에서 찾을 수 있었다.
대합실 밖으로 나가 플랫폼에 서서 잠시 상념에 잠겨 보기도 하였다. '사람들은 어떤 사연을 안고 이 역을 찾았을까?' 간이역에 얽힌 이웃들의 사연은 ㉡ 마치 헤아릴 수 없을 정도로 많았을 것이다. 나는 이러한 이웃들의 사연을 하나둘 떠올리면서 ㉢ 생각다 못해 지난날의 삶의 추억에 아련히 젖어 들었다.
대합실 안에는 손때 묻은 나무 의자와 빛바랜 열차 시간표가 그대로 남아 있었다. 낡고 삐걱거리는 문, ㉣ 오래된 모퉁이에 세워진 난로 등 할머니의 사진첩에서나 봤던 것들이 눈앞에 펼쳐졌다. 이처럼 추억 속 물건이 가득한 간이역은 지난날을 ㉤ 회상하게 한다.

① ㉠의 내용을 고려하여 두 번째와 세 번째 문단의 순서를 바꾼다.
② ㉡은 부사의 쓰임이 적절하지 않으므로 '이루'로 바꾼다.
③ ㉢은 문장의 내용과 어울리지 않으므로 삭제한다.
④ ㉣은 수식 관계가 분명하지 않으므로 '모퉁이에 세워진 오래된 난로'로 고친다.
⑤ ㉤은 주어와의 호응을 고려하여 '회상한다'로 고친다.

07 다음은 해외 탐방 참가자 공모를 보고 작성한 신청서의 일부이다. 고쳐 쓰기 의견으로 적절하지 <u>않은</u> 것은? `11학년도 6월`

> **2. 신청 동기와 사전 준비 정도**
>
> 올해의 탐방 참가자 공모를 보며 저는 가슴이 뛰었습니다. ㉠ <u>저를 선발해 주신다면 탐방의 성과를 공유함으로써 해외 탐방의 취지를 살릴 수 있도록 최선을 다하겠습니다.</u> 탐방 지역으로 발표된 페루는 문화인류학에 관심 있는 제가 평소 가 보고 싶었던 지역이기 때문입니다. ㉡ <u>잉카 문명에 대한 제 관심은 세계사 수업을 통해 싹텄습니다.</u>
>
> 공부하는 과정에서 저는 여러 가지 문헌들과 사진 자료들을 살펴보고, ㉢ <u>잉카 문명의 매력에 매료되었습니다.</u> 또한 탐방 예정지인 페루의 옛 도시 쿠스코와 마추픽추를 포함한 잉카 문명 유적지들은 유네스코 세계 문화유산으로 지정되어 있을 정도로 문화인류학적 가치가 큰 유적지임을 알게 되었습니다. 그래서 언젠가는 제가 직접 방문하여 당시 사람들이 남긴 유적을 살펴보고 싶다는 ㉣ <u>소망입니다.</u>
>
> 저는 탐방에 대한 사선 준비도 열심히 해 왔다고 자부합니다. 저는 이미 잉카 문명의 역사와 지리에 대해 많은 자료와 문헌들을 ㉤ <u>조사했더니,</u> 첨부한 계획서와 같이 이번 탐방을 통해 구체적으로 심화 학습할 주제와 탐구 계획도 정해 놓았습니다.

① ㉠은 글의 소제목에 어울리지 않는 내용이므로 삭제한다.
② ㉡은 첫째 문단보다 둘째 문단에 어울리므로 둘째 문단의 처음으로 옮긴다.
③ ㉢은 의미의 중복을 피하기 위해 '잉카 문명에 매료되었습니다'로 수정한다.
④ ㉣은 주어와의 호응을 고려하여 '소망을 품게 되었습니다'로 고친다.
⑤ ㉤은 뒤에 이어진 절과의 관계를 고려하여 '조사했<u>으므로</u>'로 대체한다.

---

08 독서반 학생이 독서 일기에 쓴 글이다. 친구들이 덧붙인 의견을 보고 글쓴이가 띠올린 생각으로 적절하지 <u>않은</u> 것은? `11학년도 9월`

> **제목 : 흥부전**
>
> 고전을 읽는 이유는 고전이 시대를 초월하여 우리에게 다양한 의미를 준다. 흥부전은 권선징악의 교훈만 주는 것이 아니라, 흥부와 놀부라는 인물 유형을 통해 바람직한 삶과 행복의 조건에 대해 끊임없이 재해석할 여지를 준다.
>
> 시대는 달라졌지만 고전에 나타난 문제의식은 여전히 유효하다. 현대 사회가 안고 있는 정치, 사회, 교육 등 수많은 문제들은 우리 시대만의 문제라기보다는 인류가 오랫동안 고민해 온 문제라고 할 수 있다.
>
> 고전은 왜 읽는가? 컴퓨터만 켜면 수많은 정보와 지식을 손쉽게 얻을 수 있는 현실에서, 힘들여 고전을 읽는 일이 과연 왜 필요한가에 대해 의문을 품는 것도 무리는 아니다.
>
> 따라서 우리는 인류가 쌓아온 지혜의 보물 창고인 고전에서 현대 사회를 바라보는 안목과 자신의 삶에 대한 새로운 통찰을 얻을 수 있을 것이다.

나도 한 마디	A : 제목만 보고는 글의 내용을 짐작하기 어려웠어.
	B : 첫 번째 문장이 어딘지 어색하지 않아?
	C : 세 번째 문단이 다른 문단이랑 잘 연결되지 않는 것 같아.
	D : 난 흥부전이 고전으로서 왜 가치가 있는지 좀 더 자세히 알고 싶은데.
	E : 그럼 옛날 책은 다 고전인 거야?

① A를 보니, 제목이 주제를 효과적으로 드러내지 못하고 있어. '고전의 가치 – 흥부전을 읽는 이유'로 바꿔야겠어.
② B를 보니, 문장 성분의 호응이 제대로 이뤄지지 않았어. '고전을 읽는 이유는 고전이 시대를 초월하여 우리에게 다양한 의미를 주기 때문이다.'로 바꿔야겠어.
③ C를 보니, 세 번째 문단의 위치가 적절하지 않아. 글의 흐름이 자연스럽도록 마지막 문단으로 옮겨야겠어.
④ D를 보니, 내 생각을 뒷받침할 근거가 부족했어. 흥부전에서 현대 사회에 적용할 수 있는 내용을 찾아 구체적으로 제시해야겠어.
⑤ E를 보니, 고전의 개념을 명확히 밝힐 필요가 있어. '고전은 오랜 세월을 두고 읽을 만한 좋은 책을 뜻한다.'라는 내용을 추가해야겠어.

09 다음은 '폐휴대전화 수거 운동'에 동참할 것을 권유하기 위해 쓴 글의 초고이다. 고쳐 쓰기 위한 의견으로 적절하지 <u>않은</u> 것은? **11학년도 수능**

> 최근 다양한 기능을 갖춘 휴대전화들이 출시되면서 휴대전화 교체 주기가 짧아지고 있고, 이에 따라 폐휴대전화 발생량도 증가하고 있습니다. ㉠ <u>사람들은 오랫동안 사용하던 휴대전화에 대한 애착이 매우 강합니다.</u> 그런데 많은 사람들이 폐휴대전화를 어떻게 처리해야 할지 몰라 그냥 버린다고 합니다.
>
> 그래서 우리 동아리에서는 소중한 금속 자원을 재활용하고 환경오염을 ㉡ <u>낮추는</u> 데에도 기여하자는 취지에서 '폐휴대전화 수거 운동'을 벌이기로 했습니다. 환경과 미래를 생각하는 여러분의 많은 참여를 부탁드립니다.
>
> 이렇게 버려지는 폐휴대전화 속에는 금, 은 등의 귀한 금속 자원이 들어 있습니다. ㉢ <u>한편 폐휴대전화에는 공해를 일으킬 수 있는 물질들이 포함되어 있습니다.</u> 이런 물질들을 일반 쓰레기와 함께 태우거나 땅속에 ㉣ <u>파묻히게 되면</u> 환경오염을 유발하기도 합니다. ㉤ <u>이들 자원을 폐휴대전화에서 추출하여 재활용하면 자원의 낭비를 줄일 수 있습니다.</u>

① ㉠은 첫째 문단의 통일성을 고려하여 삭제해야겠어.
② ㉡은 단어의 쓰임이 부적절하므로 '줄이는'으로 바꿔야겠어.
③ ㉣은 피동 표현이 불필요하게 중복되므로 '파묻히면'으로 고쳐야겠어.
④ ㉤은 셋째 문단의 문맥을 고려할 때 ㉢으로 옮겨야겠어.
⑤ 문단 간의 연결 관계를 고려하여 둘째 문단과 셋째 문단의 순서를 바꿔야겠어.

11 다음은 독서 모임 게시판에 올릴 글의 일부이다. 이를 고쳐 쓰기 위한 방안으로 적절하지 <u>않은</u> 것은? **12학년도 9월**

> 안녕하세요? 운영자입니다.
>
> 어떤 것이 다른 것들과 맺고 있는 관계를 '맥락'이라고 합니다. 대상의 참된 의미는 그 맥락 속에서만 제대로 ㉠ <u>이해되어질 수</u> 있지요.
>
> 왼편의 그림을 볼까요? 여기 있는 '○'의 의미는 무엇일까요? '○'의 의미를 알기 위해서 우리는 '0123…', '…ㅂㅅㅇㅈ…', '…NOPQ…', '□○△◇'처럼 여러 가지 맥락을 상상해 보고, 그 속에서 '○'의 의미를 발견해 갑니다. ㉡ <u>'○'는 그 맥락에 따라 숫자 '0', 한글 'ㅇ', 알파벳 'O', 도형 '○'이 될 수 있어요.</u>
>
> 그렇다면 '○'의 의미는 어디에 있을까요? 그것은 '○'의 안도 밖도 아닌, 다른 것들과의 관계 속에 있다고 할 수 있답니다. 그것이 바로 맥락이지요. ㉢ <u>글을 쓸 때도 예상 독자의 파악이 아주 중요합니다.</u> 이처럼 ㉣ <u>정확한 대상에 대한 이해는</u> 그것이 다른 것들과 맺고 있는 맥락을 파악하는 데서 이루어집니다.
>
> 여러분! 맥락을 통해 글의 참뜻을 발견하는 것, 이것이야말로 맥락 읽기의 즐거움이 아닐까요? ㉤ <u>그러나</u> 이번 모임에서는 맥락 읽기에 대해 여러분과 함께 이야기를 나누어 볼까 해요.

① ㉠은 피동 표현이 불필요하게 중복되었으므로 '이해될'로 고친다.
② ㉡은 필요한 문장 성분이 빠져 있으므로 앞에 '우리가'를 추가한다.
③ ㉢은 글 전체의 내용과 관련이 없는 문장이므로 삭제한다.
④ ㉣은 수식 관계가 불분명하므로 '대상에 대한 정확한 이해는'으로 고친다.
⑤ ㉤은 앞 문장과의 의미 관계를 고려해서 '그래서'로 바꾼다.

10 〈보기〉를 고쳐 쓰기 위한 방안으로 적절하지 <u>않은</u> 것은? **12학년도 6월**

> **보기**
>
> 일반적으로 감기는 겨울에 걸린다고 생각하지만 의외로 여름에도 감기에 걸린다. 여름에는 찬 음식을 많이 먹거나 냉방기를 과도하게 사용하는 경우가 많은데, 그렇게 되면 체온이 떨어져 면역력이 약해지기 때문이다. ㉠ <u>감기를 순우리말로 고뿔이라 한다.</u>
>
> 여름철 감기를 예방하기 위해서는 찬 음식은 적당히 먹어야 하고 냉방기에 장시간 ㉡ <u>노출되어지는</u> 것을 피해야 한다. ㉢ <u>또한</u> 충분한 휴식을 취하고, 집에 돌아온 후에는 손발을 꼭 씻어야 한다.
>
> 만약 감기에 걸렸다면 탈수로 인한 탈진을 방지하기 위해 수분을 충분히 섭취해야 한다. 특히 감기로 인해 ㉣ <u>열이나 기침을 할 때에는</u> 따뜻한 물을 여러 번에 나누어 ㉤ <u>소량으로 조금씩</u> 먹는 것이 좋다.

① ㉠은 글의 통일성을 해치므로 삭제해야겠어.
② ㉡은 피동 표현이 중복되므로 '노출되는'으로 수정해야겠어.
③ ㉢은 문맥의 자연스러운 흐름을 위해 '그러므로'로 바꾸어야겠어.
④ ㉣은 호응 관계를 고려하여 '열이 나거나 기침을 할 때'로 고쳐야겠어.
⑤ ㉤은 의미가 겹치므로 '소량으로'를 생략해야겠어.

[12~13]
다음은 문화재 답사기를 쓰기 위해 〈보기〉의 계획에 따라 작성한 초고이다. 12번과 13번의 두 물음에 답하시오. **12학년도 수능**

보기

∘ '내소사의 역사 소개 → 대웅보전의 꽃살문 묘사(전체에서 부분으로) → 꽃살문의 의의 서술 → 감상'의 순서로 전개
∘ 독자의 이해를 돕기 위해 중심 소재의 사진을 첨부
∘ 체험한 내용을 바탕으로 '감상'을 쓰되, 관용 표현과 의인법을 활용

답사 둘째 날, 꽃살문으로 유명한 부안 내소사로 향했다. 경내에 들어서니 유서 깊은 대웅보전이 고즈넉하게 자리 잡고 있었다. ⊙ 꽃살문에서 꽃문양은 어떤 의미가 있을까?

각 꽃살문에는 연꽃, 모란, 국화 등이 새겨져 있었는데, 꽃잎 하나하나까지 정교하게 조각되어 있었다. 특히 왼쪽에서 셋째, 여섯째 문은 다른 문들과 꽃문양의 배치가 달라 눈길을 끌었다. ⓛ 아래쪽에는 꽃봉오리가, 위쪽에는 활짝 핀 꽃이 배치되어 있었기 때문이다.

정면에서 보면 대웅보전에는 가운데 칸에 네 짝, 좌우 칸에 각각 두 짝의 문이 달려 있다. 모든 문의 문살은 빗살이 교차된 모양이며, 각 교차점 위에 꽃들이 얹혀 있는 듯했다. 꽃살문은 전체적으로 나무색이 그대로 드러나 있어 소박하고 단아해 보였다.

불가에서 꽃은 깨달음을 상징한다고 한다. 특히 꽃이 피어나는 과정을 새긴 꽃살문은 깨달음에 이르는 단계를 보여 주는 것 같았다. ⓒ 더구나 모란의 꽃말은 '부귀'라고 한다. 꽃살문은 문의 일반적인 기능을 넘어 장식미와 상징적인 의미를 함께 지니고 있다는 것을 알게 되었다.

[A]

---

12 글쓰기 계획에 따라 윗글을 고쳐 쓴다고 할 때, 적절하지 <u>않은</u> 것은?

① 첫째 문단에 '내소사의 창건과 변모 과정'을 추가한다.
② 둘째 문단과 셋째 문단의 순서를 맞바꾼다.
③ ⊙은 전개 순서를 고려하여 ⓛ 부분으로 옮긴다.
④ ⓒ은 문맥에 어울리지 않으므로 삭제한다.
⑤ 사진은 '꽃살문'이 잘 드러난 것으로 바꾼다.

13 글쓰기 계획에 따라 [A]에 들어갈 내용을 쓴 것으로 가장 적절한 것은?

① 내소사의 꽃살문은 고운 자태로 마음속에 품은 뜻을 내게 말해 주었다. '백문이 불여일견'이라는 말처럼 문화재는 직접 가서 보는 것이 중요하다는 것을 깨닫게 되었다.
② 내소사 꽃살문의 꽃문양들은 모두 살아 있는 듯이 화려한 외모를 뽐내고 있었다. '아는 만큼 보인다'던데, 앞으로 우리나라 자연에 관심을 갖고 여행을 자주 해야겠다.
③ 내소사의 꽃살문에는 장식과 상징의 기능이 모두 있었다. 꽃살문처럼 조상들의 미의식과 지혜가 담겨 있는 '일석이조'의 문화 유산을 잘 보존해서 후대에 계승해야겠다.
④ 내소사의 꽃살문은 자신을 돌아볼 여유도 없이 바쁘게 살아가는 현대인들을 엄숙하게 꾸짖고 있었다. 문화재에 담긴 조상들의 여유와 넉넉함을 본받으며 살아야겠다.
⑤ 내소사의 꽃살문으로부터 '천 리 길도 한 걸음부터'라는 교훈을 얻게 되었다. 나도 포기하지 않고 목표를 향해 꾸준히 노력하면 반드시 꿈이 이루어질 것이다.

14 다음은 사진전을 관람한 후 작성한 소감문의 초고이다. 이를 고쳐 쓰기 위한 방안으로 적절하지 <u>않은</u> 것은? **13학년도 6월**

⊙ 사진전에 다녀와서
수업 시간에 선생님께서 소개해 주신 사진전에 다녀왔다. 그곳에서는 '빛 공해'의 실태를 보여 주고 적절한 조명을 권장하는 취지에 ⓛ 걸맞는 작품들을 전시하고 있었다.
'빛 공해'란 과도하고 불필요한 조명으로 사람과 동식물이 입는 여러 가지 피해를 말한다.
ⓒ 어두워야 할 밤에 지나친 조명을 받으면 인체의 호르몬 분비에 이상이 생기고 생체 리듬이 깨지며, 식물의 생장에도 장애가 된다고 한다.
나는 여러 작품 중 특히 도시의 건물 사이에 넘쳐 나는 조명을 용암처럼 표현한 작품을 보고 큰 충격을 받았다. 우리가 무심코 켜 놓은 불빛들이 모여 도시를 끓게 하고 있었다니 ⓔ ……
관람을 마치고 나오니 '빛 공해'를 주제로 한 표어 대회가 진행되고 있었다. 사진전에서 받은 인상이 깊었기 때문에 나도 빛 공해를 줄이기 위한 실천이 필요하다는 내용의 표어를 ⑩ 제기하고 돌아왔다.

---

① 사진전의 주제가 드러나도록 ⊙은 '빛 공해 사진전에 다녀와서'로 구체화하는 것이 좋겠어.
② 어문 규범에 맞지 않으므로 ⓛ은 '걸맞은'으로 바꿔야겠어.
③ 문단 구성을 자연스럽게 하기 위해 ⓒ은 앞 문장과 연결하여 한 문단으로 만드는 것이 좋겠어.
④ 글의 흐름을 자연스럽게 하기 위해 ⓔ은 '사진작가의 능력이 대단하게 느껴졌다'로 생략된 내용을 채우는 것이 좋겠어.
⑤ 문맥에 적합하도록 ⑩은 '제출하고'로 고치는 것이 좋겠어.

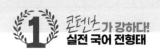

15 〈보기〉를 고쳐 쓰기 위한 방안으로 적절하지 **않은** 것은? `13학년도 9월`

보기

㉠ 청산도의 바다

하늘과 바다, 산이 모두 푸르다고 해서 붙여진 이름 '청산도'. 그곳은 산비탈을 따라 놓인 논과 밭, 푸른 바다와 어울리는 나지막한 집들과 돌담길이 옹기종기 모여 있는 섬이었다. ㉡ 나는 먼저 구들장 논을 구경하기로 했다. 그러고 나서 사진에서 본 적이 있는 상서리 돌담길을 둘러보기로 했다.

마을 전체에 구불구불한 돌담이 이어져 있는 상서리로 갔다. ㉢ 상서리 사람들은 매우 바빠 보였다. 층층이 쌓아 올린 돌담은 소박하게 지어진 농가와 조화를 이루고 있어 포근함을 느낄 수 있었다.

구들장 논은 청산도에서 볼 수 있는 가장 인상적인 풍경이다. 구들장 논은 산비탈을 깎아 돌로 축대를 쌓고, 그 안에 돌을 넣어 바닥을 평평하게 만든 다음, ㉣ 돌로 평평하게 만든 바닥 위에 흙을 깔아 구들장처럼 만든 것이다. 이는 흙이 귀한 섬에서 한 톨의 쌀이라도 더 얻기 위해 노력한 섬사람의 지혜의 산물이라 할 수 있다.

㉤ 도시에서 찾아볼 수 없는 풍경과 정취를 내게 선사한 곳이다. 시간이 허락된다면 다시 가 보고 싶다.

① ㉠은 글의 전체 내용을 포괄할 수 있도록 '청산도의 돌담'으로 바꿔야겠어.
② ㉡의 내용을 고려하여 둘째 문단과 셋째 문단의 순서를 바꿔야겠어.
③ ㉢은 문단 전체의 통일성을 해치므로 삭제해야겠어.
④ ㉣은 문장의 간결성을 고려하여 '그 위에'로 바꿔야겠어.
⑤ ㉤은 문장 성분의 호응 관계를 고려하여 맨 앞에 '청산도는'을 추가해야겠어.

[16~17]
다음은 신입생에게 기타 동아리 가입을 권유하는 글의 초고이다. 16번과 17번의 두 물음에 답하시오. `13학년도 수능`

안녕하세요? 기타 동아리 '소리샘'입니다. '소리샘'은 아름다운 음악 소리가 솟아나는 ㉠ 샘이므로 음악을 사랑하는 사람들이 모여 기타를 배우고 연주하는 곳입니다. 구체적으로 어떤 활동을 하는지 궁금하지 않으세요?

우리 동아리에 가입하고 싶은데 기타를 전혀 못 쳐서 ㉡ 망서리시나요? 걱정하지 마세요. 동아리에 오시면 선배들이 기초부터 차근차근 가르쳐 드립니다. ㉢ '소리샘'에는 여러분이 마음껏 연주할 수 있는 기타가 많이 있으니 그것도 걱정할 필요가 없습니다. 언제든지 우리 동아리에 들러 선배들을 찾아 주세요.

우리 동아리는 방과 후와 주말을 이용해 자율적인 연습을 하고 매년 정기 공연을 합니다. ㉣ 자율성은 책임 의식을 갖게 하므로 자율성을 높이기 위해 노력하고 있습니다. 또한 악기 연주와 공연만 하는 다른 음악 동아리와 달리 양로원이나 장애인 시설을 방문하여 연주회를 열고 성금을 기탁하는 활동도 함께 벌이고 있습니다.

16 윗글을 고쳐 쓰기 위한 방안으로 적절하지 **않은** 것은?

① 앞뒤 절의 자연스러운 연결을 위해 ㉠을 '샘이라는 뜻으로'로 고친다.
② ㉡은 맞춤법에 어긋나므로 '망설이시나요'로 수정한다.
③ 뒤에 이어지는 내용을 고려하여 ㉢에 '악보를 읽을 줄 모르시나요?'를 추가한다.
④ ㉣은 문단의 통일성을 해치므로 삭제한다.
⑤ 글의 흐름을 고려하여 둘째 문단과 셋째 문단을 맞바꾼다.

17 초고의 내용을 활용한 홍보 문구 중 〈보기〉의 조건을 모두 충족한 것은?

보기

∘ 기타 연주가 정서에 도움이 된다는 점을 드러낼 것.
∘ 다른 음악 동아리와의 차이점을 밝힐 것.
∘ 점층적 표현을 사용하여 마무리할 것.

① '소리샘'으로 오세요. 기타 연주를 배우기에 가장 좋은 동아리는 '소리샘'입니다. 언젠가 당신은 '소리샘'의 멋진 기타 연주가가 되어 있을 것입니다.
② 고민하지 말고 지금 도전하세요. '소리샘'에서 음악을 사랑하는 당신을 기다립니다. 1년 후, 10년 후, 그리고 20년 후, 변화된 당신의 모습을 그려 보세요.
③ 기타 연주는 나에게 오늘도 내일도 그리고 먼 미래에도 즐거움을 줍니다. '소리샘'은 다른 동아리처럼 이웃 사랑을 실천하는 음악 동아리입니다.
④ 외롭고 우울한 날, 그날의 분위기에 맞는 곡을 연주해 보세요. 알 수 없는 힘이 솟아납니다. '소리샘'의 아름다운 선율은 오늘도 동아리방을 넘어 학교 전체에 울려 퍼집니다.
⑤ 기타를 연주하며 마음의 평안을 느껴 보세요. 음악과 사회봉사 두 가지의 기쁨을 주는 동아리는 '소리샘'뿐입니다. '소리샘'에서 나를 알고 이웃을 이해하고 사회와 소통해 보세요.

글쓰기 계획

01 다음 작문 일지를 통해 알 수 있는 것으로 적절하지 <u>않은</u> 것은?

〔14학년도 6월A〕

나의 작문 일지

　오늘 작문 과제는 '가족에 대한 글쓰기'였다. 가족은 친숙한 소재라 쉽게 쓸 것으로 생각했지만, 내용이 떠오르지 않아 막막하기만 하였다. 고민 끝에 가족에 대한 생각을 자유롭게 떠올려 보기로 했다. '가족 여행, 어머니의 사랑, 우리 집, 영화, ……' 무작정 떠오른 생각들을 나열해서 쓰다 보니 주제가 하나로 모아지지 않았다. 그러던 중에 '어머니의 사랑'을 표현하는 글을 쓰기로 했다. 글을 쓰다 보니 그간 어머니를 오해해서 빚어진 갈등이 떠올랐고, 어머니의 사랑도 마음속에 새길 수 있게 되었다.

　글을 쓰는 과정에서 내 글을 읽을 반 친구들에게 내용을 어떻게 잘 전달할지 고민하였다. '어떤 내용에 관심을 보일까?', '내 글에 공감할까?' 나는 미치 예상 독자가 곁에 앉아 있는 듯, 스스로 묻고 답하며 초고를 완성하였다. 그 다음, 글의 주제가 하나로 잘 드러나고 있는지를 살피며 표현을 다듬기도 하고, 쓴 내용을 고치기도 하고, 때로는 계획한 글의 개요를 수정하기도 하였다. 이러한 과정을 몇 차례 반복하고 나니, 글이 완성될 때까지 힘은 들었지만 글은 훨씬 나아진 것 같았다.

① 글쓴이는 예상 독자인 어머니의 관심을 고려하여 글을 썼다.
② 글쓴이는 필요에 따라 글의 표현과 내용, 개요 등을 고쳐 가며 글을 썼다.
③ 글쓴이는 글의 주제에 따른 통일성이 잘 실현되었는지 점검하며 고쳐 썼다.
④ 글쓴이는 내용 생성과 관련한 글쓰기 문제를 해결하기 위해 연상 방법을 사용하였다.
⑤ 글쓴이는 가족에 관한 자신의 생각을 떠올린 후에 어머니의 사랑이라는 주제를 선정하였다.

02 다음은 답사 보고서의 일부이다. 〈보기〉에서 계획한 내용 중 〈답사 보고서〉에 반영되지 <u>않은</u> 것은? 〔14학년도 6월B〕

보기

'보고서의 목적과 의의'에는 어떤 내용을 담을까?

㉠ 답사 참여자의 선정 과정을 밝혀 답사의 취지를 드러내자.
㉡ 답사 대상의 가치를 언급하며 보고서의 의의를 밝히자.
㉢ 답사 목적과 함께 답사 대상을 구체적으로 드러내자.
㉣ 답사 대상을 언급하며 사전 조사한 내용을 제시하자.
㉤ 최근 기사를 활용하여 답사 동기를 제시하자.

〈 답사 보고서 〉

* **제　목** : 아우라지 베개 용암을 다녀와서
* **작성일** : ○○○○년 ○○월 ○○일
* **작성자** : △△고등학교 지리 답사반

1. 보고서의 목적과 의의

　얼마 전 ○○신문에 우리 학교 근처에 있는 아우라지 베개 용암이 천연기념물 542호로 지정되었다는 기사가 실렸다. 이 기사를 접한 많은 친구들이 베개 용암이라는 재미있는 이름에 대해, 그리고 어떤 가치를 인정받은 것인지에 대해 궁금해 했다. 그래서 우리 동아리에서는 베개 용암을 직접 답사하고 그곳의 특이한 지형을 담은 사진과 함께 이에 대한 구체적인 정보를 학교 친구들에게 알려 주기로 했다. 베개 용암은 용암이 물과 접촉할 때 급속하게 냉각되는 과정에서 베개 모양의 형태로 굳은 용암을 일컫는다. 사전 조사한 바에 따르면, 베개 용암은 해저 산맥에서 용암이 분출할 때 잘 발달하는 것이어서 아우라지 베개 용암은 우리나라 육지에서는 발견된 예가 드문 것이라고 한다. 베개 용암의 형성 과정, 구성 성분 등과 같은 지질학적 가치에 대한 설명을 담은 이번 보고서를 통해 우리 학교 학생들에게 국가 지정 문화재로 지정된 우리 고장의 천연기념물의 소중함을 알려 줄 수 있는 계기가 되기를 바란다.

① ㉠　　　② ㉡　　　③ ㉢
④ ㉣　　　⑤ ㉤

03 〈보기〉의 항목 중, 〈답사 보고서〉에 반영되지 <u>않은</u> 것은?

14학년도 수능B

보기

ㄱ. 답사의 목적을 제시한다.
ㄴ. 답사 이동 경로가 드러나게 한다.
ㄷ. 답사지에서 알게 된 정보를 활용한다.
ㄹ. 참고 자료를 활용할 때에는 출처를 명확히 밝힌다.
ㅁ. 주관적 느낌이나 감상이 드러나지 않도록 진술한다.

〈 답사 보고서 〉

* **제　목** : 담양 일대의 정자를 다녀와서
* **작성일** : 2013년 ○월 ○일
* **작성자** : □□고등학교 '우리 문화 유적 탐방 모임'

　　우리나라는 예로부터 정자 문화가 발달해 왔다고 한다. 답사 전에 읽어 본 책에 의하면 16세기에는 이름난 누각과 정자의 수가 무려 885개나 되었다고 한다. 이에 우리 모임은 조선 시대 선비 문화의 산실로 일컬어지는 담양 일대의 정자를 찾아 전통 정자 문화의 특성을 알아보기로 하였다.

　　담양에 도착해 처음 방문한 곳은 식영정이다. 이 정자는 그림자가 쉬고 있다는 이름만큼이나 머물러 쉬고 싶은 곳이었다. 그 다음으로 방문한 곳은 환벽당이었다. 우리를 안내해 준 문화 해설사의 설명에 따르면 이곳은 사화를 겪은 후 낙향한 김윤제가 지은 정자로, 정철 등과 교유하며 시를 짓고 풍류를 즐기던 곳이라고 한다. 이렇게 경치 좋은 곳에서 하루 종일 책만 읽으며 지낼 수 있다면 얼마나 좋을까? 마지막으로 우리가 향한 곳은 제월당과 광풍각이다. 이 정자들은 우리나라를 대표하는 전통 정원인 소쇄원에 자리 잡고 있다. 이 정원은 16세기에 양산보가 지은 원림으로, 자연의 풍치를 그대로 살리면서 곳곳에 정자를 두어 자연과 인공의 조화를 만들어 내고 있다.

　　이번 답사에서 돌아보았던 정자들은 쉽게 잊히지 않을 것 같다. 이렇게 훌륭한 우리의 문화유산을 더욱 소중히 가꿔야겠다는 다짐을 하며 답사지를 떠났다.

---

① ㄱ, ㄴ　　　　② ㄱ, ㄷ　　　　③ ㄴ, ㅁ
④ ㄷ, ㄹ　　　　⑤ ㄹ, ㅁ

[01~02]
다음은 교복선정위원회에 제안하기 위한 글의 개요와 그에 대한 검토 사항이다. 1번과 2번의 두 물음에 답하시오. **10학년도 9월**

제목 : 교복 디자인 선정에 관한 제안

Ⅰ. 도입 ··· ㉠
　- 시대 변화에 따라 교복에 대한 인식이 다양해짐

Ⅱ. 전개
　가. 교복 착용의 실태 ·· ㉡
　　1. 변형된 교복 착용 및 교복 미착용
　나. 실태의 원인
　　1. 청소년의 신체적, 심리적 특성 무시
　　2. 교복 디자인에 대한 만족도가 낮음
　　3. 교복 디자인 선정 과정에서 학생 참여 미흡
　다. 해결 방향 ·· ㉢
　　1. 청소년의 신체적, 심리적 특성 반영
　　2. 교복 디자인 선정 과정에 학생 의견 반영
　　　- 설문 조사(재질·색채·스타일), 공모전, 시범 착용 등
　　3. 교복 변형 행동에 대한 생활 지도 ······················· ㉣

Ⅲ. 정리
　- 제안 및 요청 ·· ㉤

〈검토 사항〉

[수정·보완 의견]
◦ 도입 : 주제와 관련된 문제 제기 내용 추가
◦ 전개 : 실태를 구체화하여 제시
　　　　 실태의 원인에 따른 해결 방향 제시
　　　　 논지와 관련 없는 내용 삭제
◦ 정리 : 요청 내용을 상세화하여 제시

[자료 활용 의견]
◦ 글을 쓸 때 다음 자료를 활용하면 좋겠음.

(가) 교복 구매의 기준(%)

구분	치수	내구성	상표	기타
교복 첫 구매 기준	26.3	12.4	28.1	33.2
교복 재구매 기준	52.0	21.5	14.3	12.2

(나) 교복 변형의 실태(%)

변형 경험 있음	변형 이유	
74.8	디자인	38.3
	치수	28.8
	유행	22.9
	기타	10.0

(다) 연구 자료
◦ 자아 존중감이 높은 학생은 의복을 통해 개성을 표현하고 타인에게 긍정적으로 인정받으려는 경향이 강하다.
◦ 청소년들은 자신이 소속된 집단의 상징물로서의 옷차림을 통해 사회적 안정감을 얻으려 한다.

---

01 [수정·보완 의견]에 따라 위 개요를 수정·보완할 내용으로 적절하지 <u>않은</u> 것은?

① ㉠에는 '청소년기의 특성에 맞는 교복이 요구됨'이라는 내용을 보충한다.
② ㉡에는 '교복 구입에 따른 과도한 경제적 부담'이라는 항목을 추가한다.
③ ㉢에는 '교복 디자인 선정 과정 시 전문가 참여'라는 항목을 추가한다.
④ ㉣은 논지와 관련이 없으므로 삭제한다.
⑤ ㉤에는 '교복선정위원회에서 학생회의 의견을 적극 수용할 것을 건의함'이라는 내용을 덧붙여 상세화한다.

02 [자료 활용 의견]에 제시된 자료를 위 개요에서 활용할 수 있는 방안으로 적절하지 <u>않은</u> 것은?

① (가) : '내구성' 항목의 수치 변화로 보아, 교복 디자인 선정 시 옷감의 소재도 고려해야 할 요소임을 밝힌다.
② (가) : 교복 재구매 시 '치수' 항목의 수치가 큰 것으로 보아, 교복 디자인 선정 시 청소년의 신체적 특성을 반영해야 함을 밝힌다.
③ (나) : 변형 이유 중 '디자인'과 '유행' 항목을 활용하여, 교복 착용 실태의 원인 중 심리적 특성을 분석하는 근거로 삼는다.
④ (가)+(다) : 교복 첫 구매 기준의 '상표' 선호 경향으로 보아, 교복 디자인 선정 시 타인의 시선에 신경 쓰지 않는 학생들의 개성 표현 욕구를 반영해야 함을 밝힌다.
⑤ (나)+(다) : 소속감 형성이라는 교복의 상징적 기능을 훼손하지 않으면서도 개성 표현이 가능하도록 교복 디자인 선정이 이루어져야 함을 밝힌다.

03 '우유 팩 재활용 활성화'에 대해 글을 쓰려고 한다. 〈보기〉는 협동 작문 과정에서 개요를 작성한 후, 추가로 수집한 자료이다. 이를 참조하여 〈개요〉를 수정·보완한 내용으로 적절하지 <u>않은</u> 것은? `12학년도 6월`

보기

〈자료 1〉 우유 팩 재활용 실태

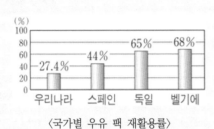

〈국가별 우유 팩 재활용률〉

(단위 : %)

재활용률	
일반 폐지	우유 팩
71.8	27.4

〈국내의 폐지 재활용률〉

〈자료 2〉 우유 팩 폐기 처리에 따른 환경오염
　우유 팩은 양쪽에 폴리에틸렌 필름이 붙어 있어 매립해도 썩지 않고, 소각할 때에는 다이옥신 등 유해 물질이 배출되어 공기를 오염시킨다.
　　　　　　　　　　　　　　　　　　　　　　　　　- 연구 보고서

〈자료 3〉 우유 팩 재활용 사업 부진
　"우유 팩은 재활용되면 고급 재생지가 될 수 있어 원료비도 절감하고 산림자원도 보존할 수 있는데, 재생지 품질에 대한 사회적 불신이 있어 재활용 사업에 어려움이 많습니다."
　　　　　　　　　　　　　　　　　　　　　　- 재생지 산업체 관련자 인터뷰

개요

I. 서론 ··· ㉠
　- (문제 제기)

II. 본론
　1. [실태 분석] ·· ㉡
　　가. 경제적 측면 : 재생지 원료비 증가로 인한 재활용 사업 부진
　　나. 사회적 측면 : 재생지 재활용 사업에 대한 관심 미흡
　2. [원인 진단] ·· ㉢
　　가. 우유 팩 재생지 산업체의 어려움
　　나. 우유 팩 재활용에 대한 의식 부족
　　다. 우유 팩 재생 공정 시 환경오염 물질 발생
　3. [해결 방안] ·· ㉣
　　가. 우유 팩 재생지 산업체에 대한 제도적 지원책 마련
　　나. 우유 팩 재활용 활성화를 위한 사회적 인식 변화
　　다. 우유 팩 재생 공정 시 유해 물질의 처리 기술 혁신

III. 결론 ··· ㉤
　- (요약 및 전망)

① ㉠ : 문제의식을 명확히 드러내기 위해, 〈자료 1〉을 참조하여 우유 팩 재활용률의 상황을 비교하면서 문제를 제기한다.

② ㉡ : 주제에 대한 균형 있는 접근을 위해, 〈자료 2〉를 참조하여 '환경적 측면 : 우유 팩의 매립 및 소각으로 인한 환경오염'을 하위 항목으로 추가한다.

③ ㉢ : 문제의 원인에 대한 구체적 접근을 위해, 〈자료 3〉을 참조하여 '나' 항목을 '우유 팩 재생지 품질에 대한 사회의 부정적 인식'으로 수정한다.

④ ㉣ : 문제에 대한 해결책을 제안하기 위해, 〈자료 2〉와 〈자료 3〉을 참조하여 '폐기물 자원 활용을 위한 유통 체계 개선'을 하위 항목으로 추가한다.

⑤ ㉤ : 본론을 요약하고 전망을 제시하기 위해, 추가로 수집한 자료의 내용을 종합적으로 고려하여 '우유 팩 재활용 활성화를 통한 환경 자원 보존'을 결론의 중심 내용으로 삼는다.

[04~05]
'공연 예술의 관광 상품화'에 관한 글을 쓰려고 한다. 4번과 5번의 두 물음에 답하시오.

`12학년도 9월`

보기 1

(가) 외국인 관광객 설문 조사

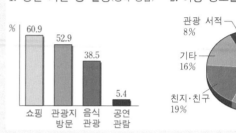

1. 방문 기간 중 활동(중복 응답)

%
쇼핑 60.9
관광지 방문 52.9
음식 관광 38.5
공연 관람 5.4

2. 여행 정보를 얻은 곳

관광 서적 8%
기타 16%
인터넷 33%
여행사 24%
친지·친구 19%

(나) 신문 기사

관광 상품으로 성공한 공연이 매우 적은 가운데 연 매출 200억 원을 돌파한 공연 '○○'의 사례는 주목할 만하다. 관객도 80만 명에 육박하는데, 그중 외국인 관광객이 80% 이상이다. '○○'의 성공 요인으로는 비언어극으로 언어 장벽을 극복했다는 점, 관객을 참여시키는 쌍방향적 요소를 지니고 있다는 점, 상모돌리기와 같은 볼거리를 추가하고 희극적 요소를 강화하며 작품을 꾸준히 개선했다는 점 등을 들 수 있다.

- △△ 신문

(다) 인터뷰 자료

"연중 같은 장소에서, 같은 일정으로 공연을 하지 않으면 공연 예술의 관광 상품화는 불가능합니다. 영세한 극단 입장에서는 세금이나 법률의 문제에 능동적으로 대처하기도 어렵고, 해외 홍보나 마케팅에도 한계가 있습니다. 이런 문제들은 극단 자체의 힘만으로는 해결하기 어려워요."

- 공연 기획사 관계자

보기 2

㉠ 공연 상품의 경제적 효과와 외국인의 공연 관람 실태를 고려할 때 공연 예술의 관광 상품화를 위한 노력이 필요하다.
㉡ 전용 상설 공연장의 확보, 세금 감면 및 법적 지원 등 상품화 과정 전반에 대한 정부의 지원이 필요하다.
㉢ 대사가 많은 공연의 경우 외국어 안내문을 제공하거나 자막 시설을 설치하는 등 언어 장벽 해소를 위해 노력해야 한다.
㉣ 단조로운 공연 내용을 개선하기 위해 다양한 볼거리를 제공하고 관객 참여 요소를 개발하는 등 제작자의 꾸준한 노력이 필요하다.
㉤ 한국을 방문하는 외국인들이 인터넷에서 정보를 얻는 비중이 높은데, 극단 자체만으로는 홍보에 한계가 있으므로 인터넷 홍보에 대한 정부의 관심이 필요하다.

04 〈보기 1〉을 자료로 활용하여 〈보기 2〉와 같이 내용을 생성하였다. 내용과 자료의 연결이 적절한 것은?

① ㉠ : (가)-1과 (다)
② ㉡ : (가)-2와 (나)
③ ㉢ : (다)
④ ㉣ : (가)-1과 (가)-2
⑤ ㉤ : (가)-2와 (다)

05 〈보기 2〉를 활용하여 다음과 같이 개요를 작성하였다. 수정 및 보완 방안으로 적절하지 않은 것은?

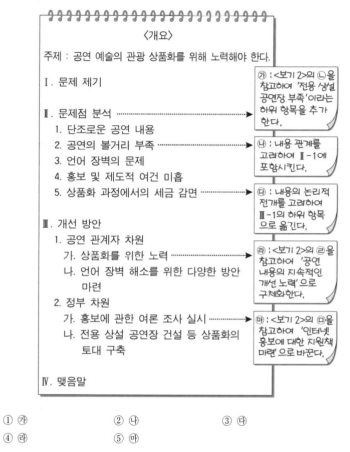

〈개요〉

주제 : 공연 예술의 관광 상품화를 위해 노력해야 한다.

Ⅰ. 문제 제기

Ⅱ. 문제점 분석
  1. 단조로운 공연 내용
  2. 공연의 볼거리 부족
  3. 언어 장벽의 문제
  4. 홍보 및 제도적 여건 미흡
  5. 상품화 과정에서의 세금 감면

Ⅲ. 개선 방안
  1. 공연 관계자 차원
    가. 상품화를 위한 노력
    나. 언어 장벽 해소를 위한 다양한 방안 마련
  2. 정부 차원
    가. 홍보에 관한 여론 조사 실시
    나. 전용 상설 공연장 건설 등 상품화의 토대 구축

Ⅳ. 맺음말

㉮ : 〈보기 2〉의 ㉡을 참고하여 '전용 상설 공연장 부족'이라는 하위 항목을 추가한다.
㉯ : 내용 관계를 고려하여 Ⅱ-1에 포함시킨다.
㉰ : 내용의 논리적 전개를 고려하여 Ⅲ-1의 하위 항목으로 옮긴다.
㉱ : 〈보기 2〉의 ㉣을 참고하여 '공연 내용의 지속적인 개선 노력'으로 구체화한다.
㉲ : 〈보기 2〉의 ㉤을 참고하여 '인터넷 홍보에 대한 지원책 마련'으로 바꾼다.

① ㉮
② ㉯
③ ㉰
④ ㉱
⑤ ㉲

06 수집한 글감을 바탕으로 〈보기〉의 글쓰기 구상을 보완한다고 할 때, 적절하지 않은 것은? `12학년도 수능`

보기

• 주제 : 우리 지역의 헌책 교환하기 행사를 활성화하자.
• 예상 독자 : 우리 지역 관청의 관계자 및 지역 주민
• 기고 매체 : 지역 신문
• 주요 내용

의의	• 도서 접근 기회의 확대와 헌책의 가치 재발견

▼

방안	• 헌책 교환을 위한 인터넷 게시판 개설 및 활용

▼

기대 효과	• 도서 구입 비용 절감 • 자원 절약과 환경 보호에 기여

글감

- 주민들이 헌책을 쉽게 교환할 수 있는 기회가 부족해서 버리는 헌책이 많음.
- 출간된 지 18개월 이내의 책을 주민들이 가져오면 이를 반값에 사서 마을문고로 활용하는 자치 단체가 있음.
- 유럽에는 지역적 특색이 반영된 각양각색의 헌책 마을이 곳곳에 있으며, 지역을 넘어 문화적 명소가 된 곳도 있음.
- 우리나라에도 헌책 벼룩시장이 주민들의 호응에 힘입어 상설화된 후 지역 명물이 된 사례가 있음.

① 주제와 예상 독자를 고려하여 '지역 관청의 홈페이지'를 '기고 매체'에 추가하자.
② 지역 주민이 헌책을 쉽게 교환할 수 있도록 '정기적인 헌책 벼룩시장 개설'을 '방안'에 추가하자.
③ 지역 주민의 적극적인 참여를 이끌어 낼 수 있도록 '헌책 기부자에 대한 보상책 마련'을 '방안'에 추가하자.
④ 헌책 교환 행사의 정착은 지역 주민의 새 책 구입을 촉진하므로, '출판 시장에 활력 부여'를 '기대 효과'에 추가하자.
⑤ 지역 특성을 살린 헌책 교환 행사가 정착되면 지역이 문화적 명소가 될 수 있으므로, '지역의 문화적 위상 제고'를 '기대 효과'에 추가하자.

[07~08]
다음을 읽고 물음에 답하시오. `14학년도 6월A`

(가) 학교 급별 체험 활동의 연간 참여 현황

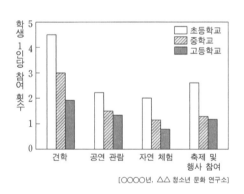

[○○○○년, △△ 청소년 문화 연구소]

(나) 고등학생 대상의 설문 조사 결과

순위	체험 활동 참여가 어려운 이유	비율
1	시간이 없어서	53.5%
2	비용이 부담되어서	42.9%
3	어떤 프로그램이 있는지 몰라서	38.5%
4	필요 및 흥미를 못 느껴서	31.4%

※ 복수 응답 반응 조사

(다) 전문가 의견

청소년 체험 활동은 청소년기에 요구되는 역량을 갖추기 위해 자발적으로 참여하는 모든 활동입니다. 체험 활동은 청소년의 사회적 상호 작용 능력, 자기 조절 능력, 문제 해결 능력 등의 발달에 긍정적인 효과가 있습니다. 그 효과를 극대화하기 위해서는 국가와 자치 단체의 비용 지원 및 학교를 통한 참여 기회 확대 등이 필요합니다.

07 '고등학생의 체험 활동 활성화 방안'에 대한 글을 쓰려고 한다. 자료의 활용 방안으로 적절하지 <u>않은</u> 것은?

① (가)를 활용하여 초등학생·중학생에 비해 고등학생의 체험 활동 참여도가 상대적으로 낮음을 제시한다.
② (나)를 활용하여 고등학생의 체험 활동을 활성화하기 위해서는 시간, 비용 등의 문제를 해결할 수 있는 방안을 마련해야 함을 강조한다.
③ (다)를 활용하여 체험 활동이 청소년기의 능력 발달에 미치는 영향을 강조하며 고등학생의 체험 활동의 필요성을 제시한다.
④ (가)와 (다)를 활용하여 체험 활동 프로그램이 다양화되지 못한 이유와 해결 방안을 제시한다.
⑤ (나)와 (다)를 활용하여 고등학생의 체험 활동 참여 확대를 위해서는 국가, 자치 단체, 학교의 지원 방안이 필요함을 강조한다.

08 고등학생에게 체험 활동 참여를 권유하기 위해 〈조건〉에 따라 홍보 문구를 작성하였다. 가장 적절한 것은?

조건

- (나)의 자료에 제시된 '이유'를 해결하기 위한 방안을 두 가지 이상 반영할 것.
- 문답법을 사용할 것.

① ○○ 지역 문화 센터에서 알려드립니다. 하반기 체험 활동 무료 프로그램들의 정보를 첨부하오니 바로 확인하세요.
② ○○ 복지 회관에서 학생 여러분을 위해 무엇을 준비했는지 궁금하지 않으세요? 체험 활동 프로그램들을 소개할게요.
③ 체험 활동의 여러 정보를 클릭 한 번으로 해결! ○○ 청소년 상담 센터 홈페이지에는 여러 프로그램들이 정리되어 있어요.
④ ○○ 시청에서 어떤 도움을 얻을 수 있는지 알고 싶으세요? 시청 민원실을 방문하시면 경제적 어려움을 성심껏 도와드려요.
⑤ 유익한 체험 활동 프로그램을 어디서 찾아야 할까요? ○○ 구청 홈페이지로 오세요. 구청에서 비용을 지원하는 재미있는 프로그램들을 만나 보세요.

[09~10]
다음은 '청소년이 소비 태두'에 대한 논설무을 교지에 싣기 위해 학생이 작성한 개요이다. 물음에 답하시오. `14학년도 6월B`

주제문 : 청소년 소비의 문제점 ···································· ㉠

I. 서론 ·· ㉡

II. 본론

  1. 현황 분석

    가. 청소년의 금융 지식 부족의 원인 ············· ㉢

    나. 또래 집단이 선호하는 유명 상표의 상품 동조 구매

    다. 상품 광고의 영향을 받은 충동구매

  2. 문제 원인 분석

    가. 상품 가치에 기대어 자신을 인정받으려는 심리 ············· ㉣

    나. 또래 집단에서 소외되지 않으려는 심리

    다. 상품 광고에 대한 무분별한 수용 태도

  3. 문제 해결 방안

    가. 내적 가치의 발견을 통한 자아 존중감 확립

    나. 관계 형성을 위한 노력 ······················· ㉤

    다. 상품 광고에 대한 비판적 수용 능력 함양

III. 결론 : 청소년의 소비 태도 개선 촉구 및 제언

09 글을 작성하기 전 개요를 수정·보완할 내용으로 적절하지 **않은** 것은?

① ㉠은 글의 유형과 내용을 고려히여 '청소년의 그릇된 소비 태도를 개선해야 한다.'로 바꾼다.

② ㉡은 'III'의 제시 방법을 고려하여 'I. 서론 : 청소년의 소비 태도에 대한 논의의 필요성'으로 바꾼다.

③ ㉢은 상위 항목에 부합하지 않는 내용이므로 삭제한다.

④ ㉣은 'II-3-가'의 내용을 고려하여 '자기 가치관을 드러내려는 심리'로 수정한다.

⑤ ㉤은 'II-2-나'와의 관련성을 고려하여 '또래 집단 내의 바람직한 관계 맺기에 대한 인식 제고'로 내용을 보완한다.

10 〈보기〉의 자료를 활용하여 개요의 'II-3 다'에 해당하는 글을 작성했을 때, 가장 적절한 것은?

보기

〈자료 1 : 전문가 의견〉
  청소년에게는 또래 집단이나 타인에 대한 동조와 모방 심리가 두드러지게 나타난다. 자신이 매력적이라고 생각하는 대상과 자신을 동일시하여 심리적 불안을 해소하려고 하는 것이다. 이 때문에 청소년들은 상품의 기능이나 경제성을 고려하기보다는 유명 연예인이 광고하는 상품을 구매하려 한다.

〈자료 2 : 학급 설문 조사〉

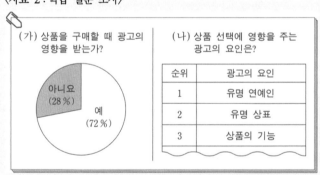

(가) 상품을 구매할 때 광고의 영향을 받는가?
- 아니요 (28%)
- 예 (72%)

(나) 상품 선택에 영향을 주는 광고의 요인은?

순위	광고의 요인
1	유명 연예인
2	유명 상표
3	상품의 기능

① 청소년의 충동구매로 빚어지는 소비 문제는 참된 인간관계 형성을 위한 진실하고 적극적인 태도를 가지게 함으로써 해결할 수 있다.

② 자신의 경제력을 넘어서는 소비로 인해 발생하는 청소년의 비합리적 소비 문제는 광고를 통해 정확한 상품 정보를 제공함으로써 해결할 수 있다.

③ 유명 연예인이 자주 출연한 광고가 상품 이미지를 청소년에게 강요하는 문제는 청소년이 그런 광고의 비효율성을 인식하게 함으로써 극복할 수 있다.

④ 모바일 기기 보급에 따라 광고에 대한 접근과 유명 상표의 상품 구매가 쉬워짐으로써 발생하는 청소년 소비 문제는 청소년들의 정보 기기 활용 능력 배양을 통해 개선할 수 있다.

⑤ 유명 연예인을 모방하기 위해 상품을 구입하는 청소년의 소비 문제는 광고 속 상품의 이미지에 현혹되지 않고 주체적이고 합리적으로 상품 가치를 판단하는 능력을 함양함으로써 개선할 수 있다.

[11~12]

다음을 읽고 물음에 답하시오. **14학년도 6월AB**

> **[작문 과제]** '기억력'에 대한 글을 써 보자.
>
> **[과제의 초고]**
>
> "저 친구 이름이 뭐였더라?", "이거 전에 배웠던 건데 왜 생각이 안 나지?", ……. 바쁘게 일상을 살다 보면, 때때로 꼭 기억해야 할 것이 생각나지 않아서 답답할 때가 있다. 모든 것을 다 기억하면서 살아갈 수는 없지만, 밤새 공부했던 내용이 시험칠 때 생각나지 않는다거나, 여러 날 고생해서 만든 과제를 깜빡 잊고 그냥 학교에 갔을 때는 짜증이 나고 속이 상하기 마련이다. ㉠ 그러므로 기억력을 향상할 수 있는 방법은 없을까?
>
> 기억 전문가들은 기억력 때문에 고생하는 사람들이 이를 극복하기 위해서는 20초 동안 대상을 응시하는 습관을 ㉡ 들여야 한다고 말한다. 방법은 간단하다. 기억할 대상을 20초 동안 집중해서 기억한 다음, 눈을 감고 그 내용을 다시 한 번 확인하는데, 이때 기억한 내용이 잘 떠오르지 않는다면 다시 20초 동안 집중해서 바라본다. 이런 식으로 기억하는 습관을 들이면 ㉢ 행동을 하던, 학습을 하던 그 내용이 2~3배는 더 강력하게 ㉣ 저장되어진다고 한다.
>
> ㉤ 물론 이러한 습관이 기억력 향상에 도움을 주는 것은 아니다. 기억은 기억을 보유하는 시간과 안정성의 정도에 따라 단기 기억과 장기 기억으로 나눌 수 있는데, 앞에서 제시한 방법이 기억력을 높이는 데 도움이 되는 이유는 단기 기억을 20초 이상 유지할 때, 입력된 정보가 비교적 안정된 장기 기억으로 남을 확률이 높아지기 때문이다.

11 '과제의 초고'에서 글쓴이가 활용한 글쓰기 방법만을 〈보기〉에서 있는 대로 고른 것은?

보기

ㄱ. 문제 상황을 친숙한 대상에 비유하며 글을 시작한다.
ㄴ. 화제와 관련된 일상적인 사례를 들며 글을 시작한다.
ㄷ. 문제 상황을 해결할 수 있는 방안을 제시하며 설명하고 있다.
ㄹ. 대상의 모습이 잘 드러나도록 공간적인 순서에 따라 설명하고 있다.

① ㄱ, ㄷ   ② ㄱ, ㄹ   ③ ㄴ, ㄷ
④ ㄴ, ㄹ   ⑤ ㄴ, ㄷ, ㄹ

12 ㉠~㉤을 고쳐 쓰기 위한 방안으로 적절하지 **않은** 것은?

① ㉠은 문장의 접속 관계를 고려하여 '그렇다면'으로 고쳐 쓴다.
② ㉡은 호응 관계를 고려하여 '들여야 한다'로 고쳐 쓴다.
③ ㉢은 어미의 사용이 잘못되었으므로 '행동을 하든, 학습을 하든'으로 고쳐 쓴다.
④ ㉣은 피동 표현이 불필요하게 중복되었으므로 '저장된다고'로 고친다.
⑤ ㉤은 글의 흐름과 어긋나는 문장이므로 삭제한다.

[13~15]

다음을 읽고 물음에 답하시오. 14학년도 9월A

※ '우리 학교 학생들의 독서 실태'에 관한 글을 교지에 싣고자, (가)와 같이 개요를 작성하고 (나)를 썼다.

(가) 개요의 초안

주제	우리 학교 학생들의 독서 실태
내용 구성	• **처음** : 청소년기 독서의 중요성과 독서 실태 조사의 이유를 밝힘 ·········· ㉠ • **중간** : 우리 학교 학생들의 독서 실태 　1. 학생들의 독서량에 관한 실태를 제시함 ·········· ㉡ 　2. 학생들의 독서량이 적은 이유를 제시함 ·········· ㉢ 　3. 학생들의 독서 경향에 관한 실태를 제시함 ·········· ㉣ 　4. 학생들이 특정 분야의 도서를 주로 읽는 이유를 제시함 　·········· ㉤ • **끝** : 실태 조사의 결과를 요약하고 개선 방안을 제안함

(나) 글의 초안

　청소년들에게 독서란 지적인 성장과 인성 계발에 주요한 밑거름이 된다. 학생들은 독서를 통해 생활 속에서 직면하는 삶의 문제를 해결할 수 있다. 학습에 필요한 정보도 얻을 수 있다. 독서가 이처럼 중요한데, 우리 학교 학생들의 독서 실태는 어떠할까? 이를 알아보기 위해 지난 4월 조사를 실시하였다.

　교과서와 참고서를 읽은 것은 조사 대상에서 제외하고, 1년간 읽은 책의 권수와 책을 읽은 시간을 조사한 결과, 학생들의 독서량은 매우 적은 것으로 나타났다. 특히 남학생들은 여학생들에 비해 독서량이 적었다. 학생들의 약 36%는 1년간 책을 전혀 읽지 않으며 32%는 5권 이하를 읽는다고 답했다. 그리고 학생들 중 52%는 하루에 단 10분도 책을 읽지 않는다고 답했다. 독서량이 적은 이유로 학생들은 '학교와 학원 공부 때문에 시간이 없어서', '컴퓨터나 인터넷 게임을 하느라 시간이 없어서' 등이라고 답했다. 또한 학생들은 주로 판타지 소설과 자기 계발서 등을 읽는다고 응답했다. 학생들이 읽는 전체 책 중에서 판타지 소설은 약 30%, 자기 계발서는 약 26%를 차지하는 것으로 나타났다.

　정리하면, 우리 학교 학생들은 독서량이 적을 뿐만 아니라 균형 잡힌 독서를 하는 습관도 부족한 것으로 나타났다. 이를 개선하기 위해 홍보 문구 를 만들어 교내 곳곳에 게시하는 게 좋겠다고 제안하였다.

13 (가)의 ㉠~㉤ 중 (나)에 반영되지 않은 것은?

① ㉠　　　　② ㉡　　　　③ ㉢
④ ㉣　　　　⑤ ㉤

14 〈보기〉와 같은 자료를 추가로 수집하였다. 〈보기〉를 활용하여 (가)와 (나)를 수정·보완하고자 할 때 적절하지 않은 것은?

보기

ⓐ 통계 결과 : 1년간 평균 독서량

(단위 : 권)

	전국 고등학생	우리 학교 학생
남학생	14.7	5.6
여학생	16.0	10.5
전체	15.4	8.1

ⓑ 설문 조사 : 우리 학교 학생들의 독서 동기

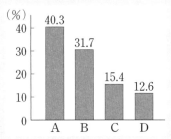

A : 학습에 도움이 되어서
B : 다른 사람에게 인정받고 싶어서
C : 다른 사람과 읽은 책의 내용을 공유하고 싶어서
D : 책 읽기 자체가 재미있어서

① ⓐ를 활용하여 (가)의 '중간-1'의 하위 항목으로 '성별에 따른 독서량의 차이'를 추가하고, 이에 따라 (나)에서 남학생의 독서량이 여학생보다 적다고 판단한 근거를 제시한다.

② ⓑ를 활용하여 (가)의 '중간'에 새로운 항목으로 '학생들이 책을 읽는 이유를 제시함.'을 추가하고, 이에 따라 (나)를 수정함으로써 학생들의 독서 실태에 관한 내용을 풍부하게 제시한다.

③ ⓐ를 활용하여 (나)에 우리 학교 학생들과 전국 고등학교 학생들의 1년 평균 독서량을 비교한 내용을 추가함으로써 우리 학교 학생들의 독서량이 적다고 판단한 객관적인 근거를 제시한다.

④ ⓑ를 보면 '책 읽기 자체가 재미있어서'라고 답한 비율이 가장 낮으므로, (나)의 끝 부분에 독서 실태를 개선하기 위해 독서 자체에 대한 흥미를 높이기 위한 방안이 필요하다는 점을 추가한다.

⑤ ⓐ와 ⓑ를 보면 우리 학교 학생들이 성별에 따라 독서 동기가 다르다는 점을 알 수 있으므로, (나)의 끝 부분에 독서 실태를 개선하기 위해, 성별에 따라 독서 동기를 강화하는 방안을 추가한다.

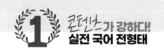

15 (나)의 홍보 문구를 〈조건〉에 맞추어 작성한 것으로 가장 적절한 것은?

조건

• 우리 학교 학생들은 독서량이 부족하고 특정 분야에 치우친 독서를 하고 있다는 점에 대한 개선 방안을 모두 포함할 것.
• 직유법을 활용할 것.

① 공부하느라 게임하느라 책 읽을 시간이 없다는 것은 변명이에요. 졸리면 틈틈이 자듯이 자투리 시간을 활용하여 독서 시간을 확보합시다.
② 좋아하는 책 몇 권만 겨우 읽고 있지 않나요? 풍성하고 영양을 골고루 갖춘 식사를 하듯이 넉넉하고 균형 잡힌 독서를 즐기도록 합시다.
③ 책을 적게 읽는 것에 대해 너무 무관심하지는 않은가요? 음식을 적게 먹으면 배가 고픈 것처럼 책을 적게 읽으면 생각이 여물지 않는답니다.
④ 책 읽기를 즐길 수 있을지 자신이 없습니까? 시들어 축 처진 풀에 물을 흠뻑 주면 되살아나듯 책을 많이 읽으면 독서를 즐길 수 있습니다.
⑤ 음식은 몸을 살찌우는 양식이고 책은 마음을 살찌우는 양식이랍니다. 다양한 분야의 책을 골고루 그리고 많이 읽어 마음을 살찌우도록 합시다.

[16~17]
〈보기 1〉은 '도시 농업의 활성화 방안'을 주제로 논설문을 쓰기 위해 수집한 자료이고, 〈보기 2〉는 논설문의 개요이다. 물음에 답하시오. 14학년도 9월B

보기 1

(가) 신문 기사

최근 도시민의 여가 활동 증가로 도시 농업이 주목받고 있다. 도시 농업은 도시 지역의 다양한 생활공간을 활용하여 농작물을 재배하는 활동을 말한다. 도시 농업은 도시 생태 환경 개선, 안전한 농산물 공급, 정서 함양, 공동체 의식 형성 등에서 그 가치를 인정받고 있다. 하지만 우리나라는 도시의 농지가 매년 감소하여 경작 공간이 부족할 뿐 아니라 도시 농업 관련 기술이 낙후되었고 담당 업무를 수행할 전문 인력도 부족한 실정이다.

(나) 설문 조사

1. 도시 농업에 참여하는 이유

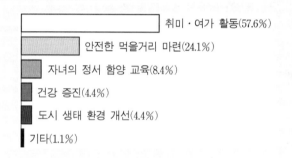

취미·여가 활동(57.6%)
안전한 먹을거리 마련(24.1%)
자녀의 정서 함양 교육(8.4%)
건강 증진(4.4%)
도시 생태 환경 개선(4.4%)
기타(1.1%)

2. 도시 농업 활동에서 겪은 어려운 점

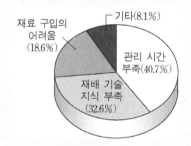

기타(8.1%)
재료 구입의 어려움(18.6%)
관리 시간 부족(40.7%)
재배 기술 지식 부족(32.6%)

(다) 인터뷰

"우리나라는 제약 요인이 많아 도시 농업이 활성화되지 못했지만 다른 나라는 도시 농업을 육성하기 위해 제도적으로 지원하고 있습니다. 독일은 연방 건축법을 통해 지방 자치 단체에서 도시 계획을 세울 때 의무적으로 도시 농업을 위한 일정 공간을 조성하도록 규정하고 있고, 세계적인 도시 농업의 메카인 쿠바는 기술 개발과 보급을 위해 많은 연구소를 운영하고 있습니다."

– ○○ 농업 연구소장 –

16 〈보기 1〉을 활용하여 〈보기 2〉를 수정 · 보완하기 위한 의견으로 적절하지 <u>않은</u> 것은?

① (가)를 참고하여 'II-1'을 작성할 때, ㉠은 주제와 연관이 없으므로 삭제한다.
② (나)-1을 참고할 때, ㉡은 문제점이 아니므로 'II-1-다'의 하위 항목으로 옮긴다.
③ ㉢은 문제점이 구체적으로 드러나지 않으므로 (가)를 참고하여 '도시 농업을 담당할 전문 인력의 부족'으로 고친다.
④ (나)-2, (다)를 참고할 때, ㉣의 하위 항목에 '도시 농업 관련 기술 개발 및 보급 확대'를 추가한다.
⑤ (가)를 참고하고 'II-2-가'를 고려할 때, ㉤과 ㉥을 하나로 묶어 '도시 농업 공간 확보'로 수정한다.

17 〈보기 2〉의 'I. 서론'의 도입부에 해당하는 글을 〈조건〉에 따라 쓴 것으로 가장 적절한 것은?

조건

　° 도시 농업 참여자들의 소감을 인용할 것.
　° 주제와 관련한 문제의식을 드러낼 것.

① 도시 농업이 조용한 혁명을 일으키고 있다. 도시 농업은 사람들에게 어떤 영향을 미치는 것일까? 도시 농업의 기능을 살펴보고 활성화 방안을 논의해 보자.
② 과거에는 상상하기 힘들었던 도시 농부들이 전국 각지에서 생겨나고 있다. 도시 농부가 되려는 도시민이 많아지는 이유는 무엇일까? 그리고 그들이 겪는 어려움은 무엇일까?
③ 텃밭을 가꾸어 거둔 농작물을 이웃과 나눠 먹으면서 이웃과 사이가 좋아졌다는 도시민들이 많아지고 있다. 도시 농업이 국내 도시 지역 공동체 형성에 기여하고 있는 것이다.
④ 도심지 텃밭에서 농작물을 키워 보니 여가 선용에 도움이 된다는 사람들이 늘고 있다. 하지만 국내 도시 농업은 아직 걸음마 수준이다. 도시 농업을 활성화하려면 어떻게 해야 할까?
⑤ 도시 곳곳에 푸른 텃밭이 늘어나고 있다. 텃밭을 가꾸며 여가를 즐기고 도시 농부로서의 행복을 누린다는 도시민이 증가하는 것이다. 텃밭 가꾸기를 배우며 도시 농업의 즐거움을 만나 보자.

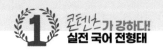

[18~19]

다음을 읽고 물음에 답하시오. 14학년도 9월AB

[작문 과제]

우리 문화유산을 글감으로 하여 자기 성찰의 글을 써 보자.

[작문 일지]

오늘 작문 과제는 우리 문화유산을 글감으로 한 자기 성찰의 글쓰기였다. 작문 과제를 보면서 어떤 내용으로 글을 쓸까 생각해 보았다. 문화유산은 종류도 다양하여 어떻게 글을 써야 할지 고민이 되었다. 마침 얼마 전 거리에서 보았던 아리랑 연주 장면이 생각나서 아리랑을 소재로 정하고 글을 쓰기로 했다. 또한 나의 성찰이 부각되도록 내용을 어떻게 조직하고 전개할지 고민했다. 그다음, 당시 경험을 떠올리며 글을 완성했다.

[학생의 글]

나는 지금껏 우리의 문화유산이 더 이상 우리 세대에게 감동을 주지 못하는 따분한 것이라고 생각해 별로 관심을 두지 않았다. 그런데 지난 삼일절에 인사동에 갔다가 우연히 감격스러운 장면을 보았다. 한 바이올린 연주자가 거리 한복판에서 아리랑을 연주하기 시작하자 잠시 후에 첼로, 비올라 연주자들과 단소, 북 연주자들이 연이어 나와 합주를 하는 것이었다. ㉠ 그러면 관객들 사이에 있던 한복을 입은 사람들이 연주에 맞추어 함께 아리랑을 부르기 시작했다. 노랫소리는 악기와 어우러져 한껏 분위기를 ㉡ 돋구었다. 어느새 구경만 하던 나를 비롯한 대부분의 사람들도 아리랑을 따라 부르고 있었다. 거리에 울려 퍼진 아름다운 노래에 나는 벅찬 감동을 받았고 서양 악기와 우리 악기 간의 조화로움에 감탄하게 되었다. 또한 유네스코 ㉢ 무형 문화유산으로써 가치를 인정받고 있는 ㉣ 아리랑을 무관심했던 나 자신을 돌아보게 되었다.

며칠 후, 그때의 감동을 주변 사람들과 나누고 싶어, 찍어 둔 동영상을 친구들에게 보여 주었다. 친구들의 반응도 매우 뜨거웠다. 그 모습을 보며 우리의 문화유산은 현재와 단절되어 있는 과거가 아니라, 여전히 우리의 마음을 움직일 수 있는 또 다른 이름의 현재라는 것을 느끼게 ㉤ 되었다. 더 나아가 앞으로는 아리랑뿐만 아니라 우리의 다른 문화유산에도 관심을 갖고 그것을 알리는 데 작은 힘이라도 보태야겠다고 생각했다.

18 '작문 일지'와 '학생의 글'을 고려할 때, 글을 쓰는 과정에서 선택한 방법만을 〈보기〉에서 있는 대로 고른 것은?

보기

ⓐ 문화유산과 관련된 자신의 경험을 떠올려 글감을 구체화한다.
ⓑ 문화유산의 개념을 명확히 제시하기 위해 정의의 방식을 사용한다.
ⓒ 현대적으로 재해석된 문화유산의 현황을 파악하고 구체적인 사례를 추가한다.
ⓓ 문화유산에 대한 인식 변화의 과정을 제시하고 자신의 다짐으로 마무리한다.

① ⓐ, ⓓ   ② ⓑ, ⓒ   ③ ⓑ, ⓓ
④ ⓐ, ⓑ, ⓒ   ⑤ ⓐ, ⓒ, ⓓ

19 ㉠~㉤을 고쳐 쓰기 위한 방안으로 적절하지 않은 것은?

① ㉠: 앞뒤 문장을 자연스럽게 연결하지 못하므로 '그러자'로 고친다.
② ㉡: 부적절한 어휘이므로 '돋우었다'로 고친다.
③ ㉢: 어문 규범에 어긋나므로 '무형 문화유산으로서'로 고친다.
④ ㉣: 조사의 사용이 부적절하므로 '아리랑에 무관심했던'으로 고친다.
⑤ ㉤: 문맥상 시점이 과거가 아니므로 '된다'로 고친다.

[20~21]
다음은 학생이 쓴 초고이다. 물음에 답하시오. 14학년도 수능A

> OO 방송국 청소년 교양 프로그램 담당자님, 안녕하십니까? 저는 청소년 교양 프로그램을 즐겨 보는 학생입니다. 제가 이 글을 쓰는 이유는 '청소년을 위한 UCC 제작 기술'을 소개하는 교양 프로그램을 만들어 주시기를 부탁 드리기 위해서입니다.
>
> 인터넷에서는 이미 다양한 UCC를 접할 수 있습니다. 그런데 저를 포함한 많은 친구들은 아직 UCC 제작 경험이 없습니다. 그 친구들 중에서는 UCC를 제작하고 싶어 하지만 여유 시간이 부족하거나 제작 기술을 몰라 만들지 못하고 있는 경우가 많습니다. 그래서 제작 기술을 배울 수 있다면 청소년들의 UCC 제작 활동이 활발해질 것이라 생각합니다.
>
> 청소년들이 UCC 제작 활동을 하게 된다면 다양한 도움을 받을 것입니다. 최근에 이를 다룬 보고서를 살펴보면, UCC를 제작해 본 청소년들이 그렇지 않은 청소년들에 비해 정보도 더 많이 얻고, 태도도 더 긍정적이라고 합니다.
>
> 이러한 이유로 UCC 제작 기술을 알려 주는 프로그램을 만들어 주시기를 담당자님께 거듭 부탁드립니다.

20 윗글에서 알 수 있는 작문의 특성으로 가장 적절한 것은?

① 필자의 요구가 분명히 제시되었다는 점에서, 작문은 특정한 목적을 이루기 위한 표현 행위이다.
② 필자의 정서가 서술되었다는 점에서, 작문은 현실에 대한 주관적 정서를 드러내는 표현 행위이다.
③ 특정한 독자가 설정되었다는 점에서, 작문은 개별 독자의 문제점을 해결하기 위한 표현 행위이다.
④ 주장의 실현에 따른 사회적 효과가 언급되었다는 점에서, 작문은 사회적 갈등을 해소하기 위한 표현 행위이다.
⑤ 필자가 속한 집단의 개인 정보가 제시되었다는 점에서, 작문은 친교적 관계 형성에 초점을 두고 있는 표현 행위이다.

21 윗글을 수정·보완하는 과정에서 〈보기〉를 활용하는 방안으로 적절하지 않은 것은?

보기

(가) 설문 조사(청소년 대상)

1. UCC 제작 경험

제작 경험	응답(%)
있음	28
없음	72

2. 향후 UCC 제작 의향

제작 의향	응답(%)
있음	89
없음	11

　　　　　　　　　　※ UCC 제작 경험이 없는 청소년 대상

(나) 청소년의 UCC 제작 활동의 장애 요인

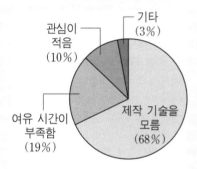

※ UCC 제작 경험이 없는 청소년 대상

(다) 관련 보고서

　UCC 제작 활동은 청소년들의 스트레스 해소에 큰 도움을 준다. 그리고 자아 정체성을 강화하는 것은 물론 창의성 향상에도 도움을 주는 것으로 조사되었다.

① (가)를 활용하여, 둘째 단락에서 언급한 상당수의 청소년들이 UCC 제작 경험은 없지만 앞으로 제작할 의향이 있다는 내용의 구체적 근거를 제시한다.
② (나)를 활용하여, 둘째 단락에서 언급한 UCC 제작 활동의 장애 요인들 중 제작 기술을 모르는 것이 가장 큰 요인이라는 점을 부각한다.
③ (다)를 활용하여, UCC 제작 경험이 없는 학생들은 UCC 제작 경험이 있는 학생들과 달리 스트레스를 해소할 만한 수단이 없음을 셋째 단락에 추가한다.
④ (가)와 (나)를 활용하여, 둘째 단락에서 언급한 UCC 제작 기술을 습득한다면 UCC 제작이 활성화될 수 있다는 판단의 구체적 근거를 제시한다.
⑤ (가)와 (다)를 활용하여, UCC 제작 의향은 있으나 실제로 제작해 보지 못한 학생들이 향후 UCC를 제작하게 된다면, 창의성 향상에도 도움이 될 수 있음을 셋째 단락에 추가한다.

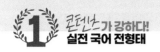
[22~23]
〈보기 1〉은 '생태 관광의 문제점과 개선 방안'을 주제로 논설문을 쓰기 위해 수집한 자료이고, 〈보기 2〉는 개요의 초고이다. 물음에 답하시오.   14학년도 수능B

보기 1

(가) 신문 기사

최근 생태 관광이 전국적으로 확산되고 있다. 생태 관광은 경치를 보고 즐기는 기존의 관광과 달리, 생태적 가치가 높은 지역의 자연과 문화를 직접 체험하면서 자연을 소중히 하는 마음을 갖고 다음 세대로 잘 보전하자는 데 목적이 있다. 그러나 관광지 조성을 위한 무리한 개발로 숲과 늪지가 사라지거나 관광객들의 인식 부족으로 생태계가 오히려 훼손되는 등 본래의 취지를 살리지 못하고 있다. 또한 실질적 이득이 없을 것이라고 보아 생태 관광 운영에 적극적으로 참여하지 않는 주민들의 태도로 생태 관광의 활성화에 걸림돌이 되고 있다.

(나) 조사 자료

1. 관광객들이 원하는 생태 관광 프로그램 유형(%)

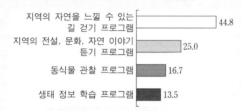

지역의 자연을 느낄 수 있는 길 걷기 프로그램	44.8
지역의 전설, 문화, 자연 이야기 듣기 프로그램	25.0
동식물 관찰 프로그램	16.7
생태 정보 학습 프로그램	13.5

2. 지방 자치 단체의 생태 관광 운영상 어려움(%)

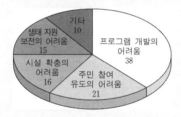

- 기타 10
- 생태 지원 보전의 어려움 15
- 프로그램 개발의 어려움 38
- 시설 확충의 어려움 16
- 주민 참여 유도의 어려움 21

(다) 우수 사례

- □□ 지역은 민물고기 생태관과 인근 동굴을 이용한 프로그램을 특화하여 관광객의 수가 증가하고 지역의 이미지가 제고됨.
- 철새 도래지인 ○○섬은 겨울 철새를 관찰하거나 습지에 서식하는 생물들을 탐구하는 생태 체험 프로그램을 상시 운영하고 있으며, 지역 주민들이 이에 적극적으로 참여하여 가계 소득이 증대됨.

보기 2

- **서론** : 생태 관광의 의의와 현황
- **본론**
  1. 문제점 분석
     가. 생태 자원 개발 측면 ·············· ㉠
     나. 지역 주민의 참여 측면 ·············· ㉡
     다. 프로그램 운영 측면 ·············· ㉢
     라. 관광객의 태도 측면
  2. 개선 방안 제시
     가. 생태 자원 개발 측면
     나. 지역 주민의 참여 측면 ·············· ㉣
     다. 프로그램 운영 측면 ·············· ㉤
     라. 관광객의 태도 측면
- **결론** : 바람직한 생태 관광을 위한 노력 촉구

22 〈보기 1〉을 활용하여 〈보기 2〉를 구체화하는 방안으로 적절하지 <u>않은</u> 것은?

① (가)에서 생태 관광을 위한 개발 사업을 무리하게 추진함으로써 자연이 훼손되고 있다는 내용을 이끌어 낼 수 있으므로, ㉠에서 '생태계의 훼손' 문제를 다룬다.

② (가)와 (나)-2에서 지방 자치 단체가 생태 관광 사업에 지역 주민들의 동참을 유도하기 어렵다는 내용을 이끌어 낼 수 있으므로, ㉡에서 '지역 주민들의 참여도 부족' 문제를 다룬다.

③ (나)-1과 (다)에서 생태 보전을 고려한 관광 프로그램이 부족하다는 사실을 이끌어 낼 수 있으므로, ㉢에서 '생태를 보전하는 체험 프로그램의 부족' 문제를 다룬다.

④ (다)에서 생태 관광 사업에 지역 주민들이 적극적으로 참여할 경우 주민들에게도 이득이 된다는 점을 이끌어 낼 수 있으므로, ㉣에서 '지역 주민들의 참여 유도' 방안을 다룬다.

⑤ (나)-1에서 지역의 자연이나 고유문화를 체험할 수 있는 생태 관광 프로그램이 요구된다는 점을 이끌어 낼 수 있으므로, ㉤에서 '지역의 특성을 살린 프로그램 개발' 방안을 다룬다.

23 〈보기 2〉의 본론 일부를 〈조건〉에 따라 쓴 것으로 가장 적절한 것은?

조건

- '본론-2-라'에 해당하는 내용을 쓸 것.
- '근거-주장-구체적인 실천 방안'의 순서로 전개할 것.

① 자연을 즐기면서도 보전하려는 노력이 필요하다. 즉 자연을 충분히 즐기되 훼손하지 않도록 세심한 주의를 기울여야 한다. 이를 위해서는 우선 관광객들의 의식 전환이 필요하다.

② 생태 관광은 양보다 질을 높이는 것이 중요하다. 그러므로 생태 관광의 규모를 키우려고 자연을 파괴하는 일을 이제 멈춰야 한다. 생태 관광 프로그램을 예약제로 운영하고 수용 인원을 제한해야 자연을 보전할 수 있다.

③ 우리나라를 찾아오는 철새의 수가 점점 감소하고 있다. 철새를 가까이에서 구경하느라 철새를 쫓아 버리는 우를 범해서는 안 된다. 생태 관광은 자연과 경제, 그리고 지역 주민들의 삶을 동시에 살리는 상생의 관광이 되어야 한다.

④ 자연은 우리 세대의 자원인 동시에 다음 세대에 물려줄 유산이다. 그러므로 생태 관광을 할 때 그 지역의 생태계가 파괴되지 않도록 유의해야 한다. 이를 위해서는 동식물을 관찰할 때 서식지를 보호하기 위해 정해진 탐방로를 이용해야 한다.

⑤ 관광 지역을 방문할 때는 자가용보다 대중교통을 이용해야 한다. 관광객들의 승용차 배기가스로 인해 그 지역의 환경이 오염될 수 있기 때문이다. 따라서 관광 상품을 선택할 때에는 해당 상품이 환경에 끼칠 수 있는 영향을 고려해야 한다.

[24~25]
다음을 읽고 물음에 답하시오. `14학년도 수능AR`

※ 작문 상황 : (가)를 읽고, 친구들에게 나눔 도서관을 소개하기 위해 (나)를 썼다.

(가) 신문 기사

□□신문

○○시는 최근 '나눔 도서관'을 운영하기 시작했다. 나눔 도서관에서는 책은 물론 사용하지 않는 물건들도 이웃과 나눌 수 있다. 또한 이 도서관은 노인들을 대상으로 '듣는 책 교실'도 운영하고 있다.

(나) 학교 누리집 게시판에 올린 글

게시판

　저는 얼마 전 신문에서 나눔 도서관에 관한 기사를 읽고 그곳을 찾아가 더 자세한 정보를 알아보았습니다. 나눔 도서관은 나눔의 정신을 실천할 수 있는 곳으로 우리가 이용해 볼 만한 충분한 가치가 있다고 생각하여 소개합니다.
　우선 나눔 도서관은 책을 공유하는 나눔의 성격이 ㉠강화되어진 도서관입니다. 이 도서관은 책을 필요로 하는 사람에게 책을 무료로 나눠 주기도 하고, 시민들로부터 책을 ㉡기여받기도 합니다.
　보고서에 따르면 우리 국민의 절반 이상이 한 번 읽은 책은 더 이상 읽지 않고 집에 쌓아 둔다고 합니다. 여러분도 한 번 읽고 책꽂이에 꽂아 둔 책이 한두 권씩은 있을 거예요. 그리고 책을 사고 싶지만 책값이 부담되어 망설이며 고민하던 때도 있지 않았나요? 나눔 도서관이 그런 고민을 해결해 줄 것입니다.
　㉢그 동전으로 나눔터에 있는 다른 물품을 구입할 수 있습니다. 그뿐만 아니라 쓰지 않는 물품은 도서관 내의 '나눔터'에서 '나눔 동전'으로 교환할 수 있습니다. 혹시 사용하지 않는 물건들이 있나요? 그렇다면 여러분도 나눔 동전과 교환하여 자신에게 ㉣요청되는 물건을 구입해 보세요.
　㉤이처럼 나눔 도서관은 책은 물론 여러 물건들을 함께 나눌 수 있는 공간입니다. 우리도 나눔 도서관을 적극적으로 이용해 보아요. 지금 [도서관 누리집]을 누르시면 나눔 도서관 누리집으로 바로 연결되어 더 자세한 정보를 얻을 수 있습니다.

└ 댓글

24 다음은 (가)를 읽은 학생이 (나)를 쓰기 위해 고려한 방법이다. (나)에 적용되지 않은 것은?

- 나눔 도서관의 의의를 서두 부분에 간략하게 밝히면서 글을 시작해야겠어. ⋯⋯⋯⋯⋯⋯⋯⋯⋯⋯⋯⋯⋯⋯⋯⋯ ①
- 내용의 신뢰성을 높이기 위해 나눔 도서관의 긍정적 기능에 대한 전문가 의견을 인용해야지. ⋯⋯⋯⋯⋯⋯⋯⋯⋯⋯⋯⋯ ②
- 나눔 도서관을 소개하기 위해 질문의 방식을 활용하여 친구들의 경험을 환기해야겠어. ⋯⋯⋯⋯⋯⋯⋯⋯⋯⋯⋯⋯⋯⋯ ③
- 나눔 도서관이 하는 일들 중 학생인 우리를 대상으로 하지 않는 내용은 소개하지 말아야겠어. ⋯⋯⋯⋯⋯⋯⋯⋯⋯⋯⋯⋯ ④
- 매체 특성을 고려하여 자세한 정보를 얻을 수 있도록 나눔 도서관 누리집으로 연결되는 링크를 걸어 줘야지. ⋯⋯⋯⋯⋯⋯ ⑤

25 '국어 사랑 동아리' 친구들은 학교 누리집에 올라온 글을 바르게 고쳐 주는 운동을 하고 있다. (나)의 ㉠~㉤에 대한 의견으로 적절하지 않은 것은?

① ㉠ : 피동 표현이 불필요하게 중복되었으므로 '강화된'으로 고쳐야 합니다.
② ㉡ : 단어의 쓰임이 부적절하므로 '기증'으로 바꿔야 합니다.
③ ㉢ : 자연스러운 연결을 위해 바로 뒤의 문장과 순서를 바꿔야 합니다.
④ ㉣ : 문맥상 부적절한 단어이므로 '필요한'으로 바꿔야 합니다.
⑤ ㉤ : 문단을 자연스럽게 연결해 주지 못하니 '그러나'로 고쳐야 합니다.

1 실전 국어 전형태

[26~28]
다음을 읽고 물음에 답하시오. `15학년도 6월A`

• (가)는 '똑똑 우체통'을 소개하기 위해 학생 자치회에서 학교 누리집 알림 방에 작성한 글이고, (나)는 (가)를 읽은 한 학생이 '똑똑 우체통'에 넣기 위해 쓴 글의 초고이다.

(가)

'똑똑 우체통'을 이용해 주세요. '똑똑 우체통'은 문을 '똑똑' 두드리면 문이 열리는 것처럼 여러분이 의견을 제시하면 '똑똑하게' 반응하는 우체통이란 뜻입니다.

똑똑 우체통은 학교에 대한 건의 사항뿐만 아니라 친구들에게 건의하고 싶은 이야기, 함께 나누고 싶은 이야기 등 여러분의 이야기라면 무엇이든 들어줍니다. 또 학생 자치회에서 직접 관리·운영하기에 매일 우체통을 확인하여 학생들의 의견을 빠르게 수렴하고 신속하게 그에 대한 조치를 취할 수 있다는 장점도 있습니다. 우체통에 넣어 주신 이야기는 학생 자치회에서 선별하여 학교 누리집과 교내 게시판을 통해 공지하며 여러분의 의견에 대한 처리 과정과 결과도 학교 누리집을 통해 알려 드립니다.

똑똑 우체통을 잘 활용한다면 편안하고 즐거운 학교, 학생 모두가 함께 만들어 가는 학교가 될 수 있을 것입니다. 똑똑 우체통을 많이 이용해 주세요. 감사합니다.

(나)

안녕하세요.

저는 학생 여러분께 건의할 사항이 있어 이 글을 씁니다. 우리 모두가 쾌적한 환경에서 건강하게 학교생활을 할 수 있도록 학생들 모두 실내에서는 실내화를 착용했으면 좋겠습니다. 실내에서는 실내화를 착용하는 것이 원칙이지만 실외화를 신고 다니는 학생들이 너무 많습니다. 이는 교실 청결은 물론 학생들의 호흡기 건강에 매우 ㉠ 나쁜 악영향을 미칩니다. 특히 꽃가루가 날리는 계절이나 미세 먼지가 많을 때, 비가 온 뒤에는 더욱 문제가 됩니다. ㉡ 다만 계단이나 복도에 흙이 많이 떨어져 있어 그곳을 청소하는 학생들이 고생을 합니다. 저 역시 흙이 많이 떨어져 있거나 비가 와 진흙이 묻은 날에는 청소 시간 내에 ㉢다 끝내지 못해 수업 시간에 늦은 적이 있었습니다. ㉣ 따라서 학교에서는 청소 도구를 더 확보해 주셨으면 좋겠습니다.

실내화 착용에 대한 설문 조사 결과, 전체 학생의 50% 정도가 실내화를 착용하지 않는다고 응답했고, 실내화를 신지 않는 이유에 대해서는 '갈아 신는 것이 귀찮아서'라는 응답이 가장 많았습니다. 이처럼 학생 대부분이 필요성을 인식하고 있지만 단지 귀찮다는 이유로 실내화를 착용하지 않는 것은 문제가 있다고 생각합니다. ㉤ 하지만 '실내화 착용이 필요한가?'라는 질문에는 85% 이상의 학생이 필요하다고 응답했습니다.

쾌적한 학교생활과 학생들의 건강, 청소하는 친구들을 위해서라도 하루 빨리 모든 학생들이 실내화를 착용하길 바랍니다. 감사합니다.

26 다음은 (가)를 쓰기 전에 학생이 떠올린 생각이다. (가)에 반영되지 않은 것은?

① 똑똑 우체통 사용 시 유의 사항을 알려 줘야지.
② 똑똑 우체통의 장점에 대해서 알려 줘야겠어.
③ 똑똑 우체통의 운영 방식에 대해 알려 줘야지.
④ 똑똑 우체통의 뜻이 무엇인지를 설명해 줘야지.
⑤ 똑똑 우체통의 기대 효과에 대해서 알려 줘야겠어.

27 (나)와 같이 건의하는 글을 작성했다고 할 때, (나)에서 고려한 사항으로 가장 적절한 것은?

① 실내화 착용의 이로운 점에 대한 전문가의 견해를 제시하여 건의 내용의 필요성을 강화한다.
② 실내화 착용에 반대하는 학생들의 의견과 사례를 함께 제시하여 건의 내용의 공정성을 높인다.
③ 실내화 착용 현황과 학생들의 인식을 조사한 설문 결과를 제시하여 건의 내용의 신뢰성을 높인다.
④ 실내화 착용의 생활화를 위한 학교 차원의 지원책을 제시하여 건의 내용의 실현 가능성을 강조한다.
⑤ 글쓴이 자신의 경험은 제시하지 않고 계단이나 복도를 청소하는 학생들의 의견을 인용하여 건의 내용의 중립성을 확보한다.

28 (나)의 ㉠~㉤을 고쳐 쓰기 위한 방안으로 적절하지 않은 것은?

① 의미가 중복되었으므로 ㉠은 '나쁜 영향'으로 수정한다.
② 맥락을 고려하여 ㉡을 '그러나'로 수정한다.
③ 필요한 문장 성분이 빠져 있으므로 ㉢에 '청소를'을 첨가한다.
④ 글의 핵심 논지에서 벗어난 내용이므로 ㉣은 삭제한다.
⑤ 내용의 자연스러운 연결을 위해 ㉤은 바로 앞의 문장과 순서를 바꾼다.

[29~31]
다음 〈보기 1〉과 〈보기 2〉를 읽고 물음에 답하시오. `15학년도 6월B`

보기 1

[작문 상황]
- **작문 과제** : 수업 시간에 연설을 듣고, 같은 화제에 대하여 다른 관점으로 논설문 쓰기
- **연설 내용** : 고령화 사회의 소외된 노인들에 대한 관심과 효 문화의 회복 촉구
- **수립한 논지의 방향** : 노인들의 사회 참여와 경제적 자립을 통한 고령화 사회의 문제 해결
- **선생님이 알려 주신 유의 사항**

> "논설문은 어떤 사실이나 현상, 가치 등에 대해 자신의 주장을 논리적으로 서술해 독자를 설득하는 글입니다. 자신의 의견이나 관점은 명확하고 타당하게 설정하고, 내용은 참신하게 구성해야 합니다. 단, 관련된 개념은 명확히 한정해 사용하고 표현은 정확하게 하며 객관적 설명을 적절히 사용하여 불필요한 논란을 방지해야 합니다. 논문과 달리 일반적인 독자를 대상으로 시사적인 내용을 다루는 경우가 많다는 점도 특징입니다."

[활용할 자료]
(가) 노인 일자리 사업 추진 현황(○○개발원, 2012)

내용 \ 유형	사회 공헌형 (공공 분야)	시장 진입형 (민간 분야)
운영 방식	전액 정부 예산으로 급여 지급 - 1인당 20만 원, 7개월간	정부 보조금 일부와 사업 소득으로 급여 지급 - 연중 운영
주목적	사회 참여 동기 충족	생계비 확보 욕구 충족
일자리 창출 실적	194,480개(88.3%)	25,866개(11.7%)

(나) 노인 일자리 관련 연구 결과(○○연구원, 2012)

고령 근로자의 근로 목적	경제적 안정	65%
	사회 참여 및 기타	35%

민간 분야 부진의 주요 요인
• 초기 투자비와 고객 및 수요처 관리비 부담
• 지자체의 전담 기관과 전담 인력 부족
• 소비자가 선입견으로 인해 노인 참여 사업체에서 제공하는 서비스나 제품을 기피하는 경향

(다) 전문가 의견
　　노인들이 일자리를 갖게 되면 소득 보장과 사회 참여로 인해 건강이 증진되고 자존감이 고취되면서 삶의 질이 향상됩니다. 이는 부양비, 의료비 등으로 인한 사회적 비용과 세대 간 갈등을 줄이는 효과까지 불러올 수 있죠. 그런데 공공 분야의 노인 일자리로는 노인의 경제적 자립을 돕는 데 한계가 있으므로, 노인들이 시장에 진입하여 실질적인 자립을 도모할 수 있도록 민간 분야를 더욱 활성화시켜야 합니다.

보기 2

1. 서론 ·· ㉠
2. 노인 일자리 사업의 필요성 ······························ ㉡
2. 노인 일자리 사업의 실태
　- 노인 일자리 사업의 유형과 현황 ················ ㉢
　- 노인 일자리 사업의 한계와 시사점 ············· ㉣
4. 노인 일자리 사업의 실효성 증대 방안 ············· ㉤
5. 결론

29 〈보기 1〉에 주목하여, 작문 과제를 수행하는 과정에서 고려할 사항으로 적절하지 **않은** 것은?

① 글의 종류와 화제의 성격을 참작하여 비전문가 독자도 관심을 가질 수 있는 내용을 다룬다.
② 고령화 사회에 대한 자신의 관점을 수립하기 위해 자료 수집 단계에서 수집할 자료는 동일한 관점의 것들로 제한한다.
③ '고령화 사회', '노인 일자리 사업', '사회 공헌형', '시장 진입형' 등은 그 개념을 명확히 정립한 뒤 사용한다.
④ 고령화와 관련된 문제의 해결 방안은 참신한 내용으로 제시하되 예상되는 반론을 고려해 논거를 마련한다.
⑤ 중심 내용은 주장과 논거를 기본 형식으로 하여 서술하되 논거가 되는 자료를 제시하는 부분에서는 설명의 방식도 활용한다.

30 〈보기 1〉을 활용하여 〈보기 2〉를 구체화하는 방안으로 적절하지 **않은** 것은?

① ㉠에서는 수업 시간에 들은 연설 내용을 활용하되, 노인들의 자립적 삶을 중요시하는 관점을 언급하며 논의의 배경을 제시해야겠어.
② ㉡에서는 (다)를 활용하여, 노인 개인의 차원과 사회적 차원에서 노인 일자리 사업의 필요성을 제시해야겠어.
③ ㉢에서는 (가)를 활용하여, 노인 일자리 사업이 두 가지 측면에서 추진되고 있으나 불균형을 이루고 있다는 내용을 중심으로 현황을 제시해야겠어.
④ ㉣에서는 (가)와 (나)를 활용하여, 노인 일자리 사업의 한계와 함께 일자리에 대한 노인들의 인식을 생계 수단에서 사회 참여 수단으로 변화시켜야 할 필요성을 제시해야겠어.
⑤ ㉤에서는 (나)와 (다)를 활용하여, 민간 분야 활성화에 초점을 맞춰 관련 사업체에 대한 예산 지원 강화, 전담 기관과 인력 확충, 일반 시민에 대한 광고와 홍보 지원 등을 제시해야겠어.

31 〈보기 1〉의 작문 상황을 고려할 때, 〈보기 2〉의 결론에 들어갈 핵심 내용으로 가장 적절한 것은?

① 미래 우리나라의 고령 사회 진입 가능성에 대한 다양한 논의의 의의
② 소외된 노인을 위한 사회 안전망 구축과 우리 사회의 효 문화 회복 촉구
③ 일자리 창출을 통한 지역별, 계층별 소득 격차 해소 방안에 대한 제언
④ 노인들이 일자리를 가지고 활기찬 노년의 삶을 살 수 있는 미래 우리 사회의 전망
⑤ 배려와 나눔의 정신으로 세대 간 갈등을 해소하고 화합을 이룰 수 있는 사회 풍토 강조

[32~33]

다음을 읽고 물음에 답하시오. `15학년도 6월AB`

(가) 학생의 작문 과제 수행 일지

• **예상 독자**: 교지를 읽을 학교 친구들
• **글감 선정**: 학교 친구들에게는 낯설 수 있으나 문화유산으로서 가치 있는 '잡상'이란 글감을 택하여 글을 써야겠다.
• **글 쓰는 목적**: 잡상을 잘 모르는 학교 친구들에게 소개하여 잡상의 문화적 가치를 알려야겠다.
• **자료 수집**: 잡상의 특징과 관련된 자료를 수집해야겠다.
• **글의 구성과 표현 전략**
　정보의 특성을 고려하여 정의와 예시 등의 방법을 통해 잡상을 설명하고, 시간의 흐름에 따라 구성하기보다는 아래와 같이 글을 구성해야겠다.

┌─ **첫 번째 단락**: 잡상의 개념을 정의해야겠다.
├─ **두 번째 단락**: 잡상의 다양한 형상을 예시하고 잡상을 지붕 위에 올리는 이유를 설명해야겠다.
└─ **마지막 단락**: ㉠ 잡상의 가치를 제시하고, 문화유산에 대한 관심을 갖도록 요구하며 끝맺어야지. 전달의 효과를 높이기 위해 직유법을 활용해야겠다.

(나) 학생의 초고

　궁궐을 자주 다녀 본 친구들도 궁궐 지붕 위에 있는 작은 조형물을 무엇이라 부르는지 잘 모를 것입니다. 이런 조형물들을 잡상이라 부르는데요, 잡상은 전통 문  화유산으로서 주로 궁궐 지붕 위에 올리는 장식물을 뜻합니다.

　잡상은 건물 규모에 따라 다르지만, 보통 여러 개를 동시에 지붕 위에 올리는데 그 형상이 매우 다양합니다. 예를 들어 봉황이나 용, 해태와 같은 전설 속의 동물도 있고 서유기에 등장하는 손오공, 저팔계, 사오정처럼 친숙한 것도 있습니다. 지붕 위에 잡상을 올리는 이유는 잡상이 궁궐에 행운을 불러오고 화재로부터 궁궐을 보호해 준다는 믿음 때문이었습니다. 선조들이 집에 처용의 그림을 걸어 나쁜 것으로부터 가정을 보호하려 했던 것과 유사한 의미가 담겨 있습니다.

㉡

32 (가)와 (나)를 통해 알 수 있는 작문의 특성으로 적절하지 <u>않은</u> 것은?

① 독자를 학교 친구들로 한정한 것에서, 작문은 예상 독자를 고려하는 행위임을 알 수 있다.
② 잡상과 관련된 자료를 수집한 것에서, 작문은 글감과 관련된 내용을 생성하는 행위임을 알 수 있다.
③ 정의, 예시 등을 통해 잡상을 설명한 것에서, 작문은 정보 제시 방법을 고려하는 행위임을 알 수 있다.
④ 시간의 흐름에 따라 글을 구성한 것에서, 작문은 소재에 따라 내용 구성 방법을 달리하는 행위임을 알 수 있다.
⑤ 문화적으로 가치가 있는 잡상을 선정하여 소개한 것에서, 작문은 목적을 고려하여 글을 쓰는 행위임을 알 수 있다.

33 ㉠을 참고하여 (나)의 마지막 단락을 작성하고자 한다. ㉡에 들어갈 내용으로 가장 적절한 것은?

① 잡상은 길가의 들꽃처럼 우리 눈에 잘 띄지는 않지만, 궁궐의 안녕을 기원하는 선조들의 마음을 담은 소중한 문화유산입니다. 이런 문화유산에도 관심을 기울일 필요가 있습니다.
② 지금도 궁궐 지붕 위에는 잡상들이 열병식을 하듯이 일렬로 늘어서서 궁궐을 지키고 있습니다. 잡상에는 나라의 근간인 궁궐을 보호하고자 했던 선조들의 마음이 깃들어 있습니다.
③ 잡상들은 마치 지붕 위에서 궁궐 안의 이야기에 귀를 기울여 엿듣고 있는 것 같습니다. 잡상을 보고 있으면 그들이 간직하고 있는 궁궐의 비밀을 우리에게 전해 주는 것 같습니다.
④ 궁궐과 잡상은 큰 것과 작은 것이 조화를 이루어 아름다움을 보여 줍니다. 궁궐과 잡상은 우리 주변에서 쉽게 볼 수는 없지만, 조화의 정신을 보여 주는 문화유산으로서 가치가 높습니다.
⑤ 잡상은 고궁을 찾는 사람들을 언제나 반갑게 맞이합니다. 이러한 잡상에는 이웃을 사랑하는 선조들의 정신이 깃들어 있습니다. '온고지신'의 자세로 선조들의 가르침을 이어 가야겠습니다.

[34~36]
(가)는 일기이고, (나)는 학교 신문의 '독자 의견란'에 싣기 위해 쓴 글의 초고이다. 물음에 답하시오. **15학년도 9월A**

(가)

　　오늘 우리 지역의 ○○마을 「향토 음식 요리 교실」에 처음으로 다녀왔다. 사실 나는 향토 음식이 뭔지도 잘 몰랐는데, 오늘 배운 밀국수를 통해 향토 음식에 대한 생각이 많이 바뀌었다. 겉보기엔 한 그릇의 소박한 음식이지만, 그 속에 담긴 꾸밈없는 맛과 정성에서 따뜻함이 느껴졌다. 그리고 향토 음식을 배우는 것은 우리의 ⓐ <u>전통을 계승</u>하는 것이라고 하신 할머니의 말씀에, 지금껏 향토 음식에 무관심했던 나를 되돌아보게 되었다.

(나)

　　흔히들 '향토 음식'이라고 하면 옛날부터 전해 내려온 전통 음식을 떠올릴 것이다. ㉠ <u>그러나 향토 음식은 전통 음식보다 좁은 개념으로, 각 지역의 특산물을 재료로 하여 만들어진 그 지방 고유의 음식을 말한다.</u> 해당 지역에서 생산된 재료로 만들 뿐만 아니라 조리 방법에 있어서도 그 지역 사람들이 살아온 모습을 담고 있기 때문에 향토 음식은 그 지역 고유의 음식 문화를 이룬다고 할 수 있다.

　　㉡ <u>그리고 요즘 청소년들은 이런 향토 음식에 대해 제대로 알고 있지 못하며 이에 관심을 가질 생각도 없는 것으로 보인다.</u> 지난 달 우리 지역 고등학생을 대상으로 한 향토 음식 선호도 설문 조사에서 "가장 좋아하는 우리 지역 향토 음식이 무엇입니까?"라는 질문에 대해 "우리 지역 향토 음식이 무엇인지 잘 모른다."라고 응답한 학생이 대다수를 차지했던 것이다. 나는 이 결과를 접하고서 이제라도 향토 음식에 관심을 가지고 그것을 배워야겠다는 생각을 하게 되었다.

　　그래서 나는 친구들과 주말에 ○○마을에서 열리는 「향토 음식 요리 교실」에 다니고 있다. ㉢ <u>주말에 함께 시간을 내는 것은 쉬운 일이 아니다.</u> 지난 주말에는 밀국수 만드는 법을 배우면서, 할머니들로부터 이 지역 밀국수에 대한 이야기를 들을 수 있었다. ○○마을은 지역 특성상 논농사가 어려워 쌀 대신 밀을 많이 먹었고, 이웃과 함께 국수를 만들어 먹으며 정을 나누었다. 또, 양념을 많이 쓰지 않은 자연 그대로의 담백한 맛은 우리 지역 사람들의 ㉣ <u>활기찬</u> 마음과 닮아 있다고 했다. 우리는 이런 이야기를 들으며, 향토 음식을 배우는 것은 그 지역의 요리만 배우는 것이 아니라 그 지역에서 이어져 온 문화와 정신을 배우는 것임을 알게 되었다.

　　이처럼 우리 청소년들이 ⓑ <u>향토 음식에 관심을 갖는 것</u>은 사라져 가는 우리의 식문화를 지킴으로써 전통을 계승하는 계기를 마련한다는 데에 의의가 있다. 또한 향토 음식에 대한 관심은 지역 공동체의 조화를 이루어 내는 데에도 ㉤ <u>참여</u>할 것이다.

[A]

---

34 (가)와 (나)에 나타난 글쓰기 전략에 대한 설명으로 가장 적절한 것은?

① (가)는 (나)와 달리 대상에 대한 개념을 정의함으로써 논의의 범위를 한정하고 있다.
② (가)는 (나)와 달리 자신의 체험이 지닌 한계에 대해 비판함으로써 주제를 강조하고 있다.
③ (나)는 (가)와 달리 문제 상황에 관한 해결 방안을 제시함으로써 논의를 전개하고 있다.
④ (나)는 (가)와 달리 자신의 의견과 타인의 의견을 대비함으로써 자기 주장의 타당성을 부각하고 있다.
⑤ (가)와 (나) 모두 현상을 분석한 설문 자료를 활용함으로써 자신의 논지를 강화하고 있다.

35 (나)의 [A]에 들어갈 글을 작성하고자 할 때, 〈조건〉에 따라 쓴 것으로 가장 적절한 것은?

> **조건**
> ◦ (가)의 ⓐ와 관련하여 향토 음식의 가치를 제시할 것.
> ◦ 속담을 적절히 활용하여 (나)의 ⓑ를 유도할 것.

① 향토 음식은 예로부터 전해 내려온 음식으로서 현재의 식문화를 성찰하게 하는 거울이다. 따라서 이를 널리 알리기 위해 향토 음식을 적극적으로 홍보하는 노력을 해야 한다.
② 향토 음식은 청소년의 관심이 없다면 사라질 수밖에 없다. 뚝배기보다 장맛이라는 말이 있듯이 향토 음식은 우리 전통 문화의 정체성을 형성하는 기반이 될 수 있을 것이다.
③ 향토 음식은 우리 전통을 이어 갈 소중한 유산 중 하나이다. 티끌 모아 태산이 되듯 향토 음식에 대한 청소년의 작은 관심들이 모인다면 향토 음식은 우리의 자랑으로 자랄 것이다.
④ 향토 음식에 대한 현재의 관심은 우리 식문화의 미래를 여는 길이다. 우물가에서 숭늉을 찾을 수 없는 것처럼 향토 음식을 그대로 유지하기만 하는 데에 급급해서는 안 될 것이다.
⑤ 향토 음식의 전통에 의문을 갖고 소홀히 여기는 것은 다 된 밥에 재 뿌리는 격이다. 우리 향토 음식의 발전을 위해서는 외국의 훌륭한 식문화와 융합하려는 자세가 필요할 것이다.

36 ㉠~㉤을 고쳐 쓰기 위한 방안으로 적절하지 <u>않은</u> 것은?

① ㉠ : 내용의 연결이 자연스럽지 못하므로 바로 뒤의 문장과 순서를 교체한다.
② ㉡ : 접속어의 사용이 잘못되었으므로 '그런데'로 수정한다.
③ ㉢ : 글의 흐름과 어긋나는 문장이므로 삭제한다.
④ ㉣ : 의미상 어울리지 않으므로 '소박한'으로 고친다.
⑤ ㉤ : 문맥상 부적절한 단어이므로 '기여'로 바꾼다.

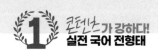
[37~39]

다음을 읽고, 물음에 답하시오. **15학년도 9월B**

(가) 고등학생의 작문 과제 수행 일지

・**예상 독자** : 학교 신문을 읽을 학교 친구들 ····················· ㉠
・**글을 쓰게 된 배경** : 카페인을 과다 섭취하면 부작용이 있음에도 불구하고 학교 친구들이 커피를 자주 마시고 있음. ····················· ㉡
・**글을 쓰는 목적** : 카페인 섭취에 대한 정확한 정보를 바탕으로 친구들이 카페인을 과다 섭취하지 않게 설득함. ····················· ㉢
・**기타 유의 사항** : 선생님께서 글쓰기에 대해 평소에 강조하시는 점 중 다음 사항은 이번 글에서 꼭 반영하고자 함.
  1. 문단의 화제가 명료하게 드러나야 함. ····················· ㉣
  2. 상황이 구체적으로 진술되어야 함. ····················· ㉤

(나) 학생의 초고

　카페인은 비교적 안전한 물질로, 적당량을 섭취하면 졸음이 가시고 피로감이 덜해지는 등의 효과가 있다. 그러나 허용량을 초과하여 섭취하면 불면증, 신경과민 등 각종 부작용을 일으킬 수 있다. 특히 청소년은 부작용이 성인보다 심하게 나타날 수 있으므로 카페인 섭취에 유의해야 한다.

　청소년의 하루 카페인 섭취 허용량은 어느 정도일까? 식품의약품안전처에서는 하루 카페인 섭취량이 체중 1kg당 2.5mg을 넘지 않도록 권하고 있다. 체중 50kg인 청소년의 경우 카페인 섭취량이 하루에 125mg을 넘지 않도록 하라는 것이다.

　그렇다면 125mg은 어떤 식품을 얼마나 먹으면 섭취하게 되는 양일까? 식품의약품안전처의 조사에 따르면 청소년들이 카페인을 주로 섭취하게 되는 식품은 탄산음료(에너지 음료, 콜라 등)와 커피류이다. 이들 식품의 카페인 평균 함유량을 살펴보면, 에너지 음료 한 캔(250㎖)에는 62.5mg, 콜라 한 캔(250㎖)에는 23mg, 커피 한 캔(175㎖)에는 84.4mg이 들어 있다. 체중이 50kg인 청소년이 하루에 에너지 음료 두 캔을 마시면 식품의약품안전처의 섭취 허용량에 이르게 되는 셈이다.

[A]
　그런데 탄산음료나 커피류뿐만 아니라 청소년이 즐겨 먹는 초콜릿이나 과자, 사탕 등에도 카페인이 들어 있다는 점에 유의해야 한다. 초콜릿 30g짜리 한 개에는 16mg의 카페인이 들어 있어서 체중이 50kg인 청소년이 커피 한 캔과 콜라 한 캔을 마시고 초콜릿 두 개를 먹으면 섭취 허용량을 초과하게 된다. 청소년들이 일상생활에서 무심코 간식을 먹고 음료를 마시다가 자신도 모르는 사이에 카페인의 하루 섭취 허용량을 넘길 수 있다는 것이다.

[B]

37 (가)를 바탕으로 글을 쓰기 위해 세운 계획으로 (나)에 반영되지 <u>않은</u> 것은?

① ㉠을 고려하여 청소년에 초점을 맞추어 정보를 제시한다.
② ㉡을 드러내기 위해 청소년의 카페인 과다 섭취 실태로 글을 시작한다.
③ ㉢을 효과적으로 달성하기 위해 신뢰할 수 있는 자료를 찾아 제시한다.
④ ㉣을 반영하기 위해 일부 문단은 질문의 방식을 통해 화제를 드러낸다.
⑤ ㉤을 반영하기 위해 독자들이 경험할 수 있는 상황을 예로 제시한다.

38 〈보기〉의 '자료 해석'을 활용하여 (나)의 [A]를 보완하기 위한 방안으로 가장 적절한 것은?

보기

※ **자료** : 식품의약품안전처 고시(2013)에서 알게 된 내용
카페인 함유량이 기준치(1㎖당 0.15mg) 이상인 액체 식품은 포장 용기에 '고카페인 함유' 여부와 '카페인 함유량(mg)'을 표시해야 한다.

▼

※ **자료 해석** : 카페인 함유 식품 중 일부 액체 식품의 포장 용기에서는 카페인 함유량을 확인할 수 없다.

① 초콜릿이나 과자, 사탕 등에도 카페인이 들어 있다는 점에 유의해야 한다는 내용을 뒷받침하는 근거로 활용한다.
② 체중 50kg인 청소년의 카페인 하루 섭취 허용량을 체중 60kg인 청소년의 경우로 환산하여 제시하기 위한 기준으로 활용한다.
③ 청소년들이 일상생활에서 자신도 모르는 사이에 카페인을 과다 섭취할 가능성이 있다는 내용을 강조하기 위한 근거로 활용한다.
④ 카페인이 함유된 액체 식품 중에서 포장 용기에 카페인 함유량이 표시되지 않은 것만 섭취해야 한다는 주장을 덧붙이기 위한 근거로 활용한다.
⑤ 포장 용기에 카페인 함유량이 표시되어 있지 않은 액체 식품에 들어 있는 카페인은 부작용을 일으키지 않는다는 주장을 추가하기 위한 근거로 활용한다.

39 (나)의 [B]에 결론을 쓰고자 할 때, 〈조건〉에 맞추어 쓴 것으로 가장 적절한 것은?

조건

・글의 목적과 흐름을 고려하여, 독자가 유의할 점을 제시할 것.
・설득의 효과를 높이기 위해 대조의 방법을 사용할 것.

① 요컨대 초콜릿이나 과자, 사탕 등에 카페인이 들어 있다는 점에 유의해야 한다는 것이다. 즉 카페인은 가급적 섭취하지 않도록 해야 하므로 어떤 식품에 카페인이 들어 있는지를 잘 알아야 한다.
② 정리하자면 하루에 섭취하는 식품에 들어 있는 카페인의 총량이 문제라는 것이다. 이제부터라도 자신의 카페인 하루 섭취량이 하루 섭취 허용량을 넘기지 않도록 각별히 유의하여 자신의 건강을 스스로 지키자.
③ 정리하자면 청소년과 성인에게 일어나는 카페인의 부작용이 어떻게 다른지 잘 알아야 한다는 것이다. 자신에게 일어날 수 있는 부작용을 잘 알면 카페인을 덜 섭취하겠지만 잘 모르면 카페인을 과다 섭취할 위험이 높아지기 때문이다.
④ 요컨대 하루에 섭취하는 각 식품에 함유된 카페인 양의 합이 하루 섭취 허용량을 넘지 않도록 유의해야 한다는 것이다. 아무 생각 없이 카페인을 섭취하다가 부작용에 시달리는 것과 조금 더 유의하여 건강을 보호하는 것 중 무엇을 택하겠는가?
⑤ 요컨대 성인들이 커피를 자주 마시는 것을 보고 청소년들이 무심코 성인들을 따라 하지 않도록 해야 한다는 것이다. 어른과의 차이점을 인식하고 자신의 건강을 지키는 길과 어른 흉내를 내다가 부작용으로 고생하는 길 중 어느 쪽으로 가겠는가?

[40~41]
다음은 자문 상황과 그에 따라 학생이 작성한 글이다. 물음에 답하시오.

15학년도 9월AB

[작문 상황]
· **글의 목적** : 교지에 자신의 꿈을 소개하는 글을 싣고자 함.
· **예상 독자** : 교지를 읽을 친구들과 후배들

[학생의 글]
　내 꿈은 공간 디자이너가 되는 것이다. 공간 디자이너는 건축, 토목, 조경, 기술 공학을 함께 고려하여, 사람들을 행복하게 만들기 위해 공간을 새롭게 창조하는 사람이라고 할 수 있다.

　내가 이 꿈을 갖게 된 것은 '피아노 계단' 이야기를 접하고부터다. 어느 도시의 한 지하철역에는 다양한 색깔로 채색된 피아노 건반 모양의 계단이 있다. 일단 그 모양만으로도 사람들의 시선을 끄는 이 계단에는 재미있는 요소가 또 있다. 이 계단에는 오르는 사람들의 운동량을 자동으로 측정하는 장치가 있으며, 에스컬레이터를 이용하지 않음으로써 절약되는 전기료가 기부금으로 누적되는 것을 확인하게 해 주는 전자 간판도 달려 있다. 사람들이 자신의 건강도 지키고 보람도 느끼게끔 하여 계단을 이용하도록 재치 있게 유도한 것이다. 이러한 아이디어를 구상하여 공간을 새롭게 바꾸어 낸 사람이 바로 공간 디자이너이다. 그는 주목받지 못했던 공간에 다양한 요소들을 통합하여 새로운 의미를 부여하고, 사람들에게 기쁨을 제공한 것이다.

　나는 이 이야기를 접하고 우리 주변에도 이런 사례가 있는지 궁금해졌다. 실제로 주변에는 그런 공간들이 적지 않음을 알게 되어 그중 몇몇 곳을 찾아가 보기도 했다. 이 과정을 거쳐 공간 디자이너가 하는 일에 깊은 매력을 느끼게 되어, 나도 사람들의 행복을 이끌어 낼 수 있는 아이디어로 공간을 창조해 내는 사람이 되고 싶다는 꿈을 갖게 된 것이다.

　이후 나는 내 꿈을 이루기 위해 진학 계획을 세웠고, 공간 디자이너가 되기 위해 꾸준히 노력하고 있다. 먼 훗날 내가 디자인한 공간 속에서 사람들이 행복해하는 모습에 미소 짓고 있는 나를 그려 보며, 오늘도 나는 내 꿈에 한 발 더 다가가려 한다.

40 '학생의 글'에서 활용된 내용 전개 방식으로 가장 적절한 것은?

① 공간 디자이너가 하는 일의 특성을 드러내기 위해 다른 직업과의 차이점을 대조하여 제시한다.
② 공간 디자이너가 하는 일의 어려움을 부각하기 위해 아이디어를 구체화하는 과정을 단계별로 제시한다.
③ 공간 디자이너라는 직업의 필요성을 드러내기 위해 현대 사회에서 이 직업이 필요한 이유를 열거하여 제시한다.
④ 공간 디자이너가 창조한 공간의 아름다움을 강조하기 위해 공간 디자인 작품의 미적 구성 원리를 분석하여 제시한다.
⑤ 공간 디자이너가 되겠다는 꿈을 갖게 된 계기를 보여 주기 위해 자신에게 깊은 인상을 준 공간 디자인 작품을 예로 들어 제시한다.

41 다음은 교지 편집장이 이메일로 보내온 수정 요청 사항이다. 이를 고려하여 학생이 자신의 글을 고쳐 쓰기 위해 세운 계획으로 적절하지 <u>않은</u> 것은?

┌─────────────────────────────┐
원고 수정 요청 사항

· 글의 내용에 어울리는 제목을 선정할 것.
· 글의 내용 이해에 도움이 되는 시각 자료를 추가할 것.
· 직접 찾아가 본 공간 디자인 작품의 위치 정보를 제공할 것.
· 꿈을 이루기 위해 현재 노력하고 있는 내용을 추가할 것.
· 진학 계획을 수립하는 데 도움이 될 만한 내용을 안내할 것.
└─────────────────────────────┘

① 글에 언급한 공간 디자이너의 역할과 나의 꿈을 연결하는 제목을 제시하자.
② 피아노 계단을 이용하는 사람들의 모습이 담긴 사진을 첨부하자.
③ 우리 주변에서 환경과 어울리도록 새롭게 디자인할 필요가 있는 공간의 위치 정보를 소개하자.
④ 공간 디자이너에게 요구되는 능력을 키우기 위해 관련 영역의 책을 읽고 있다는 내용을 추가하자.
⑤ 진학 계획을 세울 때 도움을 얻었던 인터넷 사이트를 안내하자.

[42~44]

다음을 읽고 물음에 답하시오. 15학년도 수능A

(가) 작문 상황

슈퍼마켓에 가면 일부 식재료에 친환경 농산물 인증 표시가 되어 있는 것을 볼 수 있다. 친환경 농산물은 최근 사회적으로도 주목받고 있는데, 나뿐만 아니라 친구들도 친환경 농산물 인증 표시가 무엇인지, 친환경 농산물 인증 표시들의 차이가 무엇인지 잘 모르고 있었다. 친환경 농산물 인증 표시에는 어떤 종류가 있고, 또 그렇게 나누는 기준이 무엇인지 궁금했다. 그래서 자료를 조사하여 친환경 농산물 인증 표시에 대해 잘 모르는 사람들과 친구들에게 관련 정보를 알리는 글을 쓰기로 했다.

(나) 학생의 초고

슈퍼마켓에서 파는 농산물을 보면 오른쪽 그림과 같은 표시를 볼 수 있다. 이 표시는 친환경 농산물 인증

표시 제도에 의한 것인데, 이들이 어떤 차이가 있는지 잘 모른 채 친환경 농산물을 구입하거나 먹는 사람들이 많다.

[A]

친환경 농산물 인증 표시 제도의 도입은 환경 보전과 건강에 대한 사회적 관심이 높아진 데 따른 것이다. 친환경 농산물 소비가 계속 늘고 있는 데 비해 친환경 농산물에 대한 소비자들의 인식은 '농약이나 화학 비료를 적게 사용한 농산물' 정도에 그치고 있다. 이는 소비자들이 친환경 농산물 인증 표시의 종류와 분류 기준에 대해서 잘 모르기 때문이다. 친환경 농산물 인증 표시에는 어떤 종류가 있으며 분류 기준은 무엇일까?

친환경 농산물과 일반 농산물은 외관상 차이가 없기 때문에 친환경 농산물에 인증 표시가 ㉠ 부착할 수 있도록 하고 있다. 이 인증 표시는 세 가지로 ㉡ 나뉘어진다. 유기농 인증 표시는 유기 합성 농약과 화학 비료를 사용하지 않고 생산된 농산물임을 뜻한다. ㉢ 그러나 무농약 인증 표시는 유기 합성 농약을 사용하지 않고 화학 비료는 권장량의 1/3 이하로 사용하여 생산된 농산물을 가리킨다. 마지막으로 저농약 인증 표시는 유기 합성 농약을 농약관리법에 따른 안전 사용 ㉣ 기준에 1/2 이하로, 화학 비료는 권장량의 1/2 이내에서 사용하되 제초제는 사용하지 않고 생산된 농산물에 붙인다. 단, 저농약 농산물에 대한 신규 인증은 중단되었고 이미 인증을 받은 농산물에 한해 2015년까지만 유효 기간을 연장해 주고 있다.

이러한 친환경 농산물 인증 표시의 종류와 분류 기준에 대해 바르게 알고 소비하는 것이 환경 보전과 건강에 대한 관심을 ㉤ 실감하는 길이다.

---

42 (가), (나)를 통해 알 수 있는 작문의 특성으로 적절하지 않은 것은?

① 글쓰기 전부터 지니고 있었던 배경 지식은 배제한다.
② 의미 있는 내용을 바탕으로 독자와 소통하려는 활동이다.
③ 글의 화제는 개인적 성격뿐만 아니라 사회적 성격도 지닌다.
④ 내용 전달의 효과를 높이기 위해 매체 자료를 활용하기도 한다.
⑤ 일상생활에서 파악한 문제를 이해하고 해결하기 위한 활동이다.

43 다음은 [A]를 쓰는 과정에서 세운 글쓰기 계획과 그 계획을 점검·조정한 결과이다. [A]에 비추어 볼 때, ⓐ~ⓔ 중 가장 적절한 것은?

글쓰기 계획		점검·조정의 결과
환경 보전과 건강에 대한 소비자들의 관심을 중심으로 친환경 농산물 인증 표시 제도가 등장한 배경을 설명해야겠어.	→	독자들은 인증 표시 제도가 등장한 배경에는 관심이 없을 것이므로 등장 배경은 설명하지 않았다. …………… ⓐ
친환경 농산물 소비가 느는 것에 비해 공급이 부족하다는 설문 조사 결과를 제시하며 문제점을 거론해야겠어.	→	글의 목적을 고려할 때, 조사한 결과가 내용의 통일성을 해치므로 그 대신 인증 표시에 대한 소비자 인식을 문제점으로 거론했다. …………… ⓑ
친환경 농산물 인증 표시의 종류와 분류 기준을 글의 화제로 제시해야겠어.	→	인증 표시의 종류와 분류 기준은 글의 첫 문단에서 설명했으므로 인증 표시 제도 운영의 의의를 서술했다. …………… ⓒ
친환경 농산물 인증 표시의 종류를 설명하면서 그렇게 나누는 기준도 함께 설명해야겠어.	→	인증 표시 제도의 신뢰성에 의문을 제기하는 경우가 있으므로 심사 통과의 어려움을 분류 기준과 함께 설명했다. …………… ⓓ
친환경 농산물 인증 표시의 종류와 분류 기준을 바르게 아는 것의 의의를 제시하며 마무리해야겠어.	→	인증 표시 제도의 한계와 문제점이 있으므로 이들을 해결하기 위한 방안 마련의 필요성을 제시하며 마무리했다. …………… ⓔ

① ⓐ
② ⓑ
③ ⓒ
④ ⓓ
⑤ ⓔ

44 (나)의 ㉠~㉤을 고쳐 쓰기 위한 방안으로 적절하지 않은 것은?

① ㉠ : 문장 성분의 호응을 고려하여 '부착될'로 고친다.
② ㉡ : 피동 표현이 중복되었으므로 '나뉜다'로 고친다.
③ ㉢ : 문장의 연결 관계가 어색하므로 '그런데'로 고친다.
④ ㉣ : 조사의 사용이 잘못되었으므로 '기준의'로 고친다.
⑤ ㉤ : 문맥상 부적절한 단어이므로 '실천하는'으로 고친다.

[45~47]

다음을 읽고 물음에 답하시오. 15학년도 수능R

[작문 과제] 시사적 화제에 대해 조사하여 글 쓰기

[학생의 초고]

밥상에 오르는 곡물이나 채소가 국내산이라고 하면 보통 그 종자도 우리나라의 것이라고 생각하기 쉽다. 하지만 실상은 벼, 보리, 배추 등을 제외한 많은 작물들의 종자를 수입하고 있어 그 자급률이 매우 낮다고 한다. 양파, 토마토, 배 등의 종자 자급률은 약 16%, 포도는 약 1%에 불과할 정도다. 또한 청양고추 종자는 우리나라에서 개발했음에도 현재는 외국 기업이 그 소유권을 가지고 있다. 국내 채소 종자 시장의 경우 종자 매출액의 50%가량을 외국 기업이 차지하고 있다는 조사 결과도 있다.

이런 상황이 지속될 경우, 우리 종자를 심고 키우기 어려워질 것이고 종자를 수입하거나 로열티를 지급하는 데 지금보다 훨씬 많은 비용이 들어가는 상황도 발생할 수 있다. 또한 전문가들은 세계 인구의 지속적인 증가와 기상 이변 등으로 곡물 수급이 불안정하고, 국제 곡물 가격이 상승하는 상황을 감안할 때, 결국에는 종자 문제가 식량 안보에 위협 요인으로 작용할 수 있다고 지적한다.

이러한 상황을 초래한 원인으로는 일단 그동안 우리나라의 여러 종자 기업들이 외국 기업에 인수되면서 상당수 우리 종자의 소유권과 우수 육종 기술도 함께 넘어간 사실을 들 수 있다. 하지만 근본적 원인은 우리가 종자와 종자 산업의 중요성을 인식하지 못하여 경쟁력 있는 종자 기업 육성에 소홀했다는 데 있다.

㉠ 따라서 국내 종자 기업을 정책적으로 지원하여 종자 개발에 뛰어난 능력을 갖춘 기업을 육성해야 한다.

이처럼 종자 산업은 식량 안보 면에서만이 아니라 경제적인 면에서도 중요한 산업이다. 세계적으로 종자 시장이 확대되고 있고 생명 공학과의 접목을 통하여 향후 고부가가치 창출 산업으로의 성장 가능성이 높아지는 등, 종자 산업의 전망은 매우 밝다. 그러므로 장기적인 안목에서 종자 산업을 발전시켜 나가야 한다.

---

45 학생의 초고에 사용된 글쓰기 전략으로 적절하지 **않은** 것은?

① 현재의 문제 상황을 드러내기 위해 이와 관련한 조사 결과를 사례로 든다.

② 문제 해결의 필요성을 강조하기 위해 현 상황이 지속될 경우 미래에 발생할 수 있는 일의 심각성을 부각한다.

③ 현 상황에 대한 독자의 이해를 돕기 위해 상황 발생의 원인을 분석하여 제시한다.

④ 논지의 타당성을 강화하기 위해 과거의 정책과 자신이 내세운 대안을 비교하여 제시한다.

⑤ 주장의 설득력을 높이기 위해 화제에 대한 긍정적 전망을 제시한다.

46 〈보기〉를 활용하여 〈조건〉에 따라 ㉠을 수정·보완한 것으로 가장 적절한 것은?

보기

(가) 국내 종자 기업의 종자 개발 기술력이 선진국 종자 기업의 기술력보다 크게 뒤떨어져 있음에도 품종 개발에 대한 투자 수준은 낮은 것으로 조사되었다. 외국의 최대 종자 기업의 경우, 연구 개발 투자액이 우리나라 종자 산업의 총 연구 개발 투자액보다 약 20배 이상 많았다.

(나) 특정 바이러스에 강한 새로운 콩 종자가 개발 보급되어 농가의 콩 수확량이 크게 늘면서 토종 종자가 밀려나고 전국의 콩 종자가 대부분 새로운 종자 한 가지로 대체되었다. 그런데 다른 바이러스가 확산되자 새 품종의 콩들이 치명적인 피해를 입으면서 전국에 콩 부족 사태가 발생했다.

조건

• (가)로부터 핵심 내용을 도출하여 ㉠을 구체화할 것.

• (나)에 드러난 현상에서 시사점을 찾아 ㉠에 추가할 것.

① 따라서 국내 종자 기업들이 해외 종자 기업과 대등하게 경쟁할 수 있으려면 기업들의 인식 변화가 필수적이다. 국내 종자 수요는 한계가 있으므로 해외 시장을 적극적으로 개척하면서 토종 종자의 고유성을 보존하는 데에도 노력해야 한다.

② 따라서 경쟁력 있는 종자 기업에 대한 집중적인 투자와 지원을 통해 연구 개발 분야의 선진화를 도모해야 한다. 다만 외래종을 도입하여 종자를 개발하면 다양한 병충해가 발생할 수 있으므로 가급적 토종 종자로 단일화하여 보급해야 한다.

③ 따라서 정책적 지원을 통해 종자 개발에 뛰어난 능력을 갖춘 기업을 육성하되 기업의 안정적인 자립을 위해 유통망을 구축해야 한다. 다만 특정 환경을 기반으로 개발된 종자는 예기치 못한 문제점이 발생할 수 있으므로 품종의 다양성을 유지해야 한다.

④ 따라서 종자 개발에 경쟁력 있는 종자 기업을 정책적으로 육성하되 연구 개발에 대한 투자와 지원을 강화해야 한다. 다만 개발된 종자의 장점만을 중시하여 종자를 획일화하는 것은 위험하므로 장기적 안목에서 다양한 종자의 개발과 확보에 노력해야 한다.

⑤ 따라서 해외 종자 기업과 대등하게 경쟁할 수 있는 우수한 종자 기업을 육성하기 위해 기업 지원 정책을 마련해야 한다. 다만 토종 종자를 연구하고 개발하는 분야에 지원하기보다는 외래 종자를 도입하고 활용하는 분야에 대한 투자와 지원을 확대해야 한다.

47 윗글의 내용을 학교에서 발표하려고 한다. 발표 전략에 따른 실행 계획으로 적절하지 <u>않은</u> 것은?

발표 전략	실행 계획
청중의 이해를 돕기 위해 발표의 화제를 명확하게 제시하며 시작한다.	→ 도입에서 '우리나라 종자 산업의 문제점과 해결 방향'이 발표의 화제임을 명시적으로 언급해야겠어. ····················· ①
청중의 관심과 참여를 유도하기 위한 상호 작용을 시도한다.	→ 흔히 먹는 곡물과 채소를 언급하며 그 종자가 어느 나라의 것이라고 생각하는지 질문하고 반응을 살펴야겠어. ··············· ②
전달 효과를 높이기 위해 통계 자료를 시각적으로 제시한다.	→ 우리나라 종자 시장을 외국에 개방함으로써 얻게 된 경제적 이익 현황을 그래프로 제시해야겠어. ······················· ③
생생한 전달을 위해 적절한 매체를 효과적으로 사용한다.	→ 전문가가 식량 안보 위협에 대하여 이야기하는 동영상 자료를 보여 줘야겠어. ········ ④
발표 내용에 대해 공감하도록 화제와 청중의 관련성을 부각한다.	→ 종자 산업이 부진할 경우 발생할 수 있는 식량 안보의 문제가 우리의 삶과 직결된다는 사실을 강조해야겠어. ··············· ⑤

48 다음은 [학생 1의 작문 과제]의 (가)를 수행하기 위해 작성한 메모이다. (나)를 고려하여 쓴 '학생 1'의 글로 가장 적절한 것은?

> ∘ '오리 토끼' 그림
> ∘ 학문 탐구에서 선입견의 위험성
> ∘ 대상에 대한 다양한 관점을 갖는 것의 중요성

① 대학에서 깊이 있는 공부를 하려면 다양한 전공을 경험해 봐야 함을 알았다. 그동안 우물 안 개구리처럼 편협한 사고를 해 왔던 스스로를 반성했다.

② '오리 토끼' 그림을 보니 얼마 전 모둠 활동 중 서로 자신들의 의견만 내세워 싸웠던 일이 떠올랐다. 친구들의 다양한 관점을 이해하지 못했던 내가 부끄러워졌다.

③ 처음엔 '오리 토끼' 그림이 오리로 보였으나 선입견 없이 다시 보니 토끼로도 보여 신기했다. 학문 탐구에서 대상을 색안경 끼고 보는 것이 얼마나 위험한 것인지를 깨달았다.

④ '오리 토끼' 그림을 보고 다양한 반응이 나오는 이유는 사람마다 관점이 다르기 때문이었다. 공부를 할 때 다양한 관점을 가지고 대상을 탐구하려는 자세가 중요함을 알게 되었다.

⑤ '오리 토끼' 그림을 보며 선입견은 자기의 생각을 자신이 만든 동굴 속에 가두는 것과 같다고 느꼈다. 스스로 정한 틀로만 대상을 보려는 태도는 학문 탐구에 장애가 되므로 다양한 탐구 관점을 지니는 것이 중요하다고 생각했다.

[48~49]
다음을 읽고 물음에 답하시오. `15학년도 수능AB`

> **[수업 상황]**
> 대학 전공 체험 교실에 다녀온 학생들에게 선생님이 작문 과제를 부여하였다.
>
> **[학생 1의 작문 과제]**
> (가) 대학 전공 체험 교실에서 가장 인상 깊었던 점을 메모해 보자.
> (나) 메모한 내용을 모두 반영하고, 비유를 활용하여 한 단락으로 써 보자.
>
> **[학생 2의 작문 과제]**
> ㉠~㉤을 고려하여 대학 전공 체험 교실에 다녀온 소감을 한 편의 글로 작성해 보자.
>
> > ㉠ 체험 활동에 참가하게 된 동기를 밝히고, ㉡ 체험의 내용을 시간적 순서에 따라 전개하며, ㉢ 체험을 통해 얻은 깨달음과 ㉣ 체험과 관련하여 대학 측에 바라는 점을 제시하고, ㉤ 체험을 권유하는 내용으로 끝맺을 것.

49 다음은 [학생 2의 작문 과제]를 수행한 '학생 2'의 글이다. ㉠~㉤ 중 반영되지 <u>않은</u> 것은?

> 얼마 전 학교에 게시된 '□□대학교 전공 체험 교실'에 대한 안내문을 보고 전공 선택에 도움을 얻고자 참가 신청을 하였다.
> 전공 체험은 오전과 오후에 걸쳐 진행되었다. 오전에는 전공 소개를 포함한 특강이 있었다. 강의실에서 교수님의 강의를 들으니 마치 대학생이 된 것 같았다. 점심 식사를 마친 후에는 전공 실습을 했다. 어떤 실습일지 궁금했는데, 대학교 선배들과 모둠을 이루어 보고서를 작성하는 것이었다. 선배들의 도움을 받아 과제를 분석한 후 계획을 세우고 글의 일부를 써 보았다. 이 과정에서 글을 잘 쓰려면 체계적인 분석력과 논리적인 사고력 그리고 창의적인 표현 능력이 필요하다는 것을 깊이 깨달았다. 이번 체험은 실제로 대학 생활을 할 때 도움이 많이 될 것 같았다.
> 이번 전공 체험 교실은 나에게 매우 의미 있었다. 전공을 미리 체험해 봄으로써 전공 선택에 대한 고민이 예전에 비해 줄었고 전공을 선택할 때 고려할 점도 생각해 볼 수 있었기 때문이다. 아직 전공 선택 문제로 고민하는 친구들이 있다면 전공 체험 교실에 참여해 보면 어떨까? 기회가 된다면 전공 체험 교실에 꼭 참여해 볼 것을 권한다.

① ㉠   ② ㉡   ③ ㉢
④ ㉣   ⑤ ㉤

[50~52]
다음을 읽고 물음에 답하시오. 16학년도 6월A

[작문 상황]
· 작문 과제 : 생활 주변의 소재를 찾아 모둠별 협동 작문하기
· 모둠원이 정한 중심 소재 : 텔레비전 요리 프로그램
· 글의 주제 : 텔레비전 요리 프로그램의 인기 이유와 그에 따른 부정적 영향

[협동 작문 과제의 초고]

　　최근 텔레비전 요리 프로그램이 높은 시청률을 기록하며 인기를 끌고 있다. 이는 대중들의 대중매체에 대한 의존성이 높아졌음을 의미한다. 이렇듯 높은 관심을 반영하여 방송가에서는 다양한 요리 프로그램을 선보이고 있다. 이 글에서는 먼저 텔레비전 요리 프로그램이 인기를 끄는 이유에 대해 살피고, 그에 따라 발생하는 부정적 영향에 대해서 살펴보고자 한다.

　　요리 프로그램의 인기 이유는 다음과 같다. 우선 요리 행위의 친숙함을 들 수 있다. 요리를 하고 음식을 먹는 것은 매일 반복되는 인간의 기본적 활동이기 때문에, 다른 사람이 요리를 하는 모습에서 시청자들은 친숙함을 느낀다. 다음으로 요리라는 소재가 가지는 매력을 들 수 있다. 요리 프로그램에서 요리가 등장하는 장면은 시청자들의 시각과 미각을 자극하여 시청자들에게 즐거움을 준다. 마지막으로 요리와 요리법에 대한 다양한 정보의 제공을 들 수 있다. 요리 프로그램은 여러 나라의 요리에 대한 정보와 전문가의 요리 비법부터 일반인들이 쉽게 따라 할 수 있는 요리법까지 다양한 정보를 제공한다.

　　그러나 요리 프로그램의 인기가 높아지면서 부정적 영향이 나타나기도 한다. 우선 불필요한 간접 광고의 노출이 많아지는 등 요리 프로그램이 점차 상업화되어 가고 있다. 또한 요리 프로그램의 인기가 높아지다 보니 다른 성격의 방송 프로그램까지도 요리 프로그램화 되어 방송 프로그램의 다양성이 점차 줄어들고 있다.

　　이처럼 요리 프로그램은 요리 행위의 친숙함, 요리라는 소재가 가지는 매력, 다양한 정보 제공 등으로 인해 인기를 얻고 있다.

[A]

[모둠원의 조언]

* 조언 1 : 첫 문단이 좀 어색한 것 같아. '작문 상황'을 고려하여 첫 문단을 수정할 필요가 있어.
　　특히 | ㉠ |
* 조언 2 : 마지막 문단이니까 앞서 언급한 내용 중 인기 이유와 그에 따른 부정적 영향을 요약하여 제시할 필요가 있어. ·············· ㉡

---

50 〈보기〉는 '협동 작문 과제의 초고'를 작성하기 전에 수집한 자료에 대해 모둠원들이 나눈 대화이다. ⓐ~ⓔ 중 '협동 작문 과제의 초고'에 활용되지 않은 것은?

보기

모둠원 1 : 수집한 글쓰기 자료를 점검해 보자. 내가 조사한 보고서에서는 ⓐ 요리와 요리법에 대한 다양한 정보 제공을 요리 프로그램의 인기 이유로 들고 있어.

모둠원 2 : 내가 조사한 특집 기사에서는 전문가의 의견을 인용하여 ⓑ 요리 행위의 친숙함과 ⓒ 요리라는 소재가 가지는 매력을 요리 프로그램의 인기 이유로 제시하고 있어.

모둠원 3 : 나는 ⓓ 요리 프로그램이 점차 상업화되어 가는 현상을 다룬 논문을 찾아왔어. 그리고 ⓔ 요리 프로그램에 심취할수록 사람들이 직접 요리를 하지 않게 된다는 점을 비판하는 의견도 있었어.

① ⓐ　　　　　　② ⓑ　　　　　　③ ⓒ
④ ⓓ　　　　　　⑤ ⓔ

51 ㉠에 들어갈 내용으로 가장 적절한 것은?

① 중심 소재를 고려하여 '텔레비전 요리 프로그램이 높은 시청률을 기록하며'를 '요리 관련 서적이 높은 판매량을 기록하며'로 수정할 필요가 있어.
② 중심 소재를 고려하여 '대중매체에 대한 의존성이 높아졌음'을 '텔레비전 요리 프로그램에 대한 관심이 높아졌음'으로 수정할 필요가 있어.
③ 중심 소재를 고려하여 '방송가에서는 다양한 요리 프로그램'을 '방송가에서는 다양한 체험 프로그램'으로 수정할 필요가 있어.
④ 글의 주제를 고려하여 '요리 프로그램이 인기를 끄는 이유'를 '요리 프로그램의 구성 방식'으로 수정할 필요가 있어.
⑤ 글의 주제를 고려하여 '그에 따라 발생하는 부정적 영향'을 '그에 따라 발생하는 긍정적 영향'으로 수정할 필요가 있어.

52 ㉡을 고려할 때, [A]에 들어갈 내용으로 가장 적절한 것은?

① 이는 요리 프로그램이 시청자들의 다양한 요구를 수용하며 공감을 얻는 것에 성공한 결과이다.
② 그러나 요리 프로그램의 시청률을 높이기 위해 선정적이고 자극적인 정보만 제시하는 현실이 안타깝다.
③ 그러나 요리 프로그램이 점차 상업화되고 다른 성격의 방송 프로그램까지도 요리 프로그램화 되고 있는 사실은 부정적이다.
④ 이 외에도 1인 가구의 증가로 인하여 요리 프로그램을 통해 위안을 얻는 사람들이 늘고 있는 점도 인기 요인의 하나이다.
⑤ 나아가 요리 프로그램은 요리를 통해 인간의 소비 욕구를 자극한다는 점에서 관련된 요리 산업의 확대에도 영향을 준다.

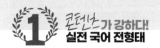

[53~55]

신문에 기고를 하기 위해 (가)와 같은 계획을 세운 후, (나)의 자료를 수집하고 (다)를 작성하였다. 물음에 답하시오. 16학년도 6월B

(가) 글쓰기 계획

> [주제] 국외 문화재 환수를 위한 과제와 해결 방안
> ·서론 : 국외 문화재 환수와 관련된 최근 사례를 제시한다.
> ·본론 : 1. 국외 문화재 파악 및 환수 현황을 제시한다.
>   2. 국외 문화재 환수가 어려운 원인을 살펴본다.
>   3. 살펴본 원인을 바탕으로 해결책을 제시한다.
> ·결론 : 논의를 종합하고 기대 효과를 제시한다.

(나) 수집한 자료

국외 문화재 파악 및 환수 현황

(단위 : 점)

	연도	소재국				계
		일본	미국	중국	기타	
국외 문화재 파악 현황	2011년	65,142	37,972	7,930	29,031	140,075
	2014년	67,708	43,558	8,278	36,616	156,160
국외 문화재 환수 현황	2011년	6,313	1,295	0	2,137	9,745 (정부 주도 9,080 민간 주도 665)
	2014년	6,408	1,399	0	2,139	9,946 (정부 주도 9,277 민간 주도 669)

※ 자료에 제시한 수치는 누적 통계임.

(다) 학생의 초고

최근 국외의 ○○ 미술관이 소장 중이던 조선 덕종어보가 우리나라로 공식 반환되었다. 이번 일은 자발적 반환이라는 점에서 매우 긍정적으로 평가된다. 그러나 아직도 우리의 많은 문화재들은 여러 나라에 흩어져 환수되지 못하고 있다.

현재 국외 문화재의 환수 현황은 좋은 편이 아니다. ㉠ 자료를 보면 이를 확인할 수 있다. 따라서 이러한 문제를 해결하기 위한 원인 분석과 그에 따른 체계적인 접근이 필요하다.

국외 문화재 환수가 어려운 원인은 대외적 원인과 대내적 원인으로 살펴볼 수 있다. 대외적 원인으로는 상대국이 자발적으로 반환하려고 하지 않는다는 점을 들 수 있으며, 대내적 원인으로는 국외 문화재에 대한 국민들의 관심과 이해가 부족하다는 점을 들 수 있다.

국외 문화재의 환수가 효과적으로 이루어지기 위해서는 정부 간의 협상을 통해 기증을 받거나 구매 혹은 장기 대여를 하는 등 다양한 방식을 전략적으로 활용해야 할 것이다. 그리고 민간단체를 통한 기증과 같은 방식을 활용하는, 정부와 국내 민간단체의 상호 협력 전략이 필요하다. 또한 국외 문화재 환수에 대한 국민들의 이해와 관심이 필요하다. 이를 위해 국외 문화재에 대한 이해 자료 및 문화재 반환과 관련된 국제 규범을 담은 홍보 프로그램을 개발할 필요가 있다.

정부와 민간단체들이 힘을 모아 외국과 협상을 전개하고, 국민들은 국외 문화재 환수에 대해 지속적으로 관심을 가져야 한다. 이러한 노력들이 계속될 때 국외 문화재의 환수는 보다 효과적으로 이루어질 수 있을 것이다.

53 (가)를 구체화하여 (다)를 작성했다고 할 때, (다)에 반영되지 <u>않은</u> 것은?

① 덕종어보 환수와 관련된 내용을 언급하여 '서론'을 구체화한다.

② 국외 문화재 환수가 어려운 이유를 대외적 원인과 대내적 원인으로 나누어 제시하여 '본론'을 구체화한다.

③ 문화재 반환에 관련된 국제 규범 제정에 참여하는 것을 해결책으로 제시하여 '본론'을 구체화한다.

④ 정부와 민간단체의 상호 협력을 해결책의 하나로 제시하여 '본론'을 구체화한다.

⑤ '본론'에서 제시한 해결책을 통해 국외 문화재의 효과적 환수가 가능함을 기대 효과로 언급하여 '결론'을 구체화한다.

54 (나)에서 필요한 정보를 선별하여 자료를 제시한 후, ㉠을 바꾸어 쓰려고 한다. 가장 적절한 것은?

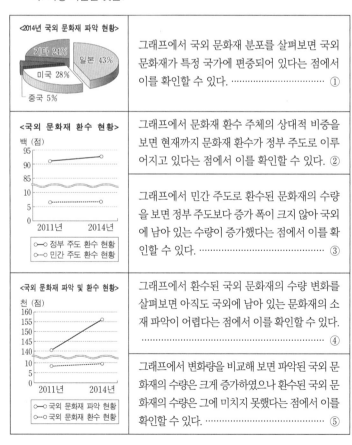

① 그래프에서 국외 문화재 분포를 살펴보면 국외 문화재가 특정 국가에 편중되어 있다는 점에서 이를 확인할 수 있다.

② 그래프에서 문화재 환수 주체의 상대적 비중을 보면 현재까지 문화재 환수가 정부 주도로 이루어지고 있다는 점에서 이를 확인할 수 있다.

③ 그래프에서 민간 주도로 환수된 문화재의 수량을 보면 정부 주도보다 증가 폭이 크지 않아 국외에 남아 있는 수량이 증가했다는 점에서 이를 확인할 수 있다.

④ 그래프에서 환수된 국외 문화재의 수량 변화를 살펴보면 아직도 국외에 남아 있는 문화재의 소재 파악이 어렵다는 점에서 이를 확인할 수 있다.

⑤ 그래프에서 변화량을 비교해 보면 파악된 국외 문화재의 수량은 크게 증가하였으나 환수된 국외 문화재의 수량은 그에 미치지 못했다는 점에서 이를 확인할 수 있다.

55 〈보기〉와 같은 입장을 가진 사람들을 설득하기 위해 (다)를 보완하는 방안으로 가장 적절한 것은?

보기

국외 문화재를 들여오는 데에는 많은 비용이 들어갈 뿐만 아니라 들여와서도 보관과 관리에 막대한 비용이 들어갈 수 있다. 이 점을 생각하면 국외 문화재를 꼭 환수해야 한다는 주장은 받아들이기 어렵다.

① 국외 문화재 환수 비용 내역을 추가하여 국외 문화재 환수가 어려움을 부각해야겠군.
② 문화재가 인류 공동의 재산이라는 점을 제시하여 국외 문화재를 통해 우리나라를 알릴 수 있는 방안을 추가해야겠군.
③ 문화재는 금전적 기준으로만 판단할 수 없는 역사적, 문화적 가치가 있다는 내용을 추가하여 환수의 당위성을 강조해야겠군.
④ 적은 비용으로 국외 문화재 환수에 성공한 사례를 제시하여 국외 문화재가 경제적 가치 창출과 직결될 수 있다는 점을 부각해야겠군.
⑤ 공공 기관의 구체적인 정책들을 추가하여 공공 기관에서 국외 문화재 환수를 추진해 나갈 수 있는 방안을 마련해야 함을 언급해야겠군.

56 ㉠과 ㉡을 중심으로 파악한 윗글의 글쓰기 전략으로 가장 적절한 것은?

① 개성적인 의미를 기졌던 ㉠을 관습적인 의미를 가진 ㉡으로 바꾸어 보편성을 드러낸다.
② 과거에 불완전하게 이해했던 ㉠과 체험을 통해 깨닫게 된 ㉡을 연결하여 주제를 심화한다.
③ 문제를 제기하는 말인 ㉠과 문제의 해결 방안을 제시하는 말인 ㉡을 대응시켜 논리성을 강화한다.
④ 정신적 가치를 중시하는 말인 ㉠과 물질적 가치를 중시하는 말인 ㉡을 비교하여 차이점을 부각한다.
⑤ 이성적으로 설명하는 말인 ㉠을 감성적으로 호소하는 말인 ㉡으로 바꾸어 그리움의 정서를 부각한다.

[56~57]
다음은 한 학생이 봉사 활동을 하고 쓴 소감문의 초고이다. 물음에 답하시오.

16학년도 6월AB

내가 어렸을 적에 할아버지께서는 감을 수확할 때가 오면 '까치밥'이라 하시며 감을 서너 개 남겨 놓으셨다. 까치밥을 왜 남겨 두시느냐는 나의 질문에 할아버지께서는 몇 개 안 되지만 그것이 다른 생명들에게는 겨울을 날 힘이 될 수 있다고 하셨다. 할아버지께서는 ㉠ "사람 사는 게 그런 거야."라고 말씀하시며 인자한 미소를 지으셨다. 그땐 그 말씀의 의미를 완전히는 알지 못했었다. ⓐ얼마 전 뉴스를 통해 하루에 한 끼도 제대로 해결하지 못하는 어르신들의 사연을 들었다. 그 뉴스를 보고 문득 잊고 살았던 할아버지의 미소가 떠올랐다. ⓑ 그런데 뜻이 맞는 친구들과 혼자 사시는 어르신들을 위해 식사를 준비하여 전해 드리기로 했다. 우리는 정성을 다해 밥과 밑반찬을 준비해서 봉사 단체를 통해 소개받은 한 할머니를 찾아뵈었다. 우리는 찾아 줘서 고맙다며 반가워하시는 할머니께 식사를 대접해 드리며 조심스레 말문을 열었다. 음식을 드시는 할머니와 이런저런 이야기를 나누면서 나는 할머니께서 불편한 다리로 거동하시는 것을 알게 되었다. ⓒ 그렇게 불편하신 몸으로 집 안에서 홀로 하루 종일 계신다니 가슴이 아팠다. 할머니께서 식사를 마치신 후 우리는 집안일을 도와 드리려고 했지만, 할머니께서는 우리의 성의를 ⓓ 거부하시며 음식을 싸 와서 말벗을 해 준 것만 해도 최고의 선물이라고 하시며 활짝 웃으셨다.

할머니와 헤어질 때 할머니께서는 아쉬워하시며 내 손을 잡아주셨다. 그 따뜻한 감촉은 우리의 봉사가 단순히 음식만 전달하는 것이 아니라 사람의 마음까지 전하는 것임을 느끼게 해 주었다. 그때 나는 비로소 ㉡ "사람 사는 게 그런 거야."라고 하시던 할아버지의 마음을 확실히 알 수 있었다. 작은 봉사가 큰 기쁨을 준다는 것을 기억하며 나눔을 실천하도록 노력할 것을 다짐했다. ⓔ 그리고 부모님의 노후를 책임지려는 가족의 의무감과 효 의식의 중요성을 생각하게 되었다.

57 ⓐ~ⓔ를 고쳐 쓰기 위한 방안으로 적절하지 않은 것은?

① ⓐ : 문단 구성을 자연스럽게 하기 위해 이 부분에서 문단을 나누는 것이 좋겠어.
② ⓑ : 접속어의 사용이 부적절하므로 '그래서'로 고치는 것이 좋겠어.
③ ⓒ : 글의 흐름을 고려하여 바로 앞의 문장과 순서를 바꾸는 것이 좋겠어.
④ ⓓ : 어휘의 사용이 적절하지 않으므로 '사양하시며'로 바꾸는 것이 좋겠어.
⑤ ⓔ : 글의 통일성을 저해하므로 삭제하는 것이 좋겠어.

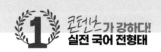
[58~59]
다음은 작문 과제와 그에 따라 작성한 학생의 글이다. 물음에 답하시오.

16학년도 9월AB

[작문 과제]
   자신의 평소 생활을 되돌아보고 느낀 점을 글로 써 보자.

[학생의 글]
　아침부터 비가 내려 친구와 만나기로 한 약속을 미루었다고 내가 볼멘소리를 하니, 옆에 있던 동생이 "저번엔 비가 오는데도 친구 만나러 갔잖아."라고 한다. 생각해 보니 지난번 비가 오는 날은 그 친구를 만나, 비가 오니 시원하다는 이야기를 나누며 길을 걷기도 하고, 평소 가 보고 싶었던 곳을 돌아다니며 활기찬 하루를 보냈다. 반면 오늘은 같은 상황인데도 활동하기에 불편하다고 불평을 하며 약속을 미루고 집에서 아무것도 하지 않은 채 시간을 보내려고 했다. 같은 상황인데도 왜 나의 행동이 다르게 나타났을까?
　문득 어떤 책에서 읽은 두 농부의 이야기가 떠올랐다. 두 농부가 열심히 밭을 일구고 있는데 갑자기 비가 쏟아졌다. 한 농부는 "비가 오니 오늘은 더 이상 일을 못하겠군." 하면서 불평을 했고, 다른 농부는 "비가 오니 땅이 부드러워져 일하기가 수월하겠군." 하며 좋아하더라는 이야기였다. 두 농부는 같은 상황이었지만 서로 다른 하루를 보냈던 것이다.
　내 마음에도 긍정의 농부와 부정의 농부가 살고 있다. 내 마음속 부정의 농부가 나타났을 때에는 나에게 의미가 있었을 활동이라도 좀처럼 하지 않으려 했다. 하지만 긍정의 농부가 나타났을 때에는 평소 하고 싶었으나 머뭇거렸던 일들도 의욕적으로 시도하게 되었고 활기찬 하루를 보내게 되었다. 나는 긍정적 마음으로 상황을 바라보고 활기찬 시간을 보내는 것이 훨씬 더 낫다고 생각했다. 긍정적 마음으로 상황을 바라보는 농부처럼 내가 내 앞에 놓인 상황을 긍정의 마음으로 바라보고자 노력한다면 내 생활에 생기가 돌게 된다는 것을 알게 되었다.

58 학생의 글에서 글쓴이가 사용한 글쓰기 방법에 대한 설명으로 가장 적절한 것은?

① 긍정적 마음이 갖는 사회적 의의를 제시하고 그것의 전통적 의미와 현대적 의미를 대조한다.
② 긍정적 마음에 대한 다양한 관점을 제시하고 긍정적 마음이 갖는 장점을 병렬적으로 나열한다.
③ 긍정적 마음과 관련된 개인적 경험을 제시하고 교훈적 성격의 일화를 자신의 깨달음과 연결한다.
④ 긍정적 마음이 생활에 도움이 되는 사례를 제시하고 바람직한 생활 태도를 담은 가족의 조언과 연결한다.
⑤ 긍정적 마음이 갖는 실용적 가치를 제시하고 긍정적 마음을 행동으로 실천하는 과정을 단계적으로 나눈다.

59 학생의 글에 나타난 핵심 내용을 비유적으로 표현할 때 가장 적절한 것은?

① 긍정의 비가 내려 용서의 꽃을 피우다.
② 긍정의 거름을 주어 활력의 나무를 키우다.
③ 긍정의 농부와 부정의 농부가 함께 살아가다.
④ 긍정의 마음으로 친구와의 우정에 대해 생각하다.
⑤ 긍정의 자세는 이웃과 소통하는 삶을 위해 필요하다.

[60~62]

다음을 읽고 물음에 답하시오. `16학년도 9월A`

(가) 작문 상황

• **작문 과제**: 교지에 글을 싣기 위해 우리 학교 학생들을 대상으로 인터넷 정보 이용 실태를 조사하여 글을 써 보자.

• **예상 독자**: 교지를 읽는 학생들

• **글 쓰는 목적**: 우리 학교 학생들의 인터넷 정보 이용 실태를 조사하여 문제의 심각성을 알림.

• **자료 수집 방법**: 우리 학교 학생 대상의 설문 조사

(나) 글의 초고

　디지털 환경에서 성장한 현대의 청소년들은 인터넷을 통한 정보 ㉠ 이용이 적극적이다. 인터넷은 무한한 정보의 ㉡ 바다임으로 청소년들은 인터넷을 통해 많은 정보를 얻는다. 그런데 인터넷 정보들 중에는 부정확하거나 검증되지 않은 정보들이 포함되어 있다. 따라서 정보의 정확성과 신뢰성을 비판적으로 평가할 필요가 있다. 또한 자신의 이용 목적에 부합하는 정보를 선별하여 활용하는 것이 바람직하다. 우리 학교 학생들은 이러한 인식하에 인터넷 정보를 이용하고 있을까? 이를 ㉢ 알아보려면 우리 학교 학생들을 대상으로 설문 조사를 실시했다. 설문 조사 항목으로는 인터넷 정보의 신뢰성 평가 여부, 인터넷 정보의 이용 방식 등 네 가지였다. 그 결과를 제시하면 다음과 같다.

[A] ┌ 　첫째 문항에 대해 우리 학교 학생은 대다수가 ⓐ 인터넷 정보를 신뢰하지 않는다고 응답하였다. 그 이유를 묻는 둘째 문항에 대해서는 ⓑ '인터넷 정보를 대체로 사실이라 생각'하거나 '평가 방법을 몰라서'라고 응답한 학생이 73%에 달하였다. 이처럼 인터넷 정보의 신뢰성을 평가하지 않는 학생의 비율이 ⓒ 매우 높은 것은 우려할 만하다. 다음으로 인터넷 정보의 신뢰성 평가 방법에 대한 인식을 묻는 셋째 문항에 대해 인터넷 정보의 신뢰성을 평가하는 방법을 잘 알고 있다는 학생이 ⓓ 드물었다는 사실이 확인되었는데 이는 사태의 심각성을 시사한다. 특히, 인터넷 정보의 신뢰성을 평가하지 않는 학생들은 신뢰성 평가를 하지 않는 가장 큰 이유를 ⓔ '평가 방법을 몰라서'라고 하였다. 마지막으로 우리 학교 학생의 인터넷 정보 이용 방식을 묻는 넷째 문항에 대해 우리 학교 학생 중의 18%만이 '정보 이용 목적에 따라 인터넷 정보를 선별한 뒤 활용한다'고 응답하였고, ⓕ 나머지는 '그대로 활용한다'고 응답했다.

　앞서 제시한 바처럼, 우리 학교 학생 대다수가 인터넷 정보를 무비판적으로 ㉣ 수용시키는 것으로 드러났다. 많은 청소년들이 인터넷 정보를 무비판적으로 이용하는 양상이 우리 학교 학생들에게도 나타나고 있는 것이다. 따라서 우리 학교 학생들이 인터넷 정보를 비판적으로 평가하고, 자신의 이용 목적에 따라 그것을 선별하여 활용하는 태도 형성을 위한 조치가 ㉤ 강구될 필요가 있다.

---

60 (가)에 따라 글쓴이가 (나)를 썼다고 할 때, (나)에 반영된 사항으로 가장 적절한 것은?

① 교지의 주요 독자층인 학생들의 이해를 돕기 위해 인터넷 정보 기술에 관련된 어려운 용어들을 정의해 주었다.

② 우리 학교 학생들의 인터넷 정보 이용의 문제점을 파악하기 위해 구성한 설문 조사 항목을 글의 첫째 단락에서 언급하였다.

③ 우리 학교 학생들의 인터넷 정보 이용 실태 조사를 바탕으로 문제점을 진단하고 이에 대한 구체적인 해결 방안을 나열하였다.

④ 우리 학교 학생들의 인터넷 정보 이용 실태를 객관적으로 전달하기 위해 글의 둘째 단락에서 설문 조사 결과와 인터뷰 내용을 인용하였다.

⑤ 우리 학교 학생들의 무비판적 인터넷 정보 이용의 심각성을 강조하기 위해 마지막 단락에서 대조와 가정의 방식으로 실태 조사 결과를 정리하였다.

---

61 〈보기〉는 (나)를 작성할 때 활용한 자료이다. 〈보기〉에 맞추어 [A]를 수정하고자 할 때, 적절하지 **않은** 것은?

보기

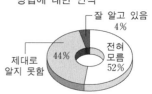

우리 학교 학생 대상 설문 조사 결과

① 인터넷 정보의 신뢰성 평가 여부

한다	안 한다
23%	77%

③ 인터넷 정보의 신뢰성 평가 방법에 대한 인식

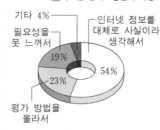

잘 알고 있음 4%
제대로 알지 못함 44%
전혀 모름 52%

② 인터넷 정보의 신뢰성을 평가하지 않는 이유
(①의 "안 한다" 응답자 대상)

기타 4%
필요성을 못 느껴서 19%
인터넷 정보를 대체로 사실이라 생각해서 54%
평가 방법을 몰라서 23%

④ 인터넷 정보의 이용 방식

정보 이용 목적에 따라 인터넷 정보를 선별한 뒤 활용한다.	18%
검색한 인터넷 정보를 그대로 활용한다.	77%
기타	5%

① ⓐ는 ①의 내용과 어긋나므로 '인터넷 정보의 신뢰성을 평가하지 않는다'로 수정한다.

② ⓑ는 ②의 내용에 비추어 볼 때, 부정확한 합산 결과를 제시한 것이므로 '73%'를 '77%'로 수정한다.

③ ⓒ와 ⓓ는 ①과 ③의 내용을 구체적으로 전달하지 못하므로 ⓒ는 '77%로 매우 높은 것'으로, ⓓ는 '4%에 불과할 정도로 그 비율이 매우 낮았다'로 수정한다.

④ ⓔ는 ②의 내용과 어긋나므로 '필요성을 못 느껴서'로 수정한다.

⑤ ⓕ는 ④의 결과와 일치하지 않으므로 각각의 항목과 그에 맞는 수치를 제시하는 진술로 수정한다.

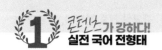
62 (나)의 ㉠~㉤을 고쳐 쓰기 위한 방안으로 적절하지 <u>않은</u> 것은?

① ㉠은 조사의 사용이 부적절하므로 '이용에'로 고친다.
② ㉡은 맞춤법에 어긋나므로 '바다이므로'로 고친다.
③ ㉢은 어미의 사용이 부적절하므로 '알아보려고'로 고친다.
④ ㉣은 사동 표현이 부적절하게 사용되었으므로 '수용하는'으로 고친다.
⑤ ㉤은 그 앞에 '태도 형성을'이란 목적어가 있으므로 '강구할'로 고친다.

[63~65]
다음을 읽고 물음에 답하시오. **16학년도 9월B**

[작문 상황]
∘ 글의 목적 : '도움 오작교' 제도의 도입 제안
∘ 글의 독자 : 학생회 임원들

[학생의 초고]

　지금까지 우리 학교 학생들이 누군가를 돕는 활동은 교외 봉사 활동을 위주로 이루어져 왔다. 하지만 학생들은 주변 친구들과 서로 도움을 주고받는 활동도 필요하다고 여긴다. 이러한 요구에 대해 학생회는 귀를 기울일 필요가 있다. 이에 교내에서 학생들이 서로 도움을 나눌 수 있도록 연결해 주는 '도움 오작교' 제도의 도입을 학생회에 제안하고자 한다.

　'도움 오작교' 제도는 도움을 주고 싶은 학생과 도움을 받고 싶은 학생을 서로 연결해 주는 제도이다. 이 제도를 운영하기 위해 우선 학생회에서는 홈페이지에 '도와줄게요'와 '도와줘요' 게시판을 개설한다. 도움을 줄 수 있는 학생은 '도와줄게요'에, 도움이 필요한 학생은 '도와줘요'에 도움의 내용을 등록한다. 그러면 학생들은 필요한 게시판에 들어가서 목록을 검색하여 주고받을 도움을 찾아 누군가를 돕거나 누군가에게 도움을 받는다.

　이 제도가 성공적으로 정착되기 위해서는 한 가지 유의해야 할 점이 있다. 학생회에서는 학생들이 자기가 도와줄 수 있는 일을 등록할 때, 반드시 도움을 받고 싶은 일도 함께 등록하게 해야 한다는 것이다. 작고 사소하다고 생각하는 일이라도 상관없다. 그것이 다른 이와 도움을 나눌 수 있는 기회를 제공할 수 있기 때문이다.

　이 제도를 통해 학생들은 자신이 누군가에게 도움이 됨을 느낌으로써 자존감을 높일 수 있을 것이다. 또한 친구들과 도움을 주고받으며 서로 간의 관계를 더욱 돈독히 할 수 있을 것이다.

　우리 학교와 상황이 유사했던 다른 학교의 사례에서 볼 수 있듯이, 우리 학교에서도 서로 도움을 나누고자 하는 학생들의 마음을 실행으로 이어 주는 제도의 도입이 필요하다. 따라서 [A] <u>우리에게는 교내 상황을 인식하고 대안을 제시할 수 있는 학생회가 필요하다. 이를 위해 학생회는 학생들의 관심사를 명확하게 파악해야 할 것이다.</u>

63 다음은 학생이 글을 쓰기 전에 떠올린 생각이다. 학생의 초고에 반영되지 <u>않은</u> 것은?

[학생이 떠올린 생각]
ㄱ. '도움 오작교' 제도의 도입을 제안하는 글의 목적을 분명하게 밝혀야겠어.
ㄴ. '도움 오작교' 제도는 사람과 사람 사이를 연결해 준다는 '오작교'라는 이름에서 착안하였음을 제시해야겠어.
ㄷ. '도움 오작교' 제도의 운영을 위해 학생회에서 해야 할 일과 참여하는 학생이 할 일을 각각 제시해야겠어.
ㄹ. '도움 오작교' 제도를 시행할 때 학생회가 어떤 점에 유의해야 하는지를 설명해야겠어.
ㅁ. '도움 오작교' 제도의 시행을 통해 얻을 수 있는 기대 효과를 언급해야겠어.

① ㄱ　　　　② ㄴ　　　　③ ㄷ
④ ㄹ　　　　⑤ ㅁ

64 〈보기〉의 자료를 활용하여 학생이 자신의 초고를 보완하고자 할 때 적절하지 <u>않은</u> 것은?

보기

(가) 우리 학교 신문의 기사 일부
　전교생을 대상으로 한 설문 조사 결과, 우리 학교 학생들의 도움 나누기 활동은 주로 교외 봉사 활동으로 이루어지고 있는 것으로 나타났다. 그런데 교내의 도움 나누기 활동도 필요하다는 학생들의 의견이 많은 것으로 나타나, 현재의 도움 나누기 활동에 대한 개선이 요구되고 있는 상황이다. 이와 관련하여 2학년 K군은 "의외로 학교생활에서 도움을 필요로 하는 친구들이 많거든요. 교내의 친구들과 도움을 주고받는 기회가 있으면 좋겠습니다."라고 밝혔다.

(나) 이웃 학교의 사례
　○○고등학교에서는 학생들의 요구에 따라 2012년 3월 교내에서 도움이 필요한 학생과 도움을 주려는 학생을 서로 연결해 주는 제도를 처음으로 도입하였다. 제도 도입 첫해 42%의 학생들이 참여하였고, 2015년 8월 현재 88%의 학생들이 참여하고 있다. 제도 시행 전 교내 학생들 간의 도움 나누기가 미미했던 것에 비해 제도 시행 이후에는 학생들 간의 도움 나누기가 매우 활발하게 이루어지고 있음을 확인할 수 있었다.

(다) 전문가 의견
　"사람은 자신이 속한 공동체 안에서 수행할 역할이 있다는 것을 인식했을 때 그 집단에 속해 있다는 느낌이 커지며 공동체의 구성원으로 보람된 생활을 할 수 있게 됩니다."

① (가)를 활용하여, 학생들은 주변 친구들과 서로 도움을 주고받고 싶어 한다는 내용을 뒷받침하는 근거를 제시한다.
② (나)를 활용하여, 서로 도움을 나누고자 하는 학생들의 마음을 실행으로 이어 주는 제도의 도입이 필요하다는 내용을 뒷받침하는 근거를 제시한다.
③ (다)를 활용하여, '도움 오작교' 제도를 도입하면 학교에 대한 학생들의 소속감이 더 높아질 수 있다는 내용을 추가한다.
④ (가)와 (나)를 활용하여, 우리 학교에 '도움 오작교' 제도가 도입되면 정착될 가능성이 높다는 내용을 추가한다.
⑤ (나)와 (다)를 활용하여, 학생들에게 과도하게 의무를 부여하게 되면 참여율이 낮아질 수 있다는 '도움 오작교' 제도 시행 상의 유의점과 관련된 내용을 구체화한다.

65 〈보기〉는 학생의 초고에 대한 교사의 조언이다. 〈보기〉에 따라 [A]를 고쳐 쓸 때 가장 적절한 것은?

> **보기**
>
> "설득하는 글은 필자가 자신의 주장을 독자에게 이해시키고 더 나아가 그 주장을 믿고 따르게 할 목적으로 작성하는 글이야. 너의 초고를 보니 제안하는 내용을 분명하게 드러내면서 글을 마무리하면 더 좋겠구나. [A] 부분에서는 네 주장을 강조하고 이와 관련된 전망을 제시하는 것이 좋겠어."

① 학생회는 빠른 시일 내에 '도움 오작교' 제도를 도입해야 한다. 이를 위해서 학교는 이 제도를 철저하게 관리하고 학생들에게 홍보해야 한다.

② 학생회는 학교의 구성원들에게 '도움 오작교' 제도 시행에 협조해 줄 것을 요청해야 한다. 학교의 모든 구성원들의 협조 없이는 이 제도가 도입될 수 없다.

③ 학생회는 '도움 오작교' 제도를 적극적으로 도입하고 학생들의 참여를 유도해야 한다. 이 제도가 정착되면 서로 도움을 주고받는 활동이 활발하게 이루어질 것으로 기대한다.

④ 학생회는 학생들의 도움 나누기 활동을 권장하여 '도움 오작교' 제도의 연결 횟수가 지금보다 늘어나게 해야 한다. 이렇게 될 때 학생들은 의미 있는 삶을 누릴 수 있게 된다.

⑤ 학생회는 '도움 오작교' 제도 도입에 대한 찬성과 반대의 의견에 모두 귀를 기울여야 한다. 학생회가 이러한 역할을 수행할 때 우리의 학교생활이 행복해질 수 있으리라 생각한다.

66 학생이 초고를 쓰는 과정에서 소재로부터 떠올린 생각 중 초고에 반영되지 않은 것은?

① 버스 → 바쁘게 오고 가느라 마음의 여유를 갖지 못했음을 떠올리게 하는구나.

② 새 소리 → 이전에 주목하지 못했던 것을 인식하는 기쁨을 느끼게 하는구나.

③ 나뭇잎들 → 서로 다른 모습에서 다양성의 가치를 발견하게 하는구나.

④ 가을 → 아름다움을 위해서는 인내가 필요함을 알게 하는구나.

⑤ 친구들 → 생각의 차이를 받아들이지 않았던 기억을 떠올리게 하는구나.

[66~67]

다음은 학생이 쓴 글의 초고이다. 물음에 답하시오. 16학년도 수능AB

> 오늘 아침엔 다른 날보다 일찍 잠이 깨었다. 무엇을 할까 잠시 망설이다가 학교까지 걸어가 보기로 했다. 길을 걷는 동안 버스가 빠른 속도로 곁을 스쳐 갔다. 어제까지는 나도 그 속에 앉아 바쁘게 오고 가느라 느긋함을 느끼지 못했다는 것이 떠올랐다. 하지만 오늘은 걸어가면서 주변을 천천히 둘러볼 수 있었다. 걸어가다 보니 새들이 나뭇가지에 앉아 지저귀는 소리가 조그맣게 들려왔다. 걸어서 등교하지 않았다면 듣지 못했을 것이라는 생각을 하니 뿌듯한 마음에 발걸음이 더 가벼워졌다.
>
> 아침 햇살을 받으며 반짝이고 있는 나뭇잎들을 보면서 걷다가 문득 '어, 한 나무에서 돋아난 나뭇잎들인데 빛깔이 다르네!'라는 생각이 들었다. 발걸음을 멈추고 나무를 자세히 올려다보니 수많은 나뭇잎들이 모두 조금씩 다른 빛깔을 지니고 있었다. 그리고 이 다른 빛깔들이 서로 어울려 조화를 이루고 있는 모습에서 아름다움을 느꼈다. 가을에 나무가 아름다운 것은 다양한 빛깔의 나뭇잎들이 서로 조화를 이루고 있기 때문이었다.
>
> 나는 가을의 아침을 나무들과 함께 걸으며 나의 생활을 돌아보았다. 문득 친구들이 떠올랐다. 나와 생각이 다른 친구들과 함께 있으면 불편했던 일, 내 의견에 반대하는 친구들에게 반감을 가졌던 일들이 생각났다. 그리고 그런 모습으로 살아왔던 나 자신이 부끄러워졌다. 사람들이 살아가는 모습이 저마다 다른 것은 삶의 빛깔이 조금씩 다르기 때문이다.

67 다음은 학생이 초고를 쓰고 스스로 점검한 내용이다. 초고의 마지막에 추가할 문장으로 가장 적절한 것은?

> 초고의 마지막 부분이 완결된 것 같지 않아서 끝에 문장 하나를 추가해야겠어. 둘째 문단에서 쓴 내용으로부터 개인과 사회의 바람직한 관계를 이끌어 내어 앞으로 가져야 할 내 삶의 자세에 대한 내용으로 글을 마무리해야겠어.

① 사회가 아름다운 하나의 빛깔을 가지려면 구성원들이 서로의 빛깔 차이를 줄여 가기 위해 노력해야 한다.

② 빠르게 변화하는 사회 속에서 정체성을 잃지 않기 위해 나의 고유한 빛깔을 소중하게 간직하고 살아가야겠다.

③ 다양한 삶의 빛깔들로 이루어진 아름다운 세상을 위해 사람들의 서로 다른 삶의 빛깔을 인정하며 살아야겠다.

④ 어려움을 겪고 있는 사람들에게 각자의 빛깔을 드러낼 기회를 줄 때 사회는 더욱 아름다운 빛깔을 지니게 될 것이다.

⑤ 사람들과의 관계에 소홀했던 나의 태도를 바꾸기 위해 좀 더 적극적으로 사람들에게 다가서는 삶의 빛깔을 지녀야겠다.

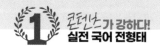
[68~70]

다음을 읽고 물음에 답하시오. `16학년도 수능A`

[작문 계획]

∘ 처음
- 앱을 개발하려는 사람들의 특성 서술 ·················· ㉠
- 앱 개발 시 부딪히는 난점 언급 ·························· ㉡

∘ 중간
- 공공 데이터의 개념 정의 ································· ㉢
- 공공 데이터의 제공 현황 제시 ·························· ㉣
- 앱 개발 분야에서 공공 데이터가 갖는 장점 진술
- 공공 데이터를 활용한 앱 개발 사례 제시 ·············· ㉤

∘ 끝
[가] ┌ - 공공 데이터 활용의 장점을 요약적으로 진술
     └ - 공공 데이터가 앱 개발에 미칠 영향 언급

[초고]

앱을 개발하려는 사람들은 아이디어가 넘친다. 사람들이 여행 준비를 위해 많은 시간을 허비하는 것을 보면 한 번에 여행 코스를 짜 주는 앱을 만들어 보고 싶어 한다. ⓐ 도심에 주차장을 못 찾아 헤매는 사람들을 보면 주차장을 쉽게 찾아 주는 앱을 만들어 보고 싶어 한다. 그러나 막상 앱을 개발하려 할 때 부딪히는 여러 난관이 있다. 여행지나 주차장에 대한 정보를 모으는 것도 문제이고, 정보를 지속적으로 갱신하는 것도 문제이다. 이런 문제 때문에 결국 아이디어를 포기하는 경우가 많다.

ⓑ 그래서 이제는 아이디어를 포기하지 않아도 된다. 바로 공공 데이터가 있기 때문이다. 공공 데이터는 공공 기관에서 생성, 취득하여 관리하고 있는 정보 중, 전자적 방식으로 처리되어 누구나 이용할 수 있도록 국민들에게 제공된 것을 말한다. 현재 정부에서는 공공 데이터 포털 사이트를 개설하여 국민들이 쉽게 이용할 수 있도록 하고 있다. 공공 데이터 포털 사이트에서는 800여 개 공공 기관에서 생성한 15,000여 건의 공공 데이터를 제공하고 있으며, 제공하는 공공 데이터의 양을 꾸준히 ⓒ 늘리고 있다.

공공 데이터가 가진 앱 개발 분야에서의 장점은 크게 두 가지를 들 수 있다. 먼저 공공 데이터는 공공 기관이 국민들에게 편의를 제공하기 위해 ⓓ 시행된 정책의 산출물이기 때문에 실생활과 밀접하게 관련된 정보가 많다는 점이다. 앱 개발자들의 아이디어는 대개 앞에서 언급한 것처럼 사람들의 실생활에 편의를 제공하기 위한 것들이다. 그래서 만약 여행 앱을 만들고자 한다면 한국관광공사의 여행 정보에서, 주차장 앱을 만들고자 한다면 지방 자치 단체의 주차장 정보에서 필요한 정보를 얻을 수 있다. 두 번째로 공공 데이터를 이용하는 데에는 비용이 거의 ⓔ 들이지 않기 때문에, 정보를 수집하고 갱신할 때 소요되는 비용을 줄일 수 있다는 점이다. 그래서 개인들도 비용에 대한 부담 없이 쉽게 앱을 만들 수 있다.

[A]

68 '작문 계획'의 ㉠~㉤ 중 '초고'에 반영되지 않은 것은?

① ㉠　　　　　② ㉡　　　　　③ ㉢
④ ㉣　　　　　⑤ ㉤

69 '작문 계획'의 [가]에 따라 작성한 [A]의 내용으로 가장 적절한 것은?

① 공공 데이터는 국민 생활에 편의를 제공하고 국민들의 생활을 개선하기 위해 만든 자료이다. 앞으로 공공 데이터의 이용이 활성화되면 국민들의 삶의 질이 향상될 것이다.

② 공공 데이터는 자본과 아이디어가 부족해 앱을 개발하지 못하는 사람들이 유용하게 이용할 수 있다. 앱 개발을 통한 창업이 활성화되면 우리 경제에도 큰 도움이 될 것이다.

③ 공공 데이터를 이용하여 앱 개발을 하는 사람들은 시간과 비용의 문제를 극복하고 경제적 가치를 창출하는 사람들이다. 앞으로 공공 데이터의 양이 증가하면 그들이 만들어 내는 앱도 더 다양해질 것이다.

④ 공공 데이터는 앱 개발에 필요한 실생활 관련 정보를 담고 있으며 앱 개발 비용의 부담을 줄여 준다. 그러므로 앱 개발 시 공공 데이터 이용이 활성화되면 실생활에 편의를 제공하는 다양한 앱이 개발될 것이다.

⑤ 공공 데이터는 앱 개발을 할 때 부딪히는 자료 수집의 문제와 시간 부족 문제를 해결하여 쉽게 앱을 만들 수 있게 해 준다. 이런 장점에도 불구하고 국민들의 공공 데이터 이용에 대한 인식이 낮은 것은 문제라고 할 수 있다.

70 ⓐ~ⓔ를 고쳐 쓰기 위한 방안으로 적절하지 않은 것은?

① ⓐ : 조사의 사용이 잘못되었으므로 '도심에서'로 고친다.
② ⓑ : 앞뒤 내용을 고려하여 '그러나'로 고친다.
③ ⓒ : 문맥상 부적절한 단어이므로 '늘이고'로 고친다.
④ ⓓ : 문장 성분 간의 호응을 고려하여 '시행한'으로 고친다.
⑤ ⓔ : 사동 표현이 부적절하게 사용되었으므로 '들지'로 고친다.

[71~73]
(가)에 따라 글을 쓰기 위해 (나)의 인터뷰를 실시하고, (다)의 자료를 수집하였다. 물음에 답하시오. **16학년도 수능B**

(가) 작문 상황 및 계획

• **작문 상황** : 일회용품을 즐겨 쓰고 쉽게 버리는 등 값싸고 편리한 것을 추구하는 소비 생활이 가져오는 결과를 소비자들이 알고 소비 생활의 관점을 바꾸기를 촉구하는 글을 쓰려 한다.

• **주제문** : 환경 친화를 우선시하는 소비 생활을 하자.

• **개요**

Ⅰ. 서론

Ⅱ. 현재의 소비 생활
  ◦ 저렴한 가격의 제품 구매 ·························· ㉠
  ◦ 편의성을 추구하는 제품 구매 및 사용 ·········· ㉡
  ◦ 제품의 원료가 되는 자원의 고갈 ·············· ㉢
  ◦ 생산 및 유통, 소비 과정에서의 환경오염 ········ ㉣

Ⅲ. 대안 : 환경 친화를 우선시하는 소비 생활
  1. 실천 방법
    가. 환경 친화적인 제품의 구매
    나. 제품 사용 시 환경에 끼칠 영향을 고려함
  2. 기대 효과
    가. 소비자가 환경 보전에 참여함
    나. 생산 및 유통 과정의 변화

Ⅳ. 결론 : 소비 생활의 관점 개선 촉구 및 제언

(나) 인터뷰

질문자 : 제도적으로 환경 친화적 소비를 돕는 것이 있나요?

전문가 : 여러 가지가 있는데, 우선 생산, 유통, 폐기 과정에서의 환경 친화적 제품에 대해 공인된 표지를 부여하는 제도를 들 수 있습니다.

질문자 : ⓐ 제품에 환경 표지를 붙이는 것이 어떤 효과가 있을까요?

전문가 : 소비자에게는 제품의 친환경성 정보를 전달하여 소비자 스스로의 선택에 따라 환경 보전에 참여하게 할 수 있고, 기업에는 소비자의 선호에 부응하여 환경 친화적 제품을 생산하도록 유도할 수 있습니다.

질문자 : ⓑ 구체적인 표지에는 어떤 것이 있나요?

전문가 : 생산 및 유통 과정에서 오염을 상대적으로 적게 일으키거나 자원을 절약할 수 있는 제품이라고 인증하는 것도 있고, 제품의 생산 및 유통 과정에서 환경에 끼치는 영향을 도표나 그래프 등을 활용하여 직접 표시해서 소비자가 판단하도록 하는 것도 있습니다.

(다) 신문 기사

최근 친환경적 소비를 실천하는 소비자들이 점차 늘어남에 따라 기업들도 이를 고려하여 제품을 개발하고 출시하는 사례가 서서히 증가하고 있다. ○○ 기업은 제품의 생산, 유통 및 폐기에 이르는 전 과정에서 발생하는 온실 가스 배출량을 동종 제품의 평균보다 줄인 음료수를 개발하고 동종 제품 중 최초로 환경 친화 제품임을 인정받아 환경 표지를 붙여 출시하였다.

---

71 (가)의 개요를 수정·보완하는 과정에서 Ⅱ의 내용을 항목화하려고 한다. 정보 간의 관계와 내용 전개를 고려할 때, '항목'과 '내용'을 연결한 것으로 가장 적절한 것은?

	항목		내용
①	1. 양상	—	㉠, ㉡
	2. 문제점	—	㉢, ㉣
②	1. 현황	—	㉠, ㉡
	2. 종류	—	㉢, ㉣
③	1. 실태	—	㉠, ㉡
	2. 원인	—	㉢, ㉣
④	1. 목적	—	㉠, ㉡, ㉢
	2. 필요성	—	㉣
⑤	1. 대책	—	㉠, ㉡, ㉢
	2. 심각성	—	㉣

---

72 ⓐ, ⓑ의 공통된 기능으로 가장 적절한 것은?

① 작문 목적을 고려하여 상대방의 답변 내용에 대해 자신의 의견을 제시한다.
② 글의 주제와 관련하여 상대방의 답변 내용과 관련된 추가 정보를 요구한다.
③ 작문 내용과 관련하여 상대방의 답변 내용을 간략히 정리한다.
④ 예상 독자를 고려하여 상대방의 답변 내용의 구체적 사례를 요구한다.
⑤ 예상 독자의 성향과 관련하여 상대방의 답변 내용에 대해 비판적 태도를 표출한다.

---

73 (나), (다)를 활용하여 (가)의 Ⅲ을 구체화하는 방안으로 적절하지 <u>않은</u> 것은?

① Ⅲ-1-가에서는 (나)를 활용하여 소비자가 제품의 생산 및 유통 과정과 관련된 친환경성을 판단할 수 있는 방법을 제시한다.
② Ⅲ-1-가에서는 (다)를 활용하여 동종 제품 가운데 더 환경 친화적인 제품을 선택하는 방법으로 환경 표지가 활용될 수 있음을 제시한다.
③ Ⅲ-2-가에서는 (나)를 활용하여 환경 표지가 붙은 제품을 구입하고 사용하면 소비자가 환경 보전에 참여하게 되는 효과가 있음을 제시한다.
④ Ⅲ-2-나에서는 (다)를 활용하여 환경 친화적 소비가 생산 및 유통 과정의 변화를 가져올 수 있음을 제시한다.
⑤ Ⅲ-2-나에서는 (나)와 (다)를 활용하여 친환경적 제품 생산이 기업 이미지 제고를 통해 소비 생활에 변화를 가져올 수 있음을 제시한다.

[74~76]
다음은 기사 요청서와 그에 따라 학생이 작성한 기사의 본문 개요 및 초고이다. 물음에 답하시오. **17학년도 6월**

◦ **학교 신문 편집부의 기사 요청서**

우리 학교의 역사적 상징물인 소나무들이 옮겨져 미리내 솔숲이 조성되기까지의 과정과 그 의의를 중심 내용으로 하는 특집 기사를 작성해 주세요. 예상 독자는 본교 학생들입니다.

◦ **본문의 개요**

1문단 : 미리내 솔숲 개방 행사 안내 ·················· ㉠
2문단 : 체육관 신축으로 인한 소나무 처리 문제 발생 ·················· ㉡
3문단 : 소나무 처리 문제에 대한 학생들과 동문들의 우려 ·················· ㉢
4문단 : 소나무 기증을 통한 소나무 처리 문제의 해결 ·················· ㉣
5문단 : 기증한 소나무들로 솔숲을 조성하게 된 계기 ·················· ㉤
6문단 : 소나무 기증의 의의와 솔숲에 거는 기대

◦ **기사 초고**

우리 학교의 역사적 상징물, 시민의 솔숲으로 부활

〈부제〉

〈전문〉

우리 학교의 역사적 상징물인 소나무의 기증으로 조성된 미리내 솔숲이 이번 주 토요일부터 일반 시민에게 개방된다.

〈본문〉

우리 학교 이름을 딴 미리내 솔숲의 개방을 축하하는 행사가 토요일 오전 10시부터 솔숲이 위치한 시민 공원에서 열린다. 솔숲 개방 행사에는 우리 학교 상징물인 소나무에 깊은 애정을 갖고 있는 재학생과 동문 선배들 그리고 지역 주민들이 ⓐ 참석하였다.

우리 학교와 역사를 함께해 온 소나무들로 솔숲이 조성되기까지 우여곡절이 있었다. 지난해 3월, 우리 학교에서는 실내 체육 활동을 위해 체육관을 ⓑ 새로 신축하기로 결정하였다. 그런데 체육관을 지을 터에 이미 자리 잡은 소나무들을 옮길 만한 마땅한 장소가 없어 베어 버려야 할 상황에 처했다.

이 소식을 접한 학생회와 동문회에서는 소나무들을 베어 버리는 것에 대해 우려를 표시했고, 학교의 오랜 역사를 상징하는 소나무를 당장 베어 버리기보다는 몇 달만이라도 대안을 모색해 보기로 학교 측과 ⓒ 합의했다.

학생회에서는 여러 대안을 모색하던 중 시민 공원에 소나무를 기증하자는 의견을 제시하였다. ⓓ 비단 시민 공원에서도 솔숲을 조성할 소나무가 필요하다며 소나무 기증 의사를 반겼고, 솔숲의 터가 정리되는 대로 솔숲을 조성하겠다고 답변했다. 결국 우리 학교는 구성원들 간의 논의를 거쳐 지난해 9월 소나무들을 시민 공원에 기증하였다.

현재 우리 학교 소나무들은 새 보금자리인 시민 공원에서 시민들을 맞이할 준비를 하고 있다. 소나무를 관리하고 있는 전문가의 말에 따르면, 소나무들은 학교에 있을 때처럼 건강하게 새 터에 잘 적응하고 있다고 한다. 이러한 이유로 시민 공원에서는 예정보다 빨리 솔숲을 시민들에게 개방하기로 결정하였다.

이처럼 우리 학교 이름을 딴 미리내 솔숲의 조성은 교내의 소나무 처리 문제가 지역 사회와의 협조를 통해 슬기롭게 ⓔ 해결되어졌다는 점에서 의미가 있다. 학생회장은 "학생들은 학교의 역사적 상징물인 소나무들과 이별하는 것을 매우 아쉬워했습니다. 하지만 소나무 기증을 통해 우리 학교의 건학 이념인 '나눔'과 '협력'을 실천할 수 있다는 점에 공감하게 되었고 이번 기증으로 시민들의 쉼터가 마련되었다는 것에 자긍심을 가지게 되었습니다."라고 말했다. 앞으로 우리 학교의 상징물인 소나무들이 지역 사회의 상징물로 거듭나기를 기대한다.

---

74 개요의 ㉠~㉤ 중, 〈본문〉에 반영되지 않은 것은?

① ㉠   ② ㉡   ③ ㉢
④ ㉣   ⑤ ㉤

75 〈보기〉는 글쓰기 과정에서 학생이 떠올린 생각이다. 이에 따라 작성했을 〈부제〉로 가장 적절한 것은?

> **보기**
>
> 기사 내용 중 학생회장의 말을 바탕으로 예상 독자에게 소나무 기증의 의의가 잘 전달되도록 〈부제〉를 정해야겠어.

① 우리 학교 소나무들로 조성된 미리내 솔숲, 드디어 이번 주 토요일에 개방
② 지역 사회에 쉼터 제공, 소나무 기증이 우리 학교 학생들에게 나눔과 협력의 정신 일깨워
③ 미리내 솔숲, 공공 녹지 조성과 나무 생태 보전이라는 시민 공원의 설립 취지 잘 살려
④ 우리 학교의 역사적 상징물, 지역 주민들에게 나무 기증의 중요성 알리는 계기로 작용
⑤ 지역 사회와의 협력의 산물, 우리 학교의 역사적 상징물이 지역 사회의 상징물이 되기까지

76 기사 초고의 ⓐ~ⓔ에 대한 점검 결과와 수정 방안으로 적절하지 않은 것은?

	점검 결과		수정 방안
①	ⓐ : 행위의 시간 표현이 잘못되었다.	→	'참석할 예정이다'로 수정한다.
②	ⓑ : 의미상 불필요한 표현이다.	→	의미 중복을 피하기 위해 삭제한다.
③	ⓒ : 문장에서 행위의 주체가 드러나 있지 않다.	→	'시민 공원은'을 주어로 추가한다.
④	ⓓ : 부사의 사용이 부적절하다.	→	'때마침'으로 수정한다.
⑤	ⓔ : 피동 표현이 불필요하게 중복되고 있다.	→	'해결되었다는'으로 수정한다.

[77~78]

(가)는 동생이 작성한 메모이고, (나)는 동생이 누나와 나눈 대화이다. 물음에 답하시오. 17학년도 6월

(가) 자기소개서 작성 계획을 구상한 메모

• 작문 상황 : ○○ 향토 문화원 학생 해설 도우미에 지원
• 목적 : 선발 담당자에게 나를 알림. ·· ⓐ
• 예상 독자 분석 : 학생 해설 도우미 선발 담당자는 나의 학교생활이 궁금할 것임. ·· ⓑ
• 내용 생성
 - 나에게 가장 의미 있는 활동 경험 ····················· ⓒ
 - 나의 성장 배경 ··· ⓓ
• 조직 방법 : 경험의 목록을 나열하여 제시함. ·········· ⓔ

(나) 자기소개서 작성 계획을 조정하기 위한 대화

동생 : ○○ 향토 문화원에서 우리 지역의 향토 문화를 설명해 줄 학생 해설 도우미를 모집한대. 관심 있는 분야라 지원하고 싶어서 자기소개서 작성 계획을 구상해 보았는데 잘 안 돼. 이 메모를 좀 봐 줘.

누나 : (메모를 확인한 후) 음, 단순히 자기를 알리는 것만으로는 목적으로서 좀 부족한 것 같아. 네가 해설 도우미 선발 담당자라면 어떤 점이 궁금할 것 같아? 단순히 학교생활을 궁금해할까?

동생 : 해설 도우미를 선발해야 하는 입장이라면……. 아, 내가 해설 도우미로 적합한지가 궁금하겠지.

누나 : 그럼 해설 도우미로 적합하다는 것이 무슨 뜻일까? 공고문의 내용을 잘 고려해 봐.

동생 : 공고문에 따르면 고등학생을 해설 도우미로 선발해서 초등학생에게 지역의 향토 문화를 설명해 주는 활동을 하게 한대.

누나 : 향토 문화를 해설하려면 향토 문화에 대한 관심이나 이해 정도, 설명 능력이 필요할 것 같고, 해설 대상인 초등학생과의 친화력도 중요할 거야. 이런 점을 어떻게 드러낼 수 있을까?

동생 : 음, 그러면 역사 문화 연구 동아리 활동, 보고서 발표 대회 참가 경험, 복지 센터 보조 교사 활동, 학생회 봉사 부장 활동, 나의 성장 배경을 쓰면 좋겠는데.

누나 : 그것들을 모두 쓰지 말고 필요한 것들을 선별해서 활용하면 좋을 거야.

동생 : 그러면 우리나라 역사와 문화를 탐구하고 지역의 문화재를 탐방했던 역사 문화 연구 동아리, 청중들로부터 큰 호응을 얻었던 보고서 발표 대회, 초등학생을 돌보았던 복지 센터 보조 교사 활동을 쓰면 되겠네. 그럼, 선택한 내용을 어떻게 조직하면 좋을까?

누나 : 단순히 너의 경험들을 나열하기보다는 경험의 의의를 경험 내용과 연관 지어 조직하면 글의 의도가 잘 전달될 거야. 그리고 글 전체를 처음, 중간, 끝 부분으로 나누고 중간 부분에서 경험과 관련된 내용들을 쓰면 좋겠어.

동생 : 고마워 누나. 이제 잘 써 볼게.

77 (나)를 고려할 때, (가)의 ⓐ~ⓔ에 대한 조정 방안으로 적절하지 않은 것은?

① ⓐ : 선발 담당지에게 자신이 학생 해설 도우미로 적합함을 보이는 것으로 목적을 구체화한다.
② ⓑ : 공고문을 토대로 예상 독자의 주된 관심사를 학생 해설 도우미로서의 요건 충족 여부로 재설정한다.
③ ⓒ : '의미 있는 활동' 중 학생 해설 도우미로서의 자질을 보여 줄 수 있는 활동에 초점을 맞춘다.
④ ⓓ : 자신의 친화력을 드러낼 수 있는 소재로 성장 배경 대신 학급 내의 교우 관계에 초점을 맞춘다.
⑤ ⓔ : 선별된 각 경험의 내용과 그 의의를 함께 제시한다.

78 (나)를 고려하여 중간 부분을 작성하려 할 때 내용을 구체화하기 위한 방안으로 적절하지 않은 것은?

	경험		내용 구체화 방안
①	역사 문화 연구 동아리 활동	→	동아리 활동으로 우리나라 역사와 문화를 탐구하는 과정에서 얻은 지식을 우리 지역의 역사와 문화에도 적용할 수 있는 안목을 갖게 되었음을 서술한다.
②	역사 문화 연구 동아리 활동	→	동아리에서 지역 문화재를 탐방하는 활동을 진행하면서 자연스럽게 우리 지역의 향토 문화에 대하여 관심을 갖게 되었음을 서술한다.
③	보고서 발표 대회 참가	→	보고서 발표를 준비하면서 기른 설명 능력이 우리 지역의 문화를 쉽게 설명할 수 있는 능력으로 이어질 것임을 서술한다.
④	복지 센터 보조 교사 활동	→	복지 센터 보조 교사로서 초등학생을 돌보는 활동을 진행하면서 초등학생과 친밀감을 형성할 수 있는 방법을 터득하게 되었음을 서술한다.
⑤	복지 센터 보조 교사 활동	→	보조 교사 활동을 학업과 병행하면서 겪었던 어려움을 호소함으로써 문화 해설 도우미 활동에서 겪을 수 있는 어려움을 충분히 극복할 수 있음을 서술한다.

1 실전 국어 전형태

[79~81]
다음을 읽고 물음에 답하시오. 17학년도 9월

〈교지 편집부의 요청 내용〉
　우리 학교 학생들을 대상으로 '정보 통신 기술의 발달에 따른 우리나라 농업의 미래'에 대해 글을 써 주세요.

〈글을 쓰기 전에 떠올린 생각〉
· 예상되는 미래 농업의 모습을 제시해야겠어. ························· ⓐ
· 농업의 중요성에 대해 언급하며 글을 시작해야겠어. ··········· ⓑ
· 농업에 도입될 정보 통신 기술에 대해 언급해야겠어. ········· ⓒ
· 농업 발전을 위한 정보 통신 기술 관련 정책이 어떻게 변화할지 설명해야겠어. ··· ⓓ
· 정보 통신 기술의 발달로 해결할 수 있는 현재 농업의 문제 상황을 제시해야겠어. ··· ⓔ

〈초고〉
　인류 역사에서 가장 오래된 산업이자 인류의 운명과 함께할 산업은 무엇일까? 신석기 시대 이래 지속적으로 발전되어 온 농업은 인류의 생존과 직결된 가장 기본적인 산업이다. 이제 농업은 정보 통신 기술 기반의 빅데이터 활용 기술과 환경 제어 기술의 발달과 함께 빠르게 변화하고 있다.

[A]
　기상과 병충해 같은 농업 관련 정보를 수집, 처리, 활용하는 빅데이터 활용 기술이 농업에 도입되면 농산물의 생산량을 적절하게 조절하는 것이 가능해져 농가가 안정적인 수익을 올릴 수 있다. 지금까지는 농산물을 기를 때 기상 상태나 병충해와 같은 외부 환경으로 인한 피해가 생산량에 미치는 영향이 컸기 때문에 생산량을 예측하고 조절하는 것이 어려웠다. 이로 인해 농산물 가격이 폭등하거나 폭락하는 경우가 많았다. 농업과 관련된 빅데이터가 더 많이 축적되고 이를 실시간으로 활용할 수 있게 된다면 계획적인 생산과 체계적인 관리가 가능해질 것이다. 실제로 농업 관련 빅데이터를 활용해 농사를 지은 농가의 생산성이 향상된 사례도 있다.

[B]
　재배 환경 정보를 실시간으로 수집·처리하여 최적화된 정보에 따라 재배 환경을 조절하고 자동 재배 시설을 제어하는 기술이 도입되면 실내에서의 대규모 농업도 가능해진다. 온도와 습도, 이산화탄소 농도, 빛의 양 등 농작물 성장에 필수적인 요소들을 자동으로 조절해 주는 시설이 완비된 식물 공장이 확산되면 농업은 이전과 달리 장소의 제약에서 벗어날 수 있다. 또한 식물 공장을 고층 건물 형태로 지으면 공간이 한정된 도시에서도 좋은 품질의 농작물을 대량으로 생산할 수 있다. 도심 곳곳의 고층 건물에서 층마다 농산물을 재배하는 모습을 영화가 아닌 현실에서 보게 될 것이다.

　발달된 정보 통신 기술이 농업에 도입되면 농가는 안정적인 수익을 올릴 수 있고, 도시의 고층 건물에서도 대규모로 농작물을 재배하는 것이 가능할 것이다. 어업과 같은 전통적인 산업에서도 농업과 유사한 발전 양상을 보일 것이다. 이러한 상황 속에서 우리 농업은 계속 발전할 것이다.

79 ⓐ~ⓔ 중 〈초고〉에 반영되지 않은 것은?

① ⓐ   ② ⓑ   ③ ⓒ
④ ⓓ   ⑤ ⓔ

80 〈보기〉는 학생이 초고를 쓰기 위해 수집한 자료의 일부이다. ㉠~㉤의 활용에 대한 설명으로 적절하지 않은 것은?

보기

· 과수원 농사를 짓는 ㉠ ○○ 농가는 빅데이터를 활용한 관리 시스템을 도입한 이후 생산량은 25% 이상 향상되었고, 운영비는 10% 이상 줄어들었다. …(중략)… 기상 관련 정보가 축적될수록 ㉡ 가뭄 피해, 수해, 냉해를 최소화할 수 있다.
- 「□□농업신문」 -

· 도시에서 농작물을 인공적으로 생산하는 식물 공장이 ㉢ 미래 식량 위기의 대안으로 급부상하고 있다. 식물 공장의 특징은 다음과 같다. 첫째, ㉣ 한정된 공간에서의 토지 이용 효율이 높다. 둘째, 환경 조절 장치를 통해 ㉤ 농작물이 자라는 데 필수적인 환경을 인위적으로 조절한다.
- 과학 잡지 「△△△」 -

① ㉠의 정보를 이용하여 [A]에서 정보 통신 기술 도입의 긍정적 사례로 제시하였다.
② ㉡의 현상을 포괄하여 [A]에서 생산량의 예측과 조절이 어려웠던 원인을 제시하는 데 활용하였다.
③ ㉢의 규모를 예측하여 [B]에서 식물 공장의 경제적 효과를 제시하는 데 활용하였다.
④ ㉣의 실현 가능한 모습을 구체화하여 [B]에서 식물 공장의 형태에 대한 정보로 제시하였다.
⑤ ㉤의 요소들을 찾아 [B]에서 식물 공장의 시설에 대한 정보를 제시하는 데 활용하였다.

81 〈보기〉는 초고를 읽은 편집부의 검토 의견과 이에 따라 학생이 고쳐 쓴 글이다. [가]에 들어갈 내용으로 가장 적절한 것은?

보기

[편집부의 검토 의견]
　초고 잘 읽었습니다. (　[가]　)을 고려하여 마지막 문단을 고쳐 주시면 좋겠습니다.

[고쳐 쓴 글]
　발달된 정보 통신 기술이 농업에 도입되면 농가는 안정적인 수익을 올릴 수 있고, 도시의 고층 건물에서도 대규모로 농작물을 재배하는 것이 가능할 것이다. 물론 이와 같은 기대가 실현되기 위해서는 높은 초기 투자 비용 등 많은 문제점들을 해결해야 한다. 이러한 문제점들을 하나씩 해결해 나갈 때 우리 농업은 계속 발전할 수 있을 것이다.

① 수식 관계가 어긋나는 문장, 정보 통신 기술 적용의 확장 가능성
② 글의 흐름에 어긋나는 문장, 정보 통신 기술 적용의 확장 가능성
③ 글의 흐름에 어긋나는 문장, 미래를 낙관적으로만 바라보고 있는 문제점
④ 주술 호응이 어긋나는 문장, 미래를 낙관적으로만 바라보고 있는 문제점
⑤ 주술 호응이 어긋나는 문장, 전통 산업을 사양 산업으로만 인식하고 있는 문제점

[82~83]

(가)와 (나)는 동일한 작문 과제를 수행한 두 학생의 글이다. 물음에 답하시오.

17학년도 9월

[작문 과제]

　다음 자료에서 이끌어 낸 의미를 바탕으로 ⓐ '원활한 의사소통을 위해 필요한 태도'에 대한 글을 써 보자.

〈자료〉

　소리는 저 혼자서 완성하는 것이 아닙니다. '일고수 이명창'이라는 말이 있듯 북장단으로 소리를 이끌고 추임새로 흥을 돋우어 주는 북재비가 없다면 제 목소리는 무용지물이지요. 일단 판소리가 시작되면 북재비인 △△△ 씨와 저는 완벽한 호흡으로 공연을 완성해 나간답니다. 이를 위해서는 물론 수많은 연습을 통해 호흡을 맞춰 보는 과정이 필요하지요.

- ○○○ 명창과의 인터뷰 -

(가)

[A] ┌ 　소리꾼과 북재비의 판소리 공연 모습에서 내가 상담 선생님을 찾아 뵈었을 때의 상황이 떠올랐다. 선생님께서는 마치 북재비의 역할을 하듯 나를 북돋워 주신다. 내 감정 상태를 있는 그대로 인정해 주시고 내 말에 맞장구를 쳐 주심으로써 속 깊은 이야기를 마음껏 꺼낼 수 있도록 도와주신다.
│ 　그런데 나는 그런 태도가 부족해 부끄럽다. 친동생을 대할 때 그의 말을 잘 들어 주고 스스로 마음을 드러내도록 도와주기보다는 동생의 생각을 지레짐작하고 내 잣대를 내세워 입바른 소리부터 한다. 그러다 보면 제대로 된 대화는커녕 관계가 서먹해지고 심지어 다투게 될 때도 └ 있다. 늘 후회하면서도 말이다.

　가족 간의 원활한 의사소통을 위해서는 서로가 하고 싶은 말을 잘 할 수 있도록 잘 들어 주고 도와주는 태도가 필요한 것이다.

(나)

[B] ┌ 　소리꾼과 북재비가 완벽한 호흡을 통해 공연을 완성해 나간다고 하는 것을 보니, 의사소통 방법에 대한 책에서 읽었던 내용이 떠올랐다. 원활한 의사소통은 서로를 잘 이해하는 것에서 비롯되는데, 이를 위해서는 꾸준한 대화를 통해 교감하려는 태도가 필요하다고 한다. 이는 마치 소리꾼과 북재비가 완벽한 호흡을 이루기 위해 오랜 시간 함께하며 └ 교감하는 것과 같다고 생각했다.
┌ 　친구 간에 말 몇 마디 주고받지도 않고 섣불리 자신과 마음이 통하지 않는다고 여기고 이내 마음을 닫아 버릴 때가 있다. 그것이 때로 오해나 갈등으로 이어지기도 하는데 나 역시 그런 경우가 있어 부끄럽다. 물론 처음부터 마음이 통하는 친구 사이가 되는 것은 어려운 것이 사실이다. 닫 └ 힌 마음을 열고 서로를 이해하기 위한 노력과 과정이 필요한 것이다.

　　　　　　　　　　　　　　　　　　ㅇ

82 [A], [B]를 통해 두 학생의 작문 수행 과정을 이해한 내용으로 적절하지 <u>않은</u> 것은?

① 자료의 내용을 [A]에서는 상담 경험과, [B]에서는 독서 경험과 관련지었다.

② 자료에서 이끌어 낸 의미를 [A]에서는 가족과의 의사소통 상황에, [B]에서는 친구와의 의사소통 상황에 적용하였다.

③ [A]에서는 '북재비'의 역할에, [B]에서는 '소리꾼'과 '북재비'가 완벽한 호흡을 이루기 위해 필요한 과정에 주목하였다.

④ [A]와 [B] 모두 자료에서 이끌어 낸 의미와 관련하여 자신을 반성하였다.

⑤ [A]와 [B] 모두 의사소통 상황에서 발생한 문제가 해결되었던 사례를 주변에서 찾아 제시하였다.

83 ㉠에 들어갈 내용을 〈조건〉에 따라 쓴 것으로 가장 적절한 것은?

조건

· 비유적 표현을 사용할 것.
· ⓐ에 대하여 (나)에 언급된 핵심 내용을 제시하고, 이를 실천할 때 얻을 수 있는 효과를 제시할 것.

① 좋은 친구는 어둠을 밝혀 주는 등불과 같다. 내가 어려운 일에 부딪혔을 때 용기를 잃지 않고 내 앞에 놓인 길을 찾아 나서는 데 빛이 되기 때문이다.

② 상대방과 말이 통하지 않는다고 실망할 필요는 없다. 대화를 통해 서로를 이해하기 위한 노력을 아끼지 않는다면 원활한 의사소통이 가능할 것이다.

③ 대화는 서로의 마음을 열어 주는 열쇠이다. 대화를 지속적으로 나누며 교감해 나간다면 데면데면하던 사이도 언젠가는 마음이 통하는 사이가 될 것이다.

④ 서로 잘 이해하는 사이라고 해서 오해가 전혀 없을 수는 없다. 서로 간에 오해가 생기더라도 그것을 해결하려 노력한다면 서로를 더 잘 이해하게 될 것이다.

⑤ 좋은 친구 사이가 되는 데에 지름길은 없다. 섣불리 내가 먼저 다가서려 하기보다는 너그러운 마음으로 기다린다면 친구가 먼저 마음을 열고 내게 다가올 것이다.

[84~86]

다음을 읽고 물음에 답하시오. **17학년도 수능**

[학생의 작문 계획]

· 예상 독자 : 학급 학생들
· 주제 : 새로운 광고 기법에 대한 이해와 비판적 인식 촉구
· 글의 구성
　- 1문단 : 새로운 광고 기법의 등장 배경을 제시해야겠어.
　- 2문단 : 검색 광고에 대해 살펴야겠어.
　- 3문단 : 기사형 광고에 대해 살펴야겠어.
　- 4문단 : <u>㉠ 새로운 광고 기법의 문제점을 언급하고, 이 광고 기법에 대한 매체 이용자들의 비판적 인식을 촉구해야겠어.</u>

[초고]

　　우리는 인터넷, 신문, 잡지 등의 다양한 매체를 이용하면서 수많은 광고에 노출된다. 이러한 광고는 다양한 매체에서 여러 유형으로 나타나는데, 이는 매체 발달에 따라 매체별 광고 기법도 다양해졌기 때문이다. 하지만 매체 이용자들은 이러한 광고를 불필요한 정보로 판단해 회피하는 경향이 있다. 이에 대응하여 매체 이용자들이 거부감 없이 광고를 수용하도록 하는 새로운 광고 기법이 등장하고 있다. **[A]**

　　인터넷에서 이용자들의 눈길을 끄는 광고 기법으로 검색 광고를 들 수 있다. 검색 광고는 검색창에 검색어를 입력하면 검색 결과와 함께 검색어와 관련된 다양한 광고가 노출되도록 하는 광고이다. 검색 광고는 불특정 다수에게 노출되는 기존 인터넷 광고와 달리 특정 대상에게만 노출되지만, 검색 결과와 비슷한 형태로 제시되므로 이용자들에게 마치 유용한 정보인 것 같은 착각을 일으킨다.

　　신문이나 잡지 등에서 새롭게 사용되는 광고 기법으로 기사형 광고를 들 수 있다. 형식이나 내용이 기사와 확연히 구분되었던 기존 광고와 달리 기사형 광고는 기사처럼 보이는 광고를 말한다. 기사형 광고는 기사처럼 보이기 위해 제목에서 특정 제품명을 드러내지 않으며, 전문가 인터뷰나 연구 자료 인용을 통해 유용한 정보를 제공하는 것처럼 꾸며 독자의 관심을 끈다. 그러면서 가격, 출시일 등의 제품 정보를 삽입하여 독자의 소비 심리를 자극한다. 하지만 이러한 점 때문에 독자들이 기사형 광고를 기사로 오인할 수 있으므로 '특집', '기획' 등의 표지를 사용하는 것이 제한되어 있다. 또한 기자가 작성한 글로 착각하지 않도록 글 말미에 '글 ○○○ 기자'와 같은 표현도 사용하지 못하도록 되어 있다. **[B]**

　　광고를 접할 때 매체 이용자들은 이러한 광고 기법들의 문제점을 정확히 인식할 필요가 있다. 검색 광고와 기사형 광고는 모두 　ⓛ　 .

85 [B]의 내용을 바탕으로, 기사형 광고에 대해 발표하고자 한다. 다음 기사형 광고의 활용 방안으로 적절하지 <u>않은</u> 것은?

□□신문

좋은 물이 장수의 비결

　　○○ 대학에서는 최근 물과 장수의 관계를 밝힌 연구 논문을 발표했다. 이 논문에 따르면 국내 장수 마을 사람들의 장수 비결은 그 지역에서 나는 물과 관련이 깊다고 한다. 다른 지역 물에 비해 장수 마을의 물은 유익한 미네랄이 풍부한 것으로 조사되었다. △△샘물은 미네랄의 함량이 국내 최장수 마을의 물과 유사한 것으로 나타났다. △△샘물은 상품화되어 11월 2일 출시된다.

제품 용량 500ml. 1,000원
---

① '물과 장수의 관계'를 연구한 논문을 인용한 것은, 독자들의 관심을 끌기 위한 기법의 예로 발표에서 활용할 수 있겠군.
② '△△샘물'이라는 제품명을 제목에 나타내지 않은 것은, 독자들에게 광고처럼 보이기 위한 기법의 예로 발표에서 활용할 수 있겠군.
③ '특집', '기획' 등의 표지를 사용하지 않은 것은, 독자들이 기사로 오인하지 않도록 하는 제한 사항을 따른 예로 발표에서 활용할 수 있겠군.
④ '△△샘물'이라는 특정 제품에 대한 출시일과 가격 정보를 제시한 것은, 독자들의 소비 심리를 자극하기 위한 기법의 예로 발표에서 활용할 수 있겠군.
⑤ '글 ○○○ 기자'와 같은 정보를 명시하지 않은 것은, 독자들이 기자가 작성한 글로 착각하지 않도록 하는 제한 사항을 따른 예로 발표에서 활용할 수 있겠군.

84 〈보기〉는 [A]를 작성하는 과정에서 떠올린 생각이다. ⓐ~ⓓ가 [A]의 내용에 반영된 순서로 적절한 것은?

보기

ⓐ 매체 이용자들의 광고 회피 경향에 대응해 새로운 광고 기법이 등장함을 제시해야겠어.
ⓑ 다양한 매체에서 여러 유형의 광고가 나타나는 이유를 예상 독자가 궁금해할 수 있으므로 그 이유를 제시해야겠어.
ⓒ 예상 독자가 자신의 경험을 떠올릴 수 있도록 예상 독자들이 광고를 접하고 있는 매체들을 구체적으로 제시해야겠어.
ⓓ 매체 이용자들이 광고에 대해 보이는 태도를 제시할 필요가 있어.

① ⓐ - ⓒ - ⓑ - ⓓ
② ⓑ - ⓒ - ⓐ - ⓓ
③ ⓑ - ⓒ - ⓓ - ⓐ
④ ⓒ - ⓑ - ⓓ - ⓐ
⑤ ⓒ - ⓓ - ⓑ - ⓐ

86 ㉠을 바탕으로 초고의 마지막 문단을 완성하고자 한다. ⓛ에 들어갈 내용으로 가장 적절한 것은?

① 매체 이용자들에게 광고를 불필요한 정보로 판단하게 하여 회피하게 한다. 따라서 기업은 매체 이용자들을 현혹하는 광고를 비판적으로 점검하며 기업 윤리를 지킬 필요가 있다.
② 광고 내용이 불특정 다수에게 노출된다는 점에서 매체 이용자들에게 거부감을 준다. 따라서 매체 이용자들은 주체적으로 광고를 분별할 수 있는 비판적 태도를 기를 필요가 있다.
③ 기존 광고에 비해 매체 이용자들의 거부감이 낮은 편이어서 부작용이 적다. 따라서 매체 이용자들은 기존 광고의 부작용을 인식하고 비판적으로 매체의 정보를 수용할 필요가 있다.
④ 검색 대상과 제품이 달라 매체 이용자들이 잘못된 정보를 바탕으로 제품 구매를 하도록 유도한다. 따라서 정부는 이러한 광고들을 강력히 규제하여 소비자들을 보호할 필요가 있다.
⑤ 광고를 유용한 정보인 것처럼 오인하게 만들어 매체 이용자들에게 착각을 유도한다. 따라서 매체 이용자들은 필요한 정보와 광고를 구별할 수 있는 비판적 안목을 기를 필요가 있다.

[87~88]

다음은 학생이 쓴 글의 초고이다. 물음에 답하시오. **17학년도 수능**

작가의 꿈을 반드시 이루고 싶은 나는 좋은 글감이 떠오르지 않아 고민 끝에 선생님께 조언을 구하였다. 선생님께서는 작가를 꿈꾸는 사람이라면 누구나 이런 ㉠ 어려움에 겪는다고 하시며 일상 소재를 유심히 관찰하고 이것들의 의미를 떠올리다 보면 좋은 글감을 마련할 수 있다고 말씀해 주셨다. 선생님의 말씀을 듣고 돌아오는 길에 푸른 잔디밭이 눈에 ㉡ 띄었다.

벤치에 앉아 잔디밭을 찬찬히 관찰해 보니 잔디밭 위로 난 길이 눈에 들어왔다. 얼마나 많은 사람들이 잔디를 밟고 다니며 저 길을 만들었을까 생각하니 밟혀 사라진 잔디가 불쌍해졌다. 그 길을 계속 보다 보니 사람들에게 밟혀 사라진 잔디의 처지가 주변 사람들의 반대로 한때 꿈이 흔들렸던 나의 처지와 비슷하다는 생각이 들어 사라진 잔디가 더 안쓰럽기도 했다.

그런 생각을 하다 그 길을 다시 보니 연두색의 잔디 싹이 자라고 있었다. 사람들에게 밟혀 잔디가 사라진 그 길 위에 잔디는 다시 싹을 틔운 것이었다. 나는 그 잔디 싹에서 끈질긴 생명력을 느꼈다. 길 위에 다시 자라난 연두색 잔디 싹도 생명력을 뽐내며 ㉢ 푸르고 무성한 잔디로 자랄 것이라는 생각이 들었다. ㉣ 그러나 잔디밭에 함께 모여 촘촘히 자라는 잔디를 보니 잔디가 서로를 의지하며 혹독한 시련을 함께 견뎌 왔다는 생각도 들어 대견함을 느꼈다. 생각해 보면 이 푸른 잔디는 바짝 마른 갈색 잔디가 되었다가 추운 겨울을 견디며 다시 푸른 잔디로 살아나는 것이었다. 사람들의 발길과 추운 겨울도 잔디의 생명력을 막을 수 없다는 생각이 들었다. 순간 나도 저 잔디처럼 시련에도 꺾이지 않고 꿈을 이루어 나가야겠다는 마음이 생겼다. 잔디를 보면서 나는 온갖 어려움을 극복해 가며 꼭 ▽㉤ 이루리라 다짐했다.

87 초고의 내용으로 볼 때 학생이 연상을 이끌어 낸 과정에 대한 설명으로 적절하지 <u>않은</u> 것은?

① 잔디가 밟혀 난 길을 관찰하며 밟혀 사라진 잔디에 대해 연민의 감정을 느꼈다.
② 잔디가 밟혀 난 길 위에 잔디 싹이 돋은 것을 관찰하며 잔디가 지닌 생명력을 떠올렸다.
③ 잔디밭에 함께 모여 자라는 잔디를 관찰하며 잔디가 혹독한 시련을 함께 견뎌 온 것에 대견함을 느꼈다.
④ 잔디밭 위로 난 길을 관찰하며 사람들에게 밟혀 사라진 잔디와 한때 꿈이 흔들렸던 자신의 처지가 비슷함을 떠올렸다.
⑤ 바짝 마른 갈색 잔디를 관찰하며 바짝 마른 잔디가 푸른 잔디로 다시 살아나는 모습에 대한 기대감을 느꼈다.

88 ㉠~㉤을 고쳐 쓰기 위한 방안으로 적절하지 <u>않은</u> 것은?

① ㉠ : 조사의 사용이 부적절하므로 '어려움을'로 고쳐야겠어.
② ㉡ : 어휘의 사용이 부적절하므로 '띄었다'로 고쳐야겠어.
③ ㉢ : 어미의 사용이 부적절하므로 '푸르지만'으로 고쳐야겠어.
④ ㉣ : 접속어의 사용이 부적절하므로 '또한'으로 고쳐야겠어.
⑤ ㉤ : 필요한 문장 성분이 빠져 있으므로 '꿈을'을 첨가해야겠어.

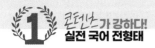

[89~91]
(가)는 학교 신문에 기고한 학생의 글이고, (나)는 (가)를 읽은 후 다른 학생이 같은 신문에 기고한 반박 글이다. 물음에 답하시오. 18학년도 6월

(가)

우리 학교는 내년도 학사 일정을 수립하기 위해 학생들의 의견을 수렴하였다. 그 과정에서 여름방학 기간을 현행 4주에서 2주로 단축하자는 주장이 제기되었다. 하지만 여름방학 기간을 단축하자는 주장에는 다음과 같은 문제점이 있다.

첫째, 여름방학의 의미가 제대로 실현되기 어렵다. 여름방학은 1학기가 끝나고 휴식을 취하면서 몸과 마음의 여유를 찾아 2학기를 준비한다는 점에서 의미가 있다. 그런데 여름방학 기간이 단축되면 그만큼 여유를 찾는 시간이 줄어들게 된다.

둘째, 학생들이 원하는 프로그램에 참여하기 어렵다. 우리 학교의 많은 학생들은 여름방학 기간에 외부 기관에서 운영하는 교외 청소년 프로그램에 참여하고 싶어 한다. 그런데 여름방학 기간이 단축되면 개학 이후에 시작되는 프로그램에는 참여할 수 없게 된다.

셋째, 학교 시설을 개선할 수 있는 기간을 확보하기 어렵다. 학교 시설을 보수하거나 설치하는 일이 2주 이상 걸리는 경우 방학을 활용한다. 그런데 여름방학 기간이 단축되면 학교 시설 공사를 완료하지 못한 상태에서 2학기를 시작하게 되므로 생활이 불편하게 될 가능성이 매우 크다.

학교는 학생들이 여유를 갖고 자율적으로 활동에 참여하며 편안한 환경에서 생활할 수 있도록 충분한 시간을 확보해 주어야 한다. 따라서 현재의 여름방학 기간을 유지해야 한다.

(나)

학교 신문에 여름방학 기간 단축을 반대하는 글이 실린 후 학생들 사이에서 찬성과 반대의 다양한 의견들이 오가고 있다. 그 글에서 제시한 근거들을 반박하고자 한다.

첫째, 여름방학 기간을 유지한다고 해서 여름방학의 의미가 실현되는 것은 아니다. 대다수의 학생들은 오히려 학기 중보다 학습 부담이 커져서 여름방학 기간에 여유를 갖고 휴식을 취하지 못한다. 그러므로 2주로 줄여도 문제가 되지 않는다.

둘째, 여름방학 기간을 단축해도 학생들은 원하는 프로그램에 참여할 수 있다. 2학기가 시작된 후에도 개인 체험 학습을 신청하면 원하는 프로그램에 얼마든지 참여할 수 있다.

셋째, 오랜 시일이 필요한 공사는 겨울방학 기간을 활용하고 시급한 공사의 경우 기간을 단축할 수 있는 방안을 모색하면 된다. 불가피하게 학기 중에 공사를 하게 되더라도 불편 없이 진행할 수 있다. 실제로 우리 학교에서 지난 학기 중 특별실 보수 공사를 하였지만 불편 없이 진행되었다.

[A] 여름방학 기간을 단축해야 하는 이유는 다음과 같다. 수업 공백이 줄어들어 지난 학기의 수업 내용을 잘 기억할 수 있게 되어서 학습이 연속적으로 이루어질 수 있다. 그리고 겨울방학 시작을 앞당길 수 있어 학년 말의 비효율적인 학사 운영을 피하는 데에도 도움을 준다. 인근 고등학교에서는 이미 여름방학 기간을 단축하여 운영하고 있는데, 학생들의 만족도가 높다고 한다.

학교가 학생들의 여유로운 생활을 보장해 주어야 한다는 주장도 타당한 측면이 있지만, 학교가 해야 할 더 중요한 일은 수업의 연속성 확보와 학사 운영의 효율성 제고라고 생각한다. 따라서 이를 실현하려면 여름방학 기간을 단축해야 한다.

89 〈보기〉는 (가)를 쓰기 위해 떠올린 생각이다. (가)에 반영된 생각만을 〈보기〉에서 있는 대로 고른 것은?

보기

ㄱ. 여름방학 기간에 학교 측에서는 무슨 일을 할까?
ㄴ. 여름방학 기간을 단축했을 때 얻을 수 있는 이점은 무엇일까?
ㄷ. 여름방학 기간을 단축했을 때 발생할 수 있는 문제는 무엇일까?
ㄹ. 여름방학 기간을 유지하자는 주장에 대해 어떤 반론이 제기될 수 있을까?

① ㄱ, ㄴ   ② ㄱ, ㄷ   ③ ㄴ, ㄹ
④ ㄱ, ㄷ, ㄹ   ⑤ ㄴ, ㄷ, ㄹ

90 (나)에 사용된 쓰기 전략이 아닌 것은?

① 여름방학 기간 단축에 대하여 (가)로 인해 촉발된 반응을 제시하고 글을 쓰는 목적을 밝힌다.
② 여름방학의 의미가 현실과 차이가 있다는 점을 들어 (가)의 주장을 비판한다.
③ 학생들이 원하는 프로그램에 참여하기 어렵다는 (가)의 주장을 반박하며 이를 뒷받침할 수 있는 근거를 제시한다.
④ 학기 중 공사가 불편을 초래한다는 (가)의 주장을 비판하며 이를 뒷받침하는 사례를 제시한다.
⑤ 학생들의 여유로운 생활을 보장해야 한다는 (가)의 주장을 일부 수용하고 자신의 의견을 추가하여 절충안을 제시한다.

91 (가)를 쓴 학생이 (나)를 반박하는 글을 쓰려고 한다. [A]를 비판하기 위한 자료 활용 방안으로 가장 적절한 것은?

① 학교 시설 공사로 통행에 불편을 겪었던 학생의 인터뷰를, 학기 중 공사가 불편 없이 진행된다는 주장을 반박하는 근거로 제시해야겠어.
② 개인이 신청할 수 있는 체험 학습 일수를 제한하고 있는 학교 규정을, 학기 중에도 체험 학습 참여가 얼마든지 가능하다는 주장을 반박하는 근거로 제시해야겠어.
③ 학기 중보다 여름방학 기간에 더 많은 휴식을 취한다는 신문 기사를, 여름방학 기간을 유지할 때 학생들의 만족도가 높다는 주장을 반박하는 근거로 제시해야겠어.
④ 여름방학 기간을 단축했지만 학년 말 학사 운영이 비효율적이었던 다른 학교 사례를, 여름방학 기간 단축이 학사 운영과 무관하다는 주장을 반박하는 근거로 제시해야겠어.
⑤ 여름방학 기간이 2주, 4주인 두 학교 학생들이 지난 학기의 수업 내용을 기억하는 정도에 차이가 없다는 조사 결과를, 여름방학 기간과 학습 연속성이 관련 있다는 주장을 반박하는 근거로 제시해야겠어.

[92~94]

다음을 읽고 물음에 답하시오. `18학년도 9월`

[작문 상황]

· **작문 과제** : 일상생활에서 많은 사람들이 겪고 있는 문제를 해결하기 위한 건의문 작성하기

· **예상 독자** : ○○시청 시내버스 운행 정책 담당자

[학생의 초고]

　안녕하세요? 저는 'A 단지'에 사는 □□고등학교 학생 ◇◇◇입니다. 제가 이렇게 글을 쓰게 된 이유는 시내버스 노선 문제로 어려움을 겪고 있는 A 단지 학생들을 대표하여 개선 방안을 건의하기 위해서입니다.

　우리 시의 고등학교들은 시내에 위치한 반면 2016년 2월에 생긴 A 단지는 시 외곽에 있어 이곳에 사는 많은 학생들은 시내버스를 이용해 통학하고 있습니다. 그런데 시내버스를 이용하면 자가용을 이용할 때보다 30분 이상 시간이 더 걸립니다. ○번 버스의 경우 A 단지를 지나 시청, 버스 터미널, 중앙 시장 등 시내 주요 장소뿐만 아니라 여러 곳을 경유하여 □□고등학교에 이릅니다. 시내 고등학교들로 향하는 다른 노선들도 상황은 이와 유사합니다. 통학 시간이 길어서 아침부터 피곤해져 학생들이 수업 시간에 졸게 되는 등 학업에 집중하기가 어렵습니다. 그러다 보니 학생들이 시내버스를 기피하게 되고 부모님의 자가용을 이용해 통학하는 사례가 증가하였습니다. 이로 인해 학부모의 부담이 가중되고, 학교 주변의 교통이 혼잡해지고 있습니다. 결국 이러한 문제가 생긴 원인은 A 단지에서 고등학교들로 향하는 시내버스 노선들이 시내의 너무 많은 정류장을 경유하기 때문입니다.

　이 문제를 해결하는 방안은 학생 전용 급행 노선을 신설하는 것입니다. 학생 전용 급행 노선이란 등교 시간에 학생들만 이용할 수 있는 시내버스 노선으로, A 단지에서 출발해서 거점 정류장만을 경유하여 시내 고등학교까지 최단 경로로 운행하는 노선을 말합니다. 급행 노선의 신설을 위해서는 학생들의 수요를 조사하여 인접한 고등학교들을 묶어 하나의 노선으로 정하고, A 단지 이외의 학생들이 많이 타는 곳을 거점 정류장으로 정하면 될 것입니다.

　제 건의 내용이 받아들여진다면, ＿＿＿＿＿＿＿＿＿＿＿ ㉠

---

92 '학생의 초고'에 대한 설명으로 가장 적절한 것은?

① 건의 내용의 신뢰성을 학보하기 위해 권위자의 견해를 인용하고 있다.

② 건의 내용의 타당성을 높이기 위해 해결 방안의 한계점을 검토하고 있다.

③ 건의 내용의 합리성을 확보하기 위해 여러 가지 해결 방안을 비교하고 있다.

④ 건의 내용의 공정성을 확보하기 위해 예상되는 반론을 함께 제시하고 있다.

⑤ 건의 내용의 실현 가능성을 높이기 위해 구체적인 실행 방안을 제안하고 있다.

93 선생님의 조언을 고려할 때, ㉠에 들어갈 내용으로 가장 적절한 것은?

선생님 : 건의문의 끝 부분에는 건의가 받아들여졌을 때 건의 주체에게 도움이 된다는 점을 밝히고 다른 사람들에게도 도움이 된다는 점을 제시하면 설득력을 높일 수 있어요.

---

① 수요 조사에 따른 버스 운영으로 시내버스 회사의 이익 창출에 기여하며, ○○시도 시내버스 운영 지원비를 줄일 수 있게 될 것입니다.

② A 단지 학생들이 겪는 등굣길 버스 이용의 불편을 줄일 수 있을 뿐만 아니라 A 단지 학생들의 아침 수면 시간을 확보할 수 있을 것입니다.

③ A 단지 학생들의 등굣길 스트레스를 줄여 줄 수 있으며, 여유롭게 등교할 수 있게 되어 A 단지 학생들이 즐겁게 학교생활을 하는 데에도 기여할 것입니다.

④ 학생들의 자가용 통학으로 인한 학부모들의 부담을 줄일 수 있으며, 자녀들을 데려다 주지 않아도 되어 학부모들이 여유로운 아침 시간을 보낼 수 있을 것입니다.

⑤ 긴 통학 시간으로 인한 A 단지 학생들의 피로감을 줄일 수 있어 학업에 보다 집중할 수 있게 되고, 학교 주변 교통 혼잡을 해결하여 인근 주민들의 불편을 해소할 수 있을 것입니다.

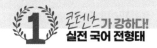

94 〈자료〉를 활용하여 '학생의 초고'를 보완하려 한다. 〈자료〉의 활용 방안으로 적절하지 <u>않은</u> 것은?

자료

(가) 인터뷰

"학교까지 가는 버스가 너무 많은 곳을 돌아서 시간이 오래 걸려서 힘들어요. 그러다 보니 아침에 일찍 집을 나서야 되고, 종종 아침밥도 못 먹고 갈 때가 있어요."

- □□고등학교 학생 -

(나) 'A 단지' 고등학생들의 등교 수단 이용률

조사 시점 ＼ 등교 수단	자가용	시내버스	기타
2016년 6월	25.2%	66.7%	8.1%
2016년 12월	44.4%	47.8%	7.8%
2017년 6월	53.2%	38.5%	8.3%

- □□고등학교 학생자치회 -

(다) 신문 기사

△△시가 3월부터 고등학교 학생 전용 급행 노선을 본격적으로 운행하였다. 등교 급행 노선은 오전 7시 30분부터 9시까지 통학생들이 집중된 지역에서 학교까지 일부 정류장만 경유하여 운행하는 것으로 기존 40분대 통학 시간을 20분대로 줄였다. 이로 인해 시내버스로 통학하는 학생의 비율이 급행 노선 운행 전보다 증가하였다.

① (가)의 학생 경험을 제시하여 등굣길 시내버스 노선 문제의 실태를 보여 주어야겠군.

② (나)의 시내버스 이용률 변화 추이를 활용하여 학생들의 시내버스 기피 현상이 심화되고 있음을 보여 주어야겠군.

③ (가)와 (나)를 활용하여 자가용 이용률 증가가 시내버스 이용 불편의 원인이 될 수 있다는 점을 보여 주어야겠군.

④ (나)와 (다)를 활용하여 학생 전용 급행 노선이 자가용 이용률을 감소시키는 데 도움이 될 수 있음을 제시해야겠군.

⑤ (가)와 (다)를 활용하여 학생 전용 급행 노선이 학생 불편 해소에 기여할 수 있음을 강조해야겠군.

memo

[95~97]
(가)는 학생의 메모이고, (나)는 (가)를 바탕으로 쓴 초고이다. 물음에 답하시오.

`18학년도 수능`

(가) 초고 작성을 위한 메모

- **작문 상황** : 봉사의 날 운영 방식을 글감으로 하여 교지에 글을 게재하려 함.
- **글의 목적** : 예상 독자인 우리 학교 구성원을 설득하는 글.
- **주제** : 봉사의 날 운영 방식을 동아리별 봉사 활동으로 전환할 필요가 있다.
- **자료** : 우리 학급 학생들을 대상으로 한 인터뷰.

(나) 글의 초고

　우리 학교에서는 한 달에 한 번씩 봉사의 날을 지정하여 학급별로 학교 주변의 환경을 정화하는 봉사 활동을 실시해 왔다. 그러나 이러한 운영 방식에 대한 학생들의 개선 요구가 제기되면서 봉사의 날 운영 방식을 동아리별 봉사 활동으로 전환하는 것이 대안으로 제시되었다. 이로 인해 학교 구성원들 사이에서 봉사의 날 운영 방식에 대한 논의가 한창이다.

　우리 학급 학생들을 대상으로 인터뷰를 해 본 결과 실제로 학생들 대다수가 현행 봉사의 날 운영 방식에 대해 만족하지 않았다. 학생들은 그 이유로 참여 의지가 떨어진다는 점을 들었다. 이러한 결과를 바탕으로 할 때 환경 정화 활동과 같이 개인의 의사를 반영하지 않은 획일적인 방식은 학생들의 자발적 참여를 유도하기 어렵다고 할 수 있다.

[A]　학생들은 동아리별 봉사 활동의 장점으로 진로와 관심사를 반영한 봉사 활동을 할 수 있다는 점을 언급했다. 동아리별 봉사 활동은 진로와 관심사가 비슷한 학생들이 모인 동아리를 기반으로 하기 때문에 동아리의 특색을 살린 봉사 활동을 할 수 있다. 그 결과 학생들은 획일적인 봉사 활동에서 벗어나 보다 다양한 봉사 활동을 계획하고 실행할 수 있다. 동아리 활동이 위축될 수 있다는 일부 학생들의 우려도 있지만, 이 방식은 현행 봉사의 날 운영 방식에 대한 학생들의 불만을 해소할 수 있는 효과적인 대안이 될 수 있다.

　청소년기는 육체적·심리적·사회적으로 중요한 변화가 나타나고 성장이 이루어지는 시기라는 점에서 의의가 있다. 청소년기에 수행하는 봉사 활동은 청소년들에게 나눔과 배려의 정신을 길러 줄 뿐만 아니라, 스스로 성장할 수 있는 기회를 제공한다는 점에서 의의가 있다.

95 (가)의 사항이 (나)에 반영된 내용으로 가장 적절한 것은?

① 글감에 대한 논의의 필요성을 드러내기 위해, 봉사의 날 운영 방식이 논의되고 있는 우리 학교 상황을 제시하였다.

② 글의 목적을 강조하기 위해, 자료를 수집한 과정과 우리 학교에 봉사의 날이 도입된 취지를 제시하였다.

③ 예상 독자의 관심을 반영하기 위해, 학교 구성원이 관심을 가질 수 있는 주제를 선정하는 과정을 제시하였다.

④ 글의 주제를 구체화하기 위해, 현행 봉사의 날 운영 방식의 장점을 병렬적으로 열거하여 제시하였다.

⑤ 자료의 객관성을 높이기 위해, 봉사 활동과 관련한 설문 조사 문항과 조사 대상에 대한 정보를 제시하였다.

96 다음은 [A]를 보완하기 위해 추가로 수집한 자료이다. 자료의 활용 방안으로 적절하지 <u>않은</u> 것은?

`자료`

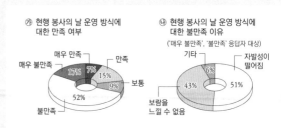

우리 학교 학생 대상 설문 조사 결과

⑦ 현행 봉사의 날 운영 방식에 대한 만족 여부
- 매우 만족
- 만족 15%
- 보통 9%
- 불만족 52%
- 매우 불만족 17% 7%

⑭ 현행 봉사의 날 운영 방식에 대한 불만족 이유
('매우 불만족', '불만족' 응답자 대상)
- 기타 6%
- 자발성이 떨어짐 51%
- 보람을 느낄 수 없음 43%

⑭ 교육 전문 잡지 『□□□』

　동아리별 봉사 활동은 동아리 활동을 통해 계발한 역량을 봉사 활동에서 발휘할 수 있어 학생들에게 성취 경험을 제공하므로 봉사 활동에 대한 학생들의 자발성을 높일 수 있다. 하지만 학생들이 동아리 활동 시간에 봉사 활동 준비를 하는 경우도 있어 동아리의 본래 목적에 맞는 활동이 잘 이뤄지지 않을 수 있다. 따라서 학교에서도 별도의 봉사 활동 준비 시간을 마련해 주는 방안을 고려할 필요가 있다.

① ⑦를 활용해, 현행 운영 방식에 대한 우리 학교 학생들의 만족 여부를 구체적으로 보여 주는 설문 조사의 결과를 추가해야겠어.

② ⑭를 활용해, 현행 운영 방식에 대한 학생들의 불만족 이유에 봉사 활동에서 보람을 느낄 수 없다는 점을 추가해야겠어.

③ ⑭를 활용해, 동아리별 봉사 활동의 도입과 관련한 일부 학생들의 우려에 대해 이를 해결할 수 있는 방안을 추가해야겠어.

④ ⑦와 ⑭를 활용해, 현행 운영 방식의 문제점으로 봉사 활동 준비에 많은 시간이 소요된다는 점을 추가해야겠어.

⑤ ⑭와 ⑭를 활용해, 동아리별 봉사 활동이 학생들에게 성취 경험을 제공하여 불만족 이유 중 가장 비율이 높은 문제의 해결에 도움이 된다는 점을 추가해야겠어.

97 다음은 (나)를 쓴 학생이 교지 편집부장에게 보낸 이메일이다. ㉠에 들어갈 내용으로 가장 적절한 것은?

　보내 주신 검토 의견 중 (㉠)해 달라는 말을 고려해 초고의 마지막 문단을 아래와 같이 수정했습니다. 확인 바랍니다.

　청소년기에 수행하는 봉사 활동은 청소년들에게 나눔과 배려의 정신을 길러 줄 뿐만 아니라, 스스로 성장할 수 있는 기회를 제공한다는 점에서 의의가 있다. 동아리별 봉사 활동을 도입한다면, 학생들이 자발적으로 봉사 활동에 참여하게 되어 봉사 정신을 기를 수 있고 자신들의 진로 관련 역량을 계발하여 자기 성장의 기회를 얻게 될 것이다.

① 청소년기의 의의는 삭제하고, 청소년기 봉사 활동의 의의는 추가

② 청소년기의 의의는 삭제하고, 동아리별 봉사 활동 도입 시 기대 효과는 추가

③ 청소년기의 의의는 삭제하고, 동아리별 봉사 활동 도입을 위한 지원 방안은 추가

④ 청소년기 봉사 활동의 의의는 삭제하고, 동아리별 봉사 활동 도입 시 기대 효과는 추가

⑤ 청소년기 봉사 활동의 의의는 삭제하고, 동아리별 봉사 활동 도입을 위한 지원 방안은 추가

[98~100]

다음을 읽고 물음에 답하시오. 19학년도 6월

[초고 작성을 위한 학생의 메모]

- **글의 목적** : 사극을 어떻게 바라볼 것인가에 대한 나의 생각을 밝히려고 함.
- **글을 쓰기 위해 떠올린 생각**
  - 학생들 사이에 사극에 대한 논란이 있음. ·················· ㉠
  - 사극의 본질은 주제 의식에 있음. ······························· ㉡
  - 시청자들이 사극에 흥미를 갖는 원인 ······················· ㉢
  - 사극은 실제 역사에 대한 관심을 유도함. ················· ㉣
  - 역사적 사실의 반영 정도에 따른 사극의 유형 ········· ㉤

[글의 초고]

드라마 '○○'이 인기를 끌면서 사극에 대해 학생들 사이에 논란이 일고 있다. 실제 역사와는 다르지만 재미있었다는 반응과 아무리 드라마이지만 수업에서 배운 내용과 너무 달라서 보기에 불편했다는 반응도 있었다. 이러한 반응을 지켜보면서 사극의 본질과 역할에 대해 다시 생각해 보게 되었다.

[A] ┌ 사극은 역사적 사건이나 인물을 소재로 다양한 상상력을 발휘하여 만든 허구적 창작물이다. 따라서 사극의 본질은 상상력을 바탕으로 만들어진 이야기를 통해 구현되는 주제 의식에 있다. 사극에서는 허구를 통해 가치 있는 의미를 담고 그것이 얼마나 시청자의 공감을 살 수 있느냐가 중요한 것이지, 역사적 사실과 얼마나 부합하느냐는 중요하지 └ 않다.

사극에서는 실존 인물에 새로운 성격을 부여하거나, 실재하지 않았던 인물을 등장시켜 극적 긴장감을 더욱 높인다. 이러한 점은 시청자들이 사극에 공감하고 재미를 느끼게 하는 요인이 되어 실제 역사에 대한 관심을 유도하는 역할을 한다. 그리고 이러한 관심은 역사에 대한 탐색으로 이어져 과거의 지식으로만 존재하던 역사를 현재에서 살아 숨 쉬게 만들 수 있다.

한편 일각에서는 시청자들이 사극에서 다뤄지는 상황을 실제 역사로 오해할 수 있다는 우려를 제기한다. 하지만 다큐멘터리와 달리 사극은 정확한 역사적 지식을 전달하기 위해 제작된 것이 아니다. 또한 사극의 영향력이 크기는 하지만 대부분의 시청자들은 사극의 내용이 실제 역사라고 생각하지 않는다.

우리는 실제 역사 속 인물과 사건을 통해 현재의 삶을 성찰하며 지혜를 얻는다. 한편 사극을 통해서는 감동과 즐거움을 얻는다. 이처럼 실제 역사와 사극은 저마다의 가치를 지니며 우리의 삶을 풍요롭게 만들어 주기에 어느 하나도 포기할 수 없다.

[초고 작성 후 수행한 자기 점검]

- **점검 내용** : 초고의 마지막 문단은 [ⓐ] 수정해야 글의 목적이 더 잘 드러날 것 같아.
- **고쳐 쓴 마지막 문단**

사극은 상상력을 바탕으로 실제 역사를 현실로 소환하면서, 끊임없이 과거와의 대화를 시도한다. 이로 인해 시간적 간극에도 불구하고 우리는 사극에서 재창조된 인물에 공감하거나 그들의 삶을 통해 의미 있는 경험을 하게 된다. 이러한 공감과 경험을 온전하게 즐길 수 있으려면 사극을 실제 역사 그 자체의 재현이 아닌 허구적 창작물로 인식해야 한다.

---

98 ㉠~㉤ 중 '글의 초고'에 반영되지 <u>않은</u> 것은?

① ㉠   ② ㉡   ③ ㉢
④ ㉣   ⑤ ㉤

99 '고쳐 쓴 마지막 문단'을 고려할 때, ⓐ에 들어갈 내용으로 가장 적절한 것은?

① 사극의 순기능과 역기능을 함께 제시하여 통일성이 약화되므로, 허구적 창작물이 사극의 본질이라는 입장이 부각되도록

② 실제 역사와 사극으로 초점이 분산되어 논지가 흐려지므로, 사극은 상상력을 바탕으로 한 창작물이라는 입장이 부각되도록

③ 실제 역사의 장점을 위주로 제시하여 주장이 분명하게 드러나지 않으므로, 사극이 실제 역사에 긍정적 영향을 미친다는 입장이 강조되도록

④ 실제 역사와 사극의 긍정적 기능을 함께 제시하여 일관성이 부족하므로, 사극의 본질은 실제 역사를 온전히 수용하는 데 있다는 입장이 강조되도록

⑤ 실제 역사 반영이 사극에서 중요함을 제시하여 설득력이 부족하므로, 허구적 창작물로서의 사극이 갖는 효용에 주목해야 한다는 입장이 강조되도록

100 〈보기〉의 관점에서 [A]에 대해 비판하는 글을 쓰려고 한다. 글에 담길 주장으로 가장 적절한 것은?

보기

사실로서의 역사와 상상력의 산물로서의 허구라는 두 가지 요소가 사극의 본질이다. 그중 어느 한쪽으로 치우치게 되면 사극은 자신의 정체성에서 멀어지므로 둘 사이의 균형을 유지해야 한다. 이를 위해서는 보편적으로 인정하는 역사적 사실은 유지하고, 역사적 사실들을 연결해 하나의 이야기를 만들어 가는 과정에서 상상력이 발휘되어야 한다.

① 사극은 상상력의 산물로서의 허구를 제외하고 사실로서의 역사를 중심으로 만들어야 한다.

② 사극에서는 상상력을 바탕으로 한 허구를 사실로서의 역사보다 더 가치 있게 바라봐야 한다.

③ 사극에서 상상력은 역사적 사실에 부합하는 범위에서 역사적 사실들 간의 유기성을 부여하는 데 활용해야 한다.

④ 사극에서 시청자의 공감을 유도하는 요인은 허구를 통해서 드러나는 주제 의식이 아니라 사실로서의 역사이다.

⑤ 사극의 본질에 부합하려면 허구적 내용의 재미보다는 역사적 사건과의 유사성에 초점을 맞춰 사극을 제작해야 한다.

[101~103]
다음은 교지에 실을 동아리 홍보 글을 작성하기 위한 학생의 생각과 초고이다. 물음에 답하시오. 19학년도 9월

(가) [학생의 생각 : 예상 독자가 궁금해할 만한 내용]

㉠ 우리 동아리의 특색 있는 활동이 무엇인지 궁금하지 않을까?
㉡ 퍼네이션이 무엇인지 궁금하지 않을까?
㉢ 자신의 진로와 관련이 되는지 궁금하지 않을까?
㉣ 우리 동아리의 선발 기준이 무엇인지 궁금하지 않을까?
㉤ 가입 후 자신이 무슨 활동을 할지 궁금하지 않을까?

(나) [학생의 초고]

그동안 봉사 활동을 해 온 우리 동아리는 다른 봉사 동아리와 달리 특색 있고 재미있는 봉사 활동을 하기 위해 퍼네이션과 같은 기부 활동을 추가하여 운영하고 있습니다.

'퍼네이션(funation)'은 재미(fun)와 기부(donation)를 결합한 말로, 일상에서 재미있게 나눔을 실천할 수 있도록 새로운 형태로 기부하는 봉사 활동입니다. 예를 들어 '아이스 버킷 챌린지'는 얼음물을 뒤집어쓰면서 루게릭병 환자들의 고통을 체험하며 기부금을 모으는 퍼네이션입니다. 주로 연예인들이나 유명 인사가 다음 순번을 지목하여 릴레이로 참여하는 퍼네이션인데, 누리소통망(SNS)을 통해 전 세계로 확대되었습니다. 사람들은 기부를 어렵게 생각하지만 이런 퍼네이션 때문에 요즘은 기부 문화가 확산되고 있습니다.

그런데 학생들은 대개 경제 활동을 하지 않으므로 기부를 자신과는 관련이 없다고 생각하는 경향이 있습니다. 그리고 우리 학교 학생들이 기부를 하지 않는 가장 큰 이유도 경제적 여유가 없기 때문입니다. 그러나 타인에게 도움의 손길을 내밀 때 가장 필요한 것은 나눔의 마음이라고 생각합니다. 우리 동아리가 추구하는 가치는 나눔의 마음이며, 우리 동아리의 선발 기준도 나눔의 마음입니다.

우리 동아리는 학생들이 자신의 관심과 흥미에 맞는 퍼네이션에 자발적으로 참여할 수 있도록 노력하고 있습니다. 최근에는 급식의 잔반을 줄여 절약한 잔반 처리 비용을 결식아동에게 기부하는 '잔반 제로 게임 애플리케이션'을 개발하였습니다.

여러분이 우리 동아리에 가입하면 관심과 흥미에 따라 다양한 퍼네이션을 함께할 수 있습니다. 컴퓨터를 잘하는 학생은 퍼네이션 애플리케이션 개발을, 마케팅에 관심이 있는 학생은 퍼네이션 홍보를 하며 나눔의 경험을 함께할 수 있을 것입니다. 이러한 동아리 활동은 여러분의 진로 탐색에도 도움이 될 것입니다.

[A]

101 (가)의 '학생의 생각'이 (나)에 반영된 내용으로 적절하지 <u>않은</u> 것은?

① 동아리에서 추가한 활동을 제시하여 ㉠을 반영하고 있다.
② 퍼네이션의 개념과 사례를 제시하여 ㉡을 반영하고 있다.
③ 다른 동아리와의 연계 활동을 제시하여 ㉢을 반영하고 있다.
④ 동아리가 추구하는 가치를 제시하여 ㉣을 반영하고 있다.
⑤ 가입한 학생이 할 수 있는 활동을 제시하여 ㉤을 반영하고 있다.

102 〈보기〉는 (나)를 수정·보완하기 위해 찾은 자료이다. 자료 활용 방안으로 적절하지 <u>않은</u> 것은?

보기

ㄱ. 우리 학교 설문 조사

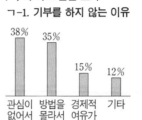
ㄱ-1. 기부를 하지 않는 이유
38% / 35% / 15% / 12%
관심이 없어서 / 방법을 몰라서 / 경제적 여유가 없어서 / 기타

ㄱ-2. SNS 이용 빈도
주 1~3회 7% / 기타 5% / 주 4회 이상 88%

ㄴ. 연구 자료
봉사 활동에 참여하는 청소년들의 경우, 참여 빈도가 높을수록 봉사 활동에 대한 만족도가 증가한다. 또한 자발적으로 봉사 활동에 참여할수록 진로 탐색 기회가 많아져 진로 의식의 성숙도가 높아진다.

ㄷ. 신문 기사
최근 퍼네이션이 SNS를 통해 확산되고 있다. 퍼네이션을 위한 게임 애플리케이션은 재미있고 일상에서 쉽게 접할 수 있어서 많은 사람들이 퍼네이션에 자주 참여하고 있다.

① ㄱ-1을 활용하여, 우리 학교 학생들이 기부하지 않는 가장 큰 이유를 경제적 여유가 없다는 것에서 기부에 관심이 없다는 것으로 수정해야겠어.
② ㄱ-1을 활용하여, 기부 방법을 모르는 우리 학교 학생들에게 '잔반 제로 게임 애플리케이션'을 통해 기부를 체험할 수 있도록 하는 것을 우리 동아리 활동의 내용으로 제시해야겠어.
③ ㄱ-2와 ㄴ을 활용하여, SNS 이용 빈도가 높은 학생일수록 봉사 활동 참여 빈도가 높아져 진로 탐색에 도움이 된다는 내용을 보강해야겠어.
④ ㄴ을 활용하여, 우리 동아리에 가입해 퍼네이션에 자발적으로 참여하면 진로 의식의 성숙도를 높일 수 있음을 제시해야겠어.
⑤ ㄷ을 활용하여, 우리 동아리가 '잔반 제로 게임 애플리케이션'을 개발한 이유는 일상에서 퍼네이션에 자주 참여할 수 있도록 하기 위한 것임을 제시해야겠어.

103 [A]에 들어갈 내용을 〈조건〉에 따라 작성한 것으로 가장 적절한 것은?

조건

나눔의 의의를 밝히고, 의문문의 형식으로 동아리 가입을 권유하면서 글을 마무리해야겠어.

① 나눔은 베푸는 마음입니다. 우리 동아리에 가입하면 여러분의 재능과 나눔의 마음이 더해져 우리 주변은 밝아질 것입니다.
② 우리가 생활 속에서 실천할 수 있는 나눔에는 어떤 것이 있을까요? 각자의 자리에서 나눔을 실천할 수 있는 방법을 찾아봅시다.
③ 동아리 활동을 함께하다 보면 친구들 간의 친밀감이 높아집니다. 우리 동아리에서 퍼네이션 게임을 하며 재능을 발견해 보지 않으실래요?
④ 나눔은 내가 베푼 마음이 누군가에게 퍼져 모두를 따뜻하게 만드는 것입니다. 우리 동아리에서 나눔을 실천하는 경험을 해 보지 않으시겠어요?
⑤ 다른 사람이 도움을 필요로 할 때 나의 재능이 함께하면 나눔이 시작됩니다. 자신이 잘할 수 있는 일을 찾기 위해서는 어떻게 하는 것이 좋을까요?

[104~106]

글을 쓰기 위해 (가)의 메모를 작성한 후, (나)의 자료를 수집하고 (다)를 작성하였다. 물음에 답하시오. **19학년도 수능**

(가) 학생의 메모

◦ **학습 활동 과제** : 사회적 쟁점에 대해 학급 학생들에게 주장하는 글을 쓴다.

◦ **학급 학생들에 대한 분석**

• 일부 학생들은 로봇세가 무엇인지 잘 모른다. ························· ㉠
• 로봇세를 도입하려는 목적을 궁금해하는 학생들이 있다. ········· ㉡
• 로봇세를 알고 있는 학생들 중에는 나와 상반되는 견해를 가진 학생들도 있다. ····················· ㉢

(나) 학생이 수집한 자료의 일부

한 설문 조사에서 ⓐ 전체 응답자 중 86.6%가 로봇이 일자리를 빼앗을 것이라고, 52.2%는 자신의 직업이 로봇으로 인해 위협받게 될 것이라고 응답했다. 과거에도 ⓑ 새로운 기계가 도입되면서 일부 분야에서 일자리가 줄어든 경우가 있었지만, 산업 전반적으로는 일자리가 증가했다. … (중략) … ⓒ 로봇 기술 중 상당수는 특허권 등록의 대상이므로, ⓓ 로봇 기술 개발 경쟁에서 뒤처지면 문제가 발생할 수 있다. … (중략) … ⓔ 전문가들 사이에서도 로봇세가 로봇 기술 개발에 악영향을 준다는 의견과, 로봇세가 로봇 산업의 활성화에 도움이 된다는 의견이 있다.

- 로봇 전문 잡지 『○○』 -

(다) 학생의 글

로봇의 발달로 일자리가 줄어들 것이라는 사람들의 불안이 커지면서 최근 로봇세 도입에 대한 논의가 활발하다. 로봇세는 로봇을 사용해 이익을 얻는 기업이나 개인에 부과하는 세금이다. 로봇으로 인해 일자리를 잃은 사람들을 지원하거나 사회 안전망을 구축하기 위해 예산을 마련하자는 것이 로봇세 도입의 목적이다. 하지만 나는 로봇세 도입을 다음과 같은 이유로 반대한다.

로봇세는 공정한 과세로 보기 어렵다. 널리 쓰이고 있는 모바일 뱅킹이나 티켓 자동 발매기도 일자리를 줄였음에도 세금을 부과하지 않았는데 로봇에만 세금을 부과하는 것은 그 기준이 일관되지 않는다는 문제가 있다. 또 로봇을 사용해 이익을 얻은 기업이나 개인은 이미 법인세나 소득세를 납부하고 있다. 로봇을 사용했다는 이유로 세금을 추가로 부과한다면 한 번의 이익에 두 번의 과세를 하는 것이므로 불공평하다.

앞으로 로봇 수요가 증가하면서 로봇 시장의 우위를 선점하기 위한 로봇 기술 개발의 경쟁이 더욱 뜨거워질 것이다. 로봇 기술 중 상당수가 특허권이 인정되는 고부가 가치 기술이기 때문이다. 이러한 상황에서 전문가들은 로봇세를 도입하면 기술 개발에 악영향을 끼칠 수 있다고 말한다. 로봇세를 도입하면 세금에 대한 부담이 늘어나 로봇에 대한 수요가 감소한다. 그렇게 되면 로봇을 생산하는 기업은 기술 개발 의지가 약화되어 로봇 기술의 특허권으로 이익을 창출할 수 있는 기회가 줄어들게 된다. 그래서 로봇 사용이 필요한 기업이나 개인은 선진 로봇 기술이 적용된 로봇을 외국에서 수입해야 하므로 막대한 금액이 외부로 유출되어 국가적으로 손해이다.

[A] ⌈ 로봇의 사용으로 일자리가 감소할 것이라는 이유로 로봇세의 필요성이 제기되었지만, 역사적으로 볼 때 새로운 기술로 인해 전체 일자리는 줄지 않았다. 산업 혁명을 거치면서 새로운 기술에 대한 걱정은 늘 존재했지만, 산업 전반에서 일자리는 오히려 증가해 왔다는 점이 이를 뒷받침한다. 따라서 로봇의 사용으로 일자리가 줄어들 가능성은 낮다.

우리는 로봇 덕분에 어렵고 위험한 일이나 반복적인 일로부터 벗어나고 있다. 로봇 사용의 증가 추세에서 알 수 있듯이 로봇 기술이 인간의 삶을 편하게 만들어 주는 것은 틀림이 없다. 로봇세의 도입으로 이러한 편안한 삶이 지연되지 않기를 바란다.

104 ㉠~㉢을 고려하여 (다)를 작성했다고 할 때, 학생의 글에 활용된 글쓰기 전략으로 적절하지 <u>않은</u> 것은?

① ㉠을 고려해, 로봇세의 납부 주체를 포함한 로봇세의 개념을 설명한다.

② ㉡을 고려해, 로봇 사용으로 얻을 수 있는 편안한 삶에 로봇세 도입이 미치는 영향을 드러낸다.

③ ㉡을 고려해, 로봇 사용으로 일자리를 잃은 사람들을 지원하려는 로봇세 도입의 취지를 언급한다.

④ ㉢을 고려해, 로봇세 도입과 로봇 기술 개발의 관계를 제시하여 로봇세의 부정적 측면을 부각한다.

⑤ ㉢을 고려해, 일자리가 증가해 온 역사적 사실을 언급하며 로봇세 도입이 필요하지 않음을 부각한다.

105 (나)를 활용하여 (다)를 작성했다고 할 때, 학생의 자료 활용에 대한 설명으로 적절하지 <u>않은</u> 것은?

① ⓐ에 대한 해석을 토대로, 로봇세 도입에 대한 논의는 일자리가 감소할 것이라는 사람들의 우려를 배경으로 한다는 점을 제시했다.

② ⓑ의 사례를 찾아, 이를 로봇의 경우와 비교하여 로봇세가 중복 부과되는 세금이라는 점을 제시했다.

③ ⓒ를 이유로 들어, 로봇 시장을 선점하기 위해 벌어질 경쟁의 양상을 예측하여 제시했다.

④ ⓓ를 구체화하여, 로봇세를 도입하는 경우 국가에 손실이 발생할 수 있음을 제시했다.

⑤ ⓔ에서 한쪽의 의견을 선택하여, 로봇세 부과가 로봇 관련 특허 기술 개발에 걸림돌이 될 수 있음을 제시했다.

106 〈보기〉에서 근거를 찾아 [A]에 대해 반박하는 글을 쓰려고 한다. 글에 담길 내용으로 가장 적절한 것은?

> **보기**
>
> 로봇 기술의 발전에 따라 로봇의 생산 능력이 비약적으로 향상되고 있다. 이는 로봇 하나당 대체할 수 있는 인간 노동자의 수도 지속적으로 증가함을 의미한다. 로봇 사용이 사회 전반에 빠르게 확산되는 현실을 고려할 때, 로봇 사용으로 인한 일자리 대체 규모가 기하급수적으로 커질 것이다.

① 로봇 기술의 발달을 통해 일자리를 늘리려면 지속적으로 일자리가 늘었던 산업 혁명의 경험에서 대안을 찾아야 한다.

② 로봇의 생산 능력에 대한 고려 없이 과거 사례만으로 일자리가 감소하지 않을 것이라고 보는 것은 성급한 판단이다.

③ 로봇 사용으로 밀려날 수 있는 인간 노동자의 생산 능력을 향상시킬 수 있는 제도적 지원 방안을 마련해야 한다.

④ 로봇세를 도입해 기업이 로봇의 생산성 향상에 기여하도록 해야 인간의 일자리 감소를 막을 수 있다.

⑤ 산업 혁명의 경우와 같이 로봇의 생산성 증가는 인간의 새로운 일자리를 만드는 데 기여할 것이다.

[107~109]
(가)는 학생의 일기이고, (나)는 (가)를 쓴 학생이 친구들과 함께 작성한 글의 초고이다. 물음에 답하시오. **20학년도 6월**

(가)

○월 ○일

환경 동아리 시간에 'PVC가 환경에 끼치는 영향'을 주제로 특강을 들었다. 특강을 통해 PVC가 플라스틱의 일종이라는 것과 정말 많은 물건이 PVC 재질로 만들어져 있다는 것을 알게 되었다. 심지어 나뿐만 아니라 많은 학생들이 가지고 있는 필통에도 PVC가 사용되었다고 한다. 그런데 그 PVC가 환경 문제의 원인이 된다고 한다. 내가 환경을 오염시키고 있었다니! 나 때문에 환경이 오염되면 안 된다는 생각이 문득 들었다. 그래서 동아리 친구들과 이야기를 나눠 보니 친구들도 나와 같은 생각을 하고 있었다. 환경 오염을 조금이라도 줄이기 위해 무엇인가 해야겠다는 생각에 친구들과 함께 의논을 했다.

(나)

안녕하세요? 저희는 □□고등학교 환경 동아리 학생들입니다. 저희가 이렇게 글을 쓰게 된 이유는 귀사에서 제조하는 필통에 대해 건의하기 위해서입니다.

저희 학교 학생들은 평소 귀사에서 만든 학용품을 자주 구입합니다. 그런데 ⑦ 귀사의 필통이 몸체는 PVC 재질이고, 지퍼는 철이어서 문제가 있음을 알게 되었습니다.

저희는 귀사가 필통의 재질을 개선하는 것이 옳다고 생각합니다. ⑥ 귀사뿐 아니라 여러 회사에서 학용품에 PVC 재질의 플라스틱을 사용하는 경우가 많아, 환경을 오염시킬 수 있기 때문입니다. 그렇지 않아도 ⑥ 우리나라 국민들의 플라스틱 사용량은 세계적으로 많고 그 증가율도 매우 높다고 합니다. 플라스틱을 완전히 사용하지 않을 수는 없겠으나, ⑧ 환경에 끼치는 영향 등을 고려한다면 PVC 사용이라도 줄여 가야 할 것입니다. 그러므로 ⑩ 귀사에서도 필통의 재질을 다른 것으로 바꾸어 주시기를 부탁드립니다. 끝까지 읽어 주셔서 감사합니다.

107 작문 맥락을 고려할 때, (가)와 (나)에 대한 설명으로 적절하지 않은 것은?

① (가)의 글쓴이와 같은 생각을 하는 사람들이 (나)의 글쓰기 과정에 참여하고 있다.

② (가)에서 언급한 개인의 경험이 동기가 되어 (나)의 사회적 문제 해결의 글쓰기를 이끌어 내고 있다.

③ (가)는 (나)와 달리 예상 독자의 관심사에 대한 분석이 글쓰기에 중요하게 작용하고 있다.

④ (나)는 (가)와 달리 글쓴이의 주장과 그에 대한 논거가 제시되고 있다.

⑤ (가)는 (나)에 비해 글쓴이의 체험을 기록하고 이를 통해 일상을 반성하려는 성격이 두드러진다.

108 〈보기〉는 (나)에 대한 학생들의 수정 의견이다. 〈보기〉를 참고할 때, (나)에 추가할 내용으로 가장 적절한 것은?

보기

초고에서는 건의 내용을 언급한 후 글을 읽어 준 것에 감사하는 끝인사로 마무리했잖아. 그런데 글의 설득력을 높이려면 건의 내용을 언급한 후에 건의가 받아들여졌을 때 소비자와 기업 양쪽이 얻게 될 이익을 직접적으로 표현하면 좋겠어.

① 재질을 개선한다면 소비자는 질 좋은 PVC 제품을 구매할 기회를 얻게 되고, 귀사는 제품의 재질을 개선하기 전보다 높은 수익을 얻을 수 있을 것입니다.

② 재질을 개선한다면 소비자는 귀사의 제품을 선택함으로써 자원 재활용에 동참하게 되는 것이며, 그렇게 되면 우리나라의 플라스틱 사용량이 줄어들 것입니다.

③ 재질을 개선한다면 귀사처럼 환경 보호에 동참하는 기업이 늘어나게 됨으로써 소비자는 환경을 오염시키지 않으면서 다양한 제품을 선택할 수 있을 것입니다.

④ 재질을 개선한다면 소비자는 제품을 구입하면서 환경 오염에 대한 부담을 덜 수 있을 것이며, 개선하지 않는다면 귀사에 환경 오염에 대한 부담이 돌아올 것입니다.

⑤ 재질을 개선한다면 소비자는 귀사 제품을 구매하며 환경 보호를 실천했다는 만족감을 얻을 것이고, 귀사는 친환경 기업이라는 신뢰감을 고객에게 주게 되어 매출이 증가할 것입니다.

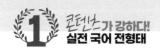
109 다음은 (나)를 작성한 후 추가로 수집한 자료이다. 자료를 활용하여 (나)의 ㉠~㉤을 수정·보완하고자 할 때 적절하지 <u>않은</u> 것은?

㉮ 논문 자료

플라스틱은 가공성이 우수하고 저렴하지만 재활용하지 않고 폐기하는 경우에 분해가 되지 않아 환경 오염을 일으킨다. 플라스틱은 성분에 따라 PVC, PP, PET 등으로 나뉘는데, 염화 비닐이 주성분인 PVC는 질기고 깨지지 않아 투명 지퍼백, 필통 등에 쓰인다. PVC를 부드럽게 하기 위해 첨가하는 프탈레이트는 인체에 유해할 수 있다. 이에 비해 식품 용기, 학용품 등에 사용되는 PP나 음료 병 등에 주로 사용되는 PET는 프탈레이트가 첨가되지 않는다.

㉯ 통계 자료

〈1인당 연간 플라스틱 사용량(kg)
세계 1위~6위 국가〉

[선 그래프: 사용량(kg) y축 70~170, 연도 x축 2009~2015. 범례: 벨기에, 대만, 한국, 이스라엘, 미국, 체코]

㉰ 보고서 자료

〈재질에 따른 재활용 정도〉

재질		재활용 정도	
		용이함	어려움
플라스틱	PVC		○
	PP	○	
	무색 PET	○	
	유색 PET		○
	철	○	

① ㉠ : ㉰를 참고하여 문제점을 구체적으로 드러내려면 필통의 지퍼는 재활용이 용이한 재질이지만 몸체는 재활용이 어려운 재질인 것이 문제라고 수정해야겠군.

② ㉡ : ㉮를 활용하여 상대방의 입장을 이해함을 드러내려면 PVC로 필통을 만드는 이유가 가격과 가공성 면에서 유리하며 질기기 때문일 것이라는 내용을 추가해야겠군.

③ ㉢ : ㉯를 활용하여 정보를 정확하게 제시하려면 우리나라의 1인당 연간 플라스틱 사용량은 2009~2015년 기간 중 세계 3위에 해당할 만큼 많고 그 증가율도 가장 높았다고 수정해야겠군.

④ ㉣ : ㉮와 ㉰를 참고하여 문제의 심각성을 드러내려면 PVC는 재활용이 어려워 환경에 부정적인 영향을 끼칠 뿐 아니라, 제조 공정에서 첨가되는 물질이 인체에 해로울 수 있다는 내용을 추가해야겠군.

⑤ ㉤ : ㉮와 ㉰를 참고하여 건의 내용을 구체적으로 제시하려면 필통의 재질을 플라스틱으로 유지할 경우에 재활용이 용이하고 프탈레이트가 첨가되지 않는 PP로 바꾸어 달라고 수정해야겠군.

[110~112]
(가)는 작문 과제이고, (나)는 (가)를 바탕으로 쓴 학생의 글이다. 물음에 답하시오.

20학년도 9월

(가) 작문 과제

- **주제** : 확증 편향에 빠지지 않기 위한 방안
- **글의 목적** : 확증 편향에 빠지지 않기 위해 노력해야 함을 주장하기
- **예상 독자** : 확증 편향의 개념이 생소한 우리 학교 학생들

(나) 학생의 글

만약 특정 주제에 대해 자신의 생각과 상반되는 증거를 본다면 사람들은 어떻게 반응할까? 미국의 한 심리학자는 사형 제도에 찬성, 반대하는 대학생들에게 사형 제도의 효과에 관한 상반된 연구 결과를 제공한 후 반응을 살피는 실험을 수행하였다. 그 결과 자신의 생각을 지지하는 연구 결과에 대해서는 '역시 그렇지.'라고 반응한 반면, 자신의 생각과 반대되는 연구 결과에 대해서는 받아들이지 않고 여러 이유를 들어 그 연구가 잘못되었을 가능성을 제기하는 반응을 보였다.

이처럼 자신의 생각이나 주장과 일치하는 정보만을 선택적으로 수집하고 그렇지 않은 것은 의도적으로 무시하는 심리적 경향을 확증 편향이라고 한다. 확증 편향에 빠질 경우 비판적 사고를 하기 어려워 비합리적인 판단을 내리기 쉽다. 또한 확증 편향에 의해 형성된 사고방식은 사회적으로 편향된 통념을 형성하여 사회 문제를 야기할 수 있다.

[A] 따라서 확증 편향에 빠지지 않기 위해서는 먼저 반대 입장에서 생각해 보는 자세를 지녀야 한다. 왜냐하면 고려의 대상이 되지 않았던 기존 증거들을 탐색하게 되어 판단의 착오를 줄일 수 있기 때문이다. 진화론을 주장한 찰스 다윈은 자신의 생각이 옳다는 확신이 강해질수록 그와 모순되는 증거들을 더 적극적으로 찾아 나섰기에 학문적 업적을 이룰 수 있었다.

다음으로는 토의와 같은 집단 의사 결정 방법을 거치도록 해야 한다. 이를 통해 확증 편향에 빠질 때 발생할 수 있는 개인의 판단 착오를 발견하여 수정할 수 있으며, 더 나아가 구성원 간 상호 작용을 통해 시너지 효과를 거둘 수 있기 때문이다.

마지막으로 자신의 생각이나 판단의 결과를 책임지는 자세를 지녀야 한다. 자신의 생각이나 판단을 글이나 말로 표현할 때 그것이 불러일으킬 영향을 예상하여 책임감을 가진다면, 판단의 착오를 줄이기 위해 더욱 신중하게 생각하게 될 것이기 때문이다.

물론 확증 편향에 빠지지 않는 것이 쉬운 일은 아니다. 하지만 개인이나 집단이 비합리적으로 판단하거나 서로 갈등하는 일을 막으려면 확증 편향에 빠지지 않기 위한 노력을 지속적으로 기울여야 한다.

110 (가)를 바탕으로 (나)를 쓰기 위해 세운 글쓰기 계획 중 (나)에 활용된 것은?

① 주제를 구체화하기 위해 확증 편향의 원인을 개인적 측면과 사회적 측면으로 나누어 제시해야겠다.
② 글의 목적을 강조하기 위해 확증 편향의 문제점에 대한 상반된 견해를 비교하여 설명해야겠다.
③ 글의 목적을 분명히 하기 위해 확증 편향에 빠지지 않기 위한 방안의 한계와 이를 보완할 방향을 제시해야겠다.
④ 예상 독자의 이해를 돕기 위해 확증 편향을 보여 주는 예를 들어 개념을 설명해야겠다.
⑤ 예상 독자의 관심을 반영하기 위해 사회적 쟁점을 두고 우리 학교 학생들 간에 벌어진 논쟁을 제시해야겠다.

111 (나)에 제시된, 확증 편향에 빠지지 않기 위한 방안에 대해 〈보기〉를 바탕으로 비판하는 글을 쓰려고 한다. 비판의 내용으로 가장 적절한 것은?

보기

갈릴레이는 태양의 흑점 이동과 목성의 위성 존재 등 경험적 사실을 근거로 지동설이 옳음을 주장하였다. 하지만 당시 과학계에서는 천동설을 지지했기에 갈릴레이의 거듭된 증거 제시에도 불구하고 논의를 거쳐 이를 거부하였다. 지동설은 갈릴레이 사후에야 받아들여지게 되었다.

① 자신의 주장과 일치하는 정보만을 선택적으로 수집한다면 비판적 사고에 부정적 영향을 줄 수 있다.
② 집단 구성원 간의 상호 작용이 원활하게 이루어진다면 확증 편향으로 인한 판단의 착오를 줄일 수 있다.
③ 현상에 대해 판단을 내릴 때 책임감 있는 자세를 갖지 않는다면 보고 싶은 대로 보는 관습에서 벗어나기 어렵다.
④ 집단의 의견이 한쪽으로 치우쳐 있다면 집단 의사 결정 방법을 거치더라도 비합리적인 의사 결정이 이루어질 수 있다.
⑤ 가치관이 다양한 세상에서 일관된 자아 정체성을 유지할 수 있는 것은 인간에게 확증 편향이 있기에 가능한 일이다.

112 〈보기〉는 [A]의 초고이다. 〈보기〉를 고쳐 쓰기 위해 친구들이 조언한 내용 중 [A]에 반영되지 <u>않은</u> 것은?

보기

반대 입장에서 생각해 보는 자세를 지녀야 한다. 즉, 자신의 판단이 틀릴 수도 있는 이유에 대해 구체적으로 떠올려 보는 것이다. 그러나 반대를 위한 반대는 의사 결정에 역효과를 초래할 수 있다.

① 앞 문단과의 연결 관계를 보여 주기 위해 문단 간의 관계를 알려 주는 표현을 추가하는 게 어때?
② 첫 번째 문장의 내용을 뒷받침하는 근거가 제시되어 있지 않으니까 제시된 방안의 긍정적 효과를 근거로 추가하는 게 어때?
③ 두 번째 문장의 내용이 앞 문장과 유사하니까 두 문장의 핵심어를 포함한 한 문장으로 교체하는 게 어때?
④ 세 번째 문장의 내용이 문단의 통일성에서 벗어나니까 해당 문장을 삭제하는 게 어때?
⑤ 주장의 설득력을 강화하기 위해 역사적 인물의 사례를 주장에 대한 근거로 추가하는 게 어때?

[113~115]
(가)는 학교 신문에 실을 글을 쓰기 위해 학생이 작성한 메모이고, (나)는 이에 따라 쓴 초고이다. 물음에 답하시오. `20학년도 수능`

(가) 학생의 메모
[작문 상황]

- 목적 : 지역 방언 보호에 대한 관심 촉구
- 주제 : 지역 방언의 보호가 필요하다.
- 예상 독자 : 우리 학교 학생들

[독자 분석]

- 지역 방언이 사라져 가는 실태를 잘 모름. ················· ㉠
- 지역 방언의 가치에 대한 인식이 부족함. ················· ㉡

(나) 학생의 초고
　세계에서 언어가 사라져 가는 현상은 우리나라 지역 방언에서도 벌어지고 있다. 특히 지역 방언의 어휘는 젊은 세대 사이에서 빠르게 사라져 가고 있는 실정이다. 일례로 한 조사에 따르면 우리 지역의 방언 어휘 중 특정 단어들을 우리 지역 초등학생의 80% 이상, 중학생의 60% 이상이 '전혀 사용하지 않는다.'라고 답했다. 또한 2010년에 유네스코에서는 제주 방언을 소멸 직전의 단계인 4단계 소멸 위기 언어로 등록하였다.
　　　지역 방언이 사라져 가는 원인은 복합적이다. 서울로 인구가 집중되
[A] 면서 지역 방언을 사용하는 인구가 감소하였으며, 대중 매체의 영향으로 표준어가 확산되어 가는 것도 한 원인이다.
　일부 학생들은 표준어로도 충분히 대화할 수 있다며 지역 방언이 꼭 필요하냐고 말할 수도 있다. 그럼에도 우리는 왜 지역 방언 보호에 관심을 가져야 하는 것일까? 그것은 지역 방언의 가치 때문이다. 지역 방언은 표준어만으로는 표현하기 어려운 감정과 정서의 표현을 가능하게 한다. 그리고 '다슬기' 외에 '올갱이, 데사리, 민물고동'과 같이 동일한 대상을 지역마다

다르게 표현하는 지역 방언이 있는 것처럼 지역 방언은 우리말의 어휘를 더욱 풍부하게 만드는 바탕이 된다.

[B] ┌─ 지역 방언은 우리의 소중한 언어문화 자산이다. 지역 방언의 세계문화유산 지정이 시급하다. 사라져 가는 지역 방언의 보호에 관심을 기울이자. └─

113 ⓐ, ⓑ을 바탕으로 세운 글쓰기 계획 중 (나)에 활용되지 <u>않은</u> 것은?

① ⓐ을 고려하여, 우리 지역 학생들의 지역 방언 사용 실태를 보여 주는 조사 결과를 제시한다.

② ⓐ을 고려하여, 소멸 위기 언어로 등록될 정도로 심각한 위기에 처한 지역 방언이 있다는 내용을 제시한다.

③ ⓐ을 고려하여, 문제의식을 환기하기 위해 지역 방언으로 인해 의사소통에 어려움을 겪었던 경험을 제시한다.

④ ⓑ을 고려하여, 예상되는 반론을 제시하며 지역 방언의 보호에 관심을 가져야 하는 이유를 강조한다.

⑤ ⓑ을 고려하여, 지역 방언의 예를 활용하며 지역 방언의 가치를 설명한다.

114 다음은 [A]를 보완하기 위해 추가로 수집한 자료이다. 자료 활용 방안으로 가장 적절한 것은?

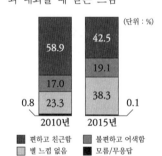

[자료 1] 언어 의식 조사
표준어 사용자가 지역 방언 사용자와 대화할 때 받는 느낌

(단위 : %)

	2010년	2015년
	0.8	0.1
	58.9	42.5
	17.0	19.1
	23.3	38.3

■ 편하고 친근함 ▨ 불편하고 어색함
□ 별 느낌 없음 ■ 모름/무응답

[자료 2] 전문가 인터뷰
"방언 사용 지역에서는 관공서와 학교 등에서나 표준어가 높은 비율로 사용되는 것이 일반적이었어요. 그런데 최근 조사 자료에 따르면, 일상생활에서도 표준어가 상당히 높은 비율로 사용되고 있습니다. 아무래도 표준어가 세련된 느낌을 준다고 생각하기 때문이겠지요."

① [자료 1] : 지역 방언에 대한 긍정적 느낌의 비율과 부정적 느낌의 비율 변화 양상이 상반된다는 점에서, 지역 방언에 대한 무관심을 원인으로 추가해야겠군.

② [자료 1] : 지역 방언 사용자와 대화할 때 받는 느낌의 순위가 변함이 없다는 점에서, 시대의 변화상을 반영하지 못한 지역 방언 교육 정책을 원인으로 추가해야겠군.

③ [자료 2] : 표준어와 지역 방언을 구분하여 사용해야 한다는 인식이 부족하다는 점에서, 공식적 상황에서의 표준어 사용 교육이 부재한 것을 원인으로 추가해야겠군.

④ [자료 2] : 공식적 상황에서 사용하는 표준어를 일상에서도 사용하려는 경향이 있다는 점에서, 방언을 사용해도 되는 상황에서도 표준어를 쓰려는 태도를 원인으로 추가해야겠군.

⑤ [자료 1]과 [자료 2] : 지역 방언에 대한 표준어 사용자와 지역 방언 사용자의 인식이 서로 다르다는 점에서, 대중 매체의 지역 방언에 대한 편향성을 원인으로 추가해야겠군.

115 다음은 학생이 [B]를 고쳐 쓰는 과정의 일부이다. ⓐ, ⓑ에 해당하는 내용을 바르게 짝지은 것은?

점검	[B]에는 (ⓐ)해야겠다.
↓	
고친 글	지역 방언은 지역의 고유한 문화와 정서를 담고 있다는 점에서 우리의 소중한 언어문화 자산이다. 우리의 언어문화를 전 세계에 알릴 수 있기 때문에 지역 방언의 세계문화유산 지정이 시급하다. 사라져 가는 지역 방언의 보호에 관심을 기울이자.
재점검	고친 글을 읽어 보았는데 (ⓑ)해야겠다.
다시 고친 글	지역 방언은 지역의 고유한 문화와 정서를 담고 있다는 점에서 우리의 소중한 언어문화 자산이다. 사라져 가는 지역 방언의 보호에 관심을 기울이자.

①	ⓐ : 문장의 내용을 뒷받침하는 근거가 없으니 이를 추가 ⓑ : 글의 흐름에서 벗어나는 문장이 있으니 이를 삭제
②	ⓐ : 문단이 완결되지 않았으니 마무리하는 문장을 추가 ⓑ : 글의 통일성을 해치는 문장이 있으니 이를 삭제
③	ⓐ : 문장 간 연결이 긴밀하지 않으니 연결 표현을 추가 ⓑ : 의미가 중복되는 문장이 있으니 이를 삭제
④	ⓐ : 글의 목적에 부합하는 정보가 부족하니 이를 추가 ⓑ : 글의 맥락에 부적합한 담화 표지가 있으니 이를 삭제
⑤	ⓐ : 주요 개념의 설명이 부족하니 부연 설명을 추가 ⓑ : 앞 문단에서 다룬 중복된 내용이 있으니 이를 삭제

[116~118]

다음을 읽고 물음에 답하시오. `21학년도 6월`

[작문 상황]

· **작문 목적** : 물 섭취와 관련된 잘못된 인식을 바로잡을 수 있는 올바른 물 섭취 방법에 대한 정보 제공

· **예상 독자** : 학교 학생들

· **전달 매체** : 2020년 6월에 발간될 학교 신문

[수집한 자료 목록]

구분	내용	출처	연도(제작/발행)
〈자료 1〉	전문가가 권하는 물 섭취 방법	○○신문	2019
〈자료 2〉	물 중독 사례	△△방송 다큐멘터리	2014
〈자료 3〉	한국인의 물 섭취 현황	□□병원 보고서	2004
〈자료 4〉	1일 1인당 수돗물 사용량 현황	환경부 연례 보고서	2013

[초고]

학생들은 물 섭취에 대해 어떤 인식을 가지고 있을까? 인터뷰를 통해 만난 우리 학생들은 대부분 물은 많이 마실수록 좋다고 답했다. 물이 관절의 충격을 흡수하며, 장기와 조직을 보호하는 등의 역할을 한다는 점에서 물 섭취는 중요하다. 그러나 물을 많이 섭취한다고 무조건 좋은 것만은 아니다. 그렇다면 바람직한 물 섭취를 위해 유의할 점은 무엇일까?

우선, 한 번에 마시는 물의 양에 유의해야 한다. 단시간 내에 지나치게 많은 양의 물을 마시면 혈액 속 나트륨 농도가 정상 수치 이하로 내려가는 '물 중독'이 발생할 수 있다. 그러면 피로감이 커지고, 두통 또는 어지럼증에 시달리거나, 장기가 붓는 등의 증상이 나타날 수 있다. 한 다큐멘터리에서는 물 중독 환자들의 모습을 보여 주며 그 위험성을 경고하기도 했다.

다음으로, 물을 마시는 때에 대해서도 유의해야 한다. ◇◇대학 연구 팀의 실험이 이를 뒷받침한다. 연구 팀은 먼저 실험 참여자들을 대상으로 목이 마른지 물어보았다. 그런 다음 이들에게 동일한 과제를 부여했다. 이후 관찰을 통해 이들의 물 섭취 유무를 파악하며 과제 수행 능력을 측정했다. 실험 결과는 우리에게 다음과 같은 정보를 제공한다. 목이 마를 때 물을 마신 경우는 물을 마시지 않은 경우보다 과제 수행 능력이 뛰어나다. 이는 일반적인 생각과 같다. 반면 일반적 생각과 달리 목마르지 않을 때 물을 마신 경우는 물을 마시지 않은 경우보다 과제 수행 능력이 떨어진다.

116 수집한 자료를 다음의 기준에 따라 선별한 후, 선별된 자료를 반영하여 '초고'를 작성하였다. 각 자료에 대한 이해로 적절하지 <u>않은</u> 것은?

선별 기준	그렇다	아니다
(가) 작문 목적에 부합하는가?		
(나) 출처가 분명한 최근의 정보인가?		

① 〈자료 1〉은 '내용'이 물 섭취 방법에 대한 올바른 정보를 제공하기에 적합하다고 보아 (가)에 대해 '그렇다'라고 판단했겠군.

② 〈자료 2〉는 '내용'이 물 섭취에 대한 많은 학생들의 인식이 잘못되었음을 뒷받침하는 정보를 제공한다고 보아 (가)에 대해 '그렇다'라고 판단했겠군.

③ 〈자료 3〉은 '연도'를 고려하면 최근의 상황을 반영하지 못하지만 '출처'가 명확하고 물 섭취 실태를 보여 주기에 적절하다고 보아 (나)에 대해 '그렇다'라고 판단했겠군.

④ 〈자료 4〉는 '내용'이 물 섭취에 관해 정확한 정보를 제공하려는 목적에 부합하지 않는다고 보아 (가)에 대해 '아니다'라고 판단했겠군.

⑤ 〈자료 4〉는 '출처'는 분명하지만 해마다 발간되는 보고서라는 점에서 '연도'를 고려했을 때 최근의 현황에 대한 정보가 아니라고 보아 (나)에 대해 '아니다'라고 판단했겠군.

117 위의 '초고'에 반영된 내용 조직 방법으로 적절하지 <u>않은</u> 것은?

① 1문단에서 물 섭취에 대한 학생들의 인식은 묻고 답하는 구조로 제시한다.

② 1문단에서 물의 인체 내 역할은 원인과 결과의 관계가 드러나도록 제시한다.

③ 2문단에서 물 중독 증상에 대한 부분은 정보를 나열하여 제시한다.

④ 3문단에서 물 섭취에 대한 실험 방법은 그 과정을 순서대로 제시한다.

⑤ 3문단에서 물 섭취에 대한 실험 결과는 비교·대조의 방법으로 제시한다.

118 〈보기〉는 '초고'를 읽은 친구의 조언이다. 〈보기〉를 반영하여 '초고'에 마지막 문단을 추가한다고 할 때 가장 적절한 것은?

보기

글이 마무리되지 않은 느낌이 드니까 중심 내용으로 제시한 두 가지 유의 사항을 모두 포함하는 문장을 추가하는 것이 좋겠어. 그리고 중심 내용에 담긴 정보가 독자에게 어떤 긍정적인 가치가 있는지도 언급하는 게 좋겠어.

① 물은 적당한 양을 필요한 때에 마셔야 좋은 것이다. 물 섭취에 대한 올바른 정보를 이해하고 삶에 적용한다면 건강을 지키며 삶의 질을 높일 수 있을 것이다.

② 언제 마시는가에 따라 물도 독이 될 수 있음을 유의해야 한다. 갈증을 느낄 때 물을 마셔야만 물이 인체에서 수행하는 역할을 활성화하는 데 기여할 수 있다.

③ 물은 인체에 필수적이나 한 번에 많은 물을 마시지는 말아야 한다. 물이 인체에 미치는 영향을 정확히 안다면 물이 지닌 긍정적 가치를 더 많이 발견할 수 있을 것이다.

④ 물 중독 사례와 연구 팀의 실험을 통해 물 섭취 시 유의 사항을 확인하였다. 결국 물을 한 번에 많이 마시면 건강에 해롭고, 목마르지 않은데 마시면 과제 수행 능력이 떨어진다.

⑤ 당연하다고 생각했던 것들이 거짓인 경우도 있는데 물은 많이 마실수록 좋다는 인식도 그러하다. 올바른 물 섭취를 생활화한다면 학습 능력 향상에 도움을 얻을 수 있을 것이다.

콘텐츠가 강하다!
실전 국어 전형태

[119~121]

(가)는 글을 쓰기 전 학생이 작성한 메모이고, (나)는 (가)를 작성한 학생이 쓴 글이다. 물음에 답하시오. `21학년도 9월`

(가) 학생의 메모

- **작문 상황** : 교내 학생들에게 인포그래픽에 대해 소개하는 글을 써서 교지에 실으려 함.

- **예상 독자가 궁금해할 만한 내용**

  - 어떤 것을 인포그래픽이라고 할까? ··············· ㉠
  - 인포그래픽의 유형을 나누는 기준은 무엇일까? ··············· ㉡
  - 비상구 표시등의 그래픽 기호도 인포그래픽일까? ··············· ㉢
  - 인포그래픽이 글에 비해서 더 나은 점은 무엇일까? ··············· ㉣
  - 인포그래픽이 널리 쓰이게 된 배경은 무엇일까? ··············· ㉤

(나) 학생의 글

　[그림]과 같이 복합적인 정보의 배열이나 정보 간의 관계를 시각적인 형태로 나타낸 것을 '인포그래픽'이라고 한다.

　인포그래픽에 대한 높은 관심은 시대의 변화와 관련이 있다. 정보가 넘쳐나고 정보에 주의를 지속하는 시간이 점차 짧아지면서, 효과적으로 정보를 전달할 수 있는 인포그래픽에 주목하게 된 것이다. 특히 소셜 미디어의 등장은 정보 공유가 용이한 인포그래픽의 쓰임을 더욱 확대하였다.

[그림]

　인포그래픽과 유사한 것으로, 비상구 표시등의 그래픽 기호처럼 시설이나 사물 등을 상징화하여 표시한 픽토그램이 있다. 그러나 픽토그램은 인포그래픽과 달리 복합적인 정보를 나타내기 어렵다. 예를 들어 컴퓨터를 나타낸 픽토그램은 컴퓨터 자체를 떠올리게 하지만, 인포그래픽으로는 컴퓨터의 작동 원리도 효과적으로 설명할 수 있다.

　인포그래픽은 독자의 정보 처리 시간을 절감할 수 있다. 글은 문자 하나하나를 읽어야 정보를 파악할 수 있지만, 인포그래픽은 시각 이미지를 통해 한눈에 정보를 파악할 수 있다. 또한 인포그래픽은 독자의 관심을 끌 수 있다. 김○○ 박사의 논문에 따르면, 인포그래픽은 독자들이 정보에 주목하는 정도를 높이는 효과가 있다고 한다.

　시각적인 형태로 복합적인 정보를 나타냈다고 해서 다 좋은 인포그래픽은 아니다. 정보를 한눈에 파악하게 하는지, 단순한 형태와 색으로 구성됐는지, 최소한의 요소로 정보의 관계를 나타냈는지, 재미와 즐거움을 주는지를 기준으로 좋은 인포그래픽인지를 판단해 봐야 한다. 시각적 재미에만 치중한 인포그래픽은 정보 전달력을 떨어뜨릴 수 있다.

[A] ┌ 　학생들도 쉽게 인포그래픽을 만들 수 있다. 발표를 하거나 보고서를 작성할 때 인포그래픽을 활용해 보면 어떨까? 발표와 보고서의 전달력 └ 이 한층 높아질 것이다.

119 ㉠~㉤ 중 (나)에 반영되지 않은 것은?

① ㉠   ② ㉡   ③ ㉢   ④ ㉣   ⑤ ㉤

120 〈보기〉는 [A]의 초고이다. 〈보기〉를 [A]로 고쳐 쓸 때 반영한 친구의 조언으로 가장 적절한 것은?

보기

　지금까지 인포그래픽에 대해 살펴보았다. 인포그래픽의 여러 특성에 비추어 볼 때 앞으로 인포그래픽이 활용되는 분야는 더욱 늘어날 것이다.

① 예상 독자가 탐구해야 할 문제가 포함되도록 써 보는 게 어때?
② 예상 독자가 얻을 수 있는 효용이 드러나도록 써 보는 게 어때?
③ 글의 내용에 대해 균형 잡힌 관점이 드러나도록 써 보는 게 어때?
④ 글의 도입에서 제기한 문제에 대한 답이 포함되도록 써 보는 게 어때?
⑤ 글의 내용을 설명한 순서대로 요약한 내용이 포함되도록 써 보는 게 어때?

121 다음은 (나)를 읽은 학생이 이를 참고하여 작성한 글의 일부이다. (나)의 정보를 활용한 방식으로 가장 적절한 것은?

　설문 조사 결과 우리 학교 학생의 90%가 학교 정보 알림판을 읽어 본 적이 없었습니다. 그 이유를 물은 인터뷰에서 학생들 대다수는 '알림판에 관심이 안 생겨서'라고 답했습니다.

　이러한 문제를 해결하기 위해, 알림판을 인포그래픽으로 만들어 주실 것을 건의합니다. 많은 학생들이 인포그래픽을 선호하며, 인포그래픽이 유용하다는 점도 알고 있습니다. 특히 교지의 글에서 인용한 논문을 찾아보니, 인포그래픽을 활용하면 정보에 주목하는 정도가 글만 활용할 때보다 성별이나 나이와 상관없이 2배 정도 높아졌다고 합니다. 또한 인근 학교에서는 학교 신문에 인포그래픽을 추가했더니 학교 신문을 읽는 학생이 3배 늘었다고 합니다. 건의가 수용되면 알림판에 관심을 갖는 학생들이 많아질 것입니다.

① (나)에 언급된 인포그래픽의 관심 유발 효과와 관련하여, 그 효과가 확인된 인근 학교의 사례를 문제 해결 방안의 근거로 제시하였다.
② (나)에 인용된 인포그래픽 연구 논문과 관련하여, 그 논문의 내용에 대해 추가적으로 조사한 정보를 문제 상황의 내용으로 제시하였다.
③ (나)에 진술된 좋은 인포그래픽의 기준과 관련하여, 그 기준으로 알림판의 정보가 신뢰할 만한지 평가한 결과를 문제 상황의 내용으로 제시하였다.
④ (나)에 언급된 인포그래픽의 사용 목적과 관련하여, 그 사용 목적이 무엇인지 교내 학생들에게 설문한 결과를 문제 상황의 내용으로 제시하였다.
⑤ (나)에 언급된 인포그래픽의 효율성과 관련하여, 그 효율성에 얼마나 공감하는지 교내 학생들에게 인터뷰한 내용을 문제 해결 방안의 근거로 제시하였다.

[122~124]
(가)는 작문 과제이고, (나)는 (가)를 바탕으로 쓴 학생의 초고이다. 물음에 답하시오. 21학년도 수능

(가) 작문 과제

∘ **작문 목적** : '게임화'에 대한 정보 전달

∘ **주제** : 다양한 분야에서 활용되고 있는 '게임화'의 특징

∘ **예상 독자** : '게임화'가 생소한 우리 학급 학생

(나) 학생의 초고

　'게임화(gamification)'란 게임적 사고나 게임 기법과 같은 요소를 다양한 분야에 접목시키는 것이다. 이때 게임이란 컴퓨터 게임에 국한되는 것이 아니라 일정한 규칙에 따라 즐기는 놀이를 아우르는 개념이다.

　게임화는 먼저 재미와 호기심을 느낄 수 있는 흥미로운 과제를 제공하여 이에 도전하게 만든다. 이후 과제에 참여한 사람들 간의 경쟁을 유도하거나, 목표를 달성하면 성취감과 같은 보상을 받을 수 있게 하여 참여자들이 과제에 몰입할 수 있도록 돕는다. 얼마 전 한국사 수업 시간에 우리나라 지도를 배경으로 윷놀이 판을 만들어 모둠별 퀴즈 대결을 펼친 것도 게임화에 해당한다. 역사적 사건에 대한 퀴즈를 맞히면 다음 지역으로 이동하며 전국을 순회하는 과정에서 학생들은 수업에 더욱 몰입하는 모습을 보였다. 이러한 사례는 게임화의 특징을 잘 보여 준다.

　한편 게임화는 교육뿐만 아니라 보건, 기업의 마케팅 등 다양한 분야에서 활용되고 있다. 달리기를 하면 달린 거리와 소모 칼로리 등에 따라 보상을 제공하는 과제를 통해 참여자의 건강 증진에 도움을 줄 수 있다. 또한 비행기를 탈 때마다 마일리지를 올려 주고, 누적된 마일리지에 따라 회원의 지위를 차등 부여하는 등 기업의 마케팅 전략으로 활용되기도 한다.

　이처럼 게임화는 우리의 실생활과 밀접한 여러 분야에서 활용되고 있다. 무엇보다 중요한 것은 어떻게 게임화를 활용하느냐이다. 게임화를 통해 달성하고자 하는 목적을 고려하여 흥미, 도전, 경쟁, 보상과 같은 게임적 요소를 적절히 활용하는 지혜가 필요한 것이다.

122　(나)에 활용된 글쓰기 전략으로 적절하지 <u>않은</u> 것은?

① 제재에 대한 정보를 전달하기 위해 개념 간의 차이를 중심으로 대조한다.
② 제재의 특징을 드러내기 위해 제재가 가지는 효용적 측면을 부각한다.
③ 제재가 다양한 분야에서 활용되는 양상을 드러내기 위해 사례를 제시한다.
④ 제재에 대한 배경지식이 부족한 예상 독자의 이해를 돕기 위해 용어를 정의한다.
⑤ 제재와 관련한 정보를 효과적으로 전달하기 위해 예상 독자와 공유하고 있는 경험을 활용한다.

123　〈보기〉는 (나)의 '학생'이 '초고'를 보완하기 위해 추가로 수집한 자료이다. 자료 활용 방안으로 적절하지 <u>않은</u> 것은?

보기

ㄱ. 신문 기사

　가상의 나무 심기가 실제 나무 심기로 이어지는 애플리케이션이 개발되었다. 이 애플리케이션은 사용자들이 가상의 나무를 심으며 얻는 성취감과 함께 환경 보호에 기여하고 있다는 보람을 느끼도록 설계되어, 가상의 나무 심기에 더욱 몰입하게 만든다는 평가를 받고 있다.

ㄴ. 전문가 인터뷰

　"게임화된 과제에서는 참여자가 무언가를 하거나 선택할 때마다 그에 대한 피드백이 즉시 제공됩니다. 이때 피드백의 한 유형인 보상 또한 신속하게 주어집니다. 참여자는 성취감과 같은 보상을 바탕으로 과제에 더 집중하게 됩니다."

ㄷ. 연구 자료

　○○초등학교 5학년을 대상으로, 사회 수업에 게임화를 적용한 학급과 적용하지 않은 학급으로 나누어 수업 전후의 변화를 측정하였다. 게임화를 적용한 학급은 적용하지 않은 학급과 달리, 도표와 같이 통계적으로 의미 있는 변화를 보였다.

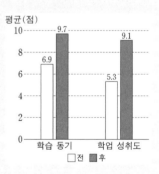

① ㄱ을 활용하여, 게임화가 다양한 분야에 적용되고 있다는 (나)의 내용에 게임화가 환경 분야에서도 활용된다는 점을 추가한다.
② ㄴ을 활용하여, 게임화의 특징을 다루고 있는 (나)의 내용에 참여자에게 피드백이 빠르게 제공된다는 점을 추가한다.
③ ㄷ을 활용하여, 게임화를 학습 상황에 적용한 (나)의 내용에 게임화가 학습 참여자의 학업 성취도를 높이는 데 효과적일 수 있다는 점을 제시한다.
④ ㄱ과 ㄴ을 활용하여, 게임화가 보상을 통해 참여자들의 몰입도를 높인다는 (나)의 내용을 뒷받침하는 근거로 추가한다.
⑤ ㄴ과 ㄷ을 활용하여, 게임화가 참여자의 호기심을 유발한다는 (나)의 내용에 학습 동기가 높을수록 과제 선택에 따른 성취감이 커진다는 점을 제시한다.

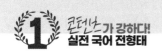

124 다음은 (나)의 '학생'이 '초고'를 고쳐 쓰는 과정에서 수행한 학습 활동이다. [A]에 들어갈 내용으로 가장 적절한 것은?

학습 활동

∘ 일상에 대한 성찰을 바탕으로, 자신이 쓴 글을 고쳐 써 보자.
(1) 자신이 쓴 글과 관련한 경험을 떠올려 보자.

> 지난 한국사 시간에 모둠별로 퀴즈 대결을 하는 과제에 참여했다. 다른 모둠을 꼭 이기고 싶다는 생각에 누구보다 열정적으로 과제에 임했다. 그러다 보니 나도 모르게 같은 모둠의 친구를 다그치며 싫은 소리를 해 버렸다. 집에 와서도 내내 마음이 편치 않아 다음 날 그 친구를 찾아가 미안하다는 말을 건넸다.

(2) (1)에서 작성한 내용을 바탕으로 고쳐 쓸 내용을 생각해 보자.

> 이번 일로 게임화에 대해 더 깊이 생각해 보게 되었다. 마지막 문단에서 ____[A]____ 내용을 제시하여 게임적 요소를 적절히 활용하는 지혜가 필요하다는 점을 강조해야겠다.

---

① 게임화를 통해 얻을 수 있는 물질적 보상에만 연연할 경우 주객이 전도될 수 있다는

② 게임화를 통해 단순히 흥미만 추구할 경우 상업적으로 변질되는 문제점이 발생할 수 있다는

③ 게임화된 과제에 도전하려는 의욕이 없는 경우 다른 참여자들의 과제 수행을 방해할 수 있다는

④ 게임화를 통해 달성하고자 하는 목적을 고려하지 않을 경우 과제에 대한 몰입이 저해될 수 있다는

⑤ 게임화의 경쟁적 속성이 지나치게 강조될 경우 참여자들 간의 관계에 부정적인 영향을 미칠 수 있다는

[125~127]

다음은 작문 상황과 이를 바탕으로 작성한 학생의 초고이다. 물음에 답하시오.

`22학년도 6월`

∘ **작문 상황 :** 손 글씨 쓰기의 효과를 소개하는 글을 써서 교지에 실으려 함.

∘ **학생의 초고**

컴퓨터와 온라인을 기반으로 한 쓰기 환경이 조성됨에 따라, 많은 학생들이 펜을 쥐는 대신에 컴퓨터 자판을 두드리는 일이 일상화되었다. '손 글씨 쓰기'보다 힘이 덜 들고 편리하기 때문에 많은 학생들이 컴퓨터 자판을 이용한 쓰기를 선호한다. 하지만 손 글씨 쓰기의 효과는 생각보다 크다.

컴퓨터 자판으로 글자를 입력할 때에는 '강'을 입력하든 '물'을 입력하든 손가락으로 세 번의 타점을 두드리는 동작에는 큰 차이가 없다. 그러나 손으로 글씨를 쓸 때에는 손의 동선이 그대로 글씨를 이루며 단어마다 다른 궤적이 생기게 된다. 뇌의 시각 처리와 손을 통한 운동 경험, 쓰고자 하는 단어를 떠올리는 과정이 동시에 이루어져 뇌의 다양한 영역이 활성화되는 효과가 생기는 것이다.

손 글씨 쓰기는 컴퓨터 자판을 이용할 때보다 많은 시간이 소요된다. 하지만 이 느림 때문에 사고할 수 있는 시간이 확보된다. 또 느림 때문에 듣는 내용을 기록할 수 있는 양도 적어지므로 내용의 우선순위를 판단하고 체계를 세워 정리하게 된다. 이때 정보의 선별과 구조화라는 고등 사고 과정이 이루어진다. 결과적으로 해당 내용에 대한 이해도가 높아지는 것이다.

최근에는 정서적 효과도 주목받고 있다. 좋은 글귀를 손으로 차분히 따라 쓰는 필사는 자신이 적고 있는 글귀에 몰입하는 경험을 하게 한다. 자신의 손 글씨로 작성된 단 하나뿐인 책을 완성했다는 성취감을 맛보거나, 좋아하는 글을 음미하며 마음이 치유되는 느낌을 받기도 한다.

컴퓨터 자판을 이용한 쓰기는 현대 사회에서 필수적이다. 하지만 편리함이라는 그늘에 가려지기에는 손 글씨 쓰기가 우리에게 주는 효과가 이처럼 다양하다. ____[A]____

---

125 다음은 초고를 작성하기 전에 학생이 떠올린 생각이다. ⓐ~ⓔ 중 학생의 초고에 반영되지 <u>않은</u> 것은?

· 손 글씨 쓰기의 개념을 정의하며 글을 시작해야겠어. ·············· ⓐ
· 컴퓨터 자판을 이용한 쓰기가 일상화된 배경을 언급해야겠어. ·· ⓑ
· 손 글씨 쓰기와 컴퓨터 자판을 이용한 쓰기의 차이를 예를 활용하여 설명해야겠어. ························· ⓒ
· 컴퓨터 자판을 이용한 쓰기보다 손 글씨 쓰기의 속도가 느린 데서 오는 효과를 설명해야겠어. ·················· ⓓ
· 최근에 주목받는 손 글씨 쓰기의 효과를 언급해야겠어. ·············· ⓔ

---

① ⓐ   ② ⓑ   ③ ⓒ
④ ⓓ   ⑤ ⓔ

126 다음은 초고를 읽은 교지 편집부 담당 선생님의 조언이다. 이를 반영하여 [A]를 작성한 내용으로 가장 적절한 것은?

> "이 글에 제시된 손 글씨 쓰기의 주요 효과를 모두 언급하고 비유적 표현을 활용해서 마무리하면 어떨까요?"

① 손 글씨 쓰기의 다양한 효과를 정확히 알고 이를 상황에 맞게 활용한다면 쓰기의 효율성을 높일 수 있을 것이다.

② 손 글씨 쓰기의 과정, 장점과 한계, 정서적 효과를 통해 손 글씨 쓰기가 동전의 양면과 같음을 기억해야 할 것이다.

③ 손 글씨 쓰기가 우리의 뇌, 이해, 정서에 미치는 긍정적 영향을 고려하여 손 글씨 쓰기의 횟수를 더욱 늘려야 할 것이다.

④ 손 글씨 쓰기는 글을 쓰는 능력을 향상시키고 정서적 효과를 주기에, 그 가치는 시대가 변해도 늘 별처럼 빛날 것이다.

⑤ 손 글씨 쓰기를 통해 뇌의 다양한 영역 활성화, 이해도 향상, 정서적 효과라는 세 가지 빛깔의 진주를 발견할 수 있을 것이다.

127 〈보기〉는 학생이 초고를 보완하기 위해 추가로 수집한 자료이다. 자료의 활용 방안으로 적절하지 <u>않은</u> 것은?

보기

ㄱ. 전문가 인터뷰

"손으로 글씨를 쓸 때, 전두엽, 후두엽, 측두엽, 두정엽 등의 뇌의 전 영역에 걸쳐 신경 회로가 형성되어 활성화됩니다. 그래서 손 글씨 쓰기는 뇌를 건강하게 해 주는 일종의 뇌 운동이라고 할 수 있습니다."

ㄴ. 연구 자료

65명의 대학생에게 컴퓨터 자판을 이용한 쓰기와 손 글씨 쓰기라는 두 방식으로 강연 내용을 정리하도록 한 후 성취도를 확인했다. 그 결과, 기억 여부를 묻는 '과제 1'에서는 집단 간 차이가 없었으나, 개념의 이해를 묻는 '과제 2'에서는 손 글씨 쓰기 방식으로 정리한 집단이 훨씬 높은 성취를 보였다.

ㄷ. 우리 학교 설문 조사

ㄷ-1. 학습 과제 작성 시 선호하는 쓰기 방식은?

컴퓨터 자판을 이용한 쓰기 72%, 손 글씨 쓰기 28%

ㄷ-2. ㄷ-1에서 응답한 쓰기 방식을 선호하는 이유는?

쓰기 방식 순위	컴퓨터 자판을 이용한 쓰기	손 글씨 쓰기
1순위	과제 작성을 빠르게 할 수 있어서	내 과제에 애착이 생겨서
2순위	손으로 쓰면 팔이 아프고 귀찮아서	과제에 정성을 쏟을 수 있어서

① ㄱ을 활용하여, 뇌의 다양한 영역이 활성화된다는 2문단의 내용을 구체화한다.

② ㄴ에서 과제 1의 결과를 활용하여, 손 글씨 쓰기가 특정 상황에서 효과적이라는 3문단의 내용을 보강한다.

③ ㄴ에서 과제 2의 결과를 활용하여, 손 글씨 쓰기가 내용 이해도를 높인다는 3문단의 내용을 뒷받침한다.

④ ㄷ-1을 활용하여, 학생들이 컴퓨터 자판을 이용한 쓰기 방식을 선호한다는 1문단의 내용을 보강한다.

⑤ ㄷ-2를 활용하여, 손 글씨 쓰기가 과제를 수행할 때에도 정서적 효과를 준다는 내용을 4문단에 보충한다.

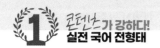
[128~130]
다음은 학교 협동조합을 운영하는 학생이 작성한 보고서의 초고이다. 물음에 답하시오. **22학년도 9월**

우리 학교 협동조합의 운영 개선안

Ⅰ. 서론

우리 학교는 '협력을 통한 나눔 실천'이라는 취지로 학생 조합원으로 구성된 협동조합을 만들어 전교생을 대상으로 협동 매점을 운영하고 있다. 조합 설립 2년 차를 맞이하여 ⊙ 협동 조합의 현황을 살펴보고 문제점을 확인한 후, 그로 인해 ⓒ 발생할 수 있는 어려움을 파악하고, 문제점을 해결할 수 있는 방안을 찾기 위해 이 보고서를 작성하였다. ⓒ 문제의 원인을 파악하기 위해 전교생을 대상으로 한 설문 조사를 진행하였다.

Ⅱ. 본론

1. 현황

조합원들이 점심시간(12:30~13:30)에 협동 매점을 운영하고 있고, 수익금 전액을 ○○ 환경 단체에 기부하는 데 사용하고 있다. 조합원은 설립 초기에 107명으로 시작하였고 지난해 4분기에는 85명이었다. 전교생은 322명으로, 지난 1년간 인원 변동은 없었다. 아래의 표는 협동조합의 1년 차 운영과 관련해 전교생 대비 조합원 비율 및 협동 매점 수익금의 변동 추이를 보여 주는 통계 자료이다.

	1분기	2분기	3분기	4분기
조합원 비율(%)	33.2	30.4	28.6	26.4
협동 매점 수익금(원)	752,400	672,600	547,200	461,700

〈조합원 비율 및 협동 매점 수익금〉

2. 문제점 분석 및 해결 방안

[A]
현황을 통해 문제점을 확인할 수 있었다. 첫째, 조합원 비율이 감소하고 있다. 이러한 상황이 지속되면 협동조합을 유지하기 어려워질 수 있다. 둘째, 협동 매점의 수익금이 줄고 있다. 그래서 수익금 기부를 통한 나눔 실천 활동을 지속하기가 어려워질 수 있다.

설문 조사 결과, 조합원 비율이 감소한 원인은 조합원에 대한 혜택이 부족해서 탈퇴한 것, 홍보가 부족해서 가입이 저조한 것으로 분석되었다. 또 협동 매점 수익금이 감소하는 원인은 판매 물품, 운영 시간에 대한 불만이 쌓여 협동 매점 이용자가 줄고 있기 때문으로 분석되었다.

첫 번째 문제점의 해결 방안은 두 가지가 있다. 우선 조합원의 탈퇴를 막기 위해 조합원이 혜택을 받을 수 있는 방안을 마련한다. 예를 들어 수익금 중 일부를 조합원의 복지를 위해 체험 활동비로 지원하는 방안 등이다. 다음으로 홍보를 통해 협동조합 가입을 유도하는 방안을 마련한다. 두 번째 문제점의 해결 방안으로 협동 매점의 소비자인 학생들의 불만 사항을 파악할 수 있는 수단을 마련한다.

Ⅲ. 결론

조합원들에 대한 지속적인 관심과 협동 매점 운영에 대한 학생들과의 적극적인 소통이 필요하다. 개신안을 실천한나면 우리 학교의 협동조합이 더욱 발전할 수 있을 것이다.

---

128 학생이 보고서의 초고에 사용한 글쓰기 방법으로 가장 적절한 것은?

① 통계 자료를 통해 객관적인 정보를 제시한다.
② 문헌 자료 분석을 통해 결론의 근거를 제시한다.
③ 다양한 해결 방안의 장단점을 비교하여 설명한다.
④ 조사 기간과 방법 및 대상을 항목화하여 제시한다.
⑤ 조사 내용과 관련된 전문 용어의 개념을 설명한다.

129 ⊙~ⓒ이 'Ⅱ. 본론'에 구체화된 내용으로 적절하지 않은 것은?

① ⊙ : 협동 매점의 운영 시간 및 수익금 사용처
② ⊙ : 조합원 비율 및 협동 매점 수익금의 변동 추이
③ ⓒ : 협동조합 유지와 설립 취지의 지속적인 실현이 어려움
④ ⓒ : 조합원에 대한 혜택이 부족하게 된 과정을 분석하여 파악한 원인
⑤ ⓒ : 조합원 비율 및 협동 매점 수익금 감소와 관련된 설문 조사 내용을 분석하여 파악한 원인

130 〈보기〉는 보고서의 초고를 쓴 학생이 초고의 [A]를 보완하기 위해 수집한 자료이다. 자료 활용 방안으로 적절하지 않은 것은?

보기

ㄱ. 전문가 인터뷰

"학교 협동조합은 학교를 기반으로 설립한 경제 조직이자 사회적 가치를 추구하는 교육 공동체입니다. 학생, 교직원, 학부모, 지역 주민 등이 참여할 수 있습니다. 수익금은 조합원의 복지를 위해 사용하거나 조합원의 동의를 바탕으로 공익을 위해 사용합니다."

ㄴ. 인근 학교 사례

Y학교의 협동조합에서는 SNS를 통해 소비자의 불만 사항을 파악하여 협동 매점 운영에 반영하고 있다. Z학교의 협동조합은 조합원 복지를 위해 수익금으로 도서 구입비를 지원하고 있다.

ㄷ. 우리 학교 학생 인터뷰

"저는 우리 학교 협동조합에 대해 잘 몰라서 가입하지 않았지만 알았다면 가입했을 것 같아요. 학교 게시판이나 누리집에도 협동조합에 대한 안내는 없었어요."

① ㄱ을 활용하여, 조합원을 위한 체험 활동비 지원이 조합원 복지 제도로서 협동조합의 수익금 사용 방법에 부합함을 밝혀 해결 방안의 근거로 제시한다.
② ㄴ을 활용하여, 조합원의 이탈 문제를 해결하는 방안의 예로 조합원에게 도서 구입비를 지원하는 것을 추가한다.
③ ㄴ을 활용하여, 협동 매점의 수익금 감소 문제를 해결하는 방안 중 하나로 SNS와 같은 소통 수단을 사용하는 것을 제시한다.
④ ㄷ을 활용하여, 협동 매점의 수익금을 늘리는 방안 중 하나로 협동조합에 대한 안내를 통해 협동 매점 이용자들의 불만 사항을 해소해 주는 것을 추가한다.
⑤ ㄷ을 활용하여, 조합원 가입이 저조한 문제를 해결하는 방안 중 하나로 학교 게시판이나 누리집에 협동조합을 홍보하여 학생들의 가입을 유도하는 것을 제시한다.

[131~133]
다음은 '건강 상식' 잡지의 편집장이 보낸 요청과 그에 따라 기자가 작성한 초고이다. 물음에 답하시오. 22학년도 수능

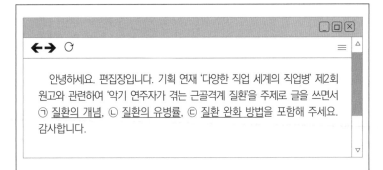

안녕하세요. 편집장입니다. 기획 연재 '다양한 직업 세계의 직업병' 제2회 원고와 관련하여 '악기 연주자가 겪는 근골격계 질환'을 주제로 글을 쓰면서 ㉠ 질환의 개념, ㉡ 질환의 유병률, ㉢ 질환 완화 방법을 포함해 주세요. 감사합니다.

〈초고〉

직업성 질환 중 하나인 근골격계 질환은 근육, 신경, 뼈와 주변 조직 등 근골격계에 발생하는 손상 또는 통증을 말한다. 사무직의 요통이 대표적인 예이다. 악기 연주자들도 연주를 할 때 주로 사용하는 부위에 근골격계 질환을 겪는다.

악기 연주자들의 근골격계 질환 유병률을 악기군과 부위의 범주로 나누어 차이를 살펴보면 다음과 같다. 먼저 악기군별로 보면, 다른 악기 연주자들보다 건반 악기 연주자들의 유병률이 가장 높았다. 피아니스트 ○○○ 씨는 오랜 시간 건반에 손을 얹고 손가락을 과도하게 사용하다 보니 손목과 손가락에 통증이 심하다고 고충을 토로하며, 주변의 건반 악기 연주자들도 흔히 겪는 질환이라고 덧붙였다. 다음으로 부위별 유병률을 보면 목, 어깨, 팔꿈치, 손목과 같은 상지 부위에서 유병률이 가장 높았고, 부위별로 구체적인 유병률은 악기군에 따라 차이를 보였다. 악기군에 따른 근골격계 질환의 전체 부위 유병률 순위와 부위별 유병률 순위는 일부 차이를 보였다.

악기군별로 차이는 있지만, 연습 중 휴식, 운동, 연주 자세, 연주 기간 등이 근골격계 질환의 유병률에 영향을 미친다. 그렇다면 악기 연주자의 근골격계 질환 완화를 위한 방법은 무엇일까? 악기 연주자들이 실천할 수 있는 방법 중 특히 도움이 되는 것은 연습 중의 규칙적인 휴식이다. 이와 관련하여 근골격계 질환에 영향을 미치는 요인에 대한 악기 연주자의 인식 개선이 필요하다. 또한 근골격계 질환 완화에 도움이 되도록 적절한 운동을 하는 것도 필요하다.

131 초고에서 ㉠~㉢을 작성할 때 활용한 글쓰기 방법으로 가장 적절한 것은?

① ㉠ : 질환의 개념을 묻고 답하는 방식으로 제시했다.
② ㉡ : 두 범주를 설정하여 범주별로 질환 유병률의 차이를 제시했다.
③ ㉡ : 악기 연주자의 질환 경험 사례를 악기군별로 제시했다.
④ ㉢ : 질환 완화 방법을 질환의 부위별로 분석하여 제시했다.
⑤ ㉢ : 질환 완화에 효과가 있는 운동의 과정을 단계별로 제시했다.

132 다음은 초고를 쓴 기자가 잡지 편집장에게 보낸 이메일의 일부이다. ⓐ에 들어갈 내용으로 가장 적절한 것은?

초고에 대한 검토 의견 중 (ⓐ) 요청에 따라 첫 문단을 아래와 같이 수정했습니다.

직업성 질환 중 하나인 근골격계 질환은 근육, 신경, 뼈와 주변 조직 등 근골격계에 발생하는 손상 또는 통증을 말한다. 주로 장기간의 반복된 작업으로 근골격계에 손상이 누적되어 나타난다. 악기 연주자들도 연주를 할 때 유사한 동작을 오래 반복하다 보니 주로 사용하는 부위에 근골격계 질환을 겪는다.

① 직업성 질환이 아닌 예 삭제, 근골격계 질환의 발병 이유 추가
② 직업성 질환이 아닌 예 삭제, 근골격계 질환의 발병 조건 추가
③ 다른 직업군의 예 삭제, 근골격계 질환의 발병 부위 추가
④ 다른 직업군의 예 삭제, 근골격계 질환의 발병 유형 추가
⑤ 다른 직업군의 예 삭제, 근골격계 질환의 발병 원인 추가

133 다음은 초고를 보완하기 위해 추가로 수집한 자료이다. 자료 활용 방안으로 적절하지 <u>않은</u> 것은?

(가) □□ 의학회 논문 자료
악기 연주자의 근골격계 질환의 전체 부위 유병률은 관악기는 57.6%, 건반 악기는 75.0%, 현악기는 68.1%로 나타났다. 통증 부위에 따른 유병률은 상지 부위의 경우, 관악기 대비 건반 악기가 1.82배, 현악기가 1.57배였고, 하지 부위는 관악기 대비 건반 악기가 1.72배, 현악기가 0.84배로 나타났다.

(나) △△ 연구소 통계 자료

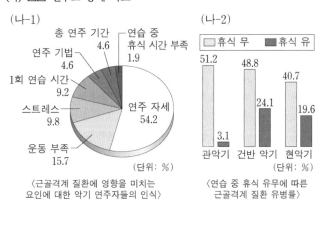

(나-1)
총 연주 기간 4.6
연주 기법 4.6
연습 중 휴식 시간 부족 1.9
1회 연습 시간 9.2
스트레스 9.8
연주 자세 54.2
운동 부족 15.7
(단위: %)
〈근골격계 질환에 영향을 미치는 요인에 대한 악기 연주자들의 인식〉

(나-2)
■ 휴식 무 ■ 휴식 유
관악기 51.2 / 3.1
건반 악기 48.8 / 24.1
현악기 40.7 / 19.6
(단위: %)
〈연습 중 휴식 유무에 따른 근골격계 질환 유병률〉

(다) ◇◇ 대학교 의대 교수 인터뷰 자료
"스트레칭 운동으로 근육의 긴장을 완화하고, 안정화 운동을 통해 바른 자세로 교정하면 근골격계에 도움이 됩니다."

① (가)를 활용하여, 악기군별 상지 부위의 유병률 차이에 대해, 건반 악기의 유병률이 가장 높고 다음으로 현악기, 관악기 순이라는 내용으로 2문단을 구체화한다.

② (가)를 활용하여, 악기군에 따른 부위별 유병률 순위에 대해, 상지 부위와 달리 하지 부위의 유병률은 전체 부위 유병률과 순위가 일치하지 않는다는 내용으로 2문단을 보강한다.

③ (나-1)을 활용하여, 질환의 유병률을 낮추는 데 도움이 되는 방법에 대해, 근골격계 질환이 연주 자세에 미치는 영향에 대한 인식 개선이 필요하다는 내용으로 3문단을 구체화한다.

④ (나-2)를 활용하여, 연습 중 휴식이 악기군별 유병률에 미치는 영향에 대해, 관악기의 경우가 현악기보다 유병률을 낮추는 데 휴식의 영향이 더 크다는 내용으로 3문단을 구체화한다.

⑤ (다)를 활용하여, 질환 완화에 도움이 되는 운동에 대해, 근골격계에 도움이 되는 운동과 그 효과에 관한 내용으로 3문단을 보강한다.

[134~136]
다음은 작문 상황과 이를 바탕으로 학생이 작성한 초고이다. 물음에 답하시오.

23학년도 6월

○ **작문 상황** : ○○ 지역 신문의 독자가 기고란에 청소년 문제와 관련해 주장하는 글을 쓰려 함.

○ **초고**

　최근 감염병 유행에 따른 일상의 변화로 인해 무기력이나 우울과 불안 등의 부정적 감정을 겪는 청소년이 늘고 있다. 청소년기는 자아 정체성을 확립해 가는 시기로 부정적인 감정이 계속되면 부정적인 정체성을 형성할 우려가 있다. 그러므로 ⊙ 현 상황의 문제 해결을 위해 청소년을 위한 감정 관리 프로그램을 확대 실시해야 한다.

　현재 우리 지역에서는 청소년의 감정 관리를 위해 전문 상담 기관을 운영하고 있다. 이를 근거로 청소년의 감정 관리 프로그램이 실시되고 있어 프로그램 확대 실시는 필요 없다고 주장할 수 있다. 하지만 기존의 감정 관리 프로그램은 소수의 청소년만을 대상으로 하며 전문적인 상담 활동만으로 시행된다는 한계가 있다.

　감정 관리 프로그램은 청소년이 자신의 감정을 알아차리고 이해함으로써 상황에 따라 감정을 조절할 수 있도록 돕는 것을 목표로 한다. 청소년을 위한 감정 관리 프로그램의 실질적인 확대 실시를 위해서는 실시 대상의 확대와 활동 내용의 다양화라는 두 가지 방향에서 접근해야 한다. ⓒ 실시 대상의 확대가 필요한 이유는 부정적 감정을 겪는 청소년이 증가했고, 심각한 감정 상태임에도 기존의 전문 상담 기관을 찾지 않는 청소년이 있기 때문이다. 그리고 ⓒ 활동 내용의 다양화가 필요한 이유는 부정적 감정과 관련한 청소년 개개인의 다양성을 고려하여 보다 다양하고 단계적인 활동을 마련해야 청소년의 개인적 특성에 맞는 감정 관리 활동을 선택할 수 있기 때문이다.

[A]　　요컨대 청소년 문제에 적극적으로 대응하고 청소년이 심리적으로 건강한 청소년기를 보낼 수 있도록 대상을 모든 청소년으로 확대하여 감정 관리 프로그램을 실시해야 한다. 이를 위해 지역 구성원의 관심이 필요하다.

134 '초고'에 대한 설명으로 가장 적절한 것은?

① 문제의 원인을 항목별로 유형화하였다.
② 일반적 통념이 지닌 모순을 지적하였다.
③ 주장에 대해 예상되는 반론을 반박하였다.
④ 자신의 주장이 지닌 한계점을 제시하였다.
⑤ 다양한 문제 해결 방안의 장단점을 비교하였다.

135 〈보기〉는 '초고'를 보완하기 위해 추가로 수집한 자료이다. ⊙~ⓒ과 관련한 자료 활용 방안으로 적절하지 <u>않은</u> 것은?

보기

[자료 1] ○○ 지역 청소년 대상 설문 조사

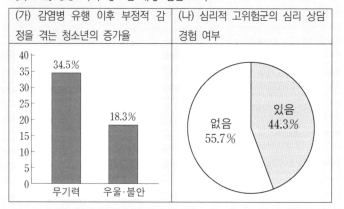

(가) 감염병 유행 이후 부정적 감정을 겪는 청소년의 증가율	(나) 심리적 고위험군의 심리 상담 경험 여부

[자료 2] △△ 학술지의 논문

　청소년기에 부정적인 감정을 유발하는 환경에 자주 노출되면 뇌 성장이 저해된다. 뇌가 제대로 성장하지 않으면 감정을 과잉 표출하거나 위험한 행동을 하게 된다. 우울, 불안, 짜증 등이 지속되면 뇌의 해마가 손상되어 학습에 어려움이 생기고 학업 능력의 저하도 발생할 수 있다.

[자료 3] ○○ 지역 교육 상담 전문가 면담

　"청소년을 대상으로 적용할 수 있는 감정 관리 프로그램으로는 마음 알아차리기, 감정 노트 쓰기, 독서 치료 등이 있습니다. 실제로 전교생을 대상으로 감정 노트 쓰기를 실시한 학교에서는 학생들의 부정적 감정이 감소되고 학교생활을 긍정적으로 인식하게 되었다는 연구 결과가 있습니다."

① [자료 1]의 (가)와 (나)를 활용하여, ⓒ이 필요한 이유를 뒷받침하는 자료로 부정적 감정을 겪는 청소년의 증가율과 심리 상담 경험이 없는 고위험군 청소년의 비율을 추가한다.

② [자료 2]를 활용하여, ⊙이 필요한 이유로 청소년기의 부정적 감정이 관리되지 않으면 뇌 성장이 저해될 수 있다는 점을 추가한다.

③ [자료 3]을 활용하여, ⓒ의 적용 방법으로 학교에서 학생들의 감정 관리를 돕기 위해 실시할 수 있는 구체적인 활동의 예를 제시한다.

④ [자료 1]의 (가)와 [자료 2]를 활용하여, ⊙이 필요한 이유로 부정적 감정을 겪는 청소년이 늘어난 현상이 학습 및 학업에 곤란을 겪는 청소년의 증가로 이어질 가능성이 있음을 추가한다.

⑤ [자료 1]의 (나)와 [자료 3]을 활용하여, ⓒ에 따른 기대 효과를 보여 주는 자료로 전문 상담 기관이 학생들의 부정적 감정 해소에 도움을 주었다는 연구 결과의 사례를 제시한다.

136 〈보기〉는 [A]를 고쳐 쓴 것이다. 그 과정에서 반영된 교사의 조언으로 가장 적절한 것은?

보기

요컨대 부정적 감정을 겪는 청소년이 늘고 있는 상황에 적극적으로 대응하고 청소년이 긍정적 자아 정체성을 형성할 수 있도록 청소년 감정 관리 프로그램의 실시 대상을 확대하고 활동 내용을 다양화해야 한다. 이를 위해 청소년 감정 관리 문제에 지역 구성원 모두의 관심이 필요하다.

① 실행 방법이 나타나지 않았으니 글에서 언급한 실행 방법을 강조하는 게 어때?

② 예상 독자가 언급되지 않았으니 예상 독자에게 호소하며 글을 마무리하는 게 어때?

③ 해결 방안 중 일부만 제시되어 있으니 글에서 다룬 주장을 모두 포함하는 게 어때?

④ 앞서 논의한 내용과 거리가 있는 내용이 제시되어 있으니 이를 지우고 글의 요점을 제시하는 게 어때?

⑤ 해결 방안의 이점을 다루지 않았으니 실행을 통해 기대할 수 있는 변화를 구체적으로 드러내는 게 어때?

[137~139]
(가)는 글쓰기를 위한 학생의 생각이고, (나)는 (가)를 바탕으로 쓴 학생의 초고이다. 물음에 답하시오. 23학년도 9월

(가) [학생의 생각]

학생회에서 체육 대회의 새 이름을 공모하기로 했지. 공모전과 관련해서 이름 짓기에 대한 글을 학교 누리집에 올리려고 해. 그럼 어떻게 구성하면 좋을까? ㉠ 공모전을 하는 이유를 언급하며 글을 시작하자. 그리고 ㉡ 이름 짓기의 효과를 제시해야지. ㉢ 이름 짓기의 방법도 설명하면 좋을 것 같아.

(나) [학생의 초고]

올해 체육 대회는 운동을 잘 못하는 학생들도 즐겁게 참여할 수 있는 새로운 프로그램으로 구성될 예정이다. 그래서 학생회에서는 올해부터 바뀌는 체육 대회의 특징이 잘 드러나는 이름이 필요하다고 판단해서 새 이름을 짓는 공모전을 열기로 했다. 이름이 무슨 영향을 미칠까 생각할 수도 있지만 이름 짓기의 효과는 생각보다 크다.

이름 짓기를 잘하면, 사람들에게 대상에 대한 긍정적인 이미지를 갖게 할 수 있다. 맛과 영양에 문제가 없지만 흠집이 있어 상품성이 떨어진 사과에 '등급 외 사과' 대신 '보조개 사과'라는 이름을 붙여 이미지를 개선한 사례가 있다. 귀여운 보조개가 연상되는 이름으로 대상에 대한 인식을 변화시킨 것이다.

또한 이름 짓기를 잘하면, 사람들의 참여 동기를 이끌어 낼 수 있다. 지하철이나 버스에서 임산부가 우선적으로 앉을 수 있는 좌석의 이름은 '임산부 배려석'이다. 만약에 '임산부 양보석'이라고 하면 자신이 앉을 자리를 남에게 내어 준다는 느낌을 갖게 한다. 하지만 '임산부 배려석'은 자신이 다른 사람을 배려하고 있다는 느낌을 갖게 하여 자발적으로 좌석을 양보할 수 있도록 한다.

그렇다면 이름 짓기는 어떻게 해야 할까? 먼저, 대상의 특성이 잘 드러나도록 표현해야 한다. 그리고 이름을 지나치게 생소하지 않게 지어야 한다. 이름이 지나치게 생소해서 이름의 의미를 이해하기 어려운 경우에는 사람들에게 수용되지 않을 수 있기 때문이다. 따라서 대상의 특성을 잘 드러내고 사람들이 이해하기 쉽도록 이름을 짓는 것이 중요하다. 또한 사람들이 기분 좋게 수용할 수 있도록 표현하는 것도 필요하다.

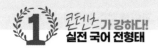

137 (가)의 ⊙~©을 (나)에 구체화한 내용으로 적절하지 <u>않은</u> 것은?

① ⊙ : 체육 대회라는 이름에 대한 학생들의 부정적인 반응을 제시한다.

② ⊙ : 올해부터 바뀌는 체육 대회의 특징이 잘 드러나는 새로운 이름이 필요함을 언급한다.

③ © : 이름 짓기를 통해 이미지를 개선한 '보조개 사과'의 사례를 제시한다.

④ © : '임산부 배려석'이라는 이름이 주는 효과를 '임산부 양보석'과 비교하여 제시한다.

⑤ © : 이름 짓기를 할 때 사람들이 기분 좋게 수용할 수 있는 표현을 사용해야 함을 언급한다.

138 다음은 (나)를 읽은 학생회장의 조언이다. 이를 반영하여 추가할 마지막 문단의 내용으로 가장 적절한 것은?

> **학생회장 :** 많은 학생들이 공모전에 참여할 수 있도록, 이름 짓기는 학생들에게 어려운 일이 아님을 밝혀 주면 좋겠어. 또한 2문단에서 언급한 효과와 관련하여 공모전 참여를 권유하면서 마무리하면 좋을 것 같아.

① 이름 짓기는 누구나 어렵지 않게 도전할 수 있는 일이다. 다만 이름을 지을 때 사람들이 이해하기 쉬운 표현을 사용해야 함을 유의하도록 한다.

② 이름 짓기는 지식과 경험이 풍부한 사람만이 할 수 있는 일은 아니다. 원활한 의사소통을 위해 이름 짓기의 효과를 이해하고 그 방법을 활용해 보자.

③ 지나치게 생소한 이름은 사람들에게 수용되지 않을 수 있다. 새로운 체육 대회의 긍정적 이미지를 느낄 수 있는 이름을 지어 이번 공모전에 참여하면 좋지 않을까?

④ 이름 짓기는 대상을 새롭게 바라보게 한다. 올해 새롭게 바뀔 체육 대회에 어울리는 참신한 이름이 지어진다면 체육 대회에 많은 학생들이 적극적으로 참여할 것이다.

⑤ 이름 짓기는 학생들도 충분히 할 수 있다. 새로운 체육 대회는 누구나 즐길 수 있다는 긍정적인 인식을 갖게 하는 좋은 이름을 지어 공모전에 도전해 보는 것은 어떨까?

139 〈보기〉는 (나)를 보완하기 위해 추가로 수집한 자료이다. 자료 활용 방안으로 적절하지 <u>않은</u> 것은?

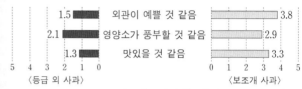

[자료 1] 학생의 설문 조사 자료

〈'등급 외 사과'와 '보조개 사과'의 이미지 비교〉

	〈등급 외 사과〉	〈보조개 사과〉
외관이 예쁠 것 같음	1.5	3.8
영양소가 풍부할 것 같음	2.1	2.9
맛있을 것 같음	1.3	3.3

(설문 대상 : 우리 학교 학생 100명, 단위 : 점/5점)

[자료 2] 보고서 자료

〈이름 짓기의 사례〉

구분 \ 이름	대한민국 구석구석	G4C
목적	국내 관광 활성화 캠페인 홍보	각종 정부 민원을 24시간 처리하는 누리집 홍보
의미	국내 구석구석에 가 볼만한 장소가 많음.	시민을 위한 정부 (Government for Citizen)
결과	국내 관광에 대한 인식을 개선하여 관광객이 증가하는 데 기여함.	이름이 대상의 특성을 잘 드러내지 못하고 지나치게 생소해 의미 파악이 어렵다는 지적에 '민원24'로 바꾸자 인지도가 향상됨.

① [자료 1] : '등급 외 사과'보다 '보조개 사과'가 외관과 맛 항목의 점수가 높다는 점을, 이름 짓기가 대상에 대한 인식을 변화시켰다는 근거로 2문단에 활용해야겠어.

② [자료 1] : '보조개 사과'와 '등급 외 사과'의 영양소 항목에서 점수 차이가 가장 작다는 점을, 이름 짓기가 대상에 대한 긍정적 이미지를 갖게 할 수 있다는 근거로 2문단에 활용해야겠어.

③ [자료 2] : '대한민국 구석구석'이라는 이름이 관광객의 증가에 기여했다는 점을, 잘 지어진 이름이 참여 동기를 이끌어 낼 수 있다는 또 다른 사례로 3문단에 활용해야겠어.

④ [자료 2] : 'G4C'라는 이름의 의미를 파악하기 어렵다는 점을, 이름이 지나치게 생소하여 사람들에게 받아들여지지 않은 사례로 4문단에 활용해야겠어.

⑤ [자료 2] : '민원24'라는 이름이 누리집의 인지도를 향상했다는 점을, 대상의 특성을 잘 드러내면서 이해하기 쉽게 이름을 짓는 것이 중요함을 보여 주는 사례로 4문단에 활용해야겠어.

[140~142]
다음은 교지에 싣기 위해 학생이 작성한 초고이다. 물음에 답하시오.

23학년도 수능

　우리나라의 연간 1인당 커피 소비량은 세계 평균의 2배 이상일 정도로 우리나라 사람들은 커피를 마시는 일에 관심이 많다. 이러한 관심이 커피 사랑에만 머물지 않고, 일회용 컵 회수 방안처럼 커피로 인한 사회적 문제에 대한 관심으로 이어지는 현상은 바람직하다. 하지만 커피로 인한 사회적 문제를 논할 때, 상대적으로 관심을 받지 못하고 있는 것이 있다. 커피를 만든 후 남는 커피 찌꺼기, 바로 '커피박(coffee 粕)'이다. 여러 면에서 커피박에 대한 우리 사회의 관심은 낮은 편이다.

　우선, 커피박을 잘못 처리하고 있는 사람이 많다. 추출 직후의 커피박을 싱크대 배수구에 버리거나 흙에 버리기도 하는데, 이는 잘못된 처리 방법이다. 배수구에 버린 커피박에서 나온 카페인은 하수 처리 과정에서 완벽히 걸러지지 않은 채 강물에 흘러 들어가 부정적으로 작용할 수 있다. 그리고 흙에 버린 커피박은 토양과 식물에 악영향을 줄 수 있다.

　또한, 커피박이 다양한 분야에서 재활용될 수 있다는 사실을 모르는 사람도 많다. 커피박은 일상에서 탈취제나 방향제로 이용된다. 그뿐만 아니라 건축 분야에서 합성 목재를 대신하는 재료로 쓰이거나 농업 분야에서 혼합 및 발효 과정을 거쳐 비료로 사용되기도 한다. 최근에는 바이오에너지의 원료로 활용될 수 있다는 점도 부각되고 있다.

　끝으로, 커피박 수거 시설이 매우 부족하다는 점도 아쉬운 부분이다. 커피박을 그냥 버리지 않고 분리배출해야 한다는 것을 알게 되더라도 수거 시설이 있어야 실천으로 이어질 수 있다. 커피박 수거 시설을 곳곳에 마련한다면, 커피박 분리배출에 대한 시민들의 관심이 높아지는 효과가 있을 것이다.

[A]

140 다음은 초고를 작성하기 전에 학생이 떠올린 생각이다. ㉠~㉤ 중, 학생의 초고에 반영되지 <u>않은</u> 것은?

> ◦ 커피박이 무엇을 지칭하는 단어인지 밝혀야겠어. ·························· ㉠
> ◦ 커피박이 잘못 버려지고 있는 예를 제시해야겠어. ·················· ㉡
> ◦ 커피박이 무엇으로 재활용될 수 있는지 언급해야겠어. ·············· ㉢
> ◦ 우리나라의 연간 1인당 커피 소비량이 세계 평균 대비 어느 정도인지 밝혀야겠어. ·· ㉣
> ◦ 커피로 인해 발생하는 사회적 문제가 해마다 증가하고 있는 실태를 제시해야겠어. ·· ㉤

① ㉠　　　② ㉡　　　③ ㉢　　　④ ㉣　　　⑤ ㉤

141 다음은 초고를 읽은 교지 편집부 학생의 조언이다. 이를 반영하여 [A]를 작성한다고 할 때, 가장 적절한 것은?

> "초고 2~4문단에서 문단별로 문제 삼고 있는 점을 해결할 수 있는 방안을 각각 언급하고, 우리 사회가 지녀야 할 태도를 커피에 대한 사랑과 관련지으며 마무리하는 게 좋겠어."

① 커피에 대한 사랑은 커피박에 관심을 갖는 태도로 이어질 필요가 있다. 다양한 재활용 분야와 수거 시설 확충의 중요성을 아는 것이 진정한 커피 사랑의 시작이다.

② 커피박의 올바른 처리 방법과 재활용 분야를 홍보하고, 수거 시설 확충을 제도화할 필요가 있다. 커피박에도 관심을 갖는 책임감 있는 태도가 커피 사랑의 참된 자세이다.

③ 커피를 마시지 않는 사람들은 왜 커피박에 관심을 가져야하는지 의아해할 수 있다. 하지만 공동체의 문제 해결을 위해 가치관이 다르더라도 포용하는 태도가 필요하다.

④ 우리나라의 커피 소비량은 앞으로도 늘어날 것으로 보인다. 따라서 커피박의 바람직한 처리 방법과 재활용 분야를 알리고, 커피박 수거 시설을 확충하는 것이 필요하다.

⑤ 커피박 수거 시설의 설치는 시민들에게 커피박의 쓰임새를 알리는 효과가 있다. 사랑할수록 관심을 표현하듯이, 커피에 대한 사랑을 커피박에 대한 관심으로 표현해야 할 것이다.

142 〈보기〉는 초고를 보완하기 위해 추가로 수집한 자료이다. 자료 활용 방안으로 적절하지 <u>않은</u> 것은?

보기

(가) 전문가 인터뷰
　"커피박으로 인한 탄소 배출이 문제가 되고 있습니다. 커피박 소각 시 탄소 배출량은 1톤당 338kg이나 됩니다. 또한 추출 직후의 커피박은 카페인 함유량이 높고, 수분이 많습니다. 이를 흙에 버리면 카페인과 토양 속 물질이 결합한 상태로 쌓여 식물의 생장을 저해할 수 있고, 수분이 많은 커피박이 부패하여 토양을 오염시킬 수 있습니다."

(나) 연구 보고서
〈커피박의 바이오에너지 원료화〉

바이오디젤　　바이오에탄올
바이오압축연료

　현재 우리나라는 커피박의 바이오에너지 원료화를 추진하고 있다. 바이오압축연료는 상품화되었으며, 바이오디젤, 바이오에탄올을 생산하는 기술도 개발되고 있다.

(다) 신문 기사
　스위스는 우체국 등 2,600여 곳의 수거 거점을 마련해 커피박을 효과적으로 수거하고 있다. 반면에 우리나라는 일부 지방 자치단체에서만 커피박 수거를 시도 중이다. ○○구는 "수거 시설이 시민들의 커피박 분리배출에 대한 관심을 높이고 커피박 수거나 운반 등과 관련한 일자리를 창출할 수 있을 것"이라고 밝혔다.

① (가) : 커피박을 소각할 때 발생하는 탄소 배출량 수치를, 커피박이 우리 사회에서 관심을 받지 못하고 있는 배경을 보여 주는 자료로 1문단에 추가한다.

② (가) : 추출 직후 커피박에 남은 카페인과 수분이 많은 커피박이 유발하는 문제를, 커피박이 식물과 토양에 미치는 악영향을 구체화하는 자료로 2문단에 추가한다.

③ (나) : 커피박으로 만들 수 있는 바이오에너지의 종류를, 커피박이 바이오에너지의 원료로 활용될 수 있다는 내용을 뒷받침하는 자료로 3문단에 추가한다.

④ (다) : 효과적으로 커피박을 수거하고 있는 해외 사례를, 커피박 수거 시설이 부족한 우리나라의 문제 상황을 부각하는 자료로 4문단에 추가한다.

⑤ (다) : 커피박 수거가 일자리 창출로 이어질 수 있음을, 커피박 수거 시설이 곳곳에 마련되었을 때 예상되는 또 다른 효과를 보여 주는 자료로 4문단에 추가한다.

[143~145]
(가)는 기획 기사를 연재 중인 학교 신문의 일부이고, (나)는 학생이 작성한 〈2편〉의 초고이다. 물음에 답하시오. 24학년도 6월

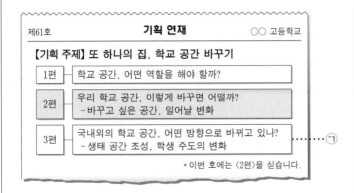

(가) 학교 신문의 일부

제61호　　　　**기획 연재**　　　　○○ 고등학교

【기획 주제】또 하나의 집, 학교 공간 바꾸기

1편 ── 학교 공간, 어떤 역할을 해야 할까?

2편 ── 우리 학교 공간, 이렇게 바꾸면 어떨까?
　　　－ 바꾸고 싶은 공간, 일어날 변화

3편 ── 국내외의 학교 공간, 어떤 방향으로 바뀌고 있나?
　　　－ 생태 공간 조성, 학생 주도의 변화 ⋯⋯⋯ ㉠

＊ 이번 호에는 〈2편〉을 싣습니다.

(나) 〈2편〉의 초고

　학교는 학생들이 집 다음으로 오랜 시간 생활하는 공간으로 제2의 집이라 할 수 있다. 그런데 학교를 생각하면 네모난 교실에서 칠판을 향해 앉아 있는 학생들이 떠오른다. 학교는 학습 기능을 수행하는 효율적 공간임에 틀림없지만, 지적 성장을 위한 공간뿐만 아니라 정서적 안정과 사회적 성장을 위한 공간도 필요하다. 하지만 우리 학교는 학습을 위한 공간에 집중되어 있어 아쉽다. 그래서 3층과 4층에서 현재 사용하지 않는 서편 끝 교실을 새롭게 바꿀 것을 제안한다.

　먼저 학교에서 가장 높은 곳에 있으며 바깥 풍경이 아름답고 조용한 4층 교실을 '사색의 방'으로 만들었으면 한다. 이곳은 통창을 설치해 산과 하늘을 볼 수 있도록 하고 창가 의자에 앉아 쉬며 사색할 수 있는 공간으로 바꾼다. 창을 통해 자연을 느끼며 안정을 찾고 성찰의 시간을 보낼 수도 있다. 이 공간은 집기로 채우지 않고 편안한 음악 소리로 채우되, 인공조명은 최소화한다. 마음을 다독일 수 있는 이 방은 정서적 안정을 위한 곳으로서 학생들이 머물고 싶은 공간이 될 것이다.

　3층 교실은 '어울림의 방'으로 만들었으면 한다. 이곳은 교실과 복도 사이의 벽을 없애 누구나 드나들기 쉽도록 한다. 또 바닥은 자유롭게 앉거나 누워 즐겁게 이야기할 수 있는 공간으로 바꾼다. 모퉁이 공간을 활용하여 친한 친구들끼리 소모임을 할 수 있도록 하면 서로의 고민을 터놓을 수도 있다. 친구들과 어울리며 관계를 형성하는 이 방은 사회적 성장을 위한 곳으로서 학생들이 또 오고 싶은 공간이 될 것이다.

　학생들이 바라는 이런 공간이 우리 학교에 생긴다면 학교생활이 얼마나 행복할까? 정서적 안정과 사회적 성장을 위한 학교 공간의 조성으로 나의 생각은 커가고 친구들과 어울리며 행복을 느낄 수 있을 것이다. 이런 변화는 학업에도 더욱 열중할 수 있는 동력이 되며 학교에 대한 자부심도 느끼게 할 것이다.

143 '초고'에 활용된 쓰기 전략으로 가장 적절한 것은?

① 우리 학교와 다른 학교 공간의 구조를 비교하여 실태를 부각한다.

② 공간이 조성되었을 때의 모습을 가정하여 기대되는 효과를 제시한다.

③ 학교의 기능이 변화해 온 과정을 분석하여 공간 개선의 필요성을 강조한다.

④ 학교 공간의 중요성에 대한 질문을 반복하여 문제 해결의 시급성을 드러낸다.

⑤ 공간의 이동에 따라 각 공간의 문제점을 나열하여 공간별 개선 방안을 제안한다.

144 〈보기〉는 학생이 '초고'를 보완하기 위해 추가로 수집한 자료이다. 자료의 활용 방안으로 적절하지 <u>않은</u> 것은?

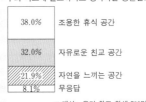
보기

ㄱ. 설문 조사 결과
우리 학교에 필요하다고 생각하는 공간은?

38.0%　조용한 휴식 공간

32.0%　자유로운 친교 공간

21.9%　자연을 느끼는 공간

8.1%　무응답

※ 대상: 우리 학교 학생 700명

ㄴ. 전문가 인터뷰
"천장이나 벽을 없애는 형태적 확장, 투명한 유리 재료를 이용해 변화를 주는 시각적 확장을 통해 건축물 내부와 외부가 연결되는 부분이 늘어나면 실내 공간의 개방감이 높아집니다."

ㄷ. 보고서 자료

1. 안정감을 주는 공간 구성	2. 청소년기의 심리 특성과 공간 구성
실내 공간에서 자연을 느끼며 안정감을 얻을 수 있는 방법으로 다음과 같은 것이 있다. － 창을 통해 자연과의 시각적 연결을 늘림. － 목재를 사용함. － 천연 소재 소품을 이용함.	청소년기는 자의식이 높아지는 시기로, 경계를 형성하는 벽을 없앤 공간에서 자신이 노출되는 것에 부담을 느낄 수 있다. 색의 대비, 부분 조명, 이동식 가구를 이용해 공간 분리 효과를 주면 부담감을 낮추는 데 도움이 된다.

① ㄱ을 활용하여, 학습 이외 다른 용도의 공간 조성이 필요한 이유로 휴식 공간과 친교 공간에 대한 학생들의 요구가 높은 비율로 나타났음을 1문단에 추가한다.

② ㄷ-1을 활용하여, 학생들이 자연을 느낄 수 있는 공간 조성 방안으로 창가 의자의 재질을 목재로 하고 천연 소재 방석을 비치할 것을 2문단에 추가한다.

③ ㄷ-2를 활용하여, 자신이 노출되는 것에 대한 부담을 줄이며 소모임을 할 수 있는 공간 조성 방안으로 모퉁이 공간에 이동식 가구를 비치해 공간 분리 효과를 줄 것을 3문단에 추가한다.

④ ㄴ과 ㄷ-1을 활용하여, 시각적 확장 효과를 주는 통창 설치를 제안하는 이유로 자연과의 시각적 연결이 늘어나 학생들의 안정감에 도움이 될 수 있다는 것을 2문단에 추가한다.

⑤ ㄴ과 ㄷ-2를 활용하여, 벽을 없애 형태적으로 확장된 공간에 개방감을 높이는 방안으로 색이 대비되는 소품을 비치하고 부분 조명을 설치할 것을 3문단에 추가한다.

145 〈보기〉를 반영하여 ㉠의 1문단을 다음과 같이 작성했다고 할 때, ⓐ~ⓔ 중 적절하지 않은 것은?

보기

편집부장 : 기획 연재의 〈3편〉을 작성하려고 해. 1문단은 도입 문단의 성격을 살려서 〈2편〉 초고의 핵심 내용과 〈3편〉 표제, 부제의 내용이 드러나도록 작성하자.

학교 공간에 변화의 바람이 불고 있다. 지난 호에서는 ⓐ 학습 공간 외에 학생들이 이용할 수 있는 사색의 공간, 어울림의 공간을 구상해 보았다. ⓑ 공간의 변화는 학생들이 학교를 자랑스럽게 느끼도록 하며, 학업에도 긍정적인 영향을 미칠 것이다. 이에 ⓒ 학교 공간 조성에 관심이 있는 학부모, 지역 사회의 참여가 요구된다. 나아가 최근 ⓓ 국내외의 많은 학교들은 학생들이 자연을 가까이에서 느낄 수 있도록 생태 공간을 조성하고 있다. 이 과정에 ⓔ 학생들이 학교 공간의 문제점을 찾거나 공간을 바꾸는 데 중심 역할을 하고 있다. 이번 호에서는 이러한 변화의 흐름을 국내외의 사례를 통해 살펴보고자 한다.

① ⓐ   ② ⓑ   ③ ⓒ   ④ ⓓ   ⑤ ⓔ

[146~148]
(가)는 글쓰기를 위한 학생의 생각이고, (나)는 (가)를 바탕으로 쓴 학생의 초고이다. 물음에 답하시오. `24학년도 9월`

(가) [학생의 생각]
학교 주변의 어린이 식품안전보호구역은 불량 식품과 관련 있다고 들었어. 무엇이 불량 식품이고, 이를 없애기 위해 우리 사회는 어떤 노력을 하고 있을까? 교지 원고를 모집하던데, 불량 식품에 관한 글을 써 봐야지. ㉠ 불량 식품의 개념과 ㉡ 불량 식품에 해당하는 것을 밝히고, ㉢ 불량 식품을 근절하는 방안을 제시해야겠어.

(나) [학생의 초고]
불량 식품은 건강과 직접적으로 관련된다. 따라서 불량 식품에 대해 이해하는 것은 중요하다. 연구 보고서에 따르면, 불량 식품은 생산, 유통, 판매 등의 과정에서 식품 위생 관련 법규를 준수하지 않은 식품을 말한다.
불량 식품에 해당하는 것이 다양하다 보니 무엇이 불량 식품인지 잘 모르는 경우가 있다. 예를 들어, 저렴한 군것질거리는 불량 식품으로 생각되기 쉽지만 법규에 맞게 위생적으로 만들어져 유통, 판매되는 것이라면 불량 식품이 아니다. 그렇다면 의약품인 것처럼 광고하는 식품은 불량 식품일까? 허위 광고나 과대광고를 통해 판매되는 식품은 소비자에게 유해한 불량 식품이다.
안전한 식생활을 위해 불량 식품을 근절하는 방안이 시행되고 있다. 첫째, 어린이 식품안전보호구역 제도가 있다. 이 제도는 학교 주변에서 불량 식품 판매 사례가 발생함에 따라 2009년부터 시행되었다. 이 구역의 어린이 기호 식품 조리·판매업소는 식품 위생 및 안전에 대해 관리를 받는다. 이 제도는 어린이가 위생적이고 안전한 식품을 접하게 하는 효과가 있다.

둘째, 이물 보고 의무화 제도가 있다. 이 제도는 식품 이물에 대한 업체의 소극적 대응에 소비자 불만이 커지면서 2010년부터 시행되었다. 업체는 식품에서 이물이 나왔다는 소비자의 신고를 받으면 이를 관련 기관장에게 보고해야 한다. 불량 식품 적발 유형 중 이물 검출 사례가 가장 많았는데, 이 제도는 이물 검출 문제를 해결하는 데 기여할 것으로 보인다.

[A]

146 (가)의 ㉠~㉢을 (나)에 구체화한 내용으로 적절하지 않은 것은?

① ㉠ : 연구 보고서에서 제시한 불량 식품의 개념을 밝힌다.
② ㉡ : 불량 식품인 것과 아닌 것을 구분하여 제시한다.
③ ㉡ : 불량 식품에 대한 인식의 변화를 시기별로 제시한다.
④ ㉢ : 불량 식품 근절을 위한 제도가 도입된 배경을 제시한다.
⑤ ㉢ : 어린이 식품안전보호구역 제도와 이물 보고 의무화 제도를 설명한다.

147 다음은 (나)를 읽은 교지 편집부장의 조언이다. 이를 반영하여 [A]를 작성한 내용으로 가장 적절한 것은?

식품 산업의 변화와 관련지어 독자가 글의 중심 내용을 아는 것이 어떤 의의가 있는지를 밝히는 마지막 문단이 있어야겠어.

① 소비자가 다양한 식품을 접할 수 있게 되면서 안전한 먹거리에 대한 관심이 높아지고 있다. 건강한 먹거리에 대한 기대가 큰 만큼 불량 식품 근절을 위한 노력이 요구된다.
② 식품 산업이 변화하면서 식품 안전의 사각지대가 발생하고 있다. 허위 광고나 과대광고로 홍보하는 식품의 신고 방법을 알면 불량 식품으로 인한 피해를 예방할 수 있다.
③ 어린이 식품안전보호구역과 이물 보고 의무화 제도가 불량 식품 문제를 해결할 수 있음을 아는 것은 중요하다. 이 제도는 앞으로도 불량 식품을 근절하는 역할을 할 것이다.
④ 식품 산업계는 안전한 식품을 원하는 소비자의 요구에 따라 건강한 식재료를 식품에 활용하고 있다. 식품업체는 소비자의 신뢰를 얻을 수 있는 식품 생산에 집중할 전망이다.
⑤ 식품 유통 및 판매 방식의 다변화로 다양한 식품이 출시되고 있다. 이 변화에 맞춰 무엇이 불량 식품이고 불량 식품 근절 방안이 무엇인지 아는 것은 우리 건강을 지키는 첫걸음이다.

148 〈보기〉는 학생이 (나)를 보완하기 위해 추가로 수집한 자료이다. 자료 활용 방안으로 적절하지 <u>않은</u> 것은?

보기

ㄱ. 통계 자료

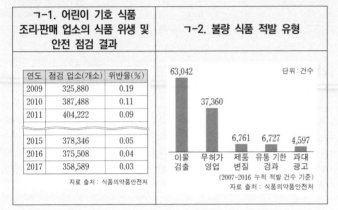

ㄱ-1. 어린이 기호 식품 조리·판매 업소의 식품 위생 및 안전 점검 결과		
연도	점검 업소(개소)	위반율(%)
2009	325,880	0.19
2010	387,488	0.11
2011	404,222	0.09
2015	378,346	0.05
2016	375,508	0.04
2017	358,589	0.03

자료 출처 : 식품의약품안전처

ㄱ-2. 불량 식품 적발 유형

단위 : 건수

이물 검출 63,042
무허가 영업 37,360
제품 변질 6,761
유통 기한 경과 6,727
과대 광고 4,597

(2007-2016 누적 적발 건수 기준)
자료 출처 : 식품의약품안전처

ㄴ. 신문 기사

A사는 자사 식품을 의약품인 것처럼 허위·과대 광고한 행위가 적발되어 시정 명령을 받았다. 해당 광고는 잘못된 정보로 소비자를 기만하여 소비자의 건강을 해친다는 점에서 문제가 되었다. 또한 이물이 검출된 B 가공식품은 인체에 유해하고 소비자의 불안감을 조성한다는 점에서 신속히 회수되었다.

ㄷ. 전문가 인터뷰

"불량 식품은 식중독, 급성 장염, 유해 물질에 장기간 노출되어 생기는 질병 등 건강상의 문제를 일으킵니다. 특히 어린이에게 더 위험하므로 어린이 식품안전보호구역 제도에 따라 구역 내 업소를 관리하는 전담 관리원은 식품 위생 및 안전을 주기적으로 점검하고, 위반 업소를 개선 시까지 관리합니다. 이러한 전담 관리원의 활동으로 위반 업소의 비율이 감소하고 있습니다."

① ㄱ-2를 활용하여, 불량 식품의 적발 유형 중 이물 검출의 누적 적발 건수를 식품에서 이물이 검출되는 사례가 가장 많았다는 내용을 구체화하는 자료로 4문단에 추가한다.

② ㄴ을 활용하여, 잘못된 정보로 소비자를 기만하여 건강을 해친다는 점을 허위광고나 과대광고로 판매되는 식품이 소비자에게 유해함을 구체화하는 자료로 2문단에 추가한다.

③ ㄷ을 활용하여, 불량 식품이 일으키는 식중독, 급성 장염 등 건강상의 문제를 불량 식품이 건강과 직접적으로 관련되어 있다는 내용을 구체화하는 자료로 1문단에 추가한다.

④ ㄱ-1과 ㄷ을 활용하여, 전담 관리원이 업소를 점검하고 위반 업소를 개선 시까지 관리하여 위반 업소의 비율이 감소 추세인 점을 제도의 효과를 보여 주는 자료로 3문단에 추가한다.

⑤ ㄱ-2와 ㄴ을 활용하여, 소비자의 불안감을 조성하는 이물 검출이 과대광고보다 빈도가 높다는 점을 제도에 대한 소비자 불만이 커진 이유를 보여 주는 자료로 4문단에 추가한다.

[149~151]
다음은 작문 상황과 이를 바탕으로 학생이 작성한 초고이다. 물음에 답하시오.

24학년도 수능

[작문 상황]
학교 신문의 기고란에 기후 변화 대응과 관련된 글을 쓰려 함.

[초고]
제목 : [A]

인류의 생존을 위협하는 기후 변화는 더욱 가속화될 것으로 예측된다. 이에 기후 변화에 대한 대응에 미래 세대인 청소년들이 관심을 가지고 참여해야 한다는 사회적 공감대가 형성되고 있다. 그러나 청소년의 참여도는 여전히 낮은 수준이다.

청소년이 기후 변화 대응 활동에 참여하지 않는 원인은 여러 가지이다. 청소년들은 기후 변화 대응 방안에 무엇이 있는지 제대로 모르는 경우가 많다. 제대로 모르기 때문에 하고자 하는 의지가 있어도 참여하기 어렵다. 반대로 방안을 알면서 참여하지 않는 경우도 있다. 기후 변화에 대응하는 것이 너무 큰 과제라고 인식하기 때문에 자신의 실천은 효과가 없다고 생각하여 참여하지 않는 것이다.

이를 고려할 때 청소년의 참여를 이끌어 내려면 우선 청소년이 실천할 수 있는 방안을 알려 주는 것이 중요하다. 이때의 대응 방안은 생활 속에서 실천할 수 있는 것부터 사회적인 차원의 것까지 다양하다. 생활 속에서의 실천과 함께, 그러한 실천들을 사회적인 차원으로 확산시키려는 노력이 중요하다. 구성원 개개인과 공동체의 노력이 어우러질 때 더 효과적인 대응이 될 것이기 때문이다.

자신의 활동을 통해 상황을 개선할 수 있다는 인식을 형성하는 것도 중요하다. 기후 변화 대응 활동에 관한 긍정적 인식이 형성되어야 자발적 참여를 이끌어 낼 수 있다. 긍정적 인식이 형성되려면, 대응 활동이 효과가 있었다고 체감할 수 있는 성공적인 경험이 쌓여야 한다. 이를 위해서는 체계적이고 지속적인 지원이 필요하다. 학교는 이러한 지원을 할 수 있는 대표적인 곳이다. 그래서 기후 변화 대응 활동에의 참여를 도울 수 있도록 학교 교육에 변화가 필요하다.

개인 및 공동체 차원에서의 실천과 이에 대한 지원을 통해 기후 변화에 대한 대응이 청소년의 삶에서 멀리 있는 것이 아니라는 생각을 만들어 갈 수 있다.

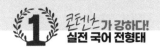

149 '작문 상황'을 고려하여 구상한 글쓰기 내용으로, 초고에 반영되지 <u>않은</u> 것은?

① 기후 변화 대응에 대한 청소년의 참여를 유도하는 방안
② 기후 변화 대응에 대한 청소년 참여를 위한 지원 정책
③ 기후 변화 대응에 대한 청소년의 참여도가 낮은 원인
④ 기후 변화 대응에 대한 청소년 인식 형성의 중요성
⑤ 기후 변화 대응에 대한 청소년 참여의 필요성

150 〈보기〉는 초고를 읽은 교사의 조언이다. 이를 반영하여 [A]를 작성한다고 할 때, 가장 적절한 것은?

보기

"글의 제목은 글에 대한 독자의 관심을 이끌어 낼 수 있도록 표현하는 게 좋아. 기후 변화의 심각성과 글의 5문단에서 말하고자 하는 바가 잘 드러나는 내용으로 쓰는 게 좋겠어."

① 기후 변화 정책, 학교와 사회의 실천적 연대를 지향할 때
② 기후 변화에 대처하는 삶의 양식 전환, 이제 더 이상은 미룰 수 없다
③ 환경에 위협받는 삶, 인간 중심의 삶에서 환경과 공존하는 생활로 전환
④ 기후 변화 문제, 청소년을 위해 모두가 실천적 노력으로 모여야 할 시기
⑤ 미래를 위협하는 기후 변화, 실천을 도와 청소년의 삶에서 대응을 실현할 때

151 〈보기〉는 초고를 보완하기 위해 추가로 수집한 자료이다. 자료의 활용 방안으로 적절하지 <u>않은</u> 것은?

보기

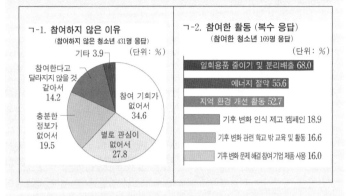

ㄱ. 기후 변화 대응 활동 관련 설문 조사 자료
(대상 : 우리 지역 청소년 600명)

ㄴ. 신문 기사
　청소년 기후 변화 대응 세미나가 ○○에서 개최되었다. 참여자들은, 기존의 교육이 기후 변화에 관심을 갖도록 만들었으나 청소년들의 실천적 대응을 이끌어 내기에는 한계가 있었다고 지적하며, 청소년들도 적극 참여하고 실천하며 효용을 체감할 수 있도록 학교·사회의 실천 연계형 교육으로 전환해야 한다는 데 의견을 모았다.

ㄷ. 인터뷰 자료
　□□ 생태환경연구소 △△△ 박사는 "현재 각 국가가 온실가스 감축을 시행하고 있지만 각국에서 설정한 목표로 감축을 하더라도, 2020년에 출생한 세계 각국의 아이들은 평생 동안 50년 전에 태어난 세대에 비해 7배 수준의 폭염을 겪을 것이라고 예상합니다."라고 말했다.

① ㄱ-1을 활용하여, 청소년들이 대응 방안에 무관심하거나 관련 정보가 충분하지 않은 것을, 방안을 실천하더라도 효과가 없다고 청소년들이 생각하는 이유로 2문단에 구체화해야겠어.
② ㄴ을 활용하여, 기존 교육의 한계를 지적하며 세미나 참여자들이 동의한 내용을, 기후 변화 대응과 관련한 학교 교육의 변화 방향으로 4문단에 보강해야겠어.
③ ㄷ을 활용하여, 미래 세대는 폭염으로 인한 영향을 더 크게 받게 될 것이라는 전문가의 예측을, 청소년들의 활동 참여에 대한 사회적 공감대 형성의 근거로 1문단에 추가해야겠어.
④ ㄱ-1과 ㄱ-2를 활용하여, 청소년 다수가 참여한 활동들을, 참여 기회가 없다고 답한 청소년들이 생활 속에서 실천할 수 있는 기후 변화 대응 활동의 사례로 3문단에 추가해야겠어.
⑤ ㄱ-2와 ㄴ을 활용하여, 지역 환경 개선 활동이나 캠페인 등 지역 사회와 연계될 수 있는 활동들을, 청소년의 긍정적 인식 형성을 위해 학교가 지원할 사례로 4문단에 구체화해야겠어.

[152~154]
다음은 작문 상황과 이를 바탕으로 학생이 작성한 초고이다. 물음에 답하시오.

`25학년도 6월`

[작문 상황]

　우리 지역 신문 독자란에 청소년 국가유산 지킴이 활동의 활성화를 위해 설득하는 글을 쓰려 함.

[초고]

　지난 주말 청소년 국가유산 지킴이 활동의 하나로, ○○고택 주변을 정화하는 봉사 활동에 참여하였다. 고택 주변의 잡초도 제거하고 쓰레기도 정리하니 한결 보기 좋았고, 지역의 국가유산을 돌보는 일에 동참했다는 생각에 뿌듯했다. 지역 청소년이 함께 이 활동에 참여해 보람도 느끼고 국가유산에 관심을 갖게 되면 좋겠다고 생각했다.

　국가유산은 문화유산, 자연유산, 무형유산을 포함한 용어로, 재화적 성격이 강한 '문화재' 대신 사용하게 된 명칭이다. 청소년 국가유산 지킴이는 국가유산을 자발적으로 보호하고 관리하는 청소년 지원봉사자이다. 청소년이라면 누구나 청소년 국가유산 지킴이로 활동할 수 있는데, 자기 지역의 국가유산 중 돌보고자 하는 것을 선택한 후 청소년 국가유산 지킴이 누리집에서 위촉 신청 절차를 밟으면 된다.

　청소년 국가유산 지킴이 활동은 [＿＿＿＿＿[A]＿＿＿＿＿] 이러한 유익함에 더하여 청소년은 봉사 활동을 하며 보람을 얻을 수 있고, 자신의 미래를 계획하는 데에도 도움을 받을 수 있다.

　그런데 아직 청소년 국가유산 지킴이 활동은 활성화되어 있지 않다. 그 이유는 청소년 국가유산 지킴이 활동이 왜 중요한지, 활동을 어떻게 해야 하는지에 대한 교육이 부족하기 때문이다. 또한 지역 청소년이 쉽게 참여할 수 있는 프로그램이 적으며 그에 대한 홍보 역시 미흡하다. 이를 보완하여 청소년 국가유산 지킴이 활동을 활성화하기 위해서는 지역 구성원의 노력이 필요하다.

[B] ┌　청소년이 국가유산 지킴이 활동에 참여하기 위해서는 누리집에 신청서를 제출한 후 승인을 받아야 한다. 지자체나 지역 단체는 청소년의 다양한 활동 프로그램을 개발하고 홍보하여 정보의 접근성을 높이는 데 노력을 기울일 필요가 있다. 그리고 국가유산 관련 캠페인으로 청소년의 참여를 독려하는 방안도 고려할 수 있다. 이를 통해 우리 청소년도 지역 국가유산에 관심을 가지고 국가유산을 지키는 일에 주도적으로 동참할 수 있을 것이다.

　청소년 국가유산 지킴이 활동은 물려받은 국가유산뿐만 아니라 국가유산을 돌보는 문화도 후손들에게 함께 물려주는 일이라는 데 의미가 있다. 국가유산 지킴이 활동을 통해 청소년이 국가유산을 만난다는 것은 자신과 세상을 보는 안목을 키우는 일이 될 것이다.

152 다음은 '초고'를 쓰기 전에 학생이 작성한 메모의 일부이다. '초고'에 반영되지 <u>않은</u> 것은?

┌───┐
· 1문단
- 청소년 국가유산 지킴이 활동에 참여한 소감 제시 ⋯⋯⋯⋯⋯ ①
· 2문단
- 문화재가 국가유산으로 명칭이 변경된 점 언급 ⋯⋯⋯⋯⋯ ②
- 청소년 국가유산 지킴이의 정의 제시 ⋯⋯⋯⋯⋯⋯⋯⋯ ③
　　　　　　…
· 4문단
- 청소년 국가유산 지킴이 활동의 홍보가 미흡한 이유 언급 ⋯⋯ ④
　　　　　　…
· 6문단
- 청소년 국가유산 지킴이 활동의 의의 제시 ⋯⋯⋯⋯⋯⋯⋯ ⑤
└───┘

153 〈보기〉는 '초고'의 내용을 생성하기 위해 학생이 수집한 자료와 이에 대한 학생의 생각이다. '초고'의 문맥과 〈보기〉를 고려할 때, [A]에 들어갈 내용으로 가장 적절한 것은?

보기

◦ 학생이 수집한 설문 조사 자료

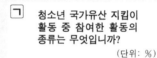

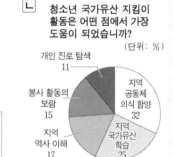

(대상: 청소년 국가유산 지킴이 활동에 참여한 적이 있다고 응답한 청소년 100명)

◦ 학생의 생각

　3문단에서는, 자료 ㄱ과 ㄴ을 둘 다 활용하여 청소년 국가유산 지킴이 활동의 종류와 이 활동이 청소년에게 도움이 되는 점을 다뤄야겠어.

① 홍보 및 모니터링, 주변 정화 활동 등 다양하다. 이 활동에서 청소년은 자신의 진로를 탐색하고, 유익한 봉사 활동을 스스로 경험하며 보람을 느낄 수 있다.

② 청소년이 자발적으로 국가유산을 돌보는 활동이다. 이 활동을 통해 청소년은 국가유산에 대한 자부심을 기르며 지역 공동체에 대한 이해와 소속감을 높일 수 있다.

③ 주변 정화, 모니터링, 홍보 활동 등을 포함한다. 이 활동을 하는 과정에서 청소년은 지역 공동체 의식을 강화하고 지역의 역사와 국가유산에 대한 이해를 높일 수 있다.

④ 주변 정화, 모니터링, 홍보 활동 순으로 중요하다. 청소년은 지킴이 활동을 하며 지역 공동체 의식 함양, 지역 국가유산 학습, 지역 역사 이해의 순서로 만족감을 느낄 수 있다.

⑤ 주변 정화, 모니터링, 홍보 등의 활동이다. 주변 정화는 국가유산 주변을 청소하고, 모니터링은 국가유산의 보존·관리 상태를 점검하며, 홍보는 국가유산에 대해 알리는 활동이다.

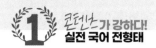

154 다음은 [B]에 대한 친구들의 의견과 그 의견을 반영하여 고쳐 쓴 글이다. 이에 대한 설명으로 가장 적절한 것은?

· 친구들의 의견
친구 1 : 문단과 문단이 자연스럽게 연결되도록, 필요한 내용을 추가하면 좋겠어.
친구 2 : 다른 문단에 언급된 내용이나 글의 통일성을 해치는 내용은 삭제하고, 그렇지 않은 내용은 남겨 두는 게 좋겠어.

· 고쳐 쓴 글
　학교에서는 진로 및 체험 활동 시간을 활용하여 국가유산 지킴이 활동의 가치를 이해시키고, 사례를 중심으로 실질적인 활동 방법을 지도할 수 있다. 지자체나 지역 단체는 국가유산 관련 캠페인 및 다양한 활동 프로그램의 개발과 적극적인 홍보를 통해 청소년의 참여를 유도할 필요가 있다. 그렇게 된다면 우리 청소년도 지역 국가유산에 관심을 가지고 국가 유산을 지키는 일에 주도적으로 동참할 수 있을 것이다.

---

① '친구 1'의 제안을 고려해 직전 문단과 이어지도록, 지자체에 활동 프로그램의 개발을 촉구하는 문장을 추가하였다.
② '친구1'의 제안을 고려해 직전 문단에서 제기한 문제 중 해결책이 제시되지 않은 부분에 대해서는 교육 방안을 추가하였다.
③ 청소년 국가유산 지킴이 활동의 활성화 방안이 실현되었을 때 기대할 수 있는 바는 글 전체 내용과 부합하므로 '친구 1'의 제안을 고려해 유지하였다.
④ 국가유산 관련 캠페인의 필요성은 다른 문단에 언급된 내용이므로 '친구 2'의 제안을 고려해 삭제하였다.
⑤ 청소년 국가유산 지킴이 참여 방법은 글의 주제와 관련이 없는 내용이므로 '친구 2'의 제안을 고려해 삭제하였다.

[155~157]
다음은 작문 상황과 이를 바탕으로 학생이 작성한 초고이다. 물음에 답하시오.

25학년도 9월

[작문 상황]
　○○ 고등학교 누리집 건의 게시판에 다양한 형태의 체육 공간 조성을 건의하는 글을 쓰려 함.

[초고]
　교장 선생님, 안녕하세요? 학생회장 이□□입니다. 제가 이렇게 글을 쓰는 이유는 학교 내 체육 공간 조성을 건의하기 위해서입니다. 흔히 학생들이 너무 바빠 체육 활동을 하지 못한다고 생각하지만 그렇지 않습니다. 오히려 체육 활동을 할 수 있는 곳이 부족해서 체육 활동을 하지 못하는 학생이 많습니다.
　특히, 우리 학교에서 학생들이 수행하는 체육 활동은 축구, 농구, 배구 등 팀을 나누어 하는 단체 구기 종목들이 대부분입니다. 그렇다 보니 이 활동에 참여하는 일부 학생들만 체육 공간을 사용해 불편을 겪고 있는 학생들이 있습니다. 그래서 학생들이 각자에게 맞는 체육 활동을 할 수 있도록 특색 있는 체육 공간을 조성해 주시면 좋겠습니다.

　먼저 체육관 내부 농구대 뒤편의 넓은 여유 공간에 칸막이를 설치하여 소집단을 위한 체육 공간을 조성하면 좋겠습니다. 우리 학교에는 친구들끼리 소집단을 이루어 체육 활동을 하고 싶어도 이를 수행할 공간이 없습니다. 탁구대, 배드민턴 네트 등을 갖춘 공간이 생기면 소집단 단위로 함께하는 운동을 즐기고자 하는 학생들이 잘 활용할 수 있을 것입니다.
　체육관 내부 왼편의 비어 있는 비품실은 춤 연습 공간으로 조성해 주시기를 건의합니다. 생각보다 많은 학생들이 춤에 관심이 있고, 춤을 통해 학생들이 다른 체육 활동에도 적극적으로 참여하게 될 것입니다. 벽면에 대형 거울을 설치하고 음향 장비를 비치한다면, 학생들은 춤에 더욱 몰입할 수 있을 것입니다.
　마지막으로 체육관 2층 창고는 체력 단련실로 조성되기를 희망합니다. 근력 운동, 요가 등 개별적인 체육 활동을 통해 본인의 신체를 관리하는 것에 관심이 있는 학생들이 많습니다. 이러한 학생들을 위해 체력 단련실에 러닝머신, 역기, 요가 매트 등을 구비해 두면 개별 체육 활동을 할 수 있어 신체 건강에 도움이 될 것입니다.
　소집단 체육 활동과 춤 연습, 체력 단련을 할 수 있는 다양한 체육 공간이 조성되면 좋겠습니다. [A]

155 초고에 반영된 글쓰기 계획으로 가장 적절한 것은?

① 체육 공간의 조성 근거로 학술 자료를 인용해야겠어.
② 체육 공간에 대한 조성 방안을 공간별로 제안해야겠어.
③ 체육 공간 조성에 따른 문제의 원인들을 비교해야겠어.
④ 체육 공간 조성을 위한 준비 과정을 단계별로 제시해야겠어.
⑤ 체육 공간 조성 방안에 대해 예상되는 반론을 반박해야겠어.

156 다음은 학생이 초고를 작성할 때 떠올린 생각이다. 이를 고려할 때 [A]에 작성할 내용으로 가장 적절한 것은?

　건의문을 마무리할 때는 글의 흐름을 고려하여 쓰되, 건의가 받아들여졌을 때 다수의 학생에게 도움이 될 수 있다는 것을 제시하면 설득력을 높일 수 있겠군.

---

① 체육관에서 다양한 체육 활동이 이루어지도록 공간이 조성된다면, 학교 체육관은 지역 주민들이 활용할 수 있는 시설로 거듭날 수 있을 것입니다.
② 학교 체육 기기의 노후화로 운동을 제대로 할 수 없는 학생들의 불만이 해결된다면, 학교 체육 수업은 대다수 학생들이 기다리는 시간이 될 것입니다.
③ 학생들이 진정으로 원하는 체육 활동이 체육관 밖에서도 이어지려면, 학교에 있는 체육 공간이 학생들의 다양한 요구에 부합하도록 재조성되어야 할 것입니다.
④ 공간 재조성을 통해 다양한 체육 활동 환경이 마련된다면, 많은 학생들이 각자에게 맞는 체육 활동에 참여하게 되어 건강하고 활력 있는 학교생활을 할 수 있을 것입니다.
⑤ 공간 재조성을 통해 구기 종목을 수행할 공간이 줄어든다면, 단체 종목을 선호하지 않는 여러 학생들도 보다 다양한 형태의 체육 활동에 참여할 수 있어 만족도가 높아질 것입니다.

157 〈보기〉는 학생이 초고를 보완하기 위해 추가로 수집한 자료이다. 자료 활용 방안으로 직질하지 <u>않은</u> 것은?

보기

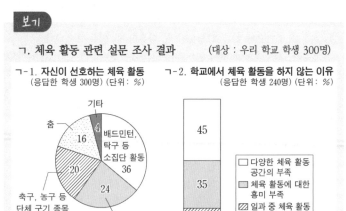

ㄱ. **체육 활동 관련 설문 조사 결과** (대상 : 우리 학교 학생 300명)

ㄱ-1. **자신이 선호하는 체육 활동**
(응답한 학생 300명) (단위 : %)

ㄱ-2. **학교에서 체육 활동을 하지 않는 이유**
(응답한 학생 240명) (단위 : %)

ㄴ. **지역 신문 기사**

　△△ 고등학교는 학생들의 희망을 반영하여 체육 공간을 재조성해 학생들의 만족도가 높다. 특히 춤을 출 수 있는 공간이 학생들의 큰 관심을 받고 있다. 체육을 담당하는 정◇◇ 교사는 "춤추는 즐거움이 체육을 좋아하지 않던 학생들의 동기를 높여 다른 체육 활동에도 적극 참여하게 합니다."라고 설명했다.

ㄷ. **전문가 인터뷰**

　"청소년기에 근력 운동, 요가 등 신체를 관리하는 운동을 통해 근육량이 증가하면 대사 기능이 향상돼 건강 증진에 도움이 됩니다. 이런 운동으로 신체를 관리하며 얻는 만족감과 성취감은 자신에 대한 긍정적 정서를 형성하는 데 효과적입니다."

① ㄱ-1을 활용하여, 학생들이 소집단 활동을 가장 선호한다는 내용을 마련하고, 이를 3문단에 추가해 소집단 체육 공간 조성의 필요성을 뒷받침한다.

② ㄱ-2를 활용하여, 시간 부족보다 공간 부족으로 체육 활동을 하지 않는다고 응답한 학생이 세 배나 많다는 내용을 마련하고, 이를 1문단에 추가해 건의문의 작성 이유를 뒷받침한다.

③ ㄷ을 활용하여, 청소년기의 신체 관리 운동이 신체뿐 아니라 정신적으로도 유익하다는 내용을 마련하고, 이를 5문단에 추가해 개별 체육 활동이 건강에 주는 이점을 보강한다.

④ ㄱ-1과 ㄴ을 활용하여, 학생들의 희망을 반영해 체육 공간을 조성하면 학생들이 선호하는 체육 활동이 더 다양해진다는 내용을 마련하고, 이를 2문단에 추가해 특색 있는 체육 공간 조성의 필요성을 뒷받침한다.

⑤ ㄱ-2와 ㄴ을 활용하여, 체육 활동에 흥미가 부족한 우리 학교 학생들에게 춤추는 즐거움이 동기를 유발할 수 있다는 내용을 마련하고, 이를 4문단에 추가해 춤이 학생들을 다른 체육 활동에도 적극적으로 참여하게 한다는 내용을 보충한다.

[158~160]
다음은 작문 상황과 이를 바탕으로 학생이 작성한 초고이다. 물음에 답하시오.

25학년도 수능

[작문 상황]

　환경의 날을 맞아 교지에 지속 가능 항공유에 대해 알리는 글을 쓰려 함.

[학생의 초고]

　2017년 즈음에 스웨덴에서 '플뤼그스캄(Flygskam)' 운동이 일어났다. 이는 '비행기 타는 것을 부끄럽게 여긴다.'라는 의미로, 시간이 더 걸리더라도 환경을 생각하여 비행기 대신 기차를 타자는 것이다. 그런데 비행기를 타야 할 때 환경을 위한 선택은 없을까? 최근 기존 항공유의 대안으로 주목받는 친환경 연료인 지속 가능 항공유에 대해 알아보자.

　지속 가능 항공유란 기존 항공유와 화학적 구조가 유사하면서도 화석 연료가 아닌 폐기물이나 작물 등을 원료로 생산된 연료이다. 폐기물로는 폐식용유, 폐목재 등이 사용되고, 작물로는 기름야자나 옥수수 등이 쓰이는데, 유럽연합은 작물 기반 바이오 연료의 사용은 규제하고 있다.

　지속 가능 항공유는 별도로 비행기를 개조할 필요 없이 기존 항공유와 혼합하여 사용할 수 있어 효율적이다. 그리고 탄소 배출량을 줄일 수 있어 친환경적이다. 원료의 생산부터 연료 소비까지의 전 과정에서 발생하는 탄소 배출량은, 운송 수단 중 비행기가 가장 많은데, 지속 가능 항공유는 화석 연료로 만든 기존 항공유에 비해 탄소 배출량을 최대 80%가량 줄일 수 있다.

　이러한 장점 때문에 지속 가능 항공유 사용을 의무화하는 국가가 점점 늘고 있다. 유럽연합은 2025년부터 지속 가능 항공유를 최소 2% 이상 섞도록 의무화하고, 혼합 비율을 점차 높여 2050년에는 70%까지 높일 예정이다. 우리나라도 2027년에 1% 내외로 혼합하도록 의무화하는 제도를 시행할 예정이다.

　우리나라는 지속 가능 항공유 사용의 의무화를 앞두고, 지속 가능 항공유의 부족 상황에 대비하고 있다. 정부는 기업을 지원하여 다양한 원료를 기반으로 한 지속 가능 항공유의 생산 기술을 고도화하고 석유 사업법 개정에 따른 관련 제도를 정비함으로써, 지속 가능 항공유의 공급 역량을 강화하고 있다.

　항공 부문에서 환경을 위한 정부의 발걸음이 점차 빨라지고 있다.

[A]

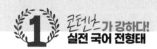
158 '학생의 초고'에 활용된 글쓰기 방식으로 가장 적절한 것은?

① 지속 가능 항공유를 기존 항공유와 대비하여 서술하였다.
② 지속 가능 항공유의 생산 과정을 단계적으로 서술하였다.
③ 지속 가능 항공유의 장단점을 묻고 답하는 방식으로 서술하였다.
④ 지속 가능 항공유의 도입 과정에서 예상되는 문제점을 시기별로 서술하였다.
⑤ 지속 가능 항공유를 사용할 때의 경제적 효과를 국가별로 분석하여 서술하였다.

159 다음은 학생이 초고를 작성하며 떠올린 생각이다. 이를 고려할 때 [A]에 들어갈 내용으로 가장 적절한 것은?

> 글을 마무리할 때는 지속 가능 항공유 사용의 의의를 제시한 후, 환경과 관련하여 학생들의 실천을 제안하는 내용을 써야겠어.

① 앞으로 항공편을 선택할 때는 비용보다는 환경을 고려해 보면 어떨까? 지속 가능 항공유를 사용한 비행기를 선택한다면 지구 온난화를 늦출 수 있다.
② 이제는 일상생활에서도 탄소 배출량을 줄이기 위한 노력이 필요한 시점이다. 비행기로 여행할 때 수하물의 무게를 줄여 환경을 위한 발걸음에 동참하면 어떨까?
③ 지속 가능 항공유의 혼합 비율을 더 높일수록 탄소 배출량을 더 많이 감축할 수 있다. 환경을 위해 지속 가능 항공유의 혼합 비율을 점차 높여 가는 것은 어떨까?
④ 많은 국가들이 지속 가능 항공유의 사용에 동참한다면 화석 연료 사용량을 줄일 수 있다. 화석 연료 사용량이 줄어들 때 지구는 더 건강해질 수 있지 않을까?
⑤ 지속 가능 항공유의 사용을 확대하면 탄소 배출량을 줄여 기후 위기에 대응할 수 있다. 비행기를 타야 한다면, 되도록 탄소 배출량이 더 적은 항공편을 이용하면 어떨까?

160 〈보기〉는 학생이 초고를 보완하기 위해 추가로 수집한 자료이다. 자료 활용 방안으로 적절하지 <u>않은</u> 것은?

보기

ㄱ. 통계 자료

ㄱ-1. 운송 수단별 탄소 배출량

(단위 : g)

운송 수단	탄소 배출량
기차	14
버스	68
비행기	285
소형 승용차	104

(1km당 승객 1명 이동 기준)
자료 출처 : 유럽환경청(2014년)

ㄱ-2. 지속 가능 항공유 필요량 전망

(단위 : 억 L)

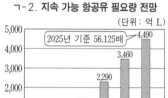

2025년 기준 56.125배

년도	값
2025	80
2030	230
2035	900
2040	2,290
2045	3,460
2050	4,490

자료 출처 : 국제항공운송협회(2021년)

ㄴ. 신문 기사

2023년 우리나라 국제선 항공기의 탄소 배출량인 약 2천만 톤을 기준으로 산정하면, 지속 가능 항공유를 1% 혼합할 경우 약 16만 톤 정도의 탄소 배출 감축 효과가 있다. 16만 톤은 승용차 약 5만 3천 대의 1년간 탄소 배출량에 해당한다.

ㄷ. 전문가 인터뷰

"작물을 지속 가능 항공유의 원료로 사용하면 작물 재배로 인한 삼림 훼손과 식량 부족 등이 우려됩니다. 폐기물은 이러한 문제는 없지만 양이 한정되어 있습니다. 미세 조류, 이산화탄소 등이 원료의 대안으로 떠오르고 있으나 국내 상용화를 위한 기술 개발이 더 필요한 실정입니다."

① ㄱ-1을 활용하여, 비행기가 탄소 배출량이 가장 많고 기차가 가장 적다는 내용으로, 시간 손실을 감수하고 비행기 대신 기차를 타자는 운동이 일어나게 된 배경을 1문단에 보강한다.
② ㄱ-2를 활용하여, 지속 가능 항공유가 2050년에는 2025년보다 50배 이상 필요하다는 내용을, 지속 가능 항공유의 혼합 비율을 2050년에 70%까지 높이는 근거로 4문단에 추가한다.
③ ㄷ을 활용하여, 작물 원료의 사용이 삼림과 식량 공급에 부정적인 영향을 미친다는 내용을, 유럽연합에서 작물 기반 바이오 연료의 사용을 제한하게 된 이유로 2문단에 추가한다.
④ ㄱ-1과 ㄴ을 활용하여, 다른 운송 수단 대비 탄소 배출량이 많은 비행기에 지속 가능 항공유를 사용하면 탄소 배출량 감축에 효과적이라는 내용으로, 지속 가능 항공유의 친환경적 특징을 보여 주는 근거를 3문단에 보강한다.
⑤ ㄱ-2와 ㄷ을 활용하여, 지속 가능 항공유의 예상 수요가 지속적으로 증가하지만 공급에 제약이 있다는 내용으로, 정부가 기업을 지원하여 생산 기술의 고도화를 통해 지속 가능 항공유의 공급 역량을 강화하려는 이유를 5문단에 보강한다.

| 과외식 기출 분석서, 나기출 |

나 없이
기출
풀지마라

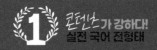

콘텐츠가 강하다!
실전 국어 전형태

화작 융합

[01~04]
(가)는 학생들이 발명가를 대상으로 한 인터뷰이고, (나)는 이를 참고하여 '학생 1'이 '학습 활동' 과정에서 작성한 설명문의 초고이나. 물음에 답하시오.

18학년도 6월

(가)

학생 1 : 안녕하세요? 학생 발명가이신 선배님께 궁금한 게 많습니다. 먼저 발명이 무엇인지부터 말씀해 주세요.

발명가 : 네. 발명은 전에 없던 기술이나 물건을 새롭게 생각하여 만들어 내는 것이라고 할 수 있지요.

학생 2 : ⓐ 새롭게 생각하여 전에 없던 기술이나 물건을 만든다는 게 쉽지 않은데요. 선배님의 발명품이 궁금해요.

발명가 : (발명품을 꺼내며) 네, 이걸 보여 드리죠. 설탕, 소금과 같은 양념을 담는 통들이 어디 있는지 찾지 못해 곤란한 때가 많았어요. ⓑ 그래서 통의 뚜껑과 본체를 여러 개로 나눈다는 아이디어를 생각해 냈습니다. 통 하나에 여러 가지 양념을 담을 수 있게 말이죠.

학생 2 : 간단하면서도 유용하네요. 저도 발명을 하고 싶은데 아이디어가 잘 떠오르지 않아서 힘들어요. 도움이 될 만한 게 있다면 알려 주세요.

발명가 : 아이디어 창출 중심 모형이 도움이 될 것 같네요. 이것은 세 단계로 구성됩니다. 체험 단계에서는 발명의 주제가 되는 물건을 탐색하며 발명에 대한 호기심을 가져 보고, 인지 단계에서는 그 물건에 담긴 과학적 원리를 학습합니다. 이 두 단계를 통해 주제가 되는 물건에 대한 이해를 높입니다. 발명 단계에서는 그러한 이해를 바탕으로 물건을 개선할 아이디어를 창출합니다. 이때 도움을 얻기 위해 기존의 다른 발명품들을 참고할 수 있습니다.

학생 1 : 아직 이해가 잘 안 되는데요. ⓒ 예를 들어 설명해 주실 수 있을까요?

발명가 : 좋습니다. (가방에서 필통을 꺼내며) 필기구로 말씀드리죠. 여기 연필, 볼펜, 자가 있지요? 필기구를 발명 주제로 정했다면, 체험 단계에서는 필기구만 골라 만지고 분해하며 호기심을 가져 봅니다.

학생 2 : ⓓ 그럼 다음 단계에선 과학적 원리를 공부하겠군요.

발명가 : 네, 인지 단계에서는 필기구에 담긴 과학적 원리를 공부하죠. 다음으로 발명 단계에서는 필기구를 개선할 아이디어를 창출합니다. 아까 기존의 다른 발명품을 참고한다고 했는데요, ⓔ 이를테면 자가 발전 기능이 있는 손전등에 전자기 유도 법칙이 이용됐다는 것을 참고할 수 있습니다. 참고한 내용을 통해 빛을 내는 볼펜이라는 아이디어를 생성할 수 있지요.

학생 1 : 그렇군요. 끝으로 미래의 발명가 후배들에게 한 말씀 부탁드려요.

발명가 : 주변 사물에 호기심을 갖고 개선할 점이 있는지 살펴보세요. 과학적 원리를 바탕으로 개선 방법을 찾다보면 좋은 아이디어가 떠오를 것입니다.

학생 1, 2 : 네, 감사합니다.

[학습 활동]
1. 정보 전달을 목적으로 발명 동아리 소식지에 글 쓰기
2. 상호 평가를 통한 고쳐 쓰기

(나)

학생들은 발명을 어려워한다. 그 이유는 새로운 아이디어를 떠올리기가 어렵기 때문이다. 이를 해결하기 위해 사용할 수 있는 것이 아이디어 창출 중심 모형이다. 이것은 아이디어를 떠올리는 데 어려움을 겪는 학생들에게 도움을 줄 수 있고, 그로 인해 쉽게 발명에 다가설 수 있게 한다. 그렇다면 아이디어 창출 중심 모형은 어떤 단계로 이루어질까?

먼저 체험 단계에서는 발명에 대한 호기심을 유발한다. 예를 들어 자전거라는 발명 주제가 제시되면 자전거를 눈으로 살피고 손으로 만진다. 그리고 직접 자전거를 타 보이기도 하고, 자전거를 분해해 보이기도 하면서 탐색된다.

그 후 인지 단계에서는 자전거에 적용된 과학적 원리를 학습한다. 커브를 도는 쪽으로 자전거를 기울여야 하는 것은 원심력 때문이고, 울퉁불퉁한 길을 부드럽게 달릴 수 있는 것은 타이어의 탄성력 때문임을 알 수 있다. 이런 내용을 친구들과 이야기하면서 발명 주제인 자전거를 깊이 이해하게 된다. 이때 자전거를 탔던 즐거운 추억을 떠올려 감상문을 써 보는 것도 좋다.

마지막으로 발명 단계에서는 자전거에 대한 이해를 바탕으로 그것의 개선 방안을 생각한다. 즉 자전거가 아닌, 자동으로 공기가 채워지는 튜브를 참고해 물에 뜨는 자전거라는 아이디어를 창출할 수 있는 것이다. 개선 방안을 생각할 때는 기존의 다른 발명품을 참고할 수 있다.

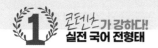
01 ㉠~㉤의 말하기 방식으로 적절하지 <u>않은</u> 것은?

① ㉠ : 상대방의 말을 재진술하며 자신의 생각을 드러내고 있다.
② ㉡ : 설명 대상에 대한 과학적 상식을 제시하여 상대방의 흥미를 유발하고 있다.
③ ㉢ : 물음의 형식을 활용하여 자신의 요구를 상대방에게 전하고 있다.
④ ㉣ : 상대방이 언급한 정보를 이용하여 다음 내용을 예측하고 있다.
⑤ ㉤ : 구체적 사례를 제시하여 앞의 발화를 보충하고 있다.

03 다음 선생님의 조언에 따라 (나)에 내용을 추가하고자 할 때, 가장 적절한 것은?

> **선생님** : 설명문의 끝부분을 쓸 때에는 먼저 중심 내용이 잘 드러나도록 요약해야 합니다. 그리고 중심 내용이 지닌 의의를 덧붙이며 글을 마무리하면 좋습니다.

① 이처럼 아이디어 창출 중심 모형은 발명을 처음 시작하는 사람에게 좋은 안내가 될 수 있다. 또한 주위 사물을 꼼꼼하게 관찰하는 태도를 길러 준다.
② 이처럼 아이디어 창출 중심 모형은 체험, 인지, 발명 단계로 이루어진다. 발명 단계 이후에는 체험 단계 이전에 학습한 발명 기법을 떠올리며 아이디어를 창출한다.
③ 이처럼 아이디어 창출 중심 모형은 주변의 사물들 중에서 발명 주제를 선정하는 것이다. 이렇게 주제를 선정하면 손쉽게 아이디어를 구상할 수 있다는 장점이 있다.
④ 이처럼 아이디어 창출 중심 모형은 체험 단계, 인지 단계, 발명 단계가 순서대로 진행된다. 이 모형의 단계를 따라 하면 쉽게 아이디어를 생성할 수 있고 이를 통해 발명에 대한 자신감을 가질 수 있다.
⑤ 이처럼 아이디어 창출 중심 모형은 발명에 대한 호기심을 떠올리는 체험 단계, 과학적 원리를 탐구하는 인지 단계, 발명 아이디어를 창출하는 발명 단계로 이루어진다. 그리고 이후에는 아이디어를 구현한 제품을 만드는 적용 단계가 있다.

02 다음은 (가)에 참여한 '학생 1'이 (나)를 쓰기 위해 '학생 2'와 나눈 대화의 일부이다. (가)와 (나)를 고려할 때, ⓐ에 들어갈 말로 가장 적절한 것은?

> **학생 2** : 선생님의 말씀을 활용해서 글을 쓴다고 했잖아. 어떤 내용을 글에 포함할 거니?
> **학생 1** : 선배님은 _____ ⓐ _____

① 발명품을 만드는 데 어려움을 겪었다고 하셨지. 나도 발명 도중에 겪었던 어려움을 글에 포함해야겠어.
② 주변 사물에 호기심을 갖고 개선점을 찾아보라고 하셨지. 나는 개선이 필요한 주변 사물의 문제점을 글에 포함해야겠어.
③ 모형의 각 단계를 양념 담는 통으로 설명하셨지. 나는 다른 물건을 이용해 모형을 설명하는 내용을 글에 포함해야겠어.
④ 기존의 다른 발명품을 참고할 수 있다고 하셨지. 나도 기존의 다른 발명품을 참고하여 아이디어를 창출하는 내용을 글에 포함해야겠어.
⑤ 발명은 아이디어를 통해 새로운 물건을 만드는 것이라고 하셨지. 나도 창출한 아이디어를 이용하여 새로운 물건을 제작, 완성하는 과정을 글에 포함해야겠어.

04 (나)에 대한 '학생 2'의 상호 평가 내용으로 적절하지 <u>않은</u> 것은?

'학생 2'의 평가 내용		
잘한 점	비교의 방법을 사용하여 중심 화제의 의미를 구체적으로 설명한 점	①
	글의 흐름이 잘 드러나도록 문단의 앞부분에 순서를 알려 주는 표지를 사용한 점	②
수정할 점	2문단에서 표현이 어색한 문장을 사용한 점	③
	3문단에서 글의 흐름과 어긋나는 문장을 사용하여 통일성을 떨어뜨린 점	④
	4문단에서 앞뒤 문장의 위치를 잘못 배열하여 내용의 연결이 자연스럽지 않은 점	⑤

[05~08]
(가)는 '또래 상담 요원 모집 공고문'에 따라 학생이 작성한 자기소개서이고, (나)는 (가)를 바탕으로 실시한 면접의 일부이다. 물음에 답하시오. 〔18학년도 9월〕

[또래 상담 요원 모집 공고문]
2017년 △△구 청소년 상담 복지 센터에서 또래 상담 요원을 모집합니다. 또래 상담에 관심 있는 학생들의 많은 지원 바랍니다.

• 모집 대상 : △△구 지역 내 고등학생
• 신청 방법 : 자기소개서를 작성하여 △△구 청소년 상담 복지 센터 홈페이지에 제출
• 선발 방법 : 자기소개서 및 면접

(가)
친구 관계로 힘든 시기를 보내고 있을 때, 저는 또래 상담을 받으면서 많은 위안을 얻은 적이 있습니다. 이를 통해 상담의 중요성을 깨닫게 되었고, 저도 친구들과 고민을 나누며 함께 성장할 수 있는 또래 상담 요원이 되고 싶다는 생각을 하게 되었습니다. 그러던 중 '또래 상담 요원 모집 공고문'을 보고 지원하게 되었습니다.

작년부터 참여한 공부방 봉사 활동은 상담에서 신뢰와 친근감이 중요하다는 것을 알려 준 의미 있는 활동이었습니다. 공부방 봉사 활동은 초등학생들의 공부를 도와주는 활동인데, 학습 내용을 중심으로 열심히 준비해 갔지만 제 생각만큼 잘 진행되지 않았습니다. 그 이유를 고민해 보니 서로에 대한 친밀감을 형성할 겨를도 없이 무언가를 가르쳐 주려고만 했던 것이 문제라는 생각이 들었습니다. 그래서 수업 내용 중 어려운 것은 없었는지, 혹시 공부 외에 힘든 점은 없는지 서로 마음을 터놓고 이야기를 나눠 보았습니다. 그러자 아이들이 다가오기 시작했고 이후 수업도 잘 진행되었습니다. 이를 통해 공부방 봉사 활동은 물론, 상담을 할 때에도 상호 간의 신뢰와 친근감이 중요하다는 생각을 하게 되었고 상담에 대해 더 관심을 갖게 되었습니다. 이는 앞으로 좋은 또래 상담 요원이 되는 데 도움을 주리라 생각합니다.

최근에는 상담 관련 내용을 공부하기 위해, 상담 선생님께 추천을 받은 「상담 심리학의 기초」란 책을 읽어 보았습니다. 이 책에 소개된 여러 이론 중 저는 로저스의 인간 중심적 상담 이론을 흥미롭게 읽었습니다. 로저스는 상담자의 태도를 설명하면서, 상담자에게는 피상담자에 대한 공감적 이해의 태도가 필요하다고 보았습니다. 저는 또래 상담 요원 역시 또래 친구들의 고민에 대한 공감적 이해의 태도를 갖추어야 한다고 생각합니다.

제가 또래 상담을 받으면서 얻은 가장 큰 힘은 또래 친구가 전해 주는 정서적 위로였습니다. 만약 제가 또래 상담 요원으로 선발된다면 친구의 이야기와 고민을 경청하면서 공감해 줄 수 있도록 노력하겠습니다.

(나)
면접 대상자 : 안녕하십니까? 지원자 김○○입니다.

면접자 : 안녕하세요? 긴장한 것 같은데요, 편안한 마음으로 답변하면 됩니다.

면접 대상자 : 네. 잘 알겠습니다.

[A] ┌ 면접자 : 다양한 상담의 유형이 있는데, 청소년들에게 또래 상담이 왜 필요하다고 생각하나요?
     │ 면접 대상자 : 네. 요즘 청소년들은 많은 고민을 안고 있는데요, 제가 본 설문 조사 결과에 따르면 청소년이 고민을 이야기하고 싶은 대상 1순위가 친구였습니다. 또래 상담은 생각의 눈높이가 맞는 또래 친구

     └ 와 함께 고민을 나눌 수 있다는 점에서 청소년들에게 꼭 필요한 상담이라고 생각합니다.

┌ 면접자 : 평소 또래 상담에 대해 많은 생각을 했군요. 인간 중심적 상담 이론에서 제시한 상담자의 태도에 대해 좀 더 자세히 설명해 줄 수 있을까요?
[B] │ 면접 대상자 : 네. 「상담 심리학의 기초」란 책을 보면 인간 중심적 상담 이론에서의 상담자의 태도가 세 가지로 제시되어 있는데요, 공감적 이해의 태도 외에도 상담자는 피상담자를 진정성 있게 대해야 하며 피상담자에 대한 긍정적 존중의 태도를 지녀야 한다고 했습니다.

면접자 : 잘 알고 있네요. 혹시 상담에서 말하는 '래포'가 무엇인지 알고 있나요?

면접 대상자 : 래포의 개념을 말씀하시는 건가요?

면접자 : 네. 맞습니다.

면접 대상자 : 래포란 상호 간에 신뢰하며 감정적으로 친근감을 느끼는 인간 관계를 말합니다. 상담은 마음을 열고 진솔하게 이야기를 나눌 수 있어야 하는 활동이므로 래포는 상담이 이뤄지기 위한 중요한 요소라고 생각합니다.

┌ 면접자 : 신뢰와 친근감을 뜻하는 래포는 진솔하게 이야기를 나눌 수 있게 하는 상담의 중요한 요소라는 말이군요. 이번에는 상담 상황을 하나 말씀드리겠습니다. 또래 친구가 최근 성적이 많이 떨어져 부모님께서 자신에 대해 실망하시는 모습을 보며 우울해하고 있습니다. 이 경우에 어떻게 상담을 하겠습니까?
[C] │ 면접 대상자 : 먼저 또래 친구와 마음을 터놓고 이야기할 수 있도록 신뢰와 친근감을 형성한 뒤 친구의 어려움에 공감해 주며 상담을 하겠습니다.

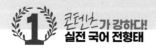
05 (가)에 반영된 내용만을 〈보기〉에서 있는 대로 고른 것은?

> **보기**
>
> 자기소개서는 자신을 알리고자 하는 의도로 다른 사람에게 자신을 드러내는 글이다. 자기소개서에는 ⊙ 지원 동기, ⓒ 성장 배경 및 가정환경, ⓒ 성격의 장단점, ⓔ 지원 분야와 관련된 의미 있는 활동, ⑩ 지원자의 다짐 등의 내용이 포함될 수 있다.

① ⊙, ⓒ   ② ⊙, ⓔ   ③ ⓒ, ⑩
④ ⊙, ⓔ, ⑩   ⑤ ⓒ, ⓒ, ⓔ

07 〈보기 2〉는 면접 대상자의 사고 과정 중 일부이다. 〈보기 1〉을 참고하여 [A]~[C]에 대한 질문 분석과 답변 전략을 연결한 것으로 가장 적절한 것은?

> **보기 1**
>
> 면접은 질문을 통해 면접 대상자의 지식, 성품, 능력 등을 평가하기 위한 공적 대화이다. 질문에 효과적으로 답변하기 위해 면접 대상자에게는 질문의 의도를 정확하게 분석하고, 그에 따라 적절한 답변 전략을 수립하기 위한 사고의 과정이 요구된다.

> **보기 2**
>
> | [질문 분석] | [답변 전략] |
> |---|---|
> | ⓐ 자기소개서에서 제시한 내용과 관련하여 추가적인 설명을 요구하는군. | ㉮ 자기소개서에서 언급한 내용을 제시된 상황에 적용하여 답변해야겠군. |
> | ⓑ 지원 분야의 필요성에 대해 근거를 들어 답할 것을 요구하는군. | ㉯ 자기소개서에서 언급한 책의 내용을 바탕으로 자세하게 답변해야겠군. |
> | ⓒ 지원 분야와 관련한 상황을 제시하며 수행 능력을 확인하고자 하는군. | ㉰ 자기소개서에서 언급하지 않은 설문 조사 결과를 근거로 들어 답변해야겠군. |
> | ⋮ | ⋮ |

		[질문 분석]	[답변 전략]
①	[A]	ⓑ	㉯
②	[A]	ⓒ	㉰
③	[B]	ⓐ	㉮
④	[B]	ⓐ	㉯
⑤	[C]	ⓒ	㉰

06 (가)의 글쓰기 방법에 대한 설명으로 가장 적절한 것은?

① 구체적인 경험을 제시하여 지원 분야에 대한 관심을 드러내고 있다.
② 지원 분야와 관련된 학업 계획을 언급하여 지원자의 의지를 드러내고 있다.
③ 지원 분야에 대한 분석 결과를 인용하여 지원자의 잠재력을 드러내고 있다.
④ 비유적 표현을 활용하여 지원 분야에 대한 지원자의 포부를 드러내고 있다.
⑤ 지원자에 대한 전문가의 평가를 활용하여 지원 분야에 대한 전문성을 드러내고 있다.

08 (나)에 나타난 면접 참여자들의 의사소통 방식에 대한 설명으로 적절하지 않은 것은?

① '면접 대상자'는 '면접자'에게 되묻는 방식으로 질문 내용을 확인하고 있다.
② '면접 대상자'는 '면접자'와의 견해 차이를 인정하면서 자신의 입장을 밝히고 있다.
③ '면접자'는 '면접 대상자'의 답변에 대해 긍정적으로 반응하고 있다.
④ '면접자'는 '면접 대상자'의 답변 내용을 요약하며 재진술하고 있다.
⑤ '면접자'는 면접의 도입부에 '면접 대상자'의 긴장을 풀어 주는 말을 하고 있다.

[09~12]

(가)는 활동지의 '활동 1'에 따라 학생들이 실시한 독서 토의의 일부이고, (나)는 '활동 2'에 따라 '민호'가 작성한 글의 초고이다. 물음에 답하시오.

18학년도 수능

[활동지]

활동 1 : 다음의 내용을 바탕으로 토의해 보자.

> 「허생의 처」에서 허생은 집안을 전혀 돌보지 않고 자신의 이상만을 추구한다. 이 때문에 허생의 처는 홀로 집안의 생계를 힘겹게 꾸려 나가지만 빈곤한 형편에서 벗어나지 못한다. 이러던 중 허생의 처는 행복하지 않은 자신의 처지를 한탄하며 허생과 갈등한다. 두 인물은 삶에서 중요시하는 행복의 조건이 서로 달라 갈등한다고도 볼 수 있다. 허생은 세상의 이치를 밝히고자 독서에만 전념한 것으로 보아 여기에서 자신의 행복을 찾고 있다고 볼 수 있다. 그렇다면 허생의 처가 추구하는 행복의 조건은 무엇일까?

활동 2 : 토의 내용을 참고하여 자신의 삶을 성찰하는 글을 써 보자.

(가)

현지 : 오늘은 내가 진행할게. (활동지를 나눠 주며) 지난 시간에 「허생의 처」를 읽었으니, 이번 시간에는 '허생의 처가 추구하는 행복의 조건은 무엇인가?'라는 주제로 토의하려고 해. 활동지를 통해 주제와 관련된 내용을 확인했으면, 지금부터 토의를 시작해 보자.

[A]
> **민호** : 행복의 조건은 지혜나 도덕적 선과 같은 내적 조건과 부나 명예와 같은 외적 조건으로 나눌 수 있잖아. 허생의 처는 빈곤한 형편에 놓여 있기 때문에 행복하지 않았다고 생각해. 이런 이유로 볼 때, 허생의 처는 외적 조건인 부를 추구하는 사람이라고 볼 수 있어.
>
> **영수** : 과연 그럴까? 허생의 처는 생존을 위한 기본적 요건을 충족하고자 한 것으로 볼 수 있어. 그런 점에서 허생의 처가 외적 조건인 부를 추구하는 사람이라고 볼 수는 없을 것 같아.

민호 : 듣고 보니 그러네. 허생의 처가 행복의 외적 조건인 부를 추구하고 있다고 보는 건 적절하지 않을 수 있겠어.

현지 : 정리하면, 허생의 처가 추구한 행복의 조건을 외적 조건이나 내적 조건으로만 접근하는 건 적절하지 않을 수 있겠네. 그렇다면 허생의 처가 추구한 행복의 조건을 다른 측면에서는 어떻게 접근할 수 있을까?

[B]
> **민호** : 허생의 처가 추구하는 행복의 조건은 가족 구성원의 관계라는 측면에서 접근해 볼 수 있겠어. 허생의 처는 홀로 가정 생계를 꾸려야 하는 부담을 일방적으로 강요받고 있고 허생은 허생의 처의 힘겨움을 외면하고 있어. 이 때문에 허생의 처는 행복하지 않다고 느끼는 것 같아.
>
> **영수** : 맞아. 허생의 처가 추구하는 행복의 조건을 가족 구성원의 관계라는 측면에서 더 살펴보면, "나는 내 남편이 하는 일을 모르고, 남편은 제 아내인 나를 모르고…."라고 허생의 처가 남편에 대해 한탄하는 대목을 볼 때 허생의 처는 가족 간의 소원한 관계도 행복하지 않은 이유로 여기는 것 같아.

현지 : 정리하면, 결국 허생의 처는 강요된 희생과 소원한 가족 관계라는 두 가지 이유 때문에 행복하지 않았던 것이고, 가족 구성원 간의 바람직한 관계를 행복의 조건으로 추구했다고 볼 수 있어.

(나)

　「허생의 처」를 읽고 허생의 처가 빈곤한 형편에 힘들어 하고 한탄하는 모습을 통해, 나는 허생의 처가 행복의 외적 조건을 추구하고 있다고 여겼다. 하지만 토의를 통해 허생의 처는 단지 생존을 위한 기본적인 요건이 충족되기를 바랐을 뿐, 물질적인 부를 추구했다고 보기 어렵다는 사실을 깨닫게 되었다.

　그런데 생계와 관련된 문제만 해결된다면 허생의 처는 행복해질 수 있었을까 하는 의문이 들었다. 허생은 자신의 이상을 추구하느라 독서에만 전념하여 가정을 외면했다. 이 때문에 허생의 처는 생계에 대한 부담을 홀로 떠안게 되었고, 남편인 허생과 소원해지면서 가족 구성원으로서의 유대감 또한 느낄 수 없었던 것이다. 결국 허생의 처가 행복해지기 위해서는 가족 구성원 간의 바람직한 관계 역시 중요한 조건이었던 것이다.

　그동안 나는 돈을 많이 벌거나 좋은 직업을 갖는 등 행복의 외적 조건만이 나를 행복으로 이끌어 줄 것이라 생각했다. 하지만 ㉠ 이 조건만이 행복을 위한 조건의 전부가 아니라는 것을 깨닫게 되었다. 그리고 그동안 부모님의 희생을 당연하게 여기며 살아 온 것은 아닌지, 공부나 친구를 핑계로 가족과의 관계를 소원하게 만든 것은 아닌지 반성하게 되었다.

09 다음은 '현지'가 (가)를 준비하면서 떠올린 생각이다. ㉮~㉺ 중 (가)에서 확인할 수 있는 것을 고른 것은?

> 이번 독서 토의는 어떻게 진행하는 게 좋을까? 우선 토의와 관련된 활동지를 나눠 주고, ㉮ 시작할 때 토의 주제를 언급하는 게 좋겠어. 그리고 참여자들이 고루 의견을 제시할 수 있도록 ㉯ 발언 순서를 지정해 줘야지. ㉰ 근거 없이 의견만을 이야기할 때는 근거를 함께 제시하도록 요구해야겠어. 토의 흐름을 이해할 수 있도록 ㉱ 토의 내용을 정리해 주고, ㉲ 질문을 통해 다른 관점에서 생각해 보도록 유도하는 것도 좋을 것 같아.

① ㉮, ㉯, ㉱ ② ㉮, ㉰, ㉲ ③ ㉮, ㉱, ㉲
④ ㉯, ㉰, ㉲ ⑤ ㉰, ㉱, ㉲

10 [A], [B]를 이해한 내용으로 가장 적절한 것은?

① [A] : '영수'는 '민호'에게 추가적인 근거를 요구하기 위해 질문하고 있다.
② [A] : '영수'는 '민호'의 의견을 수용하면서 또 다른 근거를 제시하고 있다.
③ [A] : '영수'는 '민호'의 의견에 동의하면서 그 의견을 재진술하고 있다.
④ [B] : '영수'는 '민호'의 의견을 받아들이며 이를 보완하는 의견을 추가하고 있다.
⑤ [B] : '영수'는 '민호'의 의견에 대해 논리적 오류를 지적하면서 상반된 의견을 제시하고 있다.

11 다음은 (가)를 반영하여 (나)를 작성하기 위한 '민호'의 작문 계획이다. (나)에 반영된 내용으로 적절하지 <u>않은</u> 것은?

> 〈1문단〉
> • 허생의 처가 추구한 행복의 조건이 외적 조건이라고 한 기존의 내 의견과, 토의를 통해 수정된 내 생각을 함께 써야겠어. ·············· ①
>
> 〈2문단〉
> • 허생의 처가 행복하지 않은 이유를 생계 문제를 중심으로 파악했던 의견에 의문을 제기하고 이에 답하는 식으로 써야겠어. ·············· ②
> • '영수'가 허생의 처의 말을 인용하면서 개진한 의견을 포함하여 허생의 처가 행복해지기 위한 조건을 써야겠어. ·············· ③
>
> 〈3문단〉
> • 나와 '영수'가 허생의 처의 행복을 가족 간 관계의 측면에서 논의한 내용을 바탕으로, 내가 기존에 갖고 있던 행복에 대한 생각이 편협했음을 깨달았다는 내용을 써야겠어. ·············· ④
> • 허생의 처가 왜 행복하지 않은지에 대해 나와 '영수'가 동의했던 두 가지 이유 중 강요된 희생을 주된 이유로, 소원한 관계를 부차적 이유로 구별하고 이에 비추어 나의 삶을 반성하는 내용을 써야겠어. ····· ⑤

12 〈보기〉는 '민호'가 (나)를 쓴 후 찾은 자료이다. (나)의 문맥에 따라 〈보기〉를 활용하여 ㉠을 구체화할 수 있는 방안으로 가장 적절한 것은?

> **보기**
> • 한 경제학자는 ⓐ 소득이 높아질수록 행복 수준도 상승할 것이라는 사람들의 기대와는 달리, ⓑ 소득이 일정 수준을 넘어서면 소득이 더 증가해도 행복 수준은 더 이상 상승하지 않는다고 주장했다.
> • OECD 국가 간 행복 비교 연구에서는 ⓒ 행복 수준을 조사하기 위해 물질적 풍요 수준, 가족이나 친구와 같은 인간관계에서의 만족 수준 등을 종합적으로 고려한다.

① ⓐ를 활용하여, 행복을 위한 조건인 물질적 부의 수준은 사람마다 다를 수 있다는 내용으로 구체화한다.
② ⓑ를 활용하여, 일정 소득 수준을 넘어선 물질적 부의 추구가 행복의 조건에 해당하지 않는다는 내용으로 구체화한다.
③ ⓒ를 활용하여, 행복을 위한 조건으로 물질적 부도 고려해야 하지만 가족 구성원 간의 바람직한 관계 형성도 고려해야 한다는 내용으로 구체화한다.
④ ⓐ와 ⓒ를 활용하여, 행복을 위한 조건인 바람직한 가족 관계를 형성하려면 일정 수준 이상의 소득이 보장되어야 한다는 내용으로 구체화한다.
⑤ ⓑ와 ⓒ를 활용하여, 행복을 위한 조건인 물질적 부를 추구할 경우 가족 간의 관계가 소원해질 수 있다는 내용으로 구체화한다.

[13~16]

(가)는 모둠 과제를 수행하기 위한 학생들의 토의이고, (나)는 이를 바탕으로 작성한 글의 초고이다. 물음에 답하시오. **19학년도 6월**

[모둠 과제 안내장]

• **과제** : 다른 지역의 학생들에게 우리 도시를 소개하는 글쓰기.
• **조건** : 우리 도시의 특색 있는 장소나 행사를 포함할 것.

(가)

[A]

학생 1 : 자, 어떤 내용으로 글을 쓸지 논의해 보자. 나는 분식으로 유명한 맛나거리에 대해 쓰고 싶은데, 어때?

학생 2 : 요즘 음식으로 유명한 △△거리, □□길처럼 비슷한 장소가 다른 지역에도 많잖아.

학생 3 : 그럼 맛나거리 대신에 반딧불이 축제를 소개하자. 우리 도시가 청정하다는 점을 드러낼 수 있잖아.

학생 1 : 그게 좋겠다. 반딧불이 축제에 대해 조사해 올게.

학생 2 : 응, 알겠어. 그리고 사랑미술관도 소개하자. 거기서 운영하는 유화 그리기 수업이 우리 도시에서만 하는 거라 특색 있어 보이던데.

학생 1 : 그 수업은 어른들만을 대상으로 하는 거잖아.

학생 3 : 사랑미술관의 다른 활동 중에 학생들을 대상으로 하는 게 있는지 더 찾아봐야 할 것 같아.

학생 2 : 알겠어. 그러면 방금 이야기한 점을 고려해서 사랑미술관에 대해 조사해 올게.

[B]

학생 3 : 우리 도시의 특색 중에 전통이 드러나는 산할머니 제당과 거기서 열리는 문화제도 소개하자.

학생 1 : 좋은 생각이야. 그 내용에 산할머니 전설과 사랑시 명칭의 유래도 추가하는 건 어떨까?

학생 3 : 알겠어. 그 내용도 조사해 올게.

학생 2 : 참, 바람맞이 언덕이 사진 찍기에 좋다던데. 우리 도시의 특색은 아니지만 제당 근처니까 바람맞이 언덕도 소개하자.

학생 3 : 그리고 제당에서 언덕까지 찾아가는 길도 안내하면 좋겠어.

학생 1, 2 : 좋아.

학생 3 : 혹시 더 논의할 사항이 있어?

학생 2 : ㉠ 수집한 내용들을 나열해서 쓰기만 하면 평범한 글이 될 것 같은데, 어떻게 하면 인상적인 글을 쓸 수 있을까?

학생 1 : ㉡ 독자들이 찾아가기 쉽도록 이동 경로가 드러나게 글을 조직하는 건 어때?

학생 3 : 좋은 생각이야. 그리고 우리 도시를 상징하는 반딧불이 그림에 말풍선을 달고 거기에 문구를 넣자. 사랑시의 전통, 자연, 예술 분야의 특색을 모두 드러내고, 사랑시를 방문하면 얻을 수 있는 좋은 점도 문구에 포함하면 좋겠어.

학생 1 : 그림 문구는 어떻게 표현하는 게 좋을까?

학생 2 : 대조의 표현 방식을 사용하는 건 어때?

학생 1, 3 : 응, 좋아.

학생 1 : 그럼 다음 주에는 함께 글을 써 보자.

(나)

[C]

ⓐ

사랑시의 이야기는 사랑시 터미널에서 버스로 20분 거리에 위치한 '산할머니 제당'에서 시작한다. 이 제당은 사랑시의 전통적 특색을 드러내는 곳으로 사랑시 명칭의 유래와도 관련된 곳이다. 전설에 따르면, 하늘에서 내려온 여인이 아들 네 쌍둥이를 낳았는데, 그 네 아들[四郞(사랑)]은 평생 효를 다해 어머니를 모셨고, 훗날 그 여인은 하늘로 올라가 마을을 지켜 주는 산할머니신이 되었다고 한다. 그래서 예부터 우리 도시는 효를 으뜸으로 여기며, 산할머니신을 섬기는 전통을 이어받아 이곳에서 해마다 문화제를 열고 있다. 제당 뒤편으로 난 길을 따라가다 정자를 지나 5분 정도 더 올라가면 '바람맞이 언덕'에 도착한다. 언덕 중앙에는 사랑시에서 가장 오래된 은행나무가 있다. 노을이 질 무렵 바람맞이 언덕과 어우러진 풍경이 아름다워 사람들이 사진을 찍기 위해 많이 찾고 있다.

바람맞이 언덕에서 오른편으로 난 길을 따라 20여 분 걷다 보면 '사랑미술관'이 나온다. 이곳은 우리 도시로 이주한 예술가들이 사랑시 사람들의 일상적인 모습과 청정한 자연의 모습을 담은 작품들을 전시하고 있다. 특히 화가들이 학생들을 대상으로 직접 자신들의 작품을 해설해 주고 있어 관심을 끌고 있다.

사랑미술관에서 10분 정도 걸으면 숲이 우거진 공간이 나오는데, 이곳에서는 매년 여름에 '반딧불이 축제'가 열린다. 반딧불이 축제에서는 깨끗한 환경에서만 사는 반딧불이를 직접 보며 아름다운 반딧불을 즐길 수 있다. 여름날 사랑미술관에 들렀다가, 해가 지면 반딧불이 축제장에 가 보는 것도 좋다.

바쁜 학교생활로 인한 긴장을 풀고 즐거운 추억을 쌓을 수 있는 곳이 필요하다면 맑고 깨끗한 자연 환경이 돋보이는 도시, 전통과 예술이 공존하는 도시인 사랑시의 이야기를 따라 길을 떠나 보자.

13 [A]에 대한 이해로 적절하지 <u>않은</u> 것은?

① '학생 2'가 △△거리, □□길을 언급한 것은 맞나거리가 사랑시만의 특색이 드러나는 곳이 아니라는 판단에 따른 것이군.

② '학생 3'이 반딧불이 축제를 소개하자고 한 것은 '학생 2'의 발언을 고려하여 대안을 제시한 것이군.

③ '학생 2'가 사랑미술관을 소개하자고 한 것은 모둠 과제 안내장에 제시된 조건을 고려하여 제안한 것이군.

④ '학생 1'이 유화 그리기 수업에 대해 언급한 것은 독자가 학생이라는 점을 고려해야 한다는 판단에 따른 것이군.

⑤ '학생 3'이 사랑미술관의 다른 활동을 언급한 것은 '학생 1'이 제시한 대안의 적절성을 판단하여 평가한 것이군.

14 ㉠, ㉡에 대한 설명으로 가장 적절한 것은?

① ㉠은 우려되는 문제 상황을 들어 논의가 필요한 사항을 제시하고 있다.

② ㉡은 상대가 제시한 의견의 문제를 지적하며 상대에게 해결 방법을 제안하고 있다.

③ ㉠은 ㉡과 달리 물음의 형식을 활용하여 자신의 의견에 대한 상대의 동의를 구하고 있다.

④ ㉡은 ㉠과 달리 상대에게 되묻는 방식으로 상대의 질문 내용에 대한 자신의 이해가 정확한지를 확인하고 있다.

⑤ ㉠과 ㉡은 모두 자신이 처한 상황을 설명하며 상대의 조언을 요청하고 있다.

15 [B]를 바탕으로 [C]를 작성했다고 할 때, [C]에 반영된 내용으로 가장 적절한 것은?

① 산할머니 제당과 문화제를 소개하자는 의견을 반영하여, 제당과 문화제에서 열리는 다양한 행사를 안내한다.

② 산할머니 전설을 추가하자는 의견을 반영하되, 산할머니의 일화가 담긴 은행나무도 함께 소개한다.

③ 사랑시 명칭의 유래를 추가하자는 의견을 반영하되, 사랑시의 명칭이 변화되어 온 과정도 설명한다.

④ 사랑시의 전통을 보여 주는 바람맞이 언덕을 소개하자는 의견을 반영하여, 해마다 문화제가 열리는 이유를 설명한다.

⑤ 제당에서 바람맞이 언덕으로 찾아가는 길을 안내하자는 의견을 반영하여, 정자를 거쳐서 가는 경로를 소개한다.

16 (가)와 (나)를 바탕으로 할 때, ⓐ에 들어갈 내용으로 가장 적절한 것은?

① 효의 고장, 사랑시로 오시겠어요? 바람맞이 언덕에서 별빛처럼 피어나는 반딧불을 보면 텅 빈 가슴이 빛으로 가득 찰 거예요.

② 산할머니 전설이 남아 있는 사랑시에는 효의 전통과 함께 맑고 깨끗한 자연 풍경이 있어요. 아름다운 예술이 가득한 사랑시로 오세요.

③ 사랑시의 맑고 깨끗한 자연을 담은 그림을 감상하면서 화가의 해설을 들어 보세요. 효의 전통을 느낄 수 있는 산할머니 전설이 가족의 소중함을 깨닫게 해줍니다.

④ 효의 정신이 담긴 산할머니 전설과 화가들의 작품 이야기가 있는 청정한 사랑시로 오세요. 어두운 여름밤을 수놓는 밝은 반딧불을 보면 여러분들 마음속에 여유가 생길 거예요.

⑤ 사랑스러운 반딧불이와 오순도순 함께 떠나는 사랑시 여행. 눈은 시원하게 마음은 따뜻하게, 사랑시의 평범한 사람들의 일상이 오롯이 담긴 미술 작품을 천천히 둘러보십시오.

[17~21]
(가)는 공개 토론 장면의 일부이며, (나)는 청중으로 참여한 학생이 학교 신문에 실을 글이다. 물음에 답하시오. **19학년도 9월**

(가)

사회자 : 지금부터 '학생회장 선거에 결선 투표제를 도입해야 한다.'라는 논제로 공개 토론을 시작하겠습니다. 먼저 찬성 측 첫 번째 토론자 입론하십시오.

찬성 1 : 우리 학교는 단순 다수제로 학생회장을 선출하고 있습니다. 그런데 학생들의 투표율이 낮아, 선출된 학생회장의 대표성에 대해 논란이 제기되고 있습니다. 이를 해결하기 위해 학생회장 선거에 결선 투표제를 도입해야 한다고 생각합니다. 결선 투표제는 과반의 득표자가 없을 때, 다수표를 얻은 사람들을 후보자로 올려 과반의 득표로 선출하는 방식입니다. 이를 도입하면 선거에 대한 관심이 고조되고 투표율이 높아져 대표성을 인정받는 학생회장이 선출될 것으로 기대됩니다. 또한 1차 투표와 결선 투표를 거치면서 서로 다른 의사가 수렴되므로 후보자의 자질과 능력도 향상될 것입니다.

사회자 : 반대 측 두 번째 토론자 반대 신문이 있겠습니다.

반대 2 : 투표 과정을 더 거친다고 후보자가 지닌 자질과 능력도 향상될까요?

찬성 1 : 그렇다고 후보자의 자질과 능력이 향상되지는 않겠지요.

사회자 : 반대 측 첫 번째 토론자 입론해 주십시오.

반대 1 : 저는 결선 투표제 도입에 반대합니다. 단순 다수제는 후보자 중 최다 득표자가 당선되는 방식입니다. 학생회장 선거의 투표율을 높여야 하는 것에는 공감하지만, 결선 투표제를 도입한다고 해서 이 문제가 해결된다고 생각하지 않습니다. 오히려 단순 다수제는 투표권을 한 번만 행사할 수 있기 때문에 후보자를 더 신중하게 결정하게 되는 민주적 절차입니다. 무엇보다 결선 투표제를 도입할 때 발생할 수 있는 가장 큰 문제는 학교에서 시행하기 번거롭다는 것입니다. 결선 투표를 하게 되면 시간을 또 내야 하고, 투표소도 다시 설치해야 하는 등 시간과 비용의 측면에서 비효율적입니다.

사회자 : 찬성 측 첫 번째 토론자 반대 신문이 있겠습니다.

찬성 1 : 단순 다수제가 최선의 후보자를 신중하게 선택하게 만드는 민주적 절차라고 하셨는데, 결선 투표제도 1차 투표는 단순 다수제와 같은 방식으로 진행됩니다. 이 과정을 한 번 더 거치면 더 민주적이지 않을까요?

반대 1 : 그렇다면⋯, 그런 점에서는 더 민주적일 수도 있겠네요.

사회자 : 반대 측 첫 번째 토론자 반론해 주십시오.

반대 1 : 결선 투표제는 선거에 대한 관심을 유발할 수는 있지만, 후보자들 간의 담합이 발생할 수 있습니다. 따라서 이것은 진정한 민주적 합의라고 보기 어렵습니다.

사회자 : 찬성 측 첫 번째 토론자 반론하십시오.

찬성 1 : 반대 측에서 시간과 비용 문제를 제기하셨는데, ○○고등학교처럼 투표 방식을 변경하여 해결한 경우가 있습니다. 이 학교는 학생들이 언제든지 홈페이지에 접속해 투표할 수 있도록 했기 때문에 투표소 재설치 등의 비용도 거의 들지 않았다고 합니다.

(나)

이번 토론회는 대표성 높은 학생회장을 선출하기 위해 개최된 것이다. 토론에 대한 의견을 밝혀 학교의 중요한 의사 결정에 참여하고자 한다.

찬성 측은 입론에서 결선 투표제를 도입하면 과반을 득표한 사람이 학생회장으로 선출되므로 대표성을 갖게 된다고 주장한다. 그런데 사회 시간에 배운 A 나라는 결선 투표제를 실시했지만 1차 투표율보다 결선 투표율이 낮아 당선자의 득표율은 전체 유권자의 34%였다. 결국 당선자는 전체 유권자의 34%만의 대표성을 얻은 것이다. 따라서 투표율이 낮은 경우, 찬성 측의 근거는 타당하지 않다고 생각한다. 한편, 반대 측은 입론에서 단순 다수제가 1회만 투표하므로 더 신중하게 투표권을 행사하는 민주적 절차라고 주장하나, 주장과 근거의 관련성이 입증되지 않아 설득력이 부족하다. 또한 우리 학교는 현재 이 제도를 시행하고 있지만 투표율이 낮은 문제 상황이 발생하여 이 토론이 시작된 것이다. 반대 측은 투표율이 낮은 문제 상황은 인식하고 있지만 현 제도를 유지할 때 문제 상황을 해결할 방안을 제시하지 않아 자신의 주장을 뒷받침할 근거를 보여 주지 못하였다.

토론 단계에 따른 발언의 적합성에 대해 살펴보면, 입론 단계에서 반대 측은 상대측의 주장을 반박하며 자신의 주장을 강화할 수 있다. 이 토론에서 반대 측은 상대측이 주장하는 투표 제도를 도입할 때 발생할 수 있는 문제점을 지적하고 있다. 이는 상대측의 주장을 반박하며 자신의 주장을 강화하는 것이므로 입론 단계에 적합하다. 한편, 반론 단계에서 반대 측은 찬성 측이 제시한 투표 제도의 도입으로 생기는 담합의 가능성을 문제점으로 제시한다. 그런데 상대측과는 달리 사례나 증거를 들어 자신의 주장을 입증하지 못하고 있으므로 적합하지 않다.

나는 이 토론을 보면서 '대표성은 어떻게 생기는 것일까?'에 대한 의문이 들었다. 이를 해결하기 위해 관련 서적을 찾아보니 국민은 국가의 의사를 최종적으로 결정하는 주권을 가지고 있다고 한다. 그러나 국민 모두가 의사 결정에 직접 참여할 수 없으므로 선거를 통해 의사 결정을 할 사람을 선출한다. 따라서 다수의 지지를 받을수록 당선자의 대표성은 높아진다.

대표성 높은 학생회장을 선출하기 위해서는 선거 방식 개선에 대한 논쟁도 중요하지만 투표율을 높이기 위한 다양한 해결 방안의 모색이 필요하다고 생각한다. 투표는 권리이자 의무라는 생각으로 적극적으로 참여할 때, 우리는 대표성 높은 후보자를 선출하게 될 것이다.

이번 토론회는 토론 참여자와 청중 모두에게 민주적 의사 결정의 과정을 경험하게 해 준 의미 있는 시간이었다. 학교의 중요한 문제 해결을 위해 논쟁하고 공동체의 일원으로서 의견을 나누는 것은 민주적 의사소통의 첫걸음이라고 생각한다.

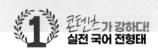

17 (가)에서 찬성 측과 반대 측이 공통으로 인정하고 있는 내용으로 가장 적절한 것은?

① 학생회장 선거에서 투표율을 높여야 한다.
② 학생회장 선거 홍보 방법을 다양화해야 한다.
③ 학생회장 선거에 새로운 투표 제도를 도입해야 한다.
④ 무효표를 줄이기 위해 선거 홍보 기간을 늘려야 한다.
⑤ 선거 기간이 길어지면 후보자의 자질과 능력이 향상된다.

18 (가)의 토론자들의 말하기 방식에 대한 설명으로 적절하지 <u>않은</u> 것은?

① '반대 2'는 반대 신문에서, 상대방이 말한 내용을 지적하여 상대방 스스로 자신의 생각이 잘못되었음을 인정하게 하고 있다.
② '반대 1'은 입론에서, 상대방이 제기한 문제점에 대한 원인을 다양하게 분석해 자신의 주장을 강조하고 있다.
③ '찬성 1'은 반대 신문에서, 상대방이 한 말을 언급하며 질문함으로써 자신이 원하는 답변을 이끌어 내고 있다.
④ '반대 1'은 반론에서, 상대방의 주장이 받아들여질 경우 예상되는 문제점을 거론하며 상대방의 주장에 대해 반박하고 있다.
⑤ '찬성 1'은 반론에서, 상대방이 제기하는 문제점을 해결할 수 있는 대안으로 사례를 제시하고 있다.

19 〈보기〉의 ㉠~㉤ 중 '찬성 1'의 입론에서 언급하지 <u>않은</u> 것은?

> **보기**
>
> 대체로 입론에서는 ㉠ 문제 상황을 제시하고, 문제의 원인을 분석하며, ㉡ 문제를 해결할 수 있는 방안을 제시한다. 또한 ㉢ 용어의 개념을 제시하고, ㉣ 예상되는 반박에 대비한 해결 방안을 제시하기도 한다. 끝으로 ㉤ 자신의 주장이 관철되었을 때의 기대 효과를 제시하여 주장의 정당성을 입증한다.

① ㉠   ② ㉡   ③ ㉢
④ ㉣   ⑤ ㉤

20 다음은 (나)를 쓰기 위한 글쓰기 계획이다. (나)에 반영되지 <u>않은</u> 것은?

> • 토론회가 개최된 목적과 관련하여 글을 쓴 동기를 밝히며 글을 시작해야겠어. ·· ①
> • 찬성 측의 발언 내용에 대해 배경지식을 가지고 판단한 내 생각을 써야겠어. ·· ②
> • 토론을 들으며 생긴 의문점에 자료를 찾아 정리한 내 생각을 써야겠어. ···································· ③
> • 찬반 양측의 입장 중 내 입장을 선택하고, 내 입장과 반대되는 주장에 대한 비판의 내용을 담아야겠어. ···················· ④
> • 토론회의 의의에 대해 내 생각을 밝히고, 문제 해결의 과정에서 토론의 필요성을 제시하며 글을 마무리해야겠어. ········· ⑤

21 다음은 (나)의 필자가 글을 쓰기 위해 정리한 토론 평가 항목이다. 글을 쓴 후, 이를 바탕으로 (나)를 점검한 내용으로 적절하지 <u>않은</u> 것은?

토론 평가	㉮ 찬성 측 입론에서 제시한 내용의 타당성 평가 ㉯ 반대 측 입론에서 제시한 내용의 타당성 평가
	㉰ 입론 단계에서 발언한 내용의 적합성 평가 ㉱ 반론 단계에서 발언한 내용의 적합성 평가

① ㉮ : 필자는 찬성 측이 입론에서 제시한 내용과 부합하지 않는 사례를 들어, 찬성 측의 입론 내용이 타당하지 않다고 평가하였다.
② ㉯ : 필자는 반대 측이 입론에서 주장한 투표 횟수와 신중한 투표권 행사 사이의 연관성을 입증하지 않았다는 점을 들어, 반대 측의 입론 내용이 타당하지 않다고 평가하였다.
③ ㉰ : 필자는 반대 측이 입론에서 현행 투표제를 유지할 때 문제 상황을 해결할 방안을 제시하지 않은 점을 들어, 반대 측의 입론 내용이 타당하지 않다고 평가하였다.
④ ㉰ : 필자는 반대 측이 입론 단계에서 상대측의 주장대로 투표가 시행되었을 때 예상되는 문제점을 지적하여 반박했다는 점을 적합하다고 평가하였다.
⑤ ㉱ : 필자는 반대 측이 반론 단계에서 자신의 주장을 입증하는 근거를 들고 있다는 점을 적합하다고 평가하였다.

[22~25]

(가)는 학교 신문에 실을 기사문의 초고이고, (나)는 (가)를 수정하기 위한 회의이다. 물음에 답하시오. 19학년도 수능

(가)

[표제] 성금 마련을 위해 모두가 함께해

[전문] 지난 10월 4일 우리 학교 선생님들과 학생들은 K 군을 돕기 위해 응원 메시지를 달고 사제동행 마라톤 행사를 함께했다.

[본문] 선생님 32명과 학생 174명이 함께 달린 이 행사는 K 군(2학년)의 쾌유를 기원하기 위해 학생회가 주최하였다. 한 달 전 교실에서 쓰러져 입원한 K 군의 소식이 알려지자 학생들이 병원비 모금을 위해 자발적으로 나서서 의미가 컸다. 또한 행사 참가자들은 모두 5천 원씩의 성금을 내고 학교 인근 △△공원 일대 4km 구간을 완주했다.

이날 행사에 참가한 학생들은 평소 마라톤을 즐겼던 K 군을 생각하며 응원 메시지를 가슴에 달고 뛰었다. △△공원을 찾은 많은 시민들은 이 모습을 보고 학생들과 선생님들에게 힘내라며 응원을 보냈다. 이날 많은 시민들이 △△공원을 찾았다. 마라톤이 끝난 뒤, 행사의 취지에 공감하며 성금을 기탁한 시민도 있었다. K 군의 담임선생님은 "친구를 돕기 위해 학생회가 앞장선 모습이 무척 감동적이었다."라고 말했다.

(나)

학생 1 : 사제동행 마라톤 행사를 다룬 기사문을 검토할게.

학생 2 : 이 기사문은 네가 작성한 거지?

학생 3 : 응, 초고라서 부족한 게 많을 것 같아.

┌ **학생 1 :** 우선 표제와 전문에 대해 논의하자. 표제를 수정하고, 전문은 육하원칙 중 빠진 내용을 추가해야 할 것 같아.

학생 3 : ㉠ 네 말을 들으니 전문은 어떤 내용을 추가해야 할지 알겠는데, 표제는 어떤 문제가 있는지 좀 더 말해 줄래?

학생 1 : 표제는 중심 소재를 담고 있어야 하는데 현재 표제에는 어떤 행사가 열렸는지 드러나지 않잖아.

학생 3 : 그러게, 표제에 그런 문제가 있었구나.

학생 1 : 그리고 행사의 의미를 비유적 표현을 활용해서 써 보는 건 어

[A] 때?

학생 2 : 그러면 한눈에 기사 내용을 알아보기 어렵잖아. 대신에 참가 인원수를 적자.

학생 1 : ㉡ 네 말대로 하면 행사 규모에 초점이 맞춰져서 행사의 의미를 드러내려는 기사문의 의도가 살지 않으니, 그렇게 하면 안 될 것 같아.

학생 3 : 두 의견을 들어 보니, 네 의견대로 중심 소재를 담고 화합이라는 행사의 의미를 드러낼 수 있도록 비유적 표현을 활용해서 표제를 다시 작성하는 게 좋을 것 같아.

└ **학생 1, 2 :** 응, 그래.

┌ **학생 1 :** 다음으로 본문에 대해 논의하자.

학생 3 : ㉢ 선생님과 학생이 한마음으로 행사에 참여한 모습이 드러나게 쓰려 했는데, 어때?

└ **학생 2 :** 응, 그 점은 잘 드러나게 쓴 것 같아. 그런데 선생님들도 응원 메시지를 직접 써서 가슴에 달고 뛰셨는데 본문에 그 내용을 빠뜨린 것 같아. 수정이 필요해.

[B] ┌ **학생 3 :** 그 부분은 일부러 그렇게 쓴 건데, 이상해?

학생 2 : 왜 그렇게 표현했는지 궁금해.

학생 3 : 응원 메시지에 대한 아이디어를 학생들이 제안한 거라 학생의 역할을 강조하면 좋겠다고 생각해서 그랬어.

학생 2 : 실제 사실에 대한 부분은 정확히 다뤄야지. 개인적인 관점에 따라 정보를 누락하면 안 돼.

학생 1 : 맞아. 정보를 객관적으로 전달해야지.

└ **학생 3 :** 그러게. 내가 잘못 생각했네. 수정해 올게.

학생 1 : ㉣ 그런데 이번 행사는 그 의미가 중요한 만큼 본문의 마지막 부분에 화합을 드러내는 내용을 담기로 하지 않았어?

학생 3 : 아, 맞다. 지난 회의에서 그러자고 했는데 잊었네. 거기에 학생 인터뷰를 넣기로 했었는데 그것도 안 넣고.

학생 1 : 응, 학생회장이 행사를 주최하면서 어려웠던 점에 대해 말한 인터뷰 있잖아. 그걸 넣으면 될 것 같아.

학생 2 : 행사 이후 결과에 대한 내용도 포함되면 좋겠어.

학생 3 : 고마워. 지금까지 나온 의견 모두 반영해서 써 볼게.

학생 1 : 그런데 글의 분량도 생각해야 할 것 같아.

학생 2 : ㉤ 기사문이 실릴 지면이 한정되어 있으니까 추가로 작성할 내용은 많지 않아야 하지 않을까?

학생 1 : 지금 다시 읽어 보니 본문에 불필요하게 중복된 내용의 문장이 있어. 그걸 삭제하면 글의 분량이 줄어들 것 같아.

학생 3 : 지면의 크기도 염두에 두면서 기사를 써야 하는구나. 알겠어. 그렇게 할게.

학생 2 : 아, 그리고 성금을 5천 원씩 낸 건 학생이었고, 선생님은 만 원씩 내셨어. 사실에 맞게 본문을 수정해 줘.

학생 3 : 그렇게. 처음 써 본 기사문이라 부족한 게 많아.

학생 1, 2 : 괜찮아. 기사 쓰느라 고생했어.

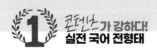
22 '학생 3'이 (나)를 참고하여 (가)를 고쳐 쓰기 위해 세운 계획으로 적절하지 <u>않은</u> 것은?

• 표제 수정하기
→ '작은 물방울들 하나 되어 희망 만든 사제동행 마라톤'으로 수정해야겠군. ······ ㉮

• 전문 수정하기
→ '지난 10월 4일 △△공원 일대에서 우리 학교 선생님들과 학생들은 K 군을 돕기 위해 응원 메시지를 달고 사제동행 마라톤 행사를 함께했다.'로 고쳐야겠군. ······ ㉯

• 본문 수정하기
→ 첫째 문단 마지막 문장을 '또한 행사 참가자들 중 선생님은 1만 원씩, 학생은 5천 원씩의 성금을 내고 학교 인근 △△공원 일대 4km 구간을 완주했다.'로 수정해야겠군. ······ ㉰
→ 둘째 문단 첫 문장을 '이날 행사에 참가한 학생들은 평소 마라톤을 즐겼던 K 군을 생각하며 응원 메시지를 직접 써서 가슴에 달고 뛰었다.'로 고쳐야겠군. ······ ㉱
→ 둘째 문단에서 '이날 많은 시민들이 △△공원을 찾았다.'를 삭제해야겠군. ······ ㉲

---

① ㉮ ② ㉯ ③ ㉰
④ ㉱ ⑤ ㉲

23 (나)를 바탕으로 할 때, (가)의 마지막 부분에 추가로 작성할 내용으로 가장 적절한 것은?

① 학생회장은 "행사 홍보가 힘들었지만 즐거운 경험이었다."라고 밝혔다. 선생님과 학생 누구도 중도에 포기하지 않고 함께 달린 의미 있는 행사였다.
② 학생회장은 "준비 기간이 짧아서 부족한 점이 있었지만 무사히 마무리되어 기뻤다."라고 밝혔다. 행사에서 모인 성금은 다음 날 학생회장이 대표로 K 군 가족에게 전달했다.
③ 학생회장이 계획하고 준비한 이번 행사는 선생님과 학생들이 한마음으로 참여한 인상적인 행사였다. 행사 이후 K 군 가족은 성금을 전달받고, 학교에 감사의 뜻을 전했다.
④ 학생회장은 "장소 섭외가 힘들었지만 뜻 깊은 경험이었다."라고 밝혔다. 선생님과 학생들이 한마음이 되어 성공적으로 행사를 마쳤고, 모금된 성금은 K 군 가족에게 전달됐다.
⑤ 학생회장은 "어려운 친구를 생각하며 기쁘게 완주했다."라고 밝혔다. 선생님과 학생들이 함께 달리며 뜻을 모을 수 있었던 행사였으며, 학생회에서 성금을 K 군 가족에게 전달했다.

24 대화의 흐름을 고려할 때, ㉠~㉤에 대한 이해로 적절하지 <u>않은</u> 것은?

① ㉠: 상대의 제안 중에서 추가적인 정보가 필요한 부분에 대한 설명을 상대에게 요청하는 발화이다.
② ㉡: 상대의 제안은 기사문에서 강조하려는 바와 달라지게 한다고 판단하여 반대 의사를 상대에게 전달하는 발화이다.
③ ㉢: 화합의 모습을 표현하려는 의도가 본문에 나타나는지에 대한 상대의 생각을 확인하는 발화이다.
④ ㉣: 본문의 마지막 부분의 작성에 대해 논의했던 사항이 무엇인지를 상대에게 환기하는 발화이다.
⑤ ㉤: 글의 분량을 언급한 상대의 의견에 대해 지면의 크기를 이유로 들어 상반된 의견을 드러내는 발화이다.

25 [A], [B]의 담화에 대한 설명으로 가장 적절한 것은?

① [A]에서 '학생 3'은 '학생 1'과 '학생 2'의 의견이 대립하는 상황에서 양측에 절충안을 제시하고 있다.
② [B]에서 '학생 2'는 '학생 3'의 의견은 비판하고 있고, '학생 1'의 의견은 지지하고 있다.
③ [A]에서 '학생 3'은 '학생 1'의 의견을, [B]에서 '학생 3'은 '학생 2'의 의견을 수용하고 있다.
④ [A]와 [B]에서는 모두 '학생 1'이 '학생 2'의 의견의 타당성을 인정하고 있다.
⑤ [A]와 [B]에서는 모두 '학생 2'가 '학생 1'이 제시한 의견을 점검하고 있다.

[26~29]
(가)는 지역 신문에 실린 기사문이고, (나)는 (가)의 보도 이후에 지역 사회에서 개최된 협상이다. 물음에 답하시오. **20학년도 6월**

(가)

'전통 한옥의 멋' 솔빛 마을이 달라진다
솔빛 마을, 시청과 한옥 관광지 조성에 합의

시청 측과 솔빛 마을 주민 측은 △월 △일 시청에서 회동해, 지역 경제 활성화와 전통 한옥의 가치 전파를 위한 한옥 관광지 조성 사업을 연내 추진하는 데 큰 틀에서 합의했다.

시청 측은 솔빛 마을의 한옥이 타 지역 한옥에 비해 규모가 크고 보존 상태가 양호해 사업 경쟁력이 충분할 것이라고 말했다. 또한 전통 문화 체험 프로그램 운영, 둘레 길 조성, 마을 진입로 정비 등을 추진할 계획이라고 밝혔다.

주민 측도 사업이 마을 발전과 한옥의 가치 전파에 기여할 것이라고 말했다. 다만 한옥 관광지로 조성된 인근 ○○마을에서 발생한 과잉 관광 현상이 솔빛 마을에서 되풀이되지는 않을지 걱정했다.

지역 연구소 자료에 의하면 2010년 이래 ○○마을의 마을 소득과 관광객 수는 각각 연평균 약 5%, 7%씩 증가했다. ㉠ 그러나 관광객 수가 마을이 감당할 수 있는 방문 인원의 최대치인 관광 수용력을 초과했다. 이로 인해 주민들은 각종 문제에 봉착했고, 그에 따라 올해 4월 기준 ○○마을의 토착 거주 인구는 8년 전 대비 12% 감소했다.

주민 측은 ○○마을을 타산지석으로 삼아 예상되는 문제를 최소화할 방안을 마련해 이를 시청 측과 논의할 것이라고 말했다. 양측은 세부적인 사업 추진 계획을 협의하기 위해 이달 내 추가 협상을 진행한다.

(나)

시청 측: 지난 협상 후 기사를 통해 여러분의 입장을 확인했습니다. 성공적인 사업 진행을 위해 주민들의 적극적인 협조가 필요합니다. 우선 주민들의 한옥을 관광객들에게 개방해 주시기 바랍니다. ⓐ 관광객에게 한옥 내부를 직접 관람하는 기회를 제공하면 관광객의 만족도를 높일 수 있지 않겠습니까?

[A] **주민 측:** 저희도 사업이 성공적으로 진행되기 위해 노력할 것입니다. 그러나 한옥 내부를 개방하면 주민들의 사생활이 침해받아 삶의 질이 저하될 것입니다. 결국 ○○마을처럼 오랫동안 거주했던 주민들이 떠난 자리가 관광업에 종사하는 외지인들로 채워져, 전통 마을로서의 모습도 퇴색될 것입니다.

시청 측: 이해합니다. 저희도 모든 한옥을 개방해 달라는 것은 아닙니다. 희망하는 주민들에 한하여 한옥을 개방하되 가능하면 많이 동참해 주십사 하는 것입니다. 개방을 허락하실 경우에도 예약한 관광객에게만 관람을 허용하고, 한옥 관광 도우미가 동행하여 미개방 영역이 침해되지 않도록 관리하겠습니다. 그렇게 하면 여러분이 우려하시는 바는 발생하지 않을 것입니다.

[B] **주민 측:** 한옥 내부 관람을 않고 골목길 관람만 한다 해도 많은 관광객이 한곳에 몰리면 현재의 마을 여건상 개방 여부와 상관없이 주민들의 삶이 침해될 것입니다. 많은 관광객이 다닐 만큼 길이 넓지도 않고요. 결국 지역 주민의 삶의 질과 관광객의 여행 경험의 질이 동시에 악화될 것입니다.

시청 측: 한옥 내부 관람 인원은 매일 일정 수 이하로 제한하고, 단체 관광은 마을 관광 에티켓 교육을 이수한 경우에만 실시하도록 하겠습니다. 또한 실시간 정보 안내판을 설치하여 관광객의 동선이 분산되도록 유도하겠습니다. ⓑ 이 방법으로 특정 장소에 관광객이 몰리는 것을 방지할 수 있지 않겠습니까?

[C] **주민 측:** 그 정도 계획은 마을의 여건을 고려할 때 받아들일 수 있는 현실적인 방안이라 봅니다. 그러면 한옥 개방 시간은 오후 5시까지로 제한해 주십시오. 또한 한옥 관광 도우미로 지역 어르신들을 우선 채용해 주십시오.

시청 측: 지역민 일자리 창출이라는 측면에서 채용 건은 수용할 수 있습니다. 대신 개방 시간은 늘려 주시길 바랍니다. 야간 개방에 대한 관광객들의 호응이 클 것이므로 관광 산업이 활성화될 것입니다. ⓒ 그러면 주민들의 소득도 증대되지 않을까요?

[D] **주민 측:** 개방 시간을 연장하면 주민들의 피로도가 높아질 것입니다. 그것을 상쇄할 만한 대가를 얻는다면 주민들이 연장에 찬성하겠지만, 실질적으로 개방 시간 연장의 이득은 관광 산업에 종사하는 일부에게만 돌아갈 것입니다. 야간 개방으로 주민들의 불만이 커지면 시청 측도 부담이 되지 않겠습니까?

시청 측: 그러면 야간은 아니더라도 오후 7시까지 개방은 고려해 주십시오. 그 후는 주민들의 생활을 배려하여 관광객들의 방문을 엄격히 제한하겠습니다.

[E] **주민 측:** 그렇게 하신다면 그 점은 주민들과 다시 상의해 보겠습니다. 대신 관광 산업 발전으로 증대된 세수는 반드시 주민 생활 복지 개선에 사용해 주십시오. 노인 회관 시설 개·보수와 주민 문화 시설 마련에 중점적으로 활용해 주신다면 개방 시간과 관련해 주민들의 동의를 얻을 수 있을 것입니다.

26 다음은 기자가 (가)를 작성하기 전 취재 계획을 메모한 것이다. (가)에 반영되지 <u>않은</u> 것은?

[기사 내용] 솔빛 마을 한옥 관광지 조성 사업
[조사 방법] 관계자 취재, 관련 기관 문헌 자료 수집

〈시청 측과 주민 측 협상 취재〉
· 사업 추진 목적 및 양측 합의 사항
〈시청 측과의 인터뷰〉
· 사업 경쟁력에 대한 판단 ·································· ①
· 사업 추진 계획 ··· ②
〈솔빛 마을 주민 측과의 인터뷰〉
· 사업 추진에 따른 기대 및 우려 사항 ················ ③
〈지역 연구소 자료 수집〉
· ○○마을 한옥 관광지 사업 관련 통계 ··············· ④
· 관광지 운영에 따른 피해 경감 사례 ················· ⑤

---

27 〈보기〉는 ㉠의 초안이다. 〈보기〉를 ㉠과 같이 수정한 이유로 가장 적절한 것은?

> **보기**
>
> 그러나 관광객 수가 마을의 관광 수용력을 초과했다. 이로 인해 주민들은 각종 문제에 봉착했고, 그에 따라 올해 4월 기준 ○○마을 토착 거주 인구는 8년 전 대비 12% 감소했다.

① 독자의 관심도를 고려하여 인과 관계에 따라 정보를 배열하기 위해
② 독자의 이해도를 고려하여 주요 개념에 대한 정보를 추가하기 위해
③ 글의 통일성을 고려하여 주제와 관련이 없는 정보를 삭제하기 위해
④ 글의 응집성을 고려하여 맥락에 적합하지 않은 담화 표지를 수정하기 위해
⑤ 글의 가독성을 고려하여 긴 문장을 두 문장으로 나누어 간결하게 표현하기 위해

28 다음은 솔빛 마을 주민 측에서 협상을 준비하는 과정에서 작성한 협상 계획서의 일부이다. 다음을 참고하여 [A]~[E]를 이해한 내용으로 적절하지 <u>않은</u> 것은?

논의할 내용	세부 내용	대응 전략
⋮	⋮	⋮
과잉 관광 문제 – 관광 수용력을 중심으로	개인 생활 침해, 공동체 구성원의 이탈과 같은 상황에 대처하지 못할 우려 ·············· ㉮	
	관광객이 기대하는 관광 경험의 질적 수준을 유지하지 못할 우려 ················· ㉯	
	동시에 방문할 수 있는 관광객 규모를 넘을 우려 ··· ㉰	
지역민을 위한 현안	일자리 창출 ············· ㉱	
	생활 복지 개선 ·········· ㉲	
⋮	⋮	⋮

① [A]에서는 ㉮와 관련된 문제 상황을 언급하며 상대측의 요구에 대한 입장을 제시하고 있다.
② [B]에서는 ㉯와 관련된 문제의식을 드러내며 상대측 의견에 대해 부정적으로 전망하고 있다.
③ [C]에서는 ㉰와 관련된 상대측 계획에 대한 수용 가능성을 언급하면서 추가적인 요구 사항을 제시하고 있다.
④ [D]에서는 ㉱에 대한 입장을 드러내면서 상대측에 그에 대한 대안을 요구하고 있다.
⑤ [E]에서는 ㉲에 대한 필요성을 드러내며 상대측의 요구에 대한 수용 가능성을 언급하고 있다.

29 (나)의 담화 흐름을 고려할 때, ⓐ~ⓒ의 공통점으로 가장 적절한 것은?

① 논의할 대상을 제한하여 상대방에게 선택할 것을 권유하는 발화이다.
② 예상되는 효과를 언급하며 상대방에게 자신의 의도를 전달하는 발화이다.
③ 상대방이 제기할 수 있는 의견을 가정하며 그 의견의 타당성 여부를 묻는 발화이다.
④ 상대방과 공유하고 있는 정보에서 자신이 파악하지 못한 부분에 대하여 설명을 요구하는 발화이다.
⑤ 상대방과 공동으로 기대하는 상황이 발생할 조건을 제시하며 기대가 충족되지 않을 가능성을 부정하는 발화이다.

[30~31]

다음은 학생이 교지에 실을 글을 쓰기 위한 면담이다. 물음에 답하시오.

20학년도 9월

학생 : 안녕하세요? 한국고 교지 편집부 기자 ○○○입니다.

사서 : 네, 반가워요. 햇살도서관 사서 △△△입니다.

학생 : 전화로 미리 말씀드린 것처럼 햇살도서관을 저희 학교 교지에 소개하는 글을 쓰려고 합니다. 햇살도서관이 학생들에게 참 좋을 거라고 주변 분들이 추천하시더라고요.

사서 : 우리 도서관을 소개한다니 고마워요.

학생 : 도서관에 다녀온 주민들이 SNS에 '햇살도서관은 책을 빌리는 곳, 그 이상의 장소'라고 쓴 것을 봤어요.

사서 : 아마 '책편지' 서비스 때문일 거예요. 이 서비스가 특히 주민들에게 호응이 좋아요.

┌ **학생** : 책편지 서비스는 어떻게 하는 건가요?

│ **사서** : 혹시 신청 방법이 궁금한 거예요?

│ **학생** : 아, 신청 방법분만 아니라 서비스 진행 과정도 설명해 주시겠어요?

[A] **사서** : 네, 책편지 서비스를 이용하려면 도서관에 직접 와서 책을 통해 어떤 고민을 해결하고 싶은지 신청서를 작성하면 됩니다. 저희 사서들이 그것을 보고, 고민 해결에 도움이 될 만한 책을 선정합니다. 다음 날 선정한 이유를 적은 편지를 책과 함께 신청자에게 드립니다.
└ 일종의 개인 맞춤형 서비스죠.

┌ **학생** : 저희 학교 학생들에게 도움이 되겠네요. 이 서비스를 시작하시게 된 이유는 무엇인가요?

│ **사서** : 지역 주민들께 책으로 도움을 드리고 싶었어요.

[B] **학생** : 구체적으로 어떤 도움을 주시고 싶었나요?

│ **사서** : 우리는 많은 고민 속에 살지만 그 답을 찾기가 힘들잖아요. 우리 도서관에서는 고민을 해결하는 데 책이 도움을 줄 수 있다고 생각해
└ 서 책편지 서비스를 시작하게 됐어요.

학생 : 그렇군요. 그런데 이 서비스를 운영하시는 데 어려움은 없으세요?

사서 : 적은 인원으로 일일이 책을 고르고 편지를 쓰는 게 힘든 건 사실이에요. 하지만 서비스를 즐겁게 이용하시는 주민들의 모습에 보람을 느끼고 있어요.

학생 : 인자하신 모습만큼이나 마음이 따뜻하시네요. 마지막으로 질문 드리겠습니다. 선생님께 도서관이란 어떤 곳인가요?

사서 : 도서관은 단순히 책을 빌리는 곳이 아니라, 책을 경험하는 곳이라고 생각해요.

학생 : 책으로 주민들에게 도움을 주시려는 선생님의 친절한 마음이 한국고 학생들에게도 전해졌으면 좋겠어요.

사서 : 고맙습니다.

30 [A], [B]에 대한 이해로 가장 적절한 것은?

① [A]에서 학생은 사서의 답변이 질문의 의도에서 벗어났다고 판단하여 같은 질문을 다시 하고 있다.

② [A]에서 사서는 질문에 대한 답변을 학생이 제대로 이해하지 못했다고 판단하여 이를 확인하는 질문을 하고 있다.

③ [B]에서 학생은 사서의 답변이 면담의 목적에서 벗어났다고 판단하여 새로운 질문을 하고 있다.

④ [A]에서 사서는 학생의 질문이 명확하지 않았다고 판단하여 질문의 의도를 확인하고 있고, [B]에서 학생은 사서의 답변을 듣고 더 알고 싶은 점을 질문하고 있다.

⑤ [A]에서 학생은 질문의 의미가 잘못 전달됐다고 판단하여 다시 질문하고 있고, [B]에서 사서는 학생의 질문 중 일부 내용을 반복하여 자신의 이해 여부를 확인하고 있다.

31 다음은 위 면담을 바탕으로 학생이 쓴 글이다. 면담과 학생 글을 고려할 때, 학생이 활용한 글쓰기 방법으로 적절하지 <u>않은</u> 것은?

┌─────────────────────────────────────┐

책과 마음이 닿는 햇살도서관
"도서관은 책을 경험하는 곳입니다."

햇살도서관은 책편지 서비스를 하는 마을 도서관이다. 인자한 인상의 사서 선생님의 설명에 따르면 책편지 서비스는 햇살도서관에서 신청자의 고민 해결에 도움이 되는 책을 골라 주고, 그 이유를 편지에 적어 주는 개인 맞춤형 서비스이다. 이 서비스를 경험한 주민들은 햇살도서관이 책을 빌리는 곳, 그 이상의 장소라고 말한다. 책편지 서비스는 방문객들을 친절하게 응대해 주는 사서 선생님들 덕분에 큰 호응을 얻고 있다. 진로 탐색이나 교우 관계에 고민이 있는 한국고 학생들이 이 서비스를 이용하면, 고민 해결에 많은 도움을 받을 수 있을 것으로 기대된다.

└─────────────────────────────────────┘

① 면담에서 받은 사서에 대한 주관적 인상을 포함하여 독자들에게 도서관에 대한 호감을 높인다.

② 책편지 서비스가 도움이 될 만한 대상자를 구체화하여 책편지 서비스를 통한 기대 효과를 알린다.

③ 마지막 질문에 대한 사서의 답변 중 일부를 글의 부제로 제시하여 도서관에 대한 관심을 이끌어 낸다.

④ 면담에서 알게 된 책편지 서비스 신청 방법을 제시하여 책편지 서비스 이용에 대한 정보를 제공한다.

⑤ 면담에서 학생이 사서에게 언급한, 도서관에 대한 주민들의 반응을 제시하여 도서관의 장점을 부각한다.

[32~33]

다음은 작문 과제에 따라 작성한 학생들의 글이다. 물음에 답하시오.

20학년도 9월

[작문 과제]

일상의 체험을 바탕으로 자신을 성찰하는 글을 써 보자.

[학생의 글]

(가) 학생 1

　옥수수 씨앗을 심으러 학교 텃밭에 가는 날이었다. 처음 심어 보는 옥수수라 마음이 설렜다. 그런데 텃밭에는 잡초가 무성했다. 잡초를 뽑고 텃밭의 흙을 정리하느라 흙먼지가 날리고 땀이 흘렀다. 생각보다 일이 많고 힘들었다. 괜히 시작한 것 같아 후회가 되면서 나도 모르게 투덜대며 얼굴을 찡그렸다. 옆에서 나를 지켜보신 선생님께서 "하나의 생명을 심을 때는 심는 사람의 마음도 함께 심는 거란다. 즐거운 마음으로 심어야지."라고 하셨다. 생각해 보니 텃밭에 오면서 느꼈던 설렘은 어느새 투덜댐으로 바뀌어 있었다. 당장의 어려움 때문에 시작할 때의 마음을 잊었던 것은 아닐까? 텃밭에 올 때의 마음으로 옥수수 씨앗을 심으며 선생님의 말씀을 떠올렸다. '하나의 생명을 심을 때는 심는 사람의 마음도 함께 심는 거란다.'

(나) 학생 2

　선배와 학교 텃밭에 옥수수 씨앗을 심고 아침저녁으로 살피며 싹이 나기를 손꼽아 기다렸다. 열흘쯤 지나자 선배의 옥수수는 싹이 올라오는데, 내 옥수수의 싹은 아직 보이지 않았다. 마음이 조마조마하여 여러 번 텃밭에 갔다. 선배는 때가 되면 싹이 돋아날 테니까 너무 조급해하지 말고 기다려 보자고 했다. 선배의 말에 나를 되돌아보았다. 왜 그렇게 조급해했던 것일까? 나는 평소 무엇인가를 여유롭게 기다리지 못하고, 결과가 빨리 나오기를 바랄 때가 많았다. 이런 태도는 친구들을 대할 때도 마찬가지였다. 우정을 쌓기 위해서는 서로 알아 가기 위한 기다림의 자세가 필요한데, 빨리 친해지고 싶어서 조급해하며 서운했던 적이 많았다. 기다림의 시간을 소중하게 여기며 성급한 마음을 먹지 말아야겠다고 생각했다. 그렇게 생각한 지 며칠 지나지 않아 옥수수 싹이 어느새 올라와 있었다.

---

32 (가)와 (나)를 통해 두 학생의 글쓰기 과정을 이해한 내용으로 적절하지 <u>않은</u> 것은?

① '학생 1'과 '학생 2'는 모두 타인의 조언을 성찰의 계기로 삼았다.

② '학생 1'과 '학생 2'는 모두 식물이 자라는 모습에서 새로운 의미를 발견하였다.

③ '학생 1'과 '학생 2'는 모두 자신을 돌아보기 위해 스스로에게 질문하는 방식을 사용하였다.

④ '학생 1'은 같은 문장을 다시 인용하며, '학생 2'는 자신이 원했던 상황이 이루어진 모습을 제시하며 글을 마무리하였다.

⑤ '학생 1'은 자신의 감정 변화를 중심으로, '학생 2'는 자신의 태도를 타인과의 관계와 연결 지어 내용을 전개하였다.

---

33 〈보기〉는 (가)와 (나)를 읽은 학생들이 나눈 대화의 일부이다. ㉠~㉤에 대한 설명으로 적절하지 <u>않은</u> 것은?

보기

A : 친구들이 쓴 글 읽어 봤어? 소감이 어때?

B : '학생 1', '학생 2' 모두 학교 텃밭에서 체험한 내용에 대해 쓴 점이 흥미로웠어. '학생 1'은 자신이 느낀 점을 진솔하게 표현한 점이 좋았고, '학생 2'는 결과를 얻기 위해서 기다림의 자세가 필요하다고 한 점이 인상 깊었어.

A : 나도 그렇게 생각해. ㉠ <u>그런데 기다림의 자세만으로 목표한 결과를 얻을 수 있다고 생각하니?</u>

B : 그럼. ㉡ <u>예전에 수영을 배울 때 빨리 잘하고 싶었지만 생각처럼 되지 않은 적이 있어서</u> '학생 2'의 생각이 이해되더라. 나도 성급하게 생각하지 말고 꾸준히 연습해야겠다고 마음먹으니까 실력이 늘더라고.

A : ㉢ <u>'학생 2'의 생각처럼 여유를 갖고 기다리는 것도 중요하지만 문제점을 고치려는 노력도 중요하지 않을까?</u> 원하는 결과가 나오지 않을 때 그 과정에 문제가 있을지도 모르잖아. ㉣ <u>노력에 따라 목표한 결과를 얻는 시기를 앞당길 수도 있어.</u>

B : 그렇게 생각할 수도 있겠다. ㉤ <u>같은 글을 읽고 이야기해 보니, 서로의 생각이 어떤 점에서 비슷하고 다른지 알 수 있어서 좋았어.</u>

① ㉠ : '학생 2'의 글에 의문을 제기하며 상대의 생각을 묻고 있다.

② ㉡ : 자신의 경험을 들어 '학생 2'의 글에 공감하고 있다.

③ ㉢ : '학생 2'의 글에 담긴 생각을 인정하면서 자신의 생각을 추가하고 있다.

④ ㉣ : '학생 2'의 글과 자신의 생각의 공통점을 근거로 자신의 의견을 강조하고 있다.

⑤ ㉤ : '학생 1', '학생 2'의 글을 읽고 대화를 나누는 행위에 대해 이유를 들어 긍정적으로 평가하고 있다.

[34~37]

(가)는 토론의 일부이고, (나)는 청중으로 참여한 학생이 '토론 후 과제'에 따라 쓴 초고이다. 물음에 답하시오. 20학년도 수능

(가)

사회자 : 이번 시간에는 '인공 지능을 면접에 활용하는 것이 바람직하다.'라는 논제로 토론을 진행하겠습니다. 찬성 측이 먼저 입론해 주신 후 반대 측에서 반대 신문해 주십시오.

찬성 1 : 저희는 인공 지능을 면접에 활용하는 것이 바람직하다고 생각합니다. 인공 지능을 활용한 면접은 인터넷에 접속하여 인공 지능과 문답하는 방식 으로 진행됩니다. 지원자는 시간과 공간에 구애받지 않고 면접에 참여할 수 있는 편리성이 있어 면접 기회가 확대됩니다. 또한 회사는 면접에 소요되는 인력을 줄여, 비용 절감 측면에서 경제성이 큽니다. 실제로 인공 지능을 면접에 활용한 ○○회사는 전년 대비 2억 원 정도의 비용을 절감했습니다. 그리고 기존 방식의 면접에서는 면접관의 주관이 개입될 가능성이 큰 데 반해, 인공 지능을 활용한 면접에서는 빅데이터를 바탕으로 한 일관된 평가 기준을 적용할 수 있습니다. 이러한 평가의 객관성 때문에 많은 회사들이 인공 지능 면접을 도입하는 추세입니다.

반대 2 : 기존 면접에서는 면접관의 주관이 개입될 여지가 있다고 하셨는데요, 회사의 특수성을 고려해 적합한 인재를 선발하려면 오히려 해당 분야의 경험이 축적된 면접관의 생각이나 견해가 면접 상황에서 중요한 판단 기준이 돼야 하지 않을까요?

[A] **찬성 1 :** 면접관의 생각이나 견해로는 지원자의 잠재력을 판단하기 어렵습니다. 오히려 오랜 기간 회사의 인사 정보가 축적된 데이터가 잠재력을 판단하는 데 적합하기 때문에 인공 지능 면접이 신뢰성도 높습니다. 회사 관리자들을 대상으로 한 설문 조사에서도 잠재력 파악에 인공 지능을 활용한 면접을 신뢰한다는 비율이 높게 나왔습니다.

사회자 : 이번에는 반대 측에서 입론해 주신 후 찬성 측에서 반대 신문해 주십시오.

반대 1 : 저희는 인공 지능을 면접에 활용하는 것이 바람직하다고 보지 않습니다. 먼저 인공 지능을 활용한 면접은 기술적 결함 이 발생할 수 있습니다. 이로 인해 면접이 원활하지 않거나 중단되어 지원자들에게 불편을 줄 수 있고, 지원자들의 면접 기회가 상실될 수 있습니다. 또한 인공 지능을 활용한 면접은 당장의 비용 절감 효과에 주목해서는 안 되고 장기적인 관점에서 보아야 합니다. 현재의 경제성만 고려하면 미래에 더 큰 경제적 가치를 창출할 인재를 놓치게 돼 결국 경제적이지 않습니다. 마지막으로 인공 지능의 빅데이터는 왜곡될 가능성이 있습니다. 빅데이터 는 사회에서 형성된 정보가 축적된 결과물 로서 특정 대상과 사안에 치우친 것일 수 있습니다. 이러한 이유로 △△회사는 인공 지능을 활용한 면접을 폐지했습니다.

찬성 1 : △△회사는 인공 지능을 활용한 면접을 폐지했지만, 통계 자료에서 보다시피 인공 지능을 면접에 활용하는 것은 확대되고 있는 추세이지 않습니까?

[B] **반대 1 :** 경제적인 이유로 인공 지능 면접이 활용되고 있지만, 인공 지능을 활용한 면접의 한계가 드러난다면 이를 폐지하는 기업들이 늘어나게 될 것입니다.

토론 후 과제 : 논제에 대한 자신의 입장을 밝히고, 이를 확장하여 '인간과 인공 지능의 관계'에 대해 주장하는 글 쓰기

(나) 학생의 초고

인공 지능을 면접에 활용하는 것은 바람직하지 않다. 인공 지능 앞에서 면접을 보느라 진땀을 흘리는 인간의 모습을 생각하면 너무 안타깝다. 미래에 인공 지능이 인간의 고유한 영역까지 대신할 것이라고 사람들은 말하는데, 인공 지능이 인간을 대신할 수 있을까? 인간과 인공 지능의 관계는 어떠해야 할까?

인공 지능은 인간의 삶을 편리하게 돕는 도구일 뿐이다. 인간이 만든 도구인 인공 지능이 인간을 평가할 수 있는지에 대해 생각해 볼 필요가 있다. 도구일 뿐인 기계가 인간을 평가하는 것은 정당하지 않다. 인간이 개발한 인공 지능이 인간을 판단한다면 주체와 객체가 뒤바뀌는 상황이 발생할 것이다.

인공 지능이 발전하더라도 인간과 같은 사고는 불가능하다. 인공 지능은 겉으로 드러난 인간의 말과 행동을 분석하지만 인간은 말과 행동 이면의 의미까지 고려하여 사고한다. 인공 지능은 빅데이터를 바탕으로 결과를 도출해 내는 기계에 불과하므로, 통계적 분석을 할 뿐 타당한 판단을 할 수 없다. 기계가 타당한 판단을 할 것이라는 막연한 기대를 한다면 머지않아 인간이 기계에 예속되는 상황이 벌어질지도 모른다.

인공 지능은 사회적 관계를 맺을 수 없다. 반면 인간은 사회에서 의사소통을 통해 관계를 형성한다. 이 과정에서 축적된 인간의 경험이 바탕이 되어야 타인의 잠재력을 발견할 수 있다.

34 (가)의 입론을 쟁점별로 정리한 내용으로 적절하지 <u>않은</u> 것은?

> **[쟁점 1] 인공 지능을 활용한 면접은 편리한가?**
>
> ‣ 찬성 1 : 때와 장소에 얽매이지 않고 면접에 참여할 수 있는 점을 들어 입장을 분명히 밝히고 있다.
> ‣ 반대 1 : 기술적 결함으로 인한 문제 상황을 제시하여 지원자가 오히려 불편할 수 있음을 강조하고 있다. ·· ①

> **[쟁점 2] 인공 지능을 활용한 면접은 경제적인가?**
>
> ‣ 찬성 1 : 면접에 소요되는 인력을 줄임으로써 경제적 효과가 큼을 비용 절감의 사례를 통해 강조하고 있다. ······························ ②
> ‣ 반대 1 : 경제적 가치를 창출할 인재를 놓치게 되는 점을 들어 장기적으로는 경제적이지 않음을 밝히고 있다. ···················· ③

> **[쟁점 3] 인공 지능을 활용한 면접에서의 평가는 객관적인가?**
>
> ‣ 찬성 1 : 면접관의 주관에 영향을 받지 않고 일관된 평가 기준을 적용할 수 있어 객관적임을 밝히고 있다. ······························ ④
> ‣ 반대 1 : 빅데이터에 근거하지 않고 왜곡된 정보를 바탕으로 평가하므로 객관적이지 않음을 강조하고 있다. ················ ⑤

35 [A], [B]에 대한 설명으로 가장 적절한 것은?

① [A]의 반대 2는 상대측이 제시한 근거의 적절성에 의문을 제기하며 적합한 사례를 요구하고 있다.
② [A]의 찬성 1은 상대측의 이의 제기에 대해 반박하며 자료를 통해 자신의 주장이 타당함을 강조하고 있다.
③ [B]의 찬성 1은 상대측의 진술 내용에 이의를 제기하며 사실 관계를 확인할 수 있는 자료를 추가로 요청하고 있다.
④ [B]의 반대 1은 상대측이 제시한 근거 자료의 출처를 확인하고 새로운 정보를 통해 향후 전망을 제시하고 있다.
⑤ [A]의 찬성 1과 [B]의 반대 1은 모두 상대측이 언급한 의견에 이의를 제기하고 실현 가능한 방안을 추가하고 있다.

36 다음은 (가)에 청중으로 참여한 학생이 (나)를 쓰기 위해 작성한 과제 학습장의 일부이다. (나)에 반영되지 <u>않은</u> 것은?

토론 중 메모	글쓰기 전략
[입론] 찬성 1 • 인공 지능과 문답하는 방식	**1문단** • 논제에 대한 나의 입장을 밝히며 인공 지능 앞에서 면접을 치르는 인간의 모습에 대한 느낌을 제시해야겠어. ·········· ㉠
[반대 신문] 반대 2 • 면접관의 생각이나 견해 찬성 1 • 지원자의 잠재력	**2문단** • 인공 지능이 지닌 기술적 결함을 근거로 활용하여 기계가 인간을 평가하는 것이 정당하지 않음을 강조해야겠어. ······· ㉡ **3문단** • 인간은 말과 행동의 이면에 담긴 의미까지 고려할 수 있으므로 인공 지능과 대조되는 고유한 사고 능력이 있음을 강조해야겠어. ······· ㉢
[입론] 반대 1 • 기술적 결함 • 사회에서 형성된 정보가 축적된 결과물	• 인공 지능은 사회에서 형성된 정보에 기반하여 결과를 도출해 내는 기계일 뿐이므로 타당한 판단을 할 수 없음을 부각해야겠어. ····· ㉣ **4문단** • 타인의 잠재력은 인공 지능으로 파악할 수 있는 것이 아니라 사회적 관계에서 축적된 인간의 경험으로 파악할 수 있음을 제시해야겠어. ····· ㉤

① ㉠   ② ㉡   ③ ㉢   ④ ㉣   ⑤ ㉤

37 〈보기〉를 바탕으로 (나)의 끝 부분에 새로운 문단을 이어 쓴다고 할 때, 그 내용으로 가장 적절한 것은?

> **보기**
>
> ∘ **친구의 조언** : 1문단에서 제기한 첫째 물음에 대해 너의 입장을 드러내야 할 것 같아. 둘째 물음에 대해서는 2문단에 썼던 두 단어를 활용하여 인간과 인공 지능의 관계를 드러내는 게 좋겠어.

① 인공 지능은 인간의 고유한 영역을 대신할 수 없다. 인공 지능과 인간의 의사소통을 통한 사회적 관계 형성은 불가능하다.
② 인공 지능은 인간을 대신하기보다는 보조하는 도구이어야 한다. 그러므로 인간은 인공 지능과 공존할 수 있는 길을 모색해야 한다.
③ 인공 지능은 인간보다 우위에 있을 수 없다. 그러나 인공 지능이 지속적으로 발전하고 있으므로 인간이 객체가 되는 날이 머지 않았다.
④ 인공 지능은 인간을 대체할 수 없다. 인간의 삶을 결정하는 주체는 인간이고 인공 지능은 인간이 이용하는 객체일 뿐임을 명심해야 한다.
⑤ 객체인 인공 지능을 이용하는 인간의 태도가 무엇보다 중요하다. 인간은 인공 지능과의 소통을 통해 자신의 삶을 주체적으로 이끌어 가야 한다.

[38~41]
(가)는 한 학생이 학교 홈페이지 '자유 게시판'에 올린 글이고, (나)는 이를 바탕으로 학생회 학생들이 나눈 대화이며, (다)는 학생회 학생들이 작성한 건의문이다. 물음에 답하시오. 21학년도 6월

(가)

> 저는 버스를 타고 등교하는데요, 아침마다 교문 앞 도로에 학생들을 내려 주는 자가용이 많다 보니 버스에서 내릴 때 **되게** 위험해요. 심지어 오늘은 **친구하고** 수다 떨며 등교하다가 다가오는 자가용을 뒤늦게 발견하는 바람에 부딪힐 뻔해서 무지 놀랐어요(ㅠㅠ). 무슨 해결 방법이 없을까요?

(나)

학생 1 : 어제 학교 **홈피** '자유 게시판'에 올라온 글 봤어?

학생 2 : 아, 등굣길 문제?

학생 3 : 나도 봤어. 조회 수도 엄청나고, 댓글을 보니 공감하는 애들이 **되게** 많더라.

학생 1 : 그래서 말인데, 안전한 등굣길을 만들기 위해 학생회 차원에서 건의문을 써서 게시하는 건 어때?

학생 3 : (고개를 끄덕이며) 좋은 생각이야.

[A]
  학생 1 : 내 생각엔 첫째로, 일단 학생들이 **학교 올 때** 자가용 이용은 자제하자고 제안하면 좋겠어.

  학생 2 : 그런데, 자가용 등교는 대부분 사정이 있는 거 아닐까? 다리를 다쳤거나 집이 너무 멀거나 하는.

  학생 1 : 내 기억에 차에서 내리는 애들 중 다리가 불편해 보이는 경우는 별로 없던데? 집도 멀지 않은데 차 타고 오는 애들도 많이 봤고.

  학생 3 : 어떤 방법으로 학교에 오든 그건 개인의 선택에 맡겨야 할 문제 아닐까?

[B]
  학생 1 : 그렇다 해도 댓글 보면 많은 애들이 자가용 등교 때문에 등굣길이 안전하지 않다고 여기는 건 분명해 보여. 누군가의 선택이 다른 많은 사람들을 불편하게 한다면 그건 문제가 있다고 봐야지.

  학생 2 : 그렇다고 특별한 사정이 있는 애들까지 자가용 등교를 미안해하게 만들 필요는 없잖아?

  학생 3 : 그럼 글 쓸 때 이런 경우는 이해해 주자고 따로 언급하는 건 어때?

학생 1 : 그 정도면 괜찮겠다. 자가용을 이용하지 않았을 때 남은 물론 자기한테도 좋은 점이 있다는 것도 알려 주면 좋겠어.

학생 3 : 응. 그리고 다른 사람의 자가용 등교 때문에 위험했던 적이 있는 학생들은 그 기억을 떠올리게 해 주자. 실제 자가용 등교로 인한 사고가 얼마나 많은지 자료도 찾아 제시하고.

학생 2 : 그래. 그럼 이제 등굣길 안전을 위해 추가로 제안할 게 뭐가 있을지 생각해 보자. 아, 등굣길에 주변을 살피며 걸어야 한다는 건 어때?

학생 1 : 나도 **너하고** 같은 생각 했는데. 그럼 **우리** 지금까지 이야기한 내용을 정리해서 학교 게시판에 올려 보자.

(다)

학생 여러분, 안녕하세요? 제28대 학생회입니다.

오늘 아침 여러분의 등굣길은 어떤 모습이었나요? 안전했나요?

㉠ 최근 학교 홈페이지에 올라온 글처럼, 여러분도 **학교에 올 때** 누군가 등교에 이용한 자가용으로 인해 놀라거나 위험에 처한 적이 있을 것입니다. ㉡ 자가용 등교는 자신의 등굣길은 편하게 해 주지만 다른 학생들의 등굣길을 혼잡하고 위험하게 만들기도 합니다. ㉢ □□경찰서의 자료에 따르면, 우리 지역 학교 앞 교통사고 발생률은 일과 시간과 대비하여 등교 시간에 67% 정도 높다고 합니다. 여러분이 타고 온 차도 다른 학생들에게 해가 될 수 있습니다. 특히 우리 학교 앞 도로는 유난히 좁다 보니 횡단보도에 정차하는 경우도 많아 **몹시** 위험합니다.

㉣ 물론 걷기가 불편하거나 집이 많이 먼 경우는 자가용 등교가 불가피할 수 있습니다. 그러나 이런 경우가 아니라면, 안전한 등굣길을 위해 우선 자가용 이용을 자제하는 것이 필요합니다.

또한 안전한 등굣길을 만들려면 주변을 살피며 걷는 습관도 필요합니다. 휴대전화를 보거나 이어폰을 꽂고 걷다 보면 차가 오는 것을 보지 못해 위험해질 수 있기 때문입니다.

우리가 조금만 노력하면, 차에 놀라며 걷는 대신 **친구와** 함께 여유로운 발걸음으로 교문을 들어서는 아침 풍경을 만들 수 있습니다. 또, 자가용을 이용할 필요가 없게 부지런히 등교 준비를 하다 보면 규칙적인 생활 습관도 갖게 될 것입니다.

㉤ 여러분은 안전한 등굣길을 만들고 싶지 않으신가요? 그러려면 자가용 이용은 자제하고 주변을 살피며 걸어 주세요. 다 함께, 평화로운 등교 장면을 상상이 아닌 현실로 만듭시다.

긴 글 읽어 주셔서 감사합니다.

2020년 △월 △일
○○고등학교 학생회

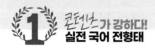
38 (가)~(다)를 비교하여 이해한 내용으로 적절하지 <u>않은</u> 것은?

① 개인의 경험을 이야기하는 (가)보다 공식적인 성격이 강한 (다)에서 격식을 갖춘 표현이 더 두드러지게 나타나는군.

② (나)의 '홈피'와 (다)의 '홈페이지'를 비교해 보면, (다)에서는 줄인 말을 되도록 쓰지 않는 문어적인 특징을 확인할 수 있군.

③ (가), (나)는 (다)와 달리 의사소통 참여자들이 시간과 공간을 모두 공유하는 상황이므로 (가), (나)에는 언어적 표현 외에 비언어적 표현도 함께 나타나는군.

④ (나)의 '학교 올 때', '우리'와 (다)의 '학교에 올 때', '우리가'를 비교해 보면, (나)에서는 조사의 생략이 문어보다 자유롭게 허용되는 구어적인 특징을 확인할 수 있군.

⑤ (가)는 (다)처럼 문어 상황이지만 (가)의 '되게', '친구하고', (나)의 '되게', '너하고', (다)의 '몹시', '친구와'를 비교해 보면, (가)에서는 (나)에서처럼 구어적인 특징을 확인할 수 있군.

39 [A], [B]에 대한 설명으로 가장 적절한 것은?

① [A]에서 '학생1'은 '학생2'의 발화를 듣고 자신이 확인한 주변 상황을 근거로 들어 '학생2'의 의견을 뒷받침하고 있다.

② [A]에서 '학생3'은 '학생1'의 발화 중 일부를 재진술하여 '학생1'이 제시한 상황에 대한 자신의 이해가 정확한지 확인하고 있다.

③ [B]에서 '학생1'은 자신의 관점과 상반되는 다수의 생각을 언급하며 자신의 의견이 지닌 차별성을 부각하고 있다.

④ [B]에서 '학생3'은 '학생2'가 한 말을 요약하며 '학생2'의 견해가 지닌 한계를 드러내고 있다.

⑤ [A], [B] 모두에서 '학생2'는 질문의 형식을 활용하여 '학생1'의 의견에 대해 추가로 생각할 점이 있음을 밝히고 있다.

40 〈보기〉를 참고할 때, ㉠~㉤에 대한 반응으로 가장 적절한 것은?

> **보기**
>
> 글을 쓸 때는 설득 전략과 표현 방식을 활용하여 설득 효과를 높일 수 있다. 논리적 추론을 강조하는 이성적 설득 전략에는 전문가 소견이나 객관적 자료 활용하기, 예상 반론을 언급하고 필자의 주장이 우위에 있음을 드러내기 등이 있다. 독자의 감정에 호소하는 감성적 설득 전략에는 독자의 공감을 얻기 위해 독자나 필자의 경험을 언급하기 등이 있다. 또한 표현 방식으로는 이중 부정이나 설의법 등이 활용된다.

① ㉠에서 현안과 관련한 예상 독자의 경험을 언급한 것은 필자의 주장이 전문가의 의견에 부합함을 강조하고 있다고 볼 수 있겠어.

② ㉡에서 필자의 경험을 제시하고 그와 대비되는 예상 독자의 경험을 제시한 것은 독자의 감정에 호소하여 설득의 효과를 높이고 있다고 볼 수 있겠어.

③ ㉢에서 구체적인 수치를 사용하여 현황을 보여 준 것은 객관적인 자료를 제시하여 이성적 설득 전략을 활용한 것으로 볼 수 있겠어.

④ ㉣에서 예상 독자가 제기할 수 있는 이견을 언급한 것은 그 의견이 실현 불가능한 것임을 밝혀 필자의 주장이 우위에 있음을 드러내기 위한 것으로 볼 수 있겠어.

⑤ ㉤에서 현재의 상황이 지속됨으로써 발생할 결과를 설의적인 표현으로 제시한 것은 표현 방식을 활용하여 설득적 효과를 높이고 있는 것으로 볼 수 있겠어.

41 〈보기〉는 (나)를 반영하여 (다)를 쓸 때 적용한 내용 전개 과정이다. 〈보기〉의 ⓐ~ⓔ에 따라 (나)와 (다)를 관련지어 이해한 내용으로 적절하지 <u>않은</u> 것은?

> **보기**
>
>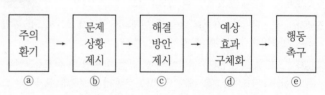
>
> 주의 환기 ⓐ → 문제 상황 제시 ⓑ → 해결 방안 제시 ⓒ → 예상 효과 구체화 ⓓ → 행동 촉구 ⓔ

① ⓐ : (나)에서 안전한 등굣길 만들기를 화제로 삼았던 것을 반영하여, (다)에서는 이와 관련한 독자의 일상을 떠올려 보게 함으로써 화제에 대한 주의를 환기하고 있다.

② ⓑ : (나)에서 자가용 등교로 인해 등굣길이 위험하다는 인식을 드러낸 것을 반영하여, (다)에서는 자가용 등교가 학교 주변 환경과 맞물려 심각한 문제가 되고 있음을 제시하고 있다.

③ ⓒ : (나)에서 자가용 이용이 불가피한 학생이 있음을 언급한 것을 반영하여, (다)에서는 집이 먼 경우 부지런히 등교 준비를 해야 한다는 것을 해결 방안으로 제시하고 있다.

④ ⓓ : (나)에서 자가용 등교 자제가 자신에게도 좋은 점이 있음을 알려 주자고 한 의견을 반영하여, (다)에서는 자가용 이용을 자제했을 때 예상되는 긍정적 변화를 구체화하고 있다.

⑤ ⓔ : (나)에서 등굣길 안전을 확보하기 위한 방법으로 언급한 제안들을 반영하여, (다)에서는 등교 시에 유념할 행동 방향을 제시하며 독자가 이를 실천하도록 촉구하고 있다.

[42~45]
(가)는 텔레비전 방송의 인터뷰이고, (나)는 (가)를 시청하고 산림 치유 프로그램에 참여한 학생이 쓴 수기이다. 물음에 답하시오. 21학년도 9월

(가)

진행자 : 산림 치유에 대해 알아보고자 ◇◇ 국립 산림 치유원의 산림 치유 지도사 이○○ 님을 모셨습니다. 안녕하세요.

지도사 : 안녕하세요.

진행자 : 시청자 분들께 산림 치유와 산림 치유 프로그램에 대해 간단히 소개해 주시겠어요?

지도사 : 산림 치유란 피톤치드, 나뭇잎의 초록색 등과 같은 숲의 환경 요소로 심신의 건강을 회복시키는 것입니다. 산림욕, 숲 치료라고들 하시는데요, 공식 명칭은 산림 치유입니다. 산림 치유원과 치유의 숲에서는 숲 명상, 숲 체조 등의 활동으로 구성된 다양한 산림 치유 프로그램을 운영하고 있습니다. 저희가 운영하고 있는 숲 명상 사례를 잠시 보여 드리겠습니다. (동영상 제시) 시청자 분들께서는 화면을 보시면서, 숲의 소리에 귀기울여 보세요. 숲의 짙은 녹음과 맑은 새소리에 마음이 편안해지실 겁니다.

진행자 : (동영상을 보고 나서) 숲에서의 활동이 실감 나게 느껴지네요. 실제로 체험하면 훨씬 좋겠습니다. 중·장년층이 주로 이런 활동에 참여할 거라고 많은 분들이 생각하시는데, 실제로는 그렇지 않죠?

지도사 : 청소년부터 노년층까지 폭넓은 연령층이 참여합니다. 최근에는 청소년 대상 프로그램의 인기가 높습니다.

진행자 : 제 생각에는 청소년들이 학업 등으로 힘들어하는 경우가 많아져서 그런 것 같네요. 산림 치유 프로그램에 참여하면 어떤 점이 좋아요?

지도사 : 요즘 스트레스 때문에 힘들어하는 분들이 많으시죠? 진행자께서도 스트레스 때문에 힘들었던 적 있으신가요?

진행자 : 네, 업무 처리가 생각만큼 잘 진행되지 않아서 스트레스를 받았던 적이 있습니다. 그럴 땐 좀 힘들죠.

지도사 : 스트레스는 마음을 지치게 하죠. 그럴 때 산림 치유 프로그램이 도움이 될 수 있습니다. (표 제시) 이 표는 저희가 프로그램 참가자의 스트레스 정도를 조사한 자료인데요, 참가 전과 후를 비교해 보면 두 집단 모두 스트레스 점수의 평균값이 절반 이하로 감소했음을 알 수 있습니다.

진행자 : 산림 치유 프로그램의 효과를 잘 알 수 있네요.

지도사 : 진행자께서도 참여하시면 스트레스가 줄어들고 마음이 좀 편해지실 겁니다. 꼭 한번 참여해 보세요.

진행자 : 네, 그러겠습니다. 그러면 프로그램 운영 장소에 대해 알려 주시겠어요?

지도사 : (그림 제시) 이렇게 한 곳의 산림 치유원과 스물일곱 곳의 국공립 치유의 숲이 여러 시·도에 분산돼 운영되고 있습니다. 적절한 장소를 골라 참가 신청을 하고 이용하시면 됩니다.

진행자 : 말씀하신 참가 신청은 어떻게 할 수 있나요?

지도사 : △△ 누리집에 신청 방법과 프로그램 정보가 안내되어 있으니, 그에 따라 신청하시면 됩니다.

진행자 : 끝으로 시청자 분들께 한 말씀 해 주시죠.

지도사 : 숲은 마음을 토닥여 주는 친구입니다. 숲으로 오세요.

진행자 : 오늘 좋은 말씀 감사합니다.

(나)

내성적인 성격 때문에 고민이 많았다. 내 생각을 표현하고 친구들에게 말을 거는 것이 쉽지 않아 속상했고, 스트레스를 받았다. 그러던 중 산림 치유에 대한 방송 인터뷰를 보게 되었다. 인터뷰에서는 산림 치유 프로그램이 스트레스를 낮춰 준다고 했다. 그런 점이 나에게 도움이 될 것 같아 산림 치유 프로그램에 참여하기로 마음먹었다.

내 생각과 달리 인터뷰에서는 산림 치유 프로그램에 어른들만 참여하는 것이 아니라고 했다. '내 또래의 다른 청소년들도 산림 치유 프로그램을 많이 찾는구나.' 하고 생각했다. 그런데 인터뷰 내용만으로는 내게 맞는 청소년 프로그램이 언제, 어디서 열리는지 알 수 없었다. 그래서 인터뷰에서 알려 준 누리집에 들어가 보니 자세한 내용을 확인할 수 있었다. □□치유의 숲에서 운영하는 산림 치유 프로그램의 하나인 '쉼숲' 프로그램이 마음에 들었다.

'쉼숲' 프로그램에서 제일 좋았던 활동은 '나무와 대화하기'였다. 내 마음에 드는 나무를 하나 골라 그 나무와 20분 동안 대화하는 활동이었다. 나무에 귀를 대고 숲의 소리를 들어 보기도 하고, 그동안 하지 못했던 이야기를 나무에게 털어놓기도 했다. 친구들에게 나를 표현하지 못해 답답했던 것, 그런 내 모습 때문에 힘들었던 일들을 이야기했다. 그러고 나니 마음이 후련해지면서 고민하던 나 자신의 모습을 한 발짝 물러서서 바라볼 수 있었다. 인터뷰에서 숲을 '마음을 토닥여 주는 친구'라고 했던 말이 마음에 와 닿았다.

[[A]   ]

42 (가)에 나타난 의사소통 방식으로 적절하지 <u>않은</u> 것은?

① '진행자'는 '지도사'의 답변에 자신의 의견을 덧붙이고 있다.
② '지도사'는 '진행자'가 잘못 이해하고 질문한 내용을 바로잡아 주고 있다.
③ '진행자'는 '지도사'의 답변에 대한 추가 정보를 요청하는 질문을 하고 있다.
④ '진행자'는 자신의 경험을 언급하며 '지도사'의 질문에 대해 답변하고 있다.
⑤ '지도사'는 기대되는 긍정적인 결과를 언급하며 '진행자'의 참여를 권유하고 있다.

43 〈보기 1〉은 '지도사'가 받은 전자 우편의 내용이고, 〈보기 2〉는 '지도사'가 인터뷰를 위해 준비한 자료이다. ㉠~㉢의 활용 계획 중 (가)에 드러나지 <u>않은</u> 것은?

보기1

  방송국입니다. 인터뷰 질문을 보내 드리니, 답변과 자료를 준비해 주세요. 추가 질문이 있으면 다시 연락드리겠습니다.

[질문 1] 산림 치유와 산림 치유 프로그램을 간단히 소개해 주시겠어요?
[질문 2] 산림 치유 프로그램의 긍정적 효과에 대해 소개해 주시겠어요?
[질문 3] 프로그램 운영 장소에 대한 정보를 알려 주시겠어요?

보기2

㉠ [동영상]
 ◦ 내용 : '숲 명상' 참가자들이 숲에서 새소리 등 숲의 소리를 들으며 명상하는 장면(1분 분량)

㉡ [표] 산림 치유 프로그램 참가자 집단의 스트레스 점수 평균값 변화

참가자 집단	참가 전 점수 평균값	참가 후 점수 평균값
A 직업군	36.6점	12.4점
B 직업군	34.3점	10.8점

※ 32~49점 구간 : '스트레스 관련 질환 주의군'에 해당함.

㉢ [그림]

▲ 산림 치유원 1개
● 치유의 숲 27개

① [질문1]에 대한 답변 과정에서 ㉠을 제시하며, 실제 산림 치유 프로그램 활동을 간접 체험해 보도록 안내해야겠군.
② [질문1]에 대한 답변 과정에서 ㉠을 제시하여, 영상과 소리를 통해 산림 치유 프로그램 활동을 생생하게 전달해야겠군.
③ [질문2]에 대한 답변 과정에서 ㉡을 제시하여, 수치 변화로 알 수 있는 산림 치유 프로그램의 효과를 보여 줘야겠군.
④ [질문2]에 대한 답변 과정에서 ㉡을 제시하며, 많은 직장인이 스트레스 관련 질환 주의군에 속한다는 점을 언급해야겠군.
⑤ [질문3]에 대한 답변 과정에서 ㉢을 제시하며, 산림 치유 프로그램 운영 장소의 수와 분포에 대한 정보를 제공해야겠군.

44 (가)와 (나)를 고려할 때, 학생이 글을 쓰기 위해 떠올렸을 생각으로 적절하지 <u>않은</u> 것은?

① 인터뷰에서 숲을 비유적으로 표현했는데, 그 어구를 활용해 산림 치유 프로그램이 나에게 도움이 되었음을 제시해야겠다.
② 인터뷰에서 산림 치유 프로그램이 스트레스 해소에 좋다고 했는데, 그 점이 프로그램에 참여하는 계기였음을 밝혀야겠다.
③ 인터뷰에서 산림 치유 프로그램에 청소년들도 참가한다고 했는데, 이 말을 듣고 산림 치유 프로그램에 대한 기존의 생각이 바뀌었음을 밝혀야겠다.
④ 인터뷰에서 숲의 환경 요소가 심신에 좋은 영향을 준다고 했는데, 산림 치유 프로그램에서 만난 다른 사람들도 좋은 영향을 받았음을 언급해야겠다.
⑤ 인터뷰에서 청소년을 대상으로 하는 산림 치유 프로그램의 운영 시기와 장소에 대한 정보를 얻지 못했는데, 이에 대한 구체적 정보를 누리집에서 찾을 수 있었음을 언급해야겠다.

45 다음을 고려할 때, [A]에 들어갈 내용으로 가장 적절한 것은?

[글쓰기 과정에서의 자기 점검]
  체험의 의미가 부각되도록 '쉼숲' 프로그램에 참여하기 전과 후의 내 마음 상태를 모두 표현해야겠어. 그리고 삶의 자세에 대한 다짐을 나타내야지.

① 주말에 집에만 틀어박혀 지내던 나는 이제 주말이 오면 종종 숲으로 향한다. 숲이 내가 믿고 기댈 수 있는 친구가 되었기 때문이다.
② 고민거리를 지니고 있던 나는 나무와 대화를 나눈 후 마음의 짐을 덜어 낼 수 있었다. 산림 치유의 효과를 실감한 뜻깊은 시간이었다.
③ 인터뷰에서 알게 된 산림 치유 프로그램을 직접 경험해 보니 정말 만족스러웠다. 앞으로 힘든 일이 생길 때마다 숲을 찾아가 숲의 응원을 받고 와야겠다.
④ 이제 나는 집에 돌아와 다시 일상을 보내고 있다. 나를 따뜻하게 맞아 주던 숲을 기억하면서 나도 다른 사람들에게 향기로운 사람이 되려고 노력할 것이다.
⑤ 성격 때문에 속상해하던 나는 나무와 대화를 나누고 나서, 속상했던 마음이 풀리고 내 성격을 인정하게 되었다. 이제 내 모습을 아끼며 살아갈 것이다.

[46~49]

(가)는 비평문 쓰기 모둠 활동 중 학생들이 나눈 대화이고, (나)는 이를 바탕으로 작성한 글의 초고이다. 물음에 답하시오. **21학년도 수능**

비평문 쓰기 모둠 활동

[활동 1] : 모둠 활동을 통해 비평문에서 다룰 현안과 관점 정하기

[활동 2] : 우리 학교 학생들을 예상 독자로 하여 [활동 1]의 결과를 바탕으로 초고 작성하기

(가)

학생 1 : 오늘은 내가 모둠장 할 차례니까 진행해 볼게. 지난번에 비평문에서 다룰 현안에 대해 각자 찾아보기로 했잖아. 의견 나눠 볼까?

학생 2 : 그래, ㉠ 시사성이 있으면서도 우리 학교 학생들도 고민해 볼 만한 현안을 다루기로 했었지?

학생 3 : 맞아. 나는 우리 학교 학생들의 독서 실태 개선으로 하는 게 좋을 거 같은데.

학생 2 : ㉡ 근데 그건 교지에서 다룬 적이 있어서 내용이 겹치지 않을까?

학생 3 : 그러네. 그럼 어떤 걸로 하지?

학생 1 : 얼마 전에 읽은 신문 기사 중에 장소의 획일화에 대한 내용이 인상적이었거든. 그건 어때?

학생 2 : ㉢ 장소의 획일화에 대해 조금 더 얘기해 줄래?

학생 1 : 응. 장소가 본모습을 잃고 다른 장소와 유사하게 변한 것을 말해.

학생 3 : 그렇구나. 우리 학교 근처에 있던 골목길도 다른 지역과 비슷한 ○○ 거리로 변해 버렸잖아. 우리의 추억이 깃든 장소인데. ㉣ 이것도 장소의 획일화 아닐까?

학생 1 : 그래, 그게 장소 획일화의 사례 중 하나라고 볼 수 있을 것 같아.

학생 2 : 그러고 보니 우리 학교 학생들도 경험했을 만한 내용이네. 장소의 획일화를 현안으로 다뤄 보자.

학생 3 : 좋아. 근데 장소의 획일화가 나쁜 점만 있을까? 인기 있는 명소를 따라 해서 획일화되더라도 관광객이 늘어나면 이익이 될 수도 있잖아.

학생 1 : 물론 이익이 될 수도 있겠지. 근데 획일화된 장소는 금방 식상해져 관광객이 줄어들지 않을까? 그렇게 되면 이익 역시 줄어들게 될 거고.

학생 2 : 나도 그렇게 생각해. 그럼 장소의 획일화에 대해 부정적 관점으로 비평문 쓰기를 해 보자.

학생 3 : 응. ㉤ 그럼 장소의 획일화로 어떤 문제들이 생길 수 있는지 더 생각해 볼까?

학생 1 : 아무래도 장소의 다양성이 줄어드니까 가 볼 만한 장소가 줄어들겠지. 다른 문제점도 있을 텐데, 내가 자료 수집하면서 더 조사해 볼게. 다른 역할도 나눠 볼까?

학생 2 : 초고는 내가 써 볼게. 초고 다 쓰면 검토 부탁해.

학생 3 : 나도 자료를 찾는 대로 정리해서 공유할게.

(나)

제목 : 이곳저곳 같은 장소, 장소의 획일화 무엇이 문제인가

우리 학교 학생이라면 학교 인근의 변화된 모습을 본 적이 있을 것이다. 학생들이 즐겨 찾던 골목길이 사라지고, 개성 없는 ○○ 거리가 자리 잡았다. 추억이 담긴 골목길이 전국의 수많은 ○○ 거리 중 하나가 되어 버렸다. 이처럼 장소가 고유한 특성을 잃고 다른 장소와 동질화된 것이 장소의 획일화이다. 이러한 장소의 획일화는 바람직하지 않다.

장소가 획일화되면 장소에서 느끼는 정서적 유대가 훼손된다. 장소는 물리적 환경으로서의 공간과는 구별되며, 인간과 밀접한 관계를 형성한다. 지리학자 에드워드 렐프는 '나의 장소'라고 느낄 수 있는 진정한 장소가 인간에게 중요하다고 밝히며, 장소에 대한 정서적 유대를 강조하였다. 인간과 장소의 관계가 장소의 획일화로 훼손되면, 장소는 더 이상 애착의 대상이 되지 못하며 안정감을 주지 못한다.

또한 장소가 획일화되면 장소를 통해 얻을 수 있는 경험의 다양성도 줄어든다. 인기 있는 장소를 따라 하면, 장소 고유의 특성이 사라져 경험의 다양성이 줄어드는 것이다. 교내 학술제에서 소개된 '우리 동네 보고서'를 보면, 학교 근처 골목길에서 일어난 변화가 최근 우리 동네 곳곳으로 퍼지고 있음을 확인할 수 있다. 이렇듯 장소가 획일화되어 차별성이 사라지게 되면 경험을 할 수 있는 장소 선택의 폭이 좁아진다.

그런데 장소의 획일화가 불가피하다고 주장하는 이들도 있다. 그들은 경제적 효과를 얻기 위해서는 유행하는 장소를 따라 할 수밖에 없다고 말한다. 그러나 이는 적절한 주장이 아니다. 어딜 가나 비슷한 장소에 싫증을 느낀 사람들은 더 이상 그곳을 찾지 않게 되고, 그로 인해 기대했던 경제적 효과도 지속되기 어렵기 때문이다.

장소의 가치는 장소가 가진 고유한 특성에 기인한다. △△ 재래시장에서는 전통적인 모습으로 장소의 고유성을 살려 상인과 방문객들에게 큰 호응을 얻고 있다. 이처럼 장소의 획일화에서 벗어나 각 장소에서만 느낄 수 있는 고유한 가치를 지키고 키우려는 노력이 필요하다.

46 대화의 흐름을 고려할 때, ㉠~㉤에 대한 이해로 적절하지 <u>않은</u> 것은?

① ㉠ : 상대가 언급한 내용을 구체화하여 확인하고 있다.
② ㉡ : 상대의 제안에 대한 자신의 견해를 밝히고 있다.
③ ㉢ : 상대의 의견에 대해 추가 정보를 요청하고 있다.
④ ㉣ : 상대에게 자신의 생각이 맞는지 확인하고 있다.
⑤ ㉤ : 상대의 의도를 정확히 파악했는지 확인하고 있다.

47 다음은 '학생 1'이 [활동 1]을 준비하면서 작성한 메모이다. ㉮~㉺ 중 (가)의 '학생 1'의 발화에서 확인할 수 있는 내용만을 고른 것은?

- **모둠 활동 시작**
  - [활동 1]과 관련해 지난 활동에서 논의된 사항 환기 ········ ㉮
- **비평문에서 다룰 현안 선정**
  - 교지에 실린 비평문을 참고 자료로 제시 ············· ㉯
  - 매체에서 찾은 현안 제안 ················· ㉰
- **현안에 대한 관점 선정**
  - 관점을 선정할 때 유의할 점 안내 ············· ㉱
- **모둠 활동 마무리**
  - [활동 2]와 관련해 모둠원들의 역할 분담 제안 ········· ㉲

① ㉮, ㉯, ㉰
② ㉮, ㉰, ㉲
③ ㉮, ㉱, ㉲
④ ㉯, ㉰, ㉱
⑤ ㉰, ㉱, ㉲

48 '학생 2'가 (가)를 바탕으로 세운 글쓰기 계획 중, (나)에 반영되지 <u>않은</u> 것은?

- **제목**
  [활동 1]에서 선정한 현안이 드러나게 제목을 구성해야겠군. ······ ①
- **1문단**
  [활동 1]에서 예상 독자도 접했을 만하다고 논의된 경험을 제시하며 글을 시작해야겠군. ·························· ②
- **2문단**
  [활동 1]에서 언급되지 않았던 전문가의 견해를 인용하여 현안에 대한 사회적 인식의 변화에 대해 설명해야겠군. ·················· ③
- **3문단**
  [활동 1]에서 언급된 문제점과 관련하여, 장소의 획일화가 확산되고 있음을 보여 주는 추가 자료를 활용해야겠군. ··············· ④
- **4문단**
  [활동 1]에서 제기되었던 의견을 반영하여 서술해야겠군.
- **5문단**
  [활동 1]에서 다뤄지지 않았던 사례를 추가하여 장소의 획일화에서 벗어나기 위한 노력이 필요함을 부각해야겠군. ··············· ⑤

49 다음은 선생님의 모둠 활동 안내이다. 이에 따라 (나)를 평가한 내용으로 적절하지 <u>않은</u> 것은?

선생님 : 오늘은 모둠에서 작성한 비평문의 초고를 평가해 볼게요. 다음의 평가 기준에 따라 각 모둠별로 평가해 봅시다.

> ⓐ 현안에 대한 주장이 분명하게 드러나는가?
> ⓑ 현안에 대한 관점이 일관되는가?
> ⓒ 필자의 주장을 뒷받침할 근거를 제시하였는가?
> ⓓ 필자가 선택하지 않은 관점을 비판할 근거를 제시하였는가?

① ⓐ를 고려할 때, 장소의 획일화는 바람직하지 않다는 주장을 명시적으로 드러내고 있어.
② ⓑ를 고려할 때, 장소의 획일화에 대해 부정적으로 생각하는 관점을 일관되게 유지하고 있어.
③ ⓒ를 고려할 때, 획일화된 장소에 식상함을 느낀 사람들이 장소의 선택권을 요구했다는 점을 근거로 제시하고 있어.
④ ⓒ를 고려할 때, 장소가 획일화되면 인간이 장소에서 느끼는 정서적 유대와 안정감이 훼손된다는 점을 근거로 제시하고 있어.
⑤ ⓓ를 고려할 때, 장소의 획일화를 통해 얻으려는 경제적 효과가 지속되기 어렵다는 점을 비판의 근거로 제시하고 있어.

[50~54]
(가)는 학생들의 대화이고, (나)와 (다)는 대화에 참여한 학생들이 작성한 초고이다. 물음에 답하시오. **22학년도 6월**

(가)

학생 1 : 이번 과제가 '공동체 문제의 해결을 위한 글을 써서 독자와 공유하기'잖아. 과제에 대해 생각 좀 해 봤어?

학생 2 : 의류 수거함에 대해 쓰려고 자료 찾아보고 있어. 너는?

[A]
┌ **학생 1** : 나도 의류 수거함 생각했는데. 잘 됐다. 찾은 자료 나한테 전자 우편으로 보내 줘.

│ **학생 2** : 음…, 주는 건 어렵지 않은데 네가 당연하다는 듯이 말해서 좀 당황스러워.

│ **학생 1** : 미안해. 기분 상하게 하려던 건 아니었어. 나도 자료 준비되면 줄 테니까 공유 좀 부탁해도 될까?

└ **학생 2** : 알겠어. 그렇게 하자.

학생 1 : 그런데 넌 왜 의류 수거함에 대해 쓰려고 해?

학생 2 : 평소에도 문제가 많다고 생각했는데, 우리 학교 친구들도 수거함이 관리될 필요가 있다고 하더라고.

학생 1 : 나도 그렇게 생각해. 수거함이 망가진 채 방치된 데다가 수거함 주변에 옷들이 버려져 있잖아.

학생 2 : 맞아. 의류 수거함 주변이 쓰레기장이 되고 있어. 수거함에 수거 대상이 아닌 물품과 쓰레기들도 많고. 너는 수거함이 그렇게 된 원인이 뭐라고 생각해?

학생 1 : ㉠ 얼마 전 신문 기사를 봤는데 ○○시에서도 비슷한 문제가 있었지만 시청이 적극 노력해서 잘 해결했다는 걸 보면 우리 시청의 대처가 미흡해서인 것 같아.

학생 2 : ㉡ ○○시청은 어떤 노력을 한 거야?

학생 1 : 파손된 수거함을 수리하고 시민들에게 올바른 수거함 사용법을 알리는 캠페인도 했대.

학생 2 : ㉢ 그러니까 네 말은 우리 시청이 적극적으로 나서지 않은 게 원인이라는 거지?

학생 1 : 맞아. 공공의 문제 해결에는 시청의 영향력이 크니까.

학생 2 : ㉣ 그 말도 맞지만 이용자의 탓이 더 크지 않을까? 아무리 시청이 관리를 잘 해도 이용자들이 함부로 사용하면 궁극적으로는 문제가 해결되지 않으니까.

학생 1 : 하지만 시청이 수거함의 올바른 이용 방식을 안내하는 게 먼저 아닐까? 안내대로 의류를 올바르게 배출하면 선별하는 데 드는 시간과 비용을 줄일 수 있잖아.

학생 2 : ㉤ 나는 이 문제를 해결하려면 이용자부터 변화해야 한다고 생각하는데 너는 다르게 접근하는구나. 그럼 해결 방안을 구상해서 각자 글을 써 보자.

학생 1 : 좋아. 나는 시청 누리집 게시판에 시청의 조치를 촉구하는 글을 올릴 거야.

학생 2 : 그러면 나는 우리 학교 학생을 대상으로 우리가 할 수 있는 방안에 대해 글을 써서 학교 신문에 실어야지.

학생 1 : 좋아. 그렇게 하자.

(나)

학생 1의 초고

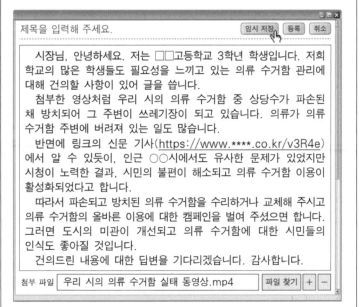

(다)

학생 2의 초고

수거 대상이 아닌 물품과 쓰레기로 의류 수거함이 몸살을 앓고 있다. 수거함 주변이 쓰레기장이 된 곳도 있다. 이에 의류 수거함의 올바른 이용에 대한 관심이 요구되고 있다.

우리는 왜 의류 수거함을 올바르게 이용해야 할까? 첫째, 도시의 미관과 환경을 개선할 수 있다. 둘째, 다시 입기에 충분한 의류가 재사용되는 비율을 높일 수 있다. ⓐ 외국은 기부와 판매 등의 방식을 통해 의류를 재사용하고 있다. 셋째, 의류를 자원으로 재활용하는 과정에 도움이 된다. 우리나라는 섬유 원료나 산업 자재의 자원으로 재활용될 수 있는 물품을 주로 수작업을 통해 선별한다. 따라서 올바르게 배출하면 선별 과정에서의 비용과 시간을 크게 줄일 수 있다.

그렇다면 학생인 우리가 할 수 있는 일은 무엇일까? 우선 의류 수거함 안이나 그 주변에 쓰레기를 버려서는 안 된다. 의류 수거함은 쓰레기통이 아니다. 다음으로 수거함에 넣을 수 있는 물건과 그렇지 않은 물건을 구분해서 넣어야 한다. ⓑ 예를 들어 배출할 의류가 물에 젖었다면 반드시 말려야 한다. 이때 의류 수거함에 넣을 물건의 상태를 확인해야 한다. 이물질이 묻었다면 제거 후 배출하고 오염이 심하면 폐기하도록 한다.

의류 수거함을 올바르게 이용하는 일이 어른들만의 일이 아니다. 우리 학생들의 관심과 작지만 큰 실천이 모인다면 나눔과 공유라는 사회적 가치를 실현할 수 있을 것이다.

50 대화의 흐름을 고려할 때, ㉠~㉤에 대한 설명으로 적절하지 <u>않은</u> 것은?

① ㉠ : 사안의 원인을 묻는 상대에게 신문 기사의 내용을 근거로 답하고 있다.
② ㉡ : 상대가 언급한 신문 기사의 내용에 대한 세부적인 정보를 상대에게 요청하고 있다.
③ ㉢ : 사안의 원인에 대한 상대의 의견을 확인하고 있다.
④ ㉣ : 상대의 의견을 인정하며 상대와 다른 견해를 드러내고 있다.
⑤ ㉤ : 자신이 언급한 내용의 일부를 반복하며 절충안을 제시하고 있다.

51 [A]의 학생 1의 발화에 대한 설명으로 가장 적절한 것은?

① 상대에게 바라는 행동을 제안한 것에 대한 긍정적 반응을 보고, 구체적인 의견을 덧붙이고 있다.
② 상대와의 의견을 최대한 일치시킨 것에 대한 긍정적 반응을 보고, 세부 내용을 추가적으로 제시하고 있다.
③ 상대에게 의사를 명료하게 드러내지 않은 것에 대한 부정적 반응을 보고, 상대의 정서에 적극 공감하고 있다.
④ 상대에게 원하는 바를 일방적으로 요구한 것에 대한 부정적 반응을 보고, 질문의 방식으로 상대의 동의를 구하고 있다.
⑤ 자신의 상황을 내세워 상대의 요구를 일부만 수용한 것에 대한 부정적 반응을 보고, 상대에게 동조의 뜻을 표현하고 있다.

52 (가)의 대화 내용이 (나), (다)에 각각 반영된 양상으로 적절하지 <u>않은</u> 것은?

① (가)에서 학생 2가 글감 선정의 이유에 대해 언급한 내용이 (나)의 1문단에 학생 다수가 문제 해결의 필요성을 느끼고 있음을 밝히는 내용으로 제시되었다.
② (가)에서 학생 2가 의류 수거함의 상태에 대해 언급한 내용이 (다)의 1문단에 문제 제기의 내용으로 제시되었다.
③ (가)에서 학생 1이 신문 기사에 대해 언급한 내용이 (나)의 3문단에 건의를 뒷받침하는 사례로 제시되었다.
④ (가)에서 학생 1이 시청의 영향력에 대해 언급한 내용이 (나)의 2문단에 건의 수용의 기대 효과로 제시되었다.
⑤ (가)에서 학생 1이 의류를 올바르게 배출하는 일의 장점에 대해 언급한 내용이 (다)의 2문단에 의류 수거함을 올바르게 이용해야 하는 이유로 제시되었다.

53 작문 맥락을 고려할 때 (나), (다)에 대한 이해로 적절하지 <u>않은</u> 것은?

① 글의 유형 면에서, (나)는 구체적이고 실행 가능한 방안을 제시하며 공동체의 문제 해결을 요구하는 형식의 글이다.
② 작문 매체 면에서, (나)는 필자가 언급한 내용을 예상 독자가 확인할 수 있도록 글의 특정 정보가 다른 자료에 연결되게 하고 있다.
③ 예상 독자 면에서, (다)는 문제 해결의 당위성을 강조하기 위해 지역 공동체의 모든 구성원을 독자로 상정하고 있다.
④ 글의 주제 면에서, (다)는 공동의 실천으로 해결할 수 있는 문제 상황과 그 해결 방안을 중심 내용으로 제시하고 있다.
⑤ 작문 목적 면에서, (나)와 (다)는 예상되는 긍정적인 효과를 근거로 제시하며 예상 독자를 설득하고 있다.

54 〈보기〉를 점검 기준으로 할 때 ⓐ, ⓑ를 고쳐 쓰기 위한 방안으로 가장 적절한 것은?

> **보기**
>
> ㉮ 앞뒤 문장 간의 관계는 긴밀한가?
> ㉯ 주장을 뒷받침하는 논거인가?

① ㉮를 기준으로, ⓐ를 '여전히 다른 사람들이 입던 옷을 재사용하는 일을 꺼리는 사람들이 많기 때문이다'로 수정한다.
② ㉮를 기준으로, ⓑ를 '그러나 배출할 의류가 물에 젖었다면 반드시 말려야 한다'로 수정한다.
③ ㉮를 기준으로, ⓑ를 '의류와 가방, 담요 등은 가능하지만 솜이불과 베개, 신발 등은 넣어서는 안 된다'로 수정한다.
④ ㉯를 기준으로, ⓐ를 '왜냐하면 주변 친구들 중에는 의류 수거함에 쓰레기를 넣는 친구들이 없기 때문이다'로 수정한다.
⑤ ㉯를 기준으로, ⓑ를 '왜냐하면 이용자들이 재활용 가능 여부를 구분하는 일은 어렵기 때문이다'로 수정한다.

[55~59]

(가)는 시정 소식지에 실린 글이고, (나)는 소식지 발행 이후에 개최된 협상이다. 물음에 답하시오. **22학년도 9월**

(가)

시정 소식지 8월호(발행일 : 20△△. 8. 1.)

신설 주민 복지 센터의 공간 활용을 위한 의견 수렴 실시

　우리 시에서는 새로 건립되는 주민 복지 센터의 공간 활용 방안에 대해 Y동과 Z동 주민들을 대상으로 의견 수렴을 실시한다. 이번 의견 수렴은 사전에 선정된 몇 가지 방안에 대한 주민들의 선호도 파악을 목적으로 하며, 8월 9일부터 16일 사이에 시청 누리집 '시민 게시판'에 접속해서 참여할 수 있다.

　지금까지 Y동과 Z동은 인근 세 개의 동과 주민 복지 센터를 함께 이용해 왔다. 그러나 Y농과 Z동은 다른 동들에 비해 기존의 주민 복지 센터와의 거리가 멀어서 이용에 어려움이 있었다. 또한 해당 두 동의 인구 증가로 현재의 주민 복지 센터로는 이용량을 감당하기 힘든 실정이다. 게다가 현재로서는 기존 주민 복지 센터를 확장하는 것이 불가능한 상황이다. 이러한 문제들 때문에 시청에서는 두 동을 위한 주민 복지 센터 신설을 추진해 왔다.

　건립을 추진하면서 시청에서 Y동의 부지 한 곳과 Z동의 부지 한 곳을 후보지로 뽑자, 둘 중 어느 곳이 건립 부지로 더 적절한지에 대해 주민들 간에 의견 차이가 발생하기도 했다. 이에 시에서는 양측의 주민 대표와 함께 첫 협상의 자리를 가졌고, 부지의 면적, 인구 규모를 고려하여 Z동 부지에 새 주민 복지 센터를 건립하기로 결정했다. 양보를 한 Y동 주민들을 위해서는 새 주민 복지 센터로 연결되는 버스 노선을 신설하기로 했다.

　시는 3층 규모의 해당 센터를 노인 복지 공간(1층), 육아 지원 공간(2층)으로 구성할 예정이다. 주민의 요구가 다양한 3층 공간은 의견 수렴을 통해 도서관, 주민 영화관, 체육 시설 중 주민 선호도를 파악하여 활용 방안을 결정한다. 두 동의 의견 수렴 결과가 불일치할 경우에는 이달 30일에 후속 협상을 진행하여 3층 공간 활용 방안을 결정할 계획이며, 의견 수렴 결과는 두 동 대표에게 전달된다.

(나)

┌ **시청 담당자** : 오늘은 Z동에 신축할 주민 복지 센터 3층 공간 활용에 대해 협상을 진행하겠습니다. 첫 협상에 이어 후속 협상에도 참여해 주신 Y동 대표님과 Z동 대표님께 감사드립니다.

Y동 대표 : 우리 동은 학령 인구의 비율이 높지만 아이들이 책을 읽고 공부할 수 있는 공간이 부족합니다. 그래서 도서관 건립을 지속적으로 건의해 왔습니다. 시청의 선호도 조사에서도 우리 동 주민들의 1순위는 도서관이었습니다. Z동에 주민 복지 센터가 지어지는 만큼 3층 공간에 대해서는 우리 동의 의견을 따라 주시면 좋겠습니다.

Z동 대표 : 우리 동에서도 도서관을 선호하는 의견은 있었습니다. 하지만 우리 동은 중장년층 인구 비율이 높아 체육 시설의 필요성이 더
[A] 큽니다. 선호도 조사에서도 체육 시설을 가장 선호하는 것으로 나타났습니다. 이 점을 고려하여 체육 시설을 마련하면 좋겠습니다.

└ **Y동 대표** : 저희도 Z동의 상황을 알고 있습니다. 현재 진행 중인 저희

동의 체육 시설 확장 공사가 마무리되면 Z동의 중장년층 주민들도 편리하게 이용할 수 있을 것입니다. ㉠ 그러니 주민 복지 센터에 도서관을 만들면 두 동에 필요한 시설을 다 갖추게 되어 모두에게 이득이 되지 않을까요?

　Z동 대표 : 물론 두 시설을 다 이용할 수 있으면 좋습니다. 하지만 Y동의 체육 시설과 우리 동 사이의 거리가 멀고 교통편도 불편합니다. 주민 복지 센터로 연결되는 신설 버스 노선이 체육 시설에도 연결되도록 조정하는 추가 조치도 있어야 합니다.

시청 담당자 : 그 문제는 버스 회사와 협의해야 하는 문제이고, 조정도 쉽지 않습니다.

Z동 대표 : 그러면 체육 시설을 통한 수익 증가가 예상되는 Y동에서 비용을 부담해 주시는 것은 어떻습니까?

Y동 대표 : 이번 협상을 준비하면서 우리 동에서 양보할 수 있는 부분에 대해 주민들과 의견을 나누었습니다. 우리 체육 시설에서 운영하는 무료 셔틀버스를 Z동까지 운행하는 것은 가능합니다.

Z동 대표 : 그뿐만 아니라 Y동의 체육 시설 이용료는 기존 복지 센터 내 체육 시설 이용료보다 비쌉니다. ㉡ Y동 입장에서는 이용자 증가로 더 큰 수익을 얻을 수 있지만, 우리 동 주민들은 체육 시설 이용에 대한 부담이 더 커질 것이므로 요금에 대한 부담을 낮춰 주십시오.

Y동 대표 : 도서관을 설치하는 것에 동의해 주신다면 Z동 주민에게 우리 동 주민과 동일한 수준의 요금 할인을 적용하겠습니다.

Z동 대표 : 네, 동의하겠습니다.

시청 담당자 : 그럼 3층에 도서관을 설치하는 것으로 협상이 타결되었습니다. 세부 추진 방법은 차후에 논의하겠습니다. 참여해 주셔서 감사합니다.

55 (가)를 쓰기 위해 세운 글쓰기 계획 중 글에 반영되지 않은 것은?

① 실시 예정인 주민 의견 수렴의 목적과 참여 방법을 함께 밝혀야겠군.
② Y동과 Z동 주민들이 인근 지역 주민들과 주민 복지 센터를 함께 사용하고 있는 상황을 제시해야겠군.
③ 건립 부지의 적절성을 평가할 때 주민 참여가 필요하다는 의견 때문에 첫 협상이 개최되었음을 제시해야겠군.
④ 첫 협상의 결과를 이끌어 내면서 고려한 부지 선정의 기준이 무엇인지 제시해야겠군.
⑤ 새로 건립될 주민 복지 센터의 공간 활용에 대한 계획을 언급하며 후속 협상이 개최될 경우에 다룰 주제를 밝혀야겠군.

56 (가)를 작성할 때 활용한 내용 조직 방법으로 가장 적절한 것은?

① 1문단에서는 시청에서 주민 복지 센터 건립을 위해 수행하는 여러 업무를 유형에 따라 분류한다.
② 2문단에서는 시청에서 주민 복지 센터 신설을 추진하게 된 이유를 나열한다.
③ 2문단에서는 Y동 주민들이 겪는 문제를 Z동 주민들이 겪는 문제와 대조한다.
④ 3문단에서는 주민 복지 센터 건립을 추진하는 과정에서 발생할 수 있는 문제점을 분석한다.
⑤ 4문단에서는 다양한 시설들을 설치가 완료된 순서대로 제시한다.

57 (가)와 (나)의 맥락을 고려할 때, (가)를 읽고 (나)를 참관한 주민이 [A]에 보인 반응 중 적절하지 않은 것은?

① 시청 담당자의 말을 들으니, 소식지에서의 첫 협상과 같이 후속 협상에도 양측 동 대표가 참석하였군.
② Y동 대표의 말을 들으니, 소식지에 안내된 의견 수렴에 대하여 Y동의 결과가 언급되었군.
③ Y동 대표의 말을 들으니, 소식지에서 소개한 주민 복지 센터 건립 위치는 Z동의 중장년층 인구 비율을 고려하여 결정되었군.
④ Z동 대표의 말을 들으니, 소식지에서 소개한 공간 활용 방안 중에 도서관 설치를 선호하는 주민들이 Z동에도 있었군.
⑤ Z동 대표의 말을 들으니, 소식지에 언급된 신설 버스 노선에 대하여 조정 방안이 제시되었군.

58 협상 진행 과정을 고려할 때, ㉠, ㉡에 대한 설명으로 가장 적절한 것은?

① ㉠은 도서관 설치와 관련해 양보할 수 있는 범위를 제시하여 상대의 제안과 절충을 시도하는 발화이다.
② ㉠은 체육 시설에 대한 상대의 제안을 일부 수용하여 자신의 제안을 조정함으로써 상대의 양보를 이끌어 내는 발화이다.
③ ㉡은 체육 시설 설치가 실현 가능성이 낮음을 들어 자신의 이익을 극대화하는 발화이다.
④ ㉡은 체육 시설 이용에 대한 상대의 요구 사항을 언급하며 자신이 양보 가능한 범위를 제시하는 발화이다.
⑤ ㉡은 체육 시설 이용 시 예상되는 상대의 이익과 자신의 부담을 언급하며 추가적인 요구 사항을 제시하는 발화이다.

59 〈보기〉는 (나)의 협상을 취재한 기자가 쓴 기사이다. 〈보기〉를 작성할 때 고려한 내용으로 적절하지 않은 것은?

보기

Y동과 Z동의 주민 대표는 신설될 주민 복지 센터에 도서관을 설치하기로 합의했다. 신설 센터의 공간 활용에 대한 두 동의 의견 차이를 조정하기 위한 협상이 지난달 30일 오후 2시에 시청 회의실에서 개최되었다.
협상은 다음과 같이 진행되었다. Y동 대표가 지역에 학령 인구 비율이 높아서 도서관 설치가 필요하다고 하자, Z동 대표는 중장년층 비율이 높아 체육 시설이 필요하다고 밝혔다. 양측의 입장 차는 Y동 체육 시설의 활용이 대안으로 떠오르면서 좁혀지기 시작했으며, 세부적인 조건의 조율을 거쳐 합의가 도출되었다.

① 독자들이 협상이 개최된 장소와 시간을 파악할 수 있도록 한다.
② 독자들이 합의가 도출되기까지의 협상의 경과를 확인할 수 있도록 한다.
③ 독자들이 기사의 중심 내용인 협상의 결과를 도입부에서 파악할 수 있도록 한다.
④ 독자들이 기사에 인용된 내용을 바탕으로 협상에 참여한 두 동 대표의 입장을 파악할 수 있도록 한다.
⑤ 독자들이 기사에 언급된 필자의 의견을 통해 협상의 결과가 Y동과 Z동 주민에게 중요한 사안임을 확인할 수 있도록 한다.

[60~64]
(가)는 한 학생이 학생회 누리집 게시판에 올린 글이고, (나)는 (가)를 읽은 학생회 학생들이 나눈 대화이다. 물음에 답하시오. **22학년도 수능**

(가)

　안녕하세요. 저는 올해 학생회에서 개최하는 토론 한마당에 참가하고자 하는 ○○○입니다. 토론 한마당을 담당하는 학생회 운영진에게 토론 한마당 예선 방식의 개선을 건의하고자 게시판에 글을 쓰게 되었습니다.

　학생회가 진행해 온 토론 한마당은 예선과 본선에서 항상 많은 청중이 참여한 가운데 대면 토론으로 진행되어 현장감이 넘친다는 장점이 있습니다. 그런데 참가 팀이 늘면서 예선을 위한 시간과 공간 부족, 예선을 운영할 인원과 심사자 확보 곤란 등의 어려움이 발생하여 이를 해소하기 위해 작년부터 예선에 참가할 수 있는 인원을 학급당 한 팀으로 제한했습니다.

　하지만 이런 현행 예선 방식으로 인해 토론 한마당에 대한 학생들의 불만이 매우 높아졌다는 문제가 발생하였습니다. 학생회도 알다시피 작년 행사 이후 학교 신문이 전교생을 대상으로 실시한 설문 조사에서 토론 한마당에 불만족스럽다는 응답률이 76%로 매우 높았습니다. 불만의 원인은 예선 참가 기회가 제한되어 있는 현행 예선 방식의 한계에서 찾을 수 있습니다.

　이를 해결하기 위해 더 많은 학생들이 참여할 수 있도록 예선 방식을 개선해 주십시오. 현행의 평가 방법인 대면 토론을 유지하려면 예선 기간이 짧아 참여자를 제한할 수밖에 없으니 예선 기간을 연장해 주시기 바랍니다. 예선 기간을 연장하지 않는다면 대면 토론 외의 다른 방법을 마련해 주시기 바랍니다. 실제로, 우리 학교와 학생 수도 거의 같고 토론에 대한 관심도 높은 인근 학교 중에서도 우리와 유사한 문제를 겪다가 예선 방식을 개선하여 이를 해결한 사례가 있습니다. 이 학교들에서는 대면 토론의 기간을 연장하거나, 대면 토론 대신 예선에서 토론 개요서로 평가하니까 많은 학생들이 예선에 참가할 수 있었습니다.

　토론 한마당 예선의 기간을 연장하는 방식이나 평가 방법을 변경하는 방식으로 현행의 예선 방식을 개선하면 학생들이 더 많이 참가할 수 있게 되어 불만이 해소될 것입니다. 그러면 토론 한마당에 대한 학생들의 관심도 더 높아져 토론 한마당이 학생 자치 대표 행사로 자리매김하게 될 것입니다. 읽어 주셔서 감사합니다.

(나)

학생 1 : 토론 한마당 행사의 예선 방식을 개선해 달라고 게시판에 올라온 글 봤지? 기간 연장은 일정상 당장 반영하기 곤란하니 참가 인원을 늘릴 수 있는 좋은 방안이 있는지 논의해 보자.

학생 2 : 응. 예선 참가 인원을 학급당 한 팀으로 제한하다 보니, 토론에 참가하지 못하는 학생들이 많아져서 불만이 많다는 건데, 예선 방식을 바꿔야 되겠더라.

학생 1 : 행사 운영을 위한 시간과 공간이 부족하고 심사자가 부족한 상황에서 대면 토론을 유지하다 보니 참가 인원을 제한하게 되어 불만이 많아진 거니까 대면 토론을 대신할 방안을 찾을 필요가 있어.

학생 2 : 그러면 토론 개요서를 도입하는 게 좋겠어. 글에서 언급한 것이기도 하지. 논제에 대한 입장과 근거가 담긴 토론 개요서를 제출하도록 하여 예선을 치르는 거야.

학생 3 : 동영상을 활용해 보는 건 어때? 참가 신청한 팀들 중 두 팀씩 서로 찬반을 나누어 토론을 하고, 그 과정을 동영상으로 촬영해 제출하게

하는 거야.

학생 1 : 두 가지 방식이 여러 측면에서 달라 보이는데, 각각의 방안이 가지는 장점은 뭐라고 생각해?

학생 2 : 토론 개요서로 평가하면 현행 방식일 때 예선에 참가하지 못할 학생들도 기회를 얻을 수 있어. 그리고 시간이나 장소에 구애를 덜 받고, 대면 토론을 운영할 인원이나 심사자를 섭외하는 부담도 많이 줄일 수 있어.

학생 3 : 동영상을 제출하도록 하면 대면 토론과 달리 토론 시간이나 장소를 참가자들이 자율적으로 정할 수 있고, 토론 개요서를 평가할 때와 달리 참가자들이 상대방과 서로 소통하는 토론 과정을 평가할 수 있다는 장점이 있어.

학생 1 : 두 방식의 단점이나 운영상 어려움에는 어떤 것들이 있을까? 청중이 모인 가운데 진행되는 대면 토론만큼의 현장감 있는 토론을 경험하기는 어려울 테니 그것 말고 얘기해 줄래?

학생 2 : 동영상 촬영을 하려면 참가 팀들이 별도의 장비를 준비해야 해서 번거로워. 또 토론 개요서와 다르게 대면 토론만큼 시간이 필요하니까 많은 팀이 참가한다면 심사자의 평가 부담이 클 것 같네.

학생 3 : ㉠ 토론 개요서로 평가하는 것보다 심사자 부담은 큰 게 맞겠네. 그런데 토론 개요서 평가는 참가자들이 소통하는 과정을 평가하긴 어려워.

학생 2 : ㉡ 그래도 토론에서 더 중요한 건 적절한 근거를 들어 논제에 대한 자신의 입장이 타당함을 밝히는 논증 능력이니까 그걸 평가하는 건 가능하다고 생각해.

학생 3 : 네 말이 맞는 것 같아.

학생 1 : 나도 좋아. 토론 개요서를 평가하면 예선 참가 가능한 인원이 늘겠지. 그러면 게시판의 글에서 말한 학생들 불만이 해소될 거야. 모두들 동의했으니 이 방안을 도입하기로 하고 오늘 논의는 마무리하자.

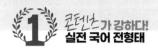

60 (가)의 작문 맥락을 파악한 내용으로 가장 적절한 것은?

① 공동체의 문제를 해결할 수 있는 주체를 예상 독자로 설정했다.
② 공동체의 문제를 해결하기 위해서는 공동체 구성원 개개인의 인식 개선이 필요함을 글의 주제로 삼았다.
③ 공동체의 문제와 관련하여 가치 있는 경험을 통해 얻은 깨달음을 성찰하는 것을 작문 목적으로 설정했다.
④ 공동체의 문제와 관련하여 자신의 생각을 진솔하게 기록하기 위해 개인적인 성격이 강한 작문 매체를 선택했다.
⑤ 공동체의 문제를 조사하고 분석한 절차와 결과가 잘 드러나도록 보고하는 형식을 갖춘 글의 유형을 선택했다.

62 (나)의 '학생 1'에 대한 설명으로 적절하지 <u>않은</u> 것은?

① (가)에서 토론 한마당 예선 방식 개선을 요구한 것을 논의의 계기로 삼고 있다.
② (가)에서 서술한 예선 참가 인원 제한의 배경을 언급하며 논의의 필요성을 제시하고 있다.
③ (가)에서 예선 방식 개선을 위해 제시한 두 가지 방식 각각의 장단점을 판단하게 하며 논의를 진행하고 있다.
④ (가)에서 현행 예선 평가 방법의 장점으로 언급한 내용과 관련해서는 발언에서 제외하도록 논의 내용을 제한하고 있다.
⑤ (가)에서 서술한 현행 예선 방식에 대한 불만이 해소될 것을 언급하며 논의의 결론을 제시하고 있다.

61 〈보기〉를 기준으로 하여 (가)를 평가한 내용으로 적절하지 <u>않은</u> 것은?

> **보기**
>
> ⓐ 해결해야 할 현재의 문제를 제시했는가?
> ⓑ 문제를 사실에 근거하여 제시했는가?
> ⓒ 문제의 원인을 제시했는가?
> ⓓ 문제 해결 방안의 실행 가능성을 점검하여 제시했는가?
> ⓔ 문제 해결을 통한 기대 효과를 제시했는가?

① 2문단에서 현행 토론 한마당의 예선 방식으로 인해 발생한 문제를 언급한 내용은, 참가 팀이 늘면서 발생한 운영상의 어려움을 문제로 제시했다는 점에서 ⓐ를 충족하는군.
② 3문단에서 토론 한마당에 대한 설문 조사 결과를 인용한 내용은, 학생들의 불만이 높다는 문제를 사실에 근거하여 제시했다는 점에서 ⓑ를 충족하는군.
③ 3문단에서 현행 예선 방식의 한계를 언급한 내용은, 참가자 제한을 학생들이 불만족한 원인으로 제시했다는 점에서 ⓒ를 충족하는군.
④ 4문단에서 인근 학교의 사례를 언급한 내용은, 유사한 상황에서 문제를 해결한 사례를 통해 기간 연장 및 평가 방법 변경의 실행 가능성을 점검하여 제시했다는 점에서 ⓓ를 충족하는군.
⑤ 5문단에서 토론 한마당의 예선 방식 개선이 가져올 결과를 언급한 내용은, 문제 해결을 통한 기대 효과를 제시했다는 점에서 ⓔ를 충족하는군.

63 ㉠, ㉡의 발화에 대한 이해로 가장 적절한 것은?

① ㉠은 ㉠ 직전의 '학생 2'가 말한 내용에 담긴 의견의 일부를 긍정하면서 추가로 자신의 의견을 드러낸다.
② ㉠은 ㉠ 직전의 '학생 2'가 말한 내용에 담긴 의견에 동의를 표하면서 그 의견에 대한 상세한 설명을 요청한다.
③ ㉠은 ㉠ 직전의 '학생 2'가 말한 내용에 담긴 의견에 이의를 제기하면서 그 의견을 뒷받침하는 근거의 타당성을 지적한다.
④ ㉡은 ㉡ 직전의 '학생 3'이 말한 내용에 담긴 의견을 뒷받침할 수 있는 근거를 덧붙이면서 공감을 드러낸다.
⑤ ㉡은 ㉡ 직전의 '학생 3'이 말한 내용에 담긴 의견의 핵심을 재진술하면서 그 의견에 대해 동의를 유보한다.

64 (나)의 흐름을 다음과 같이 정리할 때, ㉮에 해당하는 내용으로 적절하지 <u>않은</u> 것은?

> 문제 인식 및 대안 생성 → ㉮ <u>대안에 대한 검토</u> → 최선의 대안 선택

① 동영상 방식의 장점으로, 참가자들이 시간과 장소를 자율적으로 정할 수 있다는 점이 언급되었다.
② 동영상 방식의 장점으로, 대면 토론에 비해 심사자 섭외의 부담을 줄일 수 있다는 점이 언급되었다.
③ 동영상 방식의 단점으로, 참가자가 별도의 촬영 장비를 준비해야 한다는 점이 언급되었다.
④ 토론 개요서 방식의 장점으로, 현행 방식에 비해 더 많은 학생이 예선에 참여할 수 있다는 점이 언급되었다.
⑤ 토론 개요서 방식의 단점으로, 참가자들의 소통 과정을 평가하기 어렵다는 점이 언급되었다.

[65~69]
(가)는 비평문을 쓰기 위해 학생들이 나눈 대화이고, (나)는 이를 바탕으로 작성한 초고이다. 물음에 답하시오. 23학년도 6월

(가)

학생 1 : '디스토피아 작품의 인기 현상'에 대한 글을 쓰기 위해 오늘 함께 이야기하기로 했는데 자료 좀 찾아봤어? 우리 동아리 이름으로 교지에 실을 글이니까 어떤 내용으로 구성하면 좋을지 이야기해 보자.

학생 2 : 디스토피아의 정의부터 확인하고 시작하면 어떨까?

학생 1 : 내가 그럴 줄 알고 사전을 찾아봤어. 디스토피아는 유토피아랑 반대되는 뜻으로 암울한 미래상을 의미해.

학생 3 : 나는 기사를 검색해 봤는데 현실의 문제를 소재로 디스토피아적 세계를 형상화한 영화나 드라마가 요즘 엄청난 인기를 끌고 있다고 하더라고.

학생 2 : ㉠ 나도 주변 친구들이 디스토피아 작품의 각종 소품을 사는 걸 보고 인기를 실감했어. 그런데 작품 속 세계를 충격적으로 표현한 자극적인 장면은 문제가 된다던데?

학생 3 : 내가 봤던 기사에서도 그 점이 문제가 된다고 하더라고. 사람들이 자극적인 장면에 반복적으로 노출되면 불안감을 느끼고 현실에 대한 회의주의에 빠질 수 있다고.

학생 1 : 자극적인 장면이 지금 우리가 사는 세상을 더 부정적으로 보게 만든다는 거구나. 그렇지?

학생 3 : 맞아. 자극적인 장면은 메시지를 전달하기 위한 장치일 뿐인데, ㉡ 자극적인 장면이 주는 재미에 빠져서 작품이 담고 있는 메시지를 못 보는 게 문제가 되는 거지.

학생 2 : 나는 디스토피아 소설을 찾아 읽어 봤어. 『멋진 신세계』라는 작품인데 과학 기술로 인간의 감정까지 통제하는 사회에 대한 이야기야. 꽤 오래전 작품인데도 작가가 그린 미래상이 대단히 실감나고 정교하게 표현되어서 놀라웠어.

학생 3 : ㉢ 어, 나도 그 소설 봤는데, 과학 기술의 발전이 불행을 초래했는데도 사람들이 그걸 깨닫지 못하는 암울한 세상에 대한 이야기야.

학생 2 : 오래전 작품인데 요즘에도 많이 읽히는 것은 디스토피아 작품의 인기 현상과 관련이 있는 것 같아.

학생 1 : 아까 디스토피아 작품이 담고 있는 메시지에 대해 이야기 하다 말았잖아. 구체적인 메시지가 뭔지 알려 줄래?

학생 3 : ㉣ 부정적인 미래상을 통해서 현재의 사회상을 비판한다는 거지.

학생 1 : 디스토피아적 미래가 어차피 허구인데 어떻게 현재 사회를 비판한다는 건지 잘 모르겠는데?

학생 3 : ㉤ 허구적 미래가 현재를 비판한다는 게 이해가 안 되는 거구나. 디스토피아 작품은 현재의 사회 문제가 극단화되면 미래에 나타날 수 있는 가상의 상황을 실감나게 표현해. 우리는 그걸 보면서 사회가 지닌 문제의 위험성을 미리 깨달을 수 있는 거야.

학생 1 : 아, 그러니까 그런 암울한 세상이 오기 전에 경계하자는 메시지를 담고 있는 거구나.

학생 2 : 응, 디스토피아 작품의 메시지에 대해 글에서 자세히 설명하면 독자들의 이해에 도움이 되겠다.

학생 1 : 그래, 일단 내가 초고를 쓸 테니 나중에 점검 부탁해. 모두들 고마워.

(나)

디스토피아 작품의 인기 몰이가 심상치 않다. 디스토피아를 다룬 영화와 드라마가 흥행하면서 '디스토피아 작품, 전 세계를 사로잡다'와 같은 제목의 기사가 쏟아지고 있다. 사전적 정의에 따르면 디스토피아는 부정적 측면이 극단화된 암울한 미래상이다. 유토피아와 마찬가지로 현실 어디에도 존재하지 않는 세계를 뜻하지만, 긍정적 의미를 지니는 유토피아와 반대로 디스토피아는 부정적 의미를 담고 있다.

디스토피아 작품의 인기 현상에 대해 부정적인 관점을 지닌 사람들은 작품이 주는 불편함을 이야기한다. 디스토피아 작품에서는 어떤 형태로든 일그러지거나 붕괴된 모습으로 세계가 묘사되기 때문이다. 이와 같이 충격적으로 묘사된 자극적인 장면에 반복적으로 노출되면, 불안 심리가 가중되어 현실을 부정적으로 인식하게 되고 결국 회의주의나 절망에 빠질 수 있다고 우려한다.

그러나 디스토피아 작품은 현실의 문제점이 극단화되면 나타날 수 있는 세계를 통해 현실의 문제를 경계하게 하므로 디스토피아 작품의 인기 현상은 긍정적이다. 디스토피아 작품은 과학 기술의 오남용, 핵전쟁, 환경 파괴 등을 소재로, 작가가 기발한 상상력으로 구현한 디스토피아적 세계를 제시한다. 우리는 그러한 세계에 몰입함으로써 암울한 미래상이 도래해서는 안 된다는 점을 깨닫게 된다.

물론 디스토피아 작품의 인기 현상 때문에 자극적으로 묘사된 장면이 초래하는 문제가 부각되어 보일 수 있지만, 이러한 장면은 오히려 무감각하게 받아들이고 있는 현실의 문제점을 강렬하게 자각하도록 하는 필수적인 장치로 보아야 한다. 그리고 이는 주제 의식을 드러내는 데 효과적으로 기여한다. 가령, 디스토피아 작품의 고전이라 할 수 있는 『멋진 신세계』에서는 사람들이 과학 기술을 지나치게 신뢰하다가 오히려 이에 종속당하는 충격적인 미래상을 암울하게 그리고 있다. 하지만 이를 통해 과학 기술에 대한 맹신이 현재 우리 사회가 점검해야 할 문제라는 점을 깨닫게 한다.

디스토피아 작품의 메시지는 우리가 현실의 문제를 인식하여 그 문제가 극단화되지 않도록 경계하게 한다는 점에서 큰 의미가 있다. 그리고 이러한 디스토피아 작품의 인기 현상은 사회를 개선하는 계기가 될 것이므로 이를 긍정적으로 보아야 한다. 디스토피아 작품들이 인기를 얻고 있는 요즘, 디스토피아 작품을 감상하며 현실의 문제를 성찰해 보는 것은 어떨까.

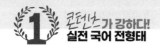
65 위 대화에서 '학생 1'에 대한 설명으로 적절하지 <u>않은</u> 것은?

① 대화 참여자에게 대화의 목적을 밝히며 참여를 유도한다.
② 대화 참여자에게 자신이 조사한 내용이 이해되는지 확인한다.
③ 대화 참여자에게 자신이 이해한 내용이 맞는지 점검한다.
④ 대화 참여자의 발언과 관련해 추가적인 설명을 요청한다.
⑤ 대화 참여자와 대화를 진행하면서 자신의 이해를 심화한다.

66 대화의 흐름을 고려할 때, ㉠~㉤에 대한 이해로 가장 적절한 것은?

① ㉠ : 앞선 발화 내용에 동의하며 디스토피아 작품의 인기 원인을 보여 주는 사례를 언급하고 있다.
② ㉡ : 자신의 발언을 부연하며 디스토피아 작품의 메시지가 무엇인지 강조하고 있다.
③ ㉢ : 대화의 내용을 상기하며 과학 기술 발전에 대한 반대 입장에 동의함을 드러내고 있다.
④ ㉣ : 질문에 답변하며 부정적인 미래상에 대해 대화 참여자가 잘못 파악한 부분을 바로잡고 있다.
⑤ ㉤ : 앞선 발화 내용을 재진술하며 디스토피아 작품과 관련하여 상대가 궁금해하는 점을 확인하고 있다.

67 다음은 '학생 1'이 (가)의 대화 내용을 정리하여 (나)의 글쓰기 계획을 세운 것이다. 글쓰기 계획 중 (나)에 반영되지 <u>않은</u> 것은?

대화 내용	글쓰기 계획
디스토피아의 정의	사전적 정의를 밝히고 반대 개념을 지닌 단어와 비교하기 ············· ①
디스토피아 작품의 소재	자극적인 표현에 재미를 느끼는 독자의 취향에 문제가 있음을 지적하기 ······· ②
디스토피아 작품의 표현 방식	과학 기술의 오남용, 핵전쟁, 환경 파괴 등으로 소재의 내용을 구체화하기 ··· ③
디스토피아 작품의 사례	특정 작품을 예로 들어 작품이 사회적 문제를 환기함을 언급하기 ········ ④
디스토피아 작품의 메시지	디스토피아 작품의 메시지에서 인기 현상의 긍정적 의미를 도출하기 ········ ⑤

68 〈조건〉을 반영하여 (나)의 제목을 작성한 것으로 가장 적절한 것은?

> **조건**
>
> ◦디스토피아 작품의 주제 의식을 반영하여 글쓴이의 관점을 드러낼 것.
> ◦부제에서 비유적 표현을 활용할 것.

① 디스토피아란 무엇인가
 - 디스토피아 작품의 인기 현상을 진단하다
② 디스토피아, 우리 사회의 자화상
 - 디스토피아 작품에 드러난 우리의 모습
③ 말초 신경을 자극하는 디스토피아 작품
 - 묵직한 메시지를 가볍게 다루다
④ 디스토피아 작품 열풍, 더 나은 사회를 향한 열망
 - 아픈 사회를 들여다보는 거울이 되다
⑤ 어디에도 없지만, 어디에나 있는 디스토피아 세상
 - 디스토피아 작품을 통한 새로운 세상과의 대화

69 '학생 2'가 다음의 점검 기준에 따라 (나)를 점검한다고 할 때, 그 내용으로 적절하지 <u>않은</u> 것은?

점검 기준	점검 결과 (예/아니요)
•사회적으로 관심을 가질 만한 사안임을 드러냈는가?	ⓐ
•필자가 선택한 관점의 주장을 드러냈는가?	ⓑ
•필자가 선택한 관점의 약점을 보완했는가?	ⓒ
•필자가 선택하지 않은 관점의 주장도 다루었는가?	ⓓ
•필자가 선택하지 않은 관점의 약점을 비판했는가?	ⓔ

① 디스토피아 작품이 흥행하고 이와 관련된 기사가 쏟아지고 있다고 언급한 점을 고려하여 ⓐ에 '예'라고 해야지.
② 디스토피아 작품이 현실의 문제를 경계하게 하므로 작품의 인기 현상이 긍정적이라고 언급한 점을 고려하여 ⓑ에 '예'라고 해야지.
③ 우려에도 불구하고 자극적인 장면이 현실의 문제점을 자각하게 하는 필수적인 장치라고 언급한 점을 고려하여 ⓒ에 '예'라고 해야지.
④ 디스토피아 작품이 회의주의에 빠지게 하므로 작품의 인기 현상이 부정적이라고 언급한 점을 고려하여 ⓓ에 '예'라고 해야지.
⑤ 충격적인 묘사에 반복적으로 노출되면 현실의 문제점을 무감각하게 받아들이게 된다고 언급한 점을 고려하여 ⓔ에 '예'라고 해야지.

[70~74]
(가)는 학교 신문에 실을 글의 초고이고, (나)는 (가)를 수정하기 위한 대화이다. 물음에 답하시오. 23학년도 9월

(가)

청소년의 팬 상품 소비가 우려된다

일요일 오후에 방문해 본 우리 학교 근처의 한 '팬 상품' 판매점. 옷이나 소품 등 연예인과 관련하여 판매되는 상품인 팬 상품을 사려는 청소년들로 북적였다. 최근 청소년들 사이에서 팬 상품의 인기가 뜨겁다. 국내 팬 상품 시장의 규모는 2020년 기준 약 2,200억 원으로 2014년과 비교해 크게 확대되었다.

하지만 청소년의 팬 상품 소비는 여러 가지 우려되는 점들이 있다. 우선 충동적으로 팬 상품을 소비하는 비율이 높다. ㉠2020년에 실시한 설문 조사에 따르면 약 67%가 충동적으로 팬 상품을 산 적이 있다고 응답했다. 이러한 일회성 소비는 잘못된 소비 습관의 형성으로 이어질 수 있다.

다음으로 과시적 소비도 문제로 지적된다. 사회학자 유△△교수는 "청소년의 과시적인 팬 상품 소비는 남과 차별화하고 싶은 욕구의 그릇된 발현이다."라고 그 원인을 밝혔다. 과시적인 팬 상품 소비는 물질적인 요소로 자신을 드러내야 한다는 잘못된 가치관을 형성하게 할 수 있다.

마지막으로 소외감을 느끼지 않으려고 팬 상품을 소비하는 일 역시 우려된다. 1학년 정○○은 "친구들은 다 갖고 있는데 나만 없으면 소외감을 느낄까 봐 산 적도 많아요."라며 인터뷰 과정에서 속마음을 드러내었다.

따라서 팬 상품 소비에 대한 청소년들의 바람직한 태도가 요구된다. 정신과 전문의 박□□의 저서 『청소년의 팬 상품 소비문화』에서 언급하였듯이 청소년들은 합리적이고 주체적인 소비 태도를 갖출 필요가 있다. 물론 기업이 디자인과 실용성을 갖춘 팬 상품을 판매하는 일이 선행되어야 한다.

(나)

학생 1 : 청소년의 팬 상품 소비를 다룬 초고를 검토할 차례지?

학생 2 : 응, 초고는 내가 작성했어. 편집부장은 조금 늦는데. 우리부터 의견 나누고 있자.

학생 1 : 그래. 그런데 초고에 부정적인 관점의 내용만 제시했던데?

학생 2 : 친구들을 보면 우려스럽다는 생각이 들 때가 많아. 학생들이 팬 상품 소비에 대해 바람직한 태도를 지녔으면 해서 그렇게 썼어.

[A] ┌ **학생 1** : 그런데 긍정적인 면도 분명 있잖아. 즐거움이나 행복과 같은 정서적 만족감을 느낄 수 있고, 관심사가 같은 친구들끼리 더욱 친밀해지기도 하고. 그러니 두 관점의 내용을 균형 있게 제시해야 할 것 같아.
└ **학생 2** : 나도 그런 긍정적인 면이 있다는 의견에 동의해. 하지만 주변 친구들을 보면 우려되는 점이 더 커 보여. 팬 상품 소비의 바람직한 태도를 강조하려면 우려되는 면을 부각하는 게 맞지 않을까?

[B] ┌ **학생 3** : (들어오며) 회의에 늦어서 정말 미안해. 회의 시작 시간을 착각했어.
└ **학생 1** : 괜찮아. 이제 막 시작했어.

[C] ┌ **학생 2** : 너도 두 관점을 모두 제시하는 게 낫다고 생각해?
└ **학생 3** : (어리둥절하며) 두 관점이라니 무슨 말이야?

[D] ┌ **학생 1** : 방금까지 청소년의 팬 상품 소비에 대해 긍정하는 관점과 우려하는 관점의 내용을 균형 있게 다룰지, 우려하는 관점의 내용만 다룰지 논의 중이었어.

[E] ┌ **학생 3** : 아, 그랬구나. 판매 수익 기부처럼 팬 상품 소비가 사회에 선한 영향력을 미치기도 하잖아. 학생들이 균형 잡힌 시각에서 바람직한 태도에 대해 생각해 볼 수 있게, 괜찮다면 두 관점의 내용을 모두 글에 담아 줄 수 있어?

학생 2 : 듣고 보니 내가 너무 우려되는 점만 강조하려 한 것 같아. 팬 상품 소비의 긍정적인 면에 대한 내용을 추가해 볼게.

학생 1 : 좋아. 그러면 제목도 그에 맞게 수정 부탁해.

학생 2 : 알겠어.

학생 1 : 다음으로 초고의 세부 내용을 검토해 보자.

학생 3 : 2문단은 충동적 소비를 다루고 있잖아. 그러니 마지막 문장의 일회성 소비라는 표현은 적절해 보이지 않아.

학생 2 : 다시 보니 그렇네. 문단의 중심 내용과 어울리는 표현으로 교체할게.

학생 1 : 같은 문단에서 설문 조사 자료를 인용할 때 빠뜨린 게 있어.
　　　　　　　　　　　　Ⓐ

학생 2 : 설문 조사 자료의 내용을 믿기 어려운 문제가 있겠구나. 확인해서 수정할게.

학생 1 : 혹시 더 검토할 부분이 있을까?

학생 3 : 마지막 문단에 글의 초점에서 벗어나는 내용이 있으니 삭제가 필요해 보여.

학생 1 : 아, 그리고 팬 상품 시장의 규모가 확대되었음을 강조하려면 비교 기준이 되는 해의 팬 상품 시장의 규모를 밝혀야 할 것 같아.

학생 2 : 둘 다 좋은 의견이야. 반영해서 수정할게.

학생 1 : 그럼 오늘 논의한 내용을 모두 잘 반영해서 다음 회의 때 확인하자.

학생 2, 3 : 그래. 좋아.

70 (가)에 활용된 글쓰기 방법으로 가장 적절한 것은?

① 담화 표지로 문단 간의 연결 관계를 드러낸다.
② 특정 이론을 활용하여 중심 화제의 개념을 제시한다.
③ 다른 나라의 사례와 대조하여 문제 해결의 필요성을 강조한다.
④ 예상되는 반론을 제시하고 이를 반박하여 글의 설득력을 높인다.
⑤ 중심 화제에 대한 인식을 시기별로 제시하여 인식의 변화 과정을 드러낸다.

71 다음은 (가)를 작성하기 위해 쓴 메모이다. ⓐ~ⓔ가 (가)에 반영된 양상으로 적절하지 <u>않은</u> 것은?

```
○ 팬 상품의 인기 ·································· ⓐ
○ 팬 상품 소비에서 우려되는 점
  - 충동적 소비 ·································· ⓑ
  - 과시적 소비 ·································· ⓒ
  - 소외감을 느끼지 않으려고 하는 소비 ········· ⓓ
○ 팬 상품 소비의 바람직한 태도 ················· ⓔ
```

① ⓐ : 현장을 방문하여 목격한 팬 상품 판매점의 분위기를 제시하였다.

② ⓑ : 글쓴이 자신의 경험을 근거로 들어 충동적인 팬 상품 소비 태도가 청소년에 미치는 부정적 영향을 제시하였다.

③ ⓒ : 전문가의 견해를 인용하여 팬 상품을 과시적으로 소비하는 행위의 심리적 원인을 제시하였다.

④ ⓓ : 학생을 인터뷰하여 팬 상품을 소비하는 이유가 소외감과 관련 있음을 제시하였다.

⑤ ⓔ : 관련 저서를 근거로 들어 청소년들은 합리적이고 주체적인 소비 태도를 갖출 필요가 있음을 제시하였다.

72 다음 자료를 바탕으로 [A]~[E]의 대화 참여자의 발화를 이해한 내용으로 적절하지 <u>않은</u> 것은?

```
[자료 1]
  대화 상황에서 자신의 말이 상대방에게 미칠 영향을 고려하며 상대방을 배려하는 태도를 가져야 한다. 이를 위해 ㉮ 상대방의 부담을 덜어 주기, ㉯ 문제의 원인을 자신의 탓으로 돌리기, ㉰ 상대방의 의견과 일치되는 점을 언급한 후 자신의 의견 제시하기 등을 활용할 수 있다.

[자료 2]
  대화 참여자들이 ㉱ 대화 상황과 관련한 맥락을 공유하는 일은 중요하다. 맥락이 공유되지 않아 ㉲ 대화의 흐름을 이해하지 못한 경우 의사소통에 어려움을 겪을 수 있다.
```

① [A] : '학생 2'의 발화는 상대방과 의견이 다름을 제시하기 전에 공통되는 의견부터 말하고 있다는 점에서, ㉰에 해당한다.

② [B] : '학생 1'의 발화는 상대방이 회의에 늦은 것을 상대방의 탓으로 돌리지 않고 있다는 점에서, ㉯에 해당한다.

③ [C] : '학생 3'의 발화는 상대방의 물음에 대한 답변을 하는 대신 되묻고 있다는 점에서, ㉲에 해당한다.

④ [D] : '학생 1'의 발화는 회의에서 논의 중인 내용을 전달하고 있다는 점에서, ㉱에 해당한다.

⑤ [E] : '학생 3'의 발화는 질문의 형식을 활용함으로써 명령형으로 표현했을 때보다 상대방의 부담을 완화한다는 점에서, ㉮에 해당한다.

73 ㉠과 (나)의 대화 상황을 고려할 때, ⒜에 들어갈 말로 가장 적절한 것은?

① 설문 조사가 언제 이루어졌는지를 밝히지 않았어.

② 설문 조사 자료를 인용하고 있음을 밝히지 않았어.

③ 설문 조사의 응답 결과를 순위대로 밝히지 않았어.

④ 설문 조사의 결과가 시사하는 점을 밝히지 않았어.

⑤ 설문 조사를 한 주체와 응답 대상을 밝히지 않았어.

74 (나)의 논의 내용을 반영하여, (가)를 고쳐 쓰기 위한 방안으로 가장 적절한 것은?

제목	○ '청소년의 팬 상품 소비 문제점과 해결 방안'으로 교체한다. ········· ①
처음	○ 2014년도 국내 팬 상품 시장 규모에 관한 정보를 추가한다. ········· ②
중간	○ '일회성 소비'를 '과시적 소비'로 교체한다. ········· ③ ○ 팬 상품 소비가 과소비로 이어진다는 내용을 추가한다. ④
끝	○ 마지막 문장의 내용은 기업의 사회적 책임에 관한 내용으로 교체한다. ········· ⑤

[75~79]

(가)는 ○○ 고등학교 행사에 참여한 학생이 마을 소식지에 쓴 후기이고, (나)는 이를 읽은 다른 지역의 학생들이 나눈 대화이다. 물음에 답하시오. 23학년도 수능

(가)

지난 한 학기 동안 우리 학교에서는 식물에 대한 관심을 높이자는 취지에서 '다 함께 식물 지도 만들기' 행사를 진행하였다. 마을 사람들이 볼 △△동 식물 지도를 전교생이 함께 만들며, 다양한 식물에 관심을 갖게 되었고 자연의 소중함도 깨닫게 되었다.

식물 지도 만들기는 △△동 전체를 30개 구역으로 나눠 학급별로 맡은 구역의 식물을 조사하는 방식으로 이루어졌다. 먼저 최대한 여러 종류의 식물 사진을 찍은 다음, 식물의 이름을 알려 주는 누리집을 이용해 식물 이름을 편리하게 찾았다. 그리고 학급마다 특색 있게 그린 지도 위에 조사한 모든 식물의 이름을 표시하였다. 이렇게 학급별로 만든 지도를 이어 붙여 100여 종의 식물이 표시된 △△동 식물 지도를 완성하였다.

평소 우리가 잘 모르던 곳까지 꼼꼼히 살피며 식물을 조사하는 과정에서 낯낯 친구들이 힘들다고 포기하는 모습도 보였지만, 나는 이렇게 생각했다. '누군가는 이 지도를 보며 마을의 식물에 관심을 갖게 되지 않을까?' 이런 생각에 나는 계속해서 의욕적으로 조사를 해 나갈 수 있었다.

이번 행사를 통해 그동안 주변의 식물에 무심했던 나 자신을 반성하게 되었다. 그리고 화살나무나 분꽃 등의 식물을 교실 밖에서 직접 관찰하니 책으로만 접했을 때보다 식물에 대한 관심이 더 커지는 것 같았다. 다른 학교에서도 식물 지도 만들기 행사를 개최한다면 더 많은 학생들이 자연의 소중함을 느낄 수 있을 것이라는 생각이 들었다.

(나)

학생 1 : 이번 가을에 열릴 동아리 발표회 때 전시하기 위해 우리도 △△동 마을 소식지에 실린 ○○ 고등학교 사례처럼 식물 지도를 만들기로 했잖아. ○○ 고등학교 사례에서 어떤 점을 수용하고 어떤 점을 달리할지 논의해 보자.

학생 2 : 생각해 봤는데, 우리 셋이서 ○○ 고등학교가 한 것처럼 넓은 공간을 조사하긴 힘들 듯하니 학교에서 걸어갈 만한 거리만 지도의 범위로 삼는 게 좋지 않을까?

학생 1 : 그러자. 학교에서 걸어갈 만큼 가까운 범위 내에서 어디로 조사하러 갈지 장소를 정해 보자.

┌ **학생 3 :** □□ 농장에 갔으면 하는데, 너희 생각은 어때? 거기는 나무가
│ 많으니까.

│ **학생 1 :** 거긴 매실나무만 많잖아. 식물 지도를 만드는 거니까 여러 종
│ 류의 식물이 있는 곳으로 가자.

[A]

│ **학생 2 :** 여러 종류의 식물이 있는 곳도 좋지만, 나는 우리 학교 학생들
│ 이 볼 지도이니 학생들에게 친숙한 장소가 더 좋을 듯해. 그런데 그
│ 농장은 아무나 들어갈 수가 없어서 가 본 학생이 거의 없을 테니
└ ……

학생 3 : 듣고 보니 일리가 있네. 친숙한 장소라면 전교생이 함께 걷기 행사를 했던 행복산과 구름천이 어때?

학생 1 : 거기도 좋고 하늘습지도 좋을 것 같아. 학생들이 자주 산책하러 가는 곳이잖아.

학생 2 : 모두 좋은 생각이야.

학생 3 : 그럼 조사 장소는 세 군데로 정해진 거네.

학생 2 : 맞아. 이제 어떤 식물을 지도에 표시할지 얘기해 보자.

학생 1 : 우리 마을은 다양한 꽃과 나무가 자생하기로 유명하니까 우리도 지도에 되도록 다양한 종류의 식물을 표시하자.

학생 2 : 근데 발표회까지 얼마 안 남아서 국가 보호종을 비롯해 주목할 만한 몇몇 식물만 표시해야 할 듯해. 그리고 식물 이름은 ○○ 고등학교처럼 누리집을 이용해 편리하게 찾자.

학생 1 : 그러자.

┌ **학생 3 :** 식물 이름과 함께 식물이 어떤 효용이 있는지도 제시했으면
│ 하는데, 너희는 어떻게 생각해?

│ **학생 1 :** 약효가 있는 식물은 그 정보도 제시하자는 거지?

│ **학생 3 :** 응? 나는 꽃이나 나무가 마음을 편안하게 해 주는 것 같은 효
│ 용을 말한 거였는데.

[B] **학생 1 :** 식물이 사람의 정서에 어떤 영향을 미칠 수 있는지에 대한 내
│ 용을 싣자는 말이었어?

│ **학생 3 :** 응. 그런 정보가 학생들에게 의미가 있을 것 같아.

│ **학생 2 :** 그거 좋은데? 우리가 행복산에서 조사할 꽃과 나무 중 일부에
└ 는 그런 내용도 추가로 표시하면 되겠다.

학생 1 : 좋아. 이제 지도에 식물들을 어떻게 표현할지 얘기해 보자.

학생 2 : 장소마다 대표 식물을 하나씩 선정해서 그 식물 이름 밑에 식물의 사진도 함께 제시하는 건 어때?

학생 3 : 그래. 그리고 군집을 이루고 있는 식물은 모두 빗금으로 표시하자. 행복산은 갈림길이 많으니 걷기에 더 편한 길을 화살표로 표시도 하고.

학생 1 : 좋은 생각이야. 모두 적용해 보자.

학생 2 : 그래. 그런데 ○○ 고등학교가 이어 붙이는 방식으로 지도를 만든 건 참신하긴 한데 통일감이 없어 부자연스러울 듯해. 우리는 조사한 내용을 모아 함께 지도를 그리자.

학생 3 : 그러자.

학생 1 : 오늘 논의한 내용은 내가 회의록 에 쓸게.

학생 2, 3 : 고마워.

75 (가)에 활용된 글쓰기 방법으로 가장 적절한 것은?

① 1문단에서는 식물 지도 만들기 행사에서 자신이 깨달은 점을 문제점과 해결책을 제시하는 방식으로 서술하였다.

② 2문단에서는 식물 지도를 만든 과정을 원인과 결과를 제시하는 방식으로 서술하였다.

③ 2문단에서는 학급별 식물 지도의 특색을 나열하는 방식으로 서술하였다.

④ 3문단에서는 식물 조사에 임하는 자신의 참여 자세를 친구들의 참여 자세와 대조하는 방식으로 서술하였다.

⑤ 3문단에서는 식물을 조사하며 친구들이 겪은 어려움을 묻고 답하는 방식으로 서술하였다.

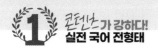
76 〈보기〉는 (가)의 마지막 문단의 초고이다. 〈보기〉를 고쳐 쓰기 위해 친구들이 조언한 내용 중 반영되지 <u>않은</u> 것은?

> **보기**
>
> 　이 행사를 통해 나 자신을 반성하게 되었다. 그리고 교실 밖에서 관찰 활동을 하는 것이 학업으로 인한 부담감을 덜어 준다는 것도 알게 되었다. 다른 학교에서도 식물 지도 만들기 행사를 열면 좋겠다는 생각이 들었다.

① 교실 밖에서 관찰한 대상의 구체적 예를 언급하는 게 어때?
② 행사를 통해 자신의 어떤 점을 반성했는지 밝히는 게 어때?
③ 다른 학교에서도 행사를 개최했을 때 예상되는 기대 효과를 제시하는 게 어때?
④ 교실 밖에서 관찰 활동을 하려면 책을 활용한 학습이 선행될 필요가 있다는 내용을 추가하는 게 어때?
⑤ 교실 밖에서 이루어지는 관찰 활동의 긍정적 효과를 행사의 취지에 부합하는 내용으로 바꾸는 게 어때?

77 [A], [B]에 대한 설명으로 적절하지 <u>않은</u> 것은?

① [A]에서 '학생 2'는 '학생 1'의 발화를 일부 재진술한 후 자신의 견해를 밝히고 있다.
② [A]에서 '학생 1'과 '학생 2'는 각기 다른 이유로 '학생 3'의 제안에 반대하는 입장을 드러내고 있다.
③ [B]에서 '학생 1'과 '학생 3' 모두 질문을 주고받는 과정에서 서로가 상대의 발화 내용을 잘못 이해했음을 깨닫고 있다.
④ [B]에서 '학생 2'는 '학생 3'에게 공감을 표한 후 '학생 3'의 제안을 구체화할 방안을 제시하고 있다.
⑤ [A]와 [B] 모두의 첫 번째 발화에서 '학생 3'은 자신이 제안한 바에 대한 '학생 1'과 '학생 2'의 의견을 묻고 있다.

78 (가)와 (나)를 고려할 때, '학생 1'이 쓴 [회의록]의 내용 중 적절하지 <u>않은</u> 것은?

일시 : 2022. 8. ▽▽.	장소 : 동아리실

회의 주제 : 마을 식물 지도 만들기 계획 수립	

논의 내용 1 : ○○ 고등학교 식물 지도 제작 사례 검토	
수용할 점	정보 확인의 편의성을 고려하여, 우리도 식물의 이름을 누리집에서 찾는다. …………①
	발표회까지 남은 기간을 감안하여, 우리도 몇몇 주목할 식물만 지도에 표시한다. …………②
달리할 점	조사 인원을 고려하여, 우리는 학교에서 걸어갈 만큼 가까운 거리만 지도의 범위로 삼는다. …………③
	지도를 볼 대상을 감안하여, 우리는 학교 학생들에게 친숙한 장소의 식물을 조사한다. …………④
	지도의 통일감을 고려하여, 우리는 각각의 지도를 이어 붙이는 방식은 활용하지 않는다. …………⑤

79 다음은 (나)를 바탕으로 학생들이 만든 지도의 초안이다. ㉠~㉤에 대한 반응으로 가장 적절한 것은?

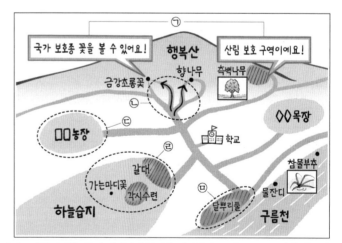

① ㉠ : 식물이 있는 곳의 핵심적인 특징을 제시하기로 했으므로 논의한 내용이 반영되었군.
② ㉡ : 국가 보호종 식물이 있는 곳으로 가는 길은 동선을 표시하기로 했으므로 논의한 내용이 반영되었군.
③ ㉢ : 식물에 대해 조사한 내용이 제시되지 않았으므로 조사한 식물에 대한 정보를 추가해야겠군.
④ ㉣ : 각 장소마다 하나씩 대표 식물의 사진을 제시하기로 했으므로 사진을 추가해야겠군.
⑤ ㉤ : 군집을 이루고 있는 식물 중 학생들에게 낯선 식물은 빗금으로 표시하기로 했으므로 논의한 내용이 반영되었군.

[80~84]
(가)는 반대 신문식 토론의 일부이고, (나)는 토론에 참여한 반대 측 학생이 작성한 소간문의 초고이다. 물음에 답하시오. **24학년도 6월**

(가)

사회자 : 오늘 토론의 논제는 '규격화된 초보 운전 표지 부착을 의무화해야 한다.'입니다. 먼저 찬성 측 입론해 주십시오.

찬성 1 : 얼마 전 초보 운전자의 운전 미숙으로 인해 교통사고가 연이어 발생하면서 초보 운전 표지 의무화에 대한 논의가 본격화되고 있습니다. 현행법에서 초보 운전자는 면허 취득일을 기준으로 정의하는데 이것으로는 면허 취득자의 실제 운전 여부를 파악하기 어렵습니다. 따라서 이번 토론에서는 관련 연구들을 참고하여 초보 운전자를 '자동차 보험 가입 경력 기준 1년 미만자'로 정의하여 입론하겠습니다.

초보 운전자는 운전이 서툴기 때문에 사고 위험이 높을 수밖에 없습니다. 초보 운전자의 사고율이 전체 운전자의 평균에 비해 18%p 높다는 통계도 있습니다. 교통사고는 안전과 직결되는 문제이며 생명을 위협할 수 있으므로 일본에서는 1970년대부터 초보 운전 표지 의무 부착 제도를 시행하고 있습니다. 표지를 의무화하여 초보임을 알리는 것은 초보 운전자를 보호할 뿐 아니라 모두의 안전을 위해 반드시 필요합니다.

한편 표지의 내용과 형식을 자율에 맡겨 발생하는 문제도 있습니다. 저는 최근에 '초보인데 보태 준 거 있어?'라는 표지를 커다랗게 붙인 차를 봤습니다. 이는 다른 운전자의 불쾌감을 유발하고 또 운전자의 후방 시야를 가려 안전 운전에 방해가 되기 때문에 표현의 자유라는 이유로 정당화될 수 없습니다. 따라서 국가 차원에서 예산을 들여 규격화된 표지를 제작하고 배부해 초보 운전자가 이를 의무적으로 부착하게 해야 합니다.

사회자 : 이어서 반대 측에서 반대 신문해 주십시오.

반대 2 : 질문에 앞서 방금 찬성 측이 한 발언은 표지 규격화가 표현의 자유를 침해한다는 점을 인정한 것으로 보입니다. 그럼 질문을 드리겠습니다. ㉠ 초보 운전자 사고율에 대한 통계의 정확한 출처를 알 수 있을까요?

찬성 1 : 2022년 국회 입법 조사처에서 발표한 자료입니다.

반대 2 : ㉡ 그 자료에서처럼 초보 운전자의 운전 미숙이 사고의 주요 원인이라면 표지 부착 의무화로 사고가 감소할까요?

찬성 1 : 경력 운전자들이 도로 위에서 초보 운전자를 확인하게 되면 이들을 배려하는 태도로 운전할 수 있습니다. 이를 통해 초보 운전자의 사고 위험을 감소시킬 수 있으리라 생각합니다.

반대 2 : 배려하는 태도, 중요하죠. 그런데 ㉢ 일부 경력 운전자들이 표지를 부착한 초보 운전자에 대해 위협 운전을 할 수도 있지 않습니까?

찬성 1 : 표지를 보고 위협 운전을 하는 것은 제도로 인한 문제가 아니라 잘못된 운전 문화로 인해 발생한 문제입니다. 그러나 잘못된 운전 문화 역시 표지 부착 의무화를 통해서 바로 잡을 수 있다고 생각합니다.

반대 2 : 저희도 운전 문화 개선은 필요하다고 생각하지만 의무화로 해결될 문제는 아니라고 봅니다. 그리고 표지를 규격화해 제작하고 배부하려면 국가의 예산이 소요됩니다. ㉣ 이 제도를 도입할 경우 비용이 발생할 텐데 결국 득보다 실이 더 크지 않을까요?

찬성 1 : 안전과 생명은 무엇보다 중요한 가치이기 때문에 비용의 측면으로만 따질 문제는 아니라고 생각합니다.

반대 2 : ㉤ 표지 의무화는 제재를 가한다는 뜻인데, 위반자를 적발하는 등

제도를 운영하는 것이 현실적으로 가능할까요?

찬성 1 : (잠시 생각한 후) 구체적인 방법은 아직 생각해 보지 못했습니다.

사회자 : 이어서 반대 측 입론 해 주십시오.

(나)

이번 토론의 논제를 보고 나도 내년이면 면허를 취득할 수 있는 나이가 된다는 생각에 관심이 생겨 토론에 참여하기로 했다. 나는 반대 입장을 선택한 후 친구와 한 팀이 되어 토론을 준비했다.

먼저 쟁점을 분석한 후 주장할 내용을 정리하였다. 다음 날에는 근거 자료를 마련하려고 인터넷에서 자신의 개성을 자유롭게 표현하고 있는 다양한 초보 운전 표지 사진들을 찾아 저장했다. 그리고 '초보 스티커, 되레 난폭 운전자들의 표적'이라는 제목의 표지 부착 부작용 사례를 다룬 인터넷 신문 기사를 수집했다. 이후 관련 기관에 메일로 자료를 요청하여 운전 행태, 교통안전 등을 평가해 수치화한 교통 문화 지수가 운전자의 인식 개선을 위한 다양한 활동을 통해 매년 꾸준히 상승하고 있다는 보도 자료를 받았다. 그다음 날에도 자료를 찾으러 친구와 함께 도서관에 갔다. 미국 대다수의 주에서는, 표지 부착은 의무화하지 않으면서 임시 면허 기간을 두어 초보 운전자의 운전 숙련도를 높이는 단계적 운전면허 제도를 시행하고 있다는 논문 자료를 찾았다. 그리고 초보 운전자 대부분이 표지를 부착하고 있다는 설문 결과도 찾아 스크랩했다.

막상 토론을 하려니 평소 사람들 앞에서 말할 때 긴장해서 말을 더듬는 편이라 걱정이 되었다. 이를 극복하기 위해 실전처럼 말하는 연습을 반복했고 그 덕분에 토론에서 침착하게 말할 수 있었다. 한편 토론 후 상호 평가를 해 보니, 친구는 준비한 자료를 활용해 논리적으로 답변한 반면 나는 찬성 측 반론을 미흡하게 반박한 것 같아 조금 아쉬웠다.

[A] 이번 토론을 준비하며 생각보다 많은 시간과 노력이 든다는 것을 알았다. 논제에 대한 찬성과 반대의 자료를 모두 조사해야 하기 때문이다.

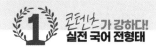
80 (가)의 '찬성 1'의 입론에 대한 설명으로 가장 적절한 것은?

① 핵심 용어를 정의한 후 상대의 동의를 구하고 있다.
② 외국의 사례를 분류하여 논의의 범위를 확장하고 있다.
③ 특정 경험을 활용하여 기존 정책의 목적을 설명하고 있다.
④ 최근 발생한 사건을 언급하여 논의의 필요성을 드러내고 있다.
⑤ 정책이 변화한 과정을 중심으로 논의의 배경을 제시하고 있다.

81 반대 신문의 목적을 고려했을 때, ㉠~㉤에 대한 이해로 적절하지 <u>않은</u> 것은?

① ㉠은 상대가 근거로 인용한 자료가 신뢰할 만한 것인지 출처를 확인하고 있다.
② ㉡은 초보 운전 표지를 의무적으로 부착하면 사고가 감소한다는 상대의 주장이 타당하지 않음을 지적하고 있다.
③ ㉢은 상대의 주장이 경력 운전자의 입장만 반영하여 공정하지 않음을 지적하고 있다.
④ ㉣은 상대의 주장을 비용의 측면에서 보았을 때 실질적 이익이 있는지 확인하고 있다.
⑤ ㉤은 초보 운전 표지 의무화 제도를 운영하는 일이 실행 가능한지 확인하고 있다.

82 (가)의 토론 내용과 (나)의 자료를 바탕으로 <u>반대 측 입론</u> 내용을 추론했다고 할 때, 적절하지 <u>않은</u> 것은?

> ▶ **쟁점: 표지 부착 의무화는 교통사고 감소를 위해 필요한가?**
>
> [자료] 표지 부착 부작용 관련 신문 기사
> └ **반대 측 입론**: 일부 운전자가 초보 운전 표지를 붙인 차량을 위협하는 경우를 볼 때, 의무화가 오히려 교통사고를 유발할 수 있다. ·····························①
>
> [자료] 단계적 운전면허 제도 관련 논문
> └ **반대 측 입론**: 단계적 운전면허 제도를 참고하여 초보 운전자의 운전 숙련도를 높인다면, 표지 부착을 의무화하지 않고도 초보 운전자의 교통사고를 줄일 수 있다. ·····②
>
> ▶ **쟁점: 표지 부착 의무화는 운전 문화 개선을 위해 필요한가?**
>
> [자료] 교통 문화 지수 관련 보도 자료
> └ **반대 측 입론**: 교통 문화 지수의 상승 추세를 볼 때, 운전 문화는 홍보나 캠페인 등을 통해 개선할 수 있으므로 표지 부착을 의무화할 필요가 없다. ·····③
>
> ▶ **쟁점: 국가 차원에서 표지를 규격화해야 하는가?**
>
> [자료] 다양한 초보 운전 표지 사진
> └ **반대 측 입론**: 국가 차원에서 표지를 규격화하면, 개성 있는 표지를 부착하고자 하는 운전자의 자기표현의 자유를 침해할 수 있어 규격화는 불필요하다. ·····④
>
> [자료] 초보 운전 표지 부착에 대한 설문 결과
> └ **반대 측 입론**: 대부분의 초보 운전자가 표지를 부착하고 있음을 볼 때, 기존 표지를 규격화된 표지로 교체하는 비용을 초보 운전자가 부담하게 되므로 규격화는 불필요하다. ·····⑤

83 (나)를 작성할 때 활용한 내용 조직 방법으로 적절하지 <u>않은</u> 것은?

① 1문단에서는 논제에 대한 입장을 선택하게 된 계기를 원인과 결과에 따라 제시하였다.
② 2문단에서는 토론을 준비하는 과정을 시간 순서에 따라 제시하였다.
③ 2문단에서는 토론에 활용할 자료를 수집한 경로에 따라 나누어 제시하였다.
④ 3문단에서는 말하기 불안 문제를 인식하고 이를 해결하기 위한 노력을 제시하였다.
⑤ 3문단에서는 토론 활동에 대한 평가를 대비의 방식으로 제시하였다.

84 다음은 [A]를 고쳐 쓴 것이다. 그 과정에서 반영된 교사의 조언으로 가장 적절한 것은?

> 이번 토론을 준비하며 시간과 노력을 들여 자료 조사와 말하기 연습을 한 결과 설득력 있게 주장할 수 있다는 자신감이 생겼다. 또 토론 중 상대의 발언을 잘 들었더니 문제를 깊이 이해할 수 있었고 사회적 쟁점을 바라보는 다양한 시각의 중요성을 알았다.

① 토론의 경쟁적 속성이 지닌 장점만 다루고 있으니, 단점도 함께 제시해 보렴.
② 토론에서 배운 점만 다루고 있으니, 시행착오와 이를 보완할 계획을 모두 제시해 보렴.
③ 토론에서 자료 조사의 어려움만 다루고 있으니, 토론 중 겪은 어려움도 함께 제시해 보렴.
④ 토론 준비에 대해서만 다루고 있으니, 실제 토론을 하면서 깨달은 점도 함께 제시해 보렴.
⑤ 토론 준비 과정에서의 개인적 노력만 다루고 있으니, 협력하며 준비하는 토론의 가치도 함께 제시해 보렴.

[85~89]
(가)는 방송 대담의 일부이고, (나)는 이를 바탕으로 학생회 학생들이 나눈 대화이며, (다)는 학생회장이 작성한 건의문이다. 물음에 답하시오. **24학년도 9월**

(가)

진행자 : 안녕하십니까? 특별 기획 '박물관에 바란다'입니다. 우리 지역 박물관은 증축을 추진하면서 시민 건의를 받고 있습니다. 오늘은 우리 지역 박물관의 발전적 변화를 모색하고자 전문가 두 분을 모셨습니다. 먼저 공간 구성에 관한 사항을 논의하겠습니다.

전문가 1 : 이 지역은 ○○ 문화의 중심지였고, 박물관에서는 토기와 왕릉의 왕관 등 ○○ 문화의 흥망성쇠를 보여 주는 유물을 다수 보유하고 있습니다. 따라서 ○○ 문화권 상설 전시실의 규모를 확대할 것을 제안합니다.

[A]
┌ **진행자** : 지역의 역사와 유물을 고려해 상설 전시실 규모를 늘리자는 말씀이군요. 이에 대해 어떻게 생각하시나요?

전문가 2 : 저 역시 동의합니다. 그리고 이번 기회에 교육, 공연, 시민 교류 등을 위한 시민 활용 공간들을 확보해서 박물관을 복합 문화 공간으로 조성해야 합니다.

전문가 1 : 교육 공간의 확보에 대해서는 같은 생각입니다. 하지만 교육 공간 이외의 시민 활용 공간보다 유물 보존을 위한 공간을 확보하는 것이 더 중요합니다.

진행자 : 보존 공간의 확보가 중요한 이유는 무엇인가요?

전문가 1 : 인류의 귀중한 유산을 보존하는 게 박물관 본연의 기능이기 때문입니다. 보존 공간이 부족해 5년 만에 재증축한 □□ 박물관의 전철을 밟으면 곤란합니다. 증축할 공간에 한계가 있으니 본연의 기능에 집중해야 하지 않을까요?

전문가 2 : 말씀에 공감하지만, 이번 증축을 계기로 박물관이 시민에게 더 다가가는 공간이 되었으면 합니다.

[B]
┌ **진행자** : 공간 구성에 대한 두 분의 좋은 말씀 고맙습니다. 다음으로 운영상 중점을 둘 부분을 논의해 볼까요?

전문가 1 : 박물관의 핵심은 유물 보존과 연구입니다. 특히 충분한 연구가 전제되지 않으면 내실 있는 전시가 어렵습니다. 따라서 유물 연구를 강화해야 합니다.

전문가 2 : 최근 새로 제시된 박물관의 정의에 공동체의 참여에 관한 내용이 추가되었지요. 이는 박물관 운영 과정에서 시민의 의견을 적극 수용해야 한다는 의미로 볼 수 있습니다. 저는 이 점이 중요하다고 생각합니다.

진행자 : 방금 하신 말씀이 어떤 식으로 실현될지 궁금하네요.

전문가 2 : 박물관에서 운영할 교육 프로그램 기획 단계에서 시민에게 의견을 묻고 이를 운영에 반영할 수 있습니다.

[C]
┌ **진행자** : 시민에게 의견을 묻고 이를 운영에 반영하면 수요자의 요구에 맞는 교육 프로그램 운영이 가능하겠군요.

(나)

학생회장 : '박물관에 바란다'를 보고 우리도 박물관에 건의하기로 했잖아. 무엇을 건의할지 이야기해 보자.

학생 1 : 전문가가 우리 지역은 ○○ 문화의 중심지였다고 했으니, 박물관을 왕릉 모양으로 만들면 뜻깊을 거야.

학생 2 : 흥미롭지만 현실적으로 어렵지 않을까?

학생 1 : 그럼 진로 체험 강좌를 운영해 달라는 건 어때?

학생 2 : 그래. 역사학 관련 체험 강좌가 박물관에 없어서 진로 체험 기회가 부족한 게 문제였잖아.

학생회장 : 방송에서 유물 보존과 연구가 박물관의 핵심이라고 했는데, 이와 관련한 강좌는 진로 개발에 큰 도움이 될 거야. 또 다른 건의 사항 있어?

학생 1 : 설명 위주의 기존 전시 방식에 친구들의 불만이 많잖아. 유물 모형을 만져 보며 체험할 수 있는 공간을 만들어 달라고 건의하자.

학생 2 : 맞아. 박물관이 다양한 시민 활용 공간을 확보해야 한다고 전문가도 그랬잖아.

학생회장 : 이야기한 내용을 바탕으로 글을 써 볼게.

(다)

박물관장님, 안녕하세요? 저는 △△ 고등학교 김◇◇입니다. 증축을 앞둔 박물관에 건의 사항이 있습니다.

첫째, 유물 모형을 체험할 수 있는 공간을 마련해 주십시오. 저희 청소년은 체험해 보는 교육 활동을 좋아합니다. 그런데 기존 박물관은 유리벽 안의 유물에 대한 설명만 있어서 청소년의 불만이 많습니다. 유물 모형을 만져 보며 체험하는 공간이 생긴다면, ㉠ 지역의 많은 청소년이 유물의 가치에 대해 더 재미있게 배울 수 있을 것입니다. 또한 박물관을 홍보하는 효과가 있을 것입니다. ㉡ 체험 중 안전사고를 우려하실 수 있지만 이 문제는 자원봉사자의 참여로 해결 가능하며, 이는 청소년에게 자원봉사의 기회를 제공하는 이점도 있습니다.

둘째, 청소년 대상의 진로 체험 강좌를 운영해 주십시오. 우리 지역은 ○○ 문화의 중심지여서 많은 청소년이 역사적 자긍심을 느끼고 있습니다. 그래서 역사학에 관심이 있는 청소년이 많은 편이지만, 진로 체험의 기회는 부족합니다. 유물의 보존과 연구에 대해 배우는 강좌가 운영된다면, 지역 청소년의 진로 개발에 큰 도움이 될 것입니다.

건의를 수용할 경우 ㉢ 박물관 운영에 부담이 된다고 우려하실 수 있지만, 이보다 청소년이 꿈을 키우고 지역에 대한 청소년의 자긍심이 높아지는 효과가 더 클 것입니다. 증축될 박물관은 자랑스러운 역사를 간직한 참여의 공간이 될 것입니다. 고맙습니다.

85 [A]~[C]에 대한 설명으로 가장 적절한 것은?

① [A] : '전문가 1'의 질문 내용을 요약하며 이에 대한 '전문가 2'의 생각을 묻고 있다.

② [A] : '전문가 1'의 답변 중 이해가 어려운 내용을 밝히며 추가 답변을 요청하고 있다.

③ [B] : '전문가 1'과 '전문가 2'의 제안을 종합한 후 이에 대한 자신의 의견을 제시하고 있다.

④ [B] : '전문가 1'과 '전문가 2'가 밝힌 의견에 대해 감사를 표한 후 이어서 논의할 사항을 제시하고 있다.

⑤ [C] : '전문가 2'가 언급한 내용의 일부를 재진술하며 예상되는 문제를 밝히고 있다.

86 다음은 (가)의 전문가들이 대담을 준비하며 쓴 메모의 일부이다. ⓐ~ⓔ와 관련하여 계획한 내용 중 (가)에 나타나지 않은 것은?

[전문가 1]	[전문가 2]
· ○○ 문화권 상설 전시실 규모 확대가 필요함. ·········· ⓐ · 유물 연구가 강화될 필요가 있음. ···················· ⓑ · 유물 보존 공간이 충분히 확보되어야 함. ············· ⓒ	· 박물관 운영 과정에서 시민 의견이 적극 수용되어야 함. · ⓓ · 박물관이 복합 문화 공간이 되어야 함. ················· ⓔ

① ⓐ : 박물관에서 지역의 역사에 중요한 의미가 있는 유물을 다수 보유하고 있음을 이유로 제시한다.

② ⓑ : 내실 있는 전시는 충분한 연구가 선행되어야 가능함을 언급하며 유물 연구를 강화할 필요가 있음을 제시한다.

③ ⓒ : 박물관 본연의 기능을 위한 공간을 충분히 확보하지 않아 다시 증축하게 된 다른 박물관의 사례를 제시한다.

④ ⓓ : 박물관의 정의에 새롭게 추가된 내용을 언급하며 시민의 의견을 적극적으로 수용할 필요가 있음을 제시한다.

⑤ ⓔ : 박물관을 복합 문화 공간으로 만들면 공간별로 시민이 얻을 수 있는 효과가 다양함을 이유로 제시한다.

87 (가), (나)의 담화 내용이 (다)에 반영된 양상으로 가장 적절한 것은?

① '학생회장'이 '전문가 1'의 발언을 언급하며 밝힌 의견이 박물관의 진로 체험 강좌 운영의 기대 효과로 제시되었다.

② '학생회장'이 '전문가 2'의 발언을 언급하며 밝힌 의견이 증축될 박물관의 향후 전망으로 제시되었다.

③ '학생 1'이 '전문가 1'의 발언을 언급하며 밝힌 의견이 박물관 전시 방식의 개선이라는 건의 사항으로 제시되었다.

④ '학생 1'이 '전문가 2'의 발언을 언급하며 밝힌 의견이 체험 교육 활동에 대한 청소년의 선호라는 건의 이유로 제시되었다.

⑤ '학생 2'가 '전문가 2'의 발언을 언급하며 밝힌 의견이 역사학 관련 진로 체험 강좌의 부재라는 문제 상황으로 제시되었다.

88 〈보기〉를 바탕으로 (다)의 ㉠~㉢을 이해한 내용으로 가장 적절한 것은?

보기

건의문의 필자는 건의 수용의 기대 효과를 분명하게 밝혀야 한다. 이때, ㉮ 건의가 필자 개인만이 아니라 다수를 위한 것임을 드러냄은 물론, ㉯ 건의를 받는 독자의 이점을 제시하는 것이 좋다. 한편, 건의를 수용할 경우 우려되는 점이 있다는 독자의 반론이 있을 수 있다. 필자가 이를 예상하여 독자가 우려하는 점은 해결 가능하다거나 ㉰ 우려하는 점보다 건의 수용의 기대 효과가 더 크다는 것을 제시하는 것이 좋다.

① ㉠ : 체험 공간 조성으로 청소년이 얻을 수 있는 이점을 제시하고 있다는 점에서, ㉯에 해당한다.

② ㉡ : 체험 중 안전사고의 문제를 해결해 달라는 요구가 청소년을 위한 것임을 드러내고 있다는 점에서, ㉮에 해당한다.

③ ㉡ : 체험 중 안전사고에 대한 우려와 자원봉사 기회 제공이라는 이점을 비교하고 있다는 점에서, ㉰에 해당한다.

④ ㉢ : 박물관 운영상의 부담이 해결된다는 이점을 제시하고 있다는 점에서, ㉯에 해당한다.

⑤ ㉢ : 박물관 운영상의 부담과 청소년에게 미치는 영향을 비교하고 있다는 점에서, ㉰에 해당한다.

89 다음은 (다)의 3문단의 초고이다. 3문단에 반영된 수정 사항으로 적절하지 않은 것은?

박물관에서 진로 체험 강좌를 운영해야 합니다. 우리 지역은 역사적 자긍심이 느껴지는 곳입니다. 그래서 역사학에 대한 관심이 높은 편입니다. 진로 체험의 기회가 부족하므로 체험 강좌가 운영된다면 우리 지역에 큰 도움이 될 것입니다. 또한 음악회, 미술전 등 문화 행사도 열어 주셨으면 합니다.

① 청소년 진로 개발의 중요성을 언급한다.

② 진로 체험 강좌의 수강 대상을 제시한다.

③ 청소년이 지역에 자긍심을 느끼는 이유를 추가한다.

④ 청소년이 진로 체험 강좌에서 배울 수 있는 내용을 밝힌다.

⑤ 진로 체험 강좌 운영의 요구에서 벗어나는 내용을 삭제한다.

[90~94]

(가)는 '전통 문화 연구 동아리' 학생들의 대화이고, (나)는 이를 바탕으로 '학생 1'이 작성한 초고이다. 물음에 답하시오. `24학년도 수능`

(가)

학생 1 : 교지에 우리 동아리 이름으로 글을 싣기로 했잖아. 유네스코 인류 문화유산으로 등재 신청한다는 전통 한지에 대해 쓰기로 한 거 기억하지? 전통 한지의 우수성부터 이야기해 볼까?

　학생 2 : 조사해 보니 유럽에서는 손상된 종이 문화재를 원상태로 되돌리는 용도로 우리 전통 한지를 사용하고 있대.

　학생 3 : 나도 봤는데 전통 한지가 보존성이 좋아서 그렇대. 목재 펄프로 만든 서양 종이는 빛에 취약해서 변색, 퇴색이 발생하는데 전통 한지는 빛에 안정적이야.

[A]

　학생 2 : 서양 종이는 빛을 받으면 색이 잘 변하는데 전통 한지는 빛에 더 강하단 말이지?

　학생 3 : 응. 또 중국, 일본에도 전통 한지처럼 닥나무로 만든 종이가 있지만, 전통 한지는 섬유 조직이 교차로 배열되어 더 질기고 오래간대.

학생 1 : 그런데 이렇게 우수한 전통 한지가 정작 국내에서는 잘 사용되지 않고 있어.

학생 2 : 맞아. 잘 사용되지 않으니 제작 업체도 많이 줄었다고 들었어. 또 전통 한지가 계승될 수 있었던 건 장인들 역할이 큰데, 요즘은 기술 전수받을 사람도 별로 없다고 해.

학생 1 : 그럼 해결 방안에 대해 이야기해 볼까? 전통 한지를 계승하고 발전시킬 수 있는 방법에는 뭐가 있을까?

　학생 2 : 우선 높은 품질을 유지해야지. 그러려면 전통 방식으로 만들고 국내산 닥나무만 사용해야 해. 또 기술 전수 교육도 필요해.

　학생 3 : 품질 유지도 중요하지만, 어떤 식으로든 사용하지 않으면 결국 사라지게 될 거야.

　학생 2 : 나도 그렇게 생각해. 그래서 전통 한지 사용을 늘리기 위한 정부 차원의 노력이 필요해.

　학생 3 : 그것만으로 문제를 해결할 수 있을까? 난 민간에서 많이 사용하는 게 더 중요한 것 같아. 전통 한지로 만든 생활용품이나 공예품도 있잖아.

[B]

　학생 2 : 그런 데에 쓰이는 한지는 기계로 만들거나 수입산 닥나무로 만든 품질 낮은 한지가 대부분이야. 그렇게 해서는 전통을 계승하기 어려워.

　학생 3 : 민간에서 쓰이는 한지가 대부분 품질이 낮다는 건 확인이 필요할 것 같아. 그리고 옛것을 유지해야만 전통의 계승일까? 보존만이 좋은 건 아니라고 봐.

학생 1 : 그러니까 너희는 각각 전통 한지의 원형을 지켜 나가야 한다는 입장과 두루 사용하는 게 더 중요하다는 입장인 거지? 둘 다 일리가 있는 말이야.

학생 2 : 내가 강조하고 싶은 건, 전통 한지와 그 제작 기술에 자부심을 갖고 명품의 가치를 지켜 나가 전통 한지가 더 사랑받도록 해야 한다는 거야.

학생 3 : 무슨 말인지 알겠어. 근데 난 사용 가치 측면에서도 생각해 봤으면

좋겠어. 비록 품질이 옛 수준에는 못 미치더라도 생활 속에서 다양하게 사용되는 게 더 가치 있다 생각해. 실제로 전통 한지가 친환경 소재, 인체 친화형 소재로도 주목받고 있는 걸로 알고 있어.

학생 1 : 얘기 잘 들었어. 들으면서 메모해 두었으니 잘 정리해서 글을 써 볼게.

(나)

　우리 고유의 방식으로 제작된 전통 한지는 세계적으로 주목받는 문화유산이다. 이에 문화재청에서는 전통 한지와 그 제작 기술을 유네스코 인류 무형 문화유산 등재 신청 대상으로 선정하였다.

　전통 한지의 장점은 보존성이 우수하다는 것이다. 우리나라는 유네스코 세계 기록 유산을 아시아에서 가장 많이 보유한 나라인데, 그중 대부분이 전통 한지에 기록된 문화유산이라는 것이 이를 증명한다. 전통 한지처럼 닥나무를 원료로 하는 주변국들의 종이와 비교해도, 전통 한지는 섬유 조직이 교차로 배열되어 더 질기고 보존성이 좋다.

　그러나 국내에서 전통 한지는 사용 부진으로 인한 위기를 겪고 있다. 유럽에서는 우리 전통 한지를 손상된 문화재 복구에 사용하는 등 관심이 높은데 정작 국내에서는 사용하는 사람이 많지 않으니, 제작 업체도 전수자도 줄어들어 향후 전통 한지의 명맥이 끊어질까 염려하는 사람도 많다. 그래서 전통 한지를 계승하고 발전시키기 위한 노력이 필요하다.

　우선 전통 한지의 원형을 지켜 나가기 위해 품질을 유지하는 것이 중요하다. 이를 위해 재료 측면에서는 국내산 닥나무만을 사용해야 한다. 또 제작 기술 측면에서는 전통 방식으로 생산하고 기술 전수 교육도 실시해야 한다. 다음으로 전통 한지 사용을 확대하기 위한 노력도 필요하다. 정부 차원에서 공공 부문에 전통 한지 사용을 장려하고 문화재 수리에도 전통 한지를 사용해야 한다. 민간 차원에서는 전통 한지의 활용 분야를 넓힐 필요가 있다. 일례로 전통 한지는 친환경 소재로 주목받아 의류와 침구류 제작에 사용되고 있어, 그 응용 범위가 점차 확대되어 갈 것으로 기대된다.

　전통 한지와 그 제작 기술은 우리의 자랑스러운 문화유산으로 세계가 주목하고 있다. 따라서 전통 한지가 더욱 사랑받을 수 있도록 전통 한지와 그 제작 기술의 가치를 이어 나가기 위한 우리 모두의 노력이 필요하다.

90 (가)의 '학생 1'에 대한 설명으로 가장 적절한 것은?

① 대화 참여자에게 대화에 적극적인 태도로 참여할 것을 요청하고 있다.
② 대화 참여자에게 추후 모임에서 논의할 사항을 안내하고 있다.
③ 대화 참여자의 입장을 확인한 후 합의를 이끌어 내고 있다.
④ 대화 참여자에게 질문을 하여 대화 내용을 전환하고 있다.
⑤ 대화 참여자가 제시한 정보에 대해 출처를 요구하고 있다.

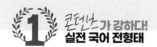
91 [A], [B]에서 나타나는 의사소통 방식에 대한 설명으로 적절하지 <u>않은</u> 것은?

① [A]에서 '학생 2'는 '학생 3'의 말을 자신의 표현으로 바꾸어 말하며 이해한 내용을 확인하고 있다.

② [A]에서 '학생 3'은 '학생 2'가 말한 내용에 대해 자신이 알고 있는 정보를 덧붙이고 있다.

③ [B]에서 '학생 2'는 '학생 3'의 의견을 수용한 후, 자신의 의견을 제시하고 있다.

④ [B]에서 '학생 3'은 '학생 2'가 제공한 정보가 정확한지에 대해 의문을 제기하고 있다.

⑤ [B]에서 '학생 3'은 '학생 2'가 제시한 해결 방안이 공정하지 못하다고 지적하고 있다.

93 (나)의 글쓰기 방식에 대한 설명으로 가장 적절한 것은?

① 자신의 특별한 경험을 활용하여 문제의 심각성을 드러내었다.

② 독자에게 익숙한 상황을 들어 예상되는 반론에 대해 반박하였다.

③ 주장을 뒷받침하는 사례를 들어 주장의 실현 가능성을 제시하였다.

④ 제재의 물리적 특성을 분석하여 문제 상황의 원인으로 제시하였다.

⑤ 보도 자료의 내용을 인용하여 제재와 관련한 정책의 변화를 드러내었다.

92 다음은 (가)에서 '학생 1'이 대화의 내용과 자신이 떠올린 생각을 작성한 [메모]이다. ㉠~㉤이 (나)에 반영된 양상으로 적절하지 <u>않은</u> 것은?

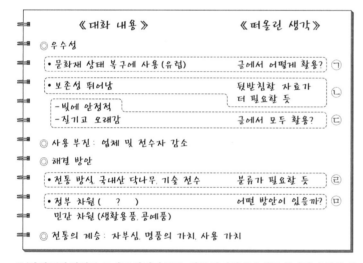

① '학생 2'의 발화를 토대로 작성된 ㉠은, 전통 한지의 우수성을 부각하기 위한 내용으로 (나)에 반영되었다.

② '학생 3'의 발화를 토대로 작성된 ㉡은, 세계 기록 유산과 관련된 내용이 추가되어 (나)에 반영되었다.

③ '학생 3'의 발화를 토대로 작성된 ㉢은, 전통 한지의 보존성을 설명하는 내용 중 일부가 제외되어 (나)에 반영되었다.

④ '학생 2'의 발화를 토대로 작성된 ㉣은, 전통 한지의 품질 유지를 위한 방안이 범주화되어 (나)에 반영되었다.

⑤ '학생 2'의 발화를 토대로 작성된 ㉤은, 전통 한지의 사용 확대를 위한 방안이 구체화되어 (나)에 반영되었다.

94 다음은 (나)의 마지막 문단을 고쳐 쓴 것이다. 그 과정에서 반영된 수정 계획으로 가장 적절한 것은?

> 전통 한지와 그 제작 기술은 우리가 자부심을 가질 만한 세계적인 문화유산이다. 따라서 전통 한지를 계승하고 발전시키려면 전통 한지와 그 제작 기술의 원형을 보존하여 품질을 유지하는 한편, 전통 한지의 사용을 확대하여 전통 한지가 다양한 방식으로 활용될 수 있도록 해야 한다.

① 전통 한지를 계승하고 발전시켜 예상되는 기대 효과를 제시해야겠군.

② 전통 한지를 계승해야 할 필요성이 드러나지 않으니, 관련된 내용을 추가해야겠군.

③ 전통 한지의 계승 및 발전을 위한 방안을, 앞서 제시한 두 가지 방향이 드러나도록 써야겠군.

④ 전통 한지의 계승 및 발전에 대해 언급하며 사용한 접속 표현이 적절하지 않으니 수정해야겠군.

⑤ 전통 한지의 특성에 관해 앞부분에서 이미 다룬 내용은 삭제하고 다른 내용으로 대체해야겠군.

[95~99]
(가)는 도서부원들의 대화이고, (나)는 도서부원이 작성한 안내문의 초고이다. 물음에 답하시오. 25학년도 6월

(가)

부원 1 : 도서관에 전파 식별 시스템을 설치하고 새로 단장한 지 일주
일이 지났네! 학생들 반응이 좋은 것 같아. 그렇지 않니?

[A] 부원 2 : 맞아. 반 친구들이 도서관 이용이 편리해졌다는 말을 많이 하
더라. 그런 말을 들으니, 전파 식별 시스템을 도입하자고 건의길
잘했다는 생각이 들었어.

부원 3 : 전에는 대출이나 반납을 하려면 줄을 길게 서야 했는데, 이젠 안
그래도 돼서 좋다고 하더라.

부원 1 : 바코드를 한 권씩 일일이 찍느라 학생들이 몰릴 땐 시간이 많이
걸렸지. 지금은 그렇지 않으니까.

부원 3 : ㉠ 전파 식별 시스템으로 바뀌니까 여러 권을 동시에 대출하고 반
납할 수 있어서 그런가 보다.

부원 2 : 자가 대출 반납기를 사용하게 돼서 점심시간 말고도 도서관을 개
방할 수 있게 된 덕분이기도 하고.

부원 1 : 우리 도서부 입장에서도 새 시스템을 활용하니까 장서 관리도 효
율적이지 않니? 전보다 훨씬 빨리 끝낸 것 같아.

부원 3 : 그래. ㉡ 장서 점검기로 한 번에 많은 책을 확인할 수 있어서 제자
리에 있지 않은 책을 빠르게 정리할 수 있었잖아. 그래서 학생들이 책을
찾기 쉬워졌어.

부원 1 : 그 덕분에 교과와 관련성이 높거나 학생들의 선호도가 높은 책을
눈에 잘 띄는 서가에 배치할 수 있었어. 그래도 시스템이 자리 잡을 때까
지는 우리가 계속해서 신경 써야할 것 같아. 책 읽기 좋은 환경을 조성하
는 일이라든지?

부원 3 : 근데, 아직 달라진 도서관에 대해 잘 모르는 학생들이 있더라.
이 문제부터 해결하는 게 어때?

부원 2 : 그럼 우리가 달라진 도서관에 대해 소개하는 안내문을 써서
[B] 학급 게시판에 붙여 두자.

부원 1 : 그러니까 안내문으로 학생들의 도서관 이용을 돕자는 말이지?
학교에서 도서관을 새로 단장했다고 학교 누리집에 안내를 해 주긴
했는데, 무엇이 달라졌는지 자세한 내용은 없더라.

부원 3 : 그래. 전파 식별 시스템 도입 전과 비교해서 불편한 점이 어떻게
개선되었는지를 안내하면 좋을 것 같아. 구체적으로 어떤 내용을 넣으면
될까?

부원 2 : ㉢ 자가 대출 반납기가 있어서 직접 대출과 반납을 할 수 있다고
알려 주면 친구들이 관심을 가질 것 같아.

부원 1 : 좋은 생각이야. 학생증이 없더라도 아이디와 비밀번호를 입력하면
대출과 반납을 할 수 있다는 것도 알려 주자.

부원 2 : ㉣ 대출하지 않은 책을 도서관 밖으로 들고 나가면 경보음이 울린
다는 설명도 꼭 넣었으면 해.

부원 3 : ㉤ 도서관을 새롭게 단장한 만큼 우리가 진행하는 도서관 행사를
소개하면 더 많은 학생이 도서관에 방문할 거야.

부원 1 : 그럼 내가 내용을 정리해서 초고를 써 볼게.

부원 2, 3 : 좋아!

(나)

우리 학교 도서관이 새 단장을 마쳤습니다. 전파 식별 시스템 도입으로
달라진 우리 학교 도서관을 여러분에게 소개합니다.

수월해진 대출·반납

길게 줄 서는 일 없이 대출·반납이 가능합니다. 전파 식별 시스템 덕분
에 바코드를 일일이 찍지 않고, 한 번에 여러 권을 동시에 처리할 수 있기
때문입니다.

대출 가능 시간 확대

대출 가능 시간이 확대되었습니다. 과거에는 도서부원이 있는 점심시간
에만 대출이 가능했습니다. 하지만 이제는 도서부원이 없어도, 점심시간이
아닌 때에도 직접 도서 대출이 가능합니다. 도서부원은 앞으로 책 읽기 좋
은 환경을 조성하는 일에 힘쓰겠습니다.

자가 대출 반납기 이용 방법

자가 대출 반납기 이용 방법을 안내합니다. 먼저, 지기 대출 반납기에 책
들을 올리고 학생증을 인식시킵니다. 학생증이 없을 때는 아이디와 비밀번
호를 입력합니다. 화면에 표시된 도서 목록을 확인한 후 대출 또는 반납 버
튼을 누르고, 완료된 후 확인증을 받으면 됩니다.

이용 편의성을 높인 도서 배치

도서관 이용 편의성을 고려하여 도서를 배치했습니다. 이전에는 제자리
에 없던 도서가 많았지만, 지금은 정리되어 원하는 도서를 바로 찾을 수 있
습니다. 특히, 교과 연계 도서, 선호도가 높은 도서를 눈에 잘 띄는 서가에
배치해 두었습니다.

도서 분실 방지 장치 작동

도서관 출입구에 도서 분실 방지 장치가 작동 중입니다. 대출 절차 없이
도서관 밖으로 책을 들고 나가면 경보음이 울립니다.

새 단장 기념 행사

도서관의 새 단장을 기념하기 위해 다양한 행사를 준비하였습니다. 추천
도서 소개, 도서 속 보물찾기 등이 있습니다.

더욱 편리해진 도서관, 앞으로도 많은 이용 바랍니다.

○○고등학교 도서관

95 다음은 (가)의 건의를 앞두고 도서부원들이 나눈 대화의 일부이다. (가)를 참
고할 때 ⓐ에 해당하는 내용으로 가장 적절한 것은?

부원 2 : 교장 선생님과의 대화 시간에 전파 식별 시스템을 도입하자고
건의하면 어떨까?

부원 1 : 그래. 만족도 조사 결과를 근거로 현재 도서관에서 학생들이
느끼는 불편한 점을 정리해서 말씀드리자.

부원 3 : 전파 식별 시스템이 도입되었을 때 ⓐ 기대할 수 있는 효과에
대해서도 말씀드리면 설득력이 있을 거야.

① 원활한 장서 관리로 학습과 관련된 도서를 쉽게 찾을 수 있어 과제 수행에 도움
을 받을 수 있음.

② 학생증 없이 도서를 대출할 때 아이디와 비밀번호를 입력해야 하는 번거로움을
해결할 수 있음.

③ 점심시간에도 도서관을 개방할 수 있어 오래 기다리지 않고 책을 빌릴 수 있음.

④ 동선을 고려한 서가와 책상의 배치로 도서를 편안하게 열람할 수 있음.

⑤ 도서관 소식을 전하는 학교 누리집 게시판이 활성화될 수 있음.

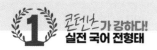
96 [A], [B]의 발화에 대한 설명으로 적절하지 <u>않은</u> 것은?

① [A]에서 '부원 1'은 질문의 형식을 통해 부원들의 생각이 자신과 같은지 확인하고 있다.

② [A]에서 '부원 2'는 직전 발화를 긍정하며 그 이유를 언급하고 있다.

③ [B]에서 '부원 3'은 자신이 인식한 문제 상황을 해결하자고 제안하고 있다.

④ [B]에서 '부원 2'는 구체적인 방법을 제시하며 부원들에게 함께할 것을 요청하고 있다.

⑤ [B]에서 '부원 1'은 직전 발화를 재진술하며 새로운 절충안을 제시하고 있다.

98 (나)를 작성할 때 활용한 내용 조직 방법에 대한 설명으로 가장 적절한 것은?

① '수월해진 대출·반납'은 시간의 흐름에 따른 순서를 중심으로 내용을 조직하였다.

② '이용 편의성을 높인 도서 배치'는 과거와 현재 사이의 공통점을 중심으로 내용을 조직하였다.

③ '수월해진 대출·반납'과 '대출 가능 시간 확대'는 모두, 문제점을 밝히고 그 해결 방안을 제시하는 방식으로 내용을 조직하였다.

④ '도서 분실 방지 장치 작동'과 '새 단장 기념 행사'는 모두, 현상의 원인을 먼저 분석하고 그에 따른 결과를 제시하는 방식으로 내용을 조직하였다.

⑤ '자가 대출 반납기 이용 방법'은 '이용 편의성을 높인 도서 배치'와 달리, 일련의 절차를 차례로 제시하는 방식으로 내용을 조직하였다.

97 다음은 (가)의 ㉠~㉤을 바탕으로 '부원 1'이 작성한 메모의 일부이다. 메모의 내용이 (나)에 반영된 양상으로 적절하지 <u>않은</u> 것은?

> | 대화 내용 | 전파 식별 시스템 도입 | 내 생각 |
> |---|---|---|
> | • 여러 권 동시 처리 가능
• 장서 점검기 활용의 이점
• 도서관 행사 | | • 도서부원 없이도 대출 가능!
• 도서 분실 방지 장치 작동 중! |

① ㉠을 바탕으로 작성된 메모의 '여러 권 동시 처리 가능'은, 대출에 소요되는 시간이 줄었다는 내용으로 (나)에 반영되었다.

② ㉡을 바탕으로 작성된 메모의 '장서 점검기 활용의 이점'은, 이용 편의를 고려해서 도서를 정리했다는 내용으로 (나)에 반영되었다.

③ ㉢을 바탕으로 작성된 메모의 '도서부원 없이도 대출 가능'이라는 내용은, 과거에는 도서부원이 있을 때에만 도서 대출이 가능했다는 내용과 함께 (나)에 반영되었다.

④ ㉣을 바탕으로 작성된 메모의 '도서 분실 방지 장치 작동 중'이라는 내용은, 경보음이 울렸을 때의 대처 방안과 함께 (나)에 반영되었다.

⑤ ㉤을 바탕으로 작성된 메모의 '도서관 행사'는, 행사의 종류를 소개하는 내용으로 (나)에 반영되었다.

99 다음은 (나)를 고쳐 쓰기 위해 활용한 점검 항목이다. ㉮~㉺를 기준으로 (나)를 점검한 내용으로 적절하지 <u>않은</u> 것은?

점검 항목	
안내문의 형식을 갖추고 있는가?	㉮
글의 목적이 드러나는가?	㉯
필요한 정보를 분명하게 전달하는가?	㉰
소제목과 문단의 내용이 부합하는가?	㉱
독자가 이해하기 쉽게 전달하는가?	㉲

① ㉮ : 안내문의 제목이 없어 독자의 주목을 끌기 어려우니, 전체적인 내용을 고려해 제목을 만들면 어떨까?

② ㉯ : 안내문을 쓴 목적이 제시되어 있지 않으니, 글의 처음 부분에 목적을 기술하는 것이 어떨까?

③ ㉰ : 대출 가능 시간을 확실하게 알기 어려우니, 시간을 명시적으로 밝히면 어떨까?

④ ㉱ : 소제목으로 포괄할 수 없는 문장이 있으니, 그 문장을 삭제하면 어떨까?

⑤ ㉲ : 글보다 그림을 더 쉽게 이해하는 독자도 있으니, 자가 대출 반납기 이용 방법을 그림으로 표현하여 추가하면 어떨까?

[100~104]
(가)는 동아리 학생들의 대화이고, (나)는 (가)를 반영해 행사를 진행한 후, '학생 1'이 쓴 소감문이다. 물음에 답하시오. 25학년도 9월

(가)

학생 1 : 우리 ○○시 천문 축제가 보름 앞으로 다가왔어. 우리 동아리가 '조선 시대 천문학'을 주제로 전시 체험 공간을 운영하기로 했잖아. 저번에 제출한 계획서를 보면서 각 조의 준비 상황을 점검해 볼게.

학생 2 : 우리 조는 조선 시대의 천체 관측 기록에 대해 전시하기로 했잖아. 찾아보니까 영조 때의 혜성 관측 기록이 있었어. 그게 핼리 혜성을 관측한 기록이더라고.

학생 3 : 그래? ㉠ <u>그런데 그 관측 기록에 어떤 내용이 나와 있어?</u>

학생 2 : 조선 시대 기록인데도 혜성의 이동 경로, 밝기, 꼬리의 길이 등이 상세히 포함되어 있어. 이는 핼리 혜성의 정확한 궤도를 보여 주는 기록이야.

학생 1 : 대단한 기록이네. 전시물은 어떤 형식으로 만들 거야?

학생 2 : ㉡ <u>혜성 기록을 날짜별로 정리해서 전시물을 만들고 있는데 좀 밋밋해 보여 걱정이네.</u> 좋은 생각 있어?

학생 1 : 영상으로 만들면 생생할 것 같은데 어때?

학생 2 : ㉢ <u>영상은 생동감이 있어서 좋긴 한데, 행사 전까지 제작하려면 시간이 부족할 것 같아.</u>

학생 3 : 역사 신문 형식 어때? 조선 시대 혜성 관측을 당시에 직접 취재한 것처럼 실감나게 표현할 수 있을 거야.

학생 2 : 역사적 의의가 있는 기록을 소개하는 데 잘 어울릴 것 같아. 한번 해 볼게.

학생 1 : 조선 시대 별자리 해설 준비는 어떻게 되고 있어? 준비하는 데 시간이 많이 걸릴까?

학생 3 : 거의 다 됐어. 우리 조는 옛 별자리 28수를 준비하기로 했잖아. 그 중에 여름철 별자리만 설명하려고 해. 사람들이 관측 행사 때 볼 수 있는 것을 다루려고.

학생 1 : 그래. 그런데 옛 별자리가 사람들에게 어려울 수 있을 것 같은데, 별자리는 어떤 방식으로 설명할 거야?

학생 3 : 화면에 밤하늘 사진을 보여 주고 우리 옛 별자리의 모양이 서양 별자리와 어떻게 다른지 설명할 거야.

학생 1 : 그래. 별자리 그리기 체험은 투명 카드에 야광 펜으로 그려보는 활동을 준비하기로 했잖아? 얼마나 준비됐어?

학생 3 : 카드에 미리 별의 위치를 표시해 두는 것까지 했는데, 그러면 사람들이 쉽게 그릴 수 있겠지?

학생 2 : ㉣ <u>응. 학교 행사 때 지리 동아리도 지역 명소를 표시한 활동지를 참여자들에게 주니, 여행 지도를 다들 쉽게 그리더라.</u>

학생 1 : 투명 카드와 야광 펜 외에 필요한 것 더 있어?

학생 3 : 아니, 괜찮아.

학생 2 : 그런데 별들의 밝기 차이도 카드에 나타내면 좋겠어.

학생 3 : 사람들한테 크기가 다른 별 스티커를 직접 붙이게 할까?

학생 2 : ㉤ <u>좋네! 별들의 밝기 차이를 나타낼 수 있겠어.</u>

학생 3 : 생각해 봤는데, 전시 체험 공간을 다녀간 사람들에게 참여 후기를 짧게 남겨 달라고 하는 건 어때?

학생 1 : 그래, 좋아. 교지 편집부에서 행사 소감문을 써 달라는 의뢰가 들어왔는데, 관람객들의 참여 후기 중 중요한 내용을 글에 활용할게. 남은 예산으로 별 스티커랑 참여 후기 쓸 메모지를 구입해서 곧 나눠 줄게. 그럼 여기까지 하자.

(나)

　우리 천문 동아리는 8월마다 개최되는 지역의 천문 축제에 올해도 참가했다. 천문 축제는 전시 체험 행사와 관측 행사로 진행되었다. 우리는 사람들에게 '조선 천문학의 우수성을 알리면 어떨까?'라는 생각에 '조선 천문학을 찾아 떠나는 여행'이라는 제목의 전시 체험 공간을 마련했다. 전시와 체험으로 조를 나눠 준비한 덕분에 행사를 잘 진행할 수 있었다.

　전시 활동으로는 조선 시대의 혜성 관측을 가상으로 취재한 역사 신문을 준비했다. 영조 시대 천문학자들이 25일간 핼리 혜성의 변화를 관찰하고 기록한 사실을 기사로 작성해 전시하고, 이 관측 기록을 유네스코 세계기록유산으로 등재하려고 추진한다는 소식도 관람객들에게 알려 주었다. 관측 장비가 부족했던 시절에 이토록 상세한 기록을 남긴 것에 놀라워하는 관람객들의 반응을 보니, 조선 천문학의 우수성을 보여 주는 관측 기록을 전시 주제로 다루길 잘했다는 생각이 들었다.

　이후 이어진 체험 활동으로, 조선 시대 천문서에 나와 있는 여름철 별자리를 해설하고 관람객들이 카드에 직접 별자리를 그려 보게 하는 활동을 진행했다. 여름철 별자리는 백조자리가 중심을 이루는데, 서양에서 백조의 날개 모양이라 생각한 것을 우리 조상들은 천진(天津), 즉 은하수가 흐르는 하늘에 있는 나루터라고 상상했다고 설명했다. 그 양 옆에 견우성과 직녀성이 마주보고 있다고 알려 주자, 아이들은 옛이야기 속 견우, 직녀가 별 이름이라는 것을 신기해했다. 이렇게 서양 별자리와 대조해 설명하니 쉽게 이해된다는 반응이어서 함께 이야기하길 잘했다고 생각했다. 그 후 옛 별자리 그리기와 별 스티커 붙이기 활동을 했는데, 예상보다 많은 사람들이 몰려 카드가 부족해 발길을 돌린 사람들도 있어 죄송했다.

[A] ┌ 　전시 체험 행사를 마치고 밖으로 나가 관측 행사 도우미로 참여했다. 관측 장비를 설치하고 조작법을 안내하며 관측을 도왔다. 관측에서 까만 밤하늘을 가로지르는 별똥별의 반짝이는 모습도 볼 수 있었다. 이번 축제를 통해 조선 천문학에 대해 더 알게 되고 동아리 친구들과 사이가 돈독해져서 행복했다. 내년 축제에도 꼭 다시 참가하고 싶다.

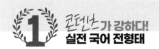
100 대화의 흐름을 고려할 때, ㉠~㉤에 대한 설명으로 적절하지 <u>않은</u> 것은?

① ㉠ : 직전 발화에 대해 세부적인 정보를 요청하고 있다.

② ㉡ : 직전 발화와 관련하여 고민되는 부분을 언급한 뒤, 질문을 통해 대안을 요청하고 있다.

③ ㉢ : 직전 발화 내용의 긍정적인 부분을 언급한 뒤, 예상되는 문제점을 제시하고 있다.

④ ㉣ : 직전 발화에 동의하고 이와 관련된 유사한 사례를 제시하고 있다.

⑤ ㉤ : 직전 발화를 재진술하고 제시된 방안의 효과를 덧붙이고 있다.

103 (나)에 활용된 글쓰기 방식으로 가장 적절한 것은?

① 체험 활동에서 발생한 문제를 해결하는 과정을 서술하였다.

② 전시 활동에서 활용한 전시물의 특징을 분류해 서술하였다.

③ 축제에서 동아리의 참가 분야를 작년과 대비해 서술하였다.

④ 축제에서 동아리가 진행한 활동들을 시간의 흐름에 따라 서술하였다.

⑤ 축제에 참여한 경험에서 얻은 의미를 묻고 답하는 방식으로 서술하였다.

101 다음은 (가)에서 '학생 1'이 참고한 <u>계획서</u>의 일부와 메모이다. '학생 1'이 (가)에서 점검하지 <u>않은</u> 것은?

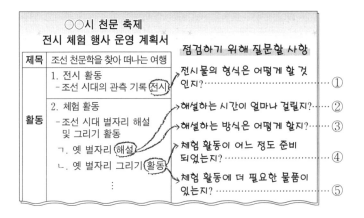

102 다음은 <u>참여 후기</u>의 일부이다. (가)와 관련하여 ⓐ~ⓒ가 (나)에 반영되었다고 할 때, 이에 대한 설명으로 가장 적절한 것은?

ⓐ 조선 시대의 혜성 관측 기록에 대한 내용을 역사 신문으로 알려 주어서 지금 현재에 일어난 일처럼 생생하게 느껴졌어요.

ⓑ 견우, 직녀 이야기가 별에 대한 이야기인 것을 알게 되어 재밌었어요. 그리고 서양과 조선의 별자리의 차이점을 설명해 주니 쉽게 이해되었어요.

ⓒ 혜성 관측 기록이 유네스코 세계기록유산으로 등재될 수도 있다는 게 놀라웠어요. 그런데 카드가 부족해서 별자리 그리기 체험을 못 한 것이 속상했어요.

① '학생 1'이 구입 물품 배분에 대해 언급한 내용이 ⓒ의 체험하지 못해 속상했다는 반응을 통해, (나)에서 행사 물품 준비 과정에 대한 글쓴이의 부정적 인식으로 제시되었다.

② '학생 2'가 별들의 밝기에 대해 언급한 내용이 ⓑ의 재미있었다는 반응을 통해, (나)에서 해설 내용 선정에 대한 글쓴이의 긍정적 인식으로 제시되었다.

③ '학생 2'가 혜성 관측 기록에 대해 언급한 내용이 ⓒ의 놀라웠다는 반응을 통해, (나)에서 전시 주제 변경에 대한 글쓴이의 부정적 인식으로 제시되었다.

④ '학생 3'이 역사 신문 형식 활용에 대해 언급한 내용이 ⓐ의 현장감 있다는 반응을 통해, (나)에서 전시물의 형식 선택에 대한 글쓴이의 긍정적 인식으로 제시되었다.

⑤ '학생 3'이 별자리를 설명하는 방식에 대해 언급한 내용이 ⓑ의 이해가 잘되었다는 반응을 통해, (나)에서 설명 방식 선택에 대한 글쓴이의 긍정적 인식으로 제시되었다.

104 다음은 [A]의 초고와 친구들의 의견이다. 초고에 대한 의견을 반영하여 고쳐 썼다고 할 때, 이에 대한 설명으로 가장 적절한 것은?

> ◦ **초고**
>
> 관측 행사 도우미로는 전시 체험 행사에 참가한 동아리의 학생들이 참여할 수 있었다. 전시 체험 행사를 마치고 밖으로 나가 관측 행사 도우미로 참여했다. 관측에서 별똥별도 볼 수 있었다. 이번 축제를 통해 조선 천문학에 대해 더 알게 되고 동아리 친구들과 사이가 돈독해져서 행복했다. 내년 축제에도 꼭 다시 참가하고 싶다.
>
> ◦ **초고에 대한 의견**
> **학생 2** : 글의 흐름이 자연스럽도록, 일부 내용을 삭제하거나 순서를 바꾸면 좋겠어.
> **학생 3** : 글의 목적을 고려해, 인상 깊었던 경험을 구체화하거나 자신이 성찰한 내용을 추가하면 좋겠어.

① '학생 2'의 의견을 반영해, 내년 축제의 참여 의향에 대한 내용을 삭제하였다.

② '학생 2'의 의견을 반영해, 관측 행사 도우미의 참여 조건을 언급한 문장의 위치를 변경하였다.

③ '학생 3'의 의견을 반영해, 관측 행사에서 본 별똥별의 모습을 구체화하였다.

④ '학생 3'의 의견을 반영해, 축제를 통해 배우고 느낀 점에 대한 내용을 추가하였다.

⑤ '학생 3'의 의견을 반영해, 관측 행사 도우미로서 한 일에 대한 소감을 추가하였다.

[105~109]

(가)는 학생회 학생들의 대화이고, (나)는 학생회 대표가 쓴 건의문이다. 물음에 답하시오. 25학년도 수능

(가)

학생 1 : 얘들아, 어제 뉴스 봤어? 인근에 있는 ○○고가 개교 60주년을 앞두고 교가 가사를 바꿨다고 하더라.

학생 2 : ㉠ 처음 들어보는데, 교가 가사를 왜 바꾼 거야?

학생 1 : 교가 가사에 '씩씩한 건아여, 청년 일꾼이여'라는 구절이 반복되었다고 해. 이런 가사는 개교 당시 사회에서 요구되던 특정 역할만을 강조한 거라고 뉴스에서 그러더라.

[A] **학생 3** : 아, 그래? 그런 가사 내용이 개교 당시에는 중요한 가치로 여겨졌겠지만 지금은 그렇지 않으니 바꾼 거구나. 근데 비슷한 시기에 개교한 우리 학교 교훈도 문제가 있지 않니?

학생 2 : ㉡ 맞아. 등교할 때 교훈을 보면 마음이 좀 불편하더라. 그래서 교훈을 바꿨으면 좋겠다고 생각한 적이 있어.

학생 3 : 나도 그랬는데. 우리 학교 교훈도 ○○고 교가처럼 특정 역할만이 두드러지는 것 같아.

학생 2 : 응. 그래서 많은 학생들이 공감하기 어려운 것도 사실이야.

[B] **학생 3** : 교훈은 지금 시대에도 맞는 보편적 가치를 담고 있어야 하는 거 아냐? 누구나 공감할 수 있어야 하고. 그런데 우리 교훈은 그렇지 않은 것 같아.

학생 1 : ㉢ 나는 우리 학교 교훈이 괜찮다고 생각했는데, 듣고 보니 바꿔야겠다는 생각이 들어. 그런데 뉴스에 따르면 ○○고에서는 동문회를 설득하는 것이 쉽지 않았다고 하더라고.

학생 2 : 아무래도 학교 설립 이후 오랜 기간 교가를 불러 왔으니까, 동문 선배들은 교가가 모교를 상징한다고 생각할 것 같아. 그만큼 교가에 애정이 있는 사람도 많을 거야.

[C] **학생 1** : 맞아. 교훈을 바꾸는 일도 교가를 바꾸는 것만큼 어려울 것 같아.

학생 3 : 그러니까 동문 선배들과 학교 구성원의 의견도 충분히 들어야 할 것 같아. ㉣ 교훈 변경이 왜 필요하고 어떤 효과가 있는지 알리는 것도 중요하겠지?

학생 2 : 응. 근데 교훈을 바꾸면 어떤 효과가 있을까?

학생 3 : 교훈을 보면서 느꼈던 불편한 마음이 사라지지 않을까? 새로운 교훈으로부터 알게 모르게 긍정적인 영향도 받을 수 있을 거고.

학생 1 : 그래. 교훈을 바꾸는 과정에서 학교에 대한 구성원의 관심이 높아지고 결속력도 키울 거야. 그리고 교훈을 바꾸고 싶은 다른 학교에도 좋은 본보기가 될 것 같아.

학생 3 : 그럼 교훈 변경을 추진할지 말지 학생회 회의 안건으로 올려 보자. 오늘 나눈 이야기는 내가 정리할게.

학생 1 : 나는 다른 학교의 사례를 더 찾아서 회의 때 공유할게.

[D] **학생 2** : 좋아. 회의에서 통과되면 교훈 변경에 대한 학생들의 의견을 조사해 보자. 설문 조사를 하는 배경도 같이 안내하면 좋겠어.

학생 1 : 찬반 의견뿐만 아니라 새로운 교훈도 제안받아 보자.

학생 3 : ㉤ 교훈을 미리 제안받으면 교훈 변경이 확정된 것처럼 오해할 수

있으니 그 내용은 빼는 게 어때?

[E] **학생 1** : 그게 낫겠다. 교훈 변경에 대한 찬반 의견을 조사하고, 교훈을 바꾸자는 의견이 많으면 이를 바탕으로 학교에 건의하면 될 것 같아.

학생 2 : 그래! 그것과 함께 동문 선배들의 의견을 모아 달라고도 부탁해 보자. 우리 잘해 보자.

(나)

교장 선생님, 안녕하세요? ⓐ 저는 학생회 대표 안△△입니다. 늘 학교 발전과 학생들의 성장을 위해 애쓰시는 교장 선생님께 감사의 말씀을 드립니다.

ⓑ 최근 ◇◇방송 뉴스에 따르면 인근 학교인 ○○고가 학교 구성원의 노력 끝에 교가 가사를 변경하였다고 합니다. ○○고의 변경된 교가 가사는 이전과 달리, 학생들의 미래와 행복한 삶을 강조한다고 합니다. ○○고와 같이 우리 학교에서도 교훈을 바꾸자는 학생들의 목소리가 커지고 있습니다.

ⓒ 교훈은 학교의 이념을 표현하지만, 단순히 표현에만 그치는 것은 아닙니다. 교훈은 학교의 이념과 목표를 드러낼 뿐만 아니라 ⓓ 구성원 모두가 지향하는 정신적 가치를 담는 그릇입니다. 하지만 지금 우리 학교의 교훈은 개교 당시 요구되던 특정 역할만을 부각하고 있어, 현재와 미래의 구성원이 지향해야 하는 가치를 반영하지 못하는 문제가 있습니다. 그래서 당시와는 달리 지금은 학생들의 공감을 얻지 못하고 있습니다.

이러한 문제를 해결하기 위해 공식적인 절차를 추진하여 교훈을 변경해 주시기를 건의드립니다. ⓔ 학교에서는 교직원, 동문 선배, 학부모에게 교훈 변경의 취지를 설명하고, 그분들의 의견을 수렴한 후, 학교운영위원회에서 심의하도록 해 주시면 좋겠습니다. 교장 선생님께서도 알고 계시듯이, 학생회에서 설문 조사로 학생들의 의견을 수렴한 결과 전교생의 91.8%가 교훈 변경에 찬성했습니다. 학생들 사이에는 이미 교훈 변경에 대한 공감대가 형성되었다고 볼 수 있습니다.

누구나 공감할 수 있는 교훈으로 바꾸면 교훈을 보면서 느꼈던 불편한 마음이 사라지고 학생들의 노력으로 교훈을 바꿨다는 자부심을 느끼게 될 것입니다. 그리고 그 과정에서 학생들은 물론 부모님들과 선생님들도 학교에 관심을 더 갖게 되면서 자연스럽게 애교심과 학교에 대한 긍지가 높아질 것입니다. 우리 학교의 교훈 변경은 교훈을 바꾸고 싶은 다른 학교에도 좋은 영향을 끼칠 것입니다. 이러한 변화는 학생들에게 교육적으로도 긍정적인 영향을 미칠 것이라고 확신합니다.

학생들이 새로운 교훈 아래에서 성장하고 시대에 발맞춰 갈 수 있도록 교훈을 변경해 주시길 부탁드립니다. 고맙습니다.

105 (가)의 ㉠~㉤에 대한 설명으로 적절하지 않은 것은?

① ㉠ : 상대가 언급한 내용에 대해 관련 정보를 요청하고 있다.
② ㉡ : 상대의 생각에 수긍한 후 자신의 경험을 제시하고 있다.
③ ㉢ : 상대의 견해를 바탕으로 기존의 인식을 전환하고 있다.
④ ㉣ : 상대가 제시한 대안에 대해 문제를 제기하고 있다.
⑤ ㉤ : 상대의 생각과 다른 자신의 의견을 제안하고 있다.

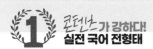
106 다음은 '학생 3'이 학생회 회의를 준비하면서 (가)의 대화 내용을 정리한 메모의 일부이다. 메모의 내용으로 적절하지 <u>않은</u> 것은?

> ※ **우리 학교 교훈 변경**
>
> ■ **배경**
> - ○○고는 개교 60주년을 앞두고 시대에 맞지 않는 교가 가사를 바꿈. ①
>   ↪ 우리도 교훈 변경을 논의하면 좋을 듯함.
> - 우리 학교 교훈도 특정 역할만이 부각되고 있음. ②
>   ↪ 많은 학생들이 교훈에 공감하기 어려움.
>
> ■ **고려할 점**
> - ○○고는 동문회를 설득하는 데 어려움을 겪음. ③
>   ↪ 우리는 동문 선배들의 의견을 비롯한 여러 의견을 경청해야 함.
>
> ■ **우리가 할 일**
> - 교훈 변경 추진 여부를 학생회 회의 안건으로 상정하기. ④
>   ↪ 다른 학교 사례를 찾아서 공유해야 함.
> - 학생회 회의 전에 동문 선배들의 의견 수렴하기. ⑤
>   ↪ 교훈 변경 추진에 대한 찬반 의견을 조사해야 함.

107 다음은 (나)를 쓸 때 계획한 내용 전개 과정이다. (가)의 [A]~[E]가 ㉮~㉲를 고려하여 (나)에 반영되었다고 할 때, 이에 대한 설명으로 가장 적절한 것은?

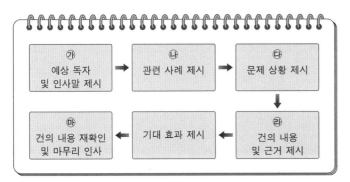

① ○○고의 예전 교가 가사에 담긴 가치의 중요도가 지금은 달라졌다는 [A]의 내용은, ㉯를 고려하여 (나)에서 학생들의 삶이 예전보다 행복해졌음을 강조하기 위한 사례로 반영되었다.

② 교훈 내용이 문제가 있다는 [B]의 내용은, ㉰를 고려하여 (나)에서 교훈 내용이 구성원의 과거와 현재의 가치를 담고 있지 않다는 문제 상황으로 반영되었다.

③ 교가보다 교훈을 바꾸기 어렵다는 [C]의 내용은, ㉱를 고려하여 (나)에서 새로운 교훈을 제안받아 달라는 건의 내용을 재확인하는 것으로 반영되었다.

④ 학생들의 의견 조사를 제안한 [D]의 내용은, ㉱를 고려하여 (나)에서 교훈을 변경해 달라는 건의 내용에 대한 근거를 설문 조사 방법을 통해 마련한 것으로 반영되었다.

⑤ 교훈 변경을 학교에 건의하자는 [E]의 내용은, ㉮를 고려하여 (나)에서 교장 선생님을 예상 독자로 하여 지역 학교들과의 공감대를 형성해야 하는 이유로 반영되었다.

108 (나)의 ⓐ~ⓔ에 대한 설명으로 적절하지 <u>않은</u> 것은?

① ⓐ : 글의 특성을 고려하여 건의의 주체를 제시했다.
② ⓑ : 정보의 신뢰성을 높이기 위해 출처를 제시했다.
③ ⓒ : 설득력을 높이기 위해 예상되는 반론을 제시했다.
④ ⓓ : 화제의 중요성을 환기하기 위해 비유적 표현을 제시했다.
⑤ ⓔ : 건의 내용을 실현하기 위해 거쳐야 하는 과정을 제시했다.

109 다음은 (나)의 5문단 초고와 그에 대한 친구의 조언이다. 친구의 조언이 (나)에 반영되었다고 할 때 [Ⓐ]에 들어갈 내용으로 가장 적절한 것은?

> **【 5문단 초고 】**
> 우리 학교의 교훈 변경은 교훈을 바꾸고 싶은 다른 학교에도 좋은 영향을 끼칠 것입니다. 이러한 변화는 학생들에게 교육적으로도 긍정적인 영향을 미칠 것이라고 확신합니다.
>
> > **【 친구의 조언 】**
> > 5문단 초고는 기대 효과가 좀 부족한 것 같아. 글의 흐름을 고려하여 [Ⓐ] 추가하면 어때?

① 학교 구성원 입장에서의 긍정적인 측면을
② 다른 학교가 참고할 수 있는 유용한 정보를
③ 교훈 내용이 학교생활의 지침이 된다는 점을
④ 지역 사회에서 학교의 위상이 강화된다는 측면을
⑤ 건의를 받는 대상이 학생의 성장을 이끌 수 있다는 점을

나 없이

기출

풀지마라

나 없이

나 없이

기출

풀지마라

나 없이

빠른 정답

I. 화법

01. 토론과 토의

01-06	②④③⑤②①
07-12	④③②③⑤③
13-18	①⑤③①⑤④
19-24	⑤③④⑤①②
25-30	⑤⑤④④④⑤

02. 발표

01-06	③⑤③②④①
07-11	⑤⑤①③③
12-17	⑤③④②④⑤
18-23	②④①①④③
24-28	⑤②①③①
29-32	①②②④
33-38	③④①②⑤②
39-44	②②④②②⑤
45-49	②⑤①③③
50-55	④②②③⑤①
56-61	④③①①⑤④
62-67	④③⑤②④①
68-73	②①⑤①④②
74-79	④⑤④①④③
80-85	④④③①⑤③
86-91	①⑤②②④③
92-97	④⑤④③④⑤
98-103	⑤②①②④③

03. 대화

01-06	④②⑤②②⑤
07-12	④②①③①⑤
13-19	④⑤①②④①②
20-25	③①⑤③④②

II. 작문

01. 자료 활용

01-05	⑤②①④④
06-10	④④④④④

02. 개요 수정

01-05	⑤④④⑤④
06-09	⑤③②②

03. 조건 제시

01-05	⑤④③②③
06-10	⑤①①①①
11-13	②④③

04. 고쳐 쓰기

01-06	④③④⑤②⑤
07-11	⑤③③③②
12-17	③①④①③⑤

05. 글쓰기 계획

01-03	①①⑤

06. 통합형

01-06	②④④⑤③④
07-12	④⑤④⑤③②
13-17	⑤⑤②②④
18-21	①⑤①③
22-25	③④②⑤
26-31	①③②②④④
32-36	④①③③①
37-41	②③④⑤③
42-47	①②③④④③
48-52	⑤④⑤②③
53-57	③⑤③②③
58-62	③②②④⑤
63-67	②⑤③④③
68-73	⑤④③①②⑤
74-78	⑤②③④⑤
79-83	④③③⑤③
84-88	④②⑤⑤③
89-94	②⑤⑤⑤⑤③
95-100	①④②⑤②③
101-106	③③④②②②
107-112	③⑤③④④③
113-118	③④①③②①
119-124	②②①①⑤⑤
125-130	①⑤②①④④
131-136	②⑤③③⑤③
137-142	①⑤②⑤②①
143-148	②⑤③③⑤⑤
149-154	②⑤①④③②
155-160	②④④①⑤②

III. 화작 융합
01. 화작 융합

01-04	②④④①
05-08	④①④②
09-12	③④⑤③
13-16	⑤①⑤④
17-21	①②④④⑤
22-25	④④⑤③
26-29	⑤②④②
30-33	④④②④
34-37	⑤②②④
38-41	③⑤③③
42-45	②④④⑤
46-49	⑤②③③
50-54	⑤④④③③
55-59	③②③⑤⑤
60-64	①①③①②
65-69	②⑤②④⑤
70-74	①②②⑤②
75-79	④④③②④
80-84	④③⑤①④
85-89	④⑤①⑤①
90-94	④⑤①③③
95-99	①⑤④⑤②
100-104	⑤②⑤④③
105-109	④⑤④③①

인강 강사가 떠먹여주는
" 과외식 기출 문제집 "

나기출

12개년
평가원 기출
전문항 수록

2026
수능 국어 대비

화법과 작문

단순 해설이 아니라,
최신 트렌드 설명과 풀이 방법까지 **과외식으로!**

콘텐츠가 강하다!
실전 국어 전형태

메가스터디 **전형태**

Contents
| 이 책의 순서

I

화법

나 없이
기출
풀지마라

II

작문

III

화작 융합

| 과외식 기출 분석서, 나기출 |

나 없이
기출
풀지마라

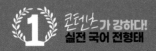

I

화법

01

I. 화법

토론과 토의

번호	정답	정답률 (%)	선지별 선택비율(%)				
			①	②	③	④	⑤
1	②	88	2	88	6	3	1
2	④	91	2	1	3	91	3
3	③	80	1	5	80	3	11
4	⑤	96	1	1	1	1	96
5	②	87	1	87	8	1	3
6	①	94	94	2	2	1	1

형태쌤의 과외시간

이 유형에서는 일반적으로 서로 다른 두 입장이 나오고, 상대방을 설득하거나 타협점을 찾아가려는 내용이 제시된다.

각각의 주장하는 바는 신경 쓰지 않아도 명확하게 드러난다. **중요한 것은 '주장에 대한 근거'이다.** 주장은 하나지만 근거는 여러 개가 나온다. 주장에 대응되는 근거는 나오는 족족 밑줄을 그으면서 읽자. 출제자는 근거와 의견이 도출되는 과정을 주로 출제한다.

의견이 도출되는 과정에서 '~는 허용할 수 있지만'과 같이 허용 범위가 나오거나 공통적인 견해를 나타내는 부분이 있다면, 출제 확률이 높은 부분이니 반드시 체크해라. 그래야 문제를 신속하게 풀 수 있다. 나중에 찾으러 돌아가면 시간도 오래 걸리고 놓치기 쉽다.

01

정답설명

② 정 과장은 "지역 관광 산업의 실태"를 말해 달라는 사회자의 요구에 따라, "관광객은 갈수록 줄어들고 있"다는 문제 관련 현황을 제시하였다. 이후 김 교수는 지속적으로 관광객을 끌 만한 대책이 필요하다며, "역사적 자원을 활용한 관광 상품 개발"을 문제 해결 방안으로 제시하였다. 이에 정 과장은 구체적 실행 방안으로 "전통문화 체험 프로그램을 만드는 방안"을 제시하였다. 따라서 [A]의 흐름은 '문제 관련 현황 제시 → 문제 해결 방안 제시 → 구체적 실행 방안 제시'임을 알 수 있다.

오답설명

① 김 교수는 "역사적 자원을 활용한 관광 상품 개발"을 문제 해결 방안으로 제시하고 있지만, 여러 가지 대안을 제시하고 이를 비교 분석하고 있지 않다. 따라서 정 과장이 최선의 해결책을 선택한다고 볼 수도 없겠지?

③, ④ 정 과장은 문제 관련 현황을 제시할 뿐, 문제 발생의 원인을 분석하고 있지 않다. "볼거리나 즐길 거리에서 수년 전과 달라진 것이 없다는 반응이 많았습니다."가 문제의 원인을 분석하고 있는 게 아니냐는 학생들의 질문이 많았지만, 이는 관광객을 대상으로 한 조사의 결과일 뿐이다. 따라서 이를 문제 발생의 원인을 분석한 것으로 보기는 어렵다. 또한 정 과장은 김 교수가 제시한 문제 해결 방안에 대한 구체적 실행 방안을 제시할 뿐, 방안의 장단점을 비교하고 있지 않다.

⑤ 순서도 내용도 불량한 선지로, 아예 손이 가지 않았을 선지로구나.

02

정답설명

④ '김 교수'는 "역사적 자원을 활용한 관광 상품 개발이 답이라고 봅니다."라고 발언의 요지를 제시한 후, "제가 얼마 전에 다녀온 지역에서는~보고 있습니다."라며 자신의 경험을 사례로 들어 발언을 뒷받침하였다.

오답설명

①, ② 사회자는 "그럼 먼저 정 과장님께서 지역 관광 산업의 실태를 말씀해 주시지요.", "이번에는 김 교수님께서 의견을 말씀해 주시겠습니까?", "제일 앞줄에 계신 분 말씀해 주세요."와 같이 발언 순서를 지정하고, "정 과장님,~우리 시에서 추진할 만한 것이 있습니까?"와 같이 발언 내용을 이끌어 내었다. 그러나 사회자는 발언자가 말한 의도를 재차 확인하는 질문을 하거나 발언 내용을 요약하며 토의를 진행하지는 않았다.

③ '정 과장'은 "지난해 우리 시를 찾은 관광객들을 대상으로 조사한 바에 따르면"이라고 조사한 바를 인용하였지만, 구체적 수치를 활용하지는 않았다.

⑤ '고택 주인'은 "이런 문제에 대한 대안은 무엇인지요?"라며 정 과장에게 대답을 요구하는 질문을 하였으므로, 이를 자신의 입장을 강조하는 설의적인(알고 있는 사실을 의문문으로 표현한) 질문을 했다고 할 수 없다.

03

실수는 항상 문제의 조건이나 전제를 제대로 보지 못하는 순간 발생한다. 문제에서 '~내용을 바탕으로'라고 할 때, 그 전제를 놓치지 않도록 주의하자.

정답설명

③ 조정 단계에서는 '상대방이 자신의 요구를 수용하는 것을 전제'로 제안이나 대안을 제시해야 한다고 했으므로, 공감해 줄 것을 요구하는 내용은 적절한 계획이 아니다. 게다가 '고택 주인'은 "말씀하신 방안이 지역 경제를 살리는 데 도움이 될 것 같은데요"라고 하였으므로, 고택 개방이 지역 경제 활성화 방안이라는 데 이미 공감하고 있음을 알 수 있다.

오답설명

① '고택 주인'은 고택을 개방하면 건물이 훼손되지 않을까 염려하여 대안을 요구하고 있다. 그러므로 고택 훼손 방지를 위한 관리 지원 방안을 제시하는 것은, 상대방이 자신의 요구를 수용하는 것을 전제로 한 대안이 될 수 있다.

② '고택 주인'은 고택을 개방하면 사생활이 침해될 것을 염려하고 있다. 그러므로 사생활 침해를 최소화하기 위한 방안을 제시하는 것은, 상대방이 자신의 요구를 수용하는 것을 전제로 한 대안이 될 수 있다.

④ '정 과장'이 고택 개방을 전제로 제시한 방안의 실현 가능성을 검토하는 것은, '실현 가능성, 기대 이익 등에 대한 상호 검토'에 해당한다.

⑤ '고택 주인'이 '정 과장'의 제안을 수용하는 조건으로 자신에게 유리한 고택 개방을 요구하는 것은, '자신이 상대방의 요구를 수용하는 데 필요한 조건을 제시'하는 것에 해당한다.

실전 국어 전형태

04

정답설명

⑤ 토론자의 모호한 발언은 제시되지 않았으며, '사회자'가 이에 대해 질문을 하여 그 의미를 명확히 하고 있지도 않다.

오답설명

① "찬성 측은 공부할 권리를, 반대 측은 음악을 들으며 쉴 권리를 근거로"에서 '사회자'는 토론자들의 발언을 요약하여 쟁점을 정리하고 있다.

② "입론은 찬성 측에서 먼저 시작해 주시고 이후에 양측이 번갈아 가면서 발언해 주십시오.", "이번에는 반대 측에서 먼저 반론해 주십시오."에서 '사회자'는 토론의 진행 절차에 맞게 발언 순서를 지정하고 있다.

③ '사회자'는 "교내 음악 방송을 폐지하자는 의견이 학교 누리집에 올라오고 있습니다. 하지만 이 방송을 현행대로 유지해야 한다는 의견도 많습니다."라며 토론이 열리게 된 배경을 소개한 후, '교내 음악 방송을 폐지해야 한다.'는 토론의 논제를 소개하고 있다.

④ "잠깐만요, 양측은 서로를 자극할 수 있는 발언은 삼가 주십시오."에서 '사회자'는 토론자들이 감정적으로 대립하지 않도록 토론에 개입하고 있다.

05

정답설명

② 입론에서 '반대자 2'는 "음악 감상은 청소년 정서에 긍정적 영향을 미친다는 연구도 많"다고 언급하며, "음악 감상을 하며 쉬고 싶어 하는 학생들의 권리"를 위해 교내 음악 방송을 유지해야 한다는 '반대자 1'의 입론을 보강하고 있다.

형태쌤의 과외시간

토론이나 협상에서 근거를 체크하는 것은 지문 독해의 기본이다. 찬성 측과 반대 측의 주장에 대한 근거를 꼼꼼히 체크하면서 읽는다면 지문으로 정신없이 돌아가지 않고 빠르게 풀 수 있다. '주장에 대한 근거'를 반드시 표시하면서 읽자.

오답설명

① 입론에서 '찬성자 2'는 "교내 음악 방송은 빠른 템포의 댄스 음악 위주라 공부에 방해"가 된다고 지적하며, "자습하는 학생들의 공부할 권리"를 위해 "교내 음악 방송은 폐지해야" 한다는 '찬성자 1'의 입론을 보강하고 있다. 즉, 교내 음악 방송에 대한 학생들의 무관심을 지적하지는 않았으므로 선지의 내용은 적절하지 않다.

③ 반론에서 '반대자 1'은 음악 감상이 학습을 방해할 수도 있다는 전문가의 견해가 아닌, "음악 감상이 학습 효율을 높여 준다는 전문가의 견해"를 인용하고 있다. 이를 토대로 입론에서 음악 소리가 공부에 방해가 된다는 '찬성자 2'의 주장을 반박하고 있으므로 선지의 내용은 적절하지 않다.

④ 반론에서 '찬성자 1'은 "댄스 음악만 나오는 방송은 학습에 지장"을 준다는 점을 근거로 들어 반론의 '반대자 1'이 제시한 논거를 반박하고 있다. 즉, 음악 장르 분류의 어려움에 대해서는 이야기하고 있지 않으므로 선지의 내용은 적절하지 않다.

⑤ 반론에서 '찬성자 2'는 "도서관으로 이동하는 것은 너무 불편"하다며 반론의 '반대자 2'가 제시한 논거를 반박하고 있다. 즉, 도서관 개방 시간의 제약에 대해서는 이야기하고 있지 않으므로 선지의 내용은 적절하지 않다.

06

정답설명

① '찬성 측 교섭 범위'는 찬성 측 목표점에서 찬성 측 최종 양보점까지의 영역을 의미한다.

ㄱ : 반론에서 '찬성자 1'이 "공부에 방해되지 않는 조용한 음악이면 모를까"라고 언급하였으므로, 이는 찬성 측 교섭 범위에 속한다고 할 수 있다.

ㄴ : 반론에서 '찬성자 2'가 "음악 방송 청취 여부를 반별로 선택하게 하는 것은 수긍할 수 있지만"이라고 언급하였으므로, 이는 찬성 측 교섭 범위에 속한다고 할 수 있다.

형태쌤의 과외시간

양측의 의견이 조율되는 핵심적인 과정은 반드시 출제된다. 따라서 평소에 인정하거나 허용하는 사항, 공통적인 사항에 대해서 체크하면서 읽는 습관을 들였어야 한다. 토론 문제에서 지문은 꼼꼼하게, 문제는 빠르게! 잊지 말자.

오답설명

ㄷ : 반론에서 '찬성자 2'가 "도서관으로 이동하는 것은 너무 불편하여 받아들일 수 없습니다."라고 했으므로, 이는 찬성 측 교섭 범위에 속한다고 할 수 없다.

ㄹ : "음악 감상이 학습 효율을 높여 준다는 전문가의 견해"는 반대 측 주장의 근거이다. 입론에서 '찬성자 1'은 "교실에서 자습하는 학생들의 공부할 권리가 침해되므로 교내 음악 방송은 폐지해야" 한다고 하였으므로, 이는 찬성 측 교섭 범위에 속한다고 할 수 없다.

문제분석 07-12번

번호	정답	정답률 (%)	선지별 선택비율(%)				
			①	②	③	④	⑤
7	④	84	10	2	2	84	2
8	③	91	2	3	91	3	1
9	②	84	3	84	5	2	6
10	③	96	1	1	96	1	1
11	⑤	95	1	1	2	1	95
12	③	94	1	2	94	2	1

07

정답설명

④ '중재(仲裁)'는 '제삼자가 분쟁에 끼어들어 쌍방을 화해시키는 것'을 의미한다. '시청 측'은 농산물 가격 문제는 자신들이 결정할 수 없기에 '생산

농가 주민들'과 협상할 수 있는 자리를 따로 마련하겠다고 했다. '생산 농가 주민들'을 제삼자로 볼 수는 있지만, 이들에게 '중재'를 요구하는 것이라고 볼 수는 없다.

오답설명

① 〈학습 활동〉에 따르면 회사 측에서는 비용 부담을 최소화하면서 이전 허가를 받으려 하고, 시청 측에서는 공장 이전을 허가하되 그로 인한 피해를 줄이면서 주민 소득을 늘리려 한다. 그러므로 양측은 서로 경쟁하면서도 협상 타결을 위해 서로 협력하는 관계라고 할 수 있다.

② [회사 측 : 직원 수의 10% 인원을 지역 주민으로 충원] → [시청 측 : 채용 인원을 세 배로 증원 요구] → [회사 측 : 5년 후 채용 인원이 현재 예정 인원의 두 배가 되게 할 것을 제안 → [시청 측 : 수용]

위와 같이 양측의 의견 차이를 좁히는 과정을 통해, 구체적인 타협안을 찾아가고 있음을 확인할 수 있다.

③ '절충'은 '서로 다른 사물이나 의견, 관점 따위를 알맞게 조절하여 서로 잘 어울리게 함'을 의미한다. '시청 측'은 "채용 인원을 점차 늘려~두 배가 되게 하면 어떻겠습니까?"라는 '회사 측'의 요구를 수용하는 대신, "가공 식품 원료로 우리 지역의 농산물을 구입"할 것을 조건으로 제시하며 의견을 절충하고 있다.

⑤ 공장 이전에 대해 '회사 측'은 경제적인 측면을, '시청 측'은 환경 오염에 대한 대비책을 먼저 논의하고자 한다.

08

정답설명

③ ㉠은 이전을 허가해 달라는 요구를 드러내는 발화이고, ㉡은 채용 인원을 두 배보다 더 늘리는 것은 곤란하다는 한계를 제시하는 발화이다.

오답설명

① ㉠은 자신의 기본 입장을 드러내는 발화이다. 그러나 ㉡은 상대방의 입장에 대한 자신의 입장을 드러내는 발화이다.

② ㉠은 상대방에게 동의를 요구하는 발화이다. 한편, ㉡은 상대방의 입장을 수용할 수 없음을 나타내는 발화이다.

④ ㉠은 자신의 입장과 요구를 드러내는 발화로, 상대방과의 관계 개선에 초점을 둔 발화라고 볼 수 없다. ㉡ 역시 자신의 입장을 드러내는 발화로, 상대방과의 정보 공유에 초점을 둔 발화라고 볼 수 없다.

⑤ ㉠은 상대방과의 의견 차이를 조정하려는 의도 없이 자신의 입장을 명확히 드러내는 발화이다. 한편 ㉡은 상대방과의 의견 차이를 인식한 가운데 자신의 입장을 드러내는 발화로, 의견 차이를 탐색하려는 발화로 볼 수 없다.

09

정답설명

② ㉮에 관해 '회사 측'은 확장 이전하면 전체 직원 수의 10%가 추가로 필요하다고 말했으므로 ㉮는 제안하는 회사 측에 손실이 발생하지 않는 제안이다. 또한 이를 지역 주민만으로 충원하면 경제적인 면에서 분명히 지역에 이득이 될 것이라고 했으므로, 동시에 상대방에게 이익이 발생할 수 있는 제안이다. 한편 ㉯에 관해 '시청 측'은 우리 지역 농산물을 구입하면 공장 이전으로

인한 소득 증대 효과를 주민 다수가 체감할 수 있을 것 같다고 했으므로, ㉯는 제안하는 시청 측에 손실이 발생하지 않는 제안이다. 또한 이에 대해 회사 측도 운송비 절감의 이득이 생긴다고 했으므로, 상대방에게 이익이 발생할 수 있는 제안임을 알 수 있다.

학생들이 자주 묻는 질문

Q. 지역 농산물 원료도 다른 지역과 동일한 가격인데, 회사 측에 이익이라고 할 수 있나요?

A. ㉯에 관해, "다른 지역과 가격 차이가 없으니 그렇게 하지요."라는 '회사 측'의 답변만 보고, 답을 찾지 못한 학생들이 있을 수 있다. 하지만 "저희 농산물을 구입하신다면 가격 할인 없이도 회사 측에 운송비 절감의 이득이 생기지 않습니까?"라는 '시청 측'의 주장까지 연결해서 읽어야 한다. **토론 문제에 있어 지문은 꼼꼼하게, 문제는 빠르게! 잊지 말자.**

오답설명

① ㉮를 제안하는 측인 '회사 측'은 원래 필요한 인원을 충원하는 것이므로, ㉮를 제안하는 측에 손실이 발생하지 않는 제안이다. 반면, ㉯를 제안하는 측인 '시청 측'은 지역 농산물 구입 시 소득 증대 효과를 누릴 수 있기 때문에 ㉯는 오히려 이익이 발생하는 제안이다.

③, ④ ㉮의 상대방인 '시청 측'은 경제적인 면에서 이익을 얻고 ㉯의 상대방인 '회사 측'은 운송비 절감의 이익을 얻게 되므로, ㉮와 ㉯는 상대방에게 손실이 발생하는 제안이 아니다.

⑤ ㉮를 제안하는 측인 '회사 측'은 필요한 인원을 충원하는 것이므로, ㉮는 제안하는 측에 손실이 발생하지 않도록 하기 위한 제안이 아니다. 또한 상대방인 '시청 측'에는 경제적인 면에서 이득이 되기 때문에 이익에 대한 양보를 요구하는 제안 역시 아니다. 한편, ㉯를 제안하는 측인 '시청 측'은 소득 증대 효과를 얻게 되므로 ㉯는 제안하는 측에 이익을 얻는 제안이지 손실이 발생하지 않도록 하기 위한 제안이 아니다. 또한 상대방인 '회사 측'의 입장에서는 다른 지역과 가격 차이가 없고, 운송비 절감의 이득을 얻게 되므로, 이익에 대한 양보를 요구하는 제안 역시 아니다.

10

정답설명

③ 토의 참여자인 '최 교수'가 발화한 내용을 요약하여 재진술하고 있을 뿐, 토의 참여자가 발화한 내용의 장단점을 요약하고 있지는 않다.

오답설명

① 토의 참여자들이 논의해야 할 사안이 "학교에 문화 체육 시설이나 편의 시설을 조성하는 과정에서 발생하는 문제들"의 "원인과 해결 방안"임을 안내하고 있다.

② 다음에 발화할 토의 참여자가 '최 교수'임을 지정하고 있다.

④ 토의 참여자 '최 교수'의 발화 내용에 대해 그와 관련한 사례가 있는지 추가 정보를 요청하고 있다.

⑤ '윤 교수'가 발화한 내용인 "제도적 보완"과 '최 교수'가 발화한 내용인 "당사자들의 요구를 고려한 협력"을 종합하여 정리하고 있다.

11

정답설명

⑤ '유보'는 '어떤 일을 당장 처리하지 아니하고 나중으로 미루어 둠'을 의미한다. "말씀하신 부작용을 최소화하려면~만들어야 할 것입니다."를 통해 '윤 교수'가 '청중 1'의 주장의 타당성을 일부 인정하고 있다고 볼 수 있으나, 자신의 주장을 유보하고 있지는 않다. 반대로 현실을 고려하여 '최소한의 원칙'은 있어야 한다며, 자신의 입장을 고수하고 있으므로 선지의 설명은 적절하지 않다.

오답설명

① "먼저 윤 교수님께서 말씀해 주시겠습니다."라는 '사회자'의 요청에 따라 '윤 교수'는 "세부 규정을 마련하지 않아서"라는 문제의 원인과 "학교에 시설을 조성하는 데 필요한 세부 규정을 제정"이라는 해결 방안을 제시하고 있다.

② "세부 규정을 제정할 필요가 있"다는 '윤 교수'의 의견을 듣고 '최 교수'는 "사업 참여자들의 입장 차이"라는 측면에서 문제의 원인을 제시하고, 사업 참여자 간의 긴밀하게 협력하는 노력이 필요하다는 해결 방안을 제시하고 있다.

③ "이와 관련한 사례가 있다면 소개해 주시겠습니까?"라는 '사회자'의 요청에 따라 '최 교수'는 자신이 언급한 해결 방안과 관련된 "○○ 지역"의 실제 사례를 소개하고 있다.

④ 세부 규정 마련이 필요하다는 '윤 교수'의 의견을 듣고 '청중 1'은 "문제를 쉽게 해결할 수는 있을 것 같습니다."라며 '윤 교수'가 제시한 해결 방안의 효용성을 인정하면서도, "사업 참여자들의 다양한 요구를 충족하지 못할 수 있다"며 발생 가능한 부작용에 대해 의견을 구하고 있다.

12

정답설명

③ 문제 해결의 포인트는 발문에 있는 '자신의 관점을 유지'이다. 지문에서 최 교수의 주장과 근거를 제대로 체크했으면 한 방에 풀 수 있었을 것이다. '최 교수'는 학교에 문화 체육 시설이나 편의 시설을 조성하는 과정에서 발생하는 문제들이 대부분 사업 참여자들의 입장 차이 때문에 발생한다고 보고, 서로 상대방의 이익을 고려하여 대안을 마련하고 이를 바탕으로 긴밀하게 협력하려는 노력이 중요하다고 말했다. 이런 점에서 ③의 "대안을 마련하고 학교와 긴밀하게 협의하는 것이 바람직합니다."라는 발언은 '최 교수'의 관점에 해당한다고 볼 수 있다.

오답설명

① 학교가 원하는 것에 맞추는 것은 '최 교수'의 입장에 해당하지 않는다. 또한 학교는 '재정적 지원'이 아닌, '학생의 안전 문제' 해결을 원하고 있다.

② 주민의 요구를 우선시하는 것은 '최 교수'의 입장에 해당하지 않는다.

④ 규정부터 마련하자는 것은 '윤 교수'의 입장에 해당하는 내용이다.

⑤ '최 교수'는 사업 참여자들의 입장 차이 때문에 문제가 발생한다고 보므로, 선지의 내용은 '최 교수'의 입장에 해당하지 않는다.

번호	정답	정답률 (%)	선지별 선택비율(%)				
			①	②	③	④	⑤
13	①	95	95	2	1	1	1
14	⑤	85	2	3	6	4	85
15	③	84	5	2	84	5	4
16	①	94	94	2	1	2	1
17	⑤	89	3	3	1	4	89
18	④	82	1	5	2	82	10

13

정답설명

① "책방 주인의 이윤 추구 행위가 정당한지 부당한지"가 이 토론의 논제이다. 따라서 이는 책방 주인의 이윤 추구 행위의 '정당성을 판단하고 자신의 판단이 더 타당함을 밝혀야 하는' 논제라고 할 수 있다.

오답설명

② 여러 가지 문제 해결 방법을 제시하고 이에 대한 유용성을 판단하는 내용과 다른 방법과의 절충 방안을 밝히는 내용은 제시되지 않았다.

③ 책방 주인의 행위에 대하여 '학생 1'이 문제를 제기하고 있다고 볼 수 있지만, 문제를 해결할 정책의 필요성을 논하고 있지는 않다.

④ 사실 관계를 확인하는 내용은 제시되지 않았다. 윗글에서는 상반되는 견해를 가진 사람들이 자신의 견해가 더 타당함을 밝히고 있다.

⑤ "그건 합리적이지 않을 뿐만 아니라 현실적으로도 가능하지 않습니다."라는 '학생 2'의 주장에서 실현 가능성을 판단하고 있다고 생각한 학생들도 있었을 것이다. 그러나 논제는 정책의 실현 가능성이나 학생의 주장에 대한 유용성 여부가 아닌, 책방 주인의 이윤 추구 행위의 정당성 여부이므로 선지의 설명은 적절하지 않다.

14

정답설명

⑤ '학생 1'은 입론에서 책방 주인이 우월한 지위를 이용했기 때문에 부당하다고 주장했는데, '학생 2'는 반론에서 '학생 1'의 주장을 왜곡하여 구매자의 형편에 따라 책값을 달리 정하는 것은 비합리적이라고 이야기하고 있다. 지문을 읽을 때 이 부분에서 어색함을 느꼈다면, 바로 정답을 체크할 수 있었을 것이다.

오답설명

① '학생 1'은 책방 주인의 행위가 부당하다고 보는 입장이므로, 이 선지는 '학생 1'의 입장에 어긋난다.

② '나'가 책을 팔았을 때의 상황에 대해 언급한 것은 '학생 2'가 아닌 '학생 1'이다.

③ '학생 2'는 '학생 1'의 주장에 대해 "그건 합리적이지 않을 뿐만 아니라 현실적으로 가능하지 않습니다."라고 반박하였다.

④ 가격 결정권이 책방 주인에게 있는 대신 '나'는 거래를 할 것인지를 선택할 수 있었다고 본 입장은 '학생 1'이 아니라 '학생 2'이다.

15

정답설명

③ '학생 2'는 입론의 둘째 논거로 "가격 결정권이 책방 주인에게 있는 대신 '나'는 거래를 할 것인지를 선택할 수 있었으므로 대등한 관계에서 이루어진 거래"임을 들었다. ㉢에서 설렁탕이 '시간이 지나면서 소비자의 외면을 받'았다는 것은, 소비자가 거래를 하지 않기로 선택한 것이므로 둘째 논거가 현실에 부합함을 보여 주는 사례라고 볼 수 있다.

 형태쌤의 과외시간

당시 수능 시험장에서 많은 학생들을 힘들게 했던 문제다. 학생들은 화작 문제를 풀 때 빠르게 풀고 넘어가야 한다는 압박감을 갖고 있는데, '입론, 반론, 둘째 논거' 등 디테일한 판단을 출제자가 요구했기 때문에 힘들었겠지. 시간은 없고, 볼 것은 많고. 멘붕이 오기 딱 좋은 상황이다.

방법은 하나다. **지문을 읽을 때 근거를 체크하면서 넘버링을 하는 것.** 주장에 대한 근거는 당연히 출제된다는 생각으로 넘버링을 했을 때, 빠르고 정확하게 문제를 풀 수 있다. 근거를 제대로 체크한 후에 선지로 가서 빠르게 판단하는 것과 지문을 대충 보고 선지와 지문을 오가는 것은 중요하고 긴장되는 시험에서 큰 차이를 유발한다. 체크할 것을 제대로 체크해야 흔들리지 않는다. 명심하자.

오답설명

① '학생 1'은 반론에서 "이윤 추구 자체가 부당한 것이 아니"라고 했고, '학생 2'는 입론에서 "책방 주인의 이윤 추구 행위가 정당하다"고 했으므로 ㉠은 '학생 1'과 '학생 2'가 모두 동의하는 내용이다.

② '학생 2'는 입론에서 "가격 결정권이 책방 주인에게 있"다고 했고, '학생 1'은 반론에서 "책방 주인에게 가격 결정 권한이 있다는 건 인정"한다고 했으므로 ㉡은 공통으로 인정한 내용이다.

④ '학생 1'은 반론의 둘째 논거로 "구입 가격의 열 배에 해당하는 금액으로 결정한 것은 상식적으로 적정한 이윤 추구로 볼 수 없"음을 들었다. 물건 가격의 사회적 용인 수준을 언급한 것은, 이를 수용한 논지 전개라고 볼 수 있다.

⑤ '학생 1'은 반론에서 "이윤 추구 자체가 부당한 것이 아니라, 과도한 것이 문제"라고 하였으므로, ㉣의 '합리적 가격을 책정하여야 한다.'라는 것은 '학생 1'의 관점에 부합하는 주장이라고 볼 수 있다.

16

정답설명

① '찬성 1'은 팬덤 활동이 청소년에게 긍정적 영향을 준다고 주장하고 있다. 이를 강조하기 위해 '자신이 좋아하는 것을 좋다고 솔직하게 표현하며 건강하게 성장하는 청소년의 모습이 바람직하다.'라는 주장을 물음의 형식으로 제시하고 있다.

오답설명

② 자신의 생각을 밝혀 주장을 보강하고 있을 뿐, 실제 사례를 근거로 든 것은 아니다.

③ 용어 사용의 적절성을 묻는 것이 아니라 앞선 주장을 보강하는 발언이다.

④ 자신의 견해를 강조하고 있을 뿐, 상대방의 견해를 일부 인정하는 부분은 제시되지 않는다.

⑤ 앞선 발화에 이어 '청소년의 팬덤 활동'에 대한 의견을 드러낸 것이므로 논의의 범위를 한정하기 위한 발화라고 볼 수 없다. 또한 상대방에게 답을 요구하는 발화도 아니다.

17

정답설명

⑤ 〈보기〉에 따르면 반대 측은 자료의 신뢰성과 편파성을 확인하고자 한다. '찬성 1'은 팬덤 활동을 하는 청소년들과 하지 않는 청소년들의 삶의 만족도를 비교한 결과를 제시하였는데, 이 자료의 출처를 "국내 유명 팬덤인 햇살 팬클럽"이라고 밝혔다. 출처는 확실하나 팬클럽 내에서 팬덤 활동을 조사하였다는 점에서 자료가 편파적일 가능성이 있으므로, 공정성에 의문을 제기할 수 있다.

오답설명

① 출처는 "국내 유명 팬덤인 햇살 팬클럽"으로 명확하다.

② 팬덤 활동을 하는 청소년들의 삶의 만족도가 두 배 이상 높다는 조사 결과는 반대쪽에 유리하게 해석될 수 없으며, 〈보기〉의 반대 신문 의도와도 부합하지 않는다.

③ '찬성 1'은 "최근의 한 조사에 따르면"이라고 밝혔으므로, 최근의 조사 결과가 아니라는 선지의 내용은 적절하지 않다.

④ '찬성 1'은 팬덤 활동을 하는 청소년과 하지 않는 청소년들의 삶의 만족도를 비교하였다고 밝혔으므로, 팬덤 활동을 하고 있는 청소년만을 대상으로 조사하였다고 할 수 없다.

18

정답설명

④ 지문을 읽으며 근거를 체크했을 때, '이모 팬덤과 삼촌 팬덤'이라는 말에서 울컥했어야 한다. 이는 '청소년의 팬덤 활동'이라는 주제에서 벗어났기 때문이다.

오답설명

① 친구와 관심사를 공유하고 인간관계를 확장할 수 있다는 점, 일상의 답답함에서 벗어나 삶의 만족감을 얻을 수 있다는 점 등은 청소년 팬덤 활동의 긍정적 측면을 제시한 것이므로 타당한 근거이다.

② 청소년들이 팬덤 활동을 통해 문화 실천의 주체로 발전할 수 있다는 점은 팬덤 활동의 긍정적 측면을 제시한 것이므로 타당한 근거이다.

③ 다른 팬덤에 대한 배타적인 경향으로 인해 편협한 이기주의에 빠질 수 있다는 점, 스타에 대한 과도한 몰입이자 일종의 중독 현상으로 볼 수 있다는 점 등은 부정적 측면을 제시한 것이므로 타당한 근거이다.

⑤ '중독'의 의미를 정상적으로 생활하면서도 열심히 팬덤 활동을 하는 대부분의 청소년들에게 적용하는 데 무리가 있음을 지적한 것은 적절하다.

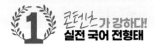
번호	정답	정답률 (%)	선지별 선택비율(%)				
			①	②	③	④	⑤
19	⑤	86	4	1	7	2	86
20	③	90	3	4	90	2	1
21	④	92	2	2	1	92	3
22	⑤	82	3	3	4	8	82
23	①	89	89	2	4	3	2
24	②	84	5	84	3	6	2

19

정답설명

⑤ "지금도 공동 개최에 대한 반대가~다시 추진하겠습니다."라는 B의 발화와 "지난번 합의를 일방적으로~온당치 않습니다."라는 A의 발화를 통해, 지난 협상에서 '공동 개최'에 대해 합의하였음을 알 수 있다. 후속 협상에서 B 마을이 단독 개최를 추진하겠다고 주장했지만 A 마을의 설득으로 결국 '공동 개최'는 그대로 유지되었으므로, 지난 협상에서 합의된 사안은 수정되지 않았음을 알 수 있다.

오답설명

① A는 "지난번 협상에서 다루지 못한 축제 공식 명칭에 대하여 논의를 했으면 하는데, 어떠세요?"라며 지난 협상에서 논의하지 못한 사안을 언급함으로써 의제를 제시하였다.
② A는 "저희가 알아본 바로는 B 마을은 축제 유치를 통한 경제 활성화에 관심이 있다고 알고 있는데"라며 의견 조율 과정에서 협상 전에 알아본 B 마을에 대한 정보를 활용하고 있다.
③ B는 "차라리 저희 마을이 유치하지 못하게 되더라도 단독 개최를 다시 추진하겠습니다."라고 협상 결렬의 가능성을 내비치며 "그 대신에 B 마을이 원하는 다른 조건을 추가하시는 게 어떨까요?"라는 A의 새로운 제안을 이끌어 내고 있다.
④ B는 행사 배분 비율은 양보하기 어렵다는 A의 주장을 고려하여, 자신이 제안한 행사 배분 비율을 조정하고 B 마을에서 행사를 먼저 선택할 수 있도록 세부 조건을 수정하여 제시하였다.

20

정답설명

③ A는 "지난번 합의를 일방적으로 파기하는 것은~온당치 않습니다."라며 상대방의 의견이 적절하지 않음을 언급하고, "그 대신에 B 마을이 원하는 다른 조건을 추가하시는 게 어떨까요?"라며 자신의 제안에 동의할 것을 유도하고 있다.

오답설명

① A는 "단독 개최를 하더라도 저희 마을의 도움이 필요하지 않겠습니까?"라며 의제 타결의 필요성을 언급하고 있을 뿐, 의제 타결의 시급함을 강조하고 있지는 않다.
② **하나의 주제에 대해 질문이 연이어 이루어질 때 '연쇄적인 질문'이라고**

한다. "단독 개최를 하더라도 저희 마을의 도움이 필요하지 않겠습니까?~추가하시는 게 어떨까요?"에서 A가 질문을 여러 번 하고 있는 것은 맞지만 [A의 질문-평서형 문장-A의 질문] 순으로 나열되어 있으므로, 연쇄적인 질문이라고 볼 수는 없다.
④ 자신이 처한 상황을 설명하며 감정에 호소하는 부분은 나타나 있지 않다. 또한 A는 상대방의 무조건적인 양보를 요청하기보다는 "행사 배분 비율은 양보하기 어렵습니다. 그 대신에 B 마을이 원하는 다른 조건을 추가하시는 게 어떨까요?"와 같이 상호 간의 이익을 고려하며 협상에 임하고 있다.
⑤ "단독 개최를 하더라도 저희 마을의 도움이 필요하지 않겠습니까?"라는 가정적 진술을 하고 있지만, 이를 통해 상대방이 내세운 근거의 신뢰성을 문제 삼고 있지는 않다.

21

정답설명

④ 합의에 이르기 위해서는 서로 원하는 것을 적절하게 달성해야 한다. **각 마을에서 원하는 것이 무엇인지 정확하게 체크**했다면, 가볍게 정답으로 찾아갈 수 있다.
A 마을이 마을 이름을 알릴 수 있도록 축제 공식 명칭에 있어 A 마을의 이름을 먼저 표기하도록 했다. 또한 B 마을의 경제 활성화에 도움이 되도록 B 마을 특산품을 축제 캐릭터로 만들고, 행사 선택을 교대로 하되 B 마을이 먼저 선택하도록 했다. 이와 같이 A 마을의 인지도 향상과 B 마을의 경제적 이득 증대를 모두 실현할 수 있는 방안이 도출되었기 때문에 A와 B가 합의에 이를 수 있었다.

오답설명

① B는 "사실상 저희의 양보로 공동 개최가 가능했"다고 판단했지만, A는 "B 마을도 공동 개최가 이익이 된다고 판단하여 합의"하였다고 인식했다. 따라서 A와 B 모두 상대방의 양보로 축제의 공동 개최가 가능했다고 인식했다는 것은 잘못된 판단이다.
② A는 축제 명칭에 있어 A 마을의 이름을 먼저 표기할 것을 주장했으므로, 축제 명칭을 양보했다고 볼 수 없다. B는 전체 행사의 60%를 가져갈 것을 주장했다가 50%로 조정하되 행사 선택 순서를 먼저 가져가는 것으로 합의했다. B는 양보하기 어려운 A의 입장을 고려해 양보했다고 볼 수 있다.
③ A는 행사 선택을 B 마을부터 시작하는 것으로 양보했지만, 행사 선택의 순서와 관련해서 이와 다른 최초의 입장이 있던 것은 아니다. 반면, B는 B 마을 특산품을 축제 캐릭터로 만드는 최초의 입장을 고수했다.
⑤ A가 바라는 목적은 마을의 인지도 향상이고, B가 바라는 목적은 경제 활성화이므로, 선지의 내용은 적절하지 않다.

22

정답설명

⑤ '학생 2'의 말에 따르면 ㉠(발표와 질의응답)은 참여자들이 매주 정해진 분량을 '각자' 읽어 온 후 발표자가 자신이 맡은 부분에 대해 발표하고 질의응답을 하는 방식이다. 따라서 '참여자들이 사전에 모여서 책을 함께 읽는 방식'이라고 볼 수 없다.

오답설명

① ㉠의 경우 매주 한 명씩 돌아가면서 책의 내용에 대해 발표한다고 하였다. 따라서 주도적인 역할을 하게 되는 특정인, 즉 발표자가 사전에 결정된다.

② ㉡(자유 토의)은 구성원들 모두가 매주 정해진 분량의 책을 충분히 잘 읽어 와서 자유롭게 이야기를 나누는 것이다. 그렇기에 준비 과정에서 각 참여자의 역할이 같음을 알 수 있다.

③ ㉠은 발표자가 발표를 한 후 발표를 들은 학생들과 질의응답을 하는 시간이 있으며, ㉡은 말 그대로 정해진 분량에 대해 자유롭게 이야기를 나누는 방식이므로 ㉠과 ㉡ 모두 참여자들이 의견을 상호 교환함을 알 수 있다.

④ ㉠은 매주 정해진 분량을 각자 읽고 매주 한 명씩 돌아가면서 책의 내용에 대해 발표를 한 후 질의응답을 하는 방식이고, ㉡은 매주 정해진 분량을 읽어 와서 자유롭게 이야기를 나누는 방식이므로 선지의 내용은 적절하다.

23

정답설명

① [A]에서는 "발표자가 내용을 잘못 이해하면 나머지 모두가 오해를 할 위험이 있다"는 '발표와 질의응답' 방식의 단점을 먼저 언급한 후, "모두가 책을 꼼꼼히 읽고 서로 의견을 나누니까 책을 더 정확하게 이해할 수 있다"는 '자유 토의' 방식의 장점을 제시하고 있다.

오답설명

②, ③ [A]에서는 특정 방안의 문제점을 먼저 언급한 후, 다른 방안이 지닌 장점을 말하고 있다.

④, ⑤ [B]에서는 특정 방안의 한계를 먼저 언급한 후, 한계가 발생하는 조건을 말하고 있다.

24

정답설명

② '학생 1'은 문제점이 나타날 것을 언급한 후 이를 개선해 나갈 것을 전제로 하여 '발표와 질의응답' 방식을 제시하였고, 이에 학생들이 모두 동의를 표하고 있다.

오답설명

① [C] 전까지 토의에서 결정된 사항은 없으며, 그에 따른 세부 계획을 결정하고 있지도 않다.

③ 제삼(논의하거나 고려하지 않은 전혀 다른 것)의 방안을 절충안으로 결정하지 않았다. 문제점의 보완을 전제로 '발표와 질의응답 방식'을 채택하였다.

④ [C]에서 소수 의견을 존중할 것을 전제하지 않았다.

⑤ [C]에서 전문가의 의견을 구하자는 말은 제시되지 않았다.

번호	정답	정답률 (%)	선지별 선택비율(%)				
			①	②	③	④	⑤
25	⑤	94	2	1	2	1	94
26	⑤	86	2	2	2	8	86
27	④	85	6	2	3	85	4
28	④	91	1	1	1	91	6
29	④	92	1	5	1	92	1
30	⑤	92	2	3	1	2	92

25

정답설명

⑤ ㉠(우리가 할 토의)에서는 ㉡(우리가 할 연설)의 마무리 부분에 대해 "친구들의 행동 변화를 촉구하는 내용"만을 언급했을 뿐, **비언어적 표현(몸짓, 손짓, 표정 등)** 방법에 대해서는 언급하지 않았다.

오답설명

① "주제에 대한 관심의 정도가 제각각인 친구들이 대상이니"라는 '학생 1'의 발화를 통해, 청중의 특성을 고려하고 있음을 알 수 있다.

② "연설 장소가 넓은 강당이고"라는 '학생 1'의 발화를 통해, 공간적 상황을 고려하고 있음을 알 수 있다.

③ "순서는 문제의 심각성을 인식할 수 있도록 하는 핵심 근거, 문제에 공감할 수 있도록 하는 근거, 경각심을 불러일으킬 수 있도록 하는 근거의 순으로 제시하면 좋겠네."라는 '학생 1'의 발화를 통해, 근거의 제시 순서가 논의되고 있음을 확인할 수 있다.

④ 청중의 주의를 집중시키기 위한 방법, 주장을 효과적으로 뒷받침할 수 있는 근거, 근거 제시 순서 등에 대해 이야기하는 것 자체가 ㉡의 내용을 효과적으로 전달하기 위한 방법을 모색하는 것이다.

26

정답설명

⑤ '학생 3'은 '학생 2'의 말에 대해 "친구들에게 경각심을 준다는 점에서 좋은 근거라고 생각해."라고 이야기하였다.

오답설명

① '학생 1'은 '학생 3'의 말에 대해 "시 낭송은 참신한 방식이니 친구들의 주의를 끄는 데 도움이 되겠네."라고 이야기하였다. 이는 주의 집중 효과 측면에서 적절하다고 판단한 것이다.

② '학생 2'는 '학생 1'의 말에 대해 "그 방법은 이미 다른 친구들이 여러 번 쓴 방법이라 더 이상 친구들의 주의를 집중시키기 어려워."라고 이야기하였다. 이는 청중의 주의 집중 효과 측면에서 적절하지 않다고 판단한 것이다.

③ '학생 3'은 '학생 2'의 말에 대해 "연설 분위기를 부드럽게 하는 데에는 도움이 되겠지만 우리 연설 주제를 고려할 때 적합하지 않아."라고 이야기하였다. 이는 연설 주제와의 부합 여부 측면에서 적절하지 않다고 판단한 것이다.

④ '학생 2'는 '학생 1'의 말에 대해 "피해자가 겪는 고통을 핵심 근거로 보는
네 의견에는 동의해."라고 이야기하였다. 이는 핵심 근거로서의 적합성 측
면에서 적절하다고 판단한 것이다.

27

정답설명

④ 주장을 뒷받침하기에 적절한 근거에 대한 논의 중 '사이버 언어폭력 가해자
가 늘어날수록 가해자가 별다른 죄의식 없이 사이버 언어폭력을 저지른다'
는 내용은 찾아볼 수 없다. '학생 2'는 가해자는 별다른 죄의식 없이 사이버
언어폭력을 저지르지만 사이버 언어폭력은 처벌받게 되는 범죄 행위라는
점을 근거로 사용하자고 제안하였다.

오답설명

① '학생 2'가 "사이버 언어폭력은 처벌받게 되는 범죄 행위라는 점"을 관련
법 조항과 함께 제시하자고 하였고, '학생 3'는 이에 대해 동의하고 있다.

② '학생 3'이 "연설을 시작할 때 연설 주제에 적합한 시를 낭송한 후 사이버
언어폭력의 개념과 사이버 언어폭력 근절의 시급성을 언급하자"고 하였고,
'학생 1'과 '학생 2'가 이에 대해 동의하고 있다.

③ '학생 1'이 "사이버 언어폭력으로 인한 피해자의 고통"을 언론 보도 자료와
함께 제시하자고 하였고, '학생 2'는 이에 대해 동의하고 있다.

⑤ '학생 3'이 "누구나 사이버 언어폭력의 피해자가 될 수 있다는 점"을 통계
자료를 인용하여 제시하자고 하였고, '학생 1'는 이에 대해 동의하고 있다.

28

정답설명

④ '반대 1'은 기존의 심사 방식이 평가자의 주관적 개입을 줄일 수 있다는
점, 평가 기준의 타당성이 매우 높다는 점, 모든 동아리에 기회를 공평하게
부여하고 있다는 점, 계획서를 준비하는 과정에서 축제의 목적에 부합하는
활동을 고민하게 되므로 축제가 내실화될 수 있다는 점과 같은 긍정적 측면
을 근거로 삼아, 동아리 선정 방식을 새로운 방식으로 바꾸는 것을 반대
하고 있다.

오답설명

① '찬성 1'은 입론에서 용어의 개념을 정의하고 있지 않다.

② '찬성 1'은 기존 방식인 심사 방식이 아닌, 새로운 방식인 추첨 방식을 지지
하는 입장이다. 그렇기에 기존 방식이 유지될 때가 아닌, 새로운 방식으로
바뀔 때 발생하는 기대 효과를 중심으로 주장하고 있다.

③ '반대 1'은 논제와 관련된 문제를 제시하지 않았으며, 문제의 해결이 시급함
을 강조하고 있지도 않다.

⑤ '반대 1'은 새로운 방식인 추첨 방식을 도입할 때 발생할 수 있는 부정적
측면에 대하여 언급하지 않았다. 기존 방식인 심사 방식의 긍정적인 면을
강조하여 자신의 주장을 강화하고 있으므로 선지의 내용은 적절하지 않다.

29

정답설명

④ [B]에서 찬성 측은 "홍보관 운영 계획서를 평가하는 기준이 타당하다고
하셨는데"와 같이 상대측이 언급한 내용의 일부를 확인하고 있다. 또한 '작
년 설문 조사 결과'를 근거로 "평가 기준이 타당하다고 보기 어렵지 않나
요?"라며 평가 기준의 타당성에 의문을 제기하고 있다.

오답설명

① '반대 2'의 상대측인 '찬성 1'은 사례를 제시하고 있지 않다. 따라서 '반대
2'는 [A]에서 상대측이 제시한 사례가 적합한지에 대해 의문을 제기하지
않았다.

② [A]의 "추첨 방식이 기회를 균등하게 부여한다고 말씀하셨는데,"에서 상대
측이 진술한 내용의 일부를 확인하고 있다고 볼 수 있다. 하지만 '반대 2'는
기존 방식을 고수하자는 입장이므로, '기존 방식을 고수할 경우 생길 문제
점'을 제시하지 않을 것이라고 판단하여 X를 그었어야 한다. [A]는 새로운
방식을 도입할 경우 생길 문제점을 제기하고 있다.

③ [B]에서는 '반대 1'의 "평가 기준 역시 매년 학생들의 의견을 수렴하여 개선
해 왔기 때문에 그 타당성이 매우 높다고 할 수 있습니다."라는 주장에 대해
'찬성 1'이 "작년 설문 조사 결과에 따르면~평가 기준이 타당하다고 보기
어렵지 않나요?"라며, 상대측 주장을 뒷받침하는 근거가 믿을 만한지 의문
을 제기하고 있다. 그러나 근거의 출처 제시를 요구하고 있지는 않다.

⑤ [A]와 [B]는 모두 전문가의 설명을 인용하지 않았다.

30

정답설명

⑤ 모든 동아리에게 선정 기회가 균등하게 부여된다는 근거를 통해, ⓒ(추첨
방식)의 도입을 주장하는 것은 반대 측이 아닌 찬성 측이다. '찬성 1'의 입론
을 통해 이를 확인할 수 있다. '반대 2'는 반대 신문에서 반대 측에서는
동아리 홍보관 운영을 더 잘 계획하고 준비한 동아리가 탈락할 수도 있다는
점을 들어 ⓒ의 도입을 반대하고 있음을 알 수 있다.

오답설명

① '찬성 1'의 입론 중 "추첨 방식은 선정 과정에서 평가자의 견해가 반영될
수 없습니다." 부분을 통해 확인할 수 있다.

② '찬성 1'의 입론 중 "동아리 홍보관 운영 계획서를 준비하는 과정에서 동아
리들이 시간과 노력을 불필요하게 들이는 문제도 해소할 수 있습니다." 부
분을 통해 확인할 수 있다.

③ '반대 2'의 반대 신문 중 "추첨 방식이 기회를 균등하게 부여한다고 말씀하
셨는데, 그럴 경우 동아리 홍보관 운영을 더 잘 계획하고 준비한 동아리가
탈락할 수도 있죠." 부분을 통해 확인할 수 있다.

④ '반대 1'의 입론 중 "계획서를 준비하는 과정에서 동아리 구성원들이 동아
리 축제의 목적에 부합하는 활동을 고민하게 되므로 축제가 내실화될 수
있습니다." 부분을 통해 확인할 수 있다.

문제분석 01-06번

번호	정답	정답률 (%)	선지별 선택비율(%)				
			①	②	③	④	⑤
1	③	94	2	1	94	2	1
2	⑤	92	1	2	3	2	92
3	③	94	1	1	94	3	1
4	②	96	1	96	1	1	1
5	④	89	4	1	1	89	5
6	①	91	91	1	1	3	4

형태쌤의 과외시간

발표에서는 두 가지 정도를 출제한다.

1) 내용적인 측면

비문학 독해처럼 내용 일치를 물어보는 유형이다. 주제와 관련된 사항에 대한 내용 일치를 출제하는데 비문학만큼 아주 세밀하게 묻지는 않는다.

2) 형식적인 측면

청중과 상호 작용을 했는지(질문, 반응 체크), 요약이나 정리를 해 줬는지, 시각 자료나 매체를 활용했는지 묻는 유형이다. 이런 문항은 선지를 먼저 본 후 지문에서 찾아서 지우는 방식으로 풀이하면 된다.

01

정답설명

③ **발표 문제는 선지를 먼저 보고 찾아서 지우는 방식으로 풀어 가면 쉽게 해결할 수 있다.** 지현은 "연못 말고 다른 사례를 찾아서 소개해 줘도 좋을 것 같아. 이 원리가 적용될 수 있는 것으로 말이야."라고 말했다. 따라서 발표에서 원리가 적용되지 않는 사례가 아니라 원리가 적용될 수 있는 사례를 제시할 것임을 알 수 있다.

오답설명

① 경완은 "이게 우리 주변에서 흔히 볼 수 있는 현상이라는 걸 강조하는 거야."라고 말했다. 물이 표면부터 어는 현상이 쉽게 접할 수 있는 현상임을 강조하는 발표 계획은 이에 부합한다.

② 수미는 "전개 부분에서는 이 현상의 원리를 설명해야겠어."라고 말했으며, 이때 "이 현상"은 물이 표면부터 어는 현상을 가리킨다.

④ 지현은 "이 원리를 알아 두면 실생활에서 어떤 도움을 받을 수 있을지도 덧붙이면 좋겠어."라고 말했다.

⑤ 지현은 "마무리할 때 친구들이 발표 내용을 잘 파악했는지 질문해서 확인해 보는 게 어때?"라고 제안했다.

02

정답설명

⑤ ㉢ : 현상의 원리와 관련된 그래프를 활용하여 설명하고 있으므로 발표의 시각적 효과를 높인 것으로 볼 수 있다.

㉣ : '일반적으로 물질은 온도가 내려갈수록 밀도가 커진다'라는 청중의 배경지식을 환기한 후, 이와 반대로 '온도가 내려갈수록 밀도가 작아'지는 현상을 설명하고 있다. 이는 청중의 배경지식을 환기함으로써 설명하려는 현상의 특수성을 부각한 것으로 볼 수 있다.

오답설명

㉠ : 전문 용어의 개념을 정의하지 않았다.

㉡ : 실험 과정을 제시하지 않았다.

03

정답설명

③ 파일 정리가 학습에 도움이 되었던 사례는 제시하고 있지 않다.

오답설명

① 1문단의 "저의 컴퓨터 파일 정리 방법을 소개하려고 합니다."에서 주제를 제시한 뒤 파일을 3단계로 나누는 정리 방법을 소개하고 있다.

② 1문단의 "여러분은 컴퓨터 파일을 어떻게 관리하시나요? 혹시 중요한 파일을 아무 폴더에나 저장해 두었다가 정작 필요할 때 찾지 못하는 경우가 있지는 않나요?"에서 질문 형식으로 시작하고 있다.

④ 2, 3문단의 "구체적인 방법은 준비한 자료를 보면서 설명하겠습니다.", "보시는 것은 저의 파일 정리 방법을 도식화한 것입니다."에서 알 수 있듯이 파일 정리 방법을 시각 자료를 보여 주면서 설명하고 있다.

⑤ 4문단의 "이와 같이 폴더는 3단계까지 생성하고 단계별 폴더 수는 5개로 유지하는 것이 제 파일 정리 방법의 핵심입니다."에서 발표한 내용을 요약하고 있다.

04

정답설명

② "각 단계별 폴더 수는 5개로 유지하고 있습니다. 그 이유 역시 폴더 수가 너무 적거나 많은 경우에도 파일 위치를 찾기가 어려워지기 때문입니다."라고 했다. 즉, 발표자는 폴더 수를 적정하게 유지해야 파일을 쉽게 찾을 수 있다고 생각하고 있다.

오답설명

① 발표자는 전문가의 견해를 인용하지 않고 자기만의 파일 정리 방법을 소개하고 있다.

③ "파일을 3단계로 분류할 때 관리하기 가장 쉬웠고 단계가 너무 적거나 많으면 파일을 찾는 데 시간이 많이 걸렸습니다."라고 했다. 즉, 발표자는 파일을 분류하는 단계를 적정하게 유지해야 파일을 간편하게 관리할 수 있다고 생각하고 있다.

④ "사용 환경이 다른 컴퓨터에 이 방법을 똑같이 적용하기는 어렵겠지만"이라고 했다. 즉, 발표자는 사용 환경이 다른 컴퓨터에서도 자신이 제시한 방법을 똑같이 적용할 수 있다고 믿고 있지 않다.

⑤ 발표자는 높임 표현인 경어체를 사용하여 발표하고 있다.

05

정답설명

④ 발표 문제는 선지를 먼저 보고 찾아서 지우는 방식으로 풀어 가면 쉽게 해결할 수 있다고 이야기했지? "이 인물화가 그려진 캔버스 위에 고흐가 다시 물감을 덧칠해서 '잔디밭'을 그렸던 것이죠."라고 작가가 '그림 1'과 '그림 2'를 한 캔버스에 겹쳐서 그렸다는 사실은 제시했지만, 겹쳐서 그린 이유를 설명하지는 않았다.

오답설명

① "이 인물화는 고흐가 그린 것으로 알려져 있지만 고흐 작품 전시회에서도 직접 보기는 어렵답니다."라며 '그림 1'을 전시회에서 보기 어렵다는 점을 발표 앞부분에서 제시하였다. 그런 다음 "이 인물화가 그려진 캔버스 위에~ 복원한 이미지로만 볼 수 있는 것입니다."라고 그 이유를 뒷부분에서 알려 주었다.
② "과학 선생님께 들은 이야긴데,~밝혀냈다고 합니다."라고 '그림 2'의 분석에 엑스선이 이용되었다는 과학 선생님의 말을 활용하였다.
③ "이 작품은 어디선가 본 것 같지 않나요?~작품입니다."에서 '그림 2'가 미술실에 사진으로 걸려 있다는 사실을 상기시키고 있다.
⑤ "(화면으로 '그림 1'을 다시 보여 주며)~볼 수 있는 것입니다."에서 '그림 1'이 '그림 2'와 달리 컴퓨터로 복원한 이미지라는 점을 제시하고 있다.

06

정답설명

① 발표자는 "혹시 이 그림 보신 적이 있으신가요?"라고 질문한 뒤 "(본 적이 없다는 대답을 듣고) 아마 그럴 것입니다."라고 진행하였다. 또한 "과연 어떤 그림이었을까요?"라고 질문한 뒤 "(청중의 대답을 듣고) 그렇습니다."라고 하였다. 이를 통해 발표자가 청중의 응답을 이끌어 내고 반응을 확인하여 청중과 상호 작용하고 있음을 알 수 있다.

오답설명

② 발표 중간 중간에 그림들의 예술적 의미를 강조한 부분은 없다.
③ '여러분'은 공적인 상황에 알맞은 호칭어이다.
④ 도입부에서 발표 주제는 안내하였지만 발표 순서를 안내하지는 않았다.
⑤ 비유적 표현으로 발표를 마무리하지 않았다.

문제분석 07-11번

번호	정답	정답률 (%)	선지별 선택비율(%)				
			①	②	③	④	⑤
7	⑤	86	3	1	1	9	86
8	⑤	93	1	1	4	1	93
9	①	96	96	1	1	1	1
10	③	92	1	1	92	2	4
11	③	91	2	2	91	3	2

07

정답설명

⑤ 마무리 부분에서 발표 내용을 요약하고 있는 것은 맞지만, 청중의 이해도를 점검하지는 않았다.

오답설명

① 발표 앞부분에서 "결과가 궁금하시죠?"라는 질문을 통해 청중의 호기심을 유발하고 있다.
② "설문 조사 결과에 나타난 우리 동아리의 문제점을 해결하고 독서 토론을 활성화하기 위한 방안으로"에서 발표 주제를 선정한 목적을 분명히 제시하고 있다.
③ 문제를 해결하기 위한 방안으로 '독서 토론 노트 사용'을 제안하고, 그 근거를 다섯 가지로 나누어 설명하고 있다.
④ '먼저, 첫째, 둘째, 셋째, 다음으로, 마지막으로'와 같은 담화 표지를 사용하여 청중이 발표 내용을 구조적으로 파악할 수 있도록 돕고 있다.

08

정답설명

⑤ 학생 5는 발표자가 말한 기대 효과에 공감하며 들었다. 따라서 발표자가 결론을 이끌어 내는 과정이 합리적인지 판단하며 들었다는 선지의 내용은 적절하지 않다.

오답설명

① 학생 1은 "설문 조사 결과에 나타난 우리 동아리의 문제점을 해결"하고자 한 발표의 동기에 공감하며 들었다.
② 학생 2는 발표자인 부장이 '독서 토론 노트'에 대한 발표를 하기 위해 준비한 상황을 추리하며 들었다.
③ 학생 3은 발표의 바탕이 된 자료인 '설문 조사 결과'가 신뢰할 만한지 점검하며 들었다.
④ 학생 4는 독서 토론 노트 사용으로 독서 토론이 훨씬 활성화될 것이라는 주장에 대해 그 근거가 편향된 것은 아닌지 평가하며 들었다.

09

정답설명

① 학생 2가 "사실 나는 여러 사람들 앞에서 발표해 본 경험이 별로 없잖아."라며 부담감을 느끼자 학생 1은 해소 방안으로 "그러면 몇몇 친구들 앞에서 연습을 한번 해 보는 건 어때?"라고 제안했다.

오답설명

② 학생 2는 '발표할 주제가 청중의 흥미를 끌지 못할 것'을 걱정하는 게 아니라 "여러 사람들 앞에서 발표해 본 경험이 별로 없"어서 발표를 잘할 수 있을지 걱정하고 있다. 따라서 청중이 관심을 가질 만한 내용으로 주제를 교체하는 것은 적절한 해소 방안이 아니다.
③ 학생 2는 "자료 준비는 충분한 것 같은데"라고 말했다. 준비가 부족해서 불안감을 느끼는 것이 아니다.

④ 학생 2는 "사실 나는 여러 사람들 앞에서 발표해 본 경험이 별로 없잖아."라고 말했을 뿐, 실패했던 예전의 기억에 대해 언급하지는 않았다.

⑤ 학생 2는 "친구들이 모두 나에게 집중하면 오히려 발표를 잘 못할 것 같아."라고 했지만, 이는 발표 경험이 없어서일 뿐 청중의 높은 지적 수준에 대해 압박감을 느낀 것이 아니다.

10

정답설명

③ 소개하려는 사례가 경제적으로 유용하다는 점을 나타내는 통계 자료는 제시되지 않았다.

오답설명

① "여러분은 솔방울을 한번쯤 본 적이 있을 테니"에서 발표 내용과 관련한 친구들의 경험을 환기하고 있다.

② 솔방울의 구조를 설명하면서 사진 자료를 활용하고 있다. 또한 실편을 이루는 조직이 습기에 반응하는 정도를 설명하면서 영상 자료를 활용하고 있다.

④ "그 이유를 아시나요? (청중의 반응을 살핀 후) 그럼 먼저 솔방울의 구조부터 말씀드리겠습니다.", "이 솔방울을 건조시키면 어떻게 될까요? (청중의 대답을 듣고) 맞습니다."와 같이 질문을 던지고 청중의 반응을 확인하고 있다.

⑤ "지금까지 솔방울이 습도에 따라 모양이 변하는 이유와 이 원리를 생활에 이용한 사례를 소개해 드렸습니다."에서 내용을 요약하며 마무리하였다.

11

정답설명

③ 2문단에서 물기가 있는 솔방울을 건조시키면 실편 바깥쪽 조직이 안쪽보다 더 먼저 수축해서 솔방울이 다시 벌어지게 된다고 했다. 따라서 솔방울이 활짝 벌어졌다는 것은 건조함을 의미하므로 옛날 사람들은 이를 보고 비가 올 가능성이 낮다고 생각했을 것이다.

오답설명

① 2문단에서 "실편 한 개는 대개 소나무 씨앗 한 개씩을 감싸고 있"는데, "솔방울 하나는 보통 70~100개 정도의 실편으로 이루어져 있"다고 했다. 따라서 솔방울 하나는 소나무 씨앗 70~100개로 이루어져 있다고 할 수 있다.

② 2문단에서 솔방울을 건조시키면 솔방울이 벌어진다고 했으므로 실편은 바깥쪽으로 벌어지게 될 것이다.

④ 2문단에서 실편을 이루는 조직 중 "바깥쪽 조직이 안쪽 조직보다 물기를 더 빨리 흡수해서 그만큼 빨리 팽창"한다고 했으므로, 바깥쪽 조직이 습기에 더 빨리 반응할 것을 추론할 수 있다.

⑤ 3문단에 따르면 솔방울의 특성을 응용하여 만든 운동복은 "땀을 외부로 배출하는 데 초점을 맞춰 제작"되었다.

번호	정답	정답률 (%)	선지별 선택비율(%)				
			①	②	③	④	⑤
12	⑤	94	2	1	1	2	94
13	③	95	1	1	95	2	1
14	④	93	1	1	1	93	4
15	②	92	2	92	1	2	3
16	④	89	2	4	4	89	1
17	⑤	93	2	2	2	1	93

12

정답설명

⑤ 학생 3은 "그 기사에서 다룬 전국의 전통 시장 분포에 대한 내용은 아름시장의 특징과 상관이 없으니 그것은 빼고 활용하자.", 학생 2는 "내가 찾은 한 연구 보고서에 있는 설문 결과에 의하면~아름시장의 장점을 부각하기 위해서 설문 결과를 포함하면 좋겠어."라고 했다. 이를 통해 자료가 '아름시장의 특징', '아름시장의 장점'과 같은 화제의 특징을 제시하는 데 필요한지 판단하여 그 활용 여부를 결정했음을 알 수 있다.

오답설명

① 자료의 내용들이 중복되는지 비교한 부분은 찾아볼 수 없다.

② 발표 장소에서 이용할 수 있는 매체 자료인지 점검한 부분은 찾아볼 수 없다.

③ 'OO신문 기사'와 '연구 보고서에 있는 설문 결과'의 출처와 신뢰도를 파악하고 있지 않다.

④ 자료의 수준에 대해 고려하고 있지 않다.

13

형태쌤의 과외시간

선지 구성에 신경 써서 날카롭게 반응해야 한다. '잘못된 인과 관계'는 시험장에서 실수가 나오기 쉬운 구성이니 특히 신경 쓰자.

정답설명

③ 질문의 방식을 사용하고 있지만, 청중의 이해 정도를 확인하기 위한 것이 아니라 화제에 대한 흥미를 유발하기 위한 것이다.

오답설명

① 청중과 마찬가지로 발표자 역시 이전에는 '시장이 불편하다'라고 여겼으나 해당 발표를 준비하며 그것이 편견이었음을 깨달았다는 인식 변화를 밝혀, 청중에게도 발표 내용이 새롭게 여겨질 수 있음을 암시하고 있다.

② 일반적으로 전통 시장은 대형 매장보다 불편하다고 여기는 소비자들이 많으나, 아름시장은 그에 해당하지 않는다는 주장에 대해 'OO신문'의 기사는 구체적인 자료를 근거로 제시하고 있다.

④ 발표자가 야금장터에 다녀온 경험을 사례로 들어 관심을 이끌어 내고 있다.

⑤ '백문이 불여일견'이라는 한자 성어를 활용하여 청중에게 아름시장 방문을 권유하고 있다.

14

정답설명

④ 청자 1이 야금장터는 경쟁력을 높이기 위한 좋은 시도라며 긍정적으로 판단한 것은 맞지만, 이로 인해 행동 변화가 일어나지는 않았다. 또한 청자 3은 야금장터를 단순한 볼거리 행사에 그칠 것이라고 생각하고 있기 때문에, 야금장터를 예로 들어 설명하는 것이 청자의 행동 변화를 유도하는 데 효과적이었다고 볼 수 없다.

오답설명

① 청자 1은 '좋은 시도라고 나도 생각해.'라며 발표 내용에 공감하고 아름시장의 시도들을 긍정적으로 평가하고 있다.

② 청자 2는 연구 보고서의 내용과 신문 기사를 대비하여 전달한 방식에 대해 긍정적으로 평가하고, 발표 내용을 듣고 '전통 시장에 대해 다시 생각해 보는' 생각의 변화를 경험하고 있다.

③ 청자 3은 '장보기 도우미'에 대해서는 공감하지만 '야금장터에 예술가들을 참여시켜 시장을 활성화'하는 데 대해서는 비판적 태도를 보이고 있다.

⑤ 청자 2는 아름시장의 장보기 도우미가 전통 시장에 관한 인식 변화에 큰 기여를 하고 있다고 생각했고, 청자 3 역시 장보기 도우미에 대한 내용에 대해 공감했다.

15

정답설명

② 전문가의 평가를 직접 인용하여 제시하지 않았다.

오답설명

① 1문단의 "먼저, 처마가 무엇인지부터 설명하고 그 뒤로 처마의 기능을 두 가지로 나누어 말씀드리겠습니다."에서 확인할 수 있다.

③ 2문단의 "처마는 기둥이나 벽체 밖으로~긴 처마를 만들어 두고 있습니다."에서 확인할 수 있다. 처마가 있는 전통 한옥과 처마가 짧거나 없는 서양식 주택을 비교하며 전통 한옥의 특징을 부각하고 있다.

④ 1문단의 "지난여름에 저는 전통 한옥 체험을 하면서 냉방 장치가 없는 한옥 안이 한낮에도 시원하다는 것을 알게 되었습니다."에서 한옥에 관련된 자신의 경험을 제시하면서 청중의 관심을 유도하고 있다.

학생들이 자주 묻는 질문

Q. '설명하려는 대상과 관련된 나의 경험'이 무엇인가요? 그리고 관련된 나의 경험이 지문 어디에 제시되어 있나요?

A. 발표 내용 첫 번째 줄에 보면 "지난여름에 저는 전통 한옥 체험을 하면서"라는 부분이 있다. 여기가 발표자의 경험이 제시된 부분이다. 경험을 제시한다고 해서 그것이 꼭 구체적이고 긴 내용이어야 할 필요는 없다. 이처럼 어떤 체험을 했다는 간단한 서술도 대상과 관련된 경험으로 볼 수 있다는 것을 꼭 기억하자.

⑤ 마지막 문단의 "지금까지 한옥의 가장 큰 특징인 처마가 한옥 재료의 단점을 보완하고, 햇빛을 조절하여 쾌적한 주거 환경을 만드는 기능을 한다는 것을 말씀드렸습니다."에서 확인할 수 있다.

16

형태쌤의 과외시간

문제 풀이에 앞서 각 선지를 살펴보자. '정보들 사이의 관계', '강조하는 내용', '사실과 의견으로 구분', '정보들 사이의 공통점'은 비문학에서 자주 출제하는 요소이다. 사실 이런 요소들은 듣기와 읽기 과정에서 공통적으로 신경 써야 하는 요소들이기 때문에 매번 출제하는 것이다.

정답설명

④ 학생의 메모에 해당하는 발표 내용은 4문단의 "해가 낮게 뜨는 겨울에는 햇빛이 처마에 걸리지 않아 집 안 깊이 들어오게 됩니다."에서 확인할 수 있다. 해당 부분은 쾌적한 주거 환경을 만드는 처마의 두 번째 기능과 관련된 내용으로, 두 정보 모두 사실에 해당한다.

오답설명

① 발표 내용은 3문단의 "처마의 가장 중요한 기능은~썩을 수 있기 때문입니다."에서 확인할 수 있다. 한옥을 만들 때 쓰이는 '흙과 나무가 물에 약하기 때문(이유)'에 처마가 '벽과 기둥을 보호(사실)'하도록 설계된 것이다. 두 정보는 사실과 이유의 관계라 볼 수 있다.

② 3문단의 "처마의 가장 중요한 기능은 바로 벽과 기둥을 보호하는 것입니다.", "벽과 기둥을 빗물로부터 보호하는 것이 처마의 가장 중요한 기능이라 할 수 있답니다."에서 발표자가 강조하는 내용을 반복하고 있다. 이를 메모한 이유는 발표자가 강조하는 내용을 파악하며 들었기 때문이다.

③ '내가 사는 아파트'라는 '자기 경험'과 처마가 흙과 나무로 만들어진 한옥의 "벽과 기둥을 보호"한다는 발표 내용을 관련지으며 들었다.

⑤ 첫 번째 기능은 "한반도의 기후를 고려하면"에서, 두 번째 기능은 "한반도의 여름과 겨울의 기온 차가 크다는 점을 고려하면"에서 한반도의 자연환경을 고려했다는 것을 알 수 있다. 이를 통해 학생은 두 기능 간의 공통점을 비교하며 들었음을 알 수 있다.

17

정답설명

⑤ 청자 3은 '처마의 모양과 계절에 따른 일조량 조절 원리를 시각 자료를 활용해 설명해서 내용을 쉽게 이해할 수 있었'다며 매체 활용의 효과를 긍정적으로 평가하면서도 "'서까래'나 '기단'과 같은 말은 정확한 뜻을 설명해 주지 않아서 아쉽다는 생각이 들었"다며 용어 설명이 부족했다고 생각하고 있음을 드러내고 있다.

오답설명

① 청자 1은 '처마가 한옥의 대표적인 특징이라는 말에는 공감이 되지 않는다고 했다.

② 청자 1은 '처마가 실내로 들어오는 직사광선을 막아 주었기 때문'에 여름철 한옥의 실내가 시원하게 느껴진다고 했다. 발표에서도 여름철에 한옥의 실내가 시원한 것을 처마와 관련지어 이야기하고 있으므로 적절하지 않다.

③ 청자 2는 '한옥에서 치미가 어떤 기능을 하는지를 무척 흥미롭게 들었'다며 발표 주제에 대해 긍정적으로 인식하고 있다. 부정적으로 인식한 것은 발표 주제가 아닌 발표 태도이다.

④ 청자 2는 '발표자가 청중의 반응을 살피지 않았다'며 발표자가 청중과 상호 작용하지 않은 것에 대해 아쉬움을 느끼고 있다.

문제분석 18-23번

번호	정답	정답률 (%)	선지별 선택비율(%)				
			①	②	③	④	⑤
18	②	96	1	96	1	1	1
19	④	95	1	1	2	95	1
20	①	93	93	1	4	1	1
21	①	83	83	3	1	5	8
22	④	92	2	2	2	92	2
23	③	90	2	3	90	2	3

18

정답설명

② '학생 2'는 "어떤 내용으로 발표할지 정하지 못"했다는 '학생 1'에게 "로봇에 대해 발표해 보는 게 좋겠어."라고 답하고, "어떤 내용을 다뤄야 친구들이 흥미롭게 들을까?"라는 '학생 1'의 질문에 "로봇이 우리 삶에 어떤 도움을 줄 수 있는가'를 발표해 보자고 답하고 있다. 따라서 '학생 2'는 상대방의 질문에 대해 해결 방안을 제시해 주고 있다고 볼 수 있다.

오답설명

① 청중의 관심을 유발하기 위해 "이건 어때?"라고 질문하고 있긴 하지만 이는 의도를 확인하기 위한 것이 아니라 상대방의 의견을 묻기 위한 것이다.

③ 상대방의 의견에 대해 의문을 제기하며 말하고 있지 않다.

④ 상대방의 발언 내용을 요약하며 대화를 진행하고 있지 않다.

⑤ 상대방의 발언 가운데 이해하지 못한 내용에 대해 설명을 요청하고 있지

않다.

19

정답설명

④ [D] : 로봇의 형태가 변화해 온 이유가 아닌, 로봇의 발전이 우리 삶에 주는 변화에 대해 설명하고 있다.

오답설명

① [A] : "올해 세계 로봇 대회에서 우승한 우리나라 로봇 '휴보'"의 영상을 제시하며 발표를 시작하고 있다.

② [B] : "로봇이라고 하면 무엇이 떠오르시나요? (청중의 대답을 듣고) 네, 말씀하신 것처럼"에서 확인할 수 있다.

③ [C] : 청중들에게 "자, 여기 사진을 봐 주십시오."라며 사진을 보여 주었다. 이는 시각적으로 확인할 수 있는 매체인 사진을 활용하여 로봇의 형태를 제시한 것이다.

⑤ [E] : '2014년에 국내 로봇 산업 실태를 조사한 △△ 연구소의 보고서'의 내용을 통해 신뢰성을 높이고 있다.

20

어렵게 출제되었다면 쉽게 낚일 수 있는 문제이니, 'ⓐ~ⓒ의 공통점'에 대해 묻고 있다는 것을 신경 쓰며 풀어야 한다.

정답설명

① '영화 ○○'을 봤던 경험, 과학 시간에 배운 '인공 지능 기술' 지식, '1인 가구가 증가'하고 있다는 지식과 발표 내용을 관련지으며 듣고 있다.

오답설명

② 발표자가 제시한 자료가 신뢰할 만한지를 따지면서 듣지 않았다.

③ 발표자가 언급했던 내용들 사이의 관계를 규정하면서 듣지 않았다.

④ 발표 내용이 사실인지 발표자의 의견인지를 구분하면서 듣지 않았다.

⑤ 발표자의 의견이 한쪽에 치우치지 않았는지를 판단하면서 듣지 않았다.

21

정답설명

① 발표자는 "이제 희토류에 대해 이해되셨나요?"라고 질문하며 청중의 이해 여부를 확인하고 반응을 살피고 있다.

학생들이 자주 묻는 질문

Q. 청중의 이해 여부를 확인하는 것은 발표문의 "이제 희토류에 대해 이해 되었나요?" 이 대목에서 확인할 수 있잖아요. 근데 "'희토류'에 대해 들어 본 적이 있으신가요?", "원소에 대해서는 잘 아시죠?" 같은 것도 이해 여부 확인으로 볼 수 있나요?

A. 청중의 이해 여부를 확인한다는 것은 화자가 설명을 하고, 청중이 그것에 대해 이해하였는지를 묻는 것이다.
'희토류'에 대해 들어본 적이 있는지, 원소에 대해 잘 아는지 물어보는 것은 본격적인 설명에 앞서서 청자의 배경지식이 어느 정도 있는지 확인을 하거나, 흥미를 유발하기 위한 질문이라고 보면 된다. 이 질문의 앞부분에 '희토류'에 대한 별도의 설명이 있었던 것이 아니므로 '이해 여부를 확인'한다는 내용은 적절하지 않다고 볼 수 있다.

오답설명

② 발표 대상의 유용성, 즉 장점만을 제시하고 있을 뿐 한계를 인식시키기 위해 단점을 제시하지는 않았다.

③ [A]에 전문가의 설명을 직접 인용한 부분은 나타나지 않는다. [A]가 아닌 3문단에 "최근 한 전문가의 연구에 따르면"이라며 전문가의 설명을 간접 인용한 부분은 있다.

④ 발표를 시작할 때 청중의 관심을 유발하기 위해 청중들에게 "여러분, '희토류'에 대해 들어 본 적이 있으신가요?"라는 질문을 던지고 있으나, 시각적인 자료는 활용하지 않았다. '희토류의 실제 활용 사례'를 살펴보겠다며 시각 자료인 영상을 보여 주긴 했지만, 발표를 시작할 때 보여 준 것은 아니다.

⑤ [A] 부분에서는 발표 대상의 활용 사례를 설명했지만, 이후 이를 요약하고 있지는 않다.

22

효과적인 마무리에 대해서 얘기하고 있으니 발표를 마무리 짓는 4문단만 살펴보면 된다.

정답설명

④ ㉠ : "희토류에 대한 여러분의 이해를 돕기 위해"라며 발표 목적을 청중들에게 환기시키고 있다.
㉡ : "희토류는 여러 산업 분야에 걸쳐 주요 소재로 활용되고 있어서 '산업의 비타민'이라고 불립니다."라며 산업 분야에서의 희토류의 역할을 '비타민'에 비유하여 표현하고 있다.
㉣ : "더불어 생활 속에서 희토류가 실제로 얼마나 다양하게 활용되고 있는지 관심을 갖고 찾아보셨으면 합니다."라며 희토류에 대해 청중이 관심을 갖기를 권하고 있다.

오답설명

㉢ : 희토류와 관련된 우리 삶에 대한 긍정적인 전망은 제시되어 있지 않다.

23

형태쌤의 과외시간

추가 설명이나 심화 학습으로 적절하지 않은 것을 고르라는 문제 패턴에서는 다음과 같은 것이 적절하지 않은 선지로 제시된다.

1. 이미 제시된 것.
2. 주제의 범주에서 벗어난 것.
3. 내용 일치에서 어긋나는 것.

정답설명

③ 3문단에서 표를 제시하며 "1986년부터 2010년까지 25년 동안 희토류 생산량이 꾸준히 증가했다는 것을 알 수 있다"고 했다. 이는 2010년 기준으로 이후 25년간 전 세계 희토류 생산량이 증가할 것이라고 설명하고 있는 것이 아니라, 2010년 이전의 희토류 생산량에 대해 설명한 것이다. 따라서 앞부분은 내용 일치에서 어긋나고, 뒷부분은 이미 제시된 내용이므로 적절하지 않다.

오답설명

① 2문단 "희토류 중 하나인 이트륨이 활용된 사례입니다. 이 희토류를 포함한 화합물은 LED나 TV 스크린 등에 발광 재료로 쓰이는데 이 경우에 발광 효율이 높아 에너지 절약 효과를 가져 올 수 있습니다."에서 발표 내용에 대한 이해가 적절함을 확인할 수 있다. 이를 바탕으로 '실제 에너지 절약 효과'에 대한 질문을 하는 것은 적절하다.

② 2문단 "희토류 중의 하나인 네오디뮴이 활용된 사례입니다. 이 희토류를 포함한 화합물 중에서 강한 자성을 갖는 것은 하이브리드 자동차나 전기 자동차의 모터용 자석에 널리 사용됩니다."에서 발표 내용에 대한 이해가 적절함을 확인할 수 있다. 이를 바탕으로 다른 제품의 사례에 대해 질문을 하는 것은 적절하다.

④ 3문단 "희토류는 특정 광석에만~개발하고 있습니다."에서 발표 내용에 대한 이해가 적절함을 확인할 수 있다. 이를 바탕으로 개발되고 있는 생산 기술에 대해 질문을 하는 것은 적절하다.

⑤ 3문단 "최근 한 전문가의 연구에 따르면, 2050년에는 전 세계 희토류 수요량이 약 80만 톤에 이를 것이라고 합니다."에서 발표 내용에 대한 이해가 적절함을 확인할 수 있다. 이를 바탕으로 다른 연구 자료에 관한 질문을 하는 것은 적절하다.

문제분석　24-28번

번호	정답	정답률(%)	선지별 선택비율(%)				
			①	②	③	④	⑤
24	⑤	90	2	1	5	2	90
25	②	81	3	81	9	4	3
26	①	70	70	3	6	3	18
27	③	89	6	2	89	1	2
28	①	85	85	5	2	2	6

24

정답설명

⑤ 청중이 전문 지식을 갖추고 있음은 연설 의뢰서 '투표단은 대부분 사이클에 애정을 지닌 선수 출신들로, 전문 지식을 갖추고 있으며'에서 알 수 있지만, 사이클 전용 경기장의 내부 구조가 경기력 향상에 도움이 된다는 점은 연설의 내용에서 찾아볼 수 없다.

오답설명

① 3, 4, 5문단에서 A시가 개최지로 선정되어야 하는 이유를 제시하고 있다.

② 2문단에서 "세계 □□ 사이클 대회의 취지는 전 세계적으로 사이클을 활성화하는 데 있"다며 그 취지를 설명하고 있고, "대회를 통해 사이클에 대한 A시의 시민들, 나아가 아시아 각국 시민들의 관심을 증폭할 수 있으므로 사이클 활성화에 기여할 수 있"다며 A시가 대회 취지를 잘 실현할 수 있음을 강조하고 있다.

③ 마지막 문단 "여러분처럼 저도 사이클을 사랑합니다. 여러분과 마찬가지로 사이클 없는 제 삶은 상상할 수 없습니다."에서 확인할 수 있다.

④ 3문단의 "선수로 출전해 본 제 경험에 비추어 볼 때 A시의 도로 경기장은 천혜의 자연조건을 갖추고 있어"에서 확인할 수 있다.

25

정답설명

② 2문단에서 "흔히 사이클 비인기 지역의 도시가~활성화에 기여할 수 있습니다."라고 했다. A시는 사이클 비인기 지역의 도시라는 약점을 가지고 있지만, 대회를 통해 사이클에 대한 관심을 증폭하고 활성화에 기여할 수 있다며 대회 취지 부합성과 관련하여 약점이 될 수 있는 사안을 오히려 장점으로 제시함으로써 약점에 대한 인식을 전환하고 있다.

오답설명

① 대회 개최가 A시 시민들 간의 우호를 증진하는 데에 도움이 된다고 언급한 부분은 찾을 수 없으며, 이는 대회 취지와 관련이 없다.

③ ㉢이 아니라 ㉣에 어울린다. ㉢에 해당하는 내용은 3문단에서 개최지로서 좋은 여건을 갖추고 있다고 말한 후, 그 여건에 대해서 설명하고 있는 부분이다.

④ ㉣에 해당하는 내용은 3문단에서 "사이클 전용 경기장에 비해 도로 경기장이 노후화됐다는 우려도 있"다며 대회 개최 여건의 약점에 대해 제시한 후, 사이클 선수인 연설자의 경험을 내세워 인식을 전환시키고 있는 부분이

다. 연설자는 '개최지 선정의 불공평성'에 대해 언급하지 않았으며, 이는 대회 개최 여건과 관련이 없다.

⑤ 일단 자료를 인용하지 않았다. 그리고 4문단에서 A시의 국제 대회 개최 및 운영 능력에 대해 설명하고 있지만, 사이클 강국이 아닌 곳에서도 (사이클) 대회를 성공적으로 운영했던 사실은 드러나 있지 않다.

26

발문에서 추가적인 조건이나 전제가 있을 땐, 반드시 이를 체크한 후 풀이를 진행해야 실수가 나오지 않는다. '조건 제시형 발문'은 특히 오답률이 높게 나온다는 것을 명심하자.

여기서도 단순히 '반박'만 고려하면 안 된다. 발문을 잘 살펴보면 'A시의 경쟁 도시를 지지하는 청중이' 반박할 내용에 대해서 물어보고 있다. 그러므로 해당 청중의 관점에서 선지를 살펴보아야 한다.

정답설명

① 3문단에서 "경쟁 도시는 시민의 지지가 낮지만"이라고 하면서 그에 대한 근거를 제시하지 않았으므로, 'A시의 경쟁 도시를 지지하는 청중'은 이 내용이 타당하지 않다고 주장할 수 있다.

오답설명

② 4문단에서 "성공리에 개최하여 전 세계인의 찬사를 받은 바 있"다고 국제 대회 개최에 대한 성공 여부를 밝혔다.

③ 3문단에서 "정부도 재정 지원을 약속했"다고 밝혔다.

④ 'A시의 지지자를 늘리는 결과를 가져올 것'이라는 발언은 위 연설을 옹호하는 내용이다.

⑤ 연설자는 "A시는 사이클 비인기 지역인 아시아의 도시"라고 한 것은 맞지만, 'A시에서 사이클이 비인기 종목이라고 언급한 것'은 아니다. 또한 3문단에서 "90퍼센트가 넘는 시민의 합의를 이끌어 냈"다고 밝힌 것을 통해 주민들이 A시의 대회 개최에 많은 관심을 가지고 있음을 알 수 있다.

27

정답설명

③ 강연자는 '작품 1', '작품 2', '작품 3'이라는 구체적인 사례를 제시하고 이를 분석하며 강연의 중심 내용인 타이포그래피의 기능에 대해 설명하고 있다.

오답설명

① 평가원이 즐겨 쓰는 '잘못된 인과로 구성된 선지'다. 강연자는 청중과 공유했던 경험으로 '작품 1'을 제시한다. 하지만 이것을 통해 강연의 목적을 제시하고 있는 것은 아니다. 강연의 목적(타이포그래피 소개)은 처음에 인사를 하면서 제시하였다.

② 강연자는 객관적인 통계 자료를 활용하여 설명하고 있지 않다.

④ 강연자는 청중이 희망하는 직업들의 특징에 대해 언급하고 있지 않다.

⑤ 강연자는 청중에게 질문을 던졌을 뿐, 청중이 던진 질문에 답변을 하고 있지는 않다.

28

정답설명

① 강연자는 타이포그래피의 언어적 기능에 대해 언급하면서 '작품 1'을 설명하였다. 3문단의 "이 글자들은 전체적으로 크면서도 세로로 길게 디자인하여 운전 중인 운전자에게 글자가 쉽게 인식될 수 있도록 제작한 것입니다."를 통해 확인할 수 있다.

오답설명

② 강연자가 타이포그래피의 조형적 기능에 대해 설명하기 위해 '작품 2'를 활용한 것은 맞다. 하지만 4문단에서 "이렇게 회화적 이미지를 첨가하면 외형적 아름다움뿐만 아니라 글자가 나타내는 의미까지 시각화하며 전달할 수 있습니다."라고 하였으므로 '글사가 나타내는 의미와 상관없이 글자를 작품의 재료로만 활용'했다고는 볼 수 없다.

③ '작품 3'의 경우 글자의 의미와는 무관하게 글자의 형태만을 활용하여 외형적 아름다움을 표현한 것은 맞다. 하지만 이는 타이포그래피의 언어적 기능이 아닌 조형적 기능에 중점을 둔 것이다.

④ '작품 1'은 크고 길게 디자인되어 의미를 정확하게 전달하고 있으므로 타이포그래피의 언어적 기능에 중점을 둔 것이 맞지만, 글자의 색을 화려하게 사용했는지는 알 수 없다. 한편 '작품 2'는 타이포그래피의 언어적 기능이 아닌, 조형적 기능에 중점을 둔 것에 해당한다.

⑤ '작품 2'는 외형적 아름다움뿐만 아니라 글자가 나타내는 의미까지 시각화하여 전달한 것이 맞다. 하지만 '작품 3'은 외형적 아름다움만을 나타낼 뿐, 글자의 의미와는 관련이 없으므로 적절하지 않다.

문제분석 29-32번

번호	정답	정답률 (%)	선지별 선택비율(%)				
			①	②	③	④	⑤
29	①	96	96	1	1	1	1
30	②	91	2	91	5	1	1
31	②	92	5	92	1	1	1
32	④	96	1	1	1	96	1

29

정답설명

① "여러분, 꽃을 먹는 것이라고 생각해 본 적이 있나요? 재스민 차 드셔 본 분은요?", "혹시 꽃을 넣은 전통 음식을 먹어 본 학생이 있으면 손을 들어 볼까요?", "어떤 음식을 먹어 보았나요?"에서 질문을 통해 청중의 경험을 이끌어 내어 '식용 꽃'이라는 강연 내용과 연결 짓고 있다.

오답설명

② 강연 중간 중간에 자신이 말한 내용을 요약하여 전달하지 않았다.

③ '식용 꽃'이라는 설명 대상에 대한 역사적 사건을 제시하지 않았다.

④ 자신의 과거 경력을 소개하지 않았다. '요리 연구가'는 과거 경력이 아닌 현재의 직업이다.

⑤ 도입 부분에서 강연 진행 순서를 안내하고 있지 않다.

30

정답설명

② ㉡은 강연에서 들은 "철쭉꽃은 화전 재료로 쓰이는 진달래꽃과 비슷하게 생겼"다는 내용을 바탕으로 새로 생겨난 의문점을 정리한 것이므로, 들은 내용이 사실과 부합하는지 점검했다는 선지의 내용은 적절하지 않다.

오답설명

① 듣기 전 떠올렸던 '어떤 꽃을 먹을 수 있을까?'라는 질문에 대해 강연에서 '장미꽃, 팬지꽃, 호박꽃, 진달래꽃, 국화꽃'이라는 답변을 얻었음을 알 수 있다. 또한 '꽃을 재료로 하는 음식에는 무엇이 있을까?'라는 질문에 대해 강연에서 '꽃잎 차, 샐러드, 화전 등'이라는 답변을 얻었음을 알 수 있다.

③ 강연에서 들은 내용을 강연자가 직접 언급하지 않은 '학교 화단의 꽃'이라는 대상에 적용하였다.

④ 강연에서 들은 내용을 활용하여 동아리 행사로 '꽃을 재료로 한 음식 만들기'를 하려고 한다.

⑤ '꽃을 재료로 한 음식'과 관련하여 강연에서 들은 내용을 바탕으로 꽃을 '식용 가능' 여부 범주를 분류하여 메모하였다.

31

정답설명

② 생략이나 변형의 방식 등을 통해 자연의 아름다움이나 정취를 부각한 '환'이 드러난 사례로 〈총석정〉과 〈삼일포〉를 제시하였고, 자연과 인간의 조화를 드러내기 위해 등장한 '점경 인물'이 드러난 사례로 〈낙산사〉를 제시하였다.

오답설명

① 시각 자료를 제시하고는 있지만, 그에 대해 참고한 서적들을 열거하고 있지는 않다.

③ 발표 마무리 부분에서 전체 발표 내용을 요약하는 시각 자료를 제시하지 않았다.

④ 발표 시작 부분에서 발표 순서를 안내하는 시각 자료를 활용하지 않았다.

⑤ 발표 대상인 '정선의 산수화'와 관련된 역사적 사건을 시각 자료로 제시하지 않았다.

32

정답설명

④ 〈삼일포〉에서는 그리고자 하는 대상과 같은 높이에서 수평으로 사방을 둘러보며 원근을 표현하는 평원법을 사용하여 호수의 광활함을 부각하였다. 수직으로 죽죽 내려 긋는 수직준법은 〈삼일포〉가 아닌 〈총석정〉에 사용되었다.

오답설명

① 2문단의 "산수화 중에는~찾아볼 수 있습니다."를 통해 확인할 수 있다.

② 4문단의 "정선의 산수화가 가진~친자연적 존재로 표현됩니다."를 통해 확인할 수 있다.

③ 3문단의 "이 그림은 〈총석정〉입니다.~돌기둥 위에 있었던 소나무를 생략함으로써 다른 자연물보다 돌기둥을 더욱 부각했습니다."를 통해 확인할 수 있다.

⑤ 5문단의 "이 그림이 바로 〈낙산사〉입니다.~일출의 장관을 즐기는 선비들로 이 그림 속의 점경 인물입니다."를 통해 확인할 수 있다.

문제분석 33-38번

번호	정답	정답률 (%)	선지별 선택비율(%)				
			①	②	③	④	⑤
33	③	90	5	2	90	2	1
34	④	90	3	4	2	90	1
35	①	88	88	6	3	2	1
36	②	91	4	91	1	2	2
37	⑤	77	5	8	3	7	77
38	②	88	3	88	4	3	2

33

정답설명

③ 3, 4문단에 디지털 기술을 활용한 문화유산 복원의 장점을 제시하였다. 이에 따르면 디지털 기술을 활용해 문화유산을 복원하면 반영구적 보존이 가능하며 가상 공간에 복원할 수도 있다. 또한 마지막 문단에서 "디지털 기술에 대한 관심에서 더 나아가 문화유산의 디지털 복원에도 관심을 가져 보는 건 어떨까요?"라는 말을 통해 문화유산의 디지털 복원에 대해 관심을 갖도록 권유하였다.

오답설명

① 디지털 기술과 문화유산의 관계를 비유적으로 설명한 부분은 발표에서 찾을 수 없다.

② 문화유산의 디지털 복원이 성공한 요인과 다양한 학술 분야 간의 연계는 발표에 제시되지 않았다.

④ 문화유산과 관련된 산업의 발전 가능성과 재정적 지원의 필요성은 언급되지 않았다.

⑤ 문화유산 훼손의 근본 원인에 대한 분석은 발표에 제시되지 않았다.

34

정답설명

④ 청중을 분석하여 세운 발표 계획에서 청중은 발표 내용이 진로 선택에 도움이 되기를 요구한다는 것을 알 수 있다. 이를 고려하여 문화유산의 디지털 복원과 관련된 직업을 소개하고자 하였으나, 실제 발표에서는 문화유산의 디지털 복원과 관련된 직업을 소개하지 않았으므로 적절하지 않다.

오답설명

① 마지막 문단의 "마침 학교와 가까운 ○○ 박물관에서 '디지털로 복원한 조선 시대 한양 도성 체험전'이 다음 주까지 열린다고 합니다. 눈앞에 생생하게 펼쳐진 한양 도성을 저와 함께 걸어 보지 않겠어요?"에서 발표 내용과 관련된 체험 활동을 제안하였다.

② 1문단의 "지난 주 진로 시간에 우리 학급은 '디지털 기술의 오늘과 내일'을 주제로 한 강연을 들었는데요"에서 청중의 사전 지식을 고려하였음을 언급한 후, "그래서 오늘은 문화유산의 디지털 복원에 대해 말씀을 드리겠습니다."라며 문화유산 복원을 디지털 기술과 관련지어 설명할 것임을 드러내었다.

③ 2문단의 "문화유산의 디지털 복원이란 디지털 기술을 활용해~의미합니다."에서 문화유산의 디지털 복원의 개념을 설명하였다.

⑤ 4문단의 "여러분들도 평소 디지털 콘텐츠 이용에 관심이 많은데"를 통해 청중이 디지털 콘텐츠 이용에 관심이 많다는 것을 알 수 있다. 이에 발표자는 문화유산을 디지털 콘텐츠로 만든 사례인 석굴암 가상 체험 디지털 콘텐츠를 발표에 언급하였다.

35

정답설명

① 발표를 들은 학생이 떠올린 생각은 1) **문화유산의 종류**에 따라 2) **디지털 복원의 가능 여부**가 다를 것 같다는 것이다. 이를 고려할 때 선지의 내용은 적절하다.

오답설명

② 훼손 정도에 따른 복원 가능 여부는 발표를 들은 학생이 떠올린 생각이 아니다.

③ 문화유산 디지털 복원의 원리는 발표를 들은 학생이 떠올린 생각과 무관하다.

④ 발표를 들은 학생은 문화유산 복원을 위한 제도적 차원의 노력에 대해서는 생각하지 않았다.

⑤ 문화유산의 디지털 복원 문제에 있어 해결해야 할 과제는 발표를 들은 학생이 떠올린 생각과 무관하다.

36

정답설명

② 3문단의 "질병관리본부 발표 자료에 따르면~2배 수준이라고 합니다."에서 관련 기관의 발표 자료가 인용되어 있음을 확인할 수 있다. 이를 통해 자신이 언급한 내용을 뒷받침하고 있으므로 적절하다.

오답설명

① 자신이 말한 내용을 요약하지 않았다.

③ 강연 대상과 관련된 자신의 경험을 사례로 들지 않았다.

④ 강연 대상을 친숙한 소재에 빗대어 표현하는 부분은 찾아볼 수 없다.

⑤ 청중과의 질의응답은 이루어지지 않았다.

37

정답설명

⑤ 발문에서 '강연자가 사용한 시각 자료'라고 하였으므로, 지문과 연결 지어 선지를 판단해야 한다. 당류(ⓒ)의 1일 영양 성분 기준치에 대한 비율이 새롭게 표시된 것은 적절하다. 그러나 2문단에 제시되었듯이 당류는 개정

전의 영양 성분 표시 도안에서도 함량을 의무적으로 표시해야 하는 성분이므로, 당류가 함량을 의무적으로 표시해야 하는 성분으로 '추가'되었다는 설명은 적절하지 않다.

오답설명

① 2문단을 보면, 업체마다 1회 제공량이 달라 소비자에게 혼란을 줄 수 있어 총 내용량을 기준으로 함량을 표시하는 것으로 바뀌었다는 내용이 제시되어 있다.

② 3문단을 통해 개정 전의 표시 도안은 에너지 공급원순으로 성분을 표시하였다는 것을 알 수 있다.

③ 영양 성분의 표시 순서에 대한 정보는 3문단에 제시되어 있다. 영양 성분의 표시 순서는 에너지 공급원순에서 소비자 관심도, 국민 건강상 중요도순으로 바뀌었다. 이에 따라 우리나라 국민의 1일 나트륨 섭취량 관리가 시급하여 나트륨(ⓒ)은 개정 전보다 위로 올라가게 되었다.

④ 4문단을 통해 열량에 대한 소비자들의 관심이 높으므로 이를 확인하기 쉽도록 다른 성분들과 분리해 표시하였다는 것을 알 수 있다.

38

정답설명

② 2문단에 식품의약품안전처에서 영양 성분 표시 방법을 바꾼 이유가 제시되어 있으므로, 이에 대한 추가 설명을 요청하는 것은 적절하지 않다. 식품의약품안전처는 소비자들이 좀 더 쉽게 영양 정보를 확인하고 건강한 식생활을 실천하는 데 도움이 되도록 영양 성분을 표시하는 방법을 개정하였다.

오답설명

① 2문단에 영양 성분 표시 제도가 일부 가공 식품에 적용된다는 것만 제시되어 있을 뿐, 적용 기준에 대해서는 설명되지 않았으므로 이에 대한 추가 설명 요청은 적절하다.

③ 2문단에 함량 표시가 의무적인 성분들이 제시되어 있으나, 비타민, 칼슘 등은 언급되지 않았기 때문에 추가 설명을 요청할 수 있다.

④ 2문단에서 대용량 제품은 별도의 표시 기준을 둔다고 하였으나, 그 기준에 대한 설명이 없었으므로 추가 설명을 요청할 수 있다.

⑤ 3문단에서 우리나라 국민의 1일 나트륨 섭취량이 세계보건기구 권고량의 2배 수준이라고 하였으나, 권고량이 얼마인지는 제시되지 않았으므로 이에 대한 추가 설명을 요청하는 것은 적절하다.

문제분석 **39-44번**

번호	정답	정답률 (%)	선지별 선택비율(%)				
			①	②	③	④	⑤
39	②	82	6	82	4	7	1
40	②	93	2	93	2	2	1
41	④	95	1	1	2	95	1
42	②	92	3	92	1	2	2
43	②	90	2	90	3	3	2
44	⑤	84	5	3	4	4	84

39

정답설명

② 내용을 요약하며 마무리하는 계획은 발표에 반영되지 않았다.

오답설명

① 4문단의 "수라상에 대해 제가 참고한 기록은 대한 제국 시기 상궁들의 구술을 토대로 한 것입니다."에서 정보의 출처를 언급하여 발표 내용의 신뢰성을 높였다.

③ 3문단에서 "야참을 식사로 본다면 왕은 하루에 몇 번이나 식사를 했을까요?"라는 질문을 통해 청중의 이해를 확인하였다.

④ 학생은 2문단에서 '수라'의 의미를 설명하여 발표 내용에 대한 청중의 이해를 돕고자 하였다.

⑤ 학생은 1문단에서 학생이 발표의 순서를 제시하여 청중이 발표 내용을 예측하며 들을 수 있게 하였다.

40

정답설명

② 학생은 수라상의 전체 모습을 보여 주기 위해 세 개의 상과 화로를 한 눈에 볼 수 있는 수라상의 사진을 ㉠에 제시하고 있으므로 적절하다.

오답설명

① ㉠에 소원반과 화로의 사진이 제시된 것은 맞으나, 전골을 조리하는 과정을 설명하기 위한 것은 아니다.

③ ㉡은 수라상을 제외한 왕의 식사 사진으로, 식사한 시간은 설명되지 않았다.

④ 낮것상이 간단히 차린 상인 것은 맞으나, 학생은 상을 간단히 차린 이유에 대해 설명하지 않았다.

⑤ ㉢에서 왕을 시중드는 상궁들의 모습을 보여 준 것은 왕의 식사 장면을 재현하기 위한 것이지, 수라상을 차리는 과정을 설명하려는 것이 아니다.

41

정답설명

④ 청자 1은 수라상에 세 개의 상이 있다고 하면서도 두 개의 수라상만 설명한 것을 아쉬워하고 있으므로, 발표에 누락된 내용이 있는 것을 부정적으로 생각하고 있음을 알 수 있다. 하지만 청자 3은 발표 내용에 누락된 내용이 있다는 것을 지적하지 않았다.

오답설명

① 청자 1은 발표를 통해 궁중 음식과 민간의 교류를 알게 된 것에 대해 긍정적으로 생각하고 있다.

② 청자 2는 대한 제국 시기 상궁들의 구술을 토대로 했다는 발표 내용의 일부를 언급하며, 발표의 내용이 조선 시대 전반에 걸친 것이 아닐 수도 있다는 의문을 제기하였다.

③ 청자 3은 궁중 음식의 무형 문화재 지정에 대해, 음식만이 아니라 음식 문화 전반의 가치를 인정받은 것이라고 추론하였다. 또한 조선 후기 고추의 유입으로 수라상 음식의 변화를 추론하였다. 이는 발표 내용을 바탕으로

발표에서 직접 언급되지 않은 내용에 대한 추론이라고 볼 수 있다.

⑤ 청지 2는 기미 상궁에 대한 배경지식을, 청자 3은 고추가 조선 후기에 유입되었다는 배경지식을 활용하고 있다.

42

정답설명

② "여러분, 혹시 걷다가 유리문에 부딪친 적 있나요? (대답을 듣고) 네, 몇몇 학생들이 경험했군요.", "사람은 자외선을 볼 수 없다고 과학 시간에 배웠죠? (대답을 듣고) 다들 잘 알고 있군요."에서 확인할 수 있다.

오답설명

① 강연에서 제시된 용어를 정의하고 있지 않다.

③ "사람은 자외선을 볼 수 없다고 과학 시간에 배웠죠?"라며 청중의 배경지식에 대해 묻고 있다. 그러나 그들의 배경지식이 잘못되었음을 지적하여 주의를 환기하고 있지는 않다.

④ 강연의 앞부분에서는 강연 주제와 관련된 학생들의 경험을 묻고 있을 뿐, 강연 내용의 순서를 제시하지는 않았다.

⑤ 청중에게 야생 조류의 유리창 충돌을 줄이기 위한 방법의 고찰과 실천을 유도하며 마무리하고 있을 뿐, 강연 내용의 이해 정도를 확인하는 질문을 하며 강연을 마무리하지 않았다.

43

정답설명

② **선지를 앞뒤로 나누어 잘 확인해야 실수하지 않는다.** 두 번째 생각에서 의문을 제기하고는 있으나, 강연자가 설득의 근거로 제시한 내용에 대한 의문은 아니다. 참고로 두 번째 생각은 학생의 경험과 관련하여 강연 내용에서 파생된 추가적인 의문이다.

오답설명

① 첫 번째 생각은 '며칠 전 우리 집 유리창에도 비둘기가 부딪쳐서 놀랐'다며 강연 내용과 관련된 자신의 과거 경험을 떠올린 것이다.

③ 세 번째 생각은 '자외선 반사 테이프는 정말 좋은 방법인 것 같다'며 강연을 통해 알게 된 정보에 대해 긍정적으로 평가한 것이다.

④ 세 번째 생각은 '우리 집에도 부착하면 새가 부딪치지 않겠지.'라며 강연자가 제시한 방법이 실제로 효과가 있을 것이라고 생각한 것이다.

⑤ 네 번째 생각은 '유리창에 그물망을 설치하는 것은 나도 할 수 있을 것 같다'며 강연자의 제안에 따라 자신이 실천할 수 있는 방법을 생각한 것이다.

44

정답설명

⑤ 〈자료 1〉은 사람과 야생 조류의 시야 범위가 다르다는 것을 알려 주는 자료이다. 이를 통해 야생 조류보다 사람의 양쪽 눈의 시야가 겹치는 범위가 더 크다는 것과 사람보다 야생 조류의 한쪽 눈의 시야 범위가 더 크다는 것을 알 수 있다. 〈자료 2〉는 사람과 야생 조류의 색 인식 영역이 다르다는 것을 알려 준다. 사람은 가시광선만 인식할 수 있는 데에 비해 야생 조류는

가시광선뿐만 아니라 자외선 또한 인식할 수 있음을 알 수 있다. 이를 바탕으로, ⓒ은 "야생 조류는 사람과 달리 우리가 보는 색뿐만 아니라 자외선도 볼 수 있"다며 제시한 자료이므로, ⓒ에서 활용한 자료로 〈자료 2〉가 적절하다는 것을 알 수 있다.

오답설명

①, ④ ㉠에서는 사람과 야생 조류의 시야 범위가 다르다는 것을 알려 주는 〈자료 1〉을 활용하는 것이 적절하다. 그러나 〈자료 1〉을 통해 야생 조류의 유리창 충돌로 인한 피해 현황을 알 수는 없다.

② ⓒ에서는 사람과 야생 조류의 색 인식 영역이 다르다는 것을 알려 주는 〈자료 2〉를 활용하는 것이 적절하다.

③ ⓒ에서는 자외선 반사 테이프 부착 후 야생 조류의 유리창 충돌이 크게 줄었다는 자외선 반사 테이프의 부착 효과를 보여 주는 자료를 활용하는 것이 적절하다.

문제분석 45-49번

번호	정답	정답률 (%)	선지별 선택비율(%)				
			①	②	③	④	⑤
45	②	94	3	94	1	1	1
46	⑤	88	2	2	3	5	88
47	①	96	96	1	1	1	1
48	③	96	1	1	96	1	1
49	③	86	2	7	86	3	2

45

정답설명

② 학생(발표자)은 지난주 국어 시간에 배운 문학 작품인 「옥상의 민들레꽃」에 등장한 들꽃을 언급하며 질문을 던져 발표 내용에 대한 청중의 관심을 끌고 있다.

오답설명

① 학생은 다음 시간의 발표 내용에 대해 소개하며 발표를 마무리하였다.

③ 학생은 전문가의 말을 인용하지 않았다.

④ 프로젝트 과제와 탐구 과제를 언급하며 발표를 시작하였다.

⑤ 학생이 청중에게 질문했을 뿐, 청중이 학생에게 질문하지는 않았다.

46

정답설명

⑤ 슬라이드에는 들꽃의 아름다운 모습과 들꽃의 이름이 어울리는지를 기준으로 왼쪽 부분과 오른쪽 부분으로 나누어진 도표가 있다. 이를 통해 학생은 2차 탐구 과제 발표에서 들꽃의 명명 이유와 들꽃의 아름다운 이름을 다룰 것을 예고하고 있을 뿐, 들꽃 이름과 자연 환경의 관계를 파악하게 하지 않았다.

인할 수 있다.

오답설명
① 학생은 슬라이드를 보여 주며 1차 탐구 과제가 '들꽃의 아름다움'임을 제시하고 있다.
② 학생은 산책하다가 찍은 제비꽃 사진을 청중에게 제시하여 시선을 집중시키고 있다.
③ 세찬 바람이 부는 산의 모습이 담긴 동영상을 보여 주어 고산 지대의 생태 환경을 실감나게 전달하고 있다.
④ '아담하면서도 색이 선명'한 금강초롱꽃과 동자꽃을 인터넷으로 검색한 화면을 청중에게 보여 줌으로써 '빛깔이 짙고 크기는 아담한 것이 많'다는 고산 지대의 들꽃이 지닌 특징을 뒷받침하는 사례로 제시하고 있다.

47

정답설명
① 진행자는 사연을 읽은 후, "□□님은 스스로를 못났다고 생각하는 친구를 돕고 싶은데 방법을 모르신다는 거네요."라며 사연의 내용을 정리하고, "저도 □□님처럼 안타깝네요."라며 사연 신청자의 마음에 공감하고 있다.

오답설명
② 친구가 스스로를 자책하지 않도록 하는 방법에 대해 궁금해하는 신청자의 사연에 '장점 말해 주기'와 '감정 헤아려 주기'를 제시하며 사연 신청자의 궁금증을 해소하고 있다. 그러나 다음 방송을 예고하고 있지는 않다.
③ 방송 말미에 "저에게 하고 싶은 말이나 청취 소감은 언제든 게시판에 올려 주세요."라며 청취자의 참여를 독려하고 있지만, 사연 내용을 선정하게 된 동기를 밝히고 있지 않다.
④ 사연과 관련된 자신의 과거 경력을 소개하지는 않았다.
⑤ "혹시 어두운 밤길을 걸어 본 적이 있으신가요?", "오늘 방송 잘 들으셨나요?"는 각각 사연에 대한 상담 전과 후에 던진 질문이며, 상담 중에 질문을 던지고 있지는 않다. 또한 사연 속 상황을 다양한 관점에서 생각해 보도록 유도하고 있지도 않다.

48

정답설명
③ 사연의 문제 상황을 설명하기 위해 사연과 유사한 문제 상황을 제시하고 있지 않다.

오답설명
① "자신의 능력과 가치에 대한 전반적인 평가와 태도를 나타내는 말을 자존감이라고 합니다."에서 확인할 수 있다.
② "자존감이 낮은 원인은~자존감이 낮아진 것으로 보이네요."에서 확인할 수 있다.
④ "먼저 친구가 현재 가지고 있는 긍정적인 면들을 자주 말해 주세요. 그러면 친구가 자신의 장점을 깨닫고 남과 비교하지 않을 거예요."에서 확인할 수 있다.
⑤ "만약 친구가 실수해서 자책하고 있으면 "많이 속상하겠구나. 괜찮아. 누구나 그럴 수 있어."라며 친구의 감정을 이해해 주는 식으로요. 그러면 친구가 스스로 괜찮다고 느껴 스트레스를 덜 받고 자책하지 않을 거예요."에서 확

49

정답설명
③ '청취자 3'은 방송에서 언급한 방법을 다른 사람에게 적용할 것을 다짐하고 있을 뿐, 다른 사람들에게 권유할 것을 다짐하고 있지는 않다.

오답설명
① '청취자 1'은 자존감을 높이기 위한 좋은 방법을 알기 위해 방송을 들었으나, 스스로 자존감을 높이는 방법은 나오지 않아 방송 내용이 충분하지 않다고 판단하고 있다.
② '청취자 2'는 '자존감을 높여 주려면 자기만 부족하다는 생각에서 벗어나게 해 주라는 거네요.'라며 방송 내용을 이해한 바를 확인하고 있다. 또한 '가능한 목표를 세워서~도움이 되겠군요.'라며 방송에서 안내되지 않았던 방법의 효과를 예측하고 있다.
④ 사연 신청자가 도와주고 싶어 하는 대상은 자신의 친구이며, 이들은 고등학생이다. 방송에서는 이를 바탕으로 자존감을 높이는 방법에 대해 설명하고 있기 때문에, '청취자 4'는 그 방법을 고등학생이 아닌 다른 연령대에게도 적용할 수 있는지 궁금해하고 있다.
⑤ '청취자 5'는 '감정을 헤아려 주는 건 좋은 방법'이라며 방송에서 언급한 방법을 긍정적으로 평가하고, '제가 직설적으로 말하는 버릇이 있어서 친구들이 속상했을 텐데 활용해 볼게요.'라며 자신의 언어 습관을 반성하고 있다.

문제분석 50-55번

번호	정답	정답률 (%)	선지별 선택비율(%)				
			①	②	③	④	⑤
50	④	89	2	7	1	89	1
51	②	76	4	76	6	8	6
52	②	79	7	79	3	2	9
53	③	93	2	3	93	1	1
54	⑤	93	1	2	2	2	93
55	①	89	89	5	4	1	1

50

정답설명
④ 발표자는 "여러분, '탈'이라고 하면 무엇이 떠오르세요?", "여러분, 이 탈의 이름을 아세요?", "이 탈은 중국의 장수 관우 탈인데요, 무엇이 가장 먼저 보이세요?"라며 청중에게 질문을 던지고 청중의 반응을 확인하며 추가 정보를 제시하고 있다.

오답설명
① 발표자는 도입부에서 청중에게 '탈'이라고 하면 무엇이 떠오르는지를 물어보며 화제를 제시하고 있을 뿐, 그 개념을 설명하지는 않았다.

② 발표자는 수업 시간에 '봉산 탈춤'을 배워서 발표를 준비하는 데 도움이
되었다고 했지만, 이것이 주제 선정의 동기라고 볼 수는 없다. 도입부에서
며칠 전에 읽은 책『세계 여러 나라의 탈』에서 인상적인 탈을 보고 청중에
게 소개하고자 발표 주제로 선정하게 되었음을 언급하였다.

③ 해당 지문에서 전문가의 말이 인용된 부분은 찾아볼 수 없다.

⑤ 발표자는 '탈의 용도에 따른 모양'이라는 다음 탐구 주제에 대해 언급하고
청중들에게도 이에 대해 조사해볼 것을 권유하며 마무리하였을 뿐, 발표
내용에 대한 청중의 이해도를 확인하며 마무리하지는 않았다.

51

정답설명

② '화면 1, 2, 3'은 각각 2, 3, 4문단에서 제시된 자료다. 양반탈은 "단순한
얼굴형에~선으로 표현한 것"으로, 중국의 장수 관우 탈은 "양반탈이 이마
부분까지만~머리에 쓴 관까지 표현돼 있"는 것으로, 아프리카 카메룬의 탈
은 "단순한 곡선과~더 두드러져 보"이는 것으로 각 탈을 형태적 특징을
중심으로 소개하였다. 한편 '화면 4'는 5문단에 쓰인 자료로, "선을 활용하
여 단순하게 표현된 왼쪽 탈들, 화려한 장식에 다소 복잡한 오른쪽 탈이
보이시죠?"라며 탈들의 복잡성이 대비되도록 유형화하여 제시하였다.

오답설명

① 2, 3문단에서 양반탈은 화려한 색채 없이 표현되었으며 관우 탈은 강렬한
붉은색임을 언급하고 있으나, 카메룬의 탈의 색채는 언급하고 있지 않으므
로, A에 '사용된 색채를 중심으로 각각의 탈 소개하기'가 들어가는 것은
적절하지 않다. 한편, 5문단에서 단순한 탈과 복잡한 탈을 대비하여 보여
주고 있으므로 B에 '탈들의 형태상 차이점이 부각되도록 구분하여 제시하
기'가 들어가는 것은 적절하다고 볼 수 있다.

③ 1문단에서 인상적인 탈들을 소개하고자 발표 주제로 선정했다고 하였으나
2~4문단에 소개된 탈들이 인상적이었던 순서로 제시된 것인지는 언급되어
있지 않으므로, A에 '인상적이었던 순서를 밝히며 각각의 탈 소개하기'가
들어가는 것은 적절하지 않다. 한편, 5문단에서 양반탈과 아프리카 카메룬
의 탈이 선을 활용하여 단순하게 표현되었다는 점에서 공통적이므로, 관우
탈과 카메룬의 탈의 순서를 바꾸어 제시하였다. 따라서 B에 '탈들의 공통점
이 드러나도록 순서를 변경하여 제시하기'가 들어가는 것은 적절하다고 볼
수 있다.

④ 2~4문단에서 '화면 1~3'의 탈들에 대해 지리적으로 인접한지 여부를 언급
하지 않았으므로, A에 '지리적으로 인접한 순서를 밝히며 각각의 탈 소개하
기'가 들어가는 것은 적절하지 않다. 또한 탈에서 관이 표현되어 있는 것은
관우 탈뿐이며, 양반탈과 카메룬의 탈에는 관이 드러나 있지 않으므로 B에
'탈들의 관이 가진 장식성이 대비되도록 제시하기'가 들어가는 것은 적절하
지 않다.

⑤ 표현된 선의 유사성을 중심으로 탈을 제시한 것은 '화면 4'에 해당한다.
2~4문단에서는 각 탈을 형태적 특징을 중심으로 소개하고 있다. 따라서
A에 '표현된 선의 유사성을 중심으로 각각의 탈 소개하기'가 들어가는 것은
적절하지 않다. 한편, '화면 4'의 경우 선을 활용하여 단순하게 표현한 것과
화려한 장식에 다소 복잡한 형태를 가진 것을 구분하고 있으므로, '탈들의
선의 형태에 따른 분류 기준이 드러나도록 제시하기'가 들어가는 것은 적절
하다고 볼 수 있다.

52

정답설명

② '다른 하회탈도 설명해 주겠지?'는 발표 내용과 관련된 의문으로 볼 수도
있으나 이에 대한 설명은 발표에서 언급되지 않았다. 따라서 발표를 들으며
갖게 된 의문을 해결하며 듣고 있다고 볼 수 없다.

오답설명

① '양반탈 말고 다른 하회탈도 설명해 주겠지?'에서 발표 내용을 예측하며
능동적 태도로 듣고 있음을 확인할 수 있다.

③ 발표자는 '탈의 용도에 따른 모양'이라는 다음 탐구 주제에 대해 언급하고
청중들에게도 이에 대해 조사해 볼 것을 권유하며 마무리하였다. 따라서
"발표자가 말한 대로 '탈의 용도에 따른 모양'에 대해 조사해 보면 좋을 것
같아."는 발표자가 제안한 탐구 주제를 긍정적으로 수용하는 것으로 볼 수
있다.

④ '나도 관우 탈을 박물관에서 봤을 때에 정말 화려하다고 생각했었어.'에서
자신의 경험을 떠올리며 발표자의 설명에 공감하며 들었음을 알 수 있다.

⑤ '저 탈이 하회탈인 줄 알았는데, 하회탈의 한 종류였구나.'에서 발표를 통해
양반탈이 하회탈의 한 종류였음을 깨닫고 기존 지식을 수정하였음을 알
수 있다.

53

정답설명

③ "전통극과 관련된 문화유산 중 '예산대'를 소개하고자 합니다."라며 발표의
목적을 밝히고 있기는 하나, 청중과 공유했던 경험을 제시하고 있지 않다.

오답설명

① "우선, 예산대에 있는 인형들을 알아볼까요?", "여러분, 예산대 위의 인형들
은 어떻게 움직일 수 있었는지 궁금하지 않으세요?" 등의 질문을 통해 청중
들의 관심을 유도하고 있다.

② 2문단에서 산대에 관한 기록은『광해군 일기』, 예산대 명칭에 대한 기록은
『성종실록』, 예산대의 구체적인 모습은『봉사도』에서 찾아볼 수 있다고 정
보의 출처를 언급하여 발표 내용의 신뢰성을 높이고 있다.

④ 2문단의 "산대는 산 모양의 큰 무대입니다."에서 예산대를 알기 위해서 알
아야 할 산대의 의미를 설명하고 있다.

⑤ 5문단에서 발표자는 질문을 통해 청중들의 반응을 확인한 후 "기술과 예술
을 접목한 전통문화의 또 다른 예를 찾아보면 좋겠습니다."라고 바라는 바
를 제시하며 발표를 마치고 있다.

54

정답설명

⑤ 4문단에서 예산대 내부의 톱니바퀴가 수레바퀴로부터 동력을 전달받아 회
전하면서 인형들을 움직였다고 언급하고 있다. 따라서 예산대 인형이 움직
이는 원리를 설명하기 위해서는 ⓒ에〈자료 3〉의 수레바퀴 그림을 활용하
는 것이 적절하다.

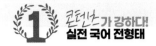
오답설명

① ㉠의 자료는 예산대의 전체 모습을 나타내는 자료이므로, 예산대의 제작 과정을 보여 주기 위해 〈자료 1〉을 활용한다는 것은 적절하지 않다. 또한 발표 내용에는 예산대의 제작 과정이 언급되어 있지 않다.

② 〈자료 3〉은 예산대 인형들이 움직이는 원리를 설명하기 위한 자료이므로, 예산대의 구조를 설명하기 위해 활용한다는 설명은 적절하지 않다.

③ ㉡의 자료를 활용하는 3문단에서는 예산대 인형과 그 인형들의 움직임에 대해 설명하고 있기 때문에 예산대의 유래를 설명한다는 것은 적절하지 않다. 또한 그 유래를 설명하기 위해 〈자료 2〉를 활용한다는 것 역시 적절하지 않다.

④ ㉢의 자료를 활용하는 4문단에서는 예산대 인형들이 움직일 수 있는 원리에 대해 설명하고 있기 때문에 예산대 인형의 형태를 보여 준다는 것은 적절하지 않다. 또한 톱니바퀴가 수레바퀴로부터 동력을 전달 받아 회전하면서 인형을 움직인다는 것을 보여 줘야 하므로, 〈자료 2〉가 아닌 〈자료 3〉을 활용해야 한다.

55

정답설명

① 발표자가 "신선의 세계에서 유희를 즐기는 인물과 동물을 나타낸 것입니다."라며 인형들이 가지고 있는 의미에 대해서 답하고 있으므로, 청중은 예산대에 있는 인형들의 의미에 대해 질문했음을 알 수 있다.

오답설명

② 발표자가 전통극 무대에 상징적 의미가 있다고 한 부분은 확인할 수 없다.

③ 발표자가 산대를 나타내는 큰 산과 신선의 세계와의 관련성을 언급한 부분을 찾아볼 수 없다.

④ 사람이 직접 공연할 수 있냐는 물음에 대한 답변이 아니므로 적절하지 않다.

⑤ 예산대 외에 다른 그림에 대한 설명이 아니므로 적절하지 않다.

문제분석 **56-61번**

번호	정답	정답률 (%)	선지별 선택비율(%)				
			①	②	③	④	⑤
56	④	89	4	2	2	89	3
57	③	90	1	1	90	7	1
58	①	92	92	1	1	0	6
59	①	79	79	1	12	6	2
60	⑤	90	2	2	3	3	90
61	④	92	3	2	2	92	1

56

정답설명

④ 내용의 신뢰성을 높이기 위한 방법으로는 전문가의 견해를 인용하는 방법이 흔히 사용된다. 그러나 학생의 발표 내용에는 전문가의 견해를 인용한 부분이 나타나 있지 않으므로 적절하지 않은 설명이다.

오답설명

① 5문단에서 "글자가 물에 잘 번지지 않는 유성 볼펜, 필기감이 부드러운 수성 볼펜, 여러 색을 하나에 담은 다색 볼펜, 글씨를 쓰고 지울 수 있는 볼펜, 우주에서 사용할 수 있는 가압 볼펜 등"과 같이 발표 대상인 '볼펜'의 종류를 열거하며 각 볼펜들의 장점이 무엇인지를 소개하고 있다.

② 1문단에서 "여러분의 필통에는 어떤 필기구가 가장 많은가요?", "네, 제 생각대로 볼펜이 많군요."와 같이 말하고 있는 부분으로 보아, 발표자가 청중의 대답을 예상하고 질문한 것임을 알 수 있다. 발표자는 이러한 질문을 통해 자연스럽게 발표 화제인 '볼펜'을 제시하고 있다.

③ 4문단에서 발표자는 "볼펜의 볼이 빠진 경험이 한 번쯤 있으시죠?"와 같이 질문함으로써 청중의 경험을 이끌어 낸 후 볼펜의 볼에 대한 내용을 설명하고 있다.

⑤ 2문단에서는 "글씨를 쓸 때 종이가 찢어지거나 볼펜 끝 부분이 망가지는 일이 적"다는 '볼펜'의 특징을 부각하기 위해 "펜촉이 날카로워 종이가 찢어지기도 하고, 거친 표면에 글씨를 쓰면 펜촉이 망가지기도 쉽"다는 '만년필'과 비교하고 있다.

57

정답설명

③ 발표자는 "볼펜은 글씨를 쓸 때 볼과 종이의 마찰에 의해 볼이 구르지요. 이 과정에서 볼의 잉크가 종이에 묻으며 글씨가 써집니다."와 같이 볼펜으로 글씨가 써지는 원리에 대해 설명하고 있다. 설명을 위해 제시한 [자료 2]는 볼펜의 단면도로, 청중들은 이를 통해 볼펜의 볼이 회전함으로써 종이에 잉크가 묻게 된다는 것을 시각적으로 알 수 있게 된다. 따라서 볼펜으로 글씨가 써지는 원리를 설명하기 위해 [자료 2]를 활용했다는 선지의 내용은 적절하다.

오답설명

① [자료 1]은 만년필에 적용된 모세관 현상을 설명하기 위해 제시되었다. 그러나 표면의 거친 정도를 각각 나누어 제시하고 있지는 않으므로 이를 통해 표면의 거친 정도에 따라 모세관 현상이 일어나는 정도에도 차이가 있는지를 알 수는 없다. 또한 발표자는 모세관 현상이 일어나는 정도에 대해서 언급하고 있지 않다.

② [자료 2]는 볼펜으로 글씨가 써지는 원리를 설명하기 위해 제시되었다. [자료 2]가 볼펜의 내부 구조를 필요에 따라 단순화하여 나타내고 있는 것은 맞으나, 내부 구조를 단순화하여 보여 주는 것 자체가 목적은 아니며 볼펜의 내부 구조가 복잡하다는 언급 또한 없으므로 활용 이유로 적절하지 않다.

④ [자료 3]은 볼펜의 제작 과정 일부를 나타내고 있다. '볼을 넣고 오므려 고정한다.'를 통해 볼펜의 볼을 고정하는 과정을 설명하기 위해 제시된 것임을 알 수 있다. 그러나 볼펜의 볼을 정밀하게 가공하는 절차와는 관련이 없으므로 적절하지 않다.

⑤ [자료 3]을 통해서는 볼펜에 잉크를 주입하는 법을 알 수 없으며, 잉크가 흘러나오는 과정 또한 알 수 없다.

58

정답설명

① 발표의 흐름을 고려할 때, ㉠은 "만년필은 모세관 현상에 의해 힘들이지 않고 글씨를 쓸 수 있습니다."라는 발표자의 이전 설명 내용과 관련성이 높은 질문일 것임을 예상할 수 있다. 또한 발표자가 "겉으로는 잘 보이지 않지만 종이의 섬유소가 가는 대롱의 역할을 하기 때문에 펜촉에 있던 잉크가 모세관 현상에 의해 종이로 흘러가서 쉽게 필기할 수 있는 겁니다."라고 답변하였으므로 이와 관련된 청중의 질문으로는 "만년필로 종이에 글씨를 수월하게 쓸 수 있는 것이 모세관 현상과 어떤 관련이 있나요?"가 적절하다.

오답설명

② 발표자의 답변 내용에는 만년필 외의 필기구가 언급되어 있지 않다.
③ 발표자는 만년필 펜촉의 굵기와 필기할 때 힘을 들이는 정도 사이에 어떤 연관성이 있는지에 대해 언급하고 있지 않다.
④ 발표자의 답변 내용에는 펜촉의 형태가 언급되어 있지 않다.
⑤ '종이의 섬유소가 가는 대롱과 같은 역할을 한다는 것'은 질문에 대한 발표자의 답변 내용에 언급되어 있다. 따라서 이는 발표자의 답변을 들은 후에 할 수 있는 질문의 내용이다.

59

정답설명

① 마지막 문단의 "건강한 지구를~연안 생태계를 보호하고 그 가치를 알리는 데 동참합시다."에서 청유의 문장을 사용하였다. 그러나 연안 생태계의 가치를 알고 보호하는 것에 관심을 갖자는 주장이 야기한 논란을 언급하지 않았으며, 이를 해소하고 있지도 않다.

오답설명

② 2, 3문단에서 2019년 통계와 2018년 정부 통계 자료를 근거로 활용하여 주장의 신뢰성을 강화하고 있다.
③ 3문단에서 "물론 연안 생태계가 이산화탄소를 얼마나 흡수할 수 있겠냐고 말하는 분도 계실 것입니다."라며 예상되는 반론을 언급하고 있다. 이에 대해 3, 4문단에서는 연안 생태계가 이산화탄소 흡수 능력이 뛰어나고 탄소 저장에도 효과적이라며 연안 생태계의 가치를 강조하고 있다.
④ 1문단에서 환경의 날 행사 때 교내 방송으로 영상을 시청했던 경험을 들어 청중에게 '이산화탄소에 의한 지구 온난화'의 상황이 심각하다는 것을 인식시키고 있다.
⑤ 마지막 문단의 "이산화탄소의 흡수원이자 저장고인 지구의 보물, 연안 생태계를 보호하고 그 가치를 알리는 데 동참합시다."에서 연안 생태계를 '지구의 보물'에 비유하는 은유법이 쓰였다. 연설자는 이러한 표현을 활용하여 문제 해결에 동참할 것을 촉구하고 있다.

60

정답설명

⑤ 대기 중 이산화탄소 감축을 위한 기존의 방법인 산림 조성을 연안 생태계 보호가 대체할 수 있다는 내용은 없다. 또한 마지막 문단에서 "건강한 지구

를 후손에게 물려주기 위해 일회용품 줄이기, 나무 한 그루 심기와 함께" 연안 생태계를 보호하자고 말하고 있으므로 기존의 방법과 연안 생태계 보호를 병행하자는 것이 연설자의 주장임을 알 수 있다.

오답설명

① 3문단의 "연안 생태계를 구성하는 갯벌과 염습지의 염생 식물, 식물성 플랑크톤 등은 광합성을 통해 대기 중 이산화탄소를 흡수하는데"와 4문단의 "연안의 염생 식물과 식물성 플랑크톤은 이산화탄소를 흡수하여 갯벌과 염습지에 탄소를 저장하는데"에서 확인할 수 있다.
② 2문단의 "2019년 통계에 따르면~산림 조성에 힘써 왔습니다."에서 확인할 수 있다.
③ 3문단의 "연안 생태계를 구성하는 갯벌과~흡수 속도는 수십 배에 달합니다."에서 확인할 수 있다. 해당 문단에서 "우리 연안 생태계 중 갯벌의~연간 이산화탄소 흡수량은 산림의 약 37%"라는 설명으로 인해 연안 생태계가 산림보다 이산화탄소 흡수 능력이 떨어질 것이라고 오해할 수도 있지만, 갯벌의 면적이 산림의 약 4%에 불과하기 때문에 면적 대비 이산화탄소 흡수량은 뛰어나다고 볼 수 있다.
④ 4문단의 "연안 생태계가 훼손되면~방출됩니다."에서 확인할 수 있다.

61

정답설명

④ ㉠에 주목한다면 지구 온난화의 문제가 북극곰만의 문제가 아니라 우리 인간의 문제도 될 수 있음을 인식하는 내용과, 연안 생태계를 보호하는 것에 관심을 갖도록 설득하는 내용을 포함해야 한다. 이러한 내용을 적절히 반영하고 있는 선지는 ④번이다.

오답설명

① 연설에서 연안 생태계가 훼손되어 복구해야 한다고 주장한 것은 아니기 때문에 '연안 생태계의 복구'라는 내용은 적절하지 않다. 또한 선지에는 지구 온난화의 문제가 인간의 문제도 될 수 있음을 인식하는 내용이 나타나 있지 않다.
② 블루카본은 연안 생태계가 이산화탄소를 흡수하여 갯벌과 염습지에 저장한 탄소이므로, 블루카본이 아닌 이산화탄소가 지구 온난화의 원인이다. 또한 선지에 지구 온난화가 인간의 문제도 될 수 있음을 인식하는 내용이 나타나 있지 않기 때문에 적절하지 않다.
③ '북극곰의 모습에서 우리의 미래를 보는 것 같았어.'에서 지구 온난화의 문제가 북극곰만의 문제가 아니라 우리 인간의 문제도 될 수 있음을 인식하고 있으나, 뒷부분에서 '북극곰을 살리기 위해 산림 조성이 시급함을 알리자.'라고 했기 때문에 적절하지 않다.
⑤ '북극곰과 공생하려면'은 지구 온난화가 인간의 문제도 될 수 있음을 인식했다고 보기 애매하다. 또한 '나무 한 그루가 의미 있다는 것을 알았어.'는 산림 조성을 말하는 것으로, 연안 생태계에 대한 언급이 없기 때문에 적절하지 않다.

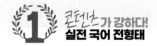

번호	정답	정답률 (%)	선지별 선택비율(%)				
			①	②	③	④	⑤
62	④	94	3	1	1	94	1
63	③	92	1	4	92	1	2
64	⑤	96	1	1	1	1	96
65	②	96	1	96	1	1	1
66	④	71	2	2	21	71	4
67	①	79	79	8	9	2	2

62

정답설명

④ "과학 시간에~기억하시나요?", "과육 사이에 보이는 작고 검은 점들을 본 적이 있으시죠?"와 같이 질문을 통해 발표 내용과 관련된 청중의 경험을 환기하고 있다. 또한 각 질문 직후의 '(대답을 듣고)'에서 청중의 반응을 확인하는 것을 알 수 있다.

오답설명

① 발표의 화제인 '떫은맛'의 개념을 2문단에서 정의하고 있지만, 개념을 정의한 후에 화제를 제시한 것이 아니기 때문에 적절하지 않다.

② 청중이 발표 내용에 대한 정보를 추가해 달라는 요청을 하지 않았기 때문에 적절하지 않은 선지이다.

③ 청중이 발표를 들으면서 주의해야 할 점을 안내하는 부분은 없다.

⑤ 청중의 이해 여부를 확인하는 질문으로 발표를 마무리하고 있지 않다. "떫은맛이 나는 식품에는 무엇이 더 있는지 여러분도 찾아보면 어떨까요?"는 청중의 이해 여부를 확인하는 질문이 아니라, 청중에게 발표 내용과 관련된 추가적인 학습을 제안하는 것이다.

63

정답설명

③ 떫은맛을 내는 성분으로 '타닌'만을 제시하였으며, 떫은맛을 내는 다양한 성분을 분석한 시각 자료를 제시하지 않았다.

오답설명

① "여러분에게 떫은맛에 대해 알려 드리려고 합니다."에서 떫은맛에 대한 정보를 제공하려는 발표의 목적을 밝히고 있다.

② "과학 시간에~촉각에 해당해요."에서 기본적인 맛과 떫은맛이 느껴지는 감각의 차이를 언급하고 있다. 또한 "떫은맛을 내는 성분은~이 자극 때문에 우리는 입안이 텁텁하다고 느낍니다."에서 떫은맛이 느껴지는 과정을 설명하고 있다.

④ "○○ 연구소의 연구에 따르면, 떫은맛을 내는 타닌이 들어 있는 감과 녹차는 당뇨와 고혈압 등을 개선하는 기능이 있다고 합니다."에서 떫은맛이 나는 식품의 효능과 관련된 연구 결과를 인용하여 떫은맛이 나는 식품이 건강에 도움을 준다는 사실을 제시하고 있다.

⑤ "떫은맛은 다른 맛과 혼합돼 독특한 풍미를 형성하기도 합니다. 그 풍미

때문에 녹차나 홍차를 즐기는 사람도 많은데요."에서 떫은맛이 포함되어 풍미를 느낄 수 있는 식품의 예를 언급하고 있다.

64

정답설명

⑤ '학생 2'는 '떫은맛이 나는 건 먹어서 좋을 게 없다고 생각했는데 그렇지 않네. 몸에 좋다니 앞으로 적당히 먹어야겠어.'라며, '학생 3'은 '감의 검은 점이 단맛을 내는 것이라고 생각했는데 떫은맛을 내는 성분이었구나.'라며 발표에서 새롭게 알게 된 정보를 통해 자신이 평소 생각하던 바를 수정하고 있다.

오답설명

① '학생 1'은 발표 내용과 자신이 알고 있던 사실을 비교하고 있지 않으며, 발표에서 제시한 정보의 문제점을 지적하고 있지도 않다.

② '학생 2'는 발표자가 청중에게 익숙한 사물을 소재로 제시한 이유를 궁금해하고 있지 않다.

③ '학생 3'은 새롭게 알게 된 사실에 대해 추가적인 정보가 필요하다고 판단하고 있지 않다.

④ '학생 1'은 '녹차의 타닌은 물에 녹는 성질을 가지고 있겠군.'이라며 발표에서 직접적으로 언급하지 않은 내용을 추론하고 있다. 그러나 '학생 2'는 발표에서 언급하지 않은 내용을 추론하고 있지 않다.

65

정답설명

② 발표자는 "여러분은 고구려 고분 벽화를 본 적이 있나요?", "고구려 고분 벽화에는 무엇을 그렸을까요?"와 같이 발표 내용인 '고구려 고분 벽화'와 관련된 질문을 하여 청중의 반응을 이끌어 내고 있다.

오답설명

① 발표자는 청중에게 기대하는 바를 언급하지 않았다.

③ 발표자는 청중의 요청에 따라 발표 내용과 관련된 정보를 추가하지 않았다.

④ 발표자는 발표 내용의 순서를 안내하지 않았다.

⑤ 발표자는 발표 내용이 청중과 관련성이 높음을 제시하지 않았다.

66

정답설명

④ 무덤 주인을 지켜 준다고 여긴 대상을 고분 벽화에 담아내었음을 보여 주기 위해서는 "이 시기 대다수의 고분 벽화에는~사신이 무덤 주인을 수호해 준다고 여겼기 때문입니다."라는 설명에 맞게 사신이 그려진 자료가 제시되어야 한다. [자료 3]이 ㉢에 활용된 것은 맞지만, 이는 '연꽃 위에 도교 사상과 관련된 신선' 그림에 해당하므로 선지의 설명은 적절하지 않다.

오답설명

① ㉠을 제시하면서 "여기가 돌방무덤의 내부입니다. 고분 벽화는 이곳의 천장과 벽에 그려져 있어요."라고 말한 것을 통해, 고구려 돌방무덤 내부에 벽화가 그려져 있음을 보여 주기 위해 [자료 1]을 활용하였음을 알 수 있다.

② ㉡을 제시하면서 "이것은 주인과 종의 모습입니다. 여기에서 주목할 점은~ 무덤 주인의 권위를 강조하고"라고 말한 것을 통해, 무덤 주인의 권위를 고분 벽화에 담아내었음을 보여 주기 위해 [자료 2]를 활용하였음을 알 수 있다.

③ ㉡을 제시하면서 "이것은 주인과 종의 모습입니다.~그의 풍요로운 삶이 사후 세계에서도 이어지길 바라는 마음을 담아냈습니다."라고 말한 것을 통해, 사후 세계에 대한 염원이 고분 벽화에 반영되어 있음을 보여 주기 위해 [자료 2]를 활용하였음을 알 수 있다.

⑤ ㉢을 제시하면서 "6세기 중반부터~이것은 불교와 도교 사상이 공존하던 당시의 상황이 반영된 것이라 할 수 있습니다."라고 말한 것을 통해, 종교 사상이 고분 벽화에 영향을 주었음을 보여 주기 위해 [자료 3]을 활용하였음을 알 수 있다.

67

정답설명

① 발표자는 청중의 질문에 "고구려 이후에도 사람들이 사후 세계에 대해 관심을 가지고 있었음을 의미한다"고 대답하였다. 따라서 [A]는 고분 벽화의 전통이 후대로 이어졌는데 이 전통이 의미하는 바가 무엇이냐는 질문인 "고구려 고분 벽화의 전통이 후대까지 이어졌다고 하셨는데요, 무덤 내부에 벽화를 계속 그렸다는 것은 어떤 의미인가요?"가 적절하다.

오답설명

② 고구려에 도교가 확산된 시기에 사신이 상징성을 지니게 되었다는 것은 당대 사람들이 사신이 무덤 주인을 수호해 준다고 여겼음을 의미할 뿐, 고구려 이후에도 사람들이 사후 세계에 대해 관심을 가지고 있었음을 의미하지 않는다.

③ 고구려 고분 벽화에 인물의 크기를 다르게 그렸다는 것은 당대 사람들이 무덤 주인의 권위를 강조하고자 하였음을 의미할 뿐, 고구려 이후에도 사람들이 사후 세계에 대해 관심을 가지고 있었음을 의미하지 않는다.

④ 이전 시기에 볼 수 없었던 무덤 형태인 돌방무덤이 3세기 이후 출현하게 된 것은 고구려 이후에도 사람들이 사후 세계에 대해 관심을 가지고 있었음을 의미하지 않는다.

⑤ 문화재가 시대를 초월하여 가치를 지닌다는 것은 고구려 이후에도 사람들이 사후 세계에 대해 관심을 가지고 있었음을 의미하지 않는다.

문제분석 68-73번

번호	정답	정답률 (%)	선지별 선택비율(%)				
			①	②	③	④	⑤
68	②	93	1	93	1	4	1
69	①	81	81	2	8	3	6
70	⑤	89	1	1	5	4	89
71	①	96	96	1	1	1	1
72	④	91	1	1	3	91	4
73	②	94	1	94	1	3	1

68

정답설명

② 강연자는 "기억나시지요? 지난 겨울 방학에 가로수 지킴이 활동을 하는 여러분의 모습입니다."라며 강연 내용과 관련한 청중의 경험을 환기하고 있다.

오답설명

① 강연 대상인 '봉사 동아리 학생들'을 다른 소재에 빗대어 설명하고 있지 않다.

③ 통계 자료를 인용하고 있지 않다.

④ 지난 겨울 방학에 가로수 지킴이 활동을 하는 학생들의 모습이나 2년 전의 사진이라는 과거 사례를 제시하기는 했으나, 이를 최근의 사례와 대조하여 설명하고 있지는 않다.

⑤ 강연의 도입부에서 강연을 하게 된 소감을 밝히고 있지 않다.

69

정답설명

① 해당 강연에서는 여름철 가로수 지킴이 활동을 위한 준비 사항에 대한 안내가 제시되지 않았다.

오답설명

② 강연자는 도시의 가로수가 여름에 말라 죽는 이유를 알고자 하는 청중의 요구를 반영하여 2문단에서 차도와 보도의 압력으로 토양 입자 사이의 틈이 줄어들어, 뿌리에 충분한 수분이 전달되지 못한다는 점을 시각 자료인 그림을 활용하여 설명하고 있다.

③ 강연자는 도시의 가로수 고사를 막기 위해 필요한 것이 무엇인지 알고자 하는 청중의 요구를 반영하여 3문단에서 살수차로 물을 뿌리는 것, 물주머니를 매다는 것, 토양 보습제를 투입하는 것과 같은 가로수에 수분을 공급하는 다양한 방안을 설명하고 있다.

④ 3문단의 "일일이 수작업해야 하는 일이라 여러분과 같은 자원봉사자의 역할이 매우 중요합니다."를 통해 확인할 수 있다.

⑤ 청중은 △△시 △△고등학교 봉사 동아리 학생들이다. 강연자는 지역과 관련된 자료를 활용해 달라는 학생의 요구를 반영하여 2문단에서 △△시의 사진을 제시하고 있다.

70

정답설명

⑤ ⓔ는 강의 내용의 논리적 모순을 지적하는 질문이 아니라, 강연의 주제인 '여름철 가로수 고사의 원인'에 대한 추가적인 의문점을 메모한 것이다. 따라서 학생이 강연 내용의 논리적 모순을 확인하며 들었다고 보기 어렵다.

오답설명

① 강연에서 토양 내 수분 함유량이 낮은 원인을 차도와 보도의 압력으로 토양 입자 사이의 틈이 줄어들고, 이로 인해 뿌리에 충분한 수분이 전달되지 못하기 때문이라고 하였으므로 화살표를 사용하여 인과 관계를 바르게 표시한 것으로 볼 수 있다.

② ⓑ는 강연 이후 강연에 제시된 내용과 관련된 추가적인 정보를 찾는 것에 해당하므로, 강연 내용에서 더 알고 싶은 점을 떠올리며 들은 것으로 볼 수 있다.

③ '우리 동네 가로수 보호 틀'의 교체를 떠올린 것은 학생이 자신의 동네에서 경험한 것에 따른 것이므로, 강연 내용을 자기 경험과 관련지으며 들은 것으로 볼 수 있다.

④ ⓓ는 강연에서 제시한 정보 중 봉사 동아리 학생들의 역할을 따로 구분한 것이므로, 특정 기준으로 정보를 구분하며 들었다고 볼 수 있다.

71

정답설명

① 진행자는 "○○ 님, 이렇게 한번 해 보는 건 어떨까요?"와 "여러분도 한번 시도해 보시겠어요?"에서 질문의 형식을 활용하여 청취자에게 실천을 권유하고 있다.

오답설명

② 진행자가 견해의 근거가 되는 출처를 언급하지는 않았다.

③ "오늘 방송 들어 주셔서 감사합니다."에서 진행자가 감사 표현을 드러내었으나, 이러한 감사 표현을 반복적으로 사용하지는 않았다.

④ 진행자는 청취자에게만 질문을 건네고 있으며, 스스로 묻고 답하는 방식을 사용하여 개념을 설명하지 않았다.

⑤ 진행자는 중심 화제를 다양한 일상적 소재에 비유하고 있지 않다.

72

정답설명

④ "처음에는 날씨, 텔레비전 프로그램 정도의 가벼운 화제로 대화를 시작하는 거예요."에서 대화할 때 활용할 수 있는 화제의 예를 제시하였으나, 각각의 예를 활용한 발화 내용을 구성하여 소개하고 있지는 않다.

오답설명

① 도입부의 "오늘은 청취자께서 보내 주신 사연을 듣고 해결을 도와 드리는 시간을 가질 텐데요"에서 진행자가 청취자의 사연을 읽고 문제 해결을 돕는 방식으로 방송을 진행할 것임을 소개하였다.

② "○○ 님, 친구들과 더 가깝게 지내고 싶은 마음이 통하지 않아 많이 속상했겠어요."에서 진행자가 사연을 읽고 사연 속 상황으로 인해 사연 신청자가 느꼈을 감정을 언급하였다.

③ "그런데 친밀감이 형성되기 전에 자신의 고민과 같은 민감한 정보까지 드러내는 것은 상대방이 부담을 느끼고 거리를 두는 원인이 돼요."에서 사연 속 문제 상황의 원인을 밝히고, "○○ 님, 이렇게 한 번 해보는 건~이야기까지 하는 거죠."에서 사연 신청자의 문제 해결을 위해 조언하고 있다.

⑤ "방송을 듣고 여러분이 조언하고 싶은 말이나 소감을 청취자 게시판에 글로 남겨 주시면 좋겠어요."에서 방송 내용에 관해 청취자가 자신의 생각을 남길 수 있는 방법을 안내하였다.

73

정답설명

② 청취자가 '저도 다른 사람들에게~의무감을 느껴서 부담이 됐었거든요.'와 같이 의무감을 느꼈다고 언급한 내용을 통해 친밀감을 형성하기 전에 자신의 고민을 나누면 상대가 부담을 느낀다는 진행자의 말에 공감하며 들었음을 알 수 있다. 진행자는 고민을 나누어야 친밀감이 형성될 수 있다고 하지 않았으므로 적절하지 않다.

오답설명

① 청취자가 자기표현과 관련된 사례를 '저도 사연을 들으면서~기억이 떠올랐어요.'와 같이 언급한 것을 통해 자신의 경험을 떠올리며 들었음을 알 수 있다.

③ 청취자가 대화할 때 고려할 점에 대해 '대화할 때 상대방과의 친밀감을 고려해야 한다는 진행자님의 말씀'과 같이 언급한 것을 통해, 진행자의 조언을 올바르게 이해하며 들었음을 알 수 있다.

④ 청취자가 '앞으로 제가 대화할 때에도 그렇게 하는 것이 도움이 되겠다고 생각했어요.'와 같이 방송에서 들은 조언을 자신에게 적용할 것을 언급한 것을 통해, 방송에서 얻은 정보의 유용성을 생각하며 들었음을 알 수 있다.

⑤ 청취자가 사연 신청자에게 '그래서 저도 ○○ 님께 자신을 드러내는 정도를 조절하면서 대화하는 건 정말 중요하다는 걸 꼭 말씀드리고 싶어요.'와 같이 조언하고 있는 것을 통해, 자기표현을 조절하는 대화에 관한 진행자의 의견에 동의하며 들었음을 알 수 있다.

문제분석   74-79번

번호	정답	정답률 (%)	선지별 선택비율(%)				
			①	②	③	④	⑤
74	④	83	6	8	2	83	1
75	⑤	95	2	1	1	1	95
76	④	83	1	11	4	83	1
77	①	89	89	3	2	5	1
78	④	81	2	7	4	81	6
79	③	95	2	1	95	1	1

74

정답설명

④ "저는 얼마 전 읽은 책에서 17세기의 우리 음식 중 흥미로운 음식을 발견하여 '17세기의 두 가지 음식'을 발표 주제로 정했습니다."에서 발표자는 자신의 경험(책에서 흥미로운 우리 음식을 발견함)과 관련하여 발표 주제 '17세기의 두 가지 음식'의 선정 동기를 밝히고 있다.

오답설명

① 발표자는 2문단에서 '석류탕', 3문단에서 '난면'에 대해서 발표하고 있으나, 발표 내용을 중간중간 요약하고 있지는 않다.

② "이 외에 다른 음식에 관심 있으신 분은 책을 보시면 흥미로운 음식들을

발견할 수 있을 겁니다."라며 추가로 정보를 얻을 수 있는 방법을 제시하고 있을 뿐, 소개한 두 음식에 대해 추가로 자료를 탐색할 것을 권유하고 있지는 않다.

③ 발표자는 소개한 조리법을 활용하여 만들 수 있는 다른 음식의 예를 들고 있지 않다.

⑤ 전문가들의 서로 다른 견해를 인용하여 『음식디미방』의 역사적 가치를 설명하고 있지 않다.

75

정답설명

⑤ 발표자는 도입부에서 "지금부터 책에 실린 음식 중 석류탕을 먼저 소개한 후 난면을 소개하겠습니다."와 같이 발표 순서를 안내하고 있다. 그러나 청중과의 상호 작용으로 파악한 청중의 관심을 반영하기 위해 도입부에서 안내한 발표 순서를 바꿔 소개하지는 않았다.

오답설명

① 발표자는 발표에서 다루려는 음식이 소개된 문헌이 『음식디미방』임을 밝히고 있으며, 이를 통해 정보 전달이 목적인 발표의 신뢰도를 높이고 있다.

② '(화면에 사진을 보여 주며)', '(화면을 넘기고)' 등에서 확인할 수 있다.

③ "혹시 『음식디미방』이라는 책을 알고 계신가요?"에서 책에 대한 청중의 사전 지식을 점검하고, "이 책은 1670년경에 쓰인 한글 음식 조리서로"에서 책의 집필 시기를, "'음식디미방'이란 '음식의 맛을 아는 방법'이라는 뜻입니다."에서 책 제목의 의미를 밝히고 있다.

④ "여기서 석류는 여러분이 알고 계신 바로 그 과일의 이름입니다.", "'계란' 할 때의 '란', '냉면' 할 때의 '면'입니다."에서 확인할 수 있다.

76

정답설명

④ 학생 1의 '당시에는 꿩고기가 구하기 쉬웠나 봐.', 학생 3의 '석류탕이 어육류에 속하는 걸 보니 고기를 핵심적인 재료로 간주해서 분류한 것 같아.'를 통해 학생 1과 학생 3 모두 발표자가 언급하지 않은 내용을 추론하며 들었음을 알 수 있다.

오답설명

① 학생 1과 학생 2 모두 발표의 내용이 정확한지 평가하며 듣지 않았다.

② 학생 2가 학생 1과 달리 자신이 알고 있는 조리법과 비교하며 제시된 정보를 들은 것은 맞지만, 정보를 사실과 의견으로 구분하여 듣지는 않았다.

③ 학생 2는 두 번째가 아닌 첫 번째로 소개한 음식의 조리법에 대한 배경지식을 활용하여 발표 내용을 들었으며, 발표 내용이 어떠할 것이라고 예측하며 듣지도 않았다.

⑤ 학생 2와 학생 3 모두 사전 경험을 바탕으로 발표 내용의 효용성(쓸모나 보람이 있는 성질)을 점검하며 듣지는 않았다.

77

정답설명

① 발표자는 "작물을 심기 전에 효율적인 배치를 위해 작물 배치도를 그려

보면 도움이 됩니다."라고 말하였다. 이후 설명과 함께 작물 배치도를 보여 주었으나, 발표 도중 실제로 그림을 그리며 설명한 것이 아니라 미리 준비한 배치도를 화면에 띄워서 설명한 것이므로 선지의 내용은 적절하지 않다.

오답설명

② "(청중의 반응을 살피며 큰 목소리로) 잘 안 들리시는 것 같으니 좀 더 크게 말씀드릴게요."를 통해 목소리 크기라는 준언어적 표현을 조절하여 발표의 전달력을 높이고 있음을 알 수 있다.

③ "저는 텃밭을 처음 가꿀 때 가정에서 필요한 다양한 작물을 심고 싶었어요. 아마 15제곱미터 정도의 좁은 텃밭을 가꾸기 시작하시는 여러분도 비슷한 마음이실 거예요."에서 확인할 수 있다.

④ **자문자답은 스스로 질문하고 답하는 방식이다.** "그러면 어떻게 해야 할까요? (잠시 뒤에) 작물을 심기 전에 효율적인 배치를 위해 작물 배치도를 그려 보면 도움이 됩니다."와 "좁은 텃밭에 다양한 작물을 잘 기르고 싶으신가요? 그렇다면 배치도를 그려 효율적으로 텃밭을 가꿔 보세요."에서 확인할 수 있다.

⑤ "그렇다면 배치도를 그려 효율적으로 텃밭을 가꿔 보세요. 땀을 흘려 손수 먹거리를 수확하는 기쁨을 누리실 수 있을 겁니다."에서 확인할 수 있다.

78

정답설명

④ 발표에서는 작물의 키와 재배 기간을 고려해야 모든 작물이 잘 자랄 수 있다고 하였다. 이때 2문단에서 키가 큰 옥수수 때문에 다른 작물이 피해를 입었던 경험을 말하고 있으므로, 옥수수를 어느 위치에 심어도 잘 자랄 수 있었다는 내용은 발표의 취지와 맞지 않다. 또한 발표에서도 이러한 내용을 말하지 않았으므로 선지의 내용은 적절하지 않다.

오답설명

① 2문단의 "(자료를 가리키며) 그런데 보시는 것처럼 상대적으로 키가 큰 고추와 옥수수를 동쪽에 배치하여 상추와 감자에 그늘이 많이 생겼어요."를 통해 알 수 있다.

② 3문단의 "8월에 옥수수를 수확한 후 같은 자리에 배추를 심었어요.~고추 재배가 10월까지 계속되는 바람에 배추가 광합성을 많이 하지 못했거든요."를 통해 알 수 있다.

③ 4문단의 "작물의 키 순서에 따라 작은 것부터 상추는 남동쪽, 감자는 북동쪽, 고추는 남서쪽, 옥수수는 북서쪽에 배치했어요."를 통해 알 수 있다.

⑤ 4문단의 "감자 수확 이후 재배 기간과 주변 작물의 키를 고려해 감자 위치에 배추를 심었더니 첫해와 동일한 위치임에도 배추가 더 잘 자랐어요."를 통해 알 수 있다.

79

정답설명

③ 청자 3은 '작물들이 다 자랐을 때의 키'를 구체적으로 알려 줄 것을 필요로 하고 있었는데, 발표에서 이러한 내용이 다뤄지지 않았음을 지적하며 아쉬워하고 있다.

오답설명

① 청자 1이 발표 내용을 정확하게 이해한 것이라고 볼 수 있지만, 보완할 점을 지적하는 것이 아니라 자신이 추가로 알고 싶은 점을 말하고 있으므로 적절하지 않다.

② 청자 2는 발표에서 다룬 정보가 틀렸다며 문제점을 제시하는 것이 아니라, 발표에서 다루지 않은 '브로콜리'와 '케일'에 발표 내용을 적용하여 작물을 심을 계획을 세우고 있으므로 적절하지 않다.

④ 청자 1과 청자 2 모두 자신의 과거 경험을 떠올리며 발표 내용에 의문을 제기하고 있지 않다.

⑤ 청자 2는 발표에서 다루지 않은 '브로콜리'와 '케일'에 대해 말하고 있지만, 이것이 발표 내용이 적용되지 않는 예외적 대상인지를 검토하는 것이 아니라 이 작물들에게 발표의 내용을 활용하겠다고 다짐하고 있으므로 적절하지 않다. 청자 3 또한 발표 내용이 적용되지 않는 예외적 상황이 있는지 검토하고 있지 않다.

문제분석 80-85번

번호	정답	정답률 (%)	선지별 선택비율(%)				
			①	②	③	④	⑤
80	④	75	3	4	12	75	6
81	④	86	5	2	5	86	2
82	③	96	1	1	96	1	1
83	①	94	94	3	1	1	1
84	⑤	92	1	1	4	2	92
85	③	97	1	1	97	1	0

80

정답설명

④ 발표자는 청중에게 "개똥쑥에서 말라리아 치료 성분을 발견했다는 지난주 특강 내용 기억나시나요?"라며 청중과 공유하고 있는 경험을 언급하여 청중의 주의를 환기하고 있다.

오답설명

① 발표에서 청중에게 친숙한 사례로 개념 간의 차이를 부각하고 있는 부분은 찾을 수 없다.

② '(손가락 두 개를 펼쳐 보이며)'에서 비언어적 표현을 활용하고 있는 것은 맞으나, 이를 통해 청중의 행동 변화를 촉구하고 있지는 않다.

③ 발표 중간중간에 발표자가 청중에게 질문을 던지고 있으나, 발표자가 청중의 질문을 받으며 청중과 상호 작용하고 있는 부분은 찾을 수 없다.

⑤ 발표 내용에 대한 청중의 이해 정도를 확인한 후 이어질 발표의 순서를 안내하고 있는 부분은 찾을 수 없다.

81

정답설명

④ [화면 3]은 우리나라 종자 보관 시설을 그림으로 나타낸 것으로, 종자 보관

시설이 지하에 있음을 보여 주고 있다. 발표자는 ©을 보여 주며 "화면 속 건물 아래쪽에 보이는 공간이 저장고가 있는 지하의 모습인데, 외부 영향을 최소화하기 위해 지하에 종자를 보관하고 있습니다."라고 하였으므로 적절하다.

오답설명

① [화면 1]은 멸종 위기에 처한 나무가 전체의 30%라는 것을 시각화한 자료로, 매년 나무 종이 얼마나 감소하고 있는지를 보여 주는 자료가 아니다.

② [화면 1]은 멸종 위기의 나무 종 중에서 종자가 보존되고 있는 종의 비율을 보여 주지 않는다.

③ [화면 2]는 전체 식물 중 40%에 해당하는 종이 멸종 우려 수준임을 드러내는 시각 자료로, 전체 멸종 우려 종에서 식물 종이 차지하는 비율을 보여 주지 않는다.

⑤ [화면 3]은 지하 종자 저장고의 위치가 종자의 발아 상태에 따라 달라짐을 보여 주고 있지 않다.

82

정답설명

③ 3문단에서 "우리나라뿐만 아니라 외국의 종자도 기탁받아 4천 종 넘게 보관하고 있"다고 언급하였으므로, 선지의 질문은 청자가 발표를 듣고 나서 생길 궁금한 점으로 적절하지 않다.

오답설명

① 발표자는 종자 금고가 우리나라와 노르웨이에 있다고 하였는데 두 나라의 종자 금고의 차이점에 대해 언급하지 않았으므로, 선지의 질문은 청자가 발표를 듣고 갖게 될 궁금한 점으로 적절하다.

② 발표자는 외국의 종자를 기탁받아 보관하고 있다고 하였는데 종자를 기탁받는 절차에 대해서는 언급하지 않았으므로, 선지의 질문은 청자가 발표를 듣고 갖게 될 궁금한 점으로 적절하다.

④ 발표자는 저장고 내부는 종자의 발아를 억제해 장기 보관이 가능하도록 적정 온도와 습도를 유지하고 있다고 하였는데 적정 온도가 어떻게 되는지에 대해서는 언급하지 않았으므로, 선지의 질문은 청자가 발표를 듣고 갖게 될 궁금한 점으로 적절하다.

⑤ 발표자는 보관된 종자는 특수한 상황이 아니면 반출하지 않는다고 하였는데 반출했던 경우에 대해서는 언급하지 않았으므로, 선지의 질문은 청자가 발표를 듣고 갖게 될 궁금한 점으로 적절하다.

83

정답설명

① '안전 설계'가 발표에서 다룰 화제임은 제시되어 있으나, 용어의 개념을 정의하여 발표에서 다룰 화제의 범위를 한정하고 있지는 않다.

오답설명

② 1문단의 "지난 수업 시간에 우리는 도로에서 볼 수 있는 안전 설계에 대해 배웠는데요"에서 청중과 공유하는 기억이 언급되었으며, "이와 관련한 유익한 내용이 있어 소개하려 합니다."에서 발표의 계기를 밝히고 있다.

③ 2문단의 "여러분, 달리는 차 안에서 특정 구간을 지날 때 드르륵하는 소리가 들리며 차가 진동하는 것을 느껴 본 적 있나요?"에서 청중의 경험과 관련한 질문을 하였으며, "(대답을 듣고) 많은 분들이 경험했군요."에서 청중의 반응을 확인하고 있음을 알 수 있다.

④ 3문단의 "실제로 졸음운전으로 인한 교통사고 발생 건수가 월 평균 2.6건이었던 구간에 멜로디가 들리게 가로 홈을 시공하자 해당 도로 구간에서의 교통사고가 3개월간 0건이었다고 합니다."에서 구체적인 수치를 밝혀 발표 내용의 근거로 활용하고 있다.

⑤ 5문단의 "그동안 무심코 지나쳤던 도로에서 안전을 위한 장치들을 찾아보길 바라며 발표를 마치겠습니다."에서 청중에게 바라는 바를 언급하며 발표를 마무리하고 있다.

84

형태쌤의 과외시간

문제에 나오는 그림은 지문 내용과 관련 있을 때가 많다. 따라서 지문을 읽는 도중에 지문 내용이 와닿지 않으면 문제에 나오는 그림을 참고해 보자.

정답설명

⑤ [자료 3]은 〈낮의 터널 내부〉에 대한 자료로, 조명등이 설치된 간격이 달라서 낮에 터널 입구 쪽과 출구 쪽이 중간 구간보다 밝다는 것을 보여 준다. 따라서 [자료 3]은 달라지는 밝기에 눈이 서서히 적응하도록 조명등의 설치 간격을 달리한다는 내용을 설명하기 위해 ⓒ에서 활용하였음을 알 수 있다.

오답설명

① 홈 사이 도로면의 너비에 따라 음 높이를 다르게 해서 멜로디를 만드는 것은 [자료 1]이 아닌 [자료 2]에 대한 설명이다. 또한 [자료 2]는 ⊙이 아닌 ⓒ에서 활용해야 한다.

② 살얼음 발생 감소에 효과적인 홈과 제동 거리 단축에 효과적인 홈을 설명하기 위해 [자료 1]을 활용하는 것은 맞다. 그러나 [자료 1]은 ⓒ이 아닌 ⊙에서 활용해야 한다.

③ 특정 구간을 지날 때 느끼는 차의 진동이 홈 때문일 수 있다는 내용은 [자료 2]가 아닌 [자료 1]을 사용해서 설명해야 한다. 그리고 [자료 1]은 ⓒ이 아닌 ⊙에서 활용해야 한다.

④ 낮에 터널의 중간 구간이 입구 쪽과 출구 쪽보다 어둡다는 내용을 설명하기 위한 것은 [자료 3]이 맞다. 그러나 [자료 3]은 ⊙이 아닌 ⓒ에서 활용해야 한다.

85

정답설명

③ 학생 1은 '도서관에서 그 원리를 알아봐야겠어.'라며 추가적인 정보를 탐색하려 하고 있으며, 학생 2도 '이런 도로가 실제로 어디에 있는지 조사해 봐야겠어.'라며 추가적인 정보를 탐색하려 하고 있다.

오답설명

① 학생 1은 자신이 가지고 있던 의문이 해소되었음을 언급한 적이 없다. 또한 발표 내용을 긍정적으로 평가하고 있지 않고 오히려 '간략히 제시해서 아쉬워'라며 발표에 대한 아쉬움을 드러내고 있다.

② 학생 2의 '멜로디가 들리는 도로가 재미를 위한 것인 줄 알았는데, 안전을 위한 거였군.'에서 자신의 배경지식과 일치하지 않는 정보를 새롭게 받아들이고 있음을 알 수 있다. 그러나 자신의 배경지식과 일치하지 않는 이유를 궁금해하고 있지는 않다.

④ 학생 1과 학생 3 모두, 발표를 통해 새롭게 알게 된 정보가 사실과 부합하는지 판단하고 있지 않다.

⑤ 학생 2와 학생 3 모두, 자신의 경험을 바탕으로 발표 내용의 효용성(쓸모나 보람이 있는 성질)을 점검하고 있지 않다.

문제분석   86-91번

번호	정답	정답률 (%)	선지별 선택비율(%)				
			①	②	③	④	⑤
86	①	90	90	0	1	9	0
87	⑤	91	1	5	1	2	91
88	②	85	1	85	2	5	7
89	②	92	1	92	1	1	5
90	④	94	1	1	1	94	3
91	③	96	2	1	96	1	0

86

발표자가 내용에 대한 일화나 경험을 말하고 있는지, 청중과 소통하고 있는지 등 형식적인 측면을 묻고 있다. 이런 문항은 선지를 먼저 본 뒤, 지문에서 내용을 찾고 지워 가는 방식으로 풀면 된다.

정답설명

① 발표자는 "조선어 학회 사건에 연루되어 옥고를 치르는 중에도 검열을 피해 솜옷 속에 쪽지를 숨겨 놓으며 한글을 연구했다는 이야기는 선생의 굳은 의지를 잘 보여 주죠."라며 최현배 선생의 특성을 보여 주는 일화를 제시하고 있다.

오답설명

② 발표자는 청중에게 자신의 경험을 전달하고 있지 않다.

③ 발표자는 주시경 선생과 최현배 선생에 대해 "한글 대중화에 힘쓴 두 인물", "한글을 교육하고 연구하는 데 앞장선 두 분"이라고 소개하며 함께 설명하고 있을 뿐, 대조를 통해 두 인물의 차이를 부각하고 있지는 않다.

형태쌤의 과외시간

준언어적 표현 = 반언어적 표현
: 발화를 할 때의 특징적인 성조, 억양, 강세, 리듬, 음장 등
비언어적 표현
: 직접적인 언어 표현을 제외한 것들. 시선 처리, 얼굴 표정, 손동작 등

④ '(목소리를 높여)'에서 강연자가 준언어적 표현인 목소리의 크기를 조절하여 강연을 진행하고 있음을 확인할 수 있다. 그러나 화제를 전환하기 위한 것이 아니라 앞서 언급한 두 인물을 강조하기 위한 것이므로 적절하지 않다. '(한 손을 올렸다 내리며)'는 준언어적 표현이 아니라 비언어적 표현이다.

⑤ 발표자는 강연 대상에 대한 소개로 강연을 시작하고 있을 뿐, 자신이 강연을 하게 된 소감을 밝히고 있지는 않다.

87

정답설명

⑤ 2문단의 "말이 오르면 나라도 오르고, 말이 내리면 나라도 내리나니라."에서 주시경 선생의 말을 인용하고 있다. 하지만 최현배 선생의 말을 인용하지는 않았으므로 해당 선지의 내용은 적절하지 않다.

오답설명

① 1문단의 "한글 창제 이야기는 이미 잘 알고 계실 테니, 오늘은 한글 대중화에 힘쓴 두 인물에 대해 말씀드리죠."에서 확인할 수 있다.
② 3문단의 "아, '갈'이 무슨 뜻인지 잘 모르실 텐데, 연구를 의미하는 우리말입니다."에서 확인할 수 있다.
③ 2문단의 "그리고 얼마 전 주시경 선생에 대한 다큐멘터리가 방영되었는데, 이 영상을 찾아보는 것도 도움이 될 것입니다."와 3문단의 "최현배 선생에 대한 자료는 △△ 기념관 누리집에서 찾으실 수 있습니다."에서 확인할 수 있다.
④ 1문단의 "역사적으로 암울했던 시기에 한글을 교육하고 연구하는 데 앞장선 두 분은 특별한 관계이기도 한데요. 어떤 관계일까요?"에서 발표자가 강연을 시작할 때 청중에게 주시경, 최현배 선생의 관계에 대해 질문을 하고 있음을 확인할 수 있다. 또한 3문단의 "이쯤에서 주시경 선생과의 관계를 눈치채신 분도 있을 텐데요.~두 분은 사제 간입니다."에서 두 인물이 사제 간이라는 답을 제시하고 있으므로 적절하다.

88

정답설명

② 청중 2는 강연 내용이 자신이 맡은 조선어 학회 사건에 대한 발표와 관련하여 도움이 될 것 같다는 반응을 보이고 있다. 이는 강연을 통해 알게 된 정보를 유용성 측면에서 평가한 것이다.

오답설명

① 청중 1은 새롭게 알게 된 내용을 말하며, 내용과 관련된 추가 정보를 탐색

하려 하고 있다. 따라서 자신이 알고 있던 내용을 강연 내용과 비교하여 평가하고 있다는 선지의 내용은 적절하지 않다.
③ 청중 3은 강연에서 언급한 내용의 아쉬움을 말하며, 내용과 관련된 추가 정보를 탐색하려 하고 있다. 따라서 강연에서 직접 언급되지 않은 내용을 추론하고 있다는 선지의 내용은 적절하지 않다.
④ 청중 1은 강연을 통해 새롭게 알게 된 사실과 관련해 추가 정보를 탐색하려 하고 있으나 이에 대해 의구심을 드러내고 있지 않다. 청중 3은 강연에서 언급되지 않은 내용을 아쉬워하며 언급되지 않은 내용과 관련해 추가 정보를 탐색하려 하고 있을 뿐, 강연을 통해 새롭게 알게 된 사실에 대해 의구심을 드러내고 있지 않다.
⑤ 청중 3은 강연에서 언급된 내용과 관련한 추가 정보를 탐색하려 하고 있다. 하지만 청중 2는 강연에서 언급된 내용에 대해 말하고 있을 뿐, 추가 정보를 탐색하려는 반응을 보이고 있지 않다.

89

정답설명

② 발표자는 "식물 뿌리와 함께 사는 곰팡이에 관한 흥미로운 사실이 있어 소개하려 합니다."와 같이 발표하려는 내용에 대한 언급했을 뿐, 발표 도입에서 청중이 발표 내용을 예측하도록 발표 내용의 제시 순서를 밝히지는 않았다.

오답설명

① 발표자는 청중의 주의를 환기하기 위해 "지난 수업 시간에 곰팡이의 생육 환경에 대해 우리가 조사했던 활동이 기억나나요?"와 같이 질문을 통해 청중과 공유하고 있는 경험을 언급하고 있다.
③ 발표자는 "식물 뿌리와 함께 사는 곰팡이가 식물 뿌리와 상호 작용한다는 것을 알고 있나요?"라는 질문을 하며 청중이 이를 알고 있었는지 반응을 살피고 있다.
④ 발표자는 "균사는 곰팡이의 몸을 이루는 세포가 실 모양으로 이어진 것을 말합니다."와 같이 특정 대상의 개념을 파악하도록 정의를 제시하고 있다.
⑤ 발표자는 청중의 이해를 돕기 위해 '균사'의 역할을 '서로를 잇는 다리'와 같이 일상적 소재에 빗대어 표현하고 있다.

90

정답설명

④ [화면 2]는 곰팡이가 토양에서 흡수한 양분은 식물 뿌리로 전달되고, 식물이 광합성으로 만들어진 양분은 곰팡이로 전달됨을 설명하는 자료이므로, ⓛ에 제시된 자료임을 알 수 있다.

오답설명

①, ② [화면 1]은 곰팡이의 몸을 이루는 세포가 실 모양으로 이어진 것이 균사임을 설명하는 자료이므로, ㉠에 제시된 자료임을 알 수 있다.
③ [화면 2]는 균사를 통해 한 식물의 양분이 다른 식물에 전달됨을 설명하는 자료이므로, ⓛ에 제시된 자료임을 알 수 있다.
⑤ [화면 3]은 균사가 식물 뿌리와 연결되는 방식이 곰팡이마다 다르다는 것을 설명하는 자료이므로, ㉢에 제시된 자료임을 알 수 있다.

91

정답설명

③ 발표자는 질문을 듣고 "곰팡이와 식물 뿌리는 각각 상대의 생상을 촉진하는 물질을 내놓아 상대를 자기 쪽으로 유인하여 만날 수 있지요."와 같이 서로 떨어져 있는 곰팡이와 식물 뿌리가 닿는 과정에 대해 설명하고 있다. 따라서 발표의 흐름을 고려할 때, "서로 떨어져 있는 곰팡이와 식물 뿌리가 어떻게 닿을 수 있나요?"가 ⓐ의 질문으로 가장 적절하다.

오답설명

① 균사가 식물 뿌리 세포의 내부까지 들어가는 방법에 대한 설명은 확인할 수 없다.

② 곰팡이가 식물 이외의 다른 생물과도 상호 작용을 한다는 내용은 확인할 수 없다.

④ 발표자는 곰팡이와 식물 뿌리가 생장을 촉진하는 물질을 통해 서로에게 닿는 과정을 설명하고 있을 뿐, 물질에 어떤 것이 있는지에 대해서는 설명하고 있지 않다.

⑤ 곰팡이와 연결된 식물 뿌리가 그렇지 않은 식물 뿌리보다 빨리 생장한다는 내용은 확인할 수 없다.

문제분석 92-97번

번호	정답	정답률 (%)	선지별 선택비율(%)				
			①	②	③	④	⑤
92	④	94	1	1	2	94	2
93	⑤	60	3	5	6	26	60
94	④	94	1	1	1	94	3
95	③	87	1	1	87	3	8
96	④	86	2	7	2	86	3
97	⑤	88	2	1	1	8	88

92

정답설명

④ 발표자는 민물고기 꾸구리의 눈을 개폐하는 양상을 설명한 후, 청중의 참여를 이끌어 내기 위해 "그렇다면 꾸구리는 낮과 밤 중 언제 주로 활동할까요?"라는 질문을 하고 대답을 들으며 청중의 반응을 확인하고 있으므로 적절하다.

오답설명

① 발표자는 발표에서 전문 용어의 개념을 정의하고 있지 않다.

② 발표에서 청중이 발표 내용에 대한 정보를 추가적으로 요청하는 부분은 찾을 수 없다.

③ 발표 시작 부분에서 중심 제재에 대한 소개만 할 뿐, 발표 진행 순서를 안내하고 있지는 않다.

⑤ 발표에서 청중과 공유하는 기억을 환기하는 부분은 찾을 수 없다. 또한 발표 주제를 선정하게 된 계기를 밝히는 부분도 찾을 수 없다.

93

정답설명

⑤ 빌표자는 꾸구리 눈이 개폐된 모습의 차이를 드러내기 위해 두 사진을 화면에 순차적으로 제시하는 것이 아니라 '나란히' 제시하고 있으므로 해당 선지의 내용은 적절하지 않다.

오답설명

① 발표자는 청중의 관심을 끌기 위해 "물고기가 눈을 감는 모습을 상상해봅시다."와 같이 청중에게 물고기에게서 흔히 보기 어려운 모습을 떠올리도록 요청하고 있다.

② 발표자는 말뚝망둑어 눈의 개폐 과정을 드러내기 위해 "말뚝망둑어가 눈을 닫을 때 위로 볼록 솟아 있는 눈이 아래의 구멍으로 들어가고, 이어서 눈 아래 피부가 올라와 눈을 덮어 줍니다."와 같이 눈과 눈 아래 피부의 움직임을 순서대로 설명하고 있다.

③ 발표자는 말뚝망둑어 눈의 개폐가 가능한 이유를 설명하기 위해 "말뚝망둑어 눈 근육은 둥근망둑어에 비해 그 기울기가 훨씬 가파릅니다."와 같이 말뚝망둑어와 둥근망둑어의 눈 근육을 비교하여 말하고 있다.

④ 발표자는 두 물고기의 눈 개폐 양상을 보여 주기 위해 "(자료 제시) 동영상에 보이는 것처럼"과 같이 말뚝망둑어의 동영상을 제시하고 있으며 "(자료 제시) 나란히 놓인 두 사진이 보이시죠?"와 같이 꾸구리의 사진을 제시하고 있다.

94

정답설명

④ 학생 1은 발표에 언급되지 않은 내용인 눈꺼풀이 없는 다른 물고기들이 눈으로 들어오는 빛의 양을 어떻게 조절하는지에 대해 궁금증을 드러낼 뿐, 발표 내용을 통해 알게 된 정보의 효용성을 판단하고 있지 않다. 또한 학생 3은 말뚝망둑어 눈의 개폐가 사람의 눈 깜빡임과 같은 역할을 한다는 발표 내용에 대해 평가할 뿐, 정보의 효용성을 판단하고 있지 않다.

오답설명

① 학생 1은 발표에 '눈꺼풀이 없는 다른 물고기들은 눈으로 들어오는 빛의 양을 어떻게 조절하는지에 대한 설명이 빠져 있다'며, 발표에 언급되지 않은 정보에 대한 궁금증을 드러내고 있다.

② 학생 2는 발표 내용과 관련하여 눈꺼풀 같은 피부가 있는 물고기의 예로 '상어'가 있음을 언급하고 있다. 이는 자신의 배경지식을 떠올리고 있는 것이므로 선지의 설명은 적절하다.

③ 학생 3은 '그 연구 결과가 믿을 만한 것일까?'와 같이 발표에 제시된 내용을 신뢰할 수 있는지에 대해 의문을 제기하고 있다.

⑤ 학생 2는 상어의 눈꺼풀 같은 피부도 꾸구리 눈에 있는 피부와 같은 역할을 수행하는지에 대해 누리집에 검색을 해본다고 하였으며, 학생 3은 말뚝망둑어 눈의 개폐에 대한 연구 결과와 관련된 내용을 도서관에서 찾아봐야겠다고 하였다. 따라서 두 학생 모두 발표 내용과 관련하여 추가적인 정보를 탐색하려고 하고 있음을 확인할 수 있다.

95

정답설명

③ 발표자는 '김 양식 방법'에 관한 발표를 하기 앞서 청중의 관심을 끌기 위해 "여러분, 어제 급식에 나온 김자반 맛있게 드셨나요?"라며 화제('김')와 관련한 청중의 경험을 환기하고 있다.

오답설명

① 전문가의 의견을 인용한 부분은 찾을 수 없다.
② 발표 중간에 내용을 요약하고 있지 않다.
④ '(오른손을 내밀며)'에서 비언어적 표현을 활용하고 있지만 이는 발표 순서를 안내하기 위함이 아니다.
⑤ '그런데 김이 햇빛과 공기에~때문입니다.'에서 스스로 묻고 답하는 방식을 활용하고 있지만, 이는 용어의 개념을 설명한 것이 아니다.

96

정답설명

④ [자료 2]는 뜸에 김발을 매달아 수면 아래 잠기게 하여 김을 키우는 '부류식 양식 방법'을 보여 주는 자료이다. 김의 생장 속도가 빨라 대량 생산에 유리하다는 점은 '부류식 양식 방법'의 장점이므로 ⓒ에 [자료 2]를 활용하는 것은 적절하다.

오답설명

① [자료 1]은 수심이 낮은 가까운 바다에 김발을 매단 버팀목을 세워 김을 양식하는 '지주식 양식 방법'을 보여 주는 자료이다. 하지만 김발 뒤집기는 '노출 부류식 양식 방법'에 관한 내용이므로 ㉠에 [자료 1]을 활용하는 것은 적절하지 않다.
② 김이 햇빛과 공기에 직접 노출되지 않아 갯병에 취약한 면이 있는 것은 '부류식 양식 방법'이다. '부류식 양식 방법'를 보여 주는 자료는 [자료 2]이므로 ⓒ에 [자료 1]을 활용하는 것은 적절하지 않다.
③ 밀물과 썰물의 반복으로 살균 작용이 활발해지는 이점이 있는 것은 '지주식 양식 방법'이다. '지주식 양식 방법'을 보여 주는 자료는 [자료 1]이므로 ㉠에 [자료 2]를 활용하는 것은 적절하지 않다.
⑤ [자료 1]은 '지주식 양식 방법'을, [자료 2]는 '부류식 양식 방법'을 보여 주는 자료이다. 하지만 두 양식 방법 모두 '김발'을 사용하므로 김발의 유무로 두 양식 방법을 구별할 수는 없다.

97

정답설명

⑤ '학생 2'와 '학생 3' 모두 발표 내용을 바탕으로 발표에서 제공하지 않은 정보를 추론하고 있지 않다.

오답설명

① '학생 1'은 '그런데 김이 광합성을 하면 왜 맛과 품질이 좋아지는지 궁금한 걸. 그 내용이 발표에 포함되어 있었으면 좋았을 텐데.'라며 알고 싶은 정보가 발표에서 다루어지지 않았음을 아쉬워하고 있다.
② '학생 2'는 '그런데 수산 식품 수출 1위, 연간 수출액 1조 원이라는 내용이 정확할까?'라며 발표에 포함된 정보가 믿을 만한지 의문을 드러내고 있다.
③ '학생 3'은 '다른 해조류도 양식한다면 김 양식과 어떻게 다른지 정보를

찾아봐야겠어.'라며 발표 내용과 관련한 추가적인 정보를 탐색하려 하고 있다.
④ '학생 1'은 '김이 광합성을 하지 않는다고 생각했는데, 김도 광합성을 하는구나.'라며, '학생 3'은 '해조류인 김도 양식한다는 걸 알게 됐어. 광어, 우럭 같은 어류만 양식하는 줄 알았는데 그게 아니었군.'이라며 발표에서 언급된 정보를 통해 자신이 평소 알고 있던 바를 수정하고 있다.

문제분석 98-103번

번호	정답	정답률(%)	선지별 선택비율(%)				
			①	②	③	④	⑤
98	⑤	98	1	0	1	0	98
99	②	94	1	94	2	2	1
100	①	92	92	1	2	3	2
101	②	87	4	87	5	2	2
102	④	74	3	17	2	74	4
103	③	92	1	1	92	4	2

98

정답설명

⑤ 발표자는 안전벨트에 관한 발표를 시작하면서 ㉠(딸깍)을 활용하여 청중의 궁금증을 유발하고 있으며, 발표를 마무리하면서 ⓒ(딸깍)을 활용하여 안전벨트를 착용해야 함을 당부하고 있다. 즉, 발표자는 ㉠, ⓒ을 연결하여 안전벨트 착용에 대한 실천의 중요성을 강조하고 있으므로 선지의 설명은 적절하다.

오답설명

① 발표자가 ㉠을 활용하면서 "무슨 소리일까요?"라는 질문을 던졌으므로 ㉠은 청중의 의견을 듣기 위해 활용했다고 볼 수 있다. 또한 ⓒ을 활용하면서 안전벨트를 착용해야 함을 당부하고 있으므로 ⓒ은 발표자 자신의 의견을 밝히기 위해 활용했다고 볼 수 있다. 그러나 ㉠과 ⓒ을 비교하여 생각의 다양함을 드러내고 있지는 않다.
② ㉠은 발표자가 청중의 이목을 끌기 위해 활용한 것으로, 발표자가 ㉠을 안전벨트 착용의 장점을 드러내기 위해 활용했다고 보기는 어렵다. 또한 발표자는 ⓒ을 활용하여 안전벨트의 단점을 드러내지 않았으며, ㉠과 ⓒ을 대조하여 청중의 인식 변화를 유도하고 있지도 않다.
③ 발표자는 ㉠을 활용하여 발표 순서를 안내하고 있지 않으며, ⓒ을 활용하여 발표 순서를 환기하고 있지도 않다.
④ 발표자는 ㉠을 활용하여 문제를 제기하고 있지 않으며, ⓒ을 활용하여 해결 방안을 제시하고 있지도 않다.

99

정답설명

② [자료 1]은 화살표가 가리키는 부분이 바깥쪽 톱니에 걸리면서 띠가 더 이상 풀리지 않게 띠를 잠그는 장치를 보여 주고 있으므로, ⓐ에 제시된 자료임을 알 수 있다. 그러나 '차량이 충돌할 때 톱니를 돌아가게 하는 장치'는 [자료 2]에 해당하며, 이는 ⓑ에 제시되어야 하므로 선지의 설명은 적절

하지 않다.

오답설명

① [자료 1]은 화살표가 가리키는 부분이 바깥쪽 톱니에 걸리면서 띠가 더 이상 풀리지 않게 띠를 잠그는 장치를 보여 주고 있으므로, [자료 1]을 ⓐ에 제시하였다는 선지의 설명은 적절하다.

③ [자료 2]는 화살표가 가리키는 피스톤이 아래로 내려가면서 톱니를 회전시켜 띠를 당기는 장치를 보여 주고 있으므로, [자료 2]를 ⓑ에 제시하였다는 선지의 설명은 적절하다.

④ [자료 3]은 3점식 안전벨트가 2점식과 달리 탑승자 어깨 위에도 고정 점이 하나 더 있음을 보여 주고 있으므로, [자료 3]을 ⓒ에 제시하였다는 선지의 설명은 적절하다.

⑤ [자료 3]은 2점식보다 고정 점이 하나 더 많은 3점식 안전벨트가 몸의 더 많은 부분을 잡아 줌을 보여 주고 있으므로, [자료 3]을 ⓒ에 제시하였다는 선지의 설명은 적절하다.

100

정답설명

① '학생 1'은 발표 내용을 듣고 "안전벨트가 중요하단 생각이 확고해졌"다고 하였다. 즉, 발표 내용을 통해 '학생 1'이 기존에 가지고 있던 인식이 강화된 것일 뿐, 전환된 것이 아니므로 선지의 설명은 적절하지 않다.

오답설명

② '학생 1'은 "통계의 출처가 분명하니 발표 내용에 믿음이" 간다며 통계의 출처가 발표 내용의 신뢰성을 높였다고 평가하였다. 반면 '학생 2'는 해당 자료에 대하여 "뒷좌석 안전벨트의 효과를 알려 주지 않은 점"이 아쉽다며 발표에 제시된 정보가 부족하다고 여기고 있다.

③ '학생 2'는 "안전벨트의 원리를 구분해서 설명한 것은 효과적이었"다며 발표자의 설명 방식에 대해 긍정적으로 평가하고 있다.

④ '학생 2'는 "띠를 잠그는 장치를 활용하여 몸을 잡아 주는 과정이 흥미로웠"다고 하였다. 이에 대해 '학생 1'은 "안전 교육 때 원리가 비슷한 장치에 대해 배웠잖아."라며 '학생 2'가 언급한 내용과 관련한 학습 경험을 언급하고 있다.

⑤ '학생 1'은 "안전 교육 때 원리가 비슷한 장치에 대해 배웠"던 것을 떠올리며 들으니 "안전벨트의 원리가 잘 이해"되었다고 하였다. 이에 대해 '학생 2'는 "인터넷에서 안전벨트에 적용되는 또 다른 원리가 있는지를 더 알아봐야겠"다며 추가 정보를 탐색하려고 하고 있다.

101

정답설명

② "번식을 위해 곤충을 속이는 식물도 있다는 걸 아시나요? (청중을 둘러보며) 거의 모르시는군요."에서 발표자는 발표 내용과 관련한 질문을 하여 청중의 배경지식을 확인하고 있다.

오답설명

① '(고개를 저으며)'와 같은 비언어적 표현을 활용하고 있으나, 이를 통해 청중의 행동 변화를 요구하고 있지는 않다.

③ 독특한 방식으로 살아가는 몇 가지 식물들에 대해 사례를 들어 설명하고

있을 뿐, 낯선 용어의 개념을 정의하고 있지는 않다.

④ 발표 중간중간에 앞서 언급한 주요 내용을 요약한 부분은 제시되지 않았다.

⑤ "제 발표가 여러분의 상식을 넓히는 데 도움이 되었기를 바랍니다."에서 청중이 발표 내용을 통해 얻을 수 있는 효용을 제시하고 있으나, 이를 통해 화제를 전환하고 있지는 않다.

102

정답설명

④ ㉣은 네 번째 자료로 제시되어 개다래가 곤충을 유인하기 위해 잎의 색깔을 바꾼다는 것을 설명하는 데에 활용되었다. 개다래의 꽃이 작고 잎에 가려져 있는 이유는 발표 내용에 제시되지 않았으며, ㉣과 관련이 있지도 않다.

오답설명

① ㉠은 첫 번째 자료로 제시되어 라플레시아가 숙주인 덩굴 식물에 기생하여 양분을 얻는다는 것을 설명하는 데에 활용되었다.

② ㉡은 두 번째 자료로 제시되어 수염틸란드시아가 공기뿌리를 이용하여 다른 식물에 붙어서 살아간다는 것을 설명하는 데에 활용되었다.

③ ㉢은 세 번째 자료로 제시되어 수염틸란드시아가 잎에 있는 비늘처럼 생긴 털을 통해 공기에 있는 양분과 수분을 얻는다는 것을 설명하는 데에 활용되었다.

⑤ ㉤은 다섯 번째 자료로 제시되어 해바라기의 꽃송이가 낱낱의 꽃들이 한데 모여 이루어져 있다는 내용을 설명하는 데에 활용되었다.

103

정답설명

③ '학생 1'은 의문을 제기하지 않았다. 한편 '학생 2'는 "1m나 되는 큰 꽃이 악취를 풍기면 엄청나겠는걸?"이라며 발표에서 제공하지 않은 내용을 추론하고 있기는 하지만, 이는 '학생 1'의 의문에 대한 것이 아니다.

오답설명

① '학생 1'은 "오늘 발표에 나온 라플레시아에 대한 내용을 인터넷에서 본 적이 있어."라며 발표 내용과 관련하여 자신의 기억을 떠올리고 있다.

② '학생 2'는 "근데 수염틸란드시아는 다른 식물에 기생하는 건 아니라는 거지?"라며 자신이 이해한 내용이 맞는지 상대에게 확인하고 있다.

④ "나는 수염틸란드시아가 어떻게 번식하는지 알고 싶었는데 그 내용이 없어서 아쉬웠어."라는 '학생 1'의 말에 '학생 2'가 "나도 그랬어. 그 부분에 대한 설명이 있었으면 더 좋았을 텐데."라고 답했으므로, '학생 1'과 '학생 2' 모두 발표에서 궁금한 내용이 다뤄지지 않았음을 아쉬워하고 있음을 알 수 있다.

⑤ '학생 1'과 달리, '학생 2'는 "수염틸란드시아가 번식을 어떻게 하는지 찾아봐야겠어."라며 발표 내용 외의 추가적인 정보를 탐색하려 하고 있다.

번호	정답	정답률 (%)	선지별 선택비율(%)				
			①	②	③	④	⑤
1	④	93	1	1	4	93	1
2	②	93	2	93	1	2	2
3	⑤	92	2	3	1	2	92
4	②	95	1	95	1	1	2
5	②	93	1	93	1	4	1
6	⑤	93	1	3	2	1	93

형태쌤의 과외시간

대화 파트에서는 단순 일치 문제가 많이 출제된다.
　상대방의 말에 공감하는지, 비언어나 반언어를 사용했는지도 종종 물어보니 가볍게 기억해 두자.

반언어 : 어조, 성량, 고저
비언어 : 언어가 아니라 행동

대화 파트에서 조심할 것은 '의도'를 물어보는 경우이다. 만약 '~하기 위해 질문했다, ~하려고 답변을 했다'라는 선지가 있을 때, '질문'이나 '답변'만 보고 체크하면 낚이기 쉽다. '~하기 위해', '~하려고'라는 의도를 신경써서 보아야 한다.

01

정답설명

④ 진행자는 청취자들의 실시간 댓글을 통해 벽화 마을의 당면 과제에 대해 살피고 있다. '남의 집을 기웃거리는 사람도 있'다는 댓글과 '거기 사시는 분이 시끄럽다고 화'냈다는 댓글은 사생활 보호에 관한 내용이고, '그림에 낙서하는 아이들이 없도록 신경 써' 달라는 댓글과 '아직까지는 그림이 잘 보존되고 있지만, 몇 년이 지나도 지금과 같을지 걱정'된다는 댓글은 벽화의 유지·관리와 연관된 내용이므로 적절하다.

오답설명

① '아직까지는 그림이 잘 보존되고 있'다고 하였으므로, 훼손 실태와 그 원인에 대해 질문하는 것은 적절하지 않다.

② '아이들과 함께 가시는 분들'이 언급된 것은 맞지만, 이때 아이들과 함께 마을을 방문하는 사람들의 수는 ○○ 마을의 당면 과제와는 관련이 없으므로 적절하지 않다.

③ '거기 사시는 분이 시끄럽다고 화'냈다는 댓글을 통해 마을 주민들이 예의를 지켜야 한다는 것을 문제로 제기할 수 있지만, 이는 모든 댓글의 종합적인 내용이 아니다.

⑤ '거기 사시는 분이 시끄럽다고 화'냈다는 댓글을 통해 주민들이 소음으로 인한 피해를 입고 있다는 것을 알 수 있지만, 이는 모든 댓글의 종합적인 내용이 아니다.

02

정답설명

② 소연은 창완의 발언 내용에 "나도 그렇게 느꼈는데"라며 공감하고, "어떤 장면이 인상적이었어?"라며 그와 관련된 추가적인 질문을 하고 있을 뿐, 상대의 표현 방식에 대한 자신의 평가가 옳은지 확인하기 위해 질문을 하고 있지 않다.

오답설명

① 창완이 "한복이 진짜 멋지더라."라고 하자, 소연은 "정말 멋지던데."라며 창완의 발언 내용 중 일부를 반복하여 동조의 뜻을 표현하고 있다.

③ 창완이 "근데……."라며 말을 멈추고 한숨을 쉬자, 소연은 "괜찮아, 말해 봐."라며 말을 계속하도록 격려하고 있다.

④ 창완은 부자간에 갈등이 깊었지만 결국엔 서로 이해하고 화해하는 과정을 그려 낸 영화를 보고 "아버지랑 내가 자꾸 떠오르더라고."라고 하였다. 소연은 이를 바탕으로 추론한 내용, 즉 아버지와 갈등이 있었는지에 대해 묻고 있다.

⑤ 소연은 "오늘까지 기분이 좋지 않았"다는 창완의 말을 듣고, "맘이 불편하겠구나. 나라도 그랬을 것 같아."라며 창완의 감정을 파악하고 이를 바탕으로 공감을 드러내고 있다.

03

정답설명

⑤ "제가 말도 없이 방으로 들어가 버리는 바람에 속상하셨죠?"라며 '어떤 의사소통 방식이 갈등을 유발했는지'를 정확히 진단하고, "아버지께서 저를 위해 하신 말씀인데"라며 '상대방에게 부담이 되는 표현은 최소화'하고 있다. 또한 "제가 아버지의 마음을 헤아리지 못해서 죄송해요."라며 '자신에게 부담이 되는 표현은 최대화'하고 있다. 따라서 〈보기〉의 내용을 모두 충족하는 대답으로 볼 수 있다.

오답설명

① "아버지께서 우리 세대를 잘 모르시는 것 같아요."는 아버지의 태도를 탓하는 것으로, 이는 상대방에게 부담이 되는 표현이다. 또한 갈등을 유발한 의사소통 방식에 대해 진단하고 있지 않으므로 〈보기〉의 조건에 어긋난다.

② "제가 불손하게 행동해서 놀라셨죠?"라며 갈등을 유발한 의사소통 방식에 대해 진단했지만, "아버지께서 제 취향을 몰라주신 게 화가 나서 그랬어요."는 상대방에게 부담이 되는 표현이다.

③ "제가 건방지게 굴어서 당황하셨죠?"라며 갈등을 유발한 의사소통 방식에 대해 진단했지만, "아버지께서 심하게 혼내셔서 그럴 수밖에 없었어요."는 상대방에게 부담이 되는 표현이다.

④ 대화 내용에서 창완은 아버지께서 "평소에는 큰소리를 잘 안 내"신다고 하였다. 따라서 "아버지께서 평소에 자주 소리치고 화를 내셔서 아버지 말씀을 받아들이기가 힘들었어요."라는 표현은 대화 내용과 어긋난다. 또한 이는 아버지의 태도를 탓하는 것이므로, 상대방에게 근본적인 책임을 전가한다는 점에서 부담이 되는 표현이다. 그리고 갈등을 유발한 의사소통 방식에 대해 진단하고 있지 않으므로 〈보기〉의 조건에 어긋난다.

04

정답설명

② 이해하지 못한 용어에 대해 설명을 요청하는 내용은 대담에서 찾아볼 수 없다.

오답설명

① "교내 신문에 '우주 정거장에서의 생활'이란 주제로 기사를 작성하고자 찾아뵙게 되었다"며 대화의 목적을 밝히고 있다.

③ "일반적으로는 빨대를 사용한"다는 연구원의 말에 "그렇군요. 빨대를 사용하는군요."라고 연구원의 말을 반복함으로써 설명 내용을 잘 이해했음을 드러내고 있다.

④ "우주인들이 공중에 둥둥 떠다니는 음료를 먹는 영상을 본 적이 있죠?", "지구에서는 보통 빵이나 과자를 먹다 부스러기가 생겨도 괜찮아요?"에서 일상의 경험을 환기하고 있다.

⑤ "지구에서 하던 것처럼은 불가능하지만~삼키는 치약을 이용하기도 한답니다."라며 우주 정거장에서의 생활을 지구에서의 생활에 견주어 설명하고 있다.

05

정답설명

② 성민은 특강 시간에 들었던 "천천히 갔지만 포기하지는 않았다."라는 말을 인용하여 "인상적이었"다는 자신의 느낌을 말하고 있다.

오답설명

① 혜경은 "특강 정말 좋았어."라며 자신의 견해를 드러내고 있다.

③ 병수는 "너도 좋았어?"라는 혜경의 질문에 대해 분명하지 않은 태도를 보이며 혜경의 생각에 동의하지 못하고 있음을 표현하고 있다.

④ 성민은 병수의 말을 정리하여 이야기하고 있을 뿐, 병수의 생각이 이치에 맞는지 확인하고 있지 않다.

⑤ 혜경이 병수의 말을 비판하고 있지만, 문제를 해결할 수 있는 방안을 제시하고 있지는 않다.

06

정답설명

⑤ "혼자 고민하느라고 힘들었겠"다며 상대를 이해하고 있다는 점을 먼저 표현하고, "혼자 차분히 고민한다고 삶의 목표를 찾기란 쉽지 않을" 것이라며 상대가 하려는 행동이 초래할 결과를 미리 예상하여 말해 주었다. 또한 "인생 경험이 많은 분과 상담을 해 보"라며 그 행동에 대한 대안을 제시하고 있으므로 〈보기〉를 만족한다.

오답설명

① "네가 혼자 고민하는 것은 문제가 좀 있어."라며 상대의 행동을 나무라고 있으므로 이해를 먼저 표현해야 한다는 〈보기〉의 조건에 어긋난다. 또한 상대가 하려는 행동이 초래할 결과를 미리 예상하여 말하지도 않았다. 한편 "네 주변의 인생 경험이 많은 분과 상담을 해 보는 게 어때?"에서 상대가

하려는 행동에 대한 대안은 제시하고 있다.

② "네가 인생 경험이 짧은데 혼자 고민한다고 삶의 목표가 생긴 것 같아?"라며 상대의 행동을 나무라고, 상대가 하려는 행동이 초래할 결과를 미리 예상하여 말해 주었다. 이는 이해를 먼저 표현해야 한다는 〈보기〉의 조건에 어긋난다. 한편 "인생 경험이 많은 분에게 상담을 받아 보도록 해."에서 상대가 하려는 행동에 대한 대안은 제시하고 있다.

③ "요즘 여러 가지 고민하느라고 힘들었겠다."라며 상대를 이해하고 있다는 점을 먼저 표현하고, "네 주변에 좋은 사람들 많으니까, 그분들에게 상담을 요청해 보는 게 어때?"라고 대안을 제시하고 있다. 그러나 상대가 하려는 행동이 초래할 결과를 미리 예상하여 말해 주고 있지는 않다.

④ "네가 삶에 대해 깊이 고민하는 모습은 보기 좋아."라는 말은 상대를 이해하고 있다는 점을 표현하는 것이 아니라, 상대의 행동에 대한 평가 및 의견을 표현하고 있는 것이다. 또한 "네가 지금 가장 잘 할 수 있는 일이 무엇인지를 생각해야" 한다는 것은 "혼자만의 시간을 가지면서 차분히 생각을 정리"하려는 행동에 대한 대안이라고 볼 수 없다.

문제분석 07-12번

번호	정답	정답률 (%)	선지별 선택비율(%)				
			①	②	③	④	⑤
7	④	90	5	1	1	90	3
8	②	83	3	83	5	4	5
9	①	91	91	2	2	4	1
10	③	85	4	1	85	1	9
11	①	86	86	5	1	4	4
12	⑤	86	1	1	5	7	86

07

정답설명

④ '재은'은 '성아'에게 "뒤에서 친구들을 많이 도와주기는 했어도 앞에 나서는 건 꺼리지 않았어?"라며 '성아'의 평소 행동에 대한 경험을 바탕으로 의견을 묻고 있다. 문화적 배경 차이는 지역, 계층, 세대 등 집단의 차이에서 비롯되는 것을 의미하는데, 대화에서는 이를 확인할 수 없다.

오답설명

① '재은'은 '수민'의 안색이 점심 때부터 안 좋았다는, 정보를 활용하여 '성아'의 말을 이해했다.

② 비언어적 표현은 '엄지를 치켜'드는 것이고, 언어적 표현은 "역시 김성아야."라고 말한 것이다. '재은'은 엄지를 치켜들어 칭찬의 의미를 강화하고 있다.

③ '성아'는 "너니까 하는 얘기"라며 다른 사람에게는 하지 않을 이야기를 '재은'에게만 하고 있음을 밝히고 있다. 이를 통해 대화 참여자 간의 관계가 자신에 대한 정보를 드러내는 정도에 영향을 미칠 수 있음을 알 수 있다.

⑤ '재은'은 '성아'가 얘기를 하다가 잠시 침묵하자 "그리고? 계속해 봐."라며 대화에 협력적인 태도를 보이고 있다. 그 후 '성아'가 자신의 결심을 밝히고 있으므로 '재은'의 협력적 반응이 대화를 원활하게 진행하는 데 도움이 되

언급한 것은 맞지만, 진행자는 해설가의 공감을 끌어내기 위해 자신의 개인적인 경험을 강조한 것은 아니다.

오답설명

① 해설가가 "혹시 산수화에 자주 등장하는 나무가 뭘지 짐작이 되십니까?"라고 묻자 진행자는 "소나무가 아닌가요?"라고 질문의 형식을 취하여 답했다. 또한 "20세기 대중가요에는 어떤 나무가 가장 많이 등장했을까요?"라는 질문에도 "음…… . 소나무인가요?"라고 질문의 형식을 취하며 답변하고 있다.

② 해설가가 "우선 이 그림을 보시죠. 멋지지 않나요?"라고 묻자 진행자는 "네, 정말 멋진 산수화네요. 그림을 보니 어떤 말씀을 해 주실지 더 기대가 되는데요."라고 해설가의 말에 호응하며 발언에 대한 관심을 표현하고 있다.

④ 진행자는 해설가의 답변을 듣고, "소나무가 그렇게 많이 등장한 이유가 있을까요?", "어떤 의미인가요?", "노래에 나무가 등장하는 건 어떤 의미인가요?", "특별한 이유가 있나요?"라며 추가 질문을 통해 구체적인 설명을 요청하고 있다.

⑤ 해설가가 소나무의 특성에 대해 설명하자 진행자는 "아, 소나무의 아름다운 외형과 그것에 부여된 상징적 의미 때문이라는 말씀이시죠?"라며 해설가의 설명을 요약하면서 자신이 제대로 이해했는지를 확인하고 있다.

11

대담은 많은 시청자를 대상으로 진행되는 텔레비전 방송이며, 〈보기〉는 언니와 동생 간의 사적인 대화이다. 이를 염두에 두고 문제를 풀어야 한다.

정답설명

① 대담은 많은 시청자를 대상으로 하기 때문에 격식을 갖추어야 한다. 따라서 〈보기〉에 비해 경어적 언어 표현을 주로 사용한다. 참고로, 경어적 표현은 이야기의 주체가 되는 인물이나 이야기를 듣는 상대에게 공경의 뜻을 나타내는 표현이다.

오답설명

② 대담은 텔레비전 방송이기 때문에 정해진 방송 시간 안에 모두 마쳐야 하므로 시간적 제한을 받는다. 반면 〈보기〉는 개인 간의 자유로운 사적 대화이기 때문에 시간적 제한을 받지 않는다.

③ 대담은 대담 주제와 내용을 명확히 전달하기 위해 일정한 절차를 중시하면서 이루어지지만, 〈보기〉는 그렇지 않다.

④ 대담은 '나무와 문화 예술'을 설명하기 위한 목적을 미리 설정하고 계획에 의해 의사소통 활동이 이루어지고 있다. 반면 〈보기〉는 대담을 보고 난 후, 서로 느낀 점에 대해 얘기하고 있으므로 특정한 목적을 미리 설정하고 이루어지는 의사소통 활동이 아니다.

⑤ 대담은 텔레비전 방송이기 때문에 복수의 가상적 청자를 의식하고 이루어지지만, 〈보기〉는 언니와 동생 둘만의 대화일 뿐 가상적 청자를 의식하고 이루어지는 의사소통이 아니다.

었음을 알 수 있다.

08

조건 없이 선지만 본다면 모든 선지가 그럴싸하게 느껴질 것이다. 그러나 재은의 말에서 "훌륭한 성품을 청중이 알 수 있도록"과 "의미 있는 경험을 제시"하라는 조건을 잡아내고, 그 조건을 충족하는 선지를 골라야 한다.

정답설명

② "그동안 도움이 필요한 친구들을 많이 도와줬던 이야기"를 함으로써 대중들은 '성아'가 "따뜻한 마음"을 지닌 훌륭한 성품의 소유자라는 것을 알 수 있을 것이다.

오답설명

① "학생 회장으로서 학생들의 고민을 모두 해결해 줄 수 있는 적임자"라는 것은 '성아'의 성품으로 볼 수도 있고, 능력으로 볼 수도 있다. 하지만 의미 있는 경험 제시가 없으므로 깔끔하게 지울 수 있다.

③ "항상 앞에 나서서 적극적으로 학급 일을 주도해 왔다는 것"을 의미 있는 경험이라고 볼 수 있지만 대화 내용에서 성아는 앞에 나서는 건 꺼렸다고 했으므로 적절하지 않다. 또한 이는 성아의 훌륭한 성품을 보여 주는 것이라고 할 수도 없다.

④ "임시 반장을 하며 만든 프로그램이 친구들의 호응을 얻지 못했던 이야기"는 성아의 훌륭한 성품을 알 수 있도록 하는 이야기가 아니며, 대화의 내용과도 맞지 않다.

⑤ "학생 회장이 되면 다양한 동아리 활동의 기회를 제공하겠다"는 것은 훌륭한 성품을 알 수 있도록 하는 의미 있는 경험이 아닌 공약에 해당한다.

09

정답설명

① 전문가는 "그러니까 섬이 많고~말씀이시죠?"라는 진행자의 의견에 "네. 그렇습니다."라고 답하였으므로 진행자의 의견에 동조하였다고 볼 수 있으나, 자신의 견해를 수정하고 있지는 않다.

오답설명

② 진행자가 "구체적인 사례 하나만 소개해 주시길 부탁"드린다고 하자 전문가는 "판옥선에 담긴 선조들의 지혜를 소개해" 준다고 했다.

③ 진행자는 평저 구조에 대한 전문가의 설명을 듣고, "섬이 많고 수심이 얕으면서 조수 간만의 차가 비교적 큰 우리나라 남해안과 서해안에 적합한 구조라는 말씀이시죠?"라며 자신의 이해가 맞는지 확인하고 있다.

④ 전문가가 판옥선은 "우리나라 해양 환경에 적합한 평저 구조로 만들어졌"다고 하자 진행자는 평저 구조가 무엇인지 묻고 있다.

⑤ 진행자는 전문가가 설명한 내용 이외에 "판옥선이 전투 상황에서는 얼마나 위력적이었는지"를 설명해 달라고 하였다.

10

정답설명

③ "제가 어릴 때 듣던 대중가요네요."에서 진행자가 자신의 개인적인 경험을

12

정답설명

⑤ 해설가는 버드나무의 예술적 가치에 대해 설명할 때, 소나무의 예술적 가치와 이를 대비시키지 않았다. 따라서 소나무와 대비되는 예술적 가치를 구체적으로 인지하게 하기 위해 버드나무 영상을 사용한 것이 아님을 알 수 있다. 버드나무가 고향을 연상케 하는 대표적인 소재라는 것을 설명하며, 정보를 뒷받침하여 청자의 이해를 높이기 위해 영상을 사용한 것이다.

오답설명

① 그림을 보여 주면 시청자의 시선이 집중되므로 화제에 대한 흥미를 갖도록 할 수 있다.

② 객관적인 정보를 제시하여, 산수화에 소나무가 가장 많이 등장했다는 주장을 뒷받침하고 있다.

③ 소나무의 굽은 모습의 사진을 보여 줌으로써 곡선의 아름다움을 시청자들이 직접 보고 느낄 수 있도록 하고 있다.

④ '노래'는 '그림 이외의 예술 분야'이므로 가사에 나무가 등장하는 노래를 들려주면, 시청자들은 나무가 그림 이외의 예술 분야에도 등장한다는 것을 직관적으로(판단이나 추리 따위를 하지 않고) 인식할 수 있다.

학생들이 자주 묻는 질문

Q. 음악은 흥미를 높이기 위해 사용된 것이 아닌가요?

A. '음악'을 들려주면, 일단 흥미가 올라갈 수 있다. 따라서 '흥미를 높이기' 위해 청각 매체를 사용할 수도 있다. 하지만 '직관적으로 인식'하게 한다는 부분도 허용할 수 있어야 한다. 의도는 A만 되는 것이 아니라, A'도 될 수 있기 때문이다.

'의도 파악' 문제에서 학생들이 흔들리는 가장 큰 이유는 본인의 주관적인 생각만 고수하기 때문이다. 본인의 생각만 옳다고 고수하면서 출제자의 판단을 허용하지 못하면, 명확한 정답이 있음에도 불구하고 오답 선지로 손이 가게 된다.

대화나 행동의 의도는 A라고 단정 지을 수 없을 때가 있다. 이때는 A'나 A"가 선지에 나왔을 때도 허용하면서, 명확하게 적절하지 않은 선지를 찾아야 한다. 무조건 A만 의도라고 우겨 봤자 돌아오는 것은 등급 하락뿐이다.

문제분석 **13-19번**

번호	정답	정답률 (%)	선지별 선택비율(%)				
			①	②	③	④	⑤
13	④	88	1	3	2	88	6
14	⑤	94	1	3	1	1	94
15	①	85	85	2	8	1	4
16	②	91	4	91	2	2	1
17	④	93	3	1	1	93	2
18	①	86	86	3	5	5	1
19	②	87	3	87	7	2	1

13

정답설명

④ '피면접자'는 "그림을 그리고 싶다면서 문예창작과에 지원한 이유를 물으신 거죠?"라며 '면접자'에게 묻고 있다. 이는 질문의 내용을 이해하지 못해서가 아니라 '면접자'의 질문의 의도를 확인하기 위해 물어본 것이다.

오답설명

① '피면접자'가 자신의 꿈과 문예창작과의 연관성에 대해 설명하자 '면접자'는 "진로에 대해 명확한 목표를 세웠군요."라며 긍정적으로 반응하고, "그림 공부는 잠시 미루는 건가요?"라고 질문했다. 이에 '피면접자'가 답변하자 '면접자'는 "꿈을 향한 의지가 대단"하다며 다시 한번 긍정적으로 반응하고, "그림 그리는 것 외에 소설 창작이나 다른 글쓰기 활동을 한 적이 있"느냐고 물었다.

② '피면접자'가 "희망 학과를 말씀드릴 때마다~삽화가가 되기 위해 지원했습니다."라고 답하자, 이를 바탕으로 "그럼 그림 공부는 잠시 미루는 건가요?"라며 추가로 질문했다. 또한 이 질문에 대한 답변을 바탕으로 "그림 그리는 것 외에 소설 창작이나 다른 글쓰기 활동을 한 적이 있나요?"라며 추가 질문을 하였다.

③ '면접자'는 "이 말은 학생이 우리 학과에 적절하지 않다는 뜻이 아니니 편안한 마음으로" 설명해 보라며 '피면접자'의 심리적 부담을 완화시키려 했다.

⑤ **반언어적 표현은 언어와 함께 의사소통의 수단으로 사용하는 말의 강약, 높낮이, 가락과 같은 것이다.** "(약간 높은 목소리로 또박또박) 이야기에 딱 맞는~", "(힘을 주어) 그동안 꾸준히 해 온~"에서 반언어적 표현을 활용하여 답변하였다.

14

정답설명

⑤ ⓛ은 '피면접자'의 희망 학과와 관련된 준비 정도를 확인하기 위한 질문이다. 진로를 결정하게 된 계기에 대한 정보를 수집하기 위한 질문이 아니다.

오답설명

① '선생님'은 '피면접자'가 되는 학생에게 지원하려는 학과와 희망하는 진로에 대해 소개하는 글을 간단히 써서 면접자에게 전해 주라고 했다. "학생의 글을 보니~지원했군요."로 보아 '면접자'는 미리 제공된 정보를 토대로 '피면접자'에게 질문하고 있음을 알 수 있다.

② '선생님'은 '면접자가 되는 학생'에게 "면접 목적을 고려해서 질문을 준비"해 오라는 과제를 내주었다. '면접자'는 "피면접자의 학과 선택 동기"를 확인하기 위해 ㉠과 같이 물었으므로 제시된 과제에 부합하는 질문이라고 볼 수 있다.

③ 그림은 지원 동기, 문예창작과는 학과에 해당하므로 ㉠과 같이 묻는다면 지원 동기가 학과의 성격에 부합하는가를 판단할 수 있다.

④ ⓛ에 대한 답변으로 문예창작과에 진학하기 위해 '피면접자'가 했던 활동들을 알 수 있으므로, 진로에 대한 '피면접자'의 준비 정도를 판단할 수 있다.

15

〈보기〉의 내용을 먼저 정리해 보자.

> 질문에서 요구하는 답변
> - 사실에 관한 것 : 구체적이고 객관적인 정보를 바탕으로 답변
> - 의견에 관한 것 : 자신의 견해를 논리적으로 전개하며 답변

정답설명

① [질문]은 인물의 심리를 표현하고 있는 두 자료의 차이점을 설명하라 했고, '면접자'는 두 자료의 표현 수단의 차이부터 설명해 보라고 했으므로 '두 자료에서 심리를 표현하는 수단의 차이를 묻고 있으니 사실에 관한 질문이구나.'라고 질문을 파악한 것은 적절하다. 〈보기〉에서 사실에 관한 질문은 구체적이고 객관적인 정보를 바탕으로 답변하라고 했다. 따라서 '자료에 드러난 정보'라는 구체적이고 객관적인 정보를 바탕으로 '글과 그림이라는 두 매체의 특징을 대조하며 답'하려는 답변 계획 역시 적절하다.

오답설명

② '면접자'는 '표현 수단에 따른 내용의 차이'가 아니라 '표현 수단의 차이'를 묻고 있다.

③ 질문 파악은 적절히 했지만, '글과 그림 모두 인물의 행동을 묘사하여 심리를 드러낼 수 있음'은 표현 수단의 차이점이 아닌 공통점을 서술하는 답변이다.

④, ⑤ 의견에 관한 질문이 아닌, 심리를 표현하는 수단의 차이를 묻는 사실에 관한 질문이다.

16

정답설명

② '선생님'은 '진희'가 제안한 의견에 긍정적인 반응을 보이고 있을 뿐, '진희'에게 태도 변화를 요청하고 있지 않다.

오답설명

① '진희'는 '선생님'의 상황을 살피고 대화를 진행하고자 '선생님'께 시간이 있는지 묻고 있다. 이는 상대방이 가질 부담을 완화하기 위한 표현이다.

③ '선생님'은 어떻게 상담하면 친구들에게 도움이 될지 잘 모르겠다는 '진희'의 말의 의도를 정확히 파악했는지 확인하고 있다.

④ '(고개를 끄덕이며)'는 비언어적 표현, "그렇군요."는 언어적 표현이다. 이런 표현들을 사용하여 '선생님'의 말에 수긍함을 나타내고 있다.

⑤ '진희'는 "그 친구의 생각과 감정을 너도 공감하고 있다는 사실을 전달하는 것도 중요"하다는 '선생님'의 말에 동의하며 또 다른 방법에 대한 추가적인 정보를 요구하고 있다.

17

정답설명

④ 해결 방안의 효과를 보여 줄 수 있는 사례를 제시한 것이 아니라, 문제 상황이 지속될 경우 발생할 수 있는 또 다른 문제 상황에 대해 얘기하고 있다.

오답설명

① 청자들이 쉽고 흥미롭게 접근할 수 있는 드라마 '○○'를 활용하여 질문을 함으로써 청자의 관심을 끌고 있다.

② 청자에게 "고민이 있어도 부모님이나 선생님께는 말씀드리기 부담스러워 고민을 이야기하지 못한 적이 있었을" 거라며 문제 상황과 청자를 연관시키고 있다.

③ 앞서 제시한 문제 상황에 대해 "△△ 상담 동아리에서 또래 친구들에게 마음껏 털어놓을 수 있"다며 청자에게 해결 방안을 제시하고 있다.

⑤ "학급 게시판에서 상담 가능 날짜를 확인한 후 게시판에 있는 연락처로 신청하시고, 만나서 고민을 털어놓아 보"라며 청자에게 해결 방안을 실행하기 위한 방법에 대해 알려 주고 있다.

18

정답설명

① 학생은 질문을 통해 박사의 설명에 대한 자신의 이해가 맞는지 확인하고 있지 않다. "천 원권에 담긴~말씀해 주시겠습니까?", "만 원권에는 어떤 문화유산이 들어 있나요?" 등의 질문을 하고 있지만, 자신의 이해가 맞는지 확인하고자 한 질문은 아니다.

오답설명

② 박사가 퇴계 이황의 도산 서원과 그 주변의 아름다운 풍경을 그린 '계상정거도'에 대해 얘기하자 학생은 "그렇군요. 작품 안에 이황 선생이 계실 것만 같아요."라며 박사의 말에 공감하고 있다. 또한 '천상열차분야지도'에 대한 설명을 듣고 난 후, "와! 지갑 속에 우주가 들어 있었군요."라며 긍정적으로 반응함으로써 "조선 시대의 높은 과학 수준을 보여 주는 귀중한 문화유산"이라는 박사의 말에도 공감하고 있다.

③ 천 원권에 담긴 우리 문화유산에 대해 얘기해 달라는 학생의 요청에 "천 원권에는 어떤 그림이 그려져 있는지 알고 있나요?", "그러면 이 그림을 누가 그렸는지도 아나요?"라는 질문을 함으로써 학생의 배경 지식을 점검해 가며 화제에 대해 설명하고 있다.

④ 박사는 만 원권에 들어있는 '용비어천가'에 대해 설명하기 전 "국어 시간에 '용비어천가'를 배운 적이 있을 텐데요."라고 하며 학생의 학습 경험을 환기하고 있다.

⑤ 학생이 '천상열차분야지도'에 대해 "좀 더 자세히 설명해 주시겠어요?"라며 추가 정보를 요청하자, 박사는 이에 응하여 '천상열차분야지도'에 대해 추가적으로 설명하고 있다.

19

정답설명

② 박사는 학생의 요청에 따라 천 원권에 들어있는 문화유산에 대해 설명한 이후, 만 원권에 들어 있는 문화유산을 설명했다. 천 원권에 담긴 문화유산은 '계상정거도'로 조선 후기에 그려진 작품이고, 만 원권에 담긴 문화유산은 '천상열차분야지도'로 조선 초에 제작된 천문도이다. 따라서 시대순으로 서술하면 박사가 설명한 순서대로 기사의 내용을 구성할 수 없다.

오답설명

① '우리의 지폐가 박물관이라는 사실을 아시나요?'는 비유적 표현을 활용하여

질문의 형태로 제시하자는 민지의 말을 수용하면서, 인터뷰 내용을 담고 있는 적절한 표제이다.

③ 박사는 '천상열차분야지도'에 대한 가치만 언급했을 뿐, 명칭에 대한 뜻은 설명해 주지 않았다. 해당 말의 뜻을 추가로 설명해 준다면 학생들이 생소한 이름의 천문도를 보다 쉽게 이해할 수 있을 것이므로 적절하다.

④ 지폐에 담긴 '계상정거도'를 확대하여 기존보다 더 큰 이미지로 보여 주면 독자들이 시각적으로 쉽게 확인할 수 있으므로 적절하다.

⑤ "학생들이 지폐 속에 담긴 우리 문화유산에 대해서도 많은 관심을 가지면 좋겠다"는 박사의 말을 인용하여 학생들에게 박사의 당부를 기사 마무리 부분에 전달하는 것은 적절하다.

문제분석 20-25번

번호	정답	정답률 (%)	선지별 선택비율(%)				
			①	②	③	④	⑤
20	③	94	3	1	94	1	1
21	①	90	90	3	5	1	1
22	⑤	96	1	1	1	1	96
23	③	96	1	1	96	1	1
24	④	91	2	1	2	91	4
25	②	93	2	93	1	1	3

20

정답설명

③ "너는 경험이 많고 잘 하잖아."라고 말하는 것은 상대방을 높이며 칭찬의 의도를 드러내고 있는 것이지, 자신을 낮추어 겸손의 의도를 드러내고 있는 것이 아니다.

오답설명

① "우리 둘이 기타 화음을 좀 더 맞춰 봐야 할 것 같"다는 '학생 1'의 말에, '학생 2'는 "아무래도 그렇겠지?"라며 질문하는 방식을 통해 상대방의 뜻에 동조하고 있음을 드러내고 있다.

② '(고개를 저으며)'는 비언어적 표현, "안 될 것 같아."라고 말하는 것은 언어적 표현이다. 이 두 가지 표현 방법을 사용해 토요일에 연습하자는 '학생 2'의 제안에 부정의 의미를 드러내고 있다.

④ "혹시 시간이 괜찮다면"이라는 표현을 사용해 상대방이 부담을 덜 느끼도록 하며 "홍보지 만드는 걸 좀 도와줄" 것을 부탁하고 있다. "혹시 시간이 괜찮다면"이라는 표현은 '시간이 있으면 날 도와주고, 없으면 도와주지 않아도 괜찮다.'라는 의미를 가지고 있으므로 상대방의 부담을 덜어 준다.

형태쌤의 과외시간

공손성의 원리

▶ 상대에게 부담이 되는 표현은 줄이고, 이익이 되는 표현은 늘린다.
▶ 자신에게 이익을 주는 표현은 줄이고, 부담을 주는 표현은 늘린다.
▶ 상대를 비방하는 표현은 줄이고, 칭찬하는 표현은 늘린다.
▶ 자신을 칭찬하는 표현은 줄이고, 겸손하게 표현한다.
▶ 자신과 상대방의 의견에서 다른 점은 줄이고, 공통점은 늘린다.

⑤ "무대에서 연습하는 기회를 많이 가져야지."라는 '학생 1'의 말을 다시 한 번 진술하면서 이를 제대로 알아들었음을 드러내고 있다.

21

정답설명

① '학생 2'는 '학생 1'에게 "네가 주말에 바쁘다고 하니까 내가 주중 회의 시간을 조정해" 보겠다며 "너도 시간을 좀 조정해" 보라 하였다. 이에 '학생 1'은 '학생 2'에게 홍보지 만드는 것에 도움을 청하며 토요일 오후에 연습할 수 있도록 하겠다고 했다. 이를 통해 "수요일과 금요일 방과 후와 토요일 오후에 연습"하자는 의견의 일치점을 찾았다.

오답설명

② '학생 1'은 '학생 2'와의 의견 차이를 좁히기 위해서가 아니라, "무대 위에서 여러 번 연습을 해 봐야 공연 당일에 떨리지 않을 것"이라며 강당에서 연습하자는 제안을 했다. '의견 차이를 좁히기 위해'라는 말이 성립하려면 [B] 이전에 '연습 장소'로 인한 의견 차이가 있어야 한다. 하지만 [B] 이전에 연습 장소에 대한 의견 불일치가 존재하지 않고, '강당'이 연습 장소로 처음으로 제시된 곳이므로 '의견 차이를 좁히기 위해'라는 말이 성립하지 않는 것이다.

③ [A]에서는 '연습 시간 조정'의 문제를, [B]에서는 '연습 장소 결정'의 문제를 해결하였다.

④ [A]와 [B] 둘 다 '연습 시간 조정'과 '연습 장소 결정'이라는 대화 참여자 간의 공동의 문제를 중심 화제로 대화하였다.

⑤ [A]에서는 제시된 안을 '학생 1'이 "그럼 수요일과 금요일 방과 후와 토요일 오후에 연습하도록 하자"며 종합했다. 하지만 [B]에서 '학생 2'의 제안에 '학생 1'은 "그래 좋아."라며 대화를 마쳤을 뿐, 제시된 안을 종합하지는 않았다.

22

정답설명

⑤ 지호는 특강에서 들은 말을 인용하지 않았다. 승우와의 대화를 통해, 현재 상황도 특강 내용과 관련된 것임을 깨닫고 있는 것이다.

오답설명

① 승우가 "뭔가를 결정할 때 다수의 사람들이 하는 행동 쪽으로 마음이 움직인다는 특강 내용이 딱 네 얘기였구나."라며 특강에서 들었던 내용과 관련된 지호의 경험을 얘기하자, 지호는 질문을 통해 특강에서 들은 내용과 직접적으로 관련된 승우의 경험을 묻고 있다.

② 승우가 "한정판으로 나온 상품이라고 하면 왠지 사야 할 것 같은 기분이

들더라고. 이것도 특강 내용과 관련되는 거잖아."라고 하자, '한정판으로 나온 상품'이라는 승우의 말을 단서로 하여 승우의 경험이 특강에서 말한 '희소성의 원리'와 관련된 내용임을 확인하고 있다.

③ 지호는 반장으로부터 승우가 "이번 학기에 동아리 부장 돼서 학술제 준비로 바쁘다"는 정보를 얻었다. 이를 바탕으로 "그것 때문에 할 일이 많은 모양"이라며 승우의 상황을 추측하고 있다.

④ 지호는 "작년에 학술제 준비를 해" 본 자신의 경험에 비추어 "할 일도 많고 어렵"다는 승우를 충분히 이해한다며 공감하고 있다.

23

〈보기〉를 정리해 보자.

[사례] 평소 문화재에 관심이 없었는데 한시적으로 개방되는데다가 특별 관람 가능 인원이 제한적이라는 소식을 듣고 경회루를 관람하게 되었다.
→ '다수가 보이는 경향, 희소성, 상대방과의 공통된 경험'이 사람의 마음을 움직일 수 있다는 특강 내용과 연결 지어 말해 보자.

정답설명

③ 지호는 "한정된 것이어서 일부 사람들만 누릴 수 있다고 하면 사람의 마음이 움직일 수 있"는 것이 희소성의 원리라고 했다. 따라서 한시적으로 개방되는 경회루의 관람 인원이 소수로 제한되어 있다는 소식에 경회루를 관람하고 싶은 마음이 든 것은 희소성의 원리를 보여 주는 것이 맞다.

오답설명

① 사례에서는 "평소 문화재에 관심이 없었"다고 했다. 또한 선지의 내용은 희소성의 원리를 보여 주지 않는다.

② 사례에서는 경회루 내부 특별 관람이 한시적이며 소수 인원에 제한된다는 소식을 듣고 경회루 관람을 결심하였을 뿐, '경회루를 관람해 보고 싶던 차'라고 하지 않았다. 또한 '다수의 사람들이 하는 행동을 따르려는 심리'도 적절하지 않다.

④ 사례에서는 경회루를 관람해 보고 싶은 마음이 든 이유는 경회루가 한시적으로 개방되는데다가 특별 관람 가능 인원이 소수로 제한되었기 때문이므로 '사전 예약한 사람들과 공감대를 형성하려는 심리'는 적절하지 않다.

⑤ 경회루가 한시적으로 개방된다는 소식에 경회루를 관람해 보고 싶은 마음이 든 것은 희소성의 원리이다.

24

정답설명

④ 진행자는 예전에 남한산성에 갔을 때 돌의 종류와 쌓은 방식이 조금씩 달랐음을 발견했던 자신의 경험이 "하나의 성에서 시대별 축성술의 특징을 볼 수 있다"라는 해설사의 발언 내용과 관련이 있는지를, "시대별 특징 때문인 것으로 볼 수 있나요?"라는 질문을 통해 확인하고 있다.

오답설명

① 진행자는 "남한산성의 유네스코 세계 문화유산 등재 1주년을 맞아 남한산성의 문화유산으로서의 가치를 알아보고자" 한다며 대담의 취지를 밝히고 있지만, 소개될 내용의 순서를 안내하고 있지는 않다.

② 진행자가 먼저 "오랜 역사 속에서 한 번도 함락된 적이 없는 곳이라고 알고 있는데 사실"이냐며 자신의 배경지식을 활용하여 해설사에게 질문했다. 또한 해설사는 용어의 개념을 설명하고 있지 않다.

③ 해설사는 "자연에 축성 기술을 접목한 조상들의 지혜네요."라는 진행자의 말에 "그렇습니다."라며 동의하고 있을 뿐 진행자 말의 일부를 수정하지 않았다.

⑤ 진행자는 해설사의 말을 토대로 청취자에게 남한산성에 가면 성벽의 돌들을 유심히 살펴보면 좋겠다고 제안하고 있을 뿐, 해설사의 말을 요약하고 있지 않다.

25

〈보기〉를 정리해 보자.

포스터 제목 : 의인법을 활용해야 한다.
답사 목적 : 대담의 핵심 내용을 바탕으로 써야 한다.
대담의 핵심 내용은 남한산성이 시대별 축성술을 보여 주는 표본이라는 것, 즉 남한산성의 문화유산으로서의 가치이다.

정답설명

② ㉠ : '남한산성'이 '이야기'를 들려준다는 의인법이 활용되었다.
   ㉡ : 대담의 핵심 내용이다.

오답설명

① ㉠ : 남한산성을 꽃에 비유한 은유법이 활용되었을 뿐, 의인법은 활용되지 않았다.
   ㉡ : 대담의 핵심 내용에 어긋난다.

③ ㉠ : 의인법이 활용되지 않았다.
   ㉡ : 대담의 핵심 내용에 어긋난다.

④ ㉠ : 의인법이 활용되지 않았다.
   ㉡ : 대담의 핵심 내용에 어긋난다.

⑤ ㉠ : '돌'이 '비밀을 간직'한다는 의인법이 활용되었다.
   ㉡ : 대담의 핵심 내용에 어긋난다.

| 과외식 기출 분석서, 나기출 |

나 없이
기출
풀지마라

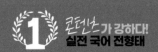

화법과 작문

II

작문

문제분석 01-05번

번호	정답	정답률(%)	선지별 선택비율(%)				
			①	②	③	④	⑤
1	⑤	81	2	3	9	5	81
2	②	84	6	84	7	1	2
3	①	81	81	2	8	3	6
4	④	84	3	2	3	84	8
5	④	88	3	3	3	88	3

형태쌤의 과외시간

자료 제시형 문제는 시간을 넉넉하게 준다면 누구나 다 풀 수 있다. 하지만 시험장에서는 제한된 시간 안에 많은 내용의 자료와 선지를 비교해야 하므로, 자료를 단순화해 놓는 것이 가장 중요하다.

[자료를 단순화하는 방법]
자료는 1) 글 2) 표·그래프로 나눌 수 있다.
1) 글은 문제 현상, 문제의 원인, 문제의 해결과 관련된 경우가 상당히 많다. 국내 현상에 대한 문제가 나오고 선진국 사례를 해결 방향으로 제시하는 경우가 있다. 또한 교수나 전문가는 대부분 문제의 원인이나 해결 방안을 이야기하며, 신문 기사는 문제 상황에 대한 내용으로 제시되는 경우가 많다.
이렇게 다양한 자료를 보고, 자료가 말하고자 하는 것이 '문제'인지 '원인'인지 '해결'인지를 찾는 것이 단순화 작업이다.
2) 표와 그래프에서는 최댓값과 x, y축의 값, 증감(증가와 감소)을 찾으면 된다. 표 자료가 나왔다면, 최댓값에 동그라미 표시를 해 두자. 표를 통해 말하고자 하는 것은 대부분 최댓값이다. 짜잘한 숫자에 집착하지 말고 표는 최댓값을 확인하고, 증감 여부를 체크해라.
그래프에서 가장 중요한 것은 x축과 y축의 값이다. 그 값을 정확히 잡아야 그래프를 오독하지 않는다.
표에서 최댓값을, 그래프에서 x, y축의 값을 파악하였다면, 이후에는 증감을 신경 쓰면 된다.

01

(가)의 그래프에서는 최댓값을 가지는 '적성과 흥미를 몰라서'라는 이유를 눈여겨보았어야 한다. (나)에서는 많은 학생들이 '진로 검사'와 '학과 안내 행사' 경험은 있고, '진로 교과 수업'과 '직업 체험' 경험은 없다는 점을 체크했어야 한다. (다)에서 (경험이 없는 학생들이 많았던) 직업 체험과 진로 교과 수업의 만족도가 높다는 점을 확인하고 선지를 읽기 시작했다면 훌륭하다.

정답설명
⑤ (나)를 통해 학생들이 '학과 안내 행사'에 참여한 경험이 많다는 것을 알 수 있다. 하지만 (다)를 통해 참여율에 비해 '학과 안내 행사'의 만족도가 매우 떨어짐을 알 수 있다. 따라서 '학과 안내 행사'의 횟수를 늘려야 한다는 제안은 적절하지 않다.

오답설명
① 선지에서는 "학생들의 '진로 탐색 경험'이 '적성과 흥미'를 파악하는 것으로 이어지지 못했음을 문제로 제기한다."라고 하였다. 이는 해당 선지의 적용 범위를 '진로 탐색 경험'을 한 학생으로 한정해야 한다는 의미다. 즉, '진로 탐색 경험 → 적성과 흥미 파악' 여부만 판단하면 되는 것이다. (가)에서 적성과 흥미를 모르는 학생들이 60.2%임을 제시하였고, (나)에서 진로 탐색 경험 중 가장 많이 경험한 것은 '진로 검사'라고 했다. 진로 검사를 경험한 학생들이 68%나 되는데도 많은 학생들이 적성과 흥미를 몰랐다는 점에 주목해야 한다. 또한 진로 탐색 경험인 '학과 안내 행사'도 64%의 학생이 경험했는데, 60.2%의 학생들이 적성과 흥미를 모른다고 대답하였다. 따라서 (가)와 (나)를 활용해 '진로 탐색 경험'이 '적성과 흥미' 파악으로 이어지지 못했음을 문제로 제기한다는 선지의 내용은 적절하다.
② (가)를 통해 60.2%의 학생들이 '적성과 흥미를 몰라서' 진로를 결정하지 못하고 있음을 알 수 있다. 한편 (다)에서는 각 진로 탐색 경험에 대한 만족도가 제시되어 있으므로, (가)와 (다)를 활용하면 학생들이 '적성과 흥미'를 보다 효율적으로 찾을 수 있도록 만족도를 고려한 진로 지도를 제안할 수 있다.
③ (가)를 통해 26.8%의 학생들이 '직업에 대해 아는 것이 없어서' 진로를 결정하지 못하고 있음을 알 수 있다. 한편 (다)에서 '진로 교과 수업'의 만족도가 높음을 알 수 있으므로, (가)와 (다)를 활용해 '진로 교과 수업' 중에 직업에 대한 정보를 강화할 것을 제시할 수 있다.
④ (다)에서 '직업 체험'은 만족도가 가장 높은 진로 탐색 경험이지만, (나)에서 가장 참여율이 낮은 경험임을 알 수 있다. 따라서 (나)와 (다)를 활용해 '직업 체험'에 대한 학생들의 만족도가 높은 데 비해 참여율은 낮았음을 문제로 지적할 수 있다.

02

(가)에서는 **문제 현상과 원인**을 체크했어야 한다. (나)의 표에서는 도로 연장, 차량 대수, 교통 혼잡비용 **모두 증가하고 있음**을 확인했어야 한다. (다)의 표에서는 **속도가 높아질수록 자동차 배출 가스의 일산화탄소 농도가 낮아짐**을 파악하고 선지로 갔어야 한다.

정답설명
② (가)에서 '자동차 과속으로 인해 야생동물이 교통사고로 죽는 일이 지속적으로 발생하고 있다'고 했으므로 자동차의 속도를 줄이면 야생동물의 교통사고는 줄어들 것이다. 그러나 (다)에서 알 수 있듯, 자동차 배출 가스의 오염 물질 농도는 속도가 느릴수록 더 증가한다. 따라서 자동차 속도를 줄일수록 배출 가스의 오염 물질 농도가 줄어든다는 선지의 설명은 적절하지 않다.

오답설명
① (나)의 표에 따르면, 도로 연장은 계속해서 이루어지고 있다. 이와 같이 도로를 신설할 때에 동물의 행동 특성을 고려한 생태 통로 건설이 필요함을 (가)를 통해 알 수 있다.
③ (나)에 제시된, 교통 혼잡비용이 갈수록 늘어나고 있는 지표 추이를 통해 교통 혼잡이 사회적 비용을 증가시킨다는 것을 알 수 있다. 또한 교통이 혼잡하면 자동차의 속도가 줄어드는데(이 정도의 상식적 추론은 평가원에

서도 요구한다. 고3의 정규 교육과정을 거쳤다면 교통 혼잡과 속도 간의 관계는 추론할 수 있을 거라고 본 것이다.), (다)를 통해 속도가 줄어들수록 자동차 배출 가스의 오염 물질 농도가 증가함을 알 수 있다.

④ (나)의 표를 통해 도로 연장이 '2,599 → 2,659 → 2,850(km)'로 계속해서 이루어지고 있음에도 불구하고, 교통 혼잡비용 역시 '21,108 → 22,769 → 23,698(십억 원)'으로 계속해서 증가하고 있음을 알 수 있다.

⑤ (다)의 그래프를 보면 승용차와 트럭·버스의 오염 물질 배출량이 확연한 차이를 보이므로, 자동차 배출 가스에 함유된 오염 물질의 양은 차량 종류와 관련됨을 알 수 있다. 또한 속도가 줄어들수록 오염 물질 농도가 증가하므로, 속도와도 밀접하게 관련됨을 확인할 수 있다.

03

자료 제시형 문제는 자료를 단순화하는 것이 가장 중요하다. 글로 된 자료는 문제, 원인, 해결 중 무엇을 이야기하는지 그 글의 핵심을 파악한 후에 선지로 가야 한다. 자료 1과 2는 문제를 다루고 있다. 표에 해당하는 자료 3은 최댓값을 찾아야 한다. '교통수단 이용'이 최댓값인 것을 통해, 이에 대한 청소년들의 요구가 높다는 것을 체크해 둬야겠지? 자료 4는 국내에 관해서는 문제의 원인을, 복지 선진국에 관해서는 문제의 해결을 다루고 있다.

정답설명

① '인터뷰 내용'에서 '심청'은 '공공시설 이용 시 할인 혜택을 주었으면. 우대 혜택을 주는 민간 시설, 기업도 늘어나길.'이라고 말하였을 뿐, 공공시설과 민간 시설의 우대 규정을 서로 비교하고 있지는 않다. 따라서 공공시설의 우대 규정이 민간 시설에 비해 미비함은 알 수 없다. 자료는 까칠하게 바라봐야 한다. 제대로 자료를 봤으면, 선지의 앞부분이 틀린 진술임을 알 수 있었을 것이다. 또한 '설문 조사 결과'에서 '교통수단 이용'은 앞으로 우대되어야 할 영역에 해당하므로, 우대 혜택이 교통수단 이용에 편중되어 있음을 지적한다는 부분을 보고 틀린 선지임을 확신했어야 한다.

오답설명

② '인터뷰 내용'에서 기존의 청소년증 제도가 지닌 한계와 우대 혜택이 제한적임을 다루고 있으므로, 이를 토대로 기존의 청소년증 제도가 지닌 한계를 극복할 수 있는 제도를 마련하고 우대 혜택을 확대할 것을 제시할 수 있다.

③ 국내 현상에 대한 문제가 나오면 선진국 사례가 해결 방향으로 제시되는 경우가 많다. '관련 자료 조사'에서 청소년복지지원법이 학생증이나 청소년증을 소지한 18세 이하를 대상으로 주로 공공시설 이용 시 할인 혜택을 부여한다는 것을, '국내외 현황'에서 복지 선진국은 주로 24세 이하 청소년을 대상으로 실질적 사회 보장 제도의 성격을 지니는 다양한 혜택을 부여한다는 것을 알 수 있다. 이를 바탕으로 우리나라는 복지 선진국에 비해 수혜 대상이 적고, 우대 혜택이 미비하다는 것을 알 수 있으므로, 기사에서 수혜 대상의 확대, 실질적인 청소년 우대 정책 마련의 필요성을 제시할 수 있다.

 학생들이 자주 묻는 질문

Q. 수혜 대상이 되는 청소년층을 확대한다는 내용이 왜 옳은 건가요? 지문 어디에서 찾을 수 있나요?

A. 인터뷰 내용을 보면 24세 대학생 심청은 '공공시설 이용 시 할인 혜택'을 주길 희망하고 있다. 청소년기본법에서는 9세 이상 24세 이하를 청소년으로 규정하지만, 청소년복지지원법으로 인해 19세 이상은 공공시설 이용시 할인 혜택을 받지 못함을 알 수 있지? 하지만 복지 선진국의 경우에는 24세 이하 청소년에게 다양한 보조금, 혜택을 주어 실질적인 사회 보장이 이루어지고 있다. 이러한 자료를 토대로 수혜 대상이 되는 청소년을 현재 청소년복지지원법인 18세까지에서, 복지 선진국의 경우나 청소년기본법과 같이 24세까지 확대하자는 논지를 펼칠 수 있는 것이다. 그러니 인터뷰 내용에서도 24세 대학생의 인터뷰가 들어간 것이지.

④ '인터뷰 내용' 중 '우대 혜택을 주는 민간 시설, 기업도 늘어나길.'을 바탕으로, 청소년 우대 정책에 민간 시설과 기업이 동참하도록 유인하는 제도가 필요함을 제시할 수 있다.

⑤ '설문 조사 결과'를 바탕으로, 현행 제도가 교통수단 이용, 문화·여가 활동, 소비 활동 등에 걸친 청소년의 다양한 요구를 반영하지 못해 실효성(실제로 효과를 나타내는 성질)이 떨어짐을 지적할 수 있다.

04

(가)는 문제 현상과 원인, (나)는 문제 현상, (다)는 문제 현상과 해결에 대해 다루고 있다. (가)는 (나)의 원인이 되고, (다)의 유럽 사례는 (가)의 원인에 대한 해결책이라는 각 자료 간의 관계도 파악할 수 있다.

정답설명

④ 선지를 대충 보면 안 된다. (나)와 (다) 모두 '강물에서 검출된 항생제가 자연에 미치는 부작용의 결과'에 대해 제시하고 있지 않다. 여기서 일단 틀린 진술이라고 판단했어야 한다. 이후에 '항생제 처방을 줄일 수 있는 방법' 부분에서 주제 이탈을 확인하고 정답임을 확신했어야 한다.

오답설명

① (가)에서 '오래된 약들을 처리할 때 보통 쓰레기통이나 개수대에 버린다'고 했고, (나)에서 ○○강 방류수에서 항생제가 검출되었다고 하였다. 이를 통해 가정에서 버리는 의약품 중 일부가 강물을 오염시키는 요인이 될 수 있음을 알 수 있다. 또한 하수 처리장 방류수의 오염에 대해 다루고 있으므로, 주택 밀집 지역과 다른 지역의 하수 처리장에서 검출된 항생제 농도를 비교하는 자료를 찾아본다는 내용도 적절하다.

② (가)에서 우리나라의 경우 '약 포장지에도 처리 방법이 나와 있지 않아 어떻게 처리해야 하는지 잘 모른다'고 했는데, (다)를 통해 우리나라와 달리 유럽에서는 '쓰고 남았거나 사용 기한이 지난 약은 약국으로 돌려주라는 문구를 포장지에 의무적으로 표기하도록 하고 있음'을 알 수 있다. 따라서 유럽의 제도 시행 후 효과를 분석한 자료를 찾아보는 것 역시 적절하다.

③ (가)에서 약 포장지에도 처리 방법이 나와 있지 않아 오래된 약들을 보통

쓰레기통이나 개수대에 버리는 상황을, (다)에서 현재 환경부가 '폐의약품 수거 시범 사업'을 벌이고 있음을 알 수 있다. 따라서 시범 사업의 후속 조치에 관한 자료를 찾아보는 것은 적절하다.

⑤ (나)에서 ○○강의 방류수가 항생제로 오염되었음을, (다)에서 이렇게 오염된 물을 장기간 섭취했을 때 건강에 영향이 있을지도 모른다는 점을 알 수 있다. 따라서 하수 처리장의 폐의약품 정화 방법을 조사하는 것은 적절하다.

05

(가)는 문제 현상과 원인을 제시했고, (나)는 (가)의 원인과 관련된 통계 자료를 제시하였다. (다)는 문제 현상과 관련된 연구 자료이다.

정답설명

④ (나)-1을 통해 해마다 1인당 독서량이 감소하고 있음을 알 수 있고, (다)-2를 통해 어휘력이 글쓰기에 영향을 미친다는 것을 알 수 있다. 그러나 어휘력 부족이 '독서 기피'의 한 원인임은 자료에 나타나 있지 않다.

오답설명

① (가)에서 타인의 글을 무단으로 복사해 제출한 경험이 있다는 응답이 89.1%에 이른다고 했으므로, 이를 통해 학생들의 잘못된 글쓰기 태도를 지적하고 논의의 필요성을 드러낼 수 있다.

② (가)에서 학생들은 '글쓰기에 대한 자신감이 없고 두려워서' 타인의 글을 무단으로 복사해 과제물을 제출하였다고 대답했다. (나)-2에서 글쓰기 자신감은 독서량에 비례하며, (나)-1에서 해마다 1인당 독서량이 점점 감소하고 있음을 알 수 있다. 따라서 (나)-1, 2를 통해 독서량이 감소하면 글쓰기 자신감이 줄어들고, 그것이 (가)와 같은 문제를 일으키는 원인이 됨을 알 수 있다.

학생들이 자주 묻는 질문

Q. 독서량 감소와 글쓰기 능력은 관계가 없지 않나요? 자신감이 떨어지는 것이 글쓰기 능력이 떨어지는 것은 아니잖아요?

A. ②번 선지를 보면, 독서량 감소가 글쓰기 능력과 관련한 문제의 원인 중 하나임을 밝혀야겠다고 했다. 글쓰기 능력과 관련한 문제로는 (가)에서와 같이 타인의 글을 무단으로 복사해 자신이 직접 작성한 과제물인 것처럼 제출한 것을 찾을 수 있다. 이러한 문제가 나타나게 된 것은 글쓰기에 대한 자신감이 없고, 경험이 부족해서라고 이야기하였지? (나)-2를 보면 글쓰기에 대한 자신감은 독서량과 연계가 되어 있으며, (나)-1을 보면 독서량이 점점 줄어들고 있음을 알 수 있구나. 따라서 독서량이 줄면서 그만큼 글쓰기 자신감이 떨어지고, 자신감이 떨어지면서 타인의 글을 무단으로 복사하는 등의 문제가 나타나고 있다고 볼 수 있는 것이지.

③ (나)-3을 보면 학생들의 체험 활동 경험이 아예 없거나 적다는 것을 알 수 있다. 그런데 (다)-1에서 체험 활동은 배경지식을 형성하여 사고력 신장에 큰 도움을 준다고 하였고, (다)-2에서 글쓰기에 사고력이 영향을 미친다고 하였다. 따라서 (나)-3과 (다)를 활용하여 체험 활동 경험이 늘어나면

글쓰기에 필요한 사고력 형성에 도움이 될 수 있음을 제시할 수 있다.

⑤ (다)-2에서 자신감이 글쓰기에 영향을 미친다고 했는데, (나)-2에서 독서량과 글쓰기 자신감은 비례함을 알 수 있다. 따라서 글쓰기 자신감을 신장시키기 위해 책을 많이 읽도록 권장하는 것이 해결책임을 제시할 수 있다.

문제분석 06-10번

번호	정답	정답률(%)	선지별 선택비율(%)				
			①	②	③	④	⑤
6	④	95	1	1	2	95	1
7	④	95	1	1	2	95	1
8	④	95	2	1	1	95	1
9	④	96	1	1	1	96	1
10	④	84	4	1	1	84	10

06

〈자료 1〉에서는 최댓값을 갖는 '공부'를, 〈자료 2〉에서는 최댓값을 갖는 '내가 예전에 잘못한 것까지 다시 말씀하신다.'를 체크했어야 한다. 〈자료 3〉과 〈자료 4〉는 문제 현상을 다루고 있다.

정답설명

④ 〈자료 2〉를 통해 청소년이 부모와의 대화에서 공감대를 형성하지 못하고 있음을 알 수 있기에, 부모의 태도 변화를 제안하는 것은 적절하다. 하지만 문제 상황을 다루고 있는 〈자료 3〉에서 '실질적으로 문제를 해결하기보다는 친구들과 공감대를 형성하는 데 그치고 있다.'라고 했으므로, 친구들과의 대화에서는 공감대를 형성하고 있음을 알 수 있다. 따라서 청소년의 일상적 고민에 대해 공감대를 형성할 수 있도록 친구의 태도 변화를 제안하는 것은 적절하지 않다.

오답설명

① 〈자료 1〉을 통해 청소년들은 주로 공부, 진로, 외모 등 일상적인 것에 대해 고민한다는 사실을 알 수 있고, 〈자료 3〉에서 대부분의 청소년이 이러한 일상적인 고민을 '방치하거나 혼자 해결하고 있'음을 알 수 있다.

② 〈자료 2〉에서 많은 수의 청소년들이 '내가 예전에 잘못한 것까지 다시 말씀하신다.', '내 이야기는 듣지 않고 부모님 생각만 말씀하신다.', '부모님과 나는 서로의 잘못을 탓한다.'와 같이 부모님과의 대화를 부정적으로 평가하였음을 알 수 있다. 이를 통해 고민 해결에 필요한 도움을 부모로부터 얻는 데 한계가 있음을 보여 줄 수 있다.

③ 〈자료 1〉를 보면 청소년은 공부, 진로 등의 일상적 고민을 가지고 있다. 하지만 〈자료 4〉를 보면 청소년 상담 기관은 "'위기 청소년'의 문제에 대한 진단과 치료에 집중"되어 있고, 청소년의 일상적인 고민에 대한 상담 신청이 증가하고 있음에도 '인력 부족으로 수요를 감당하기 힘든 실정'임을 알 수 있다. 따라서 〈자료 1〉과 〈자료 4〉를 활용하여, 청소년이 일상적 고민에 대해 제대로 상담을 받기 어려움을 보여 줄 수 있다.

⑤ 〈자료 4〉에서 청소년 상담 기관의 주요 사업이 "'위기 청소년'의 문제에 대한 진단과 치료에 집중"되어 있으며, 청소년의 일상적인 고민에 대한 상

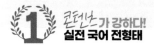

담 신청이 증가하고 있음에도 '인력 부족으로 수요를 감당하기 힘든 실정'임을 알 수 있다. 따라서 〈자료 4〉를 활용하여, 청소년 상담 기관 및 전문 인력 확충과 상담 영역 확대를 제안하는 것은 적절하다.

07

(가)는 문제 현상, (나)는 원인을 이야기하고 있다. (다)의 그래프에서는 최 댓값 '온라인 게임'을 체크하고 문제를 풀자.

정답설명
④ (가)에서 리셋 증후군의 증상으로 '타인과의 관계를 쉽게 맺고 끊는 모습'을 제시하고 있지만, 리셋 증후군 증상을 보이는 청소년 가운데 원만한 대인 관계를 맺지 못하는 유형이 가장 많다는 내용은 제시되지 않았다.

오답설명
① (가)에서 리셋 증후군은 '힘든 일에 부딪힐 때 책임감 없이 쉽게 포기하거나 타인과의 관계를 쉽게 맺고 끊는 모습'으로 나타나며, '극단적인 일을 실제로 저지르는 모습'으로도 나타난다고 했다.
② (나)에서 리셋 증후군 증상을 보이는 청소년들의 대부분이 "가족들과 함께 시간을 보내기보다는 게임으로 혼자 시간을 보내는 경우가 많"고, "사용 목적이나 시간을 스스로 정해 적절하게 컴퓨터를 사용하려는 의지도 부족"하다고 했다. 따라서 (나)를 활용하여 혼자 게임을 하는 것보다 온 가족이 함께하는 취미 생활로 시간을 보내고, 컴퓨터 사용 규칙을 마련하는 일이 리셋 증후군 예방에 도움이 됨을 제시할 수 있다.
③ (나)에서 "폭넓은 인간관계를 맺거나 활동적인 체험을 할 수 있는 마땅한 기회"가 없어서 청소년들이 온라인 게임에 쉽게 빠져 들고 리셋 증후군을 보인다고 했다. 또한 (가)에서 이러한 리셋 증후군이 '극단적인 일을 실제로 저지르는 모습'으로도 나타난다고 했으므로, 청소년이 처한 여건이 개선되지 않는다면 리셋 증후군이 사회 문제를 유발할 수 있음을 제시할 수 있다.
⑤ (다)에서 중고생의 99% 이상이 하루 평균 2시간 정도 인터넷을 사용하며, 그중 56.4%가 온라인 게임을 이용한다는 것을 알 수 있다. 그런데 (나)에서 이러한 온라인 게임으로 인해 리셋 증후군을 보이기도 한다고 했으므로, 청소년의 인터넷 사용의 일상화와 온라인 게임 위주의 이용이 리셋 증후군 유발과 관련이 있음을 제시할 수 있다.

08

(가)의 그래프에서는 증감이 거의 없다는 사실을, (나)에서는 최댓값 '육아 부담'을 눈여겨봐야 한다. (다)는 정부 주도의 해결책에 대해 이야기하고 있다는 중심 내용 체크했겠지?

정답설명
④ (가)를 보면 남녀 고용률 격차가 거의 줄어들지 않고 있다. 또한 (다)에서 선진국에서는 여성들의 경제 활동을 위해 정부 차원에서 '다각도의 정책'을 시행해 왔다는 전문가 의견이 제시되었다. 따라서 성별 고용률 격차를 줄이기 위해서는 직업과 가사를 병행할 수 있도록 돕는 '정부 차원의 정책'이 중요하다고 주장할 수 있다. 이때 (나)에서 사회적 편견과 관련된 자료가 제시되었지만 (가)와 (다)에는 제시되지 않았으며, (나)에 따르면 여성 취업

장애 요인 1위는 사회적 편견이 아닌 육아 부담이므로 '사회적 편견의 해소가 가장 중요하다'는 주장은 적절하지 않다.

오답설명
① (가)에서 1990년부터 2009년까지 최근 20년간 여성 고용률과 남성 고용률의 격차가 거의 줄어들지 않고 있음을 확인할 수 있다. 이를 지적하고 그 원인을 알아볼 필요가 있음을 제시하는 것은, 주제인 '여성 고용 촉진 방안'에 부합하는 내용으로 볼 수 있다.
② (나)에서는 여성 취업의 여러 가지 장애 요인을 제시하고 있는데, '육아 부담'은 가정 차원, '사회적 편견'은 사회 차원, '불평등한 근로 여건'은 직장 차원의 장애 요인으로 나누어 볼 수 있다.
③ (다)에서는 정부 차원에서 다각도의 정책을 시행하여 여성이 직업과 가사를 병행할 수 있도록 돕는 선진국의 사례를 제시하였다. 정부의 노력으로 해당 국가의 여성 고용이 크게 증대되었다고 하였으므로, (다)를 활용하여 '여성 고용 촉진 방안'에 대한 글에 제시할 수 있다.
⑤ (나)에서 '육아 부담'이 여성 취업의 장애 요인 중 가장 큰 비중을 차지함을 확인할 수 있고, (다)에서 금전적 지원, 휴가 정책, 보육 서비스 등 정부 차원의 정책을 통해 여성 고용이 크게 증가된 선진국 사례를 확인할 수 있다. (나)와 (다)를 통해, 정부가 보육 서비스를 강화하면 여성의 고용을 촉진할 수 있음을 주장할 수 있다.

09

(가)의 그래프에서는 최댓값 '학업', (나)의 표에서도 최댓값 '친구', '교사'를 짚고 넘어가야 한다. (다)의 연구 보고서에서는 '정기적인 만남', '선배와 후배를 연결'이라는 중심 내용을 체크한 후 문제를 풀었어야 한다.

정답설명
④ (가)를 보면 학생 중 29%가 진로에 대한 고민을 가지고 있음을 확인할 수 있다. 한편 (나)를 통해 학생들에게 '도움이 되는 상담자' 1순위가 교사임을 알 수 있지만 학생들이 '선호하는 상담자'의 경우 교사보다 친구, 선배의 순위가 더 높음을 알 수 있다. 또한 진로에 대해 고민이 있는 학생들이 교사를 가장 선호하는 상담자로 인식하는지는 자료를 통해 알 수 없다.

오답설명
① (가)의 고민 내용 조사에 따르면 학업에 대한 고민이 35%, 진로에 대한 고민이 29%를 차지했다. 따라서 학업이나 진로와 같은 고민 내용에 대한 상담이 필요함을 밝히는 것은 적절하다.
② (나)를 통해 학생들이 가장 '선호하는 상담자'는 친구지만, 가장 '도움이 되는 상담자'는 교사임을 알 수 있다. 이와 같은 차이가 있기에 상담자 선정은 신중하게 이루어질 필요가 있음을 밝히는 것은 적절하다.
③ (다)를 통해 '상담사와 정기적으로 만나 지속적인 관계를 유지한 경우' 상담 효과가 커진다는 것을 알 수 있다. 따라서 지속적인 상담이 이루어져야 함을 밝히는 것은 적절하다.
⑤ (가)에서 학생들의 35%가 학업에 대한 고민을 가지고 있음을 알 수 있다. (다)에서 선배는 후배에게 학습 동기를 심어 주고 학습 방법 습득에 도움을 줄 수 있다고 했으므로, 선배를 상담자로 활용할 필요가 있음을 밝히는 것은 적절하다.

10

정답설명

④ (나)에서 수돗물의 누수 현상은 대부분 노후 수도관의 부식으로 발생함을 알 수 있다. (다)를 통해 새로운 누수 탐지 기술이 개발되었음을 알 수 있다. 하지만 이 기술은 '진동을 감지하는 센서를 수도관에 미리 부착하여 누수를 즉시 탐지'한다고 했으므로, 누수가 진행 중인 지점에 센서를 부착하는 것은 적절하지 않다.

형태쌤의 과외시간

(가)는 문제 현상, (나)는 원인, (다)는 해결책을 다루고 있다. 한 가지 주의해야 할 점은, (가)를 볼 때 수돗물 누수 현황과 노후 수도관 비율이 제시되었다고 해서 노후 수도관 비율이 누수의 현황이라고 자료 사이의 연관 관계를 마음대로 파악해서는 안 된다는 것이다. 두 자료의 연관성은 (나)가 제시될 때에만 알 수 있다. 자료 문제는 까칠하게 풀어야지, '그럴 수 있을 것 같아.'라고 허용해서는 안 된다.

오답설명

① (가)를 활용하여 수돗물 누수 현황과 노후 수도관 비율을 소개할 수 있다. 또한 (나)에서 "수돗물의 누수 현상은 대부분 노후 수도관의 부식으로 발생"한다고 했는데, (가)에서 (누수 현상의 원인이 되는) 노후 수도관 비율이 24.5%로 나타났으므로 누수율 감소 대책이 필요함을 제기할 수 있다.

② (나)에서 "현재는 수도관 밖으로 물이 새어 나오는 소리를 탐지하는 방법을 쓰고 있"지만 "이 방법으로는 누수 위치를 정확하게 찾기 어렵"다고 했으므로, 현재의 누수 탐지 방법으로는 누수를 줄이는 데 한계가 있음을 지적할 수 있다.

③ (다)에서 새로운 누수 탐지 기술의 원리는 누수가 생기면 변하는 진동의 형태를 감지하는 것임을 알 수 있다. 이 기술은 누수를 즉시 탐지하므로, 누수 문제를 해결할 수 있는 방안 중 하나임을 밝힐 수 있다.

⑤ (가)에서 노후 수도관 비율이 높다는 것을 알 수 있고, (나)에서 이러한 노후 수도관의 부식으로 수돗물 누수 현상이 발생하는데 현재의 기술로는 누수율을 줄이는 데 한계가 있음을 알 수 있다. (다)에서 새로 개발된 누수 탐지 기술은 '센서를 수도관에 미리 부착'해야 하며 누수를 즉시 탐지할 수 있다고 했으므로, 수도관 교체 시 새로운 기술을 적용하면 누수율을 감소시킬 수 있음을 제안할 수 있다.

학생들이 자주 묻는 질문

Q. ⑤번 선지의 '수도관 교체 시'라는 것은, (다)에서 언급한 누수 탐지 센서를 수도관 교체 시 미리 부착해 놓는 건가요? '수도관 교체 시'라는 것이 틀렸다고 생각했는데 왜 맞는 거죠?

A. (가)에는 문제의 현상을 제시하는 자료가 있다. 즉, 수돗물 누수량이 어마어마하다는 것이지. (나)에서는 현상의 원인을 제시하였는데, 누수 현상이 노후 수도관의 부식 때문에 발생한다는 것이었다. 이를 해결하려면 누수 지점을 찾아야 하는데 기존의 방법으로는 역부족이라고 했다. 마지막으로 (다)에서는 문제의 해결을 제시하였는데, 새로운 누수 탐지 기술이 개발되었고 이 기술은 '센서를 수도관에 미리 부착'했을 때 누수를 즉시 탐지할 수 있다고 했다.

노후 수도관은 언젠가는 교체되어야 한다. '수도관 교체 시'를 가정하여 위의 모든 자료를 활용해 보자. '수도관 교체 시' (다)의 '센서를 수도관에 미리 부착'하면, 새로운 기술을 적용하여 추후 누수 발생 시 (나)에서 말하는 누수 지점을 정확히 찾을 수 있을 것이다. 그러면 (가)에서 제시된 높은 누수율을 줄일 수 있으므로, 선지의 내용이 타당함을 알 수 있다.

02

II. 작문
개요 수정

번호	정답	정답률 (%)	선지별 선택비율(%)				
			①	②	③	④	⑤
1	⑤	66	4	15	7	8	66
2	④	87	2	3	5	87	3
3	④	80	2	2	14	80	2
4	⑤	78	3	11	6	2	78
5	④	87	2	4	5	87	2

 형태쌤의 과외시간

개요 수정에는 3가지 원리가 있다.

1. 통일성
- 하나의 글에는 단 한 개의 주제가 있어야 한다. 개요에 있는 모든 내용은 주제를 벗어나면 안 된다. 주제를 벗어난 내용이 있다면 가차 없이 삭제하자.

2. 일관성(응집성)
- 글의 내용이 긴밀하게 연결되어 있다는 의미이다. 예를 들어 [문제 현상-원인-해결 방안]이 있다고 치자. 문제의 원인이 두 개라면 해결 방안도 반드시 두 개가 나와야 한다. 원인과 해결 방안은 세트라는 것을 기억하자. 문제의 원인과 해결 방안이 각각 대응되는지 판단해야 한다.

3. 완결성
- 중심 내용은 반드시 뒷받침 내용에 의해 보조가 되어야 한다. 상위 항목이 구체적인 하위 항목에 의해 뒷받침이 되는지 확인해야 한다. 예를 들어 해결 방안 1, 2가 있다면, 이 1, 2가 '해결 방안'이라는 상위 항목에 적절한지 판단해야 하는 것이다. 그러므로 1, 2를 수정·보완한다면 그 역시 '해결 방안'이라는 항목에 적절한지 판단해야 한다.
개요 문제는 항상 **거시적**으로 보아야 한다는 것을 기억하자.

01

정답설명

⑤ '소비자 의식 함양을 통한 소비자 권익 증진'은 III에 정리된 대책 중 하나에 속한다. IV에는 앞에서 논의된 대책을 포괄할 수 있는 말이 들어가야 하므로, ⑩을 '소비자 권익 증진을 위한 대책 촉구'로 바꾸어 여러 가지 해결 방안을 촉구(급하게 재촉하여 요구함)하며 글을 마무리 짓는 것이 적절하다. **마무리에서 문제 해결이나 대책을 촉구하는 것은 지극히 당연하다.**

 학생들이 자주 묻는 질문

Q. '소비자 권익 증진을 위한 대책 촉구'에서 '대책을 촉구한다'는 의미는 대책이 없을 때 대책을 요구하기 위해 쓰는 것 아닌가요?
A. 개요 수정은 크게 봐야 한다.
   1. 문제 제기
   2. 문제의 원인
   3. 문제 해결을 위한 대책
   4. 대책을 촉구

   이때 4번에 나온 '대책을 촉구'한다는 것은, 3번에 나온 대책을 빨리 시행하라는 것이다. 즉, 아직 시행되지 않았으니 빨리 시행해서 문제를 해결하라는 것이지. 3번에 대책이 나왔다고, 4번에서 또 다른 대책을 촉구한다는 것이 아니다.

오답설명

① '소비자 상품 선호도의 변화'는 소비자 권익 침해의 실태와 관련 없는 내용이다.

② 답으로 ②번 선지를 선택한 학생들은 시각을 넓혀야 한다. 시각을 넓혀서 상위 항목을 잘 살펴보라는 소리다. 'II-2-다'는 '불합리한 피해 보상 절차 및 제도'가 소비자의 권익을 침해하는 '원인'에 관한 내용이고, 'II-1-나'는 그로 인해 '부실한 피해 보상'이 일어난다는 '실태'에 관한 내용이다. 둘의 내용이 중복되지 않으므로 생략할 필요가 없다.

③ 문제 해결에 대해 묻는 선지이므로, 먼저 원인으로 가서 살펴보아야 한다. ⓒ은 'II-2-가'와 대응하므로 이를 살펴보면 된다. 문제의 원인이 '사업자 간 경쟁의 부재'라고 했으니, 경쟁을 활성화시켜야 문제가 해결되겠구나. 그런데 '사업자 간 경쟁을 규제'라고? ⓒ은 그대로 두는 것이 적절하다.

④ ⓔ은 'II-2-다'의 문제를 해결하기 위한 올바른 대책이므로, 그대로 두는 것이 적절하다. 또한 'III-3-가'와 'III-3-나'는 새로운 기구를 설치하자는 내용이 아니라, 기존의 기관(소비자 보호 기관, 사업자 감독 기관)을 활용하자는 방안이다. 참고로 '내실화'는 '내적인 가치나 충실성을 다짐.'이라는 뜻이다.

02

일단 커다란 틀을 먼저 봐야 한다. 맨 처음에 제목을 보고, 'I', 'II', 'III'이 무엇을 말하고 있는지 봐라. 이 개요에서는 각각 개념, 실천 방안, 정책 개발 촉구를 다루고 있구나. 그 다음 '1', '2', '3'에 해당하는 하위 항목을 살펴보고 나서 선지와 〈보기〉를 왔다 갔다 하면서 문제를 풀면 된다. **개요 문제는 허용의 자세를 가지고 문제를 풀면 좋다. 정답은 애매하게 출제하지 않으니, 선지가 애매하다 싶으면 답으로 고르지 말고 일단 넘어가야 한다.**

정답설명

④ ⓔ은 그린 IT 운동과 연관이 없으니 삭제하는 것이 적절하다. 바꾸려 하는 '기업과 소비자의 의식 전환'은 그린 IT 운동의 정책적 차원에서의 실천 방안으로 보기는 어려우므로, 선지의 내용은 적절하지 않다.

오답설명

① 공모의 취지가 '그린 IT 운동의 필요성과 실천 방안을 알리는' 것이므로, 필요성에 대해서 언급하는 것은 적절하다.

② 그린 IT 운동은 '에너지와 자원을 효율적으로 사용'한다고 했으니, ㉡을 해당 내용에 걸맞게 구체적으로 바꾸는 것은 적절하다.

③ ㉢은 기기 이용 차원이 아닌 정책적 차원이므로, 'II-3'의 하위 항목으로 옮기는 것이 적절하다.

⑤ 공모전에서 제공한 정보에 따르면 그린 IT 운동은 '사회적 운동'으로, '당국의 정책 개발'을 촉구하는 운동이 아님을 알 수 있다. 따라서 '그린 IT 운동 확산을 위한 사회 공동의 노력 촉구'와 같이 바꾸는 것이 적절하다.

03

형태쌤의 과외시간

장애 요인과 해결 방안으로 이루어진 개요이다. 그렇다면 각각의 장애 요인과 해결 방안은 서로 대응되겠지? 그런데 〈보기〉를 보니 장애 요인의 하위 항목은 3개, 해결 방안의 하위 항목은 2개구나. 그렇다면 장애 요인의 항목 하나를 삭제하거나, 해결 방안에 항목 하나를 추가한다는 선지가 등장할 것이다.

정답설명

④ 주제 이탈로 바로 잡을 수 있겠다. 글의 주제는 '학교에 옥외 쉼터를 조성하자'는 것이지, 낙후된 교실 환경을 개선하자는 것이 아니다. 따라서 ㉣을 '낙후된 교실 환경에 대한 사회적 관심 촉구'로 수정한다면, 글이 통일성을 갖추지 못한다. 'II-2-가'에서 사회적 무관심을 장애 요인으로 제시하였으니, 이에 대한 해결 방안으로는 ㉣이 적절하다.

오답설명

① 주제가 '학교에 옥외 쉼터를 조성하자'는 것이니 '학생들의 여가 활용 시간 부족'은 주제에 어긋난다. 따라서 '휴식 및 친교 기능의 공간 요구'로 바꾸는 것이 적절하다.

② '자연 친화적 공간 활용 계획 수립'은 조성의 장애 요인이 아니라 해결 방안이다. 또한 'II-3-나'는 '학교 옥외 공간의 활용 방안 부재'에 대한 내용이니 조성의 장애 요인에 해당한다. 따라서 ㉡과 'II-3-나'의 위치를 바꾸는 것이 적절하다.

③ 'II-3'은 해결 방안에 대해 얘기하고 있는 항목이다. 그러면 어떤 문제를 해결하려고 하는지 '장애 요인' 항목에서 찾아봐야겠지. 'II-2-다'의 문제를 해결하기 위해 '지역 공동체와의 협력을 통한 재원 확보'를 추가하는 것은 적절하다.

⑤ '학교 공간에 대한 발상 전환의 촉구'는 '학교에 옥외 쉼터를 조성하자'는 주제에 비해 그 범주가 너무 넓다. 주제에 걸맞게 '정서적·환경적 가치가 높은 학교 옥외 쉼터의 조성 제안'으로 결론을 바꾸는 것이 적절하다.

04

정답설명

⑤ 주제를 항상 고려하며 문제를 풀자. 이 문제의 주제는 발문에 제시되어 있구나. '취미 활동'은 '중고 물품 교환 활성화'와 관련이 없다. '중고 물품 교환과 관련된 홈페이지 소개 및 주소 연결'을 추가하는 것이 적절하다.

오답설명

① 중고 물품 교환을 활성화시키기 위해 '중고 물품 교환 사이트 목록'을 네티즌들에게 알려 준다면, 좀 더 쉽고 빠르게 사이트에 접근할 수 있으므로 추가하는 것은 적절하다.

② [자료 수집]에서 '중고 물품 재활용 실태와 개선에 관한 설문 및 통계 자료'를 수집했으니, [내용 선정]에서 '중고 물품 재활용 실태와 문제점'에 대해 알려 주는 것은 적절하다.

③ 중고 물품 교환을 활성화시킬 방안을 제시하는 것이 좋으니, [내용 선정]에 '중고 물품 교환을 위한 일일 시장 개설 제안'을 추가하는 것은 적절하다.

④ 글의 목적이 '정보 제공 및 설득을 통한 동참 유도'이기 때문에 [조직]에 '동참 제안'을 추가하는 것은 적절하다.

05

정답설명

④ 'II-3'에 대한 개선 방향이 제시되어 있지 않아 내용의 보충이 필요하다. 따라서 '학년 간 체험 활동 내용의 차별화'를 하위 항목으로 넣는 것은 적절하다.

형태쌤의 과외시간

〈보기〉에 '의의'라는 단어가 나온다. 화법과 작문에서의 '의의'는 중요성과 가치의 의미로 봐야 한다. 참고로 '내실화'는 '내적인 가치나 충실성을 다짐.'이라는 의미이다. 몰랐던 학생은 알아 두는 것이 좋다. 이전 기출에도 나왔던 단어이니 말이다.

오답설명

① ㉠은 직업 체험 활동의 필요성에 관한 내용으로, 상위 항목과 관련성이 떨어지므로 검토 내용은 맞다. 하지만 수정 방안인 '직업 체험 활동 개선에 대한 사회적 요구 증대'는 의의와는 관련된 내용이 아니므로 적절하지 않다.

② ㉡은 학생들에게 진로 선택 기준을 제공한다는 것이고, ㉢은 직업 관련 능력 향상에 동기를 유발한다는 것이므로 중복되는 내용이 아니다. 따라서 ㉡과 ㉢ 모두 그대로 두어야 한다.

③ ㉣은 하위 항목 모두를 포괄하고 있다. 따라서 수정할 필요가 없다.

⑤ ㉮은 글의 주제에서 벗어난 내용이 아니므로 수정할 필요가 없다. 게다가 수정 방안인 '직업 선택 기준에 관한 발상의 전환 촉구'는 주제와 관련 없는 내용이다.

문제분석　06-09번

번호	정답	정답률(%)	선지별 선택비율(%)				
			①	②	③	④	⑤
6	⑤	87	3	2	5	3	87
7	③	96	1	1	96	1	1
8	②	95	2	95	1	1	1
9	②	86	4	86	2	7	1

06

이 문제는 살짝 어렵다. 정답은 확연하지만, 오답이 잘 안 지워지고 봐야 할 게 많기 때문이다. 연재 계획을 보면 [1회]에서는 동기(원인), [2회]에서는 폐해(문제), [3회]에서는 제언(해결)에 대해 다루려고 한다. 이 중 [2회]의 개요를 제시했다.

정답설명

⑤ '3-나'는 상위 항목 '거짓말이 사회에 미치는 악영향'의 하위 항목에 걸맞은 내용이므로, 그대로 두는 것이 적절하다. 오히려 '사회적 투명성을 확보하기 위한 제도 마련'을 [3회]에서 다루는 것이 효과적이다.

오답설명

① '1-가'는 [1회]의 '거짓말의 심리적 동기'와 관련된 내용에 해당하므로, 이를 [2회]의 '1'의 내용에 걸맞은 '사실 은폐와 위증'으로 교체하는 것이 적절하다.

② '1-라'는 주제의 범주를 벗어났다. '근절되지 않은 주변국의 한국사 왜곡'은 기획 의도인 '거짓말이 넘치는 우리 사회의 문제점'과 어울리지 않으므로, '주변국'이라는 단어를 보자마자 울컥하고 지웠어야 한다.

③ '1-나'에 대응하는 원인이 제시되어 있지 않으므로, [2회]의 작성 계획을 고려하여 구조적 차원에서의 원인을 추가하는 것은 적절하다.

④ '3-가'는 거짓말이 성행하는 구조적 차원의 원인에 해당하므로, '2'의 하위 항목으로 옮기는 것이 적절하다.

07

정답설명

③ Ⅲ은 방과 후 문화·예술 활동의 문제점을 제시하는 항목이다. '방과 후 문화·예술 활동 관련 인식 부족'이라는 문제점과 '인식 개선'이라는 활성화 방안이 서로 대응되므로, ⓒ을 그대로 두는 것이 적절하다. 또한 '방과 후 문화·예술 활동의 시간 확대'는 문제점이 아니라, 활성화 방안과 관련된 내용이다. ①번 선지를 보고 애매함을 느낀 학생들은 이 선지를 보고 울컥하면서 정답을 골라냈어야 한다.

오답설명

① 이 선지가 애매하게 느껴진 학생들은 우선 세모 표시를 해놓고 다음 선지로 넘어가라. **오답 선지는 애매할 수 있다. 하지만 평가원은 정답 선지를 애매하게 출제하지 않는다.** 글의 주제인 '방과 후 문화·예술 활동 활성화'와 '청소년기 자기 주도 학습'은 관련이 없으므로 삭제하는 것이 적절하다.

② Ⅱ가 '방과 후 문화·예술 활동의 실태'에 관련된 내용이므로, ⓛ 또한 '방과 후 문화·예술 활동의 참여도'와 같이 바꾸는 것이 적절하다. 내용의 구체화는 항상 옳다.

④ Ⅲ과 Ⅳ는 문제점과 그에 따른 활성화 방안으로 서로 연관된 내용이다. 하지만 Ⅲ-3을 해결할 방안은 제시되어 있지 않으므로, 이에 대응하는 활성화 방안인 '방과 후 문화·예술 활동 활성화를 위한 재정 지원'을 ⓔ에 추가하는 것이 적절하다.

⑤ Ⅲ-2에 대응하는 활성화 방안이 제시되어야 하는데 ⓜ은 주제와 어긋나므로, '학생 요구에 기반한 다양한 방과 후 문화·예술 활동 프로그램 개발'로 ⓜ을 수정하는 것이 적절하다.

08

정답설명

② ⓛ은 상위 항목인 '응급 처치 교육의 문제점'과 관련 있는 내용이므로 그대로 두는 것이 적절하다.

오답설명

① 한계는 '사물이나 능력, 책임 따위가 실제 작용할 수 있는 범위'를 뜻하므로, 하위 항목과의 연관성이 없다. 따라서 '응급 처치의 의의'로 바꾸는 것이 적절하다. **화작에서의 '의의'는 중요성 및 가치에 대한 내용**이라고 이전 문제 풀이에서도 얘기했었지?

③ '응급 처치 교육 자료 확보 및 활용'은 Ⅲ-2를 해결할 수 있는 활성화 방안이므로 추가하는 것이 적절하다.

④ 상위 항목인 '응급 처치 교육 활성화 방안'과 '유행성 질병 감염 방지'는 관련이 없는 내용이므로 삭제하는 것이 적절하다.

⑤ ⓜ은 주제와 어긋나므로, 글의 주제를 강조할 수 있는 '응급 처치 교육 활성화 촉구'로 대체하는 것이 적절하다.

09

정답설명

② '생활 체육 참여가 지역 발전에 미치는 영향'은 (나) 'Ⅲ'의 하위 항목에 해당하지 않으며, (가) 'Ⅰ-2'와 관련된 문제를 해결하기 위한 방안이라고 할 수도 없다.

오답설명

① '생활 체육 활동에 대한 주민들의 무관심'은 (나)의 'Ⅲ-1'에 대응하는 장애 요인이므로, (나) 'Ⅱ'의 하위 항목으로 포함시키는 것이 적절하다.

③ (가) 'Ⅱ'의 하위 항목들은 생활 체육 활동을 함으로써 얻을 수 있는 효과이므로, 생활 체육의 필요성에 대한 내용임을 알 수 있다. 따라서 (나) 'Ⅰ'의 하위 항목으로 포함시키는 것은 적절하다.

④ 타 지역의 다양한 생활 체육 프로그램에 관한 정보를 예상 독자에게 제공하면, '다양한 생활 체육 프로그램 개발'에 도움이 될 수 있으므로 적절하다.

⑤ 글의 목적을 명확히 전달할 수 있도록 (나) 'Ⅳ'를 '생활 체육 활성화를 위한 정책 수립과 지원 촉구'로 바꾸는 것은 적절하다.

학생들이 자주 묻는 질문

Q. 개요 문제는 까칠하게 접근해야 하나요, 허용의 태도로 접근해야 하나요?

A. 개요를 수정할 때에는 허용의 태도가 중요하다. 수정해서 괜찮을 때는 허용의 태도로 넘어가면 된다. 절대 안 되는 것만 적절하지 않다고 판단하면 된다. 판단을 할 때 신경을 쓸 것은 다음과 같다.

1) **통일성의 원리** - 주제에서 벗어나는 내용은 울컥하고 반응한다.
2) **일관성의 원리** - 문제의 원인과 해결은 1:1 대응이 되어야 한다. 원인이 2개면 해결도 2개!
3) **완결성/긴밀성의 원리** - 상위 항목(ex. 정부의 지원)과 하위 항목 (ex. 세금 감면)은 <u>긴밀하게 연결되어야 한다</u>.

03

Ⅱ. 작문
조건 제시

문제분석 01-05번

번호	정답	정답률 (%)	선지별 선택비율(%)				
			①	②	③	④	⑤
1	⑤	86	3	3	2	6	86
2	④	86	2	3	3	86	6
3	③	90	1	1	90	2	6
4	②	88	5	88	4	1	2
5	③	92	1	4	92	2	1

01

정답설명

	게임 중독 → 건강↓	표제 - 감각어, 대구	본문 - 구체적 상황
⑤	O	O	O

⑤ 〈보기〉가 요구하는 조건을 놓치지 않고 찾아낸 뒤, 각 선지가 각각의 조건에 부합하는지 확인해 가면서 풀이한다. **'대구적 표현'은 유사한 통사 구조가 짝을 이뤄 앞뒤로 나란히 반복되어 나타나는 표현 방법이다.** 표제인 '하얗게 지새운 밤, 노랗게 흔들리는 아침'에 '하얗게', '노랗게'라는 감각어를 활용한 대구적 표현이 나타나 있다. 또한 '당신이 지난밤~생기를 빼앗겼습니다.'라는 본문의 내용은 구체적 상황으로 경각심을 고취하고 있으며, 게임 중독이 건강에 미치는 폐해도 드러내고 있다.

오답설명

	게임 중독 → 건강↓	표제 - 감각어, 대구	본문 - 구체적 상황
①	X	O	X
②	O	X	O
③	X	X	X
④	X	O	X

① 표제에 '차가운', '따뜻한'이라는 감각어를 활용한 대구적 표현이 나타나 있지만, 본문에 게임 중독이 건강에 미치는 폐해가 드러나지 않았다. 또한 구체적 상황으로 경각심을 고취하는 표현도 나타나지 않았다.

② '당신의 활력은 방안에 갇혀 있습니다.'에 게임 중독이 건강에 미치는 폐해가 드러나 있고, 본문이 구체적 상황으로 구성되어 경각심을 고취하고 있다. 그러나 표제에 감각어를 활용한 대구적 표현은 사용되지 않았다.

③ 본문에 게임 중독이 건강에 미치는 폐해나 구체적 상황으로 경각심을 고취하는 표현이 드러나지 않았고, 표제에 감각어를 활용한 대구적 표현 역시 사용되지 않았다.

④ 표제에 '달콤한', '씁쓸한'이라는 감각어를 활용한 대구적 표현이 있지만, 본문에 게임 중독이 건강에 미치는 폐해와 구체적 상황으로 경각심을 고취하는 표현이 드러나지 않았다.

02

정답설명

	전통문화	공감각	청유
④	O	O	O

④ **'공감각적 표현'은 어떤 하나의 감각을 다른 영역의 감각으로 전이시켜 표현하는 방법이다.** 해당 선지에서는 전통문화 '가야금 곡조'를 언급하였고 '옥빛 소리'라는 공감각적 표현을 활용하였으며, '즐겨봅시다'라는 청유형 문장을 사용하였다.

오답설명

	전통문화	공감각	청유
①	X	O	O
②	O	X	O
③	O	X	X
⑤	O	X	X

① '달콤한 햇살의 속삭임'이라는 공감각적 표현이 사용되었고, '쉽게 합시다'라는 청유형 문장을 사용하였다. 그러나 전통문화를 언급하지 않았다.

② '느껴봅시다'라는 청유형 문장을 사용하였고, '된장 뚝배기'라는 전통 음식을 언급했지만 공감각적 표현이 사용되지 않았다.

③ '저고리, 마고자, 외씨버선'이라는 전통문화를 언급했지만 공감각적 표현, 청유형 문장이 사용되지 않았다. '멋을 입는다'는 표현은 추상적인 것을 감각화한 것이지, A 감각을 B 감각으로 전이시킨 공감각적 표현이 아니다.

⑤ '달 항아리', '청자연적'이라는 전통문화를 언급했지만 공감각적 표현, 청유형 문장이 사용되지 않았다.

03

정답설명

	대비	환기	요청
③	O	O	O

③ '당황스러운 벨 소리'와 '이웃과 공감하며 듣는 음악'이 대비되고, '이웃과 공감하며 듣는 음악'에서 다른 관객과 함께하고 있음을 환기하고 있다. 또한 '잠시 휴대 전화를 재워 두실 때'라는 표현을 통해, 휴대 전화를 끄도록 요청하고 있다.

오답설명

	대비	환기	요청
①	X	X	X
②	O	X	X
④	O	X	O
⑤	X	O	X

① 벨 소리와 연주회 음악을 대비하는 표현, 다른 관객과 함께하고 있다는 점을 환기하는 표현, 휴대 전화를 끄도록 요청하는 표현 모두 드러나지 않았다.

② '기계의 울림'과 '악기의 울림'을 대비하고 있지만, 다른 관객과 함께하고

있다는 점을 환기하는 표현과 휴대 전화를 끄도록 요청하는 표현이 드러나지 않았다.

④ '주머니 속(의 선율)'과 '무대 위(의 선율)'를 대비하고 있으며, '휴대 전화의 전원을 내려 두는 작은 실천'을 요청하고 있다. 그러나 다른 관객과 함께하고 있다는 점을 환기하는 표현은 사용되지 않았다.

⑤ '관객들은~찾았습니다.'에서 다른 관객과 함께하고 있다는 점을 환기하고 있다. 그러나 벨 소리와 연주회의 음악을 대비하는 표현, 휴대 전화를 끄도록 요청하는 표현이 사용되지 않았다.

04

정답설명

	협동심	색채 이미지	자연물 - 비유
②	O	O	O

② '색채 이미지'는 색을 명확하게 제시할 때 허용할 수 있다. '한 그루 두 그루 모여 초록 숲'이 된다고 한 점에서 협동심을 담고 있고, '초록 숲, 신록(늦봄이나 초여름에 새로 나온 잎의 푸른빛)처럼'에서 초록색의 색채 이미지가 나타난다. 또한 '초록 숲', '신록처럼 넘실대는'에서 자연물을 이용해 반 친구들, 우리들의 함성을 비유적으로 표현하고 있다.

오답설명

	협동심	색채 이미지	자연물 - 비유
①	X	X	X
③	X	X	O
④	X	O	O
⑤	O	O	X

① '뜨겁게 불타오르는'은 특정한 색을 명확하게 제시하고 있지 않으므로 색채 이미지라고 보기 어렵다. 또한 협동심을 드러내고 있지 않고, 자연물을 이용한 비유 표현도 사용되지 않았다.

③ '새'라는 자연물을 이용해 비유하였다. 그러나 협동심을 드러내고 있지 않으며, 파란색의 색채 이미지가 나타나지 않았다.

④ '흰 구름처럼'은 자연물을 이용한 비유 표현이며, 하얀색 색채 이미지의 특성을 담아냈다. 그러나 협동심을 드러내지 않았다.

⑤ '금메달'에서 노란색의 색채 이미지 특성을 살렸고, '우리가 승리하면'에서 협동심이 드러난다. 그러나 자연물을 이용한 비유 표현은 드러나지 않았다.

05

정답설명

	의도	의인법	대구
③	O	O	O

③ '의인법'은 사람이 아닌 무생물이나 동식물에 인격적 요소를 부여하여 사람의 의지, 감정, 생각 등을 지니도록 표현하는 방법이다. 자신의 몸에 상처가 늘어난다고 책이 말을 걸고 있다. 언어를 통한 의사소통은 인간만이 할 수 있으므로, 책이 말을 거는 것은 의인법이 사용된 것으로 볼 수 있다. 참고로 '상처'는 인간만이 아닌 생물 전반을 포괄하기에 활유법으로 볼

수 있다. 의인법은 '인간만의 특성'을 제시해야 한다. 그리고 위아래 문장 구조가 유사하게 제시된 대구도 사용되었다.

오답설명

	의도	의인법	대구
①	X	X	O
②	O	X	X
④	O	X	X
⑤	X	X	X

① 위아래 문장 구조가 대구를 이루고 있지만 의인법이 사용되지 않았고, 제작 의도도 드러나지 않는다.

② '책에 흔적을 남기기보다'에서 대출 도서를 훼손하지 않도록 하려는 의도가 드러나지만, 의인법과 대구가 사용되지 않았다.

④ '지나친 손길로 얼룩져 갈수록'에서 의도가 드러났다. 그러나 '아픔의 시간들'은 의인법이 아닌 책을 아픔을 느끼는 대상으로 비유하는 활유법이 사용된 것이며, 대구 역시 사용되지 않았다.

⑤ '늘어나는 책꽂이의 빈자리'는 대출 도서를 훼손하지 않게 하려는 의도를 표현한다고 볼 수 없다. 또한 의인법과 대구도 사용되지 않았다.

문제분석 06-10번

번호	정답	정답률 (%)	선지별 선택비율(%)				
			①	②	③	④	⑤
6	⑤	88	8	1	2	1	88
7	①	78	78	3	6	2	11
8	①	68	68	1	2	7	22
9	①	82	82	7	1	9	1
10	①	96	96	1	1	1	1

06

정답설명

	추억	비유	생략
⑤	O	O	O

⑤ '너희들과 함께 뛰놀던 운동장이 생각날 거야.'에 친구들과의 추억을 담았다. '나'를 '마른 장작'으로 비유(은유법)하였고, '흩어지는 구름처럼'에도 비유(직유법)가 사용되었다. 또한 '졸업이 흩어지는 구름처럼 영원한 헤어짐이 아니길.'에서 서술어가 생략되었다.

오답설명

	추억	비유	생략
①	O	O	X
②	X	O	X
③	X	O	O
④	O	X	O

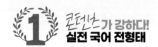

① '너희들과 함께 먹던 순대, 떡볶이가 맛있었어.'에 친구들과의 추억을 담았으며, '보름달 같은 내 얼굴을.'에 비유(직유법)이 사용되었다. 그러나 생략법이 활용되지 않았다. '기억하렴, 보름달 같은 내 얼굴을'은 자칫 헷갈릴 수 있지만, 문장의 어순이 도치된 것일 뿐 생략이 아니다.

② '나'를 '농구대'로 비유(은유법)하였다. 그러나 생략법이 활용되지 않았고, 친구들과의 추억이 나타나지 않았다.

③ '너희들의 친구'인 '나'를 '고구마'로 비유(은유법)하였고, '앞으로 멋진 날들을 만들었으면.'에서 서술어가 생략되었다. 그러나 친구들과의 추억이 나타나지 않았다.

④ '언젠가 이곳에서 우리 다시 만나길.'에서 서술어가 생략되었으며, '우리가 함께 했던 나날들을.'에 친구들과의 추억이 나타난다. 하지만 비유를 사용하지는 않았다.

07

정답설명

	상담 바라는 마음	비유 – 대조
①	O	O

① '우리에게 관심의 우산을 씌워 주세요.'에서 상담을 바라는 청소년의 마음이 드러났다. 가끔 일어나는 큰 어려움을 '소나기'로, 일상적으로 겪는 작은 어려움을 '가랑비'로 비유하였고, '소나기만 문제는 아닙니다. 가랑비에도 옷이 젖습니다.'에서 비유를 통한 대조적 표현이 사용되었다.

형태쌤의 과외시간

'비유'는 보조 관념에 빗대어 원관념을 표현하는 것이다. 대표적으로 직유법과 은유법이 있다.

① 직유법(호수 같은 내 마음)
원관념과 보조 관념이 선명하게 드러난다.
표지로 '~처럼, ~양, ~듯, ~같이' 등의 표현이 쓰인다.

② 은유법
마음 = 원관념 / 호수 = 보조 관념

문장 형태의 은유 (a는 b다) = 내 마음은 호수요
구 형태의 은유 (a의 b) = 마음의 호수
단어 형태의 은유 (b) = 호수

※ 여기서 잠깐!
단어 형태의 은유는 단어 하나만 써야 한다. '내 마음은 호수요'를 단어 형태의 은유로 나타낸다면 '마음'을 써야 할까, '호수'를 써야 할까? '비유'의 개념을 다시 떠올려 보자. '보조 관념에 빗대어' 표현하는 것이 비유의 핵심이다. 따라서 단어 형태의 은유라면 '보조 관념'의 단어 하나(호수)만 제시하면 된다. 단어 형태의 은유는 시에서 많이 나오니 기억해 두자.

※ 의인법과 활유법도 비유에 포함된다.

오답설명

	상담 바라는 마음	비유 – 대조
②	X	O
③	O	X
④	X	X
⑤	O	X

② '미운 오리'와 '아름다운 백조'에서 비유를 써서 대조적으로 표현한 것을 알 수 있다. 그러나 '우리에게 맡겨 주세요.'는 상담을 바라는 마음을 드러낸 것으로 볼 수 없다.

③ '따스한 햇볕이 되어 주세요.'는 상담을 바라는 마음을 드러낸 것으로 볼 수 있다. '우리는~나무입니다.'라는 비유를 사용했지만, 대조적으로 표현하지는 않았다.

④ '반딧불이처럼'이라는 비유를 사용했고 '어둠'과 '빛'이 대조되지만 '비유를 써서 대조적으로 표현'했다고 할 수 없다. 또한 '빛을 지켜 가세요.'는 상담을 바라는 마음을 드러낸 것으로 볼 수 없다.

⑤ '관심으로 우리를 이끌어 주세요.'는 상담을 바라는 마음을 드러낸 것으로 볼 수 있다. '엄격한 가르침'과 '따뜻한 관심'이 대조되지만, 비유를 써서 표현하지는 않았다.

08

정답설명

	양면성 – 대구	활유
①	O	O

① '자원 활용은 두 배로, 환경오염은 반으로.'에서는 대구의 형식을 활용해 '자원 활용'과 '환경오염'이라는 폐휴대전화의 양면성을 표현하고 있다. **'활유법'은 무정 명사에 생물적 속성을 부여하여 유정 명사처럼 나타내는 방법이다.** '지구가 아프지 않게.'에서 지구를 아픔을 느낄 수 있는 대상으로 비유하는 활유법을 사용하였다.

오답설명

	양면성 – 대구	활유
②	X	O
③	X	X
④	X	O
⑤	O	X

② '꼭꼭 숨어 있는 폐휴대전화.'에서 활유법을 사용하여 폐휴대전화를 숨을 수 있는 대상으로 표현하였다. 그러나 폐휴대전화의 양면성을 대구의 형식으로 표현하지 않았다.

③ 비유에 있어 활유법과 의인법을 구분해야 한다. **무정 명사를 유정 명사처럼 나타낼 때 단순히 생물적 특성을 부여하여 나타내면 '활유법'이고, 사람만의 속성을 부여하여 나타내면 '의인법'이다.** '당신의 오랜 친구 폐휴대전화'에서 폐휴대전화를 친구가 될 수 있는 대상으로 비유하였는데, 이는 활유법이 아닌 의인법을 사용한 것이다. 친구가 되는 것은 사람만이 가능하기 때문이다. 또한 폐휴대전화의 양면성을 대구의 형식으로 표현하

지 않았다.

④ '조용히 잠자는 폐휴대전화'에서 활유법을 사용하여 폐휴대전화를 잠자는 대상으로 표현하였다. '관심만 있다면 쓰레기도 귀중한 자원이 될 수 있습니다.'에서 폐휴대전화가 가진 '쓰레기', '귀중한 자원'이라는 양면성을 표현하였으나, 대구의 형식을 갖추지 않았다.

⑤ '버리면 해로운 쓰레기가 되지만, 모으면 소중한 자원이 되지요.'에서 폐휴대전화의 양면성을 대구의 형식으로 표현하고 있다. 그러나 활유법이 사용되지 않았다.

09

정답설명

	효과 - 점층	비유	대구
①	O	O	O

① '우유 팩'이 '지키고', '나무'가 '살립니다'라고 표현한 부분, 그리고 '지구'를 살려야 할(생명이 있는) 대상으로 파악한 부분에서 활유법이 사용되었다. 이때 활유법은 비유에 포함되므로, 비유의 표현 방법이 활용되었음을 알 수 있다. 또한 첫 줄과 둘째 줄이 유사한 문장 구조로 대구를 이루고 있으며, '우유 팩-나무-지구'라는 점층적 표현을 통해 주제가 환경에 미치는 효과를 드러내고 있다.

오답설명

	효과 - 점층	비유	대구
②	X	X	O
③	X	O	X
④	X	O	X
⑤	X	X	O

② 첫 줄과 둘째 줄이 유사한 문장 구조로 대구를 이루고 있다. 그러나 주제가 환경에 미치는 효과를 점층적으로 드러내지 않았으며, 비유적 표현도 사용되지 않았다.

학생들이 자주 묻는 질문

Q. '우리 경제를 튼튼하게 하는 우유 팩'은 비유법이 사용된 것 아닌가요?

A. '튼튼하다'는 유정 명사, 즉 사람이나 동물에게만 쓰이는 것이 아니라, '경제가 튼튼하다.', '조직이 튼튼하다.', '건물이 튼튼하다.' 등과 같이 조직이나 기구, 구조물 등에 다양하게 사용될 수 있어. 따라서 '튼튼하게 하는 우유 팩'을 활유법이나 의인법이 사용된 것으로 볼 수는 없는 거란다.

③ '자연'을 상처 입는 대상으로 비유하여 표현하였다. 그러나 대구가 사용되지 않았고, 주제가 환경에 미치는 효과를 점층적으로 표현하지도 않았다.

④ '작은 손길'을 '등불'로 비유하였다. 환경을 위한 활동을 독려하는 것은 '우유 팩 재활용 활성화'를 권장하는 것이라고 볼 수도 있지만, 주제가 점층적으로 표현되지 않았다. 또한 대구가 사용되지 않았다.

⑤ 첫 줄과 둘째 줄이 유사한 문장 구조로 대구를 이루고 있다. 그러나 비유가

사용되지 않았고, 주제가 점층적으로 표현되지 않았다.

10

정답설명

	앞부분과 연결	계절감	의인법	도치법
①	O	벼, 코스모스	O	O

① 앞부분에 언급된 '코스모스'를 소재로 삼아 내용이 긴밀하게 연결된다. '벼'와 '코스모스'는 가을이라는 계절감을 드러내며, '미소 짓는 코스모스', '정겨운 그(코스모스)의 마음에'라는 구절에서 코스모스를 사람으로 비유하는 의인법이 사용되었다. **'도치법'은 문장 성분의 순서를 바꾸어서 내용을 강조하는 기교다.** 마지막 구절 '나도 몰래 끌렸네 정겨운 그의 마음에'에서 도치법이 사용되었다.

오답설명

	앞부분과 연결	계절감	의인법	도치법
②	△	벼	X	O
③	O	단풍	O	X
④	X	X	O	O
⑤	O	코스모스	X	X

② 가을이라는 계절감을 나타내는 '벼'라는 시어가 사용되었고, '반가움 때문인가 내 입가에 번지는 미소는'에서 도치법이 사용된 것을 알 수 있다. '코스모스'에 대한 언급이 더 많았지만 '벼'에 대해서도 이야기했으므로, 앞부분의 내용과 연결된다고 볼 수도 있다. 그러나 의인법이 사용되지 않았다.

③ '코스모스'에 이어서 '꽃들'에 대해서 이야기하고 있으므로 앞부분의 내용과 연결된다고 볼 수 있다. 가을이라는 계절감을 나타내는 '단풍'이 사용되었고, '향연'은 잔치를 의미하므로 꽃들을 잔치를 벌일 수 있는 대상으로 의인화하였음을 알 수 있다. 그러나 도치법이 사용되지 않았다.

④ '나에게 더 넓어지라고 하네 바람은'에서 도치법이 사용되었으며, 바람을 말할 수 있는 대상으로 의인화했다. 그러나 앞부분의 내용과 연결되지 않고, 계절감을 나타내는 시어가 사용되지 않았다.

⑤ '코스모스'라는 제재를 통해 앞부분의 내용과 연결되며, 가을이라는 계절감을 드러냄을 알 수 있다. 그러나 의인법과 도치법이 사용되지 않았다.

문제분석 11-13번

번호	정답	정답률 (%)	선지별 선택비율(%)				
			①	②	③	④	⑤
11	②	79	5	79	1	1	14
12	④	93	3	1	1	93	2
13	③	96	1	1	96	1	1

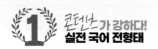

11

정답설명

	동참 권유	비유	대구
②	O	O	O

② '한숨 쉬는', '미소 짓는'에 나무를 사람으로 비유하는 의인법이 사용되었다. 첫 구절과 두 번째 구절이 대응되므로 '대구'도 사용되었다. 그리고 불을 켜고 끄는 행위에 따라 변하는 나무의 모습을 제시하여, '빛 공해' 줄이기에 동참하자는 내용 또한 담고 있다.

오답설명

	동참 권유	비유	대구
①	X	O	O
③	O	X	X
④	X	O	X
⑤	X	O	X

① '슬프게 헤매는 새들'에서 새들을 감정을 갖는 대상으로 의인화(비유)하였으며, 두 구절이 대구를 이루고 있다. 그러나 동참하자는 내용을 담고 있지는 않다.

③ '당신의 손길이 편히 쉴 수 있게 해 줍니다'라고 동참하자는 내용을 담았다. 그러나 비유와 대구가 사용되지는 않았다.

④ '불꽃들의 아름다운 향연'에서 불꽃을 잔치를 벌일 수 있는 대상으로 의인화(비유)하였다. 그러나 대구가 사용되지 않았고, 동참하자는 내용을 담고 있지도 않다.

⑤ '별빛마저 삼켜 버린 솔잎같이 따가운 불빛'에서 비유(활유와 직유)를 사용하였으나, 대구가 사용되지 않았고 동참하자는 내용을 담고 있지도 않다.

12

정답설명

	동참 권유	역설
④	O	O

④ '당신도 함께하세요.'라고 동참을 권유하고 있다. 또한 '과거는 미래 속에 존재하고 미래는 과거 속에 존재합니다.'라는 구절에 역설법이 사용되었다. **'역설법'은 모순된 어법을 통해 삶의 진리나 복잡한 내면을 진술하는 표현법이다.**

오답설명

	동참 권유	역설
①	X	O
②	O	X
③	X	X
⑤	O	X

① '보이지 않는 세상도 볼 수 있습니다.'라는 역설법을 사용했지만, 동참하자는 내용을 담지 않았다.

② '우리도 힘을 보탭시다!'라고 동참하자는 내용을 담았으나 역설법을 사용하지 않았다.

③ 동참하자는 내용을 담지 않았고, 역설법도 사용하지 않았다.

⑤ '당신이 돕는다면'이라고 동참하자는 내용을 담았으나, 역설법을 사용하지 않았다.

13

정답설명

	일부 인정하며 시작	문제점	해결 방향
③	O	O	O

③ '학습 만화가 교과 학습에 도움이 되기는 한다.'라며 자료에 제시된 견해를 일부 인정하였다. 그 후에 '깊이 있는 학습을 하는 데는 한계가 있다.'라며 문제점을 제시하고, '같은 주제를 다룬 참고 도서를 폭넓게 읽도록 한다.'라는 해결 방향을 내놓았다.

오답설명

	일부 인정하며 시작	문제점	해결 방향
①	O	O	X
②	X	O	O
④	X	O	X
⑤	O	X	X

① '학습 만화가 재미있는 것은 사실이다.'라고 자료의 견해를 일부 인정하며 시작하였고, '다양한 어휘 습득이 어렵다.'라는 문제점을 포함하고 있다. 그러나 해결 방향을 제안하고 있지 않다.

② '자극적인 장면이 많다.'라는 문제점과 '비판적으로 수용하는 태도를 길러야 한다.'라는 해결 방향을 담고 있다. 그러나 자료의 견해를 일부 인정하면서 시작하고 있지 않다.

④ '교과 내용을 단편적으로 이해하게 한다.'라는 문제점을 제시하고 있으며, 자료의 견해를 일부 인정하였다. 그러나 자료의 견해를 일부 인정하며 '시작'하지 않았고, 해결 방향을 제시하고 있지 않다.

⑤ '심화 과목 학습에 기초가 된다.'라고 자료의 견해를 일부 인정하며 시작하였으나, 문제점과 해결 방향을 서술하지 않았다.

04 고쳐 쓰기

문제분석 01-06번

번호	정답	정답률 (%)	선지별 선택비율(%)				
			①	②	③	④	⑤
1	④	89	4	2	1	89	4
2	③	84	9	2	84	3	2
3	④	86	1	2	3	86	8
4	⑤	94	2	1	1	2	94
5	②	49	6	49	4	28	13
6	⑤	94	3	1	1	1	94

 형태쌤의 과외시간

고쳐 쓰기 문제는 시험장에서 만나면 항상 찝찝하다. "굳이 이렇게 고쳐야 하나?"라고 생각하지 말고 다음과 같이 풀이하자.

1) 허용의 차원에서 접근하자.

문제나 선지에서 어떤 부분을 '고치자'고 했을 때 크게 이상하지 않으면 허용해 주자. "왜 굳이 그렇게 고쳐야 하지?"라고 생각하면 끝이 없다. 정답은 항상 명확하게 나오니까 허용 가능한 것은 허용하고 넘어가자.

2) 거시적인 시각으로 보자.

밑줄이 있다고 그 부분만 보는 경우가 많다. 하지만 밑줄 문제는 그 주변을 함께 보아야 한다. 당연한 얘기 같지만 밑줄 부분에만 집중하느라 거시적인 흐름을 못 보고 틀리는 경우가 많다.

3) 문장 성분의 호응에 신경 쓰자.

문장 성분의 호응은 자주 출제되는 부분이다. 특히 '주어와 서술어의 호응'은 출제 빈도가 높으니 더 신경 써야 한다. 문장 성분 간 호응을 물어보면, 먼저 해당 문장에서 '주어'를 찾아서 빗금을 긋자. 문장 분석에서는 항상 주어 옆에 빗금을 그어 끊어 주는 습관이 필요하다.

4) 어휘는 평상시에 대비하자.

어휘는 평상시에 대비를 잘 해야 한다. 가지고 있는 어휘집이 없다면 어휘 올인원 교재를 참고하자. 특히 '구별 어휘' 파트에는 자주 출제되는 단어들이 정리되어 있으니 반드시 외워야 한다.

01

정답설명

④ ⓒ : ㉠은 앞 문장과 문장의 주체가 동일하지 않기 때문에 주어인 '어미도'를 추가해야 한다. 또한 '습관'은 '어떤 행위를 오랫동안 되풀이하는 과정에서 저절로 익혀진 행동 방식'이라는 의미를, '습성'은 '동일한 동물종(動物種) 내에서 공통되는 생활 양식이나 행동 양식'이라는 의미를 가지고 있다. 그러므로 문맥을 고려했을 때, '습관'을 '습성'으로 고치는 것이 적절하다. 마지막으로 해당 문장은 앞 문장의 이유를 설명하고 있으므로, '~이 있다.'라는 문장이 아닌 '~이 있기 때문이다.'로 수정하는 것이 바람직하다.

ⓓ : 해당 문장은 ㉡의 뒷문장인 '내가 차별받지 않기를 바란다면 나 역시 다른 이를 차별하지 말아야 한다."와 호응하며, ㉡의 앞뒤 문장을 매끄럽게 이어주는 역할을 하므로 적절하다.

오답설명

ⓐ : '습관'이라는 단어가 어울리지 않는다. 또한 해당 문장은 앞 문장에 대한 이유를 제시하고 있으므로, '~이 있기 때문이다.'의 형태를 갖추어야 한다.

ⓑ : '어미도'라는 주어가 누락되었다. 또한 '습벽'은 '오랫동안 자꾸 반복하여 몸에 익어 버린 행동'을 뜻하므로, 문맥상 적절하지 않다.

ⓔ : 사람들 사이의 다양성에 대해 이야기하고 있을 뿐, '차별'에 대해 이야기하고 있지는 않으므로 앞뒤 문장을 매끄럽게 연결하지 못한다.

ⓕ : 대충 보면 정답이라고 생각할 수 있겠지만, 앞뒤 문장과 호응되지 않는다.

02

정답설명

③ 밑줄 부분만 보면 낚일 수 있는 선지다. **고쳐 쓰기 파트는 거시적으로 살펴봐야 한다.** '우리' 스스로 느낌에 대해 생각하는 것이 아니라, '이것(오르간 악보)'이 '우리'로 하여금 생각하게 만드는 것이다. 따라서 사동 표현(-게 하다)이 쓰이는 것이 적절하다. 이러한 문법적 접근이 어려울 경우 해당 문장의 '우리에게'와 '생각해 보게 하는'을 연결해 보면 자연스럽게 연결되는 것을 알 수 있으니, 이런 방식으로 정답 선지를 골라내도 괜찮다.

오답설명

① '비추다'는 '빛을 내는 대상이 다른 대상에 빛을 보내어 밝게 하다.'라는 의미로, 보통 목적어를 동반한다. 그러나 제시된 문장에는 목적어가 없으므로, '비추다'는 적절하지 않다. 문맥을 고려하였을 때, '뜻이나 마음이 밖으로 드러나 보이다.'라는 의미를 가진 '비치다'를 활용하여 '비치기도로' 바꾸는 것이 적절하다.

② '오르간 악보'에 대한 일화를 서술하고 있는 일기이므로, '영화에서 본 오르간 연주 장면'은 글의 주제에 어긋난다. 따라서 글의 통일성을 위해 삭제하는 것이 적절하다.

④ ㉣이 포함된 문장에 '지금'이라는 표현이 있으므로, 이와 호응하는 현재 시제의 서술어 '듣는다면'으로 수정하는 것이 적절하다.

⑤ '보다'와 호응하는 목적어가 생략되었으므로, '악보를'을 삽입하는 것이 적절하다.

03

정답설명

④ ㉣은 중복된 부분이 나타나지 않으므로 고쳐 쓸 문장이 아니다. 또한, '밑그림과 채색을 할 것'은 '밑그림을 한다. 그리고 채색을 한다.'라는 의미를 가진 구이다. '밑그림'은 '그리다'와 호응하므로, '밑그림을 한다.'는 목적어가 서술어와 호응하지 않는다.

오답설명

① '배치'는 '사람이나 물자 따위를 일정한 자리에 나누어 둠.'이란 뜻이고, '방치'는 '내버려 둠.'이라는 뜻이다. 문맥을 고려할 때, 칠이 벗겨진 벽을 그대로 '내버려 두었다'는 의미의 '방치한'으로 바꾸는 것이 적절하다.

② 면사무소나 보건소의 지저분한 벽 때문에 건물뿐 아니라 주변 공간까지 황폐해 보여 주민들이 자주 찾고 싶어 하는 공간이라는 생각이 들지 않는다

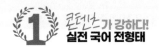
는 결과를 초래한 것이므로, 앞 문장과 위치를 바꾸는 것이 적절하다.
③ 글쓴이는 '벽화에는 마을에 대한 주민들의 자부심을 담아야' 하므로, '주민들을 대상으로 설문 조사를 하여 주제와 소재를 결정'고자 함을 밝히고 있다. '설문 조사'를 하는 이유가 벽화에 주민들의 자부심을 담기 위함이니, '그런데'를 '이를 위해'로 바꾸는 것이 적절하다.
⑤ '이 활동'을 하는 주체는 제안 단체인 '△△고등학교 미술반, 지역 문화 탐방반'이다. 주어 '저희가'가 생략된 것이다. '이 활동'은 문장의 주체가 직접 행하는 것이므로 피동 표현(-되다)이 아닌 능동 표현(-하다)이 쓰여야 한다.

04

정답설명
⑤ '학생들에게 마을에 대한 자부심과 협동 정신을 심어' 준다는 것이 '참여 학생들에게 미치는 교육적 효과'이고, '개선된 생활공간에서 주민들은 서로 활발히 교류하며 문화에 대한 관심도 높이게' 된다는 것이 '지역 주민들에게 가져올 생활상의 변화'이다.

오답설명
①, ② 참여 학생들에게 미치는 교육적 효과와 지역 주민들에게 가져올 생활상의 변화를 제시하지 않았다.
③ 벽화를 그리면 주민들이 마을 일에 관심을 갖고 삶에 활력이 생길 것이라며 '주민들에게 가져올 생활상의 변화'를 드러내고 있지만, '참여 학생들에게 미치는 교육적 효과'를 드러내지 않았다.
④ '자율적이고 창의적인 학교 축제 문화를 만들어 나가는 출발점'이 된다며 '학생들에게 미치는 교육적 효과'를 간접적으로나마 드러내고 있지만, '지역 주민들에게 가져올 생활상의 변화'를 제시하고 있지 않다.

05

'주어와 서술어의 호응'은 고쳐 쓰기에서 상당히 난도가 높게 출제되는 경우가 있다. 특히 **주어와 서술어의 간격이 멀 때와 주어를 생략한 문장에 유의해서 풀이에 임해야 한다.**

정답설명
② ㉡이 포함된 문장은 도서관의 이름을 '슬기ㄱ름'이라고 한 이유를 밝히고 있다. 문장 전체의 주어 '이렇게 한 것은'과 호응하도록 ㉡을 '터전이라는 뜻이기 때문입니다'로 고치는 것이 적절하다.

형태쌤의 과외시간

주어 찾기 문제를 많이 틀리는 학생은 집중!
주어가 안 보인다면, 유형은 두 가지이다.

1) 주어가 멀리 있어서 한눈에 안 들어오는 경우
2) 주어가 생략된 경우

주어는 생략되는 경우가 많으니, 문장 성분의 호응에서는 생략된 주어가 있는지 확인하고, 생략되었다면 어떤 주어가 생략되었는지 고민해야 한다. 그리고 그 주어와 서술어가 호응하는지 살펴보자. 그다음 목적어나 꼭 필요한 부사어가 없는지 확인하면 된다.

오답설명
① 앞 문장에서 도서관 이름이 '슬기ㄱ름'으로 선정된 이유 및 배경에 대해서 설명하고 있으므로, '그래서'로 고치는 것이 적절하다.
③ 학교 도서관 이름이 '슬기ㄱ름'으로 선정된 이유와 관련 없는 내용이므로 삭제하는 것이 적절하다.
④ '지나는 길에 잠깐 들어가 머무르다.'라는 의미를 가진 '들르다'의 어간 '들르-'에 어미 '-어'가 결합한 형태이므로 '들러'가 적절하다. '사람이나 동물의 감각 기관을 통해 소리가 알아차려지다.'라는 의미를 가진 '들리다'의 어간 '들리-'에 어미 '-어'가 결합한 형태인 '들려'와 구분해야 한다.
⑤ 아주 중요한 선지다. '갈증'을 해소하는 주체가 '많은 학생들'이므로, '갈증을 해소하기를'과 같이 능동 표현으로 고치는 것이 적절하다. **'-되어지다'라는 표현은 피동 접사 '-되-'와 통사적 피동을 만드는 '-어지다'가 결합된 것인데, 둘 다 피동의 의미를 가지고 있어서 이중 피동이 되어 버린다. 국어 문법에서는 이중 피동 표현을 허용하지 않으므로 사용해서는 안 된다.** 이중 피동의 오류는 평가원 기출에 상당히 많이 나오니 꼭 기억하고 있어야 한다.

학생들이 자주 묻는 질문

Q. '갈증을 해소하기를'로 고치는 것이 옳다고 되어 있는데, 피동 표현이 중복 사용되었으니 '갈증이 해소되기를'로 고치면 틀린 건가요?
A. '갈증을 해소하기를'의 경우, '갈증을'은 목적어이고 주어가 '많은 학생들이'이기 때문에 '해소하다'라는 능동 표현을 사용하는 것이 맞다. 한편 '갈증이 해소되기를'의 경우, 주어가 '갈증이'이기 때문에 '해소되기를'이라는 피동 표현으로 수정하는 것도 적절하다. 고쳐 쓰기 문제는 선지에서 말하는 대로 고치면 절~대 안 되는 것이 아닌 이상 허용의 자세로 접근하자.

06

정답설명
⑤ '간이역'이 '나'로 하여금 지난날을 회상하도록 하기 때문에 사동 표현인 '-게 하다'로 쓰는 것이 적절하다.

오답설명
① 간이역에서 찾은 '대합실 안의 물건들'이 무엇인지 그 다음 문단에서 언급해 주는 것이 적절하다. 따라서 '대합실 안에' 있는 '손때 묻은 나무 의자', '빛바랜 열차 시간표' 등을 서술하는 세 번째 문단이 첫 번째 문단의 뒤에 위치하도록 순서를 바꾸는 것이 적절하다.
② '마치'는 '~과 같다'와 호응하고, '이루'는 '~할 수 없다'와 호응하므로, '이루'로 바꿔 쓰는 것이 적절하다.
③ ㉢은 문장의 내용과 어울리지 않으므로, 삭제하는 것이 적절하다.
④ '오래된 모퉁이에 세워진 난로'는 수식 관계가 불분명하여 1) '오래된 모퉁이', 2) '오래된 난로' 이렇게 두 가지 의미로 해석될 수 있다. 따라서 의미를 확실하게 하기 위해 '모퉁이에 세워진 오래된 난로'로 고치는 것이 적절하다.

문제분석 07-11번

번호	정답	정답률 (%)	선지별 선택비율(%)				
			①	②	③	④	⑤
7	⑤	78	6	4	9	3	78
8	③	92	2	1	92	3	2
9	③	84	1	4	84	6	5
10	③	94	2	1	94	1	2
11	②	96	1	96	1	1	1

07

정답설명

⑤ '-더니'는 앞 절의 내용이 뒤 절의 원인이 될 때 사용하는 연결 어미, '-으므로'는 까닭이나 근거를 나타내는 연결 어미다. 그러나 ⑩의 앞뒤 문장은 인과 관계로 이루어져 있지 않으므로, 앞뒤 절을 대등하게 연결하는 어미인 '-고'를 사용하여 '조사하였고'로 고쳐 주어야 한다.

오답설명

① '저를 선발해 주신다면~최선을 다하겠습니다.'는 신청자의 의지 표현으로, 소제목인 '신청 동기와 사전 준비 정도'에 포함되지 않는 내용이므로 삭제하는 것이 적절하다.

② ⓛ은 다음 문장인 '공부하는 과정에서~잉카 문명의 매력에 매료되었습니다.'와 그 소재의 흐름이 긴밀하게 연결되므로, 둘째 문단의 처음으로 옮기는 것이 적절하다.

③ '매력'은 '사람의 마음을 사로잡아 끄는 힘', '매료되다'는 '사람의 마음이 완전히 사로잡혀 홀리게 되다.'라는 뜻을 가지고 있다. '사로잡다'라는 의미가 중복되므로, '매력'을 삭제하여 표현하는 것이 적절하다.

④ '그래서 언젠가는 제가~소망입니다.'는 '언젠가는' 앞에 '저는'이라는 주어가 생략된 문장이다. 해당 문장은 '(저는)~소망입니다.'라는 구조를 가지게 되는데, 이때 '저=소망'이 되어버리므로 주어와 서술어가 호응하지 않는다. 따라서 '소망을 품게 되었습니다.'로 고치는 것이 적절하다.

08

정답설명

③ 세 번째 문단에서 '고전은 왜 읽는가?'라며 문제를 제기하고 있고, 첫 번째 문단에서 '고전을 읽는 이유는~'이라며 그 질문에 대한 답을 제시하고 있다. 따라서 세 번째 문단의 내용은 마지막 문단이 아니라, 첫 번째 문단으로 옮겨야 한다.

오답설명

① '고전을 읽는 이유는~', '고전은 왜 읽는가?' 등의 문장에서 본문은 고전을 읽는 이유에 대해 설명하고 있음을 한눈에 알 수 있다. 따라서 '고전의 가치 - 흥부전을 읽는 이유'라는 제목을 통해, 주제를 효과적으로 드러낼 수 있다. **내용의 구체화는 항상 옳다는 것, 잊지 말자!**

② '고전을 읽는 이유는~의미를 준다.'라는 문장에 따르면 '이유'가 '의미를 주'는 주체가 되므로, 주어와 서술어의 호응이 제대로 이루어지지 않았음을

알 수 있다. 따라서 '이유는'과 호응하도록 '때문이다'로 서술어를 바꾸는 것이 적절하다.

④ 네 번째 문단에서 '고전에서 현대 사회를 바라보는 안목'을 얻을 수 있다고 했으므로, 첫 번째 문단에서 '흥부전에서 현대 사회에 적용할 수 있는 내용을 찾아' 서술해 준다면 흥부전이 갖는 고전으로서의 가치를 뒷받침해 줄 수 있다.

⑤ 본문에서 고전의 개념을 명확히 밝히지 않았으므로, 개념을 추가적으로 설명해 준다면 E의 물음에 대한 답이 될 수 있다.

09

정답설명

③ 피동 표현이 중복된 것은 맞지만, 이 문장에서는 '물질들'이 아닌 물질들을 태우는 '사람'이 문장의 주체이므로 '파묻히게 되면'을 '파묻으면'으로 바꿔 주어야 한다. 밑줄만 보고 이 선지를 적절하다고 생각해서 놓친 학생들이 많이 있었다. **선지를 판단할 때는 해당하는 문장 전체를 고려하도록 하자.**

오답설명

① 첫째 문단에서는 폐휴대전화의 발생과 처리에 대해 이야기하고 있는데, ㉠은 휴대전화에 대한 애착을 이야기하고 있으므로 통일성을 고려하여 삭제하는 것이 적절하다.

② '낮추다'는 '높낮이로 잴 수 있는 수치나 정도가 기준이 되는 대상이나 보통 정도에 미치지 못하는 상태가 되게 하다.'의 뜻을, '줄이다'는 '수나 분량을 본디보다 적게 하거나 무게를 덜 나가게 하다.'의 뜻을 갖는다. 문맥을 고려할 때, 환경오염을 본디보다 적게 한다는 의미의 '줄이는'으로 바꾸는 것이 적절하다.

④ ⑩의 '이들 자원'에 해당하는 대상은 ㉢ 앞의 문장에 있는 '금, 은 등의 귀한 금속 자원'이므로, ⑩은 셋째 문단의 문맥을 고려할 때 ㉢으로 옮기는 것이 적절하다.

⑤ 첫째 문단의 마지막 부분에서 사람들이 폐휴대전화를 그냥 버린다고 언급하였고, 셋째 문단에서 폐휴대전화를 그냥 버려서는 안 되는 이유에 대해 이야기하였으므로, 첫째 문단 뒤에 셋째 문단이 오는 것이 전개상 자연스럽다. '그대로 두어도 되는데 왜 옮기지?'라고 생각했던 학생들은 '허용'하는 태도를 가져야 한다.

10

정답설명

③ '그러므로'는 앞의 내용이 뒤의 내용의 이유나 원인, 근거가 될 때 쓰는 접속 부사다. ㉢의 앞뒤 문장은 원인-결과 관계로 연결되지 않고, 유사한 내용이 나열되고 있으므로 '그러므로'로 바꾸는 것은 적절하지 않다.

오답설명

① 첫째 문단에서는 여름철 감기에 걸리는 원인에 대해서 설명하고 있는데, ㉠은 감기의 순우리말 표현에 대해 이야기하고 있어 통일성을 해치므로 삭제하는 것이 적절하다.

② 이제는 울컥! 하고 바로 반응해 주어야 한다. **'-어지다'는 통사적 피동**

표현이고 '-되-' 역시 피동의 의미를 가지므로, '-되어지다'에는 피동의
의미가 중복된다. 따라서 '노출되어지는'을 '노출되는'으로 수정하는 것이
적절하다.

학생들이 자주 묻는 질문

Q. 피동의 의미가 중복되면 오류인가요?

A. 피동의 의미가 중복되면 이중 피동의 오류라고 한다. 피동문과 사동문
의 오류를 정리해 보자.

• 피동문의 오류
① 피동 접사 + '-어지다' → 이중 피동의 오류
  - 상황이 좋아질 것으로 **보여집니다**(보- + -이- + -어지- + -ㅂ니다).
    → 보입니다
  - 그녀와 사귀게 된 것이 **믿겨지지**(믿- + -기- + -어지- + -지) 않았다.
    → 믿기지
② '-되어지다'와 같은 표현을 쓰면 안 된다.
  - 그 문제는 잘 **해결되어지지** 않았다. → 해결되지
③ '불리우다, 잘리우다, 갈리우다, 팔리우다'도 잘못된 표현이다.
  - 그녀는 유명한 배우로 **불리웠다.** → 불렸다.

• 사동문의 오류
① 의미상 불필요한 경우에는 사동 표현을 남발해선 안 된다.
  - 들판을 **헤매이며**(헤매- + -이- + -며) 돌아다녔다. → 헤매며
  - 그녀를 보니 가슴이 **설레였다.**(설레- + -이- + -었- + -다)
    → 설렜다
② '-시키다'를 '-하다'로 고칠 수 있는 경우는 고치도록 한다.
  - 친구 한 명 **소개시켜** 줄게. → 소개해

④ '기침을 하다'는 옳은 호응 관계를 갖지만, '열을 하다'는 옳은 호응 관계를
이루지 못하므로 '열이 나거나 기침을 할 때'로 고치는 것이 적절하다. 호응
관계는 자주 출제되는 패턴이므로 잘 기억해 두자.
⑤ '소량'은 '적은 분량'이라는 뜻으로, '조금'과 의미가 겹치므로 '소량으로'를
생략하는 것이 적절하다.

11

정답설명

② ㉡의 주어는 "'○'는"으로, 필요한 문장 성분이 빠져 있지 않다. 따라서 '우리
가'를 추가할 필요가 없다. 또한 '우리가'가 주어가 될 경우, 주어와 서술어
가 호응하지 않으므로 적절하지 않다.

오답설명

① '-어지다'는 통사적 피동 표현이고 '-되-' 역시 피동의 의미를 가지므로,
'-되어지다'는 피동의 의미가 중복된다. 따라서 '이해되어질'을 '이해될'로
고치는 것이 적절하다.
③ 전체 글은 맥락을 통해 글의 참뜻을 발견하는 것에 대해 이야기하고 있는
데, ㉢은 이와 달리 글쓰기에 대해 이야기하고 있으므로 삭제하는 것이 적
절하다.
④ ㉣은 수식 관계가 불분명하여 1) '정확한 대상'에 대한 이해, 2) 대상에 대한

'정확한 이해' 이렇게 두 가지 뜻으로 해석될 수 있다. 따라서 '대상에 대한
정확한 이해는'으로 고치는 것이 적절하다.
⑤ '그러나'는 앞의 내용과 뒤의 내용이 상반될 때 쓰는 접속 부사이나, ㉤의
앞뒤 문장은 상반되는 의미를 갖지 않는다. 따라서 앞의 내용이 원인, 근거
가 되는 의미 관계를 고려하여 '그래서'로 바꾸는 것이 적절하다.

문제분석 12-17번

번호	정답	정답률(%)	선지별 선택비율(%)				
			①	②	③	④	⑤
12	③	86	4	5	86	4	1
13	①	71	71	16	8	4	1
14	④	81	2	12	4	81	1
15	①	79	79	11	3	5	2
16	③	96	1	1	96	1	1
17	⑤	92	1	1	4	2	92

12

정답설명

③ 둘째 문단은 꽃살문을 '묘사'하고 있기 때문에 ㉡ 부분에 ㉠이 삽입되면
문단의 통일성을 해친다. 따라서 ㉠은 꽃살문의 '의의'를 서술하고 있는 넷
째 문단의 앞부분으로 옮겨 주는 것이 적절하다.

오답설명

① 〈보기〉의 계획에 따르면 '내소사의 역사 소개'가 첫 번째로 들어가야 하므
로, 첫째 문단에 '내소사의 창건과 변모 과정'을 추가하는 것은 적절하다.
② 첫째 문단의 '대웅보전이 고즈넉하게 자리 잡고 있었다.'가 셋째 문단의
'정면에서 보면 대웅보전에는~'과 연결되고, 셋째 문단의 마지막 문장 '꽃살
문은~단아해 보였다.'는 둘째 문단의 '각 꽃살문에는~'으로 연결된다. 따라
서 첫째 문단 - 셋째 문단 - 둘째 문단 순으로 순서를 바꾸면, '대웅보전의
꽃살문 묘사'가 계획과 같이 '전체에서 부분으로' 자연스럽게 이루어지게
되므로 선지의 내용은 적절하다.
④ 넷째 문단은 꽃살문이 갖는 상징적인 의미에 대해 설명하고 있으므로, 모란
의 꽃말을 이야기하는 ㉢은 삭제하는 것이 적절하다.
⑤ 둘째 문단과 셋째 문단은 '대웅보전의 꽃살문', 넷째 문단은 '꽃살문의 의의'
에 대해 다루고 있으므로, 중심 소재의 사진을 첨부한다는 〈보기〉의 계획에
따라 사진은 '꽃살문'이 잘 드러난 것으로 바꾸는 것이 적절하다.

13

정답설명

	체험 - 감상	관용 표현	의인법
①	O	O	O

① **관용 표현은 관용구, 속담, 사자성어를 포괄한다.** '백문이 불여일견'이라
는 관용 표현이 사용되었고, 체험한 내용을 바탕으로 '내소사의 꽃살문'에
대한 '감상'을 쓰고 있으며 '꽃살문은~말해 주었다.'에서 의인법이 사용되었

다.

오답설명

	체험 - 감상	관용 표현	의인법
②	X	O	O
③	O	O	X
④	X	X	O
⑤	X	O	X

② '아는 만큼 보인다'라는 관용 표현과 '꽃문양들'이 '외모를 뽐내고 있었다.'라는 의인법이 활용되었다. 그러나 초고에서는 꽃살문이 '소박하고 단아해 보'인다고 하였는데, 선지에서는 '화려한 외모를 뽐내고 있었다.'라고 했으므로 체험한 내용을 반영하지 않은 서술임을 알 수 있다.

③ 체험한 내용을 바탕으로 알맞은 감상이 제시되었고, '일석이조'라는 관용 표현이 사용되었지만 의인법이 활용되지 않았다.

④ '꽃살문은~꾸짖고 있었다.'에서 의인법이 사용되었지만 체험한 내용에 어울리지 않는 내용이 제시되었고, 관용 표현도 사용되지 않았다.

⑤ '천 리 길도 한 걸음부터'라는 관용 표현이 사용되었지만 체험한 내용에 어울리지 않는 내용이 제시되었고, 의인법도 사용되지 않았다.

14

정답설명

④ '우리가 무심코 켜 놓은 불빛들이 모여 도시를 꿇게 하고 있었다니'라는 문장은 사진작가의 능력이 아닌 빛 공해에 관해 느낀 점에 대한 서술이므로, '사진작가의 능력이 대단하게 느껴졌다'로 내용을 채우는 것은 적절하지 않다.

오답설명

① 이 글은 "'빛 공해'의 실태를 보여 주"는 사진전에 다녀온 경험과 느낀 바에 대해 서술하고 있으므로 ㉠은 '빛 공해 사진전에 다녀와서'로 구체화하는 것이 좋다.

② '걸맞다'는 '두 편을 견주어 볼 때 서로 어울릴 만큼 비슷하다.'라는 뜻의 형용사다. 형용사는 현재 시제를 나타내는 관형사형 전성 어미 '-는'을 취하지 못한다. 따라서 '걸맞는'이 아닌, '걸맞은'으로 표현해야 한다.

③ ㉢은 불필요한 조명으로 인해 사람과 식물이 입는 피해를 이야기하고 있으므로, 앞 문장 "'빛 공해'란~여러 가지 피해를 말한다."와 그 내용이 연결된다. 따라서 한 문단으로 만드는 것이 좋다.

⑤ '제기하다'는 '의견이나 문제를 내어놓다.'라는 뜻으로 '표어를'과 어울려 사용하기에 적합하지 않다. 따라서 '글이나 의견, 법안 따위를 내다.'의 뜻을 가지는 '제출하고'로 고치는 것이 좋다.

15

정답설명

① 〈보기〉는 청산도의 '구들장 논'과 '돌담'에 대해 이야기하고 있으므로, '청산도의 돌담'이라고 제목을 바꾸더라도 글의 전체 내용을 포괄하지 못한다.

오답설명

② ㉡에서 먼저 '구들장 논'을 구경하고 '돌담길'을 둘러보기로 했다고 말했으므로, '구들장 논'을 이야기하는 셋째 문단이 '돌담'을 이야기하는 둘째 문단보다 앞에 배치되어야 한다.

③ 둘째 문단은 '상서리 돌담길'에 대해 이야기하고 있으므로, 통일성을 해치는 '상서리 사람들'에 대한 이야기는 삭제해야 한다.

④ '돌을 넣어 바닥을 평평하게 만든'다는 내용이 앞 부분에 이미 제시되어 있으므로, 문장의 간결성을 고려하여 '그 위에'로 바꿔 주어야 한다.

⑤ 주어 없이 '~선사한 곳이다.'라는 서술어만 존재하므로, '청산도는'이라는 주어를 추가해 주어야 한다.

16

정답설명

③ ㉢ 뒤의 문장은 '마음껏 연주할 수 있는 기타가 많이 있으니~'로, 악보가 아닌 기타에 대해 이야기하고 있다. 따라서 '악보를 읽을 줄 모르시나요?'가 아닌, '기타가 없으신가요?' 등을 추가하는 것이 적절하다.

오답설명

① ㉠ 앞의 문장은 기타 동아리 '소리샘'이라는 이름에 대해 소개하고 있다. 이어서 ㉠은 이름의 의미에 대해 설명하고 있으므로 '샘이라는 뜻으로'로 고치는 것이 적절하다.

② '망서리시나요'는 소리나는 대로 쓴 것으로, 맞춤법에 어긋나므로 '망설이시나요'로 수정하는 것이 적절하다.

④ 셋째 문단은 동아리의 활동에 대해 설명하고 있다. '자율성'에 대한 이야기는 통일성을 해치므로 삭제하는 것이 적절하다.

⑤ 첫째 문단의 '구체적으로 어떤 활동을 하는지 궁금하지 않으세요?'는 셋째 문단의 동아리 활동에 대한 설명과 연결된다. 글의 흐름을 고려하여 둘째 문단과 셋째 문단을 바꿔 주는 것이 적절하다.

17

정답설명

	정서에 도움	차이점	점층적 표현 - 마무리
⑤	O	O	O

⑤ '마음의 평안을 느껴 보세요.'에서 기타 연주가 정서에 도움이 된다는 점을 드러내고 있다. 또한 "'소리샘'뿐입니다."라며 다른 음악 동아리와의 차이점을 밝히고, '나를 알고 이웃을 이해하고 사회와 소통해 보세요.'라는 점층적 표현을 사용하여 마무리하고 있다. **점층법은 내용의 비중이나 정도를 한 단계씩 높여서 뜻을 점점 강하게 만드는 표현이다.**

오답설명

	정서에 도움	차이점	점층적 표현 - 마무리
①	X	X	X
②	X	X	O
③	O	X	X
④	O	X	O

① 기타 연주가 정서에 도움된다는 내용이 포함되지 않았고, 다른 음악 동아리와의 차이점이 드러나지 않았다. 점층적 표현 역시 사용되지 않았다.

② '1년 후, 10년 후, 그리고 20년 후'에서 점층적 표현이 사용되었지만 기타 연주가 정서에 도움이 된다는 점과 다른 음악 동아리와의 차이점이 드러나지 않았다.

③ '기타 연주는 나에게~즐거움을 줍니다.'에서 기타 연주가 정서에 도움이 된다는 내용을 허용할 수 있다. 또한 '오늘도 내일도 그리고 먼 미래에도'라는 표현에 점층법이 사용되었지만 이 내용이 마무리 부분에 쓰이지 않았으며, 다른 음악 동아리와의 차이점이 아닌 공통점이 제시되어 있다.

④ '알 수 없는 힘이 솟아납니다.'라며 기타 연주가 정서에 도움이 된다는 내용을 서술하였고, '동아리방을 넘어 학교 전체에'라는 점층적 표현이 사용되었다. 하지만 다른 음악 동아리와의 차이점이 드러나지 않았다.

memo

05 II. 작문
글쓰기 계획

문제분석 01-03번

번호	정답	정답률(%)	선지별 선택비율(%)				
			①	②	③	④	⑤
1	①	93	93	1	1	4	1
2	①	78	78	6	7	5	4
3	⑤	88	3	2	2	5	88

 형태쌤의 과외시간

글쓰기 계획과 계획에 따라 쓴 글을 제시하고, 계획이 잘 지켜졌는지 확인하는 유형이다.

독서에서 내용 일치 문제를 풀 때, 선지를 먼저 보고 지문으로 가는 학생들이 있다. 선지에 있는 특정 키워드를 보면서 지문과 비교하며 읽어 가는 학생들인데, 독서에서는 피해야 하는 독해법이다. 지문이 길거나 내용이 어려울 경우, 지문과 선지를 오가는 동안 글의 긴밀한 흐름이나 방향을 놓칠 수 있기 때문이다. 따라서 독서에서는 절대 그렇게 독해하지 말라고 이야기한다.

하지만 화작의 '글쓰기 계획' 파트라면 이야기가 다르다. 이러한 유형에서는 선지의 키워드를 가지고 지문과 비교하며 읽는 것이 좋다. 제시되는 지문이 짧고 쉽기 때문이다. 글쓰기 계획이나 선지에서 제시된 내용들이 글에 제대로 반영되었는지 선지와 지문을 하나하나 확인해 가면서 풀면 된다.

01

정답설명

① 글쓴이는 글을 쓰는 과정에서 '내 글을 읽을 반 친구들에게 내용을 어떻게 잘 전달할지'에 대해 고민하였다. 이를 통해 글의 예상 독자가 어머니가 아닌, 반 친구들임을 알 수 있다.

오답설명

② '표현을 다듬기도 하고, 쓴 내용을 고치기도 하고, 때로는 계획한 글의 개요를 수정하기도 하였다.'에서 확인할 수 있다.

③ '글의 주제가 하나로 잘 드러나고 있는지를 살피며 표현을 다듬'었다는 부분을 통해, 통일성을 점검하며 고쳐 썼음을 알 수 있다.

④ '고민 끝에 가족에 대한 생각을 자유롭게 떠올려 보기로' 한 것에서 글쓴이가 연상 방법을 사용했음을 알 수 있다.

⑤ 글쓴이는 가족에 대한 생각을 자유롭게 떠올린 후, "그러던 중에 '어머니의 사랑'을 표현하는 글을 쓰기로 했다"고 하였으므로 선지의 내용은 적절하다.

02

정답설명

① '이 기사를 접한 많은 친구들이 베개 용암이라는 재미있는 이름에 대해, 그리고 어떤 가치를 인정받은 것인지에 대해 궁금해 했다.'에서 답사지의 선정 과정은 서술되었지만, 답사 참여자의 선정 과정은 서술되지 않았다.

오답설명

② '베개 용암의 형성 과정, 구성 성분 능과 같은 시질학적 가치에 대한 설명을 담은 이번 보고서'에서 납사 내상의 가치를 인급하며 보고서의 의의를 밝히고 있다.

③ '베개 용암을 직접 답사하고~알려 주기로 했다.'에서 답사 목적과 함께 답사 대상을 구체적으로 드러내고 있다.

④ '사전 조사한 바에 따르면,~드문 것이라고 한다.'에서 답사 대상을 언급하며 사전 조사한 내용을 제시하고 있다.

⑤ '얼마 전 OO신문에~기사가 실렸다.'에서 최근 기사를 활용하여 답사 동기를 제시하고 있다.

03

정답설명

⑤ ㄹ. '답사 전에 읽어 본 책에 의하면'에서 참고 자료의 출처를 명확히 밝히지 않았음을 알 수 있다.

ㅁ. '이렇게 경치 좋은 곳에서 하루 종일 책만 읽으며 지낼 수 있다면 얼마나 좋을까?', '이번 답사에서 돌아보았던 정자들은 쉽게 잊히지 않을 것 같다.'라며 주관적 느낌이나 감상을 드러내고 있다.

오답설명

ㄱ. '전통 정자 문화의 특성을 알아보기로 하였다.'에서 답사의 목적을 제시하고 있다.

ㄴ. '식영정 → 환벽당 → 제월당, 광풍각'으로 이어지는 답사 이동 경로가 드러나게 서술하고 있다.

ㄷ. '우리를 안내해 준 문화 해설사의 설명에 따르면~즐기던 곳이라고 한다.'라며 답사지에서 알게 된 정보를 활용하고 있다.

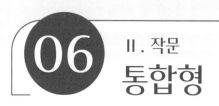

06 통합형

과외식 기출 분석서, 나기출

번호	정답	정답률 (%)	선지별 선택비율(%)				
			①	②	③	④	⑤
1	②	79	5	79	11	3	2
2	④	85	5	3	4	85	3
3	④	92	2	1	3	92	2
4	⑤	91	6	1	1	1	91
5	③	89	2	3	89	4	2
6	④	93	1	1	4	93	1

 형태쌤의 과외시간

[자료+개요] 통합형

자료 = 키워드 중심으로 단순화

개요 = 주제를 중심으로 거시적으로 보기

통합형이라고 해서 별도의 접근법이 있는 것은 아니다. 그동안 학습했던 유형별 풀이법을 떠올리며, 각각 적용하면 된다.

통합형 문항에서 시간이 오래 걸린다고 좌절하지 말자. 통합형 문항은 시간 투자가 필요하다. 또한 기출 문제를 처음 풀이하는 경우라면 화작 문항의 유형을 아직 익히지 못하였기에 시간이 더 걸릴 것이다. 선생님과 함께 기출 문제를 모두 풀이하다 보면 문제에 대한 판단이 빨라질 것이다. 화작은 유형을 익히게 되면 이후에는 훨씬 수월해지고 시간 단축을 할 수 있는 최고의 파트이다.

01

정답설명

② [수정·보완 의견]에 의하면, '전개' 부분에는 실태를 구체화하여 제시해야 한다. 하지만 '교복 구입에 따른 과도한 경제적 부담'이 따른다는 내용은 위 개요의 실태에 언급되지 않았으므로, 구체화한 내용으로 보기 어렵다.

오답설명

① [수정·보완 의견]에 의하면, '도입' 부분에는 주제와 관련된 문제 제기 내용을 추가해야 한다. 위 개요의 'Ⅱ-나-1', 'Ⅱ-다-1'을 고려할 때, '청소년기의 특성에 맞는 교복이 요구됨'은 주제와 관련이 있으므로 보충할 내용으로 적절하다.

③ [수정·보완 의견]에 의하면, '전개' 부분에서는 실태의 원인에 따른 해결 방향 제시해야 한다. 해결 방향이 제시되지 않은 원인 'Ⅱ-나-2'를 고려하여, 디자인에 대한 만족도를 높여 줄 수 있는 '교복 디자인 선정 과정 시 전문가 참여'라는 항목을 추가하는 것은 적절하다.

④ [수정·보완 의견]에 의하면, '전개' 부분에서는 논지와 관련 없는 내용을 삭제해야 한다. ㉣에 제시된 내용은 논지와 관련이 없는 내용이므로, 삭제하는 것이 적절하다.

⑤ [수정·보완 의견]에 의하면, '정리' 부분에서는 요청 내용을 상세화하여 제시해야 하므로 적절한 수정이라고 할 수 있다.

02

정답설명

④ (가)의 교복 첫 구매 기준에서 '상표' 선호 경향이 드러난다. (다)에 의하면, 자아 존중감이 높은 학생은 의복을 통해 개성을 표현하고 타인에게 긍정적으로 인정받고자 하는 경향이 강하다. 이때, 상표를 인식하는 것은 타인에게 긍정적으로 인정받으려는 욕구에 가까우므로, '상표' 선호 경향을 타인의 시선에 신경 쓰지 않는 학생들의 개성 표현 욕구와 연관 짓는 것은 적절하지 않다.

오답설명

① (가)를 통해, '내구성' 항목은 교복 첫 구매 시보다 재구매 시에 더 많은 학생들이 고려하는 항목임을 알 수 있다. 따라서 (가)는 교복 디자인을 선정할 때는 옷감의 소재도 고려해야 한다는 근거로 활용될 수 있다.

② (가)의 '치수' 항목은 교복 재구매 시 과반수가 넘는 학생이 고려하는 기준이므로, (가)는 교복 디자인 선정 시 청소년의 신체적 특성을 반영해야 한다는 근거로 활용될 수 있다.

③ (나)를 통해 '디자인'과 '유행'이 교복 변형의 이유임을 알 수 있다. 따라서 이를 활용하여, 개요 'Ⅱ-나-1'의 청소년 심리적 특성을 분석하는 근거로 삼을 수 있다.

⑤ (나)의 교복 변형 이유 중 가장 높은 비율을 차지하는 '디자인' 항목과 (다)의 청소년들이 옷차림을 통해 소속감과 사회적 안정감을 얻고 개성을 표현한다는 내용을 활용하면, 교복의 상징적 기능을 훼손하지 않으면서도 개성 표현이 가능한 교복 디자인 선정이 필요하다는 것을 밝힐 수 있다.

03

정답설명

④ [해결 방안]의 하위 항목을 추가할 때는 [원인 진단]과의 연계성을 고려해야 한다. 폐기물 자원 활용을 위한 유통 체계의 문제점은 원인으로 제시되지 않았기 때문에, 이와 관련한 해결 방안은 추가할 필요가 없다.

오답설명

① 〈자료 1〉에 국가별 우유 팩 재활용률이 제시되어 있으므로, 이를 활용하면 ㉠에서 문제의식을 명확히 드러낼 수 있다.

② [원인 진단]과 [해결 방안]의 '다' 항목을 고려할 때, [실태 분석]에 '환경적 측면'을 추가하는 것이 적절하다. 따라서 주제에 대한 균형 있는 접근을 위해, 〈자료 2〉를 참조하여 환경적 측면을 추가해야 한다.

③ 〈자료 3〉은 우유 팩 재생지 품질에 대한 사회적 불신을 보여 주는 자료이다. 이를 활용하여 ㉢의 '나' 항목을 '우유 팩 재생지 품질에 대한 사회의 부정적 인식'으로 수정하면, 문제 원인에 대한 구체적인 접근이 가능하다.

⑤ 〈자료 1〉의 우유 팩 재활용 실태, 〈자료 2〉의 우유 팩 폐기에 따른 환경오염 연구, 〈자료 3〉의 우유 팩 재활용 사업 부진 인터뷰를 모두 고려하여 요약 및 전망을 보완하면, '우유 팩 재활용 활성화를 통한 환경 자원 보존'은 ㉤의 내용으로 적절하다.

Q. 환경 문제와 더불어 경제적 측면도 넣어 줘야 중심 내용이 되는 것 아닌 가요? 지금의 결론은 너무 환경 쪽으로만 치우치지 않았나요?

A. 경제적인 측면에서의 문제는 재생지 원료비가 증가하여 재활용 사업이 부진한 것이야. 바꿔 말하면, 재활용 사업이 활성화되면 경제적인 측면 은 함께 해결이 되는 것이지. 따라서 별도로 경제적인 측면을 언급할 필요는 없는 거란다.

04

정답설명

⑤ '한국을 방문하는 외국인들이 인터넷에서 정보를 얻는 비중이 높'다는 내용 은 (가)-2를 활용한 것이고, '극단 자체만으로는 홍보에 한계가 있'다는 내 용은 (다)를 활용한 것이다.

오답설명

① '공연 상품의 경제적 효과'와 '공연 예술의 관광 상품화'에 대한 내용은 (나) 를 활용한 것이고, '외국인의 공연 관람 실태'는 (가)-1을 활용한 것이다.

② 공연 예술의 '상품화 과정 전반에 대한 정부의 지원이 필요하다'는 내용은 (다)의 자료를 활용하여 보완한 것이다.

③ 활용한 자료가 없다. 언어 장벽 해소를 위한 노력만 본다면 (나)와 연결된다 고 생각할 수도 있으나, (나)는 비언어극으로 언어 장벽을 극복한 사례가 제시된 것이므로 '대사가 많은 공연의 경우'를 언급한 ⓒ을 뒷받침하지 않 는다.

④ 공연 예술 '제작자의 꾸준한 노력이 필요하다'는 내용은 (나)를 활용한 것이다.

05

정답설명

③ '상품화 과정에서의 세금 감면'은 정부 차원에서 개선해야 할 방안이므로, 내용의 논리적 전개를 고려한다면 Ⅲ-1이 아니라 Ⅲ-2의 하위 항목으로 옮겨야 한다.

오답설명

① ㉡에 '전용 상설 공연장의 확보'를 위한 '정부의 지원이 필요하다'는 내용이 있으므로, 이를 참고하여 '전용 상설 공연장 부족'이라는 하위 항목을 추가 하는 것은 적절하다.

② '공연의 볼거리 부족'은 '단조로운 공연 내용'에 포함되는 것이므로, Ⅱ-1에 포함시키는 것은 적절한 수정 방안이다.

④ ㉣은 공연 예술 제작자의 노력이 필요함을 말하고 있으므로 '상품화를 위한 노력'을 구체화하여 '공연 내용의 지속적인 개선 노력'으로 수정하는 것은 적절하다. 또한 Ⅱ-1과의 유기적 연계를 위해서도 ㉣와 같이 수정하는 것이 적절하다.

⑤ ㉤에 의하면 외국인 관광객은 인터넷에서 정보를 많이 얻으며, Ⅱ-4에서 '홍보 및 제도적 여건 미흡'을 문제점으로 분석하고 있으므로, 해당 내용을 '인터넷 홍보에 대한 지원책 마련'으로 바꾸는 것은 적절한 수정 방안이다.

06

정답설명

④ 헌책 교환 행사가 '지역 주민의 새 책 구입을 촉진'한다는 것은 '글감'에서 찾을 수 없으며, '출판 시장에 활력 부여'는 〈보기〉의 '주요 내용'에 어울리 지 않는 내용이다.

오답설명

① 주제는 우리 지역의 헌책 교환하기 행사 활성화이며, 예상 독자는 '우리 지역 관청의 관계자 및 지역 주민'이므로 '지역 관청 홈페이지'를 '기고 매체'에 추가하는 것은 적절하다.

② '글감'에서 '주민들이 헌책을 쉽게 교환할 수 있는 기회가 부족해서 버리는 헌책이 많'다고 하였고, 〈보기〉의 '의의'에도 '도서 접근 기회의 확대'가 제 시되어 있으므로 '정기적인 헌책 벼룩시장 개설'을 '방안'에 추가하는 것은 적절하다.

③ '글감'에 제시된 주민들의 헌책을 구매하여 마을문고로 활용하는 자치 단체 의 사례를 바탕으로, '헌책 기부자에 대한 보상책 마련'을 주민 참여 활성화 '방안'에 추가할 수 있다.

Q. '헌책 기부자'라는 내용은 아예 언급되지 않았고, 헌책을 교환하는 것이 지 기부하는 것은 아니니까 틀린 내용 아닌가요?

A. 이 부분은 '글감'의 둘째 항목 '출간된 지 18개월 이내의 책을 주민들이 가져오면 이를 반값에 사서 마을문고로 활용하는 자치 단체가 있음.'의 내용과 관련성이 높다. 주민들은 교환할 수 있는 기회 부족으로 버리는 책이 많은데, 18개월 이내의 책을 반값에 사는 단체가 있다는 것을 알 면, 버리기보다 그 단체에 제공할 것이다. 따라서 '출간된 지 18개월 이내의 책을 반값에 제공하는 주민들'을 '헌책 기부자'로 볼 수 있는 것 이다.

⑤ 헌책 벼룩시장이 지역 명물이 된 '글감'의 사례를 바탕으로, '지역의 문화적 위상 제고'를 '기대 효과'에 추가할 수 있다.

문제분석 **07-12번**

번호	정답	정답률 (%)	선지별 선택비율(%)				
			①	②	③	④	⑤
7	④	95	2	1	1	95	1
8	⑤	95	2	1	1	1	95
9	④	87	3	3	2	87	5
10	⑤	81	4	6	7	2	81
11	③	95	2	1	95	1	1
12	②	95	1	95	1	1	2

② 문답법이 사용되었으나, (나)에 제시된 이유 중 '어떤 프로그램이 있는지 몰라서'를 해결하기 위한 방안만 제시되어 있다.

③ (나)에 제시된 이유 중 '어떤 프로그램이 있는지 몰라서'를 해결하기 위한 방안만 제시되어 있으며, 문답법이 사용되지 않았다.

④ 문답법은 사용되었다. 하지만 체험 활동 비용이 아닌, '경제적 어려움'에 대해 시청에서 도움을 받는 것은 (나)와 무관하므로 적절하지 않다.

09

정답설명

④ 'Ⅱ-3-가'를 고려하면, 자아 존중감을 내적 가치가 아닌 상품 가치에 의해 확립하려 하는 심리가 그릇된 소비 태도를 만드는 원인임을 알 수 있다. 따라서 '자기 가치관을 드러내려는 심리'를 문제의 원인으로 제시하여 수정하는 것은 적절하지 않다.

오답설명

① 학생은 청소년의 '소비' 자체가 아니라 '청소년의 소비 태도'에 대한 논설문을 쓰고자 하므로, ㉠을 '청소년의 그릇된 소비 태도를 개선해야 한다.'로 구체화하는 것은 적절하다.

② 'Ⅲ'에서는 '청소년의 소비 태도'에 대한 개선 촉구 및 제언이 제시되므로, ㉡도 이와 연관되는 내용으로 구체화하는 것은 적절하다.

③ ㉢은 상위 항목인 'Ⅱ-1(현황 분석)'과 어울리지 않으며, 'Ⅱ-2(문제 원인 분석)', 'Ⅱ-3(문제 해결 방안)'과 연계되는 부분도 없으므로 삭제하는 것이 적절하다.

⑤ 'Ⅱ-2-나'는 관계를 '또래 집단'으로 한정하여 분석하였으므로, 이를 고려하면 ㉤을 '또래 집단 내의 바람직한 관계 맺기에 대한 인식 제고'로 보완하는 것은 적절하다.

10

정답설명

⑤ 〈자료 1〉은 청소년들은 또래 집단이나 타인에 대한 동조와 모방 심리가 강해 유명 연예인이 광고하는 상품을 구매하고자 한다는 전문가의 의견이며, 〈자료 2〉는 유명 연예인이 등장하는 광고가 청소년의 상품 선택에 많은 영향을 미친다는 것을 보여 주는 학급 설문 조사 결과이다. 이를 활용하면 1) **청소년은 유명 연예인을 모방하고자 상품을 구매**한다는 자료 내용을 바탕으로, 2) **광고에 대한 비판적 수용 능력을 함양**해야 한다는 문제 해결 방안을 'Ⅱ-3-다'에 작성할 수 있다. 따라서 ⑤번 선지의 내용이 가장 적절하다.

오답설명

① 청소년의 충동구매에 대한 내용은 〈보기〉에서 찾을 수 없으며, 참된 인간관계 형성은 'Ⅱ-3-다'와 무관한 내용이다.

② 자신의 경제력을 넘어서는 청소년의 소비는 〈보기〉에 언급되지 않았으며, 광고를 통해 정확한 상품 정보를 제공한다는 것은 'Ⅱ-3-다'와 어울리지 않는다.

③ 광고가 상품 이미지를 청소년에게 강요한다는 내용은 〈보기〉에서 찾을 수 없으므로, 이에 대한 광고의 비효율성을 인식하게 하는 것은 'Ⅱ-3-다'에 어울리지 않는다.

형태쌤의 과외시간

화작은 유형이 이미 정해져 있다.

자료 / 개요 / 조건 제시 / 고쳐 쓰기 / 통합형

최근에는 통합형 문제가 주를 이룬다. 예전에는 자료, 개요, 조건 제시, 고쳐 쓰기 문제가 각각 출제되었지만 이제는 묶어서 [자료+개요], [조건 제시+고쳐 쓰기]와 같이 통합하여 나오고 있다. 그렇기 때문에 화작에서 오답률이 높아진 것이다.

하지만 통합형으로 출제되더라도 걱정하지 말자. 각각 유형별로 접근법이 정해져 있으니, 기본을 정확하게 익힌다면 통합형도 어렵지 않게 풀 수 있다.

07

정답설명

④ (가)는 체험 활동 프로그램이 다양화되지 못한 이유와 해결 방안과는 무관한 자료이다. 또한 (다)에는 청소년 체험 활동의 긍정적 효과를 극대화하기 위한 방안이 제시되어 있을 뿐, 체험 활동 프로그램이 다양화되지 못한 이유와 해결 방안은 제시되지 않았다.

오답설명

① (가)의 학교 급별 체험 활동의 연간 참여 현황을 활용하면, 초등학생·중학생에 비해 고등학생의 체험 활동 참여도가 상대적으로 낮음을 제시할 수 있다.

② (나)의 고등학생 설문 조사 결과를 통해, 체험 활동 참여가 어려운 이유로 시간과 비용의 문제가 가장 높은 비율을 차지하고 있음을 알 수 있다. 따라서 (나)를 활용하면 시간, 비용 등의 문제를 해결할 수 있는 방안의 필요성을 강조할 수 있다.

③ (다)는 청소년 체험 활동의 긍정적 효과에 대한 전문가 의견이 제시되었으므로, 이를 고등학생 체험 활동의 필요성을 제시하는 데에 활용할 수 있다.

⑤ (나)의 시간, 비용 등의 문제와 (다)의 전문가 의견을 활용하면, 고등학생의 체험 활동 참여를 위해서는 국가와 자치 단체의 비용 지원 및 학교를 통한 참여 기회 확대 등이 필요함을 강조할 수 있다.

08

정답설명

⑤ '문답법'은 스스로 묻고 답하는 표현법이다. '유익한 체험 활동 프로그램을 어디서 찾아야 할까요? ○○ 구청 홈페이지로 오세요.'에서 문답법을 사용하여 (나)에 제시된 이유 중 '어떤 프로그램이 있는지 몰라서'를 해결하기 위한 방안을 제시하였다. 또한 '구청에서 비용을 지원하는 재미있는 프로그램들을 만나 보세요.'에서는 (나)의 이유 중 '비용이 부담되어서'의 문제를 해결하기 위한 방안을 제시하였으므로 적절하다.

오답설명

① (나)에 제시된 이유 중 '어떤 프로그램이 있는지 몰라서'와 '비용이 부담되어서'의 문제를 해결하기 위한 방안이 제시되었으나, 문답법이 사용되지 않았

④ 모바일 기기 보급에 따른 문제는 〈보기〉에 제시되지 않았으며, 정보 기기 활용 능력 배양은 'Ⅱ-3-다'와 무관하다.

11

정답설명

③ ㄴ. '기억'이라는 화제에 대한 정보를 제공하기 위해 친구 이름이나 배웠던 것이 기억나지 않는 일상적인 경우를 사례로 들어 글을 시작하고 있다.
　ㄷ. 기억이 나지 않는 문제 상황을 해결할 수 있는 방안으로, 20초 동안 대상을 응시하는 습관을 들이라는 해결 방안을 제시하고 있다.

오답설명

ㄱ. 문제 상황을 친숙한 대상에 비유한 부분은 제시되지 않았다.
ㄹ. 공간적인 순서에 따라 설명하고 있지 않다. 또한 '기억, 기억력'은 형체가 있는 대상이 아니라, 추상적인 대상이기 때문에 '대상의 모습이 잘 드러나도록 공간적인 순서에 따라 설명'한다는 내용은 적절하지 않다.

12

정답설명

② 해당 문장의 주어는 '기억 전문가들은'이다. 만약 '들여야 한다고 말한다'를 '들여야 한다'로 고친다면, '기억력 때문에 고생하는 사람들이'의 서술어만 존재할 뿐 '기억 전문가들은'과 호응하는 서술어가 없어진다. 따라서 '들여야 한다고 말한다'는 유지하는 것이 적절하다.

오답설명

① '그러므로'는 앞의 내용이 뒤 내용의 이유나 원인, 근거가 될 때 쓰는 접속 부사이다. 하지만 기억해야 할 것이 생각나지 않아서 답답한 것이 기억력을 향상하는 방법의 이유나 원인이라고 볼 수는 없다. 글쓴이는 기억해야 할 것이 생각나지 않아서 답답하다는 것을 전제로 하여 기억력을 향상하는 방법을 설명하고자 하므로, 어떠한 사실을 가정하여 조건으로 삼는 뜻을 나타내는 '그렇다면'을 사용하는 것이 적절하다.

③ '-던'은 과거 시제를 나타내면서 앞말이 관형어 구실을 하게 만드는 어미이다. ©에는 나열된 동작이나 상태, 대상들 중에서 어느 것이든 선택될 수 있음을 나타내는 연결 어미인 '-든지' 혹은 '-든지'의 준말인 '-든'을 사용하는 것이 적절하다.

④ '저장되어지다'는 '-되다'와 '-어지다'라는 피동 표현이 중복으로 사용된 것이다. 피동 표현이 불필요하게 중복되었으므로, '저장되다'와 같이 하나의 피동 표현만을 사용하는 것이 적절하다.

⑤ 앞에서 대상을 응시하는 습관을 들이면 그 내용이 2~3배는 더 강력하게 저장된다고 하였으므로, 기억력 향상과 상반되는 내용인 ⑩은 삭제하는 것이 적절하다.

번호	정답	정답률 (%)	선지별 선택비율(%)				
			①	②	③	④	⑤
13	⑤	96	1	1	1	1	96
14	⑤	90	3	5	1	1	90
15	②	83	1	83	1	1	14
16	②	89	2	89	1	6	2
17	④	96	1	1	1	96	1

13

정답설명

⑤ 학생들이 특정 분야의 도서를 주로 읽는 이유는 (나)에 제시되지 않았다.

오답설명

① 1문단에 청소년기 독서의 중요성으로 '지적인 성장과 인성 계발에 주요한 밑거름', '삶의 문제를 해결', '학습에 필요한 정보' 획득이 제시되어 있다. 또한 독서 실태 조사의 이유가 우리 학교 학생들의 독서 실태를 알아보기 위함임이 제시되어 있다.

② 2문단에 학생들의 독서량에 관한 실태인 '학생들의 독서량은 매우 적은 것으로 나타났다.'가 제시되어 있다.

③ 2문단에 학생들의 독서량이 적은 이유로 '학교와 학원 공부 때문에 시간이 없어서', '컴퓨터나 인터넷 게임을 하느라 시간이 없어서' 등이 제시되어 있다.

④ 2문단에 학생들은 주로 판타지 소설과 자기 계발서 등을 읽는 경향이 있다는 실태가 제시되어 있다.

14

정답설명

⑤ ⓐ에서 여학생들이 남학생보다 독서량이 많다는 것을 알 수 있고, ⓑ에서 학생들의 독서 동기를 알 수 있다. 그러나 ⓐ, ⓑ에서 성별에 따라 독서 동기가 다르다는 것은 알 수 없다.

오답설명

① ⓐ에서 여학생들이 남학생보다 독서량이 많다는 것을 알 수 있다. 따라서 ⓐ를 활용하여 (가)의 '중간-1'의 하위 항목으로 '성별에 따른 독서량의 차이'를 추가하고, (나)에 근거를 제시하는 것은 적절한 보완 방안이다.

② ⓑ의 설문 조사는 '우리 학교 학생들의 독서 동기'에 관한 것이다. 따라서 ⓑ를 활용하여 (가)의 '중간'에 '학생들이 책을 읽는 이유를 제시함.'을 추가하여 (나)를 수정하면, 학생들의 독서 실태에 관한 내용을 풍부하게 제시할 수 있다.

③ ⓐ의 통계 결과에 의하면, 우리 학교 학생의 1년 평균 독서량은 전국 고등학생의 1년 평균 독서량보다 적다. 따라서 ⓐ는 우리 학교 학생들의 독서량이 적다고 판단한 객관적인 근거로 제시할 수 있다.

④ ⓑ의 D 항목을 바탕으로, (나)의 끝 부분에 독서 자체에 대한 흥미를 높이기 위한 방안이 필요하다는 점을 추가할 수 있다.

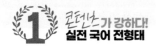

15

정답설명

② 조건은 두 가지이다. 1) **우리 학교 학생들의 독서량 부족·특정 분야에 치우친 독서에 대한 개선 방안**, 2) **직유법**을 고려해야 한다. '넉넉하고 균형 잡힌 독서'에 독서량 부족·특정 분야에 치우친 독서에 대한 개선 방안이 포함되었고, '식사를 하듯이'에 직유법이 활용되었다.

오답설명

① '틈틈이 자듯이'에 직유법이 활용되었으나, 독서량 부족·특정 분야에 치우친 독서에 대한 개선 방안이 아닌 '시간이 없어서'에 대한 개선 방안이 포함되어 있다.

③ '배가 고픈 것처럼'에 직유법이 활용되었으나, 독서량 부족에 대한 개선 방안만 제시되어 있으므로 적절하지 않다.

④ '되살아나듯'에 직유법이 활용되었으나, 독서량 부족·특정 분야에 치우친 독서에 대한 개선 방안이 제시되지 않았다.

⑤ 독서량 부족·특정 분야에 치우친 독서에 대한 개선 방안이 포함되어 있으나, 직유법이 활용되지 않았다. 참고로, '음식은 몸을 살찌우는 양식이고 책은 마음을 살찌우는 양식'에 쓰인 표현법은 은유법이다.

형태쌤의 과외시간

'비유'는 보조 관념에 빗대어 원관념을 표현하는 것이다. 대표적으로 직유법과 은유법이 있다.

① **직유** (호수 같은 내 마음)
원관념과 보조 관념이 선명하게 드러난다.
일반적으로 '~처럼, ~양, ~듯, ~같이'와 같은 표지가 사용된다.

② **은유**
마음 = 원관념 / 호수 = 보조 관념

문장 형태의 은유 (a는 b다) = 내 마음은 호수요
구 형태의 은유 (a의 b) = 마음의 호수
단어 형태의 은유 (b) = 호수

※ 여기서 잠깐!

단어 형태의 은유는 단어 하나만 써야 한다. '내 마음은 호수요'를 단어 형태의 은유로 나타낸다면 '마음'을 써야 할까, '호수'를 써야 할까? '비유'의 개념을 다시 떠올려 보자. '보조 관념에 빗대어' 표현하는 것이 비유의 핵심이다. 따라서 단어 형태의 은유라면 '보조 관념'의 단어 하나(호수)만 제시하면 된다. 단어 형태의 은유는 시에서 많이 나오니 기억해 두자.

※ 의인법과 활유법도 비유에 포함된다.

16

정답설명

② (나)-1을 참고하면, ⓒ은 도시 농업에 참여하는 이유에 해당되므로 문제점이 아닌 것은 맞다. 그러나 'II-1-다(도시 농업 활동의 부진)'와 ⓒ은 관계가 없으므로, 'II-1-다'의 하위 항목으로 옮기는 것은 적절하지 않다.

오답설명

① ㉠은 '도시 농업의 활성화 방안'이라는 주제와 무관한 내용이므로, 'II-1'에서 삭제해야 한다.

③ (가)에 도시 농업 관련 업무를 수행할 전문 인력이 부족하다는 점이 제시된 것을 참고하여, ⓒ을 '도시 농업을 담당할 전문 인력의 부족'으로 구체화하는 것은 적절하다.

④ (나)-2의 '재배 기술 지식 부족' 항목과 (다)의 쿠바의 사례를 참고하면, ㉣의 하위 항목에 '도시 농업 관련 기술 개발 및 보급 확대'를 추가할 수 있다.

⑤ (가)와 'II-2-가'에 도시 농지의 감소로 경작 공간이 부족하다는 문제점이 제시된 점을 고려하면, ㉤과 ㉥을 하나로 묶어 '도시 농업 공간 확보'로 수정하는 것은 적절하다.

17

정답설명

④ 1) **도시 농업 참여자들의 소감 인용**, 2) **주제와 관련한 문제의식**을 고려해야 한다. '도심지 텃밭에서 농작물을 키워 보니 여가 선용(알맞게 쓰거나 좋은 일에 씀)에 도움이 된다'는 도시 농업 참여자들의 소감이 인용되어 있다. 또한 '하지만 국내 도시 농업은 아직 걸음마 수준이다.'에서 주제와 관련한 문제의식을 드러내고 있다.

오답설명

① 도시 농업 참여자들의 소감, 주제와 관련한 문제의식 모두 제시되지 않았다.

② '그들이 겪는 어려움은 무엇일까?'에 주제와 관련한 문제의식이 드러나 있으나, 도시 농업 참여자들의 소감이 인용되지 않았다.

③ '텃밭을 가꾸어 거둔~이웃과 사이가 좋아졌다'는 도시 농업 참여자들의 소감이 인용되어 있으나, 주제와 관련한 문제의식이 드러나지 않았다.

⑤ '텃밭을 가꾸며~행복을 누린다'는 도시 농업 참여자들의 소감이 인용되어 있으나, 주제와 관련한 문제의식이 드러나지 않았다.

문제분석 18-21번

번호	정답	정답률(%)	선지별 선택비율(%)				
			①	②	③	④	⑤
18	①	83	83	1	1	1	14
19	⑤	94	1	2	2	1	94
20	①	93	93	1	2	2	2
21	③	89	3	2	89	3	3

18

정답설명

① ⓐ : 삼일절에 인사동에 갔다가 동서양 악기 연주자들이 아리랑을 합주하는 장면을 보았던 경험을 떠올리며 글감을 구체화하고 있다.

ⓓ : 처음에는 문화유산에 대해 '따분한 것'이라고 생각했지만, 인사동에서 아리랑을 합주하는 장면을 보며 문화유산에 대해 무관심했던 자신을 돌아보게 되었다고 말하고 있다. 또한 문화유산은 우리의 마음을 움직일 수 있

는 또 다른 이름의 현재라는 것을 느끼게 되었고, 앞으로는 우리의 다른 문화유산에도 관심을 갖고 그것을 알리기 위해 노력하겠다는 다짐을 나타내며 글을 마무리하고 있다.

오답설명

ⓑ : 문화유산의 개념을 정의하고 있는 부분은 제시되지 않았다.

ⓒ : 학생이 '현대적으로 재해석된' 아리랑을 들은 경험은 제시되었으나, 이러한 문화유산의 현황(현재 상황)이 어떠한지(좋은지, 안 좋은지 등)에 대한 내용은 제시되지 않았으며, 이와 관련한 구체적인 사례를 추가하지도 않았다.

19

정답설명

⑤ 글을 쓴 학생이 '우리의 문화유산은 현재와 단절되어 있는 과거가 아니라, 여전히 우리의 마음을 움직일 수 있는 또 다른 이름의 현재'라고 느낀 것은 글을 쓴 시점을 기준으로 보았을 때 과거에 해당한다. 따라서 과거 시제인 '되었다'로 쓰는 것이 적절하다.

오답설명

① '그러면'은 앞의 내용이 뒤의 내용의 조건이 될 때 사용하는 접속 부사이다. 하지만 동서양의 악기들로 아리랑을 합주하는 것이 한복을 입은 사람들이 아리랑을 부르기 시작하는 것의 조건이라고 볼 수는 없다. 시간의 흐름에 따라 일어난 일을 순차적으로 제시하고 있으므로, '그러자'로 고치는 것이 적절하다.

② '돋구다'는 '안경의 도수 따위를 더 높게 하다.'의 뜻을, '돋우다'는 '감정이나 기색 따위를 생겨나게 하다.'의 뜻을 갖는다. 해당 문장의 맥락을 고려할 때, 분위기를 생겨나게 한다는 의미의 '돋우다'로 어휘를 수정하는 것이 적절하다.

학생들이 자주 묻는 질문

Q. 기분을 '돋우다'인가요, '돋구다'인가요?

A. 여기서는 '돋우다'가 맞는 표현이다.
'돋다'에 사동 접사 '-우-'가 결합된 형태로, '감정이나 기색 따위를 생겨나게 하다.'라는 뜻이지. '돋구다'는 안경의 도수를 높일 때 사용하는 말이다. 고쳐 쓰기에서도 자주 나오는 표현이니 기억해 두도록 하자.

③ '으로써'는 재료, 도구의 의미를 나타내므로, 해당 문맥에서 쓰이는 것은 적절하지 않다. 지위, 신분, 자격의 의미를 나타내는 '으로서'로 수정하는 것이 적절하다.

형태쌤의 과외시간

'(으)로써'와 '(으)로서'

'(으)로써'는 어떤 물건의 재료나 원료를 나타내거나 어떤 일의 수단이나 도구를 나타내는 격 조사다. '말로써 천 냥 빚을 갚는다고 한다.', '꿀로써 단맛을 낸다.'와 같이 쓰인다.

반면, '(으)로서'는 지위나 신분 또는 자격을 나타내는 격 조사다. '그것은 교사로서 할 일이 아니다.', '그는 친구로서는 좋으나, 남편감으로서는 부족한 점이 많다.'와 같이 사용된다.

해당 표현이 어떤 맥락에서 사용되었는지에 따라 '(으)로써'가 쓰일지, '(으)로서'가 쓰일지가 결정되니 위에 정리한 내용을 참고하렴.

④ '무관심하다'는 목적어를 취하지 않고 부사어를 취하는 형용사이다. 따라서 '아리랑을 무관심했던'이 아닌 '아리랑에 무관심했던'으로 수정하는 것이 적절하다.

20

정답설명

① 필자는 첫째 단락에서 ○○ 방송국에 '청소년을 위한 UCC 제작 기술'을 소개하는 교양 프로그램 제작을 건의하고 있으므로, 요구가 분명하게 제시되었다는 점을 확인할 수 있다. 이를 통해 '특정한 목적을 이루기 위한 표현 행위'라는 작문의 특성을 확인할 수 있으므로 선지의 내용은 적절하다.

오답설명

② 건의 사항에 대한 근거, 기대 효과 등을 필자의 주관적 정서로 보기 어려우므로, 필자의 주관적 정서를 드러내는 작문의 특성이 드러난다고 볼 수 없다.

③ ○○ 방송국 청소년 교양 프로그램 담당자가 특정한 독자로 설정되었으나, 개별 독자의 문제점을 해결하고자 하는 내용은 초고에 제시되지 않았다.

④ 주장의 실현에 따른 기대 효과가 언급되어 있으나, 이는 사회적 갈등 해소와 거리가 멀다.

⑤ 필자가 속한 집단이 청소년 집단임은 제시되었으나, 개인 정보는 제시되지 않았으며 초고는 친교적 관계 형성에 초점을 두고 있지 않다.

21

정답설명

③ (다)의 보고서는 UCC 제작 활동이 청소년에게 미치는 긍정적 효과를 제시했을 뿐이다. 또한 셋째 단락은 UCC 제작 경험이 없는 학생의 부정적인 면에 대해 언급하는 것이 아니라 UCC 제작 활동의 긍정적인 면을 언급하고 있다. 따라서 (다)를 활용하여 UCC 제작 경험이 없는 학생들은 스트레스 해소 수단이 없음을 추가하는 것은 맥락상 적절하지 않다.

오답설명

① (가)의 'UCC 제작 경험 없음-72%' 항목과 '향후 UCC 제작 의향 있음 -89%' 항목을 활용하면, 둘째 단락의 구체적 근거를 제시할 수 있다.

② (나)의 그래프를 보면 '제작 기술을 모름' 항목이 UCC 제작 활동의 장애 요인 중 가장 큰 비중인 68%를 차지함을 알 수 있다. 따라서 이를 둘째 단락의 근거로 활용할 수 있다.

④ (가)에서 많은 청소년들이 UCC 제작 의향이 있으나 제작 경험이 없다는 점을 알 수 있고, (나)에서 청소년 UCC 제작 활동의 가장 큰 장애 요인이 '제작 기술을 모름'임을 알 수 있다. 그러므로 이를 활용해 둘째 단락의 판단의 근거를 제시하는 것은 적절하다.

⑤ (가)에서 많은 청소년들이 UCC 제작 의향이 있으나 제작 경험이 없다는 점을 알 수 있고, (다)에서 UCC 제작 활동이 창의력 향상에도 도움이 된다는 점을 알 수 있다. 그러므로 이를 활용해 UCC 제작 의향은 있으나 실제로 경험하지 못한 학생들이 UCC 제작을 통해 창의성을 향상시킬 수 있을 것이라는 내용을 셋째 단락에 추가할 수 있다.

문제분석 22-25번

번호	정답	정답률 (%)	선지별 선택비율(%)				
			①	②	③	④	⑤
22	③	90	3	4	90	1	2
23	④	84	4	6	4	84	2
24	②	80	4	80	2	10	4
25	⑤	90	4	1	1	4	90

22

정답설명

③ (나)-1을 통해서는 관광객들이 원하는 관광 프로그램 유형을 알 수 있을 뿐, '생태 보전을 고려한 관광 프로그램이 부족하다는 사실'을 이끌어 낼 수 없다. 또한 (다)의 생태 관광의 우수 사례도 '생태 보전을 고려한 관광 프로그램이 부족하다는 사실'과는 거리가 멀다.

오답설명

① (가)의 '관광지 조성을 위한 무리한 개발로 숲과 늪지가 사라지거나'에서 생태 관광을 위한 개발 사업을 무리하게 추진함으로써 자연이 훼손되고 있다는 내용을 이끌어 낼 수 있다. 이를 활용하여 ㉠에서 '생태계의 훼손' 문제를 다루는 것은 적절하다.

② (가)의 '생태 관광 운영에 적극적으로 참여하지 않는 주민들의 태도'와 (나)-2의 '주민 참여 유도의 어려움'에서 '지방 자치 단체가 생태 관광 사업에 지역 주민들의 동참을 유도하기 어렵다는 내용'을 이끌어 낼 수 있다. 이를 활용하여 ㉡에서 '지역 주민들의 참여도 부족' 문제를 다루는 것은 적절하다.

④ (다)의 생태 관광 사업에 지역 주민들이 적극적으로 참여하여 가계 소득이 증대된 ○○섬의 사례를 통해, 생태 관광 사업에 지역 주민들이 적극적으로 참여할 경우 주민들에게도 이득이 된다는 점을 이끌어 낼 수 있다. 이를 활용하여 ㉢에서 '지역 주민들의 참여 유도' 방안을 다루는 것은 적절하다.

⑤ (나)-1을 통해 '지역의 자연을 느낄 수 있는 길 걷기 프로그램'과 '지역의 전설, 문화, 자연 이야기 듣기 프로그램'에 대한 관광객들의 요구가 있음을 알 수 있다. 이를 활용하여 ㉣에서 '지역의 특성을 살린 프로그램 개발' 방안

을 다루는 것은 적절하다.

23

정답설명

④ 1) '본론-2-라'에 해당하는 내용(관광객 태도 측면의 개선 방안 제시), 2) '근거-주장-구체적인 실천 방안'의 순서를 고려하여 판단해야 한다. '자연은~유산이다.'는 근거, '그러므로~유의해야 한다.'는 주장, '이를 위해서는~이용해야 한다.'는 구체적인 실천 방안에 해당한다. 이를 통해 관광객이 정해진 탐방로를 이용하는 태도를 가져야 한다는 개선 방안을 제시하고 있으므로 적절하다.

오답설명

① 관광객 태도의 문제점을 개선하는 방안에 대해 다루고 있으나, 근거와 구체적인 실천 방안이 뚜렷하게 제시되지 않았다.

② '근거-주장-구체적인 실천 방안'의 순서인 것은 맞으나, 관광객 태도의 문제점을 개선하는 방안과 무관한 내용이므로 적절하지 않다.

③ 관광객 태도의 문제점을 개선하는 방안에 대해 다루고 있기는 하나, 구체적인 실천 방안이 제시되지 않았다.

⑤ 관광객 태도의 문제점을 개선하는 방안에 대해 다루고 있기는 하나, '주장-근거-구체적인 실천 방안'의 순서로 전개하였으므로 적절하지 않다.

24

정답설명

② (나)에서 전문가의 의견을 인용한 부분은 제시되지 않았다.

오답설명

① (나)의 서두 부분에서 '나눔 도서관은 나눔의 정신을 실천할 수 있는 곳으로 우리가 이용해 볼 만한 충분한 가치가 있다'는 나눔 도서관의 의의를 밝히면서 글을 시작하고 있다.

③ (나)의 3문단에서 '책을 사고 싶지만 책값이 부담되어 망설이며 고민하던 때도 있지 않았나요?'라는 질문을 통해 친구들의 경험을 환기하고 있다.

④ (가)에서 나눔 도서관이 노인들을 대상으로 '듣는 책 교실'을 운영하고 있다는 내용이 제시되었으나, 이는 학생 대상이 아니므로 (나)에 반영되지 않았다.

⑤ (나)가 작성된 매체는 인터넷 게시판이다. 매체 특성상 링크를 통해 다른 정보를 얻을 수 있으므로, (나)에는 '나눔 도서관 누리집'으로 바로 연결되는 링크가 첨부되었다.

25

정답설명

⑤ '그러나'는 앞의 내용과 뒤의 내용이 상반될 때 쓰는 접속 부사이다. 하지만 앞 문단과 뒤 문단의 내용이 상반되지 않으므로, ㉤에 '그러나'를 사용하는 것은 적절하지 않다. 앞 문단에서 나눔 도서관에서 여러 물건들을 함께 나눌 수 있음에 대해 이야기하고 있으므로, '이처럼'을 그대로 사용하는 것이 적절하다.

오답설명

① '강화되어지다'는 '강화되다'의 '-되다'와 '-어지다'라는 피동 표현이 중복 사용된 것이다. 피동 표현이 불필요하게 중복되었으므로, '강화되다'의 활용형 '강화된'을 사용하는 것이 적절하다.

② '기여'는 '도움이 되도록 이바지함.'을 의미하는 단어로, '책을 나눔받는다'라는 표현과는 거리가 멀다. '선물이나 기념으로 남에게 물품을 거저 줌.'이라는 의미의 '기증'이라는 표현을 사용하는 것이 적절하다.

③ '그 동전'은 뒤 문장에 있는 '나눔 동전'을 의미한다. 따라서 뒤 문장이 앞으로 나온 후 '그 동전으로~있습니다.'와 같이 서술되는 것이 적절하다.

④ '요청(要請)'은 필요한 어떤 일이나 행동을 청하는 것을 의미하므로 '자신에게'와 함께 사용하기에는 자연스럽지 않은 단어이다. 문맥을 고려하여 '자신에게 필요한 물건'이라는 표현을 사용하는 것이 적절하다.

문제분석   26-31번

번호	정답	정답률 (%)	선지별 선택비율(%)				
			①	②	③	④	⑤
26	①	96	96	1	1	1	1
27	③	96	1	1	96	1	1
28	②	96	1	96	1	1	1
29	②	66	3	66	2	27	2
30	④	82	5	6	4	82	3
31	④	82	1	14	2	82	1

26

정답설명

① (가)에서 똑똑 우체통을 사용할 때의 유의 사항은 제시되지 않았다.

학생들이 자주 묻는 질문

> **Q. (가)의 첫 문단이 이해가 안 갑니다. '똑똑하게' 반응한다는 것이 무슨 말이죠?**
>
> **A.** '똑똑하게 반응한다'라는 것은 문을 똑똑 두드리면 그에 대한 반응으로 문이 열리는 것처럼, 학생들이 우체통에 건의 사항을 넣어주면, 우체통이(우체통을 관리하는 학생 자치회가) 즉각적으로 학생들의 의견에 반응한다는 의미란다.

오답설명

② (가)의 2문단 '학생 자치회에서 직접 관리~그에 대한 조치를 취할 수 있다는 장점도 있습니다.'에서 확인할 수 있다.

③ (가)의 2문단 '우체통에 넣어 주신 이야기는~학교 누리집을 통해 알려 드립니다.'에서 확인할 수 있다.

④ (가)의 1문단에서 똑똑 우체통의 뜻을 설명하고 있다.

⑤ (가)의 3문단에서 '똑똑 우체통을 잘 활용한다면 편안하고 즐거운 학교, 학생 모두가 함께 만들어 가는 학교가 될 수 있을 것'이라며 똑똑 우체통의 기대 효과에 대해 언급하고 있다.

27

정답설명

③ (나)의 3문단 '실내화 착용에 대한 설문 조사 결과,~응답이 가장 많았습니다.'에서 실내화 착용 현황과 학생들의 인식을 조사한 설문 결과를 제시하여 건의 내용의 신뢰성을 높이고 있다.

오답설명

① (나)에서 실내화 착용의 이로운 점에 대한 전문가의 견해를 제시하고 있지 않다.

② (나)에서 실내화 착용에 반대하는 학생들의 의견과 사례 모두 제시하고 있지 않다.

④ (나)에서 학교 차원의 지원책을 제시하고 있지 않다.

⑤ (나)의 2문단에서 흙이 많이 떨어져 있거나 비가 와 진흙이 묻은 날에는 청소 시간 내에 청소를 다 끝내지 못해 수업 시간에 늦은 적이 있었다는 자신의 경험을 제시하고 있다. 또한 계단이나 복도를 청소하는 학생들의 의견을 인용하지 않았다.

28

정답설명

② '그러나'는 앞의 내용과 뒤의 내용이 상반될 때 쓰는 접속 부사이다. 하지만 앞에서 이야기한 교실 청결 문제와 호흡기 건강 문제, 그리고 청소 관련 문제는 모두 실내에서 실외화를 신었을 때의 문제 상황에 해당한다. 따라서 '그러나'가 아닌 첨가의 의미를 드러내는 부사 '또한', '게다가' 등을 사용하는 것이 적절하다.

오답설명

① '악영향'의 '악(惡)'이 '나쁘다'라는 의미를 가지고 있으므로, 앞의 '나쁜'과 의미가 중복된다. 따라서 '나쁜 영향'이나 '악영향' 중 하나로 수정하는 것이 적절하다.

③ '끝내다'는 목적어를 필요로 하는 타동사이다. 따라서 '끝내다'의 목적어인 '청소를'을 첨가해 주는 것이 적절하다.

④ ㉣은 실내에서는 실내화를 착용하자는 글의 전체적인 주제와 어울리지 않기 때문에 삭제하는 것이 적절하다.

⑤ '이처럼 학생 대부분이 필요성을 인식하고 있지만'이라는 구절이 ㉤의 바로 앞 문장에 제시되어 있으므로, 둘의 위치를 바꾸는 것이 맥락상 자연스럽다.

29

정답설명

② <보기 1>의 '작문 과제'에 의하면, 같은 화제에 대해 **연설문과 '다른 관점'**으로 논설문을 써야 한다. 따라서 '동일한 관점'이라는 표현에서 울컥하고 반응을 했어야 한다.

간혹 **'동일한'의 대상**을 '연설문'이 아닌, '자신'으로 본 학생들도 있었다. 이 경우 "자신의 관점 수립을 위해 자신과 동일한 관점으로 자료를 제한한다는 것은 당연하지."라고 판단한 후, 오답의 세계로 입문하게 된다. 그렇다. '자신과 동일한 관점'으로 볼 수도 있다. 하지만 그렇게 보면, 문장 자체가 말이 되지 않는다. '관점을 수립하기 위해서'라는 말의 전제는 아직 관점이 수립되지 않았다는 것이다. 그런데 어떻게 자신의 관점과 동일한 자료로 제한을 하겠는가. 문장을 제대로 보지 않고, 특정 부분만 확인하고 넘어간 점을 반성해야 한다.

또 자료 자체들의 관점이 동일한 것으로 판단한 학생들도 있었는데, 자료 수집의 목적이 자신의 관점을 수립하기 위함이라면 다양한 관점의 자료를 만나야 한다. 즉, 자료를 동일한 관점으로 제한한다는 선지는 결국 적절하지 않은 선지가 된다.

오답설명

① 〈보기 1〉의 '선생님이 알려 주신 유의 사항'에서, 논설문은 논문과 달리 일반적인 독자를 대상으로 시사적인 내용을 다루는 경우가 많다는 것을 알 수 있다. 이를 고려하면, 이 글은 고령화 사회의 문제 해결이라는 화제에 대한 논설문이므로, 비전문가 독자도 관심을 가질 수 있는 내용을 다루는 것이 적절하다.

③ 〈보기 1〉의 '선생님이 알려 주신 유의 사항'에서, 관련된 개념은 명확히 한정해 사용해야 한다고 하였다.

④ 예상되는 반론을 고려해 논거를 마련하는 것은 너무나 당연하다. 아래에서 상세히 설명하도록 하겠다.^^

학생들이 자주 묻는 질문

Q. '예상되는 반론'은 〈보기 1〉에 나오지 않았는데요?

A. 〈보기 1〉의 '선생님이 알려 주신 유의 사항'에, 논설문의 내용은 참신하게 구성해야 한다고 하였고, 예상되는 반론에 대한 언급은 없었다. 그럼 쌤이 참신한 주장을 해보도록 하겠다. "얘들아, 올해는 국어가 입시의 핵심적인 변수가 될 것 같으니, 다 같이 수학은 포기하고 국어에만 올인하자." 어떠냐? 당연히 반론이 나오지 않겠냐. 참신한 주장은 당연하게도 반론을 이끌어 낼 수밖에 없다. 따라서 '예상되는 반론을 고려해 논거를 마련'하는 것은 지극히 당연한 것이다. **〈보기〉에 없다고 무조건 적절하지 않은 것은 아니다. 〈보기〉에 선지의 모든 내용을 다 제시해 줄 의무는 출제자에게 없다.**

⑤ 논설문을 쓸 때, 객관적 설명을 적절히 사용하여 불필요한 논란을 방지해야 한다는 점이 〈보기 1〉의 '선생님이 알려 주신 유의 사항'에 제시되어 있다.

30

정답설명

④ 〈보기 1〉의 [작문 상황]에서, 글쓴이가 '노인들의 사회 참여와 경제적 자립을 통한 고령화 사회의 문제 해결'을 논지로 수립했음을 확인할 수 있다. 즉 글쓴이는 노인들의 사회 참여와 경제적 자립 모두를 중요시하므로, 글에서 노인들의 일자리에 대한 인식을 생계 수단에서 사회 참여 수단으로 변화시켜야 한다고 주장하지는 않을 것이다. 당장 먹고 사는 문제에 직면해 있는 노인들의 경우, 경제적 안정보다 사회 참여를 중요시할 수 없으므로 현실적으로도 맞지 않는 진술이다.

오답설명

① 〈보기 1〉의 [작문 상황]에서, 논지의 방향이 '노인들의 사회 참여와 경제적 자립을 통한 고령화 사회의 문제 해결'임을 알 수 있다.

② (다)에 개인적 차원과 사회적 차원에서의 노인 일자리 사업의 필요성이 제시되어 있으므로, 적절한 구체화 방안이다.

③ (가)에서 민간 분야의 노인 일자리 사업이 공공 분야에 비해 실적이 낮다는 것을 알 수 있다. 따라서 (가)를 활용하여 노인 일자리 사업의 불균형을 제시하는 것은 적절하다.

⑤ 민간 분야에서의 노인 일자리 사업이 부진한 원인을 (나)에서 찾고, (다)를 활용해 민간 분야 활성화의 필요성을 제시하면 ㉢을 구체화할 수 있다.

31

정답설명

④ 〈보기 1〉의 [작문 상황]에서 수립한 논지의 방향은 '노인들의 사회 참여와 경제적 자립을 통한 고령화 사회의 문제 해결'이다. 이를 고려하면 결론의 핵심 내용으로는 ④가 가장 적절하다.

오답설명

① '고령 사회 진입 가능성'에 대해서는 〈보기 1〉, 〈보기 2〉에 제시되지 않았다. 그리고 〈보기 1〉에서 수립한 논지의 방향이 '노인들의~통한 고령화 사회의 문제 해결'이므로, 이미 고령 사회 진입을 전제로 한 글이라고 볼 수 있다.

② '소외된 노인을 위한 사회 안전망 구축'을 촉구하는 내용은 〈보기 1〉, 〈보기 2〉에 제시되지 않았다. 또한 '우리 사회의 효 문화 회복 촉구'는 연설의 내용일 뿐이다. [작문 상황]에 의하면, 연설을 듣고 같은 화제에 대하여 다른 관점으로 논설문을 쓰기로 하였다. 그래서 문화적 측면이 아닌, 경제적 측면에서의 고령화 사회 문제 해결을 논지로 잡은 것이다.

③ '지역별, 계층별 소득 격차'는 〈보기 1〉의 작문 상황과 거리가 먼 내용이다.

⑤ 〈보기 1〉에서는 '노인 일자리 사업'의 필요성과 실효성 증대 방안 등을 논하고 있으므로, '배려와 나눔의 정신'을 결론으로 제시하는 것은 어울리지 않는다.

문제분석 32-36번

번호	정답	정답률 (%)	선지별 선택비율(%)				
			①	②	③	④	⑤
32	④	96	1	1	1	96	1
33	①	96	96	1	1	1	1
34	③	80	5	8	80	6	1
35	③	90	3	5	90	1	1
36	①	92	92	2	2	2	2

32

정답설명

④ (가)의 '글의 구성과 표현 전략'에서 시간의 흐름에 따라 글을 구성하지 않는다고 하였으므로 선지의 설명은 적절하지 않다.

오답설명

① (나)를 쓰기 위해 (가)에서 예상 독자를 '교지를 읽을 학교 친구들'로 한정하였다는 점에서, 작문은 예상 독자를 고려하는 행위임을 알 수 있다.

② (나)를 쓰기 위해 (가)의 '자료 수집'을 거쳤다는 점에서, 작문은 글감과 관련된 내용을 생성하는 행위임을 알 수 있다.

③ (가)의 '글의 구성과 표현 전략'에 의하면, 학생은 정보의 특성을 고려하여 정의와 예시 등의 방법으로 잡상을 설명하고자 하였으며, 이는 (나)에 반영되어 있다. 이를 통해 작문은 정보 제시 방법을 고려하는 행위임을 알 수 있다.

⑤ (가)의 '글 쓰는 목적'을 반영하여 (나)를 작성하였으므로 적절한 설명이다.

33

정답설명

① 1) **잡상의 가치 제시**, 2) **문화유산에 대한 관심 요구로 마무리**, 3) **직유법**을 고려해야 한다. '들꽃처럼'에 직유법이 쓰였으며 '궁궐의 안녕을 기원히는 선조들의 마음을 담은 소중한 문화유산'에서 잡상의 가치를 제시하였다. 또한 '이런 문화유산에도 관심을 기울일 필요가 있습니다.'에서 문화유산에 대한 관심을 갖도록 요구하며 끝맺었다.

오답설명

② '열병식을 하듯이'에 직유법이 쓰였고, '나라의 근간인 궁궐을 보호하고자 했던 선조들의 마음'에 잡상의 가치가 제시되었다. 그러나 문화유산에 대한 관심을 촉구하며 끝내지 않았다.

③ '마치~같습니다.'에 직유법이 쓰였으나, 잡상의 가치를 언급하지 않았으며 문화유산에 대한 관심을 갖도록 요구하며 끝맺지도 않았다.

④ '조화의 정신을 보여 주는 문화유산'에 잡상의 가치만 제시되었을 뿐, 문화유산에 대한 관심을 갖도록 요구하며 끝맺지 않았으며 직유법도 쓰이지 않았다.

⑤ '이웃을 사랑하는~깃들어 있습니다.'에 잡상의 가치가 제시되었으며, '"온고지신'의 자세로~이어 가야겠습니다."에서 문화유산에 대한 관심을 갖도록 요구하며 끝맺고 있다고 볼 수 있다. 그러나 직유법은 쓰이지 않았다.

34

정답설명

③ (가)에는 '나는 향토 음식이 뭔지도 잘 몰랐다'는 문제 상황이 나타나 있지만, 이에 대한 해결 방안을 제시하고 있지 않다. 체험을 통해 향토 음식에 대한 생각이 많이 바뀌었고, 향토 음식에 무관심했던 자신을 되돌아보게 되었다고 언급했을 뿐이다. 하지만 (나)에서는 '요즘 청소년들은 이런 향토 음식에 대해 제대로 알고 있지 못하며 이에 관심을 가질 생각도 없'다는 문제 상황을 제시한 후, '그래서 나는~「향토 음식 요리 교실」'에 다니고 있다.'라며 '향토 음식에 관심'을 가짐이라는 해결 방안을 제시하여 향토 음식을 배우며 그 지역의 문화와 정신도 배웠음을 제시하고 있다.

오답설명

① (가)에는 대상에 대한 개념을 정의한 부분이 없다. 오히려 (나)에서 향토 음식의 개념을 정의하고 있다.

② (가)와 (나) 모두 자신의 체험이 지닌 한계에 대해 비판하고 있지 않다. 둘

다 자신의 체험을 긍정적으로 평가하고 있다.

④ (가)와 (나) 모두 자신의 의견과 타인의 의견을 대비하고 있지 않다.

⑤ (나)에는 '지난 달 우리 지역 고등학생을 대상으로 한 향토 음식 선호도 설문 조사가 활용되었지만, (가)에는 현상을 분석한 설문 자료가 활용되지 않았다.

35

정답설명

③ '향토 음식은 우리 전통을 이어 갈 소중한 유산 중 하나이다.'라는 문장은 (가)의 ⓐ(전통을 계승)와 관련하여 향토 음식의 가치를 제시한 것으로 볼 수 있다. 또한 뒤 문장에서는 '티끌 모아 태산'이라는 속담을 활용하여, (나)의 ⓑ(향토 음식에 관심)를 유도하고 있으므로 적절하다.

오답설명

① '향토 음식은 예로부터 전해 내려온 음식'이라는 부분은 (가)의 ⓐ와 관련하여 향토 음식의 가치를 제시한 것으로 볼 수 있다. 하지만 속담을 활용하여 ⓑ를 유도하고 있지 않다.

② '향토 음식은 우리 전통 문화의 정체성을 형성하는 기반이 될 수 있을 것이다.'라는 문장에서 향토 음식의 가치를 제시하고 있다. 하지만 '정체성을 형성'한다는 말은 '전통을 계승(조상의 전통이나 문화유산, 업적 따위를 물려받아 이어 나감.)'하는 것을 의미하지 않으므로 ⓐ와 관련이 없다. 또한 '향토 음식은 청소년의 관심이 없다면 사라질 수밖에 없다.'라는 문장은 (나)의 ⓑ를 유도하고 있다고 볼 수 있으나, 인용된 속담 '뚝배기보다 장맛'은 향토 음식의 가치를 제시하는 데 활용되었다.

④ (가)의 ⓐ와 관련하여 향토 음식의 가치를 제시하고 있는 부분을 찾을 수 없다. 또한 '우물가에서 숭늉 찾는다'라는 속담을 활용하고 있으나, 이를 통해 (나)의 ⓑ를 유도하고 있지는 않다.

⑤ (가)의 ⓐ와 관련하여 향토 음식의 가치를 제시하고 있는 부분을 찾을 수 없다. 또한 '다 된 밥에 재 뿌리는 격'이라는 속담을 활용하고는 있으나, 이를 통해 (나)의 ⓑ를 유도하고 있지는 않다.

36

정답설명

① ㉠의 앞문장에서 '향토 음식'이라고 하면 전통 음식을 떠올릴 것이라는 '향토 음식'에 대한 통념을 제시하고 있다. 이후 ㉠에서 전통 음식과 구별되는 향토 음식의 정확한 개념을 정의하는 것이 내용 전개상 자연스러우므로, 바로 뒤의 문장과 순서를 교체할 필요가 없다.

오답설명

② '그리고'는 비슷한 맥락의 내용이 이어질 때 사용되는 접속 부사이다. 하지만 앞에서 향토 음식에 대해 말한 후 뒤에서 향토 음식에 대한 무관심을 이야기하고 있으므로, 앞뒤 내용이 상반될 때 쓰는 접속 부사인 '그런데', '그러나' 등이 사용되는 것이 적절하다.

③ 글의 전체적인 흐름으로 보아, ㉢은 주제인 '향토 음식'과 관련이 없는 문장이므로 삭제하는 것이 적절하다.

④ '활기차다'는 '힘이 넘치고 생기가 가득하다.'라는 의미로 사용된다. 하지만

'담백한 맛'은 아무 맛이 없이 싱거운 맛을 의미하므로, '활기차다'보다는 '소박하다(꾸밈이나 거짓이 없고 수수하다.)'와 어울린다.

⑤ 해당 문장에서 전달하고자 하는 의미는 향토 음식에 대한 관심이 지역 공동체의 조화를 이루어 내는 데 도움이 된다는 내용이다. 따라서 '어떤 일에 끼어들어 관계함.'이라는 의미의 '참여'보다는 '도움이 되도록 이바지함.'이라는 의미의 '기여'가 어울린다.

문제분석 37-41번

번호	정답	정답률 (%)	선지별 선택비율(%)				
			①	②	③	④	⑤
37	②	90	1	90	2	4	3
38	③	92	2	1	92	1	4
39	④	93	2	1	3	93	1
40	⑤	96	1	1	1	1	96
41	③	96	1	1	96	1	1

37

정답설명

② (나)는 '청소년의 카페인 과다 섭취 실태'가 아닌, 카페인의 효과와 부작용으로 글을 시작하였다.

오답설명

① (나)는 ㉠(학교 신문을 읽을 학교 친구들)을 고려하여 예상 독자인 청소년에 초점을 맞추어 정보를 제시하고 있다.

③ (나)는 ㉢을 효과적으로 달성하기 위해, 2~3문단에서 신뢰할 수 있는 자료인 '식품의약품안전처'의 정보를 바탕으로 '청소년의 하루 카페인 섭취 허용량', '청소년들이 카페인을 주로 섭취하게 되는 식품'과 관련된 내용을 제시하였다.

④ (나)의 2문단 '청소년의 하루 카페인 섭취 허용량은 어느 정도일까?'에서 화제를 명료하게 드러내기 위해 질문의 방식을 활용하였다.

⑤ (나)의 4문단에서 일상생활의 예를 들어 독자들이 경험할 수 있는 구체적인 상황을 진술하였다.

38

정답설명

③ [A]에는, 청소년들이 일상생활에서 무심코 먹은 간식과 음료 때문에 자신도 모르는 사이에 카페인의 하루 섭취 허용량을 넘길 수 있다는 내용이 제시되어 있다. 〈보기〉의 '자료 해석'에서도 카페인 함유량을 확인할 수 없는 식품을 언급하였으므로, ③의 보완 방안이 가장 적절하다.

오답설명

① 〈보기〉의 자료는 액체 식품에 대한 내용만 제시되어 있으므로, '초콜릿이나 과자, 사탕 등에도 카페인이 들어 있다'는 내용을 뒷받침할 수 없다.

② 체중과 카페인 섭취량의 관계는 〈보기〉의 자료와 무관하다.

④ 포장 용기에 카페인 함유량이 표시되지 않은 액체 식품도 카페인 과다 섭취

의 원인이 될 수 있다. 따라서 [A]에서 이러한 식품을 권장하는 것은 적절하지 않다.

⑤ '포장 용기에 카페인 함유량이 표시되어 있지 않은 액체 식품에 들어 있는 카페인은 부작용을 일으키지 않는다는 주장'은 (나)와 〈보기〉와 관련이 없다.

39

정답설명

④ 1) 독자가 유의할 점 제시, 2) 대조법을 고려하면 된다. '하루에 섭취하는 각 식품에 함유된 카페인 양의 합이 하루 섭취 허용량을 넘지 않도록 유의해야 한다'에 글의 목적과 흐름에 맞는 독자가 유의할 점이 제시되어 있다. 또한 '부작용에 시달리는 것'과 '건강을 보호하는 것'을 대조하여 설득의 효과를 높이고 있다.

오답설명

① '초콜릿이나 과자, 사탕 등에 카페인이 들어 있다는 점에 유의해야 한다'에 독자가 유의할 점이 제시되어 있으나, 대조법이 쓰이지 않았다.

② '자신의 카페인 하루 섭취량이 하루 섭취 허용량을 넘기지 않도록 각별히 유의하여'에 독자가 유의할 점이 제시되어 있으나, 대조법이 쓰이지 않았다.

③ '자신에게 일어날 수 있는 부작용'에 대해 잘 아는 경우와 모르는 경우를 대조하고 있다. 그러나 '청소년과 성인에게 일어나는 카페인의 부작용이 어떻게 다른지 잘 알아야 한다'는, 글의 목적이 청소년의 카페인 과다 섭취를 막기 위한 것임을 고려했을 때 글의 흐름에 어긋난다.

⑤ '자신의 건강을 지키는 길과 어른 흉내를 내다가 부작용으로 고생하는 길'에서 대조의 방법을 사용하고 있다. 그러나 '청소년들이 무심코 성인들을 따라 하지 않도록 해야 한다'는 글의 흐름에 어긋난다.

40

정답설명

⑤ 2문단에서, 공간 디자이너가 되겠다는 꿈을 갖게 된 계기를 보여 주기 위해 자신에게 깊은 인상을 준 공간 디자인 작품 '피아노 계단'을 예로 들어 내용을 전개하고 있다.

오답설명

① 공간 디자이너와 다른 직업의 차이점을 대조하는 내용은 제시되지 않았다.

② 공간 디자이너가 하는 일의 어려움을 부각하기 위해 아이디어를 구체화하는 과정이 제시되지 않았다.

③ 공간 디자이너가 필요한 이유를 열거하여 제시하지 않았다.

④ 공간 디자인 작품의 미적 구성 원리를 분석한 부분이 제시되지 않았다.

41

정답설명

③ '원고 수정 요청 사항'에는 '직접 찾아가 본 공간 디자인 작품의 위치 정보를 제공할 것.'이 포함되어 있다. 하지만 '새롭게 디자인할 필요가 있는 공간의 위치 정보'는 이와 무관하므로 소개할 필요가 없다.

오답설명

① 글의 내용에 어울리는 제목을 선정하라는 요청을 고려하여, 공간 디자이너의 역할과 나의 꿈을 연결하는 제목을 제시하는 것은 적절한 수정이다.

② 피아노 계단을 이용하는 사람들의 모습이 담긴 사진은 글의 내용 이해에 도움이 되는 시각 자료이므로 적절한 수정이다.

④ 관련 영역의 책을 읽고 있다는 내용은 꿈을 이루기 위한 현재의 노력에 해당하므로 적절한 수정이다.

⑤ 진학 계획 수립에 도움이 될 만한 내용을 안내하라는 요청 사항을 반영하여, 진학 계획을 세울 때 도움을 얻었던 인터넷 사이트를 안내하는 것은 적절한 수정이다.

문제분석　42-47번

번호	정답	정답률 (%)	선지별 선택비율(%)				
			①	②	③	④	⑤
42	①	87	87	3	1	6	3
43	②	79	2	79	9	7	3
44	③	93	1	2	93	1	3
45	④	96	1	1	1	96	1
46	④	89	1	3	6	89	1
47	③	94	1	2	94	2	1

42

정답설명

① (가)를 보면 학생은 식재료에 붙어 있는 표시가 친환경 농산물 인증 표시라는 것을 이미 알고 있었고, 이에 대해 글을 쓰려 하고 있다. 즉 (가)에 제시된 학생의 배경 지식을 토대로 (나)를 쓰고 있으므로, '글쓰기 전부터 지니고 있었던 배경 지식은 배제한다.'라는 선지의 내용은 적절하지 않다.

오답설명

② (가)에서 친환경 농산물이 최근 사회적으로 주목받고 있음에도 이와 관련한 인증 표시에 대해 자신과 친구들이 잘 모른다는 점을 드러내며, 친환경 농산물 인증 표시에 대해 잘 모르는 사람들과 친구들에게 관련 정보를 알리기 위해 글을 쓴다고 하였다. 이를 통해 의미 있는 내용을 바탕으로 독자와 소통하려는 작문의 특성을 파악할 수 있다.

③ (나)의 마지막 문단에서 개인이 친환경 농산물 인증 표시의 종류와 분류 기준에 대해 바르게 알고 소비하는 것이 사회적으로 환경 보전과 건강에 대한 관심을 실천하는 길이라고 하였다. 이를 통해 글의 화제는 개인적 성격뿐만 아니라 사회적 성격도 지닌다는 작문의 특성을 확인할 수 있다.

④ (나)에서 친환경 농산물 인증 표시 그림을 제시하고 있다. 이를 통해 내용 전달의 효과를 높이기 위해 매체 자료를 활용하기도 한다는 작문의 특성을 확인할 수 있다.

⑤ (가)에서 학생은 슈퍼마켓에서 볼 수 있는 친환경 농산물 인증 표시에 대해 사람들이 잘 모르고 있다는 문제점을 해결하기 위해 정보를 전달하는 글을 작성하기로 하였다. 이를 고려할 때 작문이 일상생활에서 파악한 문제를 이해하고 해결하려는 특성을 가짐을 알 수 있다.

43

정답설명

② 해당 글의 목적은 친환경 농산물 인증 표시에 대해 잘 모르는 사람들과 친구들에게 관련 정보를 알리는 것이다. 이를 고려할 때 '친환경 농산물 소비가 느는 것에 비해 공급이 부족하다'는 설문 조사 결과는 글의 통일성을 해치므로, [A]에서는 이를 대신하여 친환경 농산물 인증 표시에 대한 소비자들의 인식이 부족하다는 문제를 거론하고 있다.

오답설명

① '친환경 농산물 인증 표시 제도의 도입은 환경 보전과 건강에 대한 사회적 관심이 높아진 데 따른 것'이라고 그 등장 배경을 설명하고 있다.

③ 인증 표시의 종류와 분류 기준은 글의 첫 문단이 아닌, (나)의 세 번째 문단에서 설명하고 있다.

④ [A]에서는 분류 기준만을 설명하고 있을 뿐, 심사 통과의 어려움에 대해서 언급하지는 않고 있다.

⑤ 마지막 문단에서 글쓰기 계획에 해당하는 '친환경 농산물 인증 표시의 종류와 분류 기준을 바르게 아는 것의 의의를 제시'하고 있을 뿐, 인증 표시 제도의 한계와 문제점, 이를 해결하기 위한 방안 마련의 필요성을 제시하지는 않았다.

44

정답설명

③ '그러나'와 '그런데'는 모두 앞의 내용과 상반되는 내용을 이끌 때 쓰는 접속 부사이다. 따라서 연결 관계를 수정하기 위해 바꿔 쓰는 단어로는 적절하지 않다. ⓒ의 앞뒤에서는 친환경 농산물 인증 표시의 세 종류 중 두 가지를 제시하고 있으므로, 같은 맥락에 더해 설명한다는 의미의 '또한', '그리고' 등을 사용하는 것이 적절하다.

오답설명

① ㉠의 주체는 '인증 표시'이다. 따라서 능동 표현인 '부착하다'가 아닌, 피동 표현 '부착되다'를 사용하는 것이 적절하다.

형태쌤의 과외시간

문장 성분의 호응에 신경 쓰자.

　문장 성분의 호응은 자주 출제되는 부분이다. 특히 '주어와 서술어의 호응'은 출제 빈도가 높으니 더 신경 써야 한다. 문장 성분 간 호응을 물어보면, 먼저 해당 문장에서 '주어'를 찾아서 빗금을 긋자. 문장 분석에서는 항상 주어 옆에 빗금을 그어 끊어 주는 습관이 필요하다.

② '나뉘어지다'는 '나누-+-이-+-어지다'로 분석된다. 이때 '-이-'와 '-어지다'는 모두 피동 표현이므로, 피동 표현이 불필요하게 중복된 것에 해당한다. 따라서 '나뉘다' 혹은 '나눠지다'로 수정하는 것이 적절하다.

④ '농약관리법에 따른 안전 사용 기준'이 부사어가 아닌 관형어로 기능하여 '1/2'을 수식하고 있으므로, 부사격 조사 '에'가 아닌 관형격 조사 '의'를 사용하는 것이 적절하다.

⑤ '실감하다'는 '실제로 체험하는 듯한 느낌을 받다.'라는 의미로 사용되므로, 해당 문맥에는 어울리지 않는다. '생각한 바를 실제로 행하다.'라는 의미로 사용되는 '실천하다'를 사용하는 것이 적절하다.

45

정답설명

④ 학생의 초고에서는 우리가 종자와 종자 산업의 중요성을 인식하지 못하여 경쟁력 있는 종자 기업 육성에 소홀했던 과거의 상황을 제시하고 있을 뿐, 과거의 정책을 제시하고 있지는 않다. 또한 과거의 정책과 자신이 내세운 대안을 비교하여 제시하고 있지도 않으므로 선지의 내용은 적절하지 않다.

학생들이 자주 묻는 질문

Q. ④가 왜 틀렸는지 이해가 안 됩니다. 3문단 마지막 부분의 '우리가 종자와~소홀했다는 데 있다.'가 과거 정책이 될 수 있지 않나요?

A. 이 글에서는 종자와 종자 산업의 중요성을 인식하지 못하여 경쟁력 있는 종자 기업 육성에 소홀했던 그동안의 모습을 제시하며, 국내 종자 기업을 정책적으로 지원하여 종자 개발에 뛰어난 능력을 갖춘 기업을 육성해야 한다는 주장을 드러내고 있다. '우리나라의 여러 종자 기업들이 외국 기업에 인수'되었다는 것과 '종자 기업 육성에 소홀했다'는 것은 과거의 정책이라고 볼 수 없다. **'정책'이란 나라에서 시행하는 제도를 의미**하는데, 우리나라의 여러 종자 기업들이 외국 기업에 인수되고, 경쟁력 있는 종자 기업 육성에 소홀했다는 것이 정책이 될 수는 없는 것이다. 해당 부분은 **과거 정책이 아니라, 과거의 상황**이라고 보는 것이 적절하다.

오답설명

① 1문단에서, 현재의 문제 상황을 드러내기 위해 국내 채소 종자 매출액의 50% 가량을 외국 기업이 차지하고 있다는 조사 결과를 사례로 제시하였다.
② 2문단에서 종자 문제가 식량 안보에 위협 요인으로 작용할 수 있음을 지적하였다.
③ 3문단에서 종자 문제가 발생한 원인을 분석하여 제시하였다.
⑤ 마지막 문단에서 종자 산업의 긍정적 전망을 제시하였다.

46

정답설명

④ (가)로부터 도출한 핵심 내용은, 국내 종자 기업의 종자 개발 기술력이 선진국보다 크게 뒤떨어져 있음에도 품종 개발에 대한 투자가 부족하다는 것이다. 또한 (나)에 드러난 현상이 시사하는 점은, 종자의 다양한 품종이 개발되어야 한다는 점이다. 따라서 다양한 종자의 개발을 위한 투자와 지원을 강화하자는 논지의 ④가 가장 적절하다.

오답설명

① (가), (나)를 통해 국내 종자 기업들의 해외 시장 개척이 중요하다는 논지를 이끌어 낼 수 없다.
② 투자와 지원을 통한 연구 개발 분야의 선진화는 (가)를 통해 이끌어 낼

수 있으나, 토종 종자로 단일화하여 보급하자는 것은 (나)와 상반되므로 적절하지 않다.
③ 품종의 다양성을 유지하자는 내용은 (나)를 구체화한 것으로 적절하나, 기업의 자립을 위한 유통망 구축은 (가)와 무관하다.
⑤ (가)로부터 도출한 핵심 내용은 국내 종자 기업의 종자 개발 기술력이 선진국보다 크게 뒤떨어져 있음에도 품종 개발에 대한 투자가 부족하다는 것이지, 해외 종자 기업과 대등하게 경쟁할 수 있는 우수한 종자 기업을 육성하자는 것이 아니다. 또한 토종 종자보다 외래 종자를 활용하자는 내용도 (나)와 어긋나는 내용이므로 적절하지 않다.

47

정답설명

③ 우리나라 종자 시장을 외국에 개방하여 얻은 경제적 이익 현황은 초고에 제시되어 있지 않으므로 적절하지 않은 계획이다.

오답설명

① 초고에서는 자급률이 낮은 우리나라 종자 문제를 제시하며 정책적 지원을 통해 종자 산업을 발전시켜 나가야 함을 주장하고 있다. 따라서 '우리나라 종자 산업의 문제점과 해결 방향'이라는 화제를 명시적으로 언급하면 청중의 이해를 도울 수 있다.
② 청중에게 화제와 관련된 질문을 던지는 방식을 활용하면 관심과 참여를 유도할 수 있다.
④ 전문가가 정보를 전달하는 동영상 자료를 제시하면, 청중에게 발표 내용을 생생하게 전달할 수 있다.
⑤ 식량 안보의 문제가 우리 삶과 직결된다는 점을 강조함으로써, 화제와 청중의 관련성을 부각할 수 있다.

문제분석 **48-52번**

번호	정답	정답률 (%)	선지별 선택비율(%)				
			①	②	③	④	⑤
48	⑤	92	2	1	4	1	92
49	④	96	1	1	1	96	1
50	⑤	95	1	1	2	1	95
51	②	95	1	95	2	1	1
52	③	93	2	3	93	1	1

48

정답설명

⑤ (나)의 조건은 1) **메모한 내용 세 가지를 모두 반영할 것**, 2) **비유를 활용할 것**이다. 해당 선지는 '오리 토끼' 그림, 학문 탐구에 있어 선입견의 위험성, 대상에 대한 다양한 관점을 갖는 것의 중요성에 대해 모두 언급하였다. 또한 선입견을 '자기의 생각을 자신이 만든 동굴 속에 가두는 것'에 비유하였으므로, (나)에서 언급한 모든 조건을 갖추었음을 알 수 있다.

오답설명

① 스스로를 '우물 안 개구리'에 비유하였고, '다양한 전공을 경험해 봐야' 한다는 것을 대상에 대한 다양한 관점을 갖는 것의 중요성에 대해 언급한 것으로 볼 수 있다. 하지만 '오리 토끼' 그림에 대해 언급하고 있지 않으며, 학문 탐구에서 선입견의 위험성에 대해서도 언급하고 있지 않다.

② '오리 토끼' 그림에 대해 언급하였고, 친구들의 다양한 관점을 이해하지 못했던 것에 대해 부끄러움을 느끼고 있으므로 대상에 대한 다양한 관점을 갖는 것의 중요성에 대해 언급한 것으로 볼 수 있다. 하지만 학문 탐구에서 선입견의 위험성에 대해서 언급하지 않았고, 비유적 표현도 사용하지 않았다.

③ '오리 토끼' 그림에 대해 언급하였고, 학문 탐구에서 선입견의 위험성에 대해서도 언급하고 있다. 또한 주관이나 선입견에 얽매여 좋지 않게 보는 태도를 비유적으로 이르는 말인 '색안경'이라는 단어를 사용하고 있다. 하지만 대상에 대한 다양한 관점을 갖는 것의 중요성에 대해서는 언급하지 않았다.

④ '오리 토끼' 그림에 대해 언급하였고, 대상에 대한 다양한 관점을 갖는 것의 중요성에 대해 이야기하고 있다. 하지만 학문 탐구에서 선입견의 위험성에 대해서 언급하지 않았고, 비유적 표현도 사용하지 않았다.

49

정답설명

④ ㄹ(체험과 관련하여 대학 측에 바라는 점)은 '학생 2'의 글에 제시되지 않았다.

오답설명

① 1문단에서 '전공 선택에 도움을 얻고자' 체험 활동에 참가하게 되었다며 동기를 밝히고 있다.

② 2문단에서 전공 체험 내용을 '오전'과 '점심 식사를 마친 후'로 나누어 시간의 순서에 따라 전개하고 있다.

③ 2문단에서 체험을 통해, 글을 잘 쓰려면 체계적인 분석력, 논리적인 사고력, 창의적인 표현 능력이 필요하다는 것을 깨달았다고 밝히고 있다.

⑤ 3문단에서 전공 체험 교실이 매우 의미 있는 경험이었다는 것을 밝히고, 전공 선택 문제로 고민하는 학생들에게 기회가 된다면 전공 체험 교실에 꼭 참여해 볼 것을 권하며 글을 끝맺었다.

50

정답설명

⑤ '협동 작문 과제의 초고'에 '요리 프로그램에 심취할수록 사람들이 직접 요리를 하지 않게 된다'는 내용은 제시되어 있지 않다.

오답설명

① 2문단에서 '요리와 요리법에 대한 다양한 정보의 제공'을 요리 프로그램의 인기 이유로 제시하고 있다.

② 2문단에서 '요리 행위의 친숙함'을 요리 프로그램의 인기 이유로 제시하고 있다.

③ 2문단에서 '요리라는 소재가 가지는 매력'을 요리 프로그램의 인기 이유로 제시하고 있다.

④ 3문단에서 요리 프로그램의 인기가 높아지면서 나타나는 부정적 영향으로 '요리 프로그램이 점차 상업화되어 가고 있다'는 점을 제시하였다.

51

정답설명

② 1문단의 '대중들의 대중매체에 대한 의존성이 높아졌음'은 글의 중심 소재인 텔레비전 요리 프로그램과 관련이 없다. 이는 통일성을 해치는 문장이므로 중심 소재를 고려하여 '텔레비전 요리 프로그램에 대한 관심이 높아졌음'으로 수정하는 것이 적절하다.

오답설명

① 글의 중심 소재는 '요리 관련 서적'이 아닌, '텔레비전 요리 프로그램'이다. 따라서 글의 도입부에서 중심 소재와 관련이 적은 요리 관련 서적의 판매량에 대해 언급하는 것은 적절하지 않다.

③ 글의 중심 소재는 '텔레비전 요리 프로그램'이므로, 갑자기 '다양한 체험 프로그램'을 제시하는 것은 적절하지 않다. 앞에서 텔레비전 요리 프로그램에 대한 대중들의 관심이 높아졌다고 언급하였으므로, 이러한 높은 관심을 반영하여 방송가에서 다양한 요리 프로그램을 선보이고 있다고 전개하는 것이 적절하다.

④ 글의 주제는 '텔레비전 요리 프로그램의 인기 이유와 그에 따른 부정적 영향'이다. 뒤에서 요리 프로그램이 인기를 끄는 세 가지 이유를 제시하고 있으므로 '요리 프로그램이 인기를 끄는 이유'에 대해 살핀다고 서술하는 것이 맞다. 따라서 '요리 프로그램의 구성 방식'으로 수정할 필요가 있다는 선지의 내용은 적절하지 않다.

⑤ 글의 주제는 '텔레비전 요리 프로그램의 인기 이유와 그에 따른 부정적 영향'이다. 뒤에서 요리 프로그램의 인기가 높아지면서 나타나는 부정적 영향 두 가지를 제시하고 있으므로 '부정적 영향'에 대해 살핀다고 서술하는 것이 맞다. 따라서 '그에 따라 발생하는 긍정적 영향으로 수정할 필요가 있다는 선지의 내용은 적절하지 않다.

52

정답설명

③ ㄴ에서 요구한 것은 본문에서 언급한 내용 중 1) **'인기 이유'**와 2) **'부정적 영향'**을 요약하여 제시하는 것이다. 앞 문장에서 '인기 이유'를 요약하여 제시하였으므로, [A]에서는 '부정적 영향'을 요약하여 제시하면 된다. 본문에서 언급한 부정적 영향은 '요리 프로그램이 점차 상업화되어 가고 있다'는 점과 '방송 프로그램의 다양성이 점차 줄어들고 있다'는 점이다.

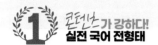
오답설명

① 해당 문장은 '부정적 영향'에 대해 제시하지 않았으므로 적절하지 않다.

② 본문에서 요리 프로그램이 시청률을 높이기 위해 선정적이고 자극적인 정보만 제시한다고 언급하지 않았으므로 조건에 해당되지 않는다.

④ 해당 문장은 '인기 이유'에 대해 제시한 것으로, 이 문장이 [A]에 들어가게 되면 '부정적 영향'에 대해서는 제시하지 않는 것이 된다. 또한 1인 가구의 증가로 인하여 요리 프로그램을 통해 위안을 얻는 사람들이 늘고 있다는 점은 본문에서 인기 요인으로 제시되지 않은 것이므로, 앞서 언급한 내용을 요약한 것으로 볼 수 없다.

⑤ 요리를 통해 인간의 소비 욕구를 자극한다는 점에서 관련된 요리 산업의 확대에도 영향을 준다는 것은 요리 프로그램의 인기가 높아지면서 나타나는 부정적 영향으로 볼 수 없으며, 본문에 언급되어 있지도 않다.

문제분석 **53-57번**

번호	정답	정답률 (%)	선지별 선택비율(%)				
			①	②	③	④	⑤
53	③	93	1	2	93	2	2
54	⑤	89	1	4	3	3	89
55	③	80	2	1	80	15	2
56	②	95	2	95	1	1	1
57	③	95	2	1	95	1	1

53

정답설명

③ (가)에서 본론 3에 해결책을 제시한다는 계획을 세웠다. 그러나 (다)의 4문단에서는 문화재 반환에 관련된 국제 규범 제정에 참여하는 것이 아니라, 국민들의 이해와 관심을 위해 '문화재 반환과 관련된 국제 규범을 담은 홍보 프로그램을 개발'하는 것을 해결책으로 제시하여 '본론'을 구체화하였다.

오답설명

① (가)에서 서론에 국외 문화재 환수와 관련된 최근 사례를 제시한다는 계획을 세웠다. (다)의 1문단에서는 최근 사례로 덕종어보 환수를 언급하며 내용을 구체화하였다.

② (가)에서 본론 2에 국외 문화재 환수가 어려운 원인을 살펴본다는 계획을 세웠다. (다)의 3문단에서는 국외 문화재 환수가 어려운 원인을 대외적/대내적으로 나누어 각각 '상대국이 자발적으로 반환하려고 하지 않는다는 점', '국외 문화재에 대한 국민들의 관심과 이해가 부족하다는 점'을 제시하고 있다.

④ (가)에서 본론 3에 해결책을 제시한다는 계획을 세웠다. (다)의 4문단에서는 '민간단체를 통한 기증과 같은 방식을 활용하는, 정부와 국내 민간단체의 상호 협력 전략이 필요하다'고 하였으므로 적절하다.

⑤ (가)에서 결론에 논의를 종합하고 기대 효과를 제시한다는 계획을 세웠다. (다)의 마지막 문단에서는 본론에서 제시한 해결책을 정리한 후 이를 통해 국외 문화재의 효과적 환수가 가능함을 기대 효과로 언급하고 있다.

54

정답설명

⑤ **㉠에는 국외 문화재의 환수 현황이 좋지 않음을 보여 주는 자료가 제시되어야 한다.** 그래프에 따르면 파악된 국외 문화재의 수량이 약 14만 점에서 15만 5천 점 가량으로 증가하였지만, 그에 반해 환수된 국외 문화재의 수량은 큰 폭으로 증가하지 않았음을 알 수 있다. 이는 파악된 국외 문화재의 수량에 비해 환수된 국외 문화재의 비율이 높지 않음을 나타내어 국외 문화재의 환수 현황이 좋지 않음을 드러내 준다.

오답설명

① 국외 문화재가 어디에 분포하고 있는지를 파악한 현황만으로는 국외 문화재의 환수 현황을 확인할 수 없다.

② 국외 문화재가 주로 정부 주도로 환수된다는 점을 통해 국외 문화재의 환수 현황이 좋지 않음을 알 수는 없다.

③ 그래프에서 민간 주도로 환수된 문화재의 수량을 보면 정부 주도보다 증가 폭이 크지 않은 것은 알 수 있으나, 이를 통해 국외에 남아 있는 수량이 증가했는지를 알 수는 없다. 또한 국외 문화재의 환수 현황은 실제로 남아 있는 수량과는 무관하다.

④ 해당 그래프에서 '국외 문화재 파악 현황'이 제시되고 있으므로, 문화재의 소재 파악이 어렵다는 것은 자료 해석을 잘못한 것이다. 또한 '환수된 국외 문화재의 수량 변화'와 '문화재의 소재 파악' 사이에는 어떠한 상관관계를 찾기 어렵다.

55

정답설명

③ 〈보기〉는 국외 문화재를 환수하는 데 들어가는 비용과 보관과 관리에 들어가는 비용을 고려하면 국외 문화재를 꼭 환수할 필요가 없다고 주장하고 있다. 이러한 입장을 가진 사람들을 설득하기 위해 문화재는 비용을 떠나 꼭 환수할 만한 가치가 있음을 강조하는 것은 적절하다.

오답설명

① 국외 문화재 환수 비용 내역을 추가하여 국외 문화재 환수가 어려움을 부각하는 것은 〈보기〉와 같은 입장에 해당하므로 (다)를 보완하는 내용으로 적절하지 않다.

② 문화재가 인류 공동의 재산이라면 굳이 국내로 들어와야 한다는 논지가 성립하지 않는다. 또한 국외 문화재를 통해 우리나라를 알리기 위해서는 문화재가 국내보다 국외에 있는 것이 더 타당하므로 (다)를 보완하는 내용으로 적절하지 않다.

④ 적은 비용으로 국외 문화재 환수에 성공한 사례를 제시하는 것은 막대한 비용을 감수하고 국외 문화재를 꼭 환수해야 하는지에 대해 의문을 가지고 있는 사람들을 설득하는 방안처럼 보인다. 하지만 이는 〈보기〉의 조건을 제대로 보지 못한 것이다. 비용에는 환수 비용만 있는 것이 아니라 보관과 관리 비용도 있다. 따라서 적은 비용으로 환수를 하더라도 보관과 관리 비용은 막대하게 나올 수 있으므로, 설득을 위한 방안이 될 수 없다.

학생들이 자주 묻는 질문

Q. ④도 가능한 것 같은데 왜 안 되는 건가요?
A. 아주 매력적인 오답 선지이다. 〈보기〉에서는 '(1) 국외 문화재 환수 비용'과 '(2) 국외 문화재의 보관 및 관리 비용'을 근거로 반대하고 있으나, 선지에서는 두 개 중 한 개에만 초점을 맞추어 서술하고 있다. 즉, ④는 (1)에만 초점을 맞추고 있다는 점에서 문제가 있는 것이다. 또한 '국외 문화재가 경제적 가치 창출과 직결될 수 있다'는 것도 논지에 어울리지 않으므로, 적절한 반론이라고 볼 수 없다.

⑤ 〈보기〉의 논지는 많은 비용을 들여 국외 문화재를 꼭 환수해야 하는가이다. 해당 선지의 내용은 〈보기〉에서 이야기하는 비용 문제에 대해 언급하지 않고 있으므로, 〈보기〉를 설득하기 위한 근거로는 부적절하다.

56

정답설명

② 어렸을 적 할아버지께서 하셨던 말씀의 의미를 완전히 알지 못했었다고 언급한 후, 봉사 활동을 통해 과거에 할아버지께서 하셨던 말씀의 의미를 깨닫게 되었다고 하였다. 이는 과거와 현재를 연결하여 '나눔을 실천'해야겠다는 주제를 심화하고 있는 것이다.

오답설명

① 할아버지께서 말씀하신 ㉠이 개성적 의미를 가진다고 보기 어렵다. '감-까치밥'이라는 특정 상황에서 기인한 말이지만, 결국 사람 사는 것이라는 보편적 삶에 대해 말하고 있는 것이기 때문이다.
③ ㉠과 ㉡을 문제와 해결 방안의 관계로 볼 수 없다.
④ ㉡을 물질적 가치를 중시하는 말로 볼 수 없다. 나눔에 대한 깨달음을 나타내고 있기 때문이다.
⑤ ㉠을 이성적으로 설명하는 말로 볼 수 없고, ㉡ 역시 감성적으로 호소하는 말로 볼 수 없다.

57

정답설명

③ '그렇게 불편하신 몸'이라는 구절은 앞에서 몸이 어떻게, 혹은 얼마나 불편한지에 대한 정보가 나와 있어야 성립된다. 앞에서 할머니께서 다리가 불편하시다는 정보를 언급하고 있으므로, 앞의 문장과 순서를 바꾸는 것은 적절하지 않다.

오답설명

① ⓐ를 기준으로 앞부분에는 어릴 때 할아버지와의 일화가 제시되어 있고, 뒷부분에는 혼자 사시는 할머니를 찾아뵌 일화가 제시되어 있다. 두 내용은 크게 긴밀하지 않으므로 글의 구성을 자연스럽게 하기 위해 ⓐ에서 문단을 나누는 것이 바람직하다.
② 앞에서 '하루에 한 끼도 제대로 해결하지 못하는 어르신들의 사연을 들었다.'라는 내용이 나오고, 뒤에서 '혼자 사시는 어르신들을 위해 식사를 준비하여 전해 드리기로 했다.'라는 내용이 나오므로, 역접이 아닌 인과의 접속

부사 '그래서'를 사용하는 것이 적절하다.
④ '거부'는 요구나 제의 따위를 부정적으로 판단하여 받아들이지 않고 물리치는 강한 거절을 의미한다. 할머니는 '우리'를 부정적으로 판단하지 않고 말벗을 해 준 것에 대해 '최고의 선물'이라고 이야기하셨으므로 '겸손하여 받지 아니하거나 응하지 아니함.'이라는 의미를 나타내는 '사양'이라는 단어를 사용하는 것이 적절하다.
⑤ 소감문에서는 '나눔'을 통해 느끼는 기쁨을 이야기하고 있으므로 부모님의 노후를 책임지려는 가족의 의무감, 효 의식의 중요성에 대한 내용은 글의 통일성을 저해한다. 따라서 삭제하는 것이 적절하다.

문제분석   58-62번

번호	정답	정답률 (%)	선지별 선택비율(%)				
			①	②	③	④	⑤
58	③	96	1	1	96	1	1
59	②	92	1	92	5	1	1
60	②	79	1	79	11	8	1
61	④	95	1	1	2	95	1
62	⑤	92	4	1	2	1	92

58

정답설명

③ 친구와 만나기로 한 날, 비가 왔을 때의 학생의 상반된 태도에 대해 언급하면서 긍정적 마음과 관련된 개인적 경험을 제시하고 있다. 또한 교훈적 성격을 가진 두 농부의 일화를 자신의 깨달음과 연결하였으므로 적절하다.

오답설명

① 긍정적 마음이 갖는 사회적 의의를 제시하지도, 그것의 전통적 의미와 현대적 의미를 대조하지도 않았다.
② 긍정적 마음에 대한 다양한 관점을 제시하지도, 긍정적 마음이 갖는 장점을 병렬적으로 나열하지도 않았다.
④ 긍정적 마음이 생활에 도움이 되는 사례를 제시하지 않았으며, 바람직한 생활 태도를 담은 가족의 조언도 드러나지 않는다.
⑤ 긍정적 마음이 갖는 실용적 가치를 제시하지 않았고, 긍정적 마음을 행동으로 실천하는 과정을 단계적으로 나누지도 않았다.

59

정답설명

② 3문단의 내용을 볼 때, 글의 핵심 주제는 '내가 내 앞에 놓인 상황을 긍정의 마음으로 바라보고자 노력한다면 내 생활에 생기가 돌게 된다는 것을 알게 되었다.'라는 마지막 문장이다. 이를 '긍정의 거름', '활력(생기)의 나무'라는 구 형태의 은유법을 통해 비유적으로 표현하였으므로, 선지의 내용은 적절하다.

오답설명

① '긍정'을 '비'로, '용서'를 '꽃'으로 비유하였으나, 해당 글은 '용서'라는 단어와는 관련이 없다.

③ 글에서 내 마음에 긍정의 농부와 부정의 농부가 살고 있다고 언급한 것은 맞으나, 이를 글의 핵심적인 요지라고 볼 수 없다. 부정보다는 긍정의 삶을 살기로 다짐하고 있으므로 이와 관련된 선지를 골랐어야 한다.

④ '친구'에 대한 이야기가 1문단에 언급되어 있지만, 이는 핵심 주제를 이끌어 내기 위해 제시된 것이므로 핵심 내용이 아니다. 또한 비유적 표현이 사용되지도 않았다.

⑤ 긍정의 자세가 필요하다는 것은 글의 핵심 내용과 관련이 있다고 볼 수 있지만, 그것이 이웃과 소통하는 삶을 위해 필요하다는 내용은 찾을 수 없다. 또한 비유적 표현이 사용되지도 않았다.

형태쌤의 과외시간

'비유'는 보조 관념에 빗대어 원관념을 표현하는 것이다. 대표적으로 직유법과 은유법이 있다.

① **직유** (호수 같은 내 마음)
원관념과 보조 관념이 선명하게 드러난다.
일반적으로 '~처럼, ~양, ~듯, ~같이' 등과 같은 표지가 사용된다.

② **은유**
마음 = 원관념
호수 = 보조 관념

문장 형태의 은유 (a는 b다) = 내 마음은 호수요
구 형태의 은유 (a의 b) = 마음의 호수
단어 형태의 은유 (b) = 호수

※ 여기서 잠깐!

단어 형태의 은유는 단어 하나만 써야 한다. '내 마음은 호수요'를 단어 형태의 은유로 나타낸다면 '마음'을 써야 할까, '호수'를 써야 할까? '비유'의 개념을 다시 떠올려 보자. '보조 관념에 빗대어' 표현하는 것이 비유의 핵심이다. 따라서 단어 형태의 은유라면 '보조 관념'의 단어 하나(호수)만 제시하면 된다. 단어 형태의 은유는 시에서 많이 나오니 기억해 두자.

※ 의인법과 활유법도 비유에 포함된다.

60

정답설명

② (가)에서 알 수 있듯 글을 쓰는 목적은 우리 학교 학생들의 인터넷 정보 이용 실태를 조사하여 문제의 심각성을 알리고자 함이다. 이를 위해 (나)의 첫째 단락에서 '인터넷 정보의 신뢰성 평가 여부, 인터넷 정보의 이용 방식 등 네 가지'의 설문 조사 항목으로 구성된 설문 조사를 실시했음을 밝히고 있다.

오답설명

① (가)에서 알 수 있듯 학생들이 교지의 주요 독자층인 것은 맞다. 하지만 독자들의 이해를 돕기 위해 인터넷 정보 기술에 관련된 어려운 용어들을 정의해 주지는 않았다.

③ 우리 학교 학생들의 인터넷 정보 이용 실태 조사 결과를 둘째 단락에 인용하였고, 이를 바탕으로 셋째 단락에서 학생들이 인터넷 정보를 무비판적으로 수용한다는 문제점을 진단한 것은 맞다. 하지만 이에 대해 '조치가 강구될 필요가 있다.'라고 했을 뿐, 구체적인 해결 방안을 나열하지 않았다.

④ 우리 학교 학생들의 인터넷 정보 이용 실태를 객관적으로 전달하기 위해 글의 둘째 단락에서 설문 조사 결과의 구체적인 수치들을 인용하였다. 하지만 인터뷰 내용을 인용하지는 않았다.

⑤ 마지막 단락에서 우리 학교 학생들이 인터넷 정보를 무비판적으로 이용하고 있음을 언급한 것은 맞으나, 그 심각성을 강조하기 위해 대조와 가정의 방식을 활용하지는 않았다.

61

정답설명

④ 〈보기〉의 설문 조사 결과 ②의 내용을 바탕으로 할 때, 학생들이 인터넷 정보의 신뢰성 평가를 하지 않는 가장 큰 이유는 '평가 방법을 몰라서'나 '필요성을 못 느껴서'가 아닌 '인터넷 정보를 대체로 사실이라 생각해서'이다.

형태쌤의 과외시간

[자료를 단순화하는 방법]
자료는 1) 글 2) 표, 그래프로 나눌 수 있다.

1) 글은 문제 현상, 문제의 원인, 문제의 해결에 관련된 경우가 상당히 많다. 국내 현상에 대한 문제가 나오고 선진국 사례를 해결 방향으로 제시하는 경우가 있다. 또한 교수나 전문가는 대부분 문제의 원인이나 해결 방안을 이야기하며, 신문 기사는 문제 상황에 대한 내용으로 제시되는 경우가 많다.
이렇게 다양한 자료를 보고, 자료가 말하고자 하는 것이 '문제'인지 '원인'인지 '해결'인지를 찾는 것이 단순화 작업이다.

2) 표와 그래프에서는 최댓값과 증감을 찾으면 된다. 표 자료가 나왔다면, 최댓값에 동그라미 표시를 해 두자. 표를 통해 말하고자 하는 것은 대부분 최댓값이다. 자잘한 숫자에 집착하지 말고 표는 최댓값을 확인하고 증감 여부를 체크해라.
그래프에서 가장 중요한 것은 x축과 y축의 값이다. 그 값을 정확히 잡아야 그래프를 오독하지 않는다.
표에서 최댓값을, 그래프에서 x, y축을 파악하였다면 이후에는 증감(증가와 감소)을 신경 쓰면 된다.

오답설명

① 설문 조사 결과 ①은 학생들의 대다수가 '인터넷 정보'를 신뢰하지 않는 것이 아니라 '인터넷 정보의 신뢰성'을 평가하지 않는다는 것을 나타내고 있으므로, '인터넷 정보의 신뢰성을 평가하지 않는다'로 수정하는 것이 적절하다.

② 설문 조사 결과 ②에서 '인터넷 정보를 대체로 사실이라 생각해서'라고 응답한 학생은 54%, '평가 방법을 몰라서'라고 응답한 학생은 23%이므로 둘을 합산하면 73%가 아닌 77%이다.

II . 작문   85

③ '매우 높다', '드물다'의 구체적인 수치를 밝혀야 정보를 객관적으로 전달할 수 있다. 따라서 각각 설문 조사 결과 ①, ③을 참고할 때 ⓒ는 '77%'임을, ⓓ는 '4%'임을 밝혀 구체적으로 전달하는 것이 적절하다.

⑤ '정보 이용 목적에 따라 인터넷 정보를 선별한 뒤 활용한다.'라고 답한 학생들 이외에 '검색한 인터넷 정보를 그대로 활용한다.'라고 답한 학생이 77%, 기타 의견이 5%이다. ⓕ와 같이 진술하는 것은 기타 의견을 고려하지 않은 것이므로 각각의 항목과 그에 맞는 수치를 제시해야 한다.

62

정답설명

⑤ '태도 형성을'은 ⑩의 목적어가 아닌 '위하다(위한)'의 목적어이다. ⑩의 주체는 '조치'이므로, 능동 표현인 '강구하다'가 아닌 피동 표현인 '강구되다'를 쓰는 것이 적절하다.

오답설명

① '적극적'은 '대상에 대한 태도가 긍정적이고 능동적인 것'을 의미한다. 따라서 '이용'은 '적극적이다'의 주체가 될 수 없다. 해당 서술어에 대응되는 주체는 '현대의 청소년들'이며, ㉠은 부사어 '이용에'가 들어가는 것이 적절하다.

② '-므로'는 '-기 때문에'란 까닭의 의미를 나타내고, '-ㅁ으로(써)'는 '-는 것으로(써)'라는 수단 또는 방법의 의미를 나타낸다. ㉡은 바다이기 때문에라는 까닭의 의미를 드러내므로 '바다임으로'가 아닌 '바다이므로'로 수정하는 것이 적절하다.

③ 학생들이 자신의 이용 목적에 부합하는 정보를 선별하여 활용하고 있는지를 '알아보기 위해' 설문 조사를 실시한 것이므로, '알아보려면'이 아니라 '알아보려고'로 수정하는 것이 적절하다.

④ ㉣의 주체인 '우리 학교 학생 대다수'가 누군가에게 인터넷 정보를 수용시키는 것이 아니라 스스로 수용하는 것이므로, 사동 표현인 '수용시키다'가 아닌 주동 표현인 '수용하다'로 수정하는 것이 적절하다.

문제분석 63-67번

번호	정답	정답률(%)	선지별 선택비율(%)				
			①	②	③	④	⑤
63	②	93	2	93	3	1	1
64	⑤	96	1	1	1	1	96
65	③	94	1	1	94	1	3
66	④	96	1	1	1	96	1
67	③	96	1	1	96	1	1

63

정답설명

② 학생의 초고에서는 '오작교'라는 이름에서 '도움 오작교' 제도를 착안하였다는 내용을 찾아볼 수 없다.

오답설명

① 1문단에서 교내에서 학생들이 서로 도움을 나눌 수 있도록 연결해 주는 '도움 오작교' 제도의 도입을 학생회에 제안하고자 한다는 글의 목적을 밝히고 있다.

③ 2문단에서 학생회에서는 홈페이지에 '도와줄게요'와 '도와줘요' 게시판을 개설해야 하고, 도움을 줄 수 있는 학생은 '도와줄게요'에, 도움이 필요한 학생은 '도와줘요'에 도움의 내용을 등록해야 함을 제시하였다.

④ 3문단에서 학생회에서는 학생들이 자기가 도와줄 수 있는 일을 등록할 때, 반드시 도움을 받고 싶은 일도 함께 등록하게 해야 한다는 유의점을 언급하고 있다.

⑤ 4문단에서 '도움 오작교' 제도를 통해 학생들은 자신이 누군가에게 도움이 됨을 느낌으로써 자존감을 높일 수 있고, 친구들과 도움을 주고받으며 서로 간의 관계를 더욱 돈독히 할 수 있을 것이라는 기대 효과를 언급하고 있다.

 형태쌤의 과외시간

글쓰기 계획과 계획에 따라 쓴 글을 제시하고 계획이 잘 지켜졌는지 확인하는 유형이다.

비문학에서 내용 일치 문제를 풀 때, 선지를 먼저 보고 지문으로 가는 학생들이 있다. 선지에 있는 특정 키워드를 보면서 지문과 비교하며 읽어가는 학생들인데, 비문학에서는 피해야 하는 독해법이다. 지문이 길거나 내용이 어렵다면 지문과 선지를 오가는 동안 글의 긴밀한 흐름이나 방향을 놓칠 수 있기 때문이다. 따라서 비문학에서는 절대 그렇게 독해하지 말라고 이야기 한다.

하지만 화작 글쓰기 계획 파트라면 이야기가 다르다. 이러한 유형에서는 선지의 키워드를 가지고 지문과 비교하며 읽는 것이 좋다. 제시되는 지문이 짧고 쉽기 때문이다. 글쓰기 계획이나 선지에서 제시된 내용들이 글에 제대로 반영되었는지 선지와 지문을 하나하나 확인해 가면서 풀면 된다.

64

정답설명

⑤ [학생의 초고]에 따르면, '도움 오작교' 제도 시행 상의 유의점은 '학생회에서는 학생들이 자기가 도와줄 수 있는 일을 등록할 때, 반드시 도움을 받고 싶은 일도 함께 등록하게 해야 한다는 것'이다. 이는 '학생들에게 과도하게 의무를 부여하게 되면 참여율이 낮아질 수 있다.'는 내용과 거리가 멀다. 또한 (나)와 (다)에서 학생들에게 과도하게 의무를 부여하게 되면 참여율이 낮아질 수 있다는 내용은 찾아볼 수 없다.

오답설명

① (가)에 제시된 K군의 말을 통해 학생들이 교내의 친구들과 도움을 주고받는 기회를 원한다는 것을 알 수 있다.

② 이웃 고등학교에서 서로 도움을 나눌 수 있는 제도를 도입한 이후 학생들 간의 도움 나누기가 매우 활발하게 이루어지고 있다는 (나)의 내용을 제도의 도입이 필요하다는 주장의 근거로 사용할 수 있다.

③ 수행할 역할이 있다는 것을 인식했을 때 소속감을 느끼고 공동체의 구성원으로 보람된 생활을 할 수 있게 된다는 (다)의 내용을 통해 학교에 대한 학생들의 소속감이 더 높아질 수 있다는 내용을 추가할 수 있다.

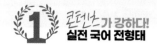
④ (나)에서 이웃 학교의 성공 사례를 확인할 수 있고 (가)에서 우리 학교 학생들도 교내의 친구들과 도움을 주고받는 기회를 원한다는 것을 알 수 있으므로, 이를 활용해 '도움 오작교' 제도가 우리 학교에 정착될 가능성이 높다는 것을 추가적으로 언급할 수 있다.

65

정답설명

③ 〈보기〉에서 요구한 조건은 1) **주장을 강조**하고, 2) **관련된 전망을 제시**하며 제안 내용을 분명하게 드러내는 것이다. "학생회는 '도움 오작교' 제도를 적극적으로 도입하고 학생들의 참여를 유도해야 한다."와 같이 주장을 강조하는 문장으로 제안 내용을 분명하게 드러내고 있으며, '이 제도가 정착되면 서로 도움을 주고받는 활동이 활발하게 이루어질 것으로 기대한다.'라며 관련된 전망을 제시하고 있으므로 적절하다.

오답설명

① "학생회는 빠른 시일 내에 '도움 오작교' 제도를 도입해야 한다."를 주장을 강조하는 문장이라고 볼 수 있겠으나, 관련된 전망을 제시하지 않았다.

② '도움 오작교' 제도를 도입하는 것이 글의 주제이므로, 학생회가 학교의 구성원들에게 '도움 오작교' 제도 시행에 협조해 줄 것을 요청해야 한다는 내용은 제안하는 내용을 분명하게 드러내는 것으로 볼 수 없다. 또한 관련된 전망도 제시되지 않았다.

④ '도움 오작교' 제도를 도입하는 것이 글의 주제이므로, 제도가 아직 도입이 되지 않은 상태임을 알 수 있다. 따라서 '도움 오작교' 제도의 연결 횟수가 지금보다 늘어나게 해야 한다는 내용은 '주장을 강조'하는 것으로 적절하지 않다. 한편, 관련된 전망은 '이렇게 될 때 학생들은 의미 있는 삶을 누릴 수 있게 된다.'로 제시되었다.

⑤ 학생은 '도움 오작교' 제도 도입을 주장하고 있고, 글에서 반대의 의견을 언급하지 않았으므로 찬성과 반대의 의견에 모두 귀를 기울여야 한다는 내용은 '주장을 강조'하는 것으로 적절하지 않다. 한편, 관련된 전망은 '학생회가 이러한 역할을 수행할 때 우리의 학교생활이 행복해질 수 있으리라 생각한다.'로 제시되었다.

66

정답설명

④ '가을'의 소재로부터 가을 아침에 경험했던 것과 느낀 것에 대해 이야기하고 있을 뿐, 아름다움을 위해서는 인내가 필요함을 깨달았다는 내용을 언급하고 있지는 않다.

오답설명

① 1문단에서 곁을 스쳐 가는 버스를 보고 그 속에 앉아 바쁘게 오고 가느라 느긋함을 느끼지 못했다는 것을 언급하고 있다.

② 1문단에서 새들이 지저귀는 소리를 듣고 이전에는 듣지 못했던 것을 걸어서 등교함으로써 듣게 되어 뿌듯한 마음을 언급하고 있다.

③ 2문단에서 서로 다른 빛깔을 지닌 나뭇잎들이 조화를 이루고 있는 모습에서 아름다움을 느꼈음을 언급하고 있다.

⑤ 3문단에서 나와 생각이 다른 친구들과 함께 있으면 불편했던 일, 내 의견에 반대하는 친구들에게 반감을 가졌던 일들을 떠올렸음을 언급하였다.

67

정답설명

③ '둘째 문단에서 쓴 내용'을 바탕으로 '개인과 사회의 바람직한 관계'를 이끌어 내어 '앞으로 가져야 할 내 삶의 자세에 대한 내용'을 작성해야 한다. 둘째 문단에서는 서로 다른 빛깔들이 서로 어울려 조화를 이루던 나뭇잎에 대해 이야기하였다. 따라서 다양한 삶의 빛깔들로 이루어진 세상을 위해 앞으로 서로 다른 삶의 빛깔을 인정하며 살아야겠다는 선지의 내용은 조건에 부합하는 것으로 볼 수 있다.

오답설명

① 사회가 '하나의 빛깔'로 통일되어야 한다는 내용은 초고의 내용과 어울리지 않는다. 둘째 문단에서는 서로 가지고 있는 다양한 빛깔의 조화를 이야기하고 있기 때문이다.

② 정체성을 잃지 않아야 한다는 내용은 둘째 문단에서 이야기하고 있지 않다.

④ '내 삶의 자세'에 대한 내용이 나타나지 않았다. 또한 어려움을 겪고 있는 사람들에게 기회를 주자는 내용은 둘째 문단에서 이야기하고 있지 않다.

⑤ 사람들과의 관계에 소홀했던 태도를 바꾸어 좀 더 적극적으로 사람들에게 다가서야겠다는 내용은 둘째 문단의 내용과 관련이 없다.

문제분석   **68-73번**

번호	정답	정답률 (%)	선지별 선택비율(%)				
			①	②	③	④	⑤
68	⑤	95	2	1	1	1	95
69	④	93	1	3	2	93	1
70	③	90	1	1	90	7	1
71	①	95	95	1	2	1	1
72	②	89	1	89	1	8	1
73	⑤	86	2	5	2	5	86

68

정답설명

⑤ 공공 데이터를 활용한 앱 개발 사례를 제시한다는 계획은 '초고'에 반영되지 않았다.

오답설명

① 1문단에서 앱을 개발하려는 사람들은 아이디어가 넘친다며 특성을 서술하였다.

② 1문단에서 앱 개발 시 부딪히는 난점, 즉 필요한 정보를 모으고 지속적으로 갱신하는 문제 때문에 결국 아이디어를 포기하는 경우가 많음을 언급하였다.

③ 2문단에서 공공 데이터는 공공 기관에서 생성, 취득하여 관리하고 있는 정보 중, 전자적 방식으로 처리되어 누구나 이용할 수 있도록 국민들에게 제공된 것이라는 개념을 밝혔다.

④ 2문단에서 정부가 공공 데이터 포털 사이트를 개설하여 800여 개 공공

기관에서 생성한 15,000여 건의 공공 데이터를 제공하고 있으며, 제공하는 공공 데이터의 양을 꾸준히 늘리고 있음을 언급하였다.

69

정답설명
④ [가]에서는 중간 부분에서 이야기한 **공공 데이터 활용의 장점을 요약할 것**과 **공공 데이터가 앱 개발에 미칠 영향을 언급할 것**을 조건으로 내세우고 있다. 본문에서 말한 공공 데이터의 장점 두 가지는 '1) 실생활과 밀접하게 관련된 정보가 많다는 점'과 '2) 정보를 수집하고 갱신할 때 소요되는 비용을 줄일 수 있다는 점'이다.
선지의 앞 내용은 본문에서 언급한 공공 데이터 활용의 장점이며, 뒤 내용은 공공 데이터가 앱 개발에 미칠 영향에 해당한다.

오답설명
① 공공 데이터가 국민 생활에 편의를 제공하고 국민들의 생활을 개선하기 위해 만든 자료라는 것은 중간 부분에서 이야기한 공공 데이터 활용의 장점을 요약한 것으로 볼 수 없다. 또한 뒤 문장은 공공 데이터를 앱 개발과 연결시키지 않았다.
② 공공 데이터가 아이디어가 부족해 앱을 개발하지 못하는 사람들에게 유용하다는 내용은 중간 부분에서 찾아볼 수 없다. 또한 뒤 문장은 공공 데이터가 앱 개발에 미칠 영향이 아닌, 앱 개발을 통한 창업이 경제에 미치는 영향에 대해 설명하고 있다.
③ 공공 데이터를 활용하는 것의 장점을 요약적으로 진술하지 않았다. 또한 공공 데이터 자체가 앱 개발에 미칠 영향에 대해 언급하지 않았다.
⑤ '자료 수집의 문제', '시간 부족 문제'는 본문에서 제시한 공공 데이터의 장점과는 무관하다. 본문에서 언급한 내용을 요약하며 마무리해야 하는데, 본문에 나오지 않은 내용을 서술하고 있으니 적절하지 않은 선지이다. 또한 공공 데이터가 앱 개발에 미칠 영향도 언급하지 않았다. 국민들의 인식이 낮은 것을 문제 삼는 것은 [가]에서 요구한 것이 아니다.

70

정답설명
③ '늘이다'는 '고무줄을 늘이다, 바짓단을 늘이다' 등과 같이 길이를 길어지게 한다는 의미를 전달할 때 쓰이는 동사이다. 하지만 해당 문장에서는 '공공 데이터의 양'을 많아지게 한다는 의미를 전달하고자 하므로, '물체의 넓이, 부피 따위를 본디보다 커지게 하다.'라는 의미의 '늘리다'를 사용하는 것이 적절하다.

오답설명
① '도심'은 '헤매다'라는 서술어가 이루어지는 처소이다. 따라서 앞말이 행동이 이루어지고 있는 처소의 부사어임을 나타내는 격 조사인 '에서'를 사용하는 것이 적절하다.
② 앞 문장에서는 앱을 개발하려는 사람들이 여러 난관에 부딪혀 결국 아이디어를 포기하는 경우가 많음을 이야기하였다. 그 후 이제는 아이디어를 포기하지 않아도 된다는, 앞 문장 내용과 반대되는 이야기를 하고 있으므로 역접의 부사인 '그러나'를 사용하는 것이 적절하다.

④ '시행'의 주체가 '공공 기관'이므로 피동형 '시행된'이 아닌 능동형 '시행한'을 쓰는 것이 적절하다.
⑤ '비용'은 사동의 주체가 될 수 없으므로 해당 맥락에서 사동 표현이 사용될 이유가 없다. 따라서 사동 표현을 제거한 '들지'가 적절한 표현이다.

71

정답설명
① '작문 상황'에서 알 수 있듯 저렴한 가격의 제품, 편의성을 추구하는 제품을 구매·사용하는 것은 '현재의 소비 생활'의 양상을 보여 주는 것이다. 또한 자원의 고갈, 환경오염은 '현재의 소비 생활' 때문에 나타나는 문제점이라고 볼 수 있다.

오답설명
② 저렴한 가격의 제품, 편의성을 추구하는 제품을 구매·사용하는 것을 '현재의 소비 생활'의 현황으로 볼 수는 있겠지만, 자원의 고갈과 환경오염을 '현재의 소비 생활'의 종류로 볼 수는 없다.
③ 저렴한 가격의 제품, 편의성을 추구하는 제품을 구매·사용하는 것을 '현재의 소비 생활'의 실태로 볼 수는 있겠지만, 자원의 고갈과 환경오염을 '현재의 소비 생활'의 원인으로 볼 수 없다. '현재의 소비 생활'이 자원의 고갈과 환경오염을 일으키는 원인이기 때문이다.
④ 저렴한 가격의 제품, 편의성을 추구하는 제품을 구매·사용하는 것은 '현재의 소비 생활'의 실상을 보여 주는 것이므로 '목적'으로 보기는 어렵다. 게다가 자원의 고갈은 '현재의 소비 생활'의 목적으로 절대 볼 수 없으며, 환경오염을 '현재의 소비 생활'의 필요성 항목에 넣을 수도 없다.
⑤ 환경오염을 '현재의 소비 생활'의 심각성 항목에 넣을 수는 있다. 하지만 저렴한 가격의 제품, 편의성을 추구하는 제품을 구매·사용하는 것과 자원 고갈에 대한 내용을 '현재의 소비 생활'의 대책이라고 볼 수는 없다.

72

정답설명
② 글의 주제는 '환경 친화를 우선시하는 소비 생활을 하자.'이다. 이와 관련된 인터뷰에서 전문가가 환경 친화적 제품에 대해 공인된 표지를 부여한다고 하자, 질문자는 그 효과에 대해서 묻고(ⓐ), 그 대답을 듣고 난 후에는 구체적인 표지에 대해 물었다(ⓑ). 이는 글의 주제와 관련하여 전문가의 답변 내용과 관련된 추가 정보를 요구한 것으로 볼 수 있다.

오답설명
① 질문자는 전문가의 답변 내용에 대해 추가적인 질문을 하여 추가 정보를 이끌어 내고 있을 뿐, 자신의 의견을 제시하고 있지 않다.
③ 질문자는 전문가의 답변 내용을 정리하고 있지 않다.
④ ⓐ에서는 환경 표지의 효과에 대해 질문하고 있으므로 상대방의 답변 내용의 구체적 사례를 요구한다고 볼 수 없다.
⑤ 질문자는 상대방의 답변 내용에 대해 추가적인 정보를 요구하고 있을 뿐, 비판적 태도를 표출하고 있지 않다.

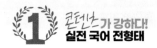

73

정답설명

⑤ 'Ⅲ-2-나'는 '환경 친화를 우선시하는 소비 생활'을 통해 기대되는 '생산 및 유통 과정의 변화'를 의미한다. 하지만 해당 선지에서는 친환경적 제품 생산을 통한 소비 생활의 변화를 이야기하고 있으므로 'Ⅲ-2-나'를 구체화하기에는 적절하지 않다. 'Ⅲ-2-나'를 구체화하기 위해서는 소비자들이 환경 친화를 우선시하는 소비 생활을 하게 되면, 기업들이 이를 고려하여 친환경적 제품을 생산할 것이라는 논지를 전개해야 한다.

오답설명

① 'Ⅲ-1-가'는 '환경 친화를 우선시하는 소비 생활'을 위해 '환경 친화적인 제품'을 구매하는 것을 의미한다. (나)에서는 소비자가 '환경 표지'를 통해 제품의 생산 및 유통 과정과 관련된 친환경성을 판단할 수 있는 방법을 제시하고 있으므로 'Ⅲ-1-가'를 구체화할 수 있다.

② 'Ⅲ-1-가'는 '환경 친화를 우선시하는 소비 생활'을 위해 '환경 친화적인 제품'을 구매하는 것을 의미한다. (다)에서는 친환경적 소비를 실천하는 소비자들을 위하여 온실 가스 배출량을 동종 제품의 평균보다 줄인 음료수를 개발하여 환경 표지를 획득한 사례를 제시하고 있으므로 'Ⅲ-1-가'를 구체화할 수 있다.

③ 'Ⅲ-2-가'는 '환경 친화를 우선시하는 소비 생활'을 통해 '소비자가 환경 보전에 참여'한다는 기대 효과를 의미한다. (나)에서는 제품의 친환경성 정보를 전달하여 소비자 스스로의 선택에 따라 환경 보전에 참여하게 할 수 있다는 점을 환경 표지의 효과로 제시하고 있으므로 'Ⅲ-2-가'를 구체화할 수 있다.

④ 'Ⅲ-2-나'는 '환경 친화를 우선시하는 소비 생활'을 통해 기대되는 '생산 및 유통 과정의 변화'를 의미한다. (다)에서는 친환경적 소비를 실천하는 소비자들이 점차 늘어남에 따라 기업들도 이를 고려하여 제품을 개발하고 출시하는 사례에 대해 이야기하고 있으므로 'Ⅲ-2-나'를 구체화할 수 있다.

문제분석   **74-78번**

번호	정답	정답률 (%)	선지별 선택비율(%)				
			①	②	③	④	⑤
74	⑤	86	3	2	5	4	86
75	②	80	4	80	4	3	9
76	③	86	4	3	86	4	3
77	④	86	5	4	2	86	3
78	⑤	82	5	6	3	4	82

74

정답설명

⑤ 5문단에서는 '기증한 소나무들로 솔숲을 조성하게 된 계기'가 아니라, 시민 공원에 옮겨진 기증 소나무가 잘 적응하고 있어 솔숲 개방이 예정보다 앞당겨졌다는 점에 대해 언급하고 있다.

오답설명

① 1문단에서는 미리내 솔숲 개방 행사가 토요일 오전 10시부터 시민 공원에서 열릴 것이며, 재학생과 동문 선배들 그리고 지역 주민들이 참석할 것이라고 이야기하고 있다.

② 2문단에서는 지난해 3월, 체육관을 신축할 터에 이미 자리 잡은 소나무들을 처리해야 하는 문제가 발생했음을 이야기하고 있다.

③ 3문단에서는 학생회와 동문회에서 소나무들을 베어 버리는 것에 대해 우려를 표시하고, 대안을 모색하고자 했음을 이야기하고 있다.

④ 4문단에서는 시민 공원에 소나무를 기증함으로써 문제를 해결했음을 이야기하고 있다.

75

정답설명

② 〈보기〉에 따르면, 1) '**학생회장의 말을 바탕으로**', 2) '**소나무 기증의 의의가 잘 전달되도록**' 〈부제〉를 작성한다고 하였다. 학생회장은 소나무 기증의 의의로 '나눔'과 '협력', '시민들의 쉼터가 마련되었다는 것에 대한 자긍심'에 대해 이야기하였으므로 해당 선지가 〈부제〉로 가장 적절하다.

오답설명

① 미리내 솔숲이 이번 주 토요일에 개방한다는 내용은 학생회장의 말에 드러나지 않았으며, 소나무 기증의 의의도 드러나지 않았다.

③ 학생회장의 말에는 공공 녹지 조성과 나무 생태 보전에 대한 내용이 드러나 있지 않다.

④ 학생회장은 나무 기증에 대해 자신이 느낀 바에 대해 이야기하고 있을 뿐, 지역 주민들에게 나무 기증의 중요성을 알리고 있지 않다.

⑤ '우리 학교의 역사적 상징물'까지는 기사 내용에 해당하지만, 이는 학생회장의 말을 바탕으로 쓴 부제는 아니다. 학생회장은 '협력', '학교의 역사적 상징물'을 언급했지만, '지역 사회의 상징물'에 대해서는 언급하지 않았다.

76

정답설명

③ '합의하다'의 주체는 문장의 앞부분에 드러난 '학생회와 동문회'이므로 '시민 공원은'을 주어로 추가하는 것은 적절하지 않다.

오답설명

① 〈전문〉과 〈본문〉의 첫 문장을 통해 알 수 있듯, 미리내 솔숲 개방은 아직 일어나지 않은 사건에 해당한다. 따라서 '참석하였다'와 같은 과거 시제가 아닌, '참석할 예정이다'라는 미래 시제로 표현해야 한다.

② '신축(新築)'의 '신(新)'이라는 말의 의미가 '새로'라는 말과 중복되므로 둘 중 하나만 사용해야 한다.

④ '비단'은 부정하는 말 앞에서 '다만', '오직'의 뜻으로 쓰이는 말이다. 따라서 해당 문맥과는 어울리지 않는다. 시민 공원에 소나무를 기증하자는 의견이 나온 후 시민 공원에서도 솔숲을 조성할 소나무가 필요하다고 하였으므로 '제때에 알맞게'라는 의미의 '때마침'이라는 부사가 어울린다.

⑤ 해당 표현에는 피동 표현인 '-되-'와 '-어지다'가 중복 사용되고 있으므로 '-어지다'를 삭제해야 한다.

77

정답설명

④ 누나는 동생에게 향토 문화 해설 도우미로 적합함을 드러내기 위해서는 '향토 문화에 대한 관심이나 이해 정도', '설명 능력', '초등학생과의 친화력'을 내용에 제시해야 한다고 말하였다. 동생의 경험 중 해설 도우미에 적합한 경험으로 선별한 '역사 문화 연구 동아리 활동', '보고서 발표 대회 참가 경험', '복지 센터 보조 교사 활동'은 각각 '관심이나 이해 정도', '설명 능력', '친화력'에 대응된다. 따라서 자신의 친화력을 드러낼 수 있는 소재로 '학급 내의 교우 관계'보다는 '복지 센터 보조 교사 활동'이 적합할 것이다.

오답설명

① "단순히 자기를 알리는 것만으로는 목적으로서 좀 부족한 것 같아.", "내가 해설 도우미로 적합한지가 궁금하겠지."라는 대화 내용을 통해 자기소개서 작성의 목적이 단순히 '나'라는 사람에 대해 알리는 것이 아니라, '나'가 해설 도우미로 적합한지를 나타내는 것임을 알 수 있다.

② "네가 해설 도우미 선발 담당자라면 어떤 점이 궁금할 것 같아?", "내가 해설 도우미로 적합한지가 궁금하겠지."라는 대화 내용을 통해 예상 독자의 주된 관심사는 '나'의 학교생활이 아니라 '나'라는 사람이 학생 해설 도우미서 요건을 충족하는지 여부임을 알 수 있다.

③ 동생이 제시한 '역사 문화 연구 동아리 활동, 보고서 발표 대회 참가 경험, 복지 센터 보조 교사 활동, 학생회 봉사 부장 활동, 나의 성장 배경'에 대해 누나는 '필요한 것들을 선별해서 활용'하라고 조언했다. 동생은 이에 따라 여러 경험 중 '학생 해설 도우미로서의 자질을 보여 줄 수 있는 활동'에 초점을 맞추어 '역사 문화 연구 동아리 활동', '보고서 발표 대회 참가 경험', '복지 센터 보조 교사 활동'을 선택하였다.

⑤ "단순히 너의 경험들을 나열하기보다는 경험의 의의를 경험 내용과 연관 지어 조직하면 글의 의도가 잘 전달될 거야."라는 누나의 말을 통해 확인할 수 있다.

78

정답설명

⑤ '복지 센터 보조 교사 활동'을 통해 나타내고자 하는 것은, 초등학생을 돌보 았던 경험을 바탕으로 한 '초등학생과의 친화력'이다. '보조 교사 활동을 학업과 병행하면서 겪었던 어려움을 호소'하는 것은 동생의 경험과 관련된 내용에 해당하지 않는다. 또한 '문화 해설 도우미 활동에서 겪을 수 있는 어려움을 충분히 극복할 수 있음'을 서술하는 것은 복지 센터 보조 교사 활동을 통해 드러낼 수 있는 의의가 아니므로 적절하지 않다.

오답설명

① 동생의 말을 보면 역사 문화 연구 동아리 활동을 통해 우리나라 역사와 문화를 탐구하였음을 알 수 있다. 그 지식을 향토 문화에도 적용할 수 있음을 나타내는 것은 '나'가 해설 도우미에 적합함을 나타내는 내용으로 적절하다.

② 동생의 말을 보면 역사 문화 연구 동아리 활동을 통해 지역의 문화재를 탐방하였음을 알 수 있다. 그 경험을 통해 우리 지역의 향토 문화에 대해 관심을 가지게 되었음을 나타내는 것은 '나'가 해설 도우미에 적합함을 나타내는 내용으로 적절하다.

③ 동생의 말을 보면 보고서 발표 대회 참가 경험을 통해 설명 능력을 얻었음을 알 수 있다. 이를 통해 우리 지역의 문화를 쉽게 설명할 수 있음을 나타내는 것은 '나'가 해설 도우미에 적합함을 나타내는 내용으로 적절하다.

④ 동생의 말을 보면 복지 센터 보조 교사 활농을 통해 초등학생을 돌본 경험이 있음을 알 수 있다. 그 경험을 통해 초등학생과 친밀감을 형성할 수 있음을 나타내는 것은 '나'가 해설 도우미에 적합함을 나타내는 내용으로 적절하다.

문제분석 79-83번

번호	정답	정답률 (%)	선지별 선택비율(%)				
			①	②	③	④	⑤
79	④	87	4	5	1	87	3
80	③	84	2	6	84	4	4
81	③	80	2	11	80	6	1
82	⑤	87	6	1	4	2	87
83	③	93	2	2	93	1	2

79

정답설명

④ 〈초고〉에서는 농업 발전을 위한 정보 통신 기술에 대해서만 언급했을 뿐, 그와 관련된 정책에 대해서는 언급하지 않았다.

오답설명

① 재배 환경을 조절하고 자동 재배 시설을 제어하는 기술이 도입되었을 때 예상되는 '도심 곳곳의 고층 건물에서 층마다 농산물을 재배하는 모습'을 제시하고 있다.

② 글의 도입부에서 농업에 대해 '인류 역사에서 가장 오래된 산업이자 인류의 운명과 함께할 산업'이라고 언급하였다. 또한 '신석기 시대 이래 지속적으로 발전되어 온 농업은 인류의 생존과 직결된 가장 기본적인 산업이다.'에서도 농업의 중요성을 확인할 수 있다.

③ '기상과 병충해 같은 농업 관련 정보를 수집, 처리, 활용하는 빅데이터 활용 기술'과 '재배 환경 정보를 실시간으로 수집·처리하여 최적화된 정보에 따라 재배 환경을 조절하고 자동 재배 시설을 제어하는 기술'을 제시하고 있다.

⑤ 외부 환경으로 인한 피해 때문에 농산물 가격이 폭등하거나 폭락하는 경우가 많았다는 문제점을 제시한 후, 농업과 관련된 빅데이터가 축적·활용된다면 계획적인 생산과 체계적인 관리가 가능해 문제를 해결할 수 있음을 제시하고 있다.

80

정답설명

③ [B]에서 '미래 식량 위기'의 규모를 예측하였음을 알 수 있는 부분은 없으며, 식물 공장의 경제적 효과를 제시하지도 않았다.

오답설명

① ㉠은 [A]에서 언급한 '농업 관련 빅데이터를 활용해 농사를 지은 농가의

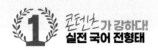
생산성이 향상된 사례'로 볼 수 있다.

② [A]에서는 생산량에 부정적 영향을 미치는 '기상 상태'를 언급하고 있는데, 이는 ⓒ의 현상을 포괄한 말에 해당한다.

④ [B]에서 언급한 '고층 건물 형태'의 식물 공장은 공간이 한정된 도시에서도 좋은 품질의 농작물을 대량으로 생산할 수 있는 사례라고 하였다. 이는 ⓔ의 실현 가능한 모습을 구체화한 것에 해당한다.

⑤ [B]에서 언급한 '온도와 습도, 이산화탄소 농도, 빛의 양'은 ⓜ의 요소들에 해당한다.

81

정답설명

③ 〈초고〉의 마지막 문단과 [고쳐 쓴 글]을 비교했을 때 두 번째와 세 번째 문장이 고쳐졌음을 알 수 있다. 일단 '어업과 같은 전통적인 산업에서도 농업과 유사한 발전 양상을 보일 것이다.'라는 문장은 '정보 통신 기술의 발달에 따른 우리나라 농업의 미래'라는 글의 주제와 맞지 않아 삭제되었다. 따라서 글의 흐름에 어긋나는 문장을 고려했음을 알 수 있다. 또한 [고쳐 쓴 글]에서 '높은 초기 투자비용 등 많은 문제점'에 대해 언급하였는데, 이는 미래를 낙관적으로만 바라보고 있다는 문제점을 고려한 것으로 볼 수 있다.

82

정답설명

⑤ [A]와 [B] 모두 자신의 경험 중 의사소통 상황에서 문제가 발생한 경우와 그에 대한 반성만을 제시하고 있을 뿐, 문제가 해결되었던 사례는 제시하고 있지 않다.

오답설명

① 자료의 내용을 [A]에서는 자신이 상담 선생님을 찾아뵈었을 때의 상황과, [B]에서는 자신이 읽었던 의사소통 방법에 대한 책의 내용과 관련짓고 있다.

② 자료에서 이끌어 낸 의미를 [A]에서는 자신과 친동생의 의사소통 상황에, [B]에서는 친구 사이에서의 의사소통 상황에 적용하고 있다.

③ [A]에서 상담 선생님께서 '북돋비'의 역할을 하듯 자신을 북돋워 주신다는 점을 제시한 부분과, [B]에서 원활한 의사소통을 위해서는 꾸준한 대화를 통해 교감하려는 태도가 필요함을 언급한 후, 이를 '소리꾼'과 '북재비'가 완벽한 호흡을 이루기 위해 오랜 시간 함께하며 교감하는 것과 같다고 제시한 부분을 통해 알 수 있다.

④ [A]에서는 친동생을 대할 때 말을 잘 들어 주고 스스로 마음을 드러내도록 도와주지 못했다는 점을, [B]에서는 친구를 대할 때 자신과 마음이 통하지 않는다고 여기고 이내 마음을 닫아 버려 오해나 갈등으로 이어졌던 경우를 반성하고 있다.

83

정답설명

③ 〈보기〉의 조건은 1) **비유적 표현을 사용할 것, 2) ⓐ에 대하여 (나)에 언급된 핵심 내용과 이를 실천할 때 얻을 수 있는 효과를 제시할 것**이다. '대화는 서로의 마음을 열어 주는 열쇠이다.'에서 비유적 표현이 드러난

다. 또한 (나)의 핵심 내용인 '꾸준한 대화를 통해 교감하려는 태도'가 '대화를 지속적으로 나누며 교감해 나간다면'에서 드러나고, '이를 실천할 때 얻을 수 있는 효과'가 '데면데면하던 사이도 언젠가는 마음이 통하는 사이가 될 것이다.'에서 드러난다.

오답설명

① '좋은 친구는 어둠을 밝혀 주는 등불과 같다.'라는 구절에서 비유적 표현이 드러나기는 하지만, (나)에서는 '좋은 친구'가 아니라 '꾸준한 대화를 통해 교감하려는 태도'에 대해 이야기하고 있으므로 적절하지 않다.

② '대화를 통해 서로를 이해하기 위한 노력'은 (나)의 핵심 내용과 상통하고, 그에 대한 효과로 '원활한 의사소통이 가능할 것이다.'를 제시하고 있다. 하지만 비유적 표현이 사용되지 않았다.

④ 서로 잘 이해하는 사이에서 일어나는 오해를 해결하기 위한 노력은 (나)의 핵심 내용이라고 보기 어렵다. 또한 비유적 표현이 사용되지도 않았다.

⑤ '지름길'은 '가장 쉽고 빠른 방법'을 비유적으로 이르는 말이다. 하지만 너그러운 마음으로 기다리자는 내용은 (나)의 핵심 내용과 일치하지 않는다.

문제분석   84-88번

번호	정답	정답률 (%)	선지별 선택비율(%)				
			①	②	③	④	⑤
84	④	91	2	2	3	91	2
85	②	91	4	91	2	2	1
86	⑤	94	1	2	2	1	94
87	⑤	92	2	1	1	4	92
88	③	96	1	1	96	1	1

84

정답설명

④ [A]의 첫 문장에서 '인터넷, 신문, 잡지'와 같은 매체들을 구체적으로 제시하고 있으므로 가장 먼저 ⓒ가 반영되었음을 알 수 있다. 또한 두 번째 문장에서는 광고가 다양한 매체에서 여러 유형으로 나타나는 이유를 밝히고 있으므로 ⓑ가 두 번째로 반영되었음을 알 수 있다. 세 번째 문장에서는 매체 이용자들이 광고를 회피하는 경향에 대해 이야기하고 있으므로 ⓓ가 세 번째로 반영되었음을 알 수 있으며, 마지막 문장에서 새로운 광고 기법이 등장하고 있음을 밝히고 있으므로 ⓐ가 마지막으로 반영되었음을 알 수 있다.

85

정답설명

② [B]에서 '기사형 광고는 기사처럼 보이기 위해 제목에서 특정 제품명을 드러내지 않는다고 하였다. 따라서 '△△샘물'이라는 제품명을 제목에 나타내지 않은 것은 독자들에게 '광고'가 아닌 '기사'처럼 보이기 위한 기법의 예로 볼 수 있다.

06 통합형

오답설명

① [B]에서 '전문가 인터뷰나 연구 자료 인용을 통해 유용한 정보를 제공하는 것처럼 꾸며 독자의 관심을 끈다.'라고 하였다. 제시된 기사형 광고의 경우도 '물과 장수의 관계'를 연구한 논문을 인용하여 독자의 관심을 끌고자 하였음을 알 수 있다.

③ [B]에서 "독자들이 기사형 광고를 기사로 오인할 수 있으므로 '특집', '기획' 등의 표지를 사용하는 것이 제한되어 있다."라고 하였다. 제시된 기사형 광고의 경우도 제한 사항을 따라 '특집', '기획' 등의 표지를 사용하지 않았음을 알 수 있다.

④ [B]에서 '가격, 출시일 등의 제품 정보를 삽입하여 독자의 소비 심리를 자극한다.'라고 하였다. 제시된 기사형 광고의 경우도 '11월 2일' 출시된다는 것과 '1,000원'이라는 가격 정보를 제시하여 독자들의 소비 심리를 자극하고자 하였음을 알 수 있다.

⑤ [B]에서 "기자가 작성한 글로 착각하지 않도록 글 말미에 '글 ○○○ 기자'와 같은 표현도 사용하지 못하도록 되어 있다."라고 하였다. 제시된 기사형 광고의 경우도 세한 사항을 따라 '글 ○○○ 기자'와 같은 정보를 명시하지 않았음을 알 수 있다.

86

정답설명

⑤ ㉠에서 '새로운 광고 기법의 문제점'을 먼저 언급한 후, '매체 이용자들의 비판적 인식을 촉구해야겠'다고 하였다. 2, 3문단의 내용을 통해 알 수 있듯, '광고를 유용한 정보인 것처럼 오인하게 만들어 매체 이용자들에게 착각을 유도한다.'는 검색 광고와 기사형 광고의 공통적인 문제점이다. 또한 '매체 이용자들은 필요한 정보와 광고를 구별할 수 있는 비판적 안목을 기를 필요가 있다.'는 '매체 이용자들의 비판적 인식을 촉구'한 것으로 볼 수 있다.

오답설명

① 검색 광고와 기사형 광고는 매체 이용자들에게 광고를 '유용한 정보'인 것처럼 오인하게 만든다고 하였다. 따라서 '광고를 불필요한 정보로 판단하게' 한다는 내용은 새로운 광고 기법의 문제점이라고 볼 수 없다. 이는 기존 광고 기법의 문제점에 해당한다. 또한 '기업은 매체 이용자들을 현혹하는 광고를 비판적으로 점검하며 기업 윤리를 지킬 필요가 있다.'는 매체 이용자들의 비판적 인식을 촉구하는 내용이 아니다.

② '매체 이용자들은 주체적으로 광고를 분별할 수 있는 비판적 태도를 기를 필요가 있다.'라는 내용은 매체 이용자들의 비판적 인식을 촉구하는 것이라고 볼 수 있다. 하지만 1, 2문단의 내용을 통해 알 수 있듯, 새로운 광고 기법 중 검색 광고는 특정 대상에게만 노출되며, 광고 내용이 불특정 다수에게 노출된다는 점에서 매체 이용자들에게 거부감을 주는 것은 기존 광고 기법의 문제점에 해당한다.

③ 새로운 광고 기법이 기존 광고에 비해 매체 이용자들의 거부감이 낮은 편이어서 부작용이 적다는 것은 새로운 광고 기법의 문제점이라고 보기 어렵다. 또한 ㉡에 들어갈 내용은 새로운 광고 기법에 대한 매체 이용자들의 비판적 인식을 촉구하는 것이다. '기존 광고의 부작용을 인식하고 비판적으로 매체의 정보를 수용할 필요가 있다.'는 이와 관련이 없다.

④ 2문단에서는 검색 광고를 '검색창에 검색어를 입력하면 검색 결과와 함께

검색어와 관련된 다양한 광고가 노출되도록 하는 광고'라고 설명하고 있다. 이는 검색 대상과 제품이 다르다는 내용과는 거리가 멀다. 또한 '정부는 이러한 광고들을 강력히 규제하여 소비자들을 보호할 필요가 있다.'라는 내용은 매체 이용자들의 비판적 인식을 촉구하는 것과는 거리가 멀다.

87

정답설명

⑤ 학생은 '푸른 잔디'를 바라보며 그것이 바싹 마른 갈색 잔디가 되었다가 다시 푸른 잔디로 살아나는 것을 연상하고 있으므로, '바싹 마른 갈색 잔디를 관찰'했다고 볼 수 없다.

오답설명

① 2문단의 '얼마나 많은 사람들이 잔디를 밟고 다니며 저 길을 만들었을까 생각하니 밟혀 사라진 잔디가 불쌍해졌다.'를 통해 확인할 수 있다.

② 3문단의 '사람들에게 밟혀 잔디가 사라진 그 길 위에 잔디는 다시 싹을 틔운 것이었다. 나는 그 잔디 싹에서 끈질긴 생명력을 느꼈다.'를 통해 확인할 수 있다.

③ 3문단의 '잔디밭에 함께 모여 촘촘히 자라는 잔디를 보니 잔디가 서로를 의지하며 혹독한 시련을 함께 견뎌 왔다는 생각도 들어 대견함을 느꼈다.'를 통해 확인할 수 있다.

④ 2문단의 '그 길을 계속 보다 보니 사람들에게 밟혀 사라진 잔디의 처지가 주변 사람들의 반대로 한때 꿈이 흔들렸던 나의 처지와 비슷하다는 생각이 들어 사라진 잔디가 더 안쓰럽기도 했다.'를 통해 확인할 수 있다.

88

정답설명

③ '푸르다'와 '무성하다'는 둘 다 '생명력'의 이미지를 갖는 단어이므로, '푸르고 무성한'과 같이 대등하게 연결되는 것이 맞다. '푸르지만 무성한'으로 제시되면 '푸르다'가 '생명력'을 나타내지 않는 단어라고 보는 것이 된다.

오답설명

① '겪다'라는 동사는 '~가 ~을 겪다.'와 같이 반드시 목적어를 필요로 하는 타동사이다. 그렇기에 '겪다'의 대상이 되는 '어려움'은 목적격 조사와 함께 쓰여 '어려움을'로 제시되어야 한다.

② '띠다'는 '빛깔이나 색채 따위를 가지다.', '감정이나 기운 따위를 나타내다.', '어떤 성질을 가지다.' 등의 의미로 사용되는 동사이다. 따라서 해당 문맥과는 어울리지 않는다. '눈에 보이다.'라는 의미를 가지는 '뜨이다'의 준말 '띄다'를 사용하는 것이 적절하다.

③ '그러나'는 앞의 내용과 뒤의 내용이 상반될 때 쓰는 접속 부사이다. 하지만 ㉣의 앞과 뒤 문장은 모두 '잔디'의 긍정적인 모습(생명력, 상부상조)을 보여 주고 있으므로 어떤 것을 전제로 하고 그것에 내용을 더하는 '또한'이라는 접속 부사가 사용되는 것이 적절하다.

⑤ '이루다'는 '~가 ~을 이루다.'와 같이 반드시 목적어를 필요로 하는 타동사이다. 해당 문장에는 '이루다'가 필요로 하는 문장 성분인 목적어가 빠져 있으므로, 목적어 '꿈을'을 첨가하는 것이 적절하다.

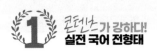

문제분석 89-94번

번호	정답	정답률 (%)	선지별 선택비율(%)				
			①	②	③	④	⑤
89	②	83	4	83	3	7	3
90	⑤	78	4	7	5	6	78
91	⑤	64	5	3	5	23	64
92	⑤	94	2	1	2	1	94
93	⑤	84	10	2	2	2	84
94	③	84	2	2	84	10	2

89

정답설명

② ㄱ. (가)의 4문단에 제시되어 있다. 학교는 방학 중에 2주 이상 걸리는 보수 및 설치 공사를 시행한다.

ㄷ. (가)의 2~4문단에 여름방학을 단축하였을 때 발생할 수 있는 문제점이 세 가지로 제시되어 있다.

오답설명

ㄴ. (가)에서는 여름방학 기간 단축의 이점이 아니라 문제점을 제시하였다.

ㄹ. (가)에서 여름방학 기간을 유지하자는 주장의 반론은 제시하지 않았다.

90

정답설명

⑤ (나)의 마지막 문단 '학교가 학생들의 여유로운 생활을 보장해 주어야 한다는 주장도 타당한 측면이 있지만'에서 (가)의 주장에 대한 일부 수용이 드러난다. 그러나 바로 다음 문장에서 '학교가 해야 할 더 중요한 일은 수업의 연속성 확보와 학사 운영의 효율성 제고'라며 여름방학 기간의 단축을 주장하였으므로, 절충안을 제시하였다는 선지의 내용은 옳지 않다.

오답설명

① (나)의 1문단에서 (가)로 인해 학생들 사이에 다양한 의견이 오가고 있음을 언급하며, (가)에서 제시한 근거들을 반박하고자 한다는 글의 목적을 밝혔다.

② (나)의 2문단에서 대다수의 학생들은 방학 기간에 오히려 학습 부담이 커져 휴식을 취하지 못한다는 근거를 들어 여름방학의 의미가 현실과 차이가 있음을 제시해 (가)를 비판하였다.

③ (나)의 3문단에서 2학기가 시작된 후에도 개인 체험 학습 신청이 가능함을 근거로, 여름방학 기간을 단축해도 학생들이 원하는 프로그램에 참여할 수 있다는 주장을 뒷받침하여 (가)를 반박하였다.

④ 학기 중 공사가 불편을 초래한다는 (가)의 주장을 비판하기 위해, (나)의 4문단에 학기 중에 진행된 특별실 보수 공사를 사례로 제시하였다.

91

발문에 추가적인 조건이나 전제가 있을 땐, 반드시 체크를 하고 풀이를 진행해야 실수가 나오지 않는다. '조건 제시형 발문'은 특히 오답

률이 높게 나온다는 것을 명심하자.

정답설명

⑤ 단순히 '비판'만 생각하지 말고, (가)를 쓴 학생이 (나)를 반박한다는 전제를 염두에 두고 접근해야 한다.

[A]에 제시된 여름방학 기간 단축의 근거는 1) **연속적 학습**, 2) **학년 말의 효율적 학사 운영 가능**이다. ⑤의 조사 결과는 근거 1)에 대한 반박이므로 적절하다.

오답설명

① [A]에는 학교 시설 공사에 대한 내용이 언급되지 않았다.

② [A]에는 체험 학습 참여에 대한 내용이 언급되지 않았다.

③ (나)는 여름방학 기간의 단축을 주장하는 글이다. 여름방학 기간을 유지할 때 학생들의 만족도가 높다는 주장을 반박하는 글은 (나)에 대한 반박으로 적절하지 않다.

④ 단순히 '비판'만 생각하지 말고, (가)와 (나)의 입장을 정확하게 파악하고 있어야 낚이지 않는 선지다.

[A]에서 여름방학 기간 단축의 근거로 학사 운영의 효율성 제고를 제시한 것으로 보아, (나)는 여름방학 기간과 학사 운영은 연관이 있다는 입장임을 알 수 있다. 따라서 여름방학 기간 단축이 학사 운영과 무관하다는 것은 (나)의 주장이 아니다.

92

정답설명

⑤ 학생은 건의 내용인 '학생 전용 급행 노선을 신설하는 것'의 실현 가능성을 높이기 위해, 3문단에서 수요 조사, 노선 정하기, 거점 정류장 지정 등의 구체적인 실행 방안을 제안하고 있다.

오답설명

① 권위자의 견해를 인용하고 있지 않다.

② 해결 방안의 한계점을 검토하고 있지 않다.

③ 여러 가지 해결 방안을 비교하고 있지 않다. 초고에 언급된 해결 방안은 학생 전용 급행 노선을 신설하는 것 한 가지뿐이다.

④ 예상되는 반론을 제시하고 있지 않다.

93

정답설명

⑤ 선생님의 조언을 고려하면 1) **건의 주체(A 단지 학생)에게 도움이 된다는 내용**, 2) **다른 사람들에게 도움이 된다는 내용**을 추가하면 된다. 따라서 ㉠에는 A 단지 학생들의 학업 집중에 도움이 되며 학교 주변 교통 혼잡을 막아 인근 주민의 불편까지 해소할 수 있다는 내용이 제시된 ⑤가 들어가는 것이 가장 적절하다.

오답설명

① 시내버스 회사, ○○시(다른 사람들)에게 도움이 된다는 내용만 있을 뿐, 건의 주체에게 도움이 된다는 내용이 제시되어 있지 않다.

②, ③ 건의 주체에게 도움이 되는 점만 밝히고 있을 뿐, 다른 사람에게도 도움이 된다는 점이 제시되어 있지 않다.

④ 건의 주체에게 도움이 된다는 내용이 제시되어 있지 않다.

94

정답설명

③ (가)는 버스 노선으로 인해 힘들어하는 학생의 인터뷰, (나)는 'A 단지' 고등학생들의 등교 수단 이용률에 대한 조사 자료이다. (가)에는 자가용과 시내버스의 관계가 직접적으로 드러나 있지 않으므로, 이를 활용하여 자가용 이용률 증가가 시내버스 이용 불편의 원인이 될 수 있다는 점을 보여 주는 것은 무리가 있다. 또한 (나)의 자료는 자가용, 시내버스의 이용률을 보여 줄 뿐, 인과 관계를 나타내고 있지 않으므로, 이를 통해 자가용 이용의 증가가 시내버스 이용 불편의 원인이라고 단정할 수 없다.

오답설명

① (가)에는 학교까지 가는 버스가 너무 많은 곳을 돌아서 힘들다는 학생의 경험이 제시되어 있으므로, 이를 활용하여 등굣길 시내버스 노선 문제의 실태를 보여 줄 수 있다.

② (나)에 의하면 시내버스 이용률은 계속 하락하고 있으므로, 이를 활용하여 학생들의 시내버스 기피 현상이 심화되고 있음을 보여 주는 것은 적절하다.

④ (나)와 같이 자가용 이용률이 높아지고 시내버스 이용률이 낮아지는 것을 막기 위해, 학생 전용 급행 노선 운영으로 시내버스 통학 비율을 늘린 (다)의 △△시 사례를 제시하는 것은 적절하다.

⑤ (가)의 학생 불편 사례와 (다)의 개선 사례를 활용하면 학생 전용 급행 노선 운영이 학생 불편 해소에 기여할 수 있음을 강조할 수 있다.

문제분석 95-100번

번호	정답	정답률 (%)	선지별 선택비율(%)				
			①	②	③	④	⑤
95	①	93	93	2	3	1	1
96	④	91	1	1	3	91	4
97	②	85	3	85	2	7	3
98	⑤	92	2	1	3	2	92
99	②	82	6	82	2	4	6
100	③	89	3	3	89	2	3

95

정답설명

① (가)에서 '봉사의 날 운영 방식'을 글감으로 하여 글을 게재한다고 하였다. 이 글감에 대한 논의의 필요성을 드러내기 위해 1문단에서 '학교 구성원들 사이에서 봉사의 날 운영 방식에 대한 논의가 한창'임을 제시하고 있으므로 적절하다.

오답설명

② 학급 학생들을 대상으로 한 인터뷰로 자료를 수집한 것은 제시되어 있으나, 학교에 봉사의 날이 도입된 취지는 제시되어 있지 않다.

③ 주제 선정의 과정은 (나)에 제시되지 않았다.

④ 현행 봉사의 날 운영 방식의 장점은 (나)에서 언급된 바가 없다. 3문단에 열거된 장점은 동아리별 봉사 활동에 대한 내용이다.

⑤ (가), (나)를 통해, 봉사 활동에 대한 설문 조사가 아니라 인터뷰를 진행했음을 알 수 있다.

96

정답설명

④ [A]에는 1) **현행 봉사의 날 운영 방식에 대한 학생들의 불만족**과, 그에 대한 대안인 2) **동아리별 봉사 활동의 장점**이 제시되어 있다. 따라서 이를 보완하기 위해서는 1), 2)를 뒷받침하는 내용이 추가되어야 한다.
㉮에는 현행 봉사의 날 운영 방식에 대한 만족도가, ㉯에는 동아리별 봉사 활동의 장·단점이 제시되어 있다. 이때 ㉮와 ㉯에는 '현행 운영 방식'의 문제점으로 봉사 활동 준비에 많은 시간이 소요된다는 점이 드러나 있지 않으므로, ④는 적절하지 않다.

오답설명

① ㉮를 통해 현행 봉사의 날 운영 방식에 대한 만족도를 구체적으로 파악할 수 있으므로 적절한 활용 방안이다.

② [A]에는 학생들이 현행 운영 방식에 대해 만족하지 않는 이유로 참여 의지가 떨어진다는 점만 제시되어 있다. 따라서 ㉯를 활용하여 보람을 느낄 수 없다는 점을 추가로 보완하는 것은 적절하다.

③ ㉯에는 동아리별 봉사 활동의 단점을 보완하기 위해 별도의 봉사 활동 준비 시간을 마련해 주는 방안이 제시되어 있다. 따라서 동아리별 봉사 활동 도입을 우려하는 학생들을 위해 ㉯를 활용하는 것은 적절하다.

⑤ ㉯의 조사 결과, 현행 운영 방식에 불만족하는 이유 1위는 자발성이 떨어진다는 것이다. ㉯는 동아리별 봉사 활동이 자발성을 높일 수 있다는 정보를 포함하고 있으므로 적절한 활용 방안이다.

97

정답설명

② (나)의 마지막 문단과 〈보기〉를 비교하여 수정된 부분을 찾으면 된다. 첫 번째 문장인 청소년기의 의의가 삭제되었으며, 동아리별 봉사 활동을 도입했을 때 얻을 수 있는 기대 효과가 추가되었다.

98

정답설명

⑤ '역사적 사실의 반영 정도에 따른 사극의 유형'은 글의 초고에 반영되지 않았다.

오답설명

① 1문단의 '사극에 대해 학생들 사이에~불편했다는 반응도 있었다.'에서 확

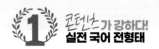
인할 수 있다.

② 2문단의 '사극의 본질은 상상력을 바탕으로 만들어진 이야기를 통해 구현되는 주제 의식에 있다.'에서 확인할 수 있다.

③ 3문단의 '사극에서는 실존 인물에 새로운 성격을 부여하거나~재미를 느끼게 하는 요인이 되어'에서 확인할 수 있다.

④ 3문단의 '이러한 점은 시청자들이 사극에 공감하고 재미를 느끼게 하는 요인이 되어 실제 역사에 대한 관심을 유도하는 역할을 한다.'에서 확인할 수 있다.

99

정답설명

② '글의 초고'의 마지막 문단에서는 실제 역사와 사극을 통해 얻을 수 있는 것들을 언급하고 있는 반면, '고쳐 쓴 마지막 문단'에서는 사극의 의의를 언급하면서 사극을 허구적 창작물로 인식해야 함을 촉구하고 있다. 이를 통해 초고의 마지막 문단은 실제 역사와 사극으로 초점이 분산되어 논지가 흐려지므로 마지막 문단을 고쳐 쓸 때, 사극은 상상력을 바탕으로 한 창작물이라는 입장이 부각되도록 했음을 알 수 있다.

오답설명

① '글의 초고'의 마지막 문단에서 사극의 순기능과 역기능을 함께 제시하지 않았다.

③ '글의 초고'의 마지막 문단에는 실제 역사의 장점을 위주로 제시한 것이 아니라, 실제 역사와 사극의 장점을 모두 제시하였다.

④ '글의 초고'의 마지막 문단에서 실제 역사와 사극의 긍정적 기능을 함께 제시한 것은 맞지만, '고쳐 쓴 마지막 문단'에서 사극의 본질은 실제 역사를 온전히 수용하는 데 있다는 입장을 밝히지 않았다.

⑤ '글의 초고'의 마지막 문단에서 실제 역사 반영이 사극에서 중요함을 제시하지 않았다.

100

정답설명

③ 〈보기〉에서 사극은 보편적 역사 사실을 토대로 하고, 역사적 사실들을 연결해 하나의 이야기를 만들어 가는 과정에서 상상력을 발휘하여 역사와 허구의 균형을 유지해야 한다고 하였다. 이는 사극이 역사적 사실과 얼마나 부합하느냐는 중요하지 않다는 [A]의 주장과 충돌된다. 따라서 〈보기〉의 관점에서 [A]를 비판할 때, 사극에서 상상력은 역사적 사실에 부합하는 범위에서 역사적 사실들 간의 유기성을 부여하는 데 활용해야 한다고 주장할 수 있다.

오답설명

① 〈보기〉는 사극에서 허구를 제외해야 한다는 관점이 아니다.

②, ⑤ 〈보기〉에서는 역사와 허구의 균형을 유지해야 한다고 하였다.

④ 〈보기〉에는 시청자의 공감을 유도하는 요인이 언급되지 않았다.

문제분석   101-106번

번호	정답	정답률 (%)	선지별 선택비율(%)				
			①	②	③	④	⑤
101	③	94	2	1	94	2	1
102	③	88	3	5	88	2	2
103	④	94	2	1	2	94	1
104	②	78	2	78	7	7	6
105	②	69	3	69	16	5	7
106	②	88	2	88	4	2	4

101

정답설명

③ 1문단에서 '우리 동아리는 다른 봉사 동아리와 달리 특색 있고 재미있는 봉사 활동'을 한다고 소개했을 뿐, 다른 동아리와의 연계 활동은 제시하지 않았다.

오답설명

① 1문단에서 '우리 동아리는 다른 봉사 동아리와 달리 특색 있고 재미있는 봉사 활동을 하기 위해 퍼네이션과 같은 기부 활동을 추가하여 운영하고 있'다고 제시하였다.

② 2문단에서 퍼네이션의 개념과 '아이스 버킷 챌린지'와 같은 사례를 제시하였다.

④ 3문단에서 동아리가 추구하는 가치는 나눔의 마음이며 동아리 선발 기준 역시 나눔의 마음임을 언급하였다.

⑤ 마지막 문단에서 가입한 학생의 관심과 흥미에 따라 퍼네이션 애플리케이션 개발, 퍼네이션 홍보 등의 활동을 할 수 있다고 제시하였다.

102

정답설명

③ ㄱ-2와 ㄴ을 통해서는 SNS 이용 빈도가 높은 학생일수록 봉사 활동 참여 빈도가 높아져 진로 탐색에 도움이 된다는 내용을 도출해 낼 수 없다.

오답설명

① ㄱ-1을 통해 학생들이 기부를 하지 않는 첫 번째 이유가 '관심이 없어서'임을 알 수 있다. 반면, (나)의 3문단에서 학생들이 기부를 하지 않는 가장 큰 이유가 '경제적 여유가 없기 때문'이라고 하였으므로 ㄱ-1을 활용하여 (나)를 수정해야 한다.

② ㄱ-1을 통해 학생들이 기부를 하지 않는 두 번째 이유가 '방법을 몰라서'임을 알 수 있다. 따라서 '잔반 제로 게임 애플리케이션'을 통해 기부를 체험할 수 있도록 하는 것은 적절하다.

④ ㄴ에서 '자발적으로 봉사 활동에 참여할수록 진로 탐색 기회가 많아져 진로 의식의 성숙도가 높아진다'고 하였다. 이를 활용하여 우리 동아리에 가입하면 퍼네이션에 참여할 수 있고, 그에 따라 수반되는 결과 또한 얻을 수 있다고 제시하는 것은 적절하다.

⑤ ㄷ에서 퍼네이션을 위한 게임 애플리케이션이 재미있고 일상에서 쉽게 접할 수 있어 많은 사람들이 퍼네이션에 자주 참여하고 있다고 하였으므로,

'잔반 제로 게임 애플리케이션'의 개발 이유가 일상에서 퍼네이션에 자주 참여할 수 있도록 하기 위한 것임을 제시하는 것은 적절하다.

103
정답설명

	나눔의 의의	의문문 형식	동아리 가입 권유
④	O	O	O

④ 모두를 따뜻하게 만든다는 나눔의 가치를 언급함으로써 나눔의 의의를 밝히고 있고, 나눔을 실천하는 경험을 해 보지 않겠냐며 의문문의 형식으로 동아리 가입을 권유하고 있다.

오답설명

	나눔의 의의	의문문 형식	동아리 가입 권유
①	△	X	O
②	X	O	X
③	X	O	O
⑤	O	O	X

① 사전에는 '의의'의 첫 번째 의미로, '말이나 글의 속뜻'이 제시되어 있다. 하지만 보통 화작이나 비문학에서의 '의의'는 두 번째 의미인 '중요성이나 가치'로 많이 쓰인다. '나눔은 베푸는 마음입니다.'라는 표현에는 나눔의 중요성이나 가치가 드러나지 않지만, '말이나 글의 속뜻'이 나타났다는 면에서는 허용할 여지는 있다. 그러나 동아리 가입을 권유할 때 의문문 형식을 사용하지 않았다.
② 의문문 형식을 사용했지만 이를 통해 동아리 가입을 권유하고 있지 않으며, 나눔의 의의를 밝히지도 않았다.
③ 의문문의 형식으로 동아리 가입을 권유하고 있지만, 나눔의 의의를 밝히지 않았다.
⑤ 다른 사람에게 도움을 줄 수 있다는 나눔의 가치를 언급함으로써 나눔의 의의를 밝히고 있으며, 의문문의 형식을 사용했지만 이를 통해 동아리 가입을 권유하고 있지 않다.

104
정답설명
② (다)의 마지막 문단에서 로봇 사용으로 얻을 수 있는 편안한 삶에 로봇세 도입이 미치는 영향을 드러내고 있기는 하지만, 이는 로봇세 도입 목적과는 관련이 없으므로 ⓒ을 고려했다고 볼 수 없다.

오답설명
① ㉠을 고려하여, 1문단의 '로봇세는~부과하는 세금이다.'에서 로봇세의 납부 주체를 포함한 로봇세의 개념을 설명하고 있다.
③ ⓒ을 고려하여, 1문단에서 '로봇으로 인해 일자리를 잃은 사람들을 지원하거나 사회 안전망을 구축하기 위해 예산을 마련하'려는 로봇세 도입의 목적을 언급하고 있다.
④ ⓒ을 고려하여, 3문단에서 '전문가들은 로봇세를 도입하면~기업은 기술 개발 의지가 약화'된다는 로봇세의 부정적 측면을 부각하고 있다.
⑤ ⓒ을 고려하여, 4문단에서 '역사적으로 볼 때~오히려 증가해 왔다는 점이

이를 뒷받침한다.'라며 로봇세 도입이 필요하지 않음을 부각하고 있다.

105
정답설명
② ⓑ의 사례로 2문단에서 모바일 뱅킹이나 티켓 자동 발매기를 제시하였으나, 이를 통해 학생이 문제 삼고자 하는 것은 세금의 중복 부과가 아니라 세금 부과의 기준이 일관되지 않는다는 점이다.

오답설명
① ⓐ에 대한 해석을 토대로, 1문단에서 '로봇의 발달로 일자리가 줄어들 것이라는 사람들의 불안이 커지면서 최근 로봇세 도입에 대한 논의가 활발하다.'라고 제시하였다.
③ ⓒ를 이유로 들어, 3문단에서 '로봇 시장의 우위를 선점하기 위한 로봇 기술 개발의 경쟁이 더욱 뜨거워질 것'이라고 제시하였다.
④ ⓓ를 구체화하여, 3문단에서 '로봇 사용이 필요한 기업이나 개인은 선진 로봇 기술이 적용된 로봇을 외국에서 수입해야 하므로 막대한 금액이 외부로 유출되어 국가적으로 손해이다.'라고 제시하였다.
⑤ ⓔ에서 '로봇세가 로봇 기술 개발에 악영향을 준다'는 의견을 선택하여, 3문단에서 '로봇세를 도입하면 기술 개발에 악영향을 끼칠 수 있다고 말한다.'라고 제시하였다.

106
정답설명
② 〈보기〉는 로봇의 생산 능력이 비약적으로 향상됨에 따라, 로봇 사용으로 인한 일자리 대체 규모가 기하급수적으로 커질 것이라고 주장하고 있다. [A]에서는 로봇의 생산 능력에 대한 고려 없이, 역사적으로 볼 때 새로운 기술로 인해 전체 일자리는 줄지 않았다고 하고 있으므로 ②와 같이 반박하는 것은 적절하다.

오답설명
① 〈보기〉에서는 로봇 기술의 발달을 통해 일자리를 늘리는 것에 대해 언급하고 있지 않다.
③ 〈보기〉에서는 인간 노동자의 생산 능력 향상을 위한 제도적 지원 방안에 대해 언급하고 있지 않다.
④, ⑤ 〈보기〉에서는 로봇의 생산성 향상으로, 인간의 일자리 대체 규모가 기하급수적으로 커질 것이라고 주장하고 있다.

문제분석 107-112번

번호	정답	정답률 (%)	선지별 선택비율(%)				
			①	②	③	④	⑤
107	③	93	1	1	93	3	2
108	⑤	90	5	2	2	1	90
109	③	44	6	36	44	6	8
110	④	89	2	1	7	89	1
111	④	86	7	3	2	86	2
112	③	87	3	5	87	3	2

107

정답설명

③ (가)는 학생의 일기이다. 일기는 개인적인 기록이므로, 예상 독자의 관심사에 대한 분석이 글쓰기에 중요하게 작용하지 않는다.

오답설명

① (가)의 학생은 환경 오염을 조금이라도 줄이기 위해 무언가를 해야겠다는 생각에 친구들과 의논을 하였다. 그리고 그들과 함께 환경 오염을 줄이기 위해 필통의 재질을 다른 것으로 바꾸어 줄 것을 제조사에 요청하는 건의문인 (나)를 작성하게 된 것이므로 선지의 설명은 적절하다.

② (가)에서 학생은 환경 동아리 시간에 'PVC가 환경에 끼치는 영향'을 주제로 특강을 듣고, 자신이 환경을 오염시키고 있다는 생각을 하게 되었다고 했다. 이러한 개인의 경험이 동기가 되어 (나)와 같이 사회적 문제 해결을 위한 글을 쓰게 된 것이므로 선지의 설명은 적절하다.

④ 일기인 (가)에서는 글쓴이의 생각이 드러나고 있을 뿐, 주장과 그에 대한 논거는 제시되지 않았다. 반면, 건의문인 (나)에는 제조사가 '필통의 재질을 개선하는 것이 옳다'는 주장과 PVC 재질의 플라스틱은 '환경을 오염시킬 수 있기 때문'이라는 논거가 제시되어 있다.

⑤ 일기인 (가)는 건의문인 (나)에 비해 글쓴이의 체험을 기록하고 일상을 반성하려는 성격이 두드러진다고 볼 수 있다.

108

정답설명

⑤ <보기>에서 요구하는 것은 '건의가 받아들여졌을 때 소비자와 기업 양쪽이 얻게 될 이익을 직접적으로 표현'하는 것이다. 해당 선지에서는 소비자가 얻게 될 이익으로 '환경 보호를 실천했다는 만족감'을, 기업이 얻게 될 이익으로 '친환경 기업이라는 신뢰감'을 통한 매출 증가를 제시하고 있다.

오답설명

① (나)에서 건의하는 바는 필통을 PVC 재질이 아닌 다른 재질로 제작하는 것이다. 따라서 건의가 받아들여진다면 소비자는 '질 좋은 PVC 제품'이 아니라 'PVC 재질이 아닌 제품'을 구매하게 될 것이다.

② 재질을 개선한다면 소비자가 '자원 재활용에 동참'하게 된다는 점을 제시하였지만, 이는 소비자의 입장에서 얻게 될 '이익'이라고 보기 어렵다. 또한 기업이 얻게 될 이익에 대해서는 직접적으로 제시하지 않았다.

③ 환경 보호에 동참하는 기업이 늘어나게 되어 소비자가 환경을 오염시키지 않으면서 다양한 제품을 선택할 수 있다는 것은 소비자가 얻는 이익이라고 볼 수 있다. 그러나 기업이 얻게 될 이익에 대해서는 직접적으로 제시하지 않았다.

④ '제품을 구입하면서 환경 오염에 대한 부담을 덜 수 있다'는 것은 소비자가 얻게 될 이익이 되는 점이라고 볼 수 있다. 하지만 개선하지 않을 경우 해당 기업에 '환경 오염에 대한 부담이 돌아올 것'이라는 내용은 건의가 받아들여졌을 때 기업이 얻게 될 이익으로 보기 어렵다.

109

정답설명

③ ㉢에서는 우리나라의 플라스틱 사용량이 많고 그 증가율도 매우 높음을 지적하고자 하므로, 이를 정확히 제시하기 위해 우리나라가 1인당 연간 플라스틱 사용량 상위권 국가에 해당됨을 나타내는 자료 ㉯를 활용하는 것은 적절하다. 하지만 ㉯를 보면 2009~2015년 기간 중 우리나라의 1인당 연간 플라스틱 사용량이 세계 3위에 해당되는 것은 맞지만, 증가율이 가장 높은 국가는 체코이므로 '증가율도 가장 높았다'는 해석은 적절하지 않다.

 형태쌤의 과외시간

자료에서 표나 그래프를 제시했을 때, 신경 써야 하는 것은 '증감(증가와 감소)과 최댓값'이다. 자료 해석에서 이 두 요소가 빈번하게 요구되기 때문이다. 만약 시험이 끝나고 나서 '아차 체크를 못 했구나. 실수했구나.'라고 생각했다면, 반성해야 한다. '최댓값'은 기출에서 반복적으로 물어보았던 요소이므로, 기출을 제대로 풀었다면 선지에 '가장'이라는 단어가 보이는 순간 예민하게 반응했어야 한다.

오답설명

① ㉠에서는 필통의 몸체가 PVC 재질임을 지적하고자 하므로, 이러한 문제점을 구체적으로 드러내기 위해 ㉰를 활용하여 PVC가 플라스틱 소재 중 재활용이 어려운 재질임을 나타내는 것은 적절하다.

② ㉡에서는 많은 회사에서 학용품에 PVC 재질의 플라스틱을 사용하고 있음을 언급하고 있다. ㉮를 활용하여 PVC가 가공성이 우수하고 저렴하며 질기고 깨지지 않음을 나타냄으로써 상대방의 입장을 이해함을 드러내는 것은 적절하다.

형태쌤의 과외시간

[출제자의 요구]
보통 출제자는 〈보기〉를 통해 요구 조건을 제시한다.
하지만 간혹 **발문이나 선지**를 통해 요구 조건을 제시하기도 한다. 이때
제대로 체크하지 않거나, 출제자의 요구 조건을 의심하면 오답으로 이어진다.

발문에서 요구 조건을 제시하는 사례 : A의 입장에서 반박해라
선지에서 요구 조건을 제시하는 사례 : A의 경우 / A한다면

②번 선지는 '선지에서 요구 조건을 제시'한 경우이다. 즉, '상대방의 입
장을 이해함을 드러내려면'의 조건에서, 이어지는 문장에 대한 판단을 하라
는 것이다. 여기서 '상대방의 입장을 왜 이해해야 하지?'라고 반응했다면,
출제자의 요구 조건(문제 풀이의 전제)을 의심한 경우이다. 이런 경우 시험장
에서 오답 선지로 손이 가게 되니, 주의해야 한다.

④ ㄹ에서는 환경에 끼치는 영향 등을 고려한다면 PVC 사용을 줄여야 함을
언급하고 있다. PVC가 환경에 끼치는 영향의 심각성을 드러내기 위해 재
활용이 어려워 환경에 부정적인 영향을 끼칠 수 있고(ㄸ), 제조 공정에서
첨가되는 프탈레이트가 인체에 해로울 수 있다(ㄱ)는 내용을 추가하는 것은
적절하다.

⑤ ㅁ에서는 필통의 재질을 PVC가 아닌 다른 것으로 바꾸어 주기를 요구하고
있다. 이러한 건의 내용을 구체적으로 제시하기 위해 재활용이 용이하고
(ㄸ) 프탈레이트가 첨가되지 않는 PP로(ㄱ) 바꾸어 달라고 수정하는 것은
적절하다.

110
정답설명
④ (가)에서 예상 독자를 '확증 편향의 개념이 생소한 우리 학교 학생들'로 설
정하였다. (나)에서는 이러한 예상 독자의 이해를 돕기 위해 1문단에서 확
증 편향을 보여 주는 미국의 한 심리학자의 실험을 예로 들었으며, 그 개념
을 2문단에서 설명하고 있다.

오답설명
① (나)에서는 확증 편향의 원인에 대해 제시하고 있지 않다.
② (나)에서는 확증 편향의 문제점으로 '비판적 사고를 하기 어려워 비합리적
인 판단을 내리기 쉽다.', '사회적으로 편향된 통념을 형성하여 사회 문제를
야기할 수 있다.'를 언급하였지만, 그에 대한 상반된 견해를 비교하여 설명
하고 있지 않다.
③ (나)에서는 확증 편향에 빠지지 않기 위한 방안 세 가지를 제시하고 있을
뿐, 그 한계와 보완 방향은 제시하고 있지 않다.
⑤ (나)에서는 사회적 쟁점을 두고 우리 학교 학생들 간에 벌어진 논쟁을 제시
하고 있지 않다.

111
정답설명
④ 지문에서 제시한 '확증 편향에 빠지지 않기 위한 방안'은 다음과 같다.
　1) 반대 입장에서 생각해 보는 자세를 지니기
　2) 집단 의사 결정 방법을 거치기
　3) 자신의 생각이나 판단의 결과를 책임지는 자세를 지니기
발문에서는 〈보기〉를 바탕으로 이에 대해 비판하는 글을 쓴다고 하였다.
〈보기〉는 경험적 사실을 근거로 한 갈릴레이의 지동설을 과학계에서 '논의
를 거쳐' 거부하였다는 내용이므로, '확증 편향에 빠지지 않기 위한 방안'
중 2)의 방안과 연결할 수 있다. 즉, 집단의 의견이 한쪽으로 치우쳐 있다면
'논의'와 같은 집단 의사 결정 방법을 거치더라도 비합리적인 의사 결정이
이루어질 수 있음을 언급하여 2)의 방안에 대해 비판할 수 있는 것이다.

오답설명
① '자신의 주장과 일치하는 정보만을 선택적으로 수집'해야 한다는 내용은
지문에 확증 편향의 개념과 문제점으로 제시된 것으로, '확증 편향에 빠지
지 않기 위한 방안'에 대한 비판의 내용으로 볼 수 없다. 또한 이는 〈보기〉
의 내용과도 무관하다.
② 해당 선지의 내용은 지문에서 '확증 편향에 빠지지 않기 위한 방안'으로
제시한 '집단 의사 결정 방법을 거치기'와 같은 맥락이므로, 지문 내용에
대한 비판으로 볼 수 없다.
③ 해당 선지의 내용은 지문에서 '확증 편향에 빠지지 않기 위한 방안'으로
제시한 '자신의 생각이나 판단의 결과를 책임지는 자세를 지니기'와 유사한
맥락이므로, 지문 내용에 대한 비판으로 볼 수 없다.
⑤ 해당 선지의 내용은 확증 편향 자체를 긍정하는 내용이므로, '확증 편향에
빠지지 않기 위한 방안'에 대한 비판의 내용으로 보기 어렵다. 또한 이는
〈보기〉의 내용과도 무관하다.

112
정답설명
③ 〈보기〉의 '자신의 판단이 틀릴 수도 있는 이유에 대해 구체적으로 떠올려
보는 것이다.'라는 두 번째 문장은 앞 문장의 '반대 입장에서 생각해 보는
자세를 지녀야 한다.'에 대해 풀어서 다시 말한 것이다. 따라서 두 문장의
내용이 유사한 것은 허용할 수 있으나, [A]의 첫 번째 문장에 〈보기〉 두
번째 문장의 핵심어가 포함되어 있지 않다.

오답설명
① 앞 문단에서 확증 편향의 문제점을 제시하였고, 〈보기〉에서는 확증 편향에
빠지지 않기 위한 방안을 제시하고 있으므로 앞 문단과의 연결 관계를 보여
주기 위해 '따라서'라는 표현을 추가하였다.
② 첫 번째 문장인 '반대 입장에서 생각해 보는 자세를 지녀야 한다.'에 대해
그 내용을 뒷받침하는 근거가 제시되어 있지 않다. 따라서 '왜냐하면 고려
의 대상이 되지 않았던 기존 증거들을 탐색하게 되어 판단의 착오를 줄일
수 있기 때문이다.'와 같은, 해당 방안의 긍정적 효과를 근거로 추가하였다.
④ '그러나 반대를 위한 반대는 의사 결정에 역효과를 초래할 수 있다.'라는
문장은 해당 문단의 중심 내용과 관련이 없으므로 해당 문장을 삭제하였다.

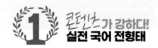

⑤ 주장의 설득력을 강화하기 위해, 자신의 생각과 모순되는 증거들을 적극적으로 찾아 학문적 업적을 이룰 수 있었던 역사적 인물 '찰스 다윈'의 사례를 근거로 추가하였다.

문제분석 113-118번

번호	정답	정답률 (%)	선지별 선택비율(%)				
			①	②	③	④	⑤
113	③	97	1	1	97	1	0
114	④	89	6	1	1	89	3
115	①	87	87	1	2	6	4
116	③	87	2	4	87	2	5
117	②	82	7	82	3	6	2
118	①	84	84	4	4	3	5

113

정답설명

③ (나)에서는 지역 방언으로 인해 의사소통에 어려움을 겪었던 경험을 제시하고 있지 않다. 또한 지역 방언으로 인해 의사소통에 어려움을 겪었던 경험은 지역 방언이 사라져 가는 실태를 잘 모른다는 문제의식을 환기한다고 보기 어렵다.

오답설명

① (나)의 1문단에 따르면, "우리 지역의 방언 어휘 중 특정 단어들을 우리 지역 초등학생의 80% 이상, 중학생의 60% 이상이 '전혀 사용하지 않는다.'라고 답"하였다. 이는 ⊙을 고려하여, 우리 지역 학생들의 지역 방언 사용 실태를 보여 주는 조사 결과를 제시하고 있는 것이다.

② (나)의 1문단에서 '2010년 유네스코에서는 제주 방언을 소멸 직전 단계인 4단계 소멸 위기 언어로 등록하였다'고 했다. 이는 ⊙을 고려하여, 소멸 위기 언어로 등록될 정도로 심각한 위기에 처한 지역 방언이 있다는 내용을 제시하고 있는 것이다.

④ (나)의 3문단에서 '표준어로도 충분히 대화할 수 있다며 지역 방언이 꼭 필요하냐고 말할 수도 있다.'라는 일부 학생들의 반론을 제시하였다. 그렇지만 '지역 방언은 표준어만으로는 표현하기 어려운 감정과 정서의 표현을 가능하게 한다.'라고 했으므로, ⓒ을 고려하여 예상되는 반론을 제시하며 지역 방언의 보호에 관심을 가져야 하는 이유를 강조하고 있음을 알 수 있다.

⑤ (나)의 3문단에서 '다슬기' 외에 '올갱이, 데사리, 민물고동'과 같이 동일한 대상을 지역마다 다르게 표현하는 예를 제시하며 지역 방언이 우리말의 어휘를 풍부하게 만든다고 했다. 이는 ⓒ을 고려하여, 지역 방언의 예를 활용하며 지역 방언의 가치를 설명하고 있는 것이다.

114

정답설명

④ [자료 2]의 전문가 인터뷰 "방언 사용 지역에서는~일상생활에서도 표준어

가 상당히 높은 비율로 사용되고 있습니다."를 통해, 방언을 사용해도 되는 일상에서도 표준어를 사용하려는 경향이 있다는 내용을 이끌어 낼 수 있다. 따라서 이 내용을 지역 방언이 사라져 가는 원인에 추가한다는 것은 적절하다.

오답설명

① [자료 1]을 통해 '편하고 친근함'의 응답 비율이 58.9%에서 42.5%로 감소하였고, '불편하고 어색함'의 응답 비율이 17.0%에서 19.1%로 증가하였음을 알 수 있으므로, 지역 방언에 대한 긍정적 느낌의 비율과 부정적 느낌의 비율 변화 양상이 상반된다는 내용은 적절하다. 그러나 이 비율 양상은 지역 방언에 대한 무관심을 드러내고 있는 것이 아니므로, 무관심을 원인으로 추가한다는 선지의 내용은 적절하지 않다.

② [자료 1]을 보면 '편하고 친근함'의 응답 비율은 58.9%에서 42.5%로 감소하였지만 여전히 가장 높은 순위이고, 나머지 응답의 순위도 마찬가지로 변함이 없음을 알 수 있다. 그러나 이 통계를 통해 지역 방언 교육 정책이 시대의 변화상을 반영하지 못함을 이끌어 낼 수 없으므로, 해당 정책을 원인으로 추가한다는 선지의 내용은 적절하지 않다.

③ [자료 2]는 방언을 사용해도 되는 일상생활에서도 표준어를 쓰려는 경향이 크다는 내용의 인터뷰이다. 이 인터뷰를 통해 표준어와 지역 방언을 구분하여 사용해야 한다는 인식이 부족하다는 것을 이끌어 낼 수는 없다. 또한 이를 근거로 공식적 상황에서 표준어 사용 교육이 부재하다는 내용을 추가한다는 선지의 내용은 적절하지 않다.

⑤ [자료 1]을 통해 표준어 사용자가 지역 방언 사용자와 대화할 때 '편하고 친근함'을 느끼는 비율이 시간이 지날수록 감소한다는 것을 알 수 있으며, [자료 2]는 방언 사용 지역에서도 점차 방언 사용의 비율이 감소한다는 내용을 담고 있다. 이 두 자료를 통해 지역 방언에 대한 표준어 사용자와 지역 방언 사용자의 인식 차이를 이끌어 낼 수는 없으며, 이를 토대로 대중 매체의 지역 방언에 대한 편향성을 원인으로 추가한다는 선지의 내용은 적절하지 않다.

115

정답설명

① '지역의 고유한 문화와 정서를 담고 있다는 점'은 '지역 방언은 우리의 소중한 언어문화 자산이다.'라는 내용을 뒷받침하는 근거이고, '우리의 언어문화를 전 세계에 알릴 수 있기 때문에'는 '지역 방언의 세계문화유산 지정이 시급하다.'를 뒷받침하는 근거이다. 주장을 효과적으로 드러내기 위한 근거가 없기 때문에 주장에 대한 근거를 추가한다는 점검은 적절하다. 또한 '지역 방언의 세계문화유산 지정이 시급하다.'라는 의견은 글의 흐름에서 벗어나는 문장이기 때문에 삭제한다는 재점검 역시 적절하다.

오답설명

② [B]에서 문단이 완결되지 않는 부분은 없으며, '고친 글'에서도 동일한 문장으로 마무리하고 있으므로 마무리하는 문장을 추가한다는 점검은 적절하지 않다. 반면, '우리의 언어문화를~세계문화유산 지정이 시급하다.'라는 문장은 글의 통일성을 해치므로, 이를 삭제한다는 재점검은 적절하다.

③ 문장들을 연결해 주는 표현이 추가되지 않았으므로, 연결 표현을 추가한다는 점검은 적절하지 않다. 또한 의미가 중복되는 문장은 없기 때문에 이를

삭제한다는 재점검 역시 적절하지 않다.

④ 글의 목적이 '지역 방언 보호에 대한 관심 촉구'이므로, 주장만 제시된 [B]에 근거가 될 정보를 추가한다는 점검은 적절하다고 볼 수 있다. 하지만 글의 맥락에 부적합한 담화 표지는 없으므로, 이를 삭제한다는 재점검은 적절하지 않다.

⑤ [B]는 주요 개념에 대한 설명이 아니다. 따라서 주요 개념의 설명이 부족하니 부연 설명을 추가한다는 점검은 적절하지 않다. 또한 앞 문단에서 다룬 중복된 내용은 없으므로, 이를 삭제한다는 재점검은 적절하지 않다.

116

(가)의 '작문 목적에 부합하는가?'는 '물 섭취와 관련된 잘못된 인식을 바로잡을 수 있는 올바른 물 섭취 방법에 대한 정보 제공'이라는 '작문 목적'에 부합하는지의 여부로 판단하면 된다. (나)의 '출처가 분명한 최근의 정보인가?'는 '전달 매체'에 제시된 '2020년 6월'을 기준으로 최근의 정보인지를 판별하면 된다. 또한 출처의 표기가 명확해야 한다.

정답설명

③ 〈자료 3〉은 2004년의 자료로서 2020년 6월 기준으로 10년도 더 된 자료이므로, 최근의 정보라고 할 수 없다. 따라서 '출처'가 명확하고 물 섭취 실태를 보여 주기에 적절하다고 하더라도 (나)에 대해 '그렇다'라고 판단할 수는 없다.

오답설명

① 〈자료 1〉의 '전문가가 권하는 물 섭취 방법'은 작문 목적에 부합하므로, (가)에 대해 '그렇다'라고 판단할 수 있다.

② [초고]에서 '인터뷰를 통해 만난 우리 학생들은 대부분 물을 많이 마실수록 좋다고 답했다.'라며 물 섭취와 관련된 학생들의 인식을 보여 주었는데, '그러나 물을 많이 섭취한다고 무조건 좋은 것만은 아니다.'라며 학생들의 인식이 잘못되었음을 드러내고 있다. 〈자료 2〉의 '물 중독 사례'는 이러한 주장을 뒷받침해 주고, 학생들의 인식은 작문 목적의 '물 섭취와 관련된 잘못된 인식'에 해당하기 때문에 (가)에 대해 '그렇다'라고 판단할 수 있다.

④ 수돗물은 섭취 외에도 다양한 목적으로 쓰일 수 있기 때문에 〈자료 4〉의 '1일 1인당 수돗물 사용량 현황'은 물 섭취에 관해 정확한 정보를 제공하려는 목적에 부합하지 않는다.

⑤ '환경부'는 정부 기관이기 때문에 '출처'가 분명하다고 할 수 있다. 그러나 '연례 보고서'는 해마다 발간되는 보고서로 가장 최근의 것을 참고하는 것이 바람직하므로, 2020년 6월 기준으로 2013년의 자료는 최근의 정보라고 할 수 없다.

117

[초고]의 각 문단에 쓰인 내용 조직 방법을 묻는 문제이므로 어렵지 않게 풀었으리라 예상한다.

정답설명

② 물의 인체 내 역할은 1문단의 '관절의 충격을 흡수하며, 장기와 조직을 보호하는 등의 역할을 한다'에 나와 있다. 그러나 이는 원인과 결과의 관계가 아닌, 대등한 관계로 나열되고 있다.

오답설명

① 1문단의 '학생들은 물 섭취에 대해 어떤 인식을 가지고 있을까? 인터뷰를 통해 만난 우리 학생들은 대부분 물은 많이 마실수록 좋다고 답했다.'에서 학생들의 인식을 묻고 답하는 구조로 제시하고 있다.

③ 2문단에서 물 중독 증상에 대해 '피로감이 커지고, 두통 또는 어지럼증에 시달리거나, 장기가 붓는 등의 증상이 나타날 수 있다.'라며 정보를 나열하여 제시하고 있다.

④ 3문단에서 물 섭취에 대한 실험 방법의 과정을 '참여자들의 갈증 여부 확인 → 동일한 과제 부여 → 관찰을 통한 과제 수행 능력 측정'과 같이 순서대로 제시하고 있다.

⑤ 3문단에서 물 섭취에 대한 실험 결과를 목이 마를 때 물을 마신 경우와 물을 마시지 않은 경우, 목마르지 않은 때 물을 마신 경우와 물을 마시지 않은 경우로 비교·대조하여 제시하고 있다.

118

〈보기〉에서 말하는 두 가지 유의 사항은 '한 번에 마시는 물의 양에 유의해야 한다'는 것과 '물을 마시는 때'에 대해 유의해야 한다는 것이다. 또한 이러한 정보가 독자에게 어떤 긍정적인 가치가 있는지도 언급한 선지를 찾아야 한다.

정답설명

① 중심 내용으로 제시한 두 가지 유의 사항을 모두 포함하며, 중심 내용에 담긴 정보가 독자에게 '삶의 질을 높일 수 있'는 긍정적인 가치가 있다고 언급하고 있다.

오답설명

② '한 번에 마시는 물의 양에 유의해야 한다'는 점을 언급하지 않았다.

③ '물을 마시는 때'에 대한 내용을 언급하지 않았다.

④ 두 가지 유의 사항을 모두 포함하고 있지만, 이것이 독자에게 어떤 긍정적인 가치가 있는지 언급하지 않았다.

⑤ 물 섭취와 관련된 잘못된 인식을 지적하고 있을 뿐, '한 번에 마시는 물의 양'과 '물을 마시는 때'에 대한 내용을 언급하지 않았다.

문제분석 119-124번

번호	정답	정답률(%)	선지별 선택비율(%)				
			①	②	③	④	⑤
119	②	92	1	92	1	1	5
120	②	88	2	88	8	1	1
121	①	89	89	5	2	3	1
122	①	95	95	2	1	1	1
123	⑤	88	1	4	1	6	88
124	⑤	94	1	1	1	3	94

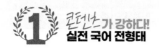

형태쌤의 과외시간

[작문 – 통합형] / [화작 융합]

지금까지 배웠던 유형들의 통합형 문제들이다. 통합형이라고 다를 것은 없다. 각 유형에서 날카롭게 다듬은 판단력을 통해 동일하게 풀이를 진행하면 된다. 볼 것이 많다고 당황하지는 말자. 어차피 지문이나 조건을 제대로 봐야 문제를 풀 수 있다. 누구나 시간이 어느 정도는 걸린다는 생각으로 차분하게 접근해야 한다.

119

정답설명

② (나)에는 ㉡(인포그래픽의 유형을 나누는 기준)이 제시되지 않았다.

오답설명

① 1문단의 "복합적인 정보의 배열이나 정보 간의 관계를 시각적인 형태로 나타낸 것을 '인포그래픽'이라고 한다."에서 인포그래픽에 대해 정의하고 있다.

③ 3문단의 '인포그래픽과 유사한 것으로, 비상구 표시등의 그래픽 기호처럼 시설이나 사물 등을 상징화하여 표시한 픽토그램이 있다. 그러나 픽토그램은 인포그래픽과 달리'에서 비상구 표시등의 그래픽 기호는 인포그래픽이 아닌, 픽토그램임을 설명하고 있다.

④ 4문단의 '글은 문자 하나하나를 읽어야 정보를 파악할 수 있지만, 인포그래픽은 시각 이미지를 통해 한눈에 정보를 파악할 수 있다.'에서 인포그래픽이 글에 비해서 더 나은 점에 대해 설명하고 있다.

⑤ 2문단의 '인포그래픽에 대한 높은 관심은 시대의 변화와 관련이 있다.~특히 소셜 미디어의 등장은 정보 공유가 용이한 인포그래픽의 쓰임을 더욱 확대하였다.'에서 인포그래픽이 널리 쓰이게 된 배경에 대해 설명하고 있다.

120

정답설명

② <보기>에서는 인포그래픽이 활용되는 분야가 더욱 늘어날 것이라는 전망을 밝히고 있다. 그런데 [A]에서는 학생들에게 발표를 하거나 보고서를 작성할 때 인포그래픽을 활용할 것을 제안하면서, 발표와 보고서의 전달력이 높아질 것이라는 기대 효과를 제시하고 있다. 이는 예상 독자인 학생들이 얻을 수 있는 효용이 드러나도록 고쳐 쓴 것이라 할 수 있다.

오답설명

① [A]에는 예상 독자가 탐구해야 할 문제가 포함되지 않았다.

③ 글에서 상반된 관점이 나오지 않았기 때문에 '균형 잡힌 관점'은 말이 안되는 이야기이다.

④ 글의 도입에서 문제를 제기하지 않았기 때문에 적절하지 않다.

⑤ [A]에서는 글의 내용을 요약하여 제시하지 않았다.

121

정답설명

① (나)의 4문단에서 '인포그래픽은 독자의 관심을 끌 수 있다. 김○○ 박사의 논문에 따르면, 인포그래픽은 독자들이 정보에 주목하는 정도를 높이는 효과가 있다고 한다.'라며 인포그래픽의 관심 유발 효과에 대해 설명하였다. 이를 읽은 학생은 글에서 학생들이 학교 정보 알림판을 읽지 않는 문제에 대해 알림판을 인포그래픽으로 만들어 달라는 해결 방안을 제시하고 있다. 이에 대한 근거로 '인근 학교에서는 학교 신문에 인포그래픽을 추가했더니 학교 신문을 읽는 학생이 3배 늘었다고 합니다.'라며 인근 학교의 사례를 들고 있다.

오답설명

② '교지의 글에서 인용한 논문을 찾아보니, 인포그래픽을 활용하면 정보에 주목하는 정도가 글만 활용할 때보다 성별이나 나이와 상관없이 2배 정도 높아졌다고 합니다.'에서 논문의 내용에 대해 추가적으로 조사한 내용이 나온다. 하지만 이것이 문제 상황의 내용으로 제시된 것이 아니기 때문에 적절하지 않다.

③ (나)의 5문단에서는 '정보를 한눈에 파악하게 하는지, 단순한 형태와 색으로 구성됐는지, 최소한의 요소로 정보의 관계를 나타냈는지, 재미와 즐거움을 주는지를 기준으로 좋은 인포그래픽인지를 판단해 봐야 한다.'라며 좋은 인포그래픽의 기준을 제시하였다. 그러나 이를 읽은 학생은 (나)에 제시된 기준으로 알림판의 정보가 신뢰할 만한지 평가하지는 않았다.

④ (나)의 4문단을 고려하면 정보 처리 시간 절감과 정보에 주목하는 정도를 높이기 위한 것을 인포그래픽의 사용 목적이라 볼 수 있다. 하지만 (나)를 참고하여 작성한 학생의 글에서 교내 학생들에게 설문한 내용은 인포그래픽의 사용 목적이 아니라, 학교 정보 알림표를 읽어 본 경험의 여부이다.

⑤ (나)에서 인포그래픽의 효율성에 대해 언급하고 있기는 하나, 이를 읽은 학생은 이와 관련된 인터뷰 내용을 제시하지 않았다.

122

정답설명

① (나)에서는 개념 간의 차이를 대조하고 있지 않다.

오답설명

② 2문단의 '게임화는 먼저 재미와 호기심을 느낄 수 있는 흥미로운 과제를 제공하여~참여자들이 과제에 몰입할 수 있도록 돕는다.'에서 제재인 '게임화'가 가지는 효용적 측면을 부각하고 있다.

③ 3문단의 '한편 게임화는 교육뿐만 아니라~기업의 마케팅 전략으로 활용되기도 한다.'에서 제재인 '게임화'가 다양한 분야에서 활용되는 사례를 제시하고 있다.

④ 1문단의 "'게임화(gamification)'란 게임적 사고나 게임 기법과 같은 요소를 다양한 분야에 접목시키는 것이다."에서 제재인 '게임화'의 용어를 정의하고 있다.

⑤ 2문단의 '얼마 전 한국사 수업 시간에~학생들은 수업에 더욱 몰입하는 모습을 보였다.'에서 예상 독자인 "'게임화'가 생소한 우리 학급 학생"과 공유하고 있는 경험을 활용하여, '게임화'에 관련된 정보를 효과적으로 전달하

고 있다.

123

정답설명

⑤ ㄷ에 있는 막대그래프는 학습 동기와 학업 성취도 간의 관계를 나타내는 것이 아니라, 사회 수업에 게임화를 적용하기 전과 후의 학습 동기와 학업 성취도의 변화를 나타내는 것이다. 따라서 학습 동기가 높을수록 과제 선택에 따른 성취감이 커진다는 선지의 내용은 적절하지 않다.

오답설명

① (나)에서는 게임화가 교육, 보건, 기업의 마케팅 등 다양한 분야에서 활용되고 있음을 설명하고 있다. ㄱ에서는 가상의 나무 심기가 실제 나무 심기로 이어지는 애플리케이션을 소개하고 있는데, 이를 활용하여 게임화가 환경 분야에서도 활용된다는 점을 추가할 수 있다.

② ㄴ에서는 게임화된 과제에서는 피드백이 즉시 제공되어 참여자는 성취감과 같은 보상을 바탕으로 과제에 더 집중하게 된다고 설명하고 있다. 이는 (나)의 '성취감과 같은 보상을 받을 수 있게 하여 참여자들이 과제에 몰입할 수 있도록 돕는다.'라는 게임화의 특징에 추가할 수 있다.

③ (나)에서는 '얼마 전 한국사 수업 시간'을 예로 들어, 게임화가 교육 분야에 활용된다고 설명하고 있다. 여기에 ㄷ을 활용하여, 게임화를 학습 상황에 적용하였을 때 학습 참여자의 학업 성취도를 높일 수 있다는 점을 제시할 수 있다.

④ ㄱ에서는 애플리케이션이 '나무를 심으며 얻는 성취감'을 느끼도록 설계되어 '가상의 나무 심기에 더욱 몰입하게 만든다'고 하였고, ㄴ에서는 "참여자는 성취감과 같은 보상을 바탕으로 과제에 더 집중하게" 된다고 하였다. 따라서 이를 활용하여, 게임화가 '성취감과 같은 보상을 받을 수 있게 하여 참여자들이 과제에 몰입할 수 있도록 돕는다'는 (나)의 내용을 뒷받침할 수 있다.

124

정답설명

⑤ '다른 모둠을 꼭 이기고 싶다는 생각에~친구를 다그치며 싫은 소리'를 한 것은, 게임화의 경쟁적 속성이 지나치게 강조될 경우 참여자들 간의 관계에 부정적 영향을 미칠 수 있음을 보여 주는 사례에 해당한다.

오답설명

① '학생'의 경험은 '물질적 보상'과는 관련이 없으므로 선지의 내용은 적절하지 않다.

② '학생'이 친구를 다그친 것은 단순히 흥미만 추구한 것이 아니라, '꼭 이기고 싶다는 생각' 때문이었다. 또한 게임화를 통해 물질적 이득을 얻으려는 내용이 없으므로, 상업적으로 변질되는 사례로도 볼 수 없다.

③ '학생'은 '누구보다 열정적으로 과제에 임했다.'라고 했기 때문에 게임화된 과제에 도전하려는 의욕이 없는 경우로 볼 수 없다. 오히려 과다한 의욕이 부정적인 영향을 미친 경우에 해당한다.

④ '퀴즈 대결'이라는 게임화를 통해 달성하고자 하는 목적은 다른 모둠을 이기는 것이라고 할 수 있다. '학생'이 이러한 목적을 고려하지 않은 것은 아니

며, '열정적으로 과제에 임했다.'라고 하였으므로 몰입이 저해됐다고 볼 수도 없다.

번호	정답	정답률(%)	선지별 선택비율(%)				
			①	②	③	④	⑤
125	①	94	94	2	2	1	1
126	⑤	90	1	2	1	6	90
127	②	87	1	87	3	2	7
128	①	96	96	1	1	1	1
129	④	81	7	2	4	81	6
130	④	85	4	3	6	85	2

형태쌤의 과외시간

자료 제시형 문제는 시간을 넉넉하게 준다면 누구나 다 풀 수 있다. 하지만 시험장에서는 제한된 시간 안에 많은 내용의 자료와 선지를 오가야 하므로, 자료를 단순화해 놓는 것이 가장 중요하다.

[자료를 단순화하는 방법]

자료는 1) 글 2) 표·그래프로 나눌 수 있다.

1) 글은 문제 현상, 문제의 원인, 문제의 해결에 관련된 경우가 상당히 많다. 국내 현상에 대한 문제가 나오고 선진국 사례를 해결 방향으로 제시하는 경우가 있다. 또한 교수나 전문가는 대부분 문제의 원인이나 해결 방안을 이야기하며, 신문 기사는 문제 상황에 대한 내용으로 제시되는 경우가 많다.
이렇게 다양한 자료를 보고, 자료가 말하고자 하는 것이 '문제'인지 '원인'인지 '해결'인지를 찾는 것이 단순화 작업이다.

2) 표와 그래프에서는 최댓값과 x, y축의 값, 증감(증가와 감소)을 파악하면 된다. 표 자료가 나왔다면, 최댓값에 동그라미 표시를 해 두자. 표를 통해 말하고자 하는 것은 대부분 최댓값이다. 자잘한 숫자에 집착하지 말고 표는 최댓값을 확인하고 증감 여부를 체크해라.
그래프에서 가장 중요한 것은 x축과 y축의 값이다. 그 값을 정확히 잡아야 그래프를 오독하지 않는다.
표에서 최댓값을, 그래프에서 x, y축의 값을 파악하였다면, 이후에는 증감을 신경 쓰면 된다.

125

정답설명

① 손 글씨 쓰기의 개념을 정의하며 글을 시작하고 있지 않다.

오답설명

② 1문단의 '컴퓨터와 온라인을 기반으로 한 쓰기 환경이 조성됨에 따라'에서 컴퓨터 자판을 이용한 쓰기가 일상화된 배경을 언급하고 있으므로 적절하다.

③ 2문단의 "컴퓨터 자판으로 글자를 입력할 때에는 '강'을 입력하든 '물'을 입력하든~다른 궤적이 생기게 된다.'에서 예를 활용하여 손 글씨 쓰기와 컴퓨터 자판을 이용한 쓰기의 차이를 설명하고 있다.

④ 3문단의 '손 글씨 쓰기는 컴퓨터 자판을 이용할 때보다 많은 시간이 소요된다.~결과적으로 해당 내용에 대한 이해도가 높아지는 것이다.'에서 확인할 수 있다.

⑤ 4문단의 '최근에는 정서적 효과도 주목받고 있다.~좋아하는 글을 음미하며 마음이 치유되는 느낌을 받기도 한다.'에서 확인할 수 있다.

126

정답설명

⑤ '손 글씨 쓰기를 통해 뇌의 다양한 영역 활성화, 이해도 향상, 정서적 효과'에서 초고에서 제시된 손 글씨 쓰기의 주요 효과가 모두 언급되고 있으며, 이를 '세 가지 빛깔의 진주'라고 비유하였으므로 적절하다.

오답설명

① 손 글씨 쓰기의 주요 효과를 모두 언급하지 않고 '다양한 효과'와 같이 뭉뚱그려서 언급하였고, 비유적 표현을 활용하지도 않았다.

② '동전의 양면과 같음'이라는 비유적 표현을 활용하였으나, 손 글씨 쓰기의 주요 효과를 모두 언급하고 있지 않다.

③ 손 글씨 쓰기의 주요 효과를 모두 언급하고 있지만, 비유적 표현을 활용하지 않았다.

④ '별처럼 빛날 것이다.'에서 비유적 표현을 활용하였으나, 손 글씨 쓰기의 주요 효과를 모두 언급하고 있지 않다.

127

정답설명

② ㄴ의 '과제 1'에서는 기억 여부와 관련해 컴퓨터 자판을 이용한 쓰기와 손 글씨 쓰기의 차이가 없었으므로, 이를 활용하여 손 글씨 쓰기가 효과적이라는 내용을 보강할 수는 없다. 또한 초고의 3문단에서는 손 글씨 쓰기가 특정 상황에서 효과적이라고 하지 않았으므로 선지의 내용은 적절하지 않다.

오답설명

① 초고의 2문단에서 '손으로 글씨를 쓸 때에는~뇌의 다양한 영역이 활성화되는 효과가 생기는 것이다.'라고 하였는데, 이와 관련된 전문가의 인터뷰인 ㄱ을 활용하면 초고의 내용을 구체화할 수 있다.

③ ㄴ의 '과제 2'에서 개념의 이해를 물을 때 손 글씨 쓰기 방식으로 정리한 집단이 훨씬 높은 성취를 보였다고 하였으므로, 이는 초고 3문단의 '손 글씨 쓰기는~해당 내용에 대한 이해도가 높아지는 것이다.'를 뒷받침할 수 있다.

④ 초고의 1문단에서 "'손 글씨 쓰기'보다 힘이 덜 들고 편리하기 때문에 많은 학생들이 컴퓨터 자판을 이용한 쓰기를 선호한다."라고 하였는데, 이와 관련된 설문 조사인 ㄷ-1을 활용하면 이러한 내용을 보강할 수 있다.

⑤ 초고의 4문단에서 손 글씨 쓰기가 정서적 효과를 줄 수 있다고 하였다. 한편, ㄷ-2를 통해 학생들이 과제를 작성할 때에 '내 과제에 애착이 생'긴다

는 이유로 손 글씨 쓰기를 선호함을 알 수 있다. 따라서 이를 활용하여 손 글씨 쓰기가 과제를 수행할 때에도 정서적 효과를 준다는 내용을 4문단에 보충할 수 있다.

128

정답설명

① 학생은 보고서의 II-1에서 '협동조합의 1년 차 운영과 관련해 전교생 대비 조합원 비율 및 협동 매점 수익금의 변동 추이를 보여 주는 통계 자료'를 통해 객관적인 정보를 제시하고 있으므로 적절하다.

오답설명

② 문헌 자료 분석을 통해 결론의 근거를 제시하고 있지 않다.

③ 다양한 해결 방안을 제시하였으나, 장단점을 비교하고 있지는 않다.

④ 조사 기간과 방법 및 대상을 항목화하여 제시하고 있지 않다.

⑤ 조사 내용과 관련된 전문 용어의 개념을 설명하고 있지 않다.

129

정답설명

④ 조합원에 대한 혜택이 부족하게 된 과정은 'II. 본론'에 제시되어 있지 않다.

오답설명

① '협동 매점의 운영 시간 및 수익금 사용처'는 'II. 본론'의 '1. 현황'에 '조합원들이 점심시간(12:30~13:30)에 협동 매점을 운영하고 있고, 수익금 전액을 ○○ 환경 단체에 기부하는 데 사용하고 있다.'라고 제시되어 있다.

② '조합원 비율 및 협동 매점 수익금의 변동 추이'는 'II. 본론'의 '1. 현황'에 표로 제시되어 있다.

③ 'II. 본론'의 '2. 문제점 분석 및 해결 방안'에서, 조합원 비율의 감소와 협동 매점의 수익금 감소로 인해 '협동조합 유지와 설립 취지의 지속적인 실현이 어려움'을 제시하고 있다.

⑤ 'II. 본론'의 '2. 문제점 분석 및 해결 방안'에서, 조합원 비율 및 협동 매점 수익금 감소와 관련된 설문 조사 내용을 분석하여 조합원 비율 감소에 대한 원인을 조합원에 대한 혜택 부족으로 인한 탈퇴와 홍보 부족으로 인한 가입의 저조, 협동 매점 수익금 감소에 대한 원인을 판매 물품, 운영 시간에 대한 불만으로 인한 이용자 감소로 제시하고 있다.

130

정답설명

④ ㄷ은 학교 협동조합에 대해 잘 몰라 가입하지 않은 학생의 인터뷰이다. 이는 조합원 가입이 저조한 문제와 관련이 있을 뿐, 협동 매점의 수익금과는 관련이 없으므로 선지의 내용은 적절하지 않다.

오답설명

① ㄱ에서는 학교 협동조합이 사회적 가치를 추구하는 교육 공동체로, 학생이 참여할 수 있으며 수익금은 조합원의 복지를 위해 사용한다고 하였다. 이를 활용하여, 조합원을 위한 체험 활동비 지원이 조합원 복지 제도로서 협동조

합의 수익금 사용 방법에 부합함을 밝혀 해결 방안의 근거로 제시할 수 있다.
② ㄴ에서는 인근 학교에서 조합원 복지를 위해 수익금으로 도서 구입비를 지원해 주고 있다고 하였다. 이를 활용하여, 조합원의 이탈 문제를 해결하는 방안으로 조합원에 대한 혜택 중 조합원에게 도서 구입비를 지원하는 것을 추가할 수 있다.
③ ㄴ에서 인근 학교인 Y학교의 협동조합에서는 SNS를 통해 소비자의 불만 사항을 파악하여 협동 매점 운영에 반영하고 있다고 하였다. 이를 활용하여, 협동 매점의 수익금 감소 문제를 해결하는 방안으로 이용자의 불만을 파악하기 위해 SNS와 같은 소통 수단을 사용하는 것을 제시할 수 있다.
⑤ ㄷ은 학교 협동조합에 대해 잘 몰라 가입하지 않은 학생의 인터뷰이다. 이를 활용하여, 조합원 가입이 저조한 문제를 해결하는 방안 중 하나로 학교 게시판이나 누리집에 협동조합을 홍보하여 학생들의 가입을 유도하는 것을 제시할 수 있다.

문제분석 131-136번

번호	정답	정답률 (%)	선지별 선택비율(%)				
			①	②	③	④	⑤
131	②	83	1	83	13	1	2
132	⑤	90	4	1	2	3	90
133	③	48	3	24	48	21	4
134	③	63	15	7	63	10	5
135	⑤	81	4	3	5	7	81
136	③	62	9	3	62	10	16

131

정답설명
② 초고의 2문단에서 '악기군'과 '부위'의 두 범주를 설정하여, 범주별로 ⓒ(질환의 유병률)의 차이를 제시하고 있다.

오답설명
① 묻고 답하는 방식을 활용하여 ⓐ(질환의 개념)을 제시하지는 않았다.
③ 악기 연주자의 질환 경험 사례는 '피아니스트 ○○○ 씨'의 사례만 제시되었으므로, '악기군별로' 제시했다는 선지의 내용은 적절하지 않다.
④ 초고의 3문단에서 ⓒ(질환 완화 방법)을 제시하고 있으나, 이를 질환의 부위별로 분석하여 제시하지는 않았다.
⑤ 초고의 3문단에서는 '근골격계 질환 완화에 도움이 되도록 적절한 운동을 하는 것도 필요하다'고 했을 뿐, 질환 완화에 효과가 있는 운동의 과정을 단계별로 제시하지는 않았다.

132

정답설명
⑤ 이메일에서 수정된 부분을 보면, '사무직의 요통이 대표적인 예이다.'라는 문장이 삭제되고, '주로 장기간의 반복된 작업으로 근골격계에 손상이 누적되어 나타난다.'와 '유사한 동작을 오래 반복하다 보니'가 추가되었다. 이는

글의 주제가 '악기 연주자가 겪는 근골격계 질환'이므로 주제에 맞지 않는 다른 직업군의 예를 삭제하고, 근골격계 질환의 발병 원인을 추가한 것이라 할 수 있다.

오답설명
①, ② '사무직의 요통'은 직업성 질환이 아니어서 삭제된 것이 아니라, 주제에 맞지 않기 때문에 삭제된 것이다.

133

 형태쌤의 과외시간

　　자료를 활용하여 글의 내용을 보완할 때는 자료의 내용에만 집중해서는 안 된다. 해당 자료가 글의 주제와 맞아서 글을 보완하는 데 도움이 되는 것인지를 따져 보아야 한다. 또한 어떤 자료를 글에 어떻게 활용할 수 있는 지도 파악해야 한다.

정답설명
③ 초고와 (나-1)의 내용은 연주 자세가 근골격계 질환에 영향을 미친다는 것이지, 근골격계 질환으로 인해 연주 자세가 영향을 받는다는 것이 아니다. 많은 학생들이 선지의 말장난에 낚였다.
　3문단에서 '악기 연주자들이 실천할 수 있는 방법 중 특히 도움이 되는 것은 연습 중의 규칙적인 휴식이다. 이와 관련하여 근골격계 질환에 영향을 미치는 요인에 대한 악기 연주자의 인식 개선이 필요하다.'라고 하였는데, (나-1)을 보면 악기 연주자들은 연습 중 휴식 시간보다 연주 자세가 근골격계 질환에 더 많은 영향을 미친다고 생각하고 있음을 알 수 있다. 따라서 이를 통해 악기 연주자들의 인식 개선이 필요하다는 내용을 구체화할 여지는 있다.

오답설명
① (가)를 보면 상지 부위의 유병률은 '관악기 대비 건반 악기가 1.82배, 현악기가 1.57배'라고 하였다. 이는 '건반 악기 〉 현악기 〉 관악기' 순으로 유병률이 높다는 의미이다. 초고의 2문단에서 '다른 악기 연주자들보다 건반 악기 연주자들의 유병률이 가장 높았다.'라고 하였으므로, (가)를 활용해 이 내용을 구체화할 수 있다.
② (가)에 따르면 전체 부위 유병률은 '건반 악기(75.0%) 〉 현악기(68.1%) 〉 관악기(57.6%)' 순으로 높다. 이는 ①번 선지에서 말한 상지 부위 유병률 순위와 같다. 그러나 하지 부위 유병률은 '관악기 대비 건반 악기가 1.72배, 현악기가 0.84배'라고 하였으므로, '건반 악기 〉 관악기 〉 현악기' 순으로 높음을 알 수 있다. 이때 초고의 2문단에서 '악기군에 따른 근골격계 질환의 전체 부위 유병률 순위와 부위별 유병률 순위는 일부 차이를 보였다.'라고 하였으므로, (가)를 활용해 이 내용을 보강할 수 있다.
④ (나-2)를 보면 관악기의 경우 연습 중 휴식을 하지 않았을 때와 휴식을 하였을 때 근골격계 질환 유병률을 비교하면, 51.2%에서 3.1%로 대폭 줄어들었음을 확인할 수 있다. 그러나 현악기의 경우, 40.7%에서 19.6%로 관악기와 비교할 때 휴식이 근골격계 질환 유병률을 크게 낮추지 못하는

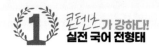
것을 알 수 있다. 이를 통해 악기군별로 연습 중 휴식이 근골격계 질환의 유병률에 미치는 영향에 차이가 있다는 3문단의 첫 번째 문장을 구체화할 수 있다.

⑤ 3문단에서 '근골격계 질환 완화에 도움이 되도록 적절한 운동을 하는 것도 필요하다.'라고 하였는데, (다)에서 '안정화 운동'이 근골격계에 도움이 되고 '바른 자세로 교정'하는 효과가 있다고 하였으므로 선지의 내용은 적절하다.

134

정답설명

③ 2문단의 '청소년의 감정 관리 프로그램이 실시되고 있어 프로그램 확대 실시는 필요 없다고 주장할 수 있다. 하지만 기존의 감정 관리 프로그램은~ 한계가 있다.'에서 자신의 주장에 대해 예상되는 반론을 제시하고 있다. 또한 2, 3문단에서 이에 대해 기존의 감정 관리 프로그램은 한계가 있기 때문에 '실시 대상의 확대와 활동 내용의 다양화'의 방향으로 프로그램의 확대 실시가 필요하다는 반박을 하고 있으므로 선지의 설명은 적절하다.

135

정답설명

⑤ [자료 1]의 (나)에서는 심리 상담을 받아야 할 심리적 고위험군의 청소년들이 심리 상담을 경험한 비율이 낮음을 제시하고 있다. 또한 [자료 3]은 전교생을 대상으로 학교에서 실시한 감정 노트 쓰기가 학생들의 부정적 감정 해소에 효과가 있음을 제시하고 있다. 하지만 이를 바탕으로 전문 상담 기관이 학생들의 부정적 감정 해소에 도움을 주었다는 연구 결과 내용을 도출하기 어려우며, ⓒ의 취지에도 맞지 않으므로 선지의 내용은 적절하지 않다.

오답설명

① [자료 1]의 (가)에 따르면 감염병 유행 이후 부정적 감정을 겪는 청소년들이 증가하고 있으므로, 청소년을 위한 감정 관리 프로그램의 실시 대상을 확대해야 한다는 ⓛ을 뒷받침할 수 있다. 또한 [자료 1]의 (나)는 3문단의 '실시 대상의 확대가 필요한 이유는 부정적 감정을 겪는 청소년이 증가했고, 심각한 감정 상태임에도 기존의 전문 상담 기관을 찾지 않는 청소년이 있기 때문이다.'의 구체적 예시로 볼 수 있으므로, ⓛ을 뒷받침할 수 있는 자료로 적절하다.

② 초고에는 '최근 감염병 유행에 따른 일상의 변화로 인해 무기력이나 우울과 불안 등의 부정적 감정을 겪는 청소년이 늘고 있다'는 문제 상황이 제기되고 있다. 청소년이 부정적 감정을 유발하는 환경에 자주 노출되면 뇌 성장이 저해될 수 있다는 [자료 2]를 활용하여, 문제 상황을 빨리 해결해야 한다는 주장을 강화할 수 있으므로 선지의 내용은 적절하다.

③ 초고에는 청소년 감정 관리 프로그램의 활동 내용을 다양화해야 한다는 주장만 제시되고, 구체적인 예는 제시되고 있지 않다. [자료 3]을 활용하여 '마음 알아차리기, 감정 노트 쓰기, 독서 치료 등'의 구체적인 활동의 예시를 통해 ⓒ의 적용 방법을 제시할 수 있으므로 선지의 내용은 적절하다.

④ [자료 1]의 (가)를 통해 부정적 감정을 겪는 청소년들이 증가하고 있음을, [자료 2]를 통해 청소년기에 부정적 감정이 지속되면 뇌의 해마가 손상되어 학습에 어려움이 생기고 학업 능력의 저하도 발생할 수 있음을 알 수 있다.

부정적 감정을 겪는 청소년이 늘어난 현상은 학습 및 학업에 곤란을 겪는 청소년의 증가로 이어질 수 있으므로, [자료 1]의 (가)와 [자료 2]는 현 상황의 문제 해결이 필요하다는 주장의 근거로 활용할 수 있다.

136

정답설명

③ 초고의 3문단에서는 청소년을 위한 감정 관리 프로그램의 확대 실시를 위해 '실시 대상의 확대와 활동 내용의 다양화라는 두 가지 방향'을 제시하고 있다. 그런데 글을 요약하는 [A]에서는 해결 방안 중 대상의 확대만 제시하고 있다. 따라서 "해결 방안 중 일부만 제시되어 있으니 글에서 다룬 주장을 모두 포함하는 게 어때?"라는 교사의 조언을 받아들여, '활동 내용을 다양화해야 한다.'라는 부분을 추가한 것으로 볼 수 있다.

오답설명

① [A]에서 '모든 청소년으로 확대하여 감정 관리 프로그램을 실시해야 한다.'라며 감정 관리 프로그램 실시를 제시하고 있으므로, 실행 방법이 나타나지 않았다는 선지의 내용은 적절하지 않다.

② 작문 상황을 통해 예상 독자는 '○○ 지역 신문의 독자'임을 알 수 있는데, [A]에서도 이미 '지역 구성원의 관심이 필요하다.'라며 예상 독자를 언급했으므로 적절하지 않다.

④ [A]에는 앞서 논의한 내용과 거리가 있는 내용이 제시되지 않았으며, 수정한 내용에서도 이를 지운 부분을 찾을 수 없다.

⑤ [A]에서는 청소년을 위한 감정 관리 프로그램을 확대 실시할 경우 '청소년이 심리적으로 건강한 청소년기를 보낼 수 있'다고 하였으므로, 해결 방안의 이점을 다루지 않았다는 선지의 내용은 적절하지 않다.

문제분석 137-142번

번호	정답	정답률 (%)	선지별 선택비율(%)				
			①	②	③	④	⑤
137	①	96	96	1	1	1	1
138	⑤	94	1	1	1	3	94
139	②	91	1	91	4	2	2
140	⑤	95	1	1	1	2	95
141	②	90	5	90	1	2	2
142	①	83	83	2	2	5	8

137

정답설명

① (나)의 1문단에서 ⓛ(공모전을 하는 이유)은 '올해부터 바뀌는 체육 대회의 특징이 잘 드러나는 이름이 필요'하기 때문이라고 제시하였다. 학생들이 체육 대회라는 이름에 대해 부정적인 반응을 보였다는 내용은 제시되지 않았으므로 적절하지 않다.

오답설명

② ⓐ에 대해서는 (나)의 1문단에서 '올해 체육 대회는 운동을 잘 못하는 학생들도~체육 대회의 특징이 잘 드러나는 이름이 필요하다고 판단해서 새 이름을 짓는 공모전을 열기로 했다.'라고 언급하였으므로 선지의 내용은 적절하다.

③ (나)의 2문단에 이름 짓기를 통해 대상에 대한 인식을 변화시킨 사례인 '보조개 사과'를 제시하여, ⓑ(이름 짓기의 효과)을 드러내고 있으므로 선지의 내용은 적절하다.

④ (나)의 3문단에서 '임산부 양보석'과 비교하여 '임산부 배려석'이라는 이름으로 사람들의 참여 동기를 이끌어 낼 수 있음을 드러내어, ⓑ을 제시하고 있으므로 선지의 내용은 적절하다.

⑤ (나)의 4문단에서 '사람들이 기분 좋게 수용할 수 있도록 표현하는 것'이 필요하다고 하며, ⓒ(이름 짓기의 방법)을 언급하고 있으므로 선지의 내용은 적절하다.

138
정답설명

	이름 짓기가 어려운 일이 아님	이름 짓기의 효과(2문단)와 관련해 공모전 참여 권유
⑤	O	O

⑤ '이름 짓기는 학생들도 충분히 할 수 있다.'에서 이름 짓기가 학생들에게 어려운 일이 아님을 드러내고, '새로운 체육 대회~긍정적인 인식을 갖게 하는 좋은 이름을 지어 공모전에 도전해 보는 것은 어떨까?'에서 (나)의 2문단에서 제시한 이름 짓기의 효과인 '대상에 대한 긍정적인 이미지 갖게' 하기와 관련하여 공모전 참여를 권유하고 있다.

오답설명

	이름 짓기가 어려운 일이 아님	이름 짓기의 효과(2문단)와 관련해 공모전 참여 권유
①	O	X
②	O	X
③	X	O
④	X	X

① '이름 짓기는 누구나 어렵지 않게 도전할 수 있는 일이다.'에서 이름 짓기가 학생들에게 어려운 일이 아님을 드러내었다. 하지만 '다만 이름을 지을 때 사람들이 이해하기 쉬운 표현을 사용해야 함을 유의하도록 한다.'는 (나)의 4문단에서 제시한 이름 짓기의 방법과 관련하여 유의할 사항을 언급한 것이다. 이는 (나)의 2문단에서 제시한 이름 짓기의 효과와 관련해 공모전 참여를 권유한 것이 아니므로 적절하지 않다.

② '이름 짓기는 지식과 경험이 풍부한 사람만이 할 수 있는 일은 아니다.'에서 이름 짓기가 학생들에게 어려운 일이 아님을 밝혀 주었다. 하지만 '원활한 의사소통을 위해 이름 짓기의 효과를 이해하고 그 방법을 활용해 보자.'는 (나)의 2문단에서 제시한 이름 짓기의 효과가 아닌 '원활한 의사소통'이라는 효과를 제시한 것이며, 공모전 참여를 권유하고 있지도 않으므로 적절하지 않다.

③ '새로운 체육 대회의 긍정적 이미지를 느낄 수 있는 이름을 지어 이번 공모

전에 참여하면 좋지 않을까?'에서 (나)의 2문단에서 제시한 이름 짓기의 효과인 '대상에 대한 긍정적인 이미지 갖게' 하기와 관련하여 공모전 참여를 권유하고 있다. 그러나 이름 짓기가 학생들에게 어려운 일이 아님을 밝혀 주지 않았다.

④ '올해 새롭게 바뀔 체육 대회에 어울리는 참신한 이름이 지어진다면 체육 대회에 많은 학생들이 적극적으로 참여할 것이다.'를 이름 짓기의 효과와 관련하여 공모전 참여를 권유하고 있는 것으로 볼 여지가 있다. 하지만 이는 (나)의 2문단이 아닌, 3문단에서 제시한 이름 짓기의 효과인 '참여 동기를 이끌어 낼 수 있'는 것에 해당한다. 또한 이름 짓기가 학생들에게 어려운 일이 아님을 밝혀 주지도 않았다.

139
정답설명

② '등급 외 사과'와 '보조개 사과'의 이미지를 비교한 [자료 1]을 보면, 영양소 항목에서 그 점수 차이가 가장 작은 것은 맞다. 그러나 이는 이름 짓기가 대상에 대한 긍정적 이미지를 갖게 할 수 있다는 내용과는 관련이 없다.

오답설명

① [자료 1]에서 '보조개 사과'의 이미지를 '등급 외 사과'와 비교했을 때 외관과 맛 항목에서 그 점수가 높음을 알 수 있다. 이는 이름 짓기를 통해 대상에 대한 인식이 변화할 수 있다는 것을 드러내는 근거로 2문단에 활용될 수 있다.

③ [자료 2]의 '대한민국 구석구석'은 '국내 관광에 대한 인식을 개선하여 관광객이 증가하는 데 기여'하는 결과를 가져왔다고 하였으므로, 잘 지어진 이름이 참여 동기를 이끌어 낼 수 있다는 또 다른 사례로 3문단에 활용할 수 있다.

④ [자료 2]의 'G4C'라는 이름은 '지나치게 생소해 의미 파악이 어렵다는 지적'이 있었다고 하였으므로, 이는 4문단의 '이름을 지나치게 생소하지 않게 지어야 한다'는 이름 짓기의 유의 사항과 관련한 사례로 활용할 수 있다.

⑤ [자료 2]에서는 'G4C'가 '민원24'로 이름을 바꾸고 나서 그 인지도가 향상되었다고 하였으므로, 이는 4문단의 '대상의 특성을 잘 드러내고 사람들이 이해하기 쉽도록 이름을 짓는 것이 중요'함을 보여 주는 사례로 활용될 수 있다.

140
정답설명

⑤ 지문에 커피로 인해 발생하는 사회적 문제가 나온 것은 맞지만, 그것이 해마다 증가하고 있는 실태를 제시하고 있지는 않다.

오답설명

① 1문단의 "커피를 만든 후 남는 커피 찌꺼기, 바로 '커피박(coffee 粕)'이다."에서 알 수 있다.

② 2문단의 '커피박을 싱크대 배수구에 버리거나 흙에 버리기도 하는데, 이는 잘못된 처리 방법이다.'에서 알 수 있다.

③ 3문단의 '커피박은 일상에서 탈취제나 방향제로 이용된다.~바이오에너지의 원료로 활용될 수 있다는 점도 부각되고 있다.'에서 알 수 있다.

④ 1문단의 '우리나라의 연간 1인당 커피 소비량은 세계 평균의 2배 이상'에서 알 수 있다. **설마 지문의 맨 처음에 나오는 내용을 못 찾은 것은 아니겠지? 문제에서 항상 지문 순서대로 물어보는 것은 아니니 전체 지문의 내용을 확인해야 한다는 점을 신경 쓰자.**

141

정답설명

② 제시된 내용 중 첫 번째 조건은 '문단별로 문제 삼고 있는 점을 해결할 수 있는 방안' 언급이고, 두 번째 조건은 '우리 사회가 지녀야 할 태도를 커피에 대한 사랑과 관련지으며 마무리하는' 것이다.

먼저 첫 번째 조건에 따라 각 문단에서 문제 삼고 있는 점을 살펴보자.

2문단 : 커피박의 잘못된 처리 방법

3문단 : 커피박이 다양한 분야에서 재활용될 수 있다는 사실을 모르는 사람이 많음.

4문단 : 커피박 수거 시설 매우 부족함.

이를 통해 '커피박의 올바른 처리 방법(2문단)과 재활용 분야(3문단)를 홍보하고, 수거 시설(4문단) 확충을 제도화'가 적절함을 알 수 있다.

또한 '커피박에도 관심을 갖는 책임감 있는 태도가 커피 사랑의 참된 자세'에서 두 번째 조건에 따라 마무리하고 있음을 알 수 있다.

오답설명

①, ⑤ 두 번째 조건은 만족하지만, 첫 번째 조건은 만족하지 않는다.

③ 첫 번째 조건과 두 번째 조건 모두 만족하지 않는다.

④ 첫 번째 조건은 만족하지만, 두 번째 조건은 만족하지 않는다.

142

정답설명

① '커피박을 소각할 때 발생하는 탄소 배출량 수치'는 '커피박이 우리 사회에서 관심을 받지 못하고 있는 배경'과는 무관하다.

오답설명

② 2문단에서 '흙에 버린 커피박은 토양과 식물에 악영향을 줄 수 있다.'라고 했다. 이를 구체화하는 자료로 (가)에 제시된 '추출 직후 커피박에 남은 카페인과 수분이 많은 커피박이 유발하는 문제'를 제시하는 것은 적절하다.

③ 3문단에서 커피박이 '바이오에너지의 원료로 활용될 수 있다'고 했다. 이를 뒷받침하는 자료로 (나)에 제시된 '커피박으로 만들 수 있는 바이오에너지의 종류'를 추가하는 것은 적절하다.

④ 4문단에서 '커피박 수거 시설이 매우 부족하다'고 했다. 따라서 '커피박 수거 시설이 부족한 우리나라의 문제 상황'을 부각하는 자료로, (다)에 제시된 '효과적으로 커피박을 수거하고 있는 해외 사례'를 추가하는 것은 적절하다.

⑤ 4문단에서 '커피박 수거 시설을 곳곳에 마련한다면, 커피박 분리배출에 대한 시민들의 관심이 높아지는 효과가 있을 것'이라고 했다. 따라서 '커피박 수거가 일자리 창출로 이어질 수 있음'을 설명하는 (다)를 '커피박 수거 시설이 곳곳에 마련되었을 때 예상되는 또 다른 효과를 보여 주는 자료'로 추가하는 것은 적절하다.

문제분석 143-148번

번호	정답	정답률 (%)	선지별 선택비율(%)				
			①	②	③	④	⑤
143	②	95	1	95	2	1	1
144	⑤	70	3	2	18	7	70
145	③	91	1	3	91	3	2
146	③	95	1	1	95	2	1
147	⑤	78	3	8	9	2	78
148	⑤	73	1	3	16	7	73

143

정답설명

② (나)의 2, 3문단에서 각각 4층 교실은 '사색의 방'으로, 3층 교실은 '어울림의 방'으로 바뀌었을 때의 모습을 가정하고 있다. 4문단에서는 이를 통해 기대되는 효과를 제시하고 있으므로 선지의 설명은 적절하다.

오답설명

① 발문에서는 '초고'에 활용된 쓰기 전략을 묻고 있다. 지문에서 '초고'는 (나)만 해당하며, (나)에는 우리 학교와 다른 학교 공간의 구조를 비교하여 실태를 부각한 내용이 제시되지 않았다.

③ 학생은 (나)에서 자신의 학교가 학습을 위한 공간에 집중되어 있는 문제점을 지적하며, 공간 개선의 필요성을 강조하고 있다. 따라서 학교의 기능이 변화해 온 과정을 분석하여 공간 개선의 필요성을 강조한다는 선지의 설명은 적절하지 않다.

④ (나)의 4문단에서 '학생들이 바라는 이런 공간이~얼마나 행복할까?'라며 공간이 개선된 학교의 모습을 상상하며 감탄을 하고 있다. 하지만 이는 학교 공간의 중요성에 대한 질문이 아니며, 질문을 반복하고 있지도 않다. 또한 질문을 통해 문제 해결의 시급성을 드러내고 있지도 않으므로 선지의 설명은 적절하지 않다.

⑤ 4층 교실과 3층 교실의 개선 방안을 제안하고 있지만, 공간의 이동에 따라 각 공간의 문제점을 나열하고 있지는 않다.

144

정답설명

⑤ 3문단에서는 교실과 복도 사이의 벽을 없애 누구나 드나들기 쉬운 공간을 만들 것을 제안하고 있으며, ㄴ에서는 천장이나 벽을 없애는 형태적 확장을 통해 실내 공간의 개방감이 높아진다고 하였다. 그리고 ㄷ-2에서는 청소년기는 경계를 없앤 공간에서 자신이 노출되는 것에 부담을 느낄 수 있다며, 색의 대비, 부분 조명 등을 이용해 공간 분리 효과를 주면 부담감을 낮추는 데 도움이 된다고 밝히고 있다. 이때 색이 대비되는 소품을 비치하고 부분 조명을 설치하는 것은 공간에 개방감을 높이는 방안이 아니므로, ㄴ과 ㄷ-2를 활용해 3문단에 내용을 추가한다는 선지의 내용은 적절하지 않다.

오답설명

① ㄱ은 학교 학생을 대상으로 실시한 설문 조사의 결과로, 각각 약 1/3 이상의 학생들이 '조용한 휴식 공간'과 '자유로운 친교 공간'을 필요로 함을 알

수 있다. 1문단에서는 정서적 안정과 사회적 성장을 위한 공간의 필요성을 언급하며 학습 이외 다른 용도의 공간 조성을 제안하고 있으므로, 여기에 ㄱ의 설문 조사 결과를 활용하는 것은 적절하다.

② 2문단에서는 4층을 정서적 안정을 위한 공간으로 바꾸자고 제안하고 있으며, ㄷ-1에서는 실내 공간에서 자연을 느끼며 안정감을 얻을 수 있는 방법으로 '목재를 사용함.', '천연 소재 소품을 이용함.' 등을 제시하고 있다. 따라서 2문단에 ㄷ-1을 활용하여 창가 의자의 재질을 목재로 하고 천연 소재 방석을 비치할 것을 추가한다는 선지의 내용은 적절하다.

③ 3문단에서는 친구들과 어울리며 관계를 형성할 수 있는 공간 조성을 제안하고 있으며, ㄷ-2의 자료에서는 청소년기는 경계를 없앤 공간에서 자신이 노출되는 것에 부담을 느낄 수 있다며, 이동식 가구 등을 이용해 공간 분리 효과를 주는 것이 부담감을 낮추는 데 도움이 된다고 제안하고 있다. 따라서 3문단에 ㄷ-2를 활용하여, 자신이 노출되는 것에 대한 부담을 줄이며 소모임을 할 수 있는 공간 조성 방안으로 모퉁이 공간에 이동식 가구를 비치해 공간 분리 효과를 줄 것을 추가한다는 선지의 내용은 적절하다.

④ 2문단에서는 통창을 설치해 산과 하늘을 볼 수 있도록 공간을 바꿀 것을 제안하고 있으며, ㄴ에서는 투명한 유리 재료를 이용하면 시각적 확장 효과를 줄 수 있다고 하였다. 또한 ㄷ-1에서는 실내 공간에서 자연을 느끼며 안정감을 얻을 수 있는 방법으로 '창을 통해 자연과의 시각적 연결을 늘림.'을 제시하고 있다. 따라서 2문단에 시각적 확장 효과를 주는 통창 설치를 제안하는 이유로 ㄴ과 ㄷ-1을 활용한다는 선지의 내용은 적절하다.

145
정답설명
③ 〈보기〉에서는 '〈2편〉 초고의 핵심 내용과 〈3편〉 표제, 부제의 내용이 드러나도록' 1문단을 작성하려고 한다. (가)에서 〈3편〉의 부제가 '생태 공간 조성, 학생 주도의 변화'임을 고려할 때, 글에는 학교 공간 조성에 관심이 있는 학생들의 참여가 요구된다는 내용이 들어가야 한다. 하지만 ⓒ에서는 '학부모, 지역 사회의 참여가 요구된다'고 하였으므로 적절하지 않다.

오답설명
① (나)의 2, 3문단에서 각각 4층 교실은 '사색의 방'으로, 3층 교실은 '어울림의 방'으로 공간을 구성하고 있으므로, ⓐ는 〈2편〉 초고의 핵심 내용을 담고 있음을 확인할 수 있다.
② (나)의 4문단에서 '이런 변화는 학업에도 더욱 열중할 수 있는 동력이 되며 학교에 대한 자부심도 느끼게 할 것이다.'라고 하였으므로, ⓑ는 〈2편〉 초고의 핵심 내용을 담고 있음을 확인할 수 있다.
④ ⓓ는 〈3편〉의 표제인 '국내외의 학교 공간, 어떤 방향으로 바뀌고 있나?'의 내용을 담고 있으므로 적절하다.
⑤ ⓔ는 〈3편〉의 부제인 '생태 공간 조성, 학생 주도의 변화'의 내용을 담고 있으므로 적절하다.

형태쌤의 과외시간

자료 제시형 문제는 시간을 넉넉하게 준다면 누구나 다 풀 수 있다. 하지만 시험장에서는 제한된 시간 안에 많은 내용의 자료와 선지를 오가야 하므로, 자료를 단순화해 놓는 것이 가장 중요하다.

[자료를 단순화하는 방법]
자료는 1) 글 2) 표·그래프로 나눌 수 있다.

1) 글은 문제 현상, 문제의 원인, 문제의 해결에 관련된 경우가 상당히 많다. 국내 현상에 대한 문제가 나오고 선진국 사례를 해결 방향으로 제시하는 경우가 있다. 또한 교수나 전문가는 대부분 문제의 원인이나 해결 방안을 이야기하며, 신문 기사는 문제 상황에 대한 내용으로 제시되는 경우가 많다.
이렇게 다양한 자료를 보고, 자료가 말하고자 하는 것이 '문제'인지 '원인'인지 '해결'인지를 찾는 것이 단순화 작업이다.

2) 표와 그래프에서는 최댓값과 x, y축의 값, 증감(증가와 감소)을 파악하면 된다. 표 자료가 나왔다면, 최댓값에 동그라미 표시를 해 두자. 표를 통해 말하고자 하는 것은 대부분 최댓값이다. 짜잘한 숫자에 집착하지 말고 표는 최댓값을 확인하고 증감 여부를 체크해라.
그래프에서 가장 중요한 것은 x축과 y축의 값이다. 그 값을 정확히 잡아야 그래프를 오독하지 않는다.
표에서 최댓값을, 그래프에서 x, y축의 값을 파악하였다면 이후에는 증감을 신경 쓰면 된다.

146
정답설명
③ (나)에는 불량 식품에 대한 인식의 변화가 제시되지 않았으므로 선지의 내용은 적절하지 않다.

오답설명
① 1문단의 '연구 보고서에 따르면, 불량 식품은 생산, 유통, 판매 등의 과정에서 식품 위생 관련 법규를 준수하지 않은 식품을 말한다.'에서 연구 보고서에서 제시한 불량 식품의 개념을 밝히고 있다.
② 2문단에서 '허위 광고나 과대광고를 통해 판매되는 식품은 소비자에게 유해한 불량 식품'에 해당한다고 제시하였다. 반면 저렴한 군것질거리는 불량 식품으로 오해되지만, 법규에 맞게 위생적으로 만들어져 유통, 판매되는 것은 불량 식품이 아니라고 하였으므로 선지의 내용은 적절하다.
④ 3문단에서 '학교 주변에서 불량 식품 판매 사례가 발생함에 따라' 어린이 식품안전보호구역 제도가 도입되었음을 제시하였으며, 4문단에서 '식품 이물에 대한 업체의 소극적 대응에 소비자 불만이 커지면서' 이물 보고 의무화 제도가 도입되었음을 제시하였다.
⑤ 3, 4문단에서 불량 식품을 근절하는 방안으로 어린이 식품안전보호구역 제도와 이물 보고 의무화 제도를 설명하였으므로 선지의 내용은 적절하다.

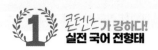

147

정답설명

[A]에는 초고를 마무리하는 문단이 들어가야 하는데, 교지 편집부장의 조언에 따르면 다음의 두 가지 조건을 만족해야 한다.
- 식품 산업의 변화와 관련지어야 함.
- 독자가 중심 내용을 아는 것의 의의를 밝혀야 함.

⑤ '식품 유통 및 판매 방식의 다변화로 다양한 식품이 출시되고 있다.'에서 식품 산업의 변화를 언급하고 있으며, '무엇이 불량 식품이고 불량 식품 근절 방안이 무엇인지'라는 중심 내용을 아는 것이 '우리 건강을 지키는 첫걸음'이라는 의의를 지니고 있다고 밝히고 있다.

오답설명

① '소비자가 다양한 식품을 접할 수 있게 되면서 안전한 먹거리에 대한 관심이 높아지고 있다.'에서 식품 산업의 변화를 언급하고 있고, '불량 식품 근절을 위한 노력'에서 중심 내용을 언급하고 있으나, 이것을 아는 것의 의의를 밝히고 있지는 않다.

② '식품 산업이 변화하면서 식품 안전의 사각지대가 발생하고 있다.'에서 식품 산업의 변화를 언급하고 있고, '불량 식품으로 인한 피해를 예방할 수 있다.'에서 의의를 밝히고 있다. 하지만 '허위 광고나 과대광고로 홍보하는 식품의 신고 방법'은 윗글에 나오지 않았으므로 중심 내용으로 볼 수 없다.

③ '어린이 식품안전보호구역과 이물 보고 의무화 제도가 불량 식품 문제를 해결할 수 있음을 아는 것은 중요하다.'에서 중심 내용을 아는 것의 의의를 밝히고 있으나, 이를 식품 산업의 변화와 관련짓고 있지는 않다.

④ 식품 산업의 '변화'에 대해 언급하고 있지 않으며, 독자가 중심 내용을 아는 것의 의의를 밝히고 있지도 않다.

148

정답설명

⑤ ㄱ-2를 보면 이물 검출의 누적 적발 건수가 과대광고보다 월등히 높으므로 빈도 또한 높을 것으로 추측할 수는 있다. 그러나 ㄴ에서는 이물이 검출된 불량 식품 때문에 소비자의 불안감을 조성한다는 내용을 다룰 뿐, 소비자가 제도에 대해 불만을 나타낸다는 점은 확인할 수 없다. 또한 (나)는 불량 식품을 근절하기 위한 제도를 소개하고 있으므로, 이 제도에 대한 소비자 불만에 대해 언급하는 것은 글의 취지와 맥락에도 맞지 않는다.

오답설명

① ㄱ-2를 보면 불량 식품의 적발 유형 중 이물 검출의 누적 적발 건수가 가장 많음을 알 수 있다. 이를 통해 4문단의 '불량 식품 적발 유형 중 이물 검출 사례가 가장 많았다'는 내용을 구체화할 수 있으므로 선지의 내용은 적절하다.

② ㄴ의 '해당 광고는 잘못된 정보로 소비자를 기만하여 소비자의 건강을 해친다는 점에서 문제가 되었다.'를 통해 2문단의 '허위 광고나 과대광고를 통해 판매되는 식품은 소비자에게 유해한 불량 식품이다.'를 구체화할 수 있으므로 선지의 진술은 적절하다.

③ ㄷ의 "불량 식품은 식중독, 급성 장염, 유해 물질에 장기간 노출되어 생기는 질병 등 건강상의 문제를 일으킵니다."를 통해, 1문단의 '불량 식품은 건강과 직접적으로 관련된다.'를 구체화할 수 있으므로 선지의 내용은 적절하다.

④ 3문단에서는 어린이 식품안전보호구역 제도를 설명하고 있으며, ㄱ-1은 어린이 식품안전보호구역 제도의 시행 결과임을 알 수 있다. 3문단에 따르면 이 제도는 2009년부터 시행되었는데, ㄱ-1을 통해 시간이 지날수록 위반율이 낮아지고 있음을 확인할 수 있으므로 ㄱ-1을 활용하여 제도의 효과를 보여 줄 수 있다. 또한 ㄷ을 통해서 전담 관리원이 업소의 식품 위생 및 안전을 주기적으로 점검하고, 위반 업소를 개선 시까지 관리하여 위반 업소의 비율이 감소함을 알 수 있다. 이는 제도를 설명해 주는 내용을 뒷받침하는 자료로 활용될 수 있으므로 이를 3문단에 추가하는 것은 적절하다.

문제분석 149-154번

번호	정답	정답률 (%)	선지별 선택비율(%)				
			①	②	③	④	⑤
149	②	75	5	75	2	4	14
150	⑤	86	3	2	3	6	86
151	①	35	35	7	24	16	18
152	④	79	1	9	8	79	3
153	③	83	8	4	83	4	1
154	②	31	7	31	10	8	44

149

정답설명

② 4문단에서 기후 변화 대응에 대한 체계적이고 지속적인 지원의 필요성은 언급하고 있으나, 청소년 참여를 위한 지원 정책에 대해서는 언급하고 있지 않다.

오답설명

① 3~4문단에서 '기후 변화 대응에 대한 청소년의 참여를 유도하는 방안'으로 '청소년이 실천할 수 있는 방안을 알려 주는 것', '자신의 활동을 통해 상황을 개선할 수 있다는 인식을 형성하는 것'을 제시하였다.

③ 2문단에서 '청소년이 기후 변화 대응 활동에 참여하지 않는 원인은 여러 가지이다.'라고 언급하며, 청소년의 참여도가 낮은 원인을 분석하고 있다.

④ 4문단에서 '자신의 활동을 통해 상황을 개선할 수 있다는 인식을 형성하는 것도 중요하다.'라고 언급하며, '기후 변화 대응에 대한 청소년 인식 형성의 중요성'을 드러내고 있다.

⑤ 1문단의 '기후 변화에 대한 대응에 미래 세대인 청소년들이 관심을 가지고 참여해야 한다는 사회적 공감대가 형성되고 있다.'에서 청소년 참여의 필요성을 드러내고 있다.

150

〈보기〉의 내용을 먼저 정리해 보자.

· 글의 제목에 반영되어야 하는 내용
1) 글에 대한 독자의 관심 이끌어 낼 수 있도록 표현하기
2) 기후 변화의 심각성 잘 드러내기
3) 글의 5문단에서 말하고자 하는 바 잘 드러내기

정답설명
⑤ '미래를 위협하는 기후 변화'는 독자의 관심을 이끌어 내며, 기후 변화의 심각성을 드러낸다고 볼 수 있다. 또한 '실천을 도와 청소년의 삶에서 대응을 실현할 때'는 '개인 및 공동체 차원에서의 실천과~청소년의 삶에서 멀리 있는 것이 아니라는 생각을 만들어 갈 수 있다'는 5문단의 내용이 잘 드러난다고 볼 수 있다.

오답설명
① '기후 변화 정책'은 독자의 관심을 이끌어 내지 않으며, 기후 변화의 심각성을 드러내지도 않는다. 또한 '학교와 사회의 실천적 연대를 지향할 때'는 개인 차원에서의 실천이 드러나지 않으므로, 5문단에서 말하고자 하는 바가 잘 드러났다고 보기 어렵다.
② '기후 변화에 대처하는 삶의 양식 전환'은 5문단에서 말하고자 하는 바가 드러난다고 볼 수 없다. 하지만 '이제 더 이상은 미룰 수 없다'는 독자의 관심을 이끌어 내며 기후 변화의 심각성을 드러낸다고 볼 수 있다.
③ '환경에 위협받는 삶'은 독자의 관심을 이끌어 내며, 기후 변화의 심각성을 드러낸다고 볼 수 있다. 하지만 '인간 중심의 삶에서 환경과 공존하는 생활로 전환'에는 5문단에서 말하고자 하는 바가 잘 드러난다고 볼 수 없다.
④ '기후 변화 문제'는 기후 변화의 심각성이 어느 정도 드러난다고 볼 수 있다. 하지만 기후 변화 문제는 청소년에게만 한정되는 것이 아니기 때문에 '청소년을 위해 모두가 실천적 노력으로 모여야 할 시기'는 5문단에서 말하고자 하는 바가 잘 드러난다고 보기 어렵다.

151

정답설명
① 2문단에서는 청소년이 기후 변화 대응 활동에 참여하지 않는 원인을, 제대로 모르기 때문에 하고자 하는 의지가 있어도 참여하기 어려운 경우와 방안을 알지만 자신의 실천은 효과가 없다고 생각하여 참여하지 않은 경우로 구분하였다. ㄱ-1에서 청소년들이 '별로 관심이 없어서', '충분한 정보가 없어서'라고 응답한 결과는 첫 번째 원인으로 구체화할 수 있지만, 두 번째 원인으로 구체화하는 것은 어려우므로 선지의 내용은 적절하지 않다.

오답설명
② 4문단에서 '기후 변화 대응 활동에의 참여를 도울 수 있도록 학교 교육에 변화가 필요하다.'라고 하였다. ㄴ의 세미나 참여자들은 '청소년들도 적극 참여하고 실천하며 효용을 체감할 수 있도록 학교·사회의 실천 연계형 교육으로 전환해야 한다'는 의견을 모으고 있다. 따라서 ㄴ을 활용해 4문단의 학교 교육의 변화 방향을 보강하는 것은 적절하다.
③ 1문단에서 '인류의 생존을 위협하는 기후 변화는 더욱 가속화될 것으로 예측'되어 '미래 세대인 청소년들이 관심을 가지고 참여해야 한다는 사회적

공감대가 형성되고 있'음을 언급하였다. ㄷ에서 2020년에 출생한 세계 각국의 아이들이 높은 수준의 폭염을 겪을 것으로 예상된다는 전문가의 의견을 다루고 있다. 따라서 ㄷ을 활용해, 1문단의 청소년들의 활동 참여에 대한 사회적 공감대 형성의 근거로 전문가의 예측을 추가하는 것은 직절하다.
④ 3문단에서 '청소년의 참여를 이끌어 내려면 우선 청소년이 실천할 수 있는 방안을 알려 주는 것이 중요하다.'라고 하였다. ㄱ-1은 기후 변화 대응 활동에 참여하지 않은 이유로 '참여 기회가 없어서'가 가장 높음을 보여 주며, ㄱ-2는 기후 변화 대응 활동에 참여한 청소년들이 생활 속에서 실천한 일들을 보여 주고 있다. 따라서 ㄱ-1과 ㄱ-2를 활용하여, 3문단에 참여 기회가 없다고 답한 청소년들에게 생활 속에서 실천할 수 있는 기후 변화 대응 활동의 사례를 제시할 수 있으며, 이를 3문단을 뒷받침하는 사례로 추가할 수 있다.
⑤ 4문단에서 기후 변화 대응 활동에 관한 긍정적 인식이 형성되려면 학교 교육의 지원이 필요하다고 하였다. ㄱ-2에서 '지역 환경 개선 활동', '기후 변화 인식 제고 캠페인'을 하는 학생들을 확인할 수 있으며, ㄴ에서는 학교·사회의 실천 연계형 교육으로 전환해야 한다는 전문가의 의견을 확인할 수 있다. 따라서 ㄱ-2와 ㄴ을 활용하여, 4문단에 지역 환경 개선 활동이나 캠페인 등 지역 사회와 연계될 수 있는 활동들을, 청소년의 긍정적 인식 형성을 위해 학교가 지원할 사례로 구체화하는 것은 적절하다.

152

정답설명
④ 4문단에서는 청소년 국가유산 지킴이 활동이 활성화되어 있지 않은 이유와 이를 활성화하기 위해 지역 구성원의 노력이 필요함을 언급하고 있을 뿐, 청소년 국가유산 지킴이 활동의 홍보가 미흡한 이유에 대해서는 언급하지 않았다.

오답설명
① 1문단에서는 청소년 국가유산 지킴이 활동을 참여한 후 느낀 뿌듯함과 보람 등을 소감으로 제시하고 있다.
② 2문단에서는 국가유산이라는 명칭이 "재화적 성격이 강한 '문화재' 대신 사용하게 된 명칭"임을 언급하고 있다.
③ 2문단에서는 '국가유산을 자발적으로 보호하고 관리하는 청소년 자원봉사자'라는 청소년 국가유산 지킴이의 정의를 제시하고 있다.
⑤ 6문단에서는 '물려받은 국가유산뿐만 아니라 국가유산을 돌보는 문화도 후손들에게 함께 물려주는 일'이라는 청소년 국가유산 지킴이 활동의 의의를 제시하고 있다.

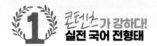

153

정답설명

형태쌤의 과외시간

'초고'의 문맥과 〈보기〉를 고려할 때, [A]에는 다음 **세 가지 조건**을 만족하는 내용이 들어가야 한다.
1) ㄱ을 활용하여 청소년 국가유산 지킴이 활동의 종류를 제시해야 함.
2) ㄴ을 활용하여 청소년 국가유산 지킴이 활동이 청소년에게 도움이 되는 점을 제시해야 함.
3) 청소년 국가유산 지킴이 활동을 통해 얻을 수 있는 이로움 중 '봉사 활동의 보람'과 '개인 진로 탐색'에 관한 내용은 [A] 다음 문장에서 다뤄졌으므로, 제외되어야 함.

③ ㄱ을 활용하여 주변 정화, 모니터링, 홍보 활동 등의 청소년 국가유산 지킴이 활동의 종류를 제시하고 있으며, ㄴ을 활용하여 지역 공동체 의식을 강화하고 지역의 역사와 국가유산에 대한 이해를 높일 수 있다는 활동의 유익함을 언급하고 있으므로 적절하다.

오답설명

① ㄱ을 활용하여 청소년 국가유산 지킴이 활동의 종류를 제시하고 있는 것은 맞다. 하지만 자신의 진로를 탐색할 수 있고, 유익한 봉사 활동을 통한 보람을 느낄 수 있다는 점은 [A] 뒤에 제시된 내용이므로 적절하지 않다.
② ㄴ을 활용하여 청소년 국가유산 지킴이 활동이 청소년에게 도움이 되는 점을 제시한 것은 맞다. 하지만 '청소년이 자발적으로 국가유산을 돌보는 활동'은 2문단에서 청소년 국가유산 지킴이의 정의로 제시된 내용이며, 이는 학생이 3문단에서 다루려고 했던 내용에 해당하지 않는다.
④ 학생이 수집한 설문 자료를 통해 주변 정화, 모니터링, 홍보 활동 간의 중요도는 파악할 수 없다. 또한 학생은 3문단에서 활동 종류 간 중요도와 활동으로 얻을 수 있는 만족도의 순서를 다루려고 하지 않았다.
⑤ ㄱ을 활용하여 청소년 국가유산 지킴이 활동의 종류를 제시하고 있으나, 청소년 국가유산 지킴이 활동이 청소년에게 도움이 되는 점을 제시하지 않았다.

154

정답설명

② 4문단에서 학생은 청소년 국가유산 지킴이 활동에 대한 교육이 부족하다는 것을 문제점으로 제시하고 있다. [B]에서는 이에 대한 해결책을 언급하고 있지 않으므로, '친구 1'의 제안을 고려하여 고쳐 쓴 글에서는 '학교에서는~ 지도할 수 있다.'라는 교육 방안을 추가한 것을 확인할 수 있다.

오답설명

① '지자체에 활동 프로그램의 개발을 촉구하는 문장'은 [B]에도 제시되었으므로 선지의 설명은 적절하지 않다.
③ '청소년 국가유산 지킴이 활동의 활성화 방안이 실현되었을 때 기대할 수 있는 바'는 [B]와 고쳐 쓴 글에 모두 제시되어 있다. 하지만 글의 통일성을 해치지 않는 내용을 남겨 두는 것이 좋겠다고 제안한 사람은 '친구 1'이 아니라, '친구 2'이다.

④ '국가유산 관련 캠페인의 필요성'은 다른 문단에서 언급되지 않았으며, 고쳐 쓴 글에서도 유지되고 있으므로 선지의 설명은 적절하지 않다.
⑤ '청소년 국가유산 지킴이 참여 방법'이 고쳐 쓴 글에서 삭제된 것은 맞으나, 이는 주제와 관련이 없기 때문이 아니라 2문단에서 이미 언급되었기 때문이다.

문제분석 155-160번

번호	정답	정답률 (%)	선지별 선택비율(%)				
			①	②	③	④	⑤
155	②	97	1	97	1	1	0
156	④	98	1	0	1	98	0
157	④	58	3	1	11	58	27
158	①	94	94	2	1	1	2
159	⑤	88	6	2	2	2	88
160	②	62	3	62	10	9	16

155

정답설명

② 초고의 3문단에서 체육관을 '체육관 내부 농구대 뒤편의 넓은 여유 공간'으로, 4문단에서 '체육관 내부 왼편의 비어 있는 비품실'로, 5문단에서 '체육관 2층 창고'로 구분하여 체육 공간에 대한 조성 방안을 공간별로 제안하고 있다.

오답설명

① 체육 공간의 조성 근거로 학술 자료를 인용하고 있지 않다.
③ 체육 공간 조성에 따른 문제의 원인들을 비교하고 있지 않다.
④ 체육 공간 조성을 위한 준비 과정을 단계별로 제시하고 있지 않다.
⑤ 체육 공간 조성 방안에 대해 예상되는 반론을 반박하고 있지 않다.

156

정답설명

④ '다양한 체육 활동 환경이 마련된다면, 많은 학생들이 각자에게 맞는 체육 활동에 참여하게 되어 건강하고 활력 있는 학교생활을 할 수 있을 것'이라는 내용은, 학교 내 다양한 형태의 체육 공간 조성을 건의하는 글의 흐름을 반영하고 있으며 다수의 학생에게 도움이 될 수 있다는 것을 제시하여 설득력을 높이고 있으므로 [A]에 들어갈 내용으로 적절하다.

오답설명

① '다양한 체육 활동이 이루어지도록 공간이 조성된다면, 학교 체육관은 지역 주민들이 활용할 수 있는 시설로 거듭날 수 있을 것'이라는 내용은, 학생들을 위한 체육 공간 조성을 건의하는 글의 흐름과 어긋난다. 또한 다수의 학생에게 도움이 될 수 있다는 것을 제시하고 있지도 않으므로, [A]에 들어갈 내용으로 적절하지 않다.
② '학교 체육 기기의 노후화로 운동을 제대로 할 수 없는 학생들의 불만이 해결된다면, 학교 체육 수업은 대다수 학생들이 기다리는 시간이 될 것'이라는 내용은, 초고에 제시된 내용과 관련이 없으므로 [A]에 들어갈 내용으

II . 작문 **111**

로 적절하지 않다.

③ '학생들이 진정으로 원하는 체육 활동이 체육관 밖에서도 이어지려면, 학교에 있는 체육 공간이 학생들의 다양한 요구에 부합하도록 재조성되어야 할 것'이라는 내용은, 학교 내 체육 공간 조성을 건의하는 글의 흐름과 어긋난다. 또한 다수의 학생에게 도움이 될 수 있다는 것을 제시하고 있지도 않으므로, [A]에 들어갈 내용으로 적절하지 않다.

⑤ '공간 재조성을 통해 구기 종목을 수행할 공간이 줄어든다면, 단체 종목을 선호하지 않는 여러 학생들도 보다 다양한 형태의 체육 활동에 참여할 수 있어 만족도가 높아질 것'이라는 내용은, 다수의 학생에게 도움이 될 수 있다는 것을 제시하고 있다. 그러나 공간 재조성을 통해 구기 종목을 수행할 공간을 줄인다는 것은 글의 흐름과 어긋나므로, [A]에 들어갈 내용으로 적절하지 않다.

157

정답설명

④ ㄱ-1을 통해 학생들이 선호하는 체육 활동이 다양함을, ㄴ을 통해 학생들의 희망을 반영하여 재조성한 체육 공간의 긍정적 효과를 확인할 수 있다. 그러나 학생들의 희망을 반영해 체육 공간을 조성한다고 하여 학생들이 선호하는 체육 활동이 더 다양해지는 것은 아니며, 이를 ㄱ-1과 ㄴ을 통해 이끌어 낼 수도 없다. 따라서 이를 2문단에 추가해 특색 있는 체육 공간 조성의 필요성을 뒷받침할 수는 없다.

오답설명

① ㄱ-1을 통해 학생들이 다양한 체육 활동 중에서도 소집단 활동을 가장 선호한다는 것을 확인할 수 있다. 따라서 이를 3문단에 추가하여, 소집단 체육 공간 조성의 필요성을 뒷받침할 수 있다.

② ㄱ-2를 통해 일과 중 체육 활동 시간의 부족으로 체육 활동을 하지 않는 학생들(15%)보다 다양한 체육 활동 공간의 부족으로 인해 체육 활동을 하지 않는 학생들(45%)이 세 배나 많음을 확인할 수 있다. 따라서 이를 1문단에 추가하여, 학교 내에 다양한 형태의 체육 공간을 조성하자는 건의문 작성의 이유를 뒷받침할 수 있다.

③ ㄷ을 통해 청소년기의 신체 관리 운동이 건강 증진에 도움이 될 뿐만 아니라 만족감·성취감을 얻어 긍정적 정서를 형성한다는 것, 즉 정신적으로도 유익하다는 것을 확인할 수 있다. 따라서 이를 5문단에 추가하여, 개별 체육 활동이 건강에 주는 이점을 보강할 수 있다.

⑤ ㄱ-2를 통해 체육 활동에 대한 흥미 부족으로 학교에서 체육 활동을 하지 않는 학생들이 있음을, ㄴ을 통해 춤을 추는 즐거움이 학생들의 동기를 높여 다른 체육 활동에도 적극 참여하게 한다는 것을 확인할 수 있다. 따라서 이를 4문단에 추가하여, 춤이 학생들을 다른 체육 활동에도 적극적으로 참여하게 한다는 내용을 보충할 수 있다.

158

정답설명

① 2문단의 '지속 가능 항공유란 기존 항공유와 화학적 구조가 유사하면서도 화석 연료가 아닌 폐기물이나 작물 등을 원료로 생산된 연료이다.', 3문단의 '지속 가능 항공유는 화석 연료로 만든 기존 항공유에 비해 탄소 배출량을 최대 80%가량 줄일 수 있다.'에서 확인할 수 있다.

오답설명

② 지속 가능 항공유의 생산 과정을 단계적으로 서술한 부분은 나타나지 않는다.

③ 지속 가능 항공유의 단점은 제시되지 않았으며, 장단점을 묻고 답하는 방식으로 서술한 부분도 나타나지 않는다.

④ 지속 가능 항공유의 도입 과정에서 예상되는 문제점을 시기별로 서술한 부분은 나타나지 않는다.

⑤ 지속 가능 항공유를 사용할 때의 경제적 효과를 국가별로 분석하여 서술한 부분은 나타나지 않는다.

159

정답설명

⑤ **[A]에는 1) 지속 가능 항공유 사용의 의의가 제시된 후, 2) 환경과 관련하여 학생들의 실천을 제안하는 내용이 들어가야 한다.** '탄소 배출량을 줄여 기후 위기에 대응할 수 있다.'라는 지속 가능 항공유 사용의 의의를 제시한 후, 학생들에게 '비행기를 타야 한다면, 되도록 탄소 배출량이 더 적은 항공편을 이용하'자는 제안을 하고 있으므로 선지의 내용은 적절하다.

오답설명

① [A]에는 지속 가능 항공유 사용의 의의가 학생들의 실천을 제안하는 내용보다 먼저 작성되어야 한다. 학생들에게 '앞으로 항공편을 선택할 때는 비용보다는 환경을 고려해 보'자는 제안을 먼저 언급한 후, '지구 온난화를 늦출 수 있다.'라는 지속 가능 항공유 사용의 의의를 제시하였으므로 선지의 내용은 적절하지 않다.

② '탄소 배출량을 줄이기 위'해 '비행기로 여행할 때 수하물의 무게를 줄'이자는 내용은 '지속 가능 항공유'에 대해 설명하는 초고의 내용과 관련이 없으며, [A]에 들어갈 내용으로도 적절하지 않다.

③ '탄소 배출량을 더 많이 감출할 수 있다.'라는 지속 가능 항공유 사용의 의의를 제시하고 있으나, '지속 가능 항공유의 혼합 비율을 점차 높여 가'자는 것은 학생들에게 제안할 수 있는 실천 내용이 아니다.

④ '화석 연료 사용량을 줄일 수 있다.'를 지속 가능 항공유 사용의 의의라고 볼 수는 있으나, 학생들의 실천을 제안하는 내용이 제시되지 않았다.

160

정답설명

② ㄱ-2는 지속 가능 항공유 필요량 전망을 보여 주는 자료로, 이를 통해 지속 가능 항공유가 2050년에는 2025년보다 50배 이상 필요함을 알 수 있다. 이는 유럽연합이 지속 가능 항공유의 혼합 비율을 높일 경우 나타나는 결과에 해당하므로, 이를 지속 가능 항공유의 혼합 비율을 2050년에 70%까지 높이는 근거로 활용할 수는 없다.

오답설명

① ㄱ-1은 운송 수단별 탄소 배출량을 보여 주는 자료로, 이를 통해 비행기가 탄소 배출량이 가장 많고 기차가 가장 적음을 알 수 있다. 이를 활용하면 '환경을 생각하여 비행기 대신 기차를 타자는' "플뤼그스캄" 운동이 일어나게 된 배경을 보강할 수 있다.

③ ㄷ은 지속 가능 항공유의 원료로 작물을 사용할 경우 우려되는 문제점을 언급하고 있는 자료로, 이를 통해 작물 원료의 사용이 삼림과 식량 공급에 부정적인 영향을 미침을 알 수 있다. 이를 활용하면 유럽연합에서 작물 기

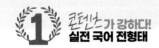

I II III

작문

반 바이오 연료의 사용을 제한하게 된 이유를 설명할 수 있다.

④ ㄱ-1은 운송 수단별 탄소 배출량을, ㄴ은 지속 가능 항공유를 사용하면 탄소 배출 감축 효과가 있음을 보여 주는 자료이다. 이를 통해 다른 운송 수단보다 탄소 배출량이 상대적으로 많은 비행기에 지속 가능 항공유를 사용하면 탄소 배출량 감축에 효과적임을 알 수 있으므로, 이를 근거로 지속 가능 항공유의 친환경적 특징을 보강할 수 있다.

⑤ ㄱ-2는 지속 가능 항공유 필요량 전망을, ㄷ은 지속 가능 항공유의 원료 대안을 위한 기술 개발이 필요함을 보여 주는 자료이다. 이를 통해 지속 가능 항공유의 예상 수요가 지속적으로 증가하지만 공급에 제약이 있음을 알 수 있으므로, 이를 들어 정부가 기업을 지원하여 생산 기술의 고도화를 통해 지속 가능한 항공유의 공급 역량을 강화하려는 이유를 보강할 수 있다.

나 없이
기출
풀지마라

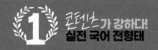

화작 융합

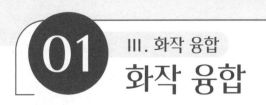

01

III. 화작 융합

화작 융합

과외식 기출 분석서, 나기출

문제분석 01-04번

번호	정답	성답률(%)	선지별 선택비율(%)				
			①	②	③	④	⑤
1	②	92	3	92	2	2	1
2	④	64	3	7	15	64	11
3	④	83	6	2	7	83	2
4	①	78	78	10	5	3	4

01

정답설명

② "통의 뚜껑과 본체를 여러 개로 나눈다는 아이디어를 생각"한 것은 설명 대상에 대한 과학적 상식이라고 볼 수 없으며, 흥미를 유발하는 표현도 아니다.

오답설명

① 학생 2는 발명가의 말을 재진술한 후, "쉽지 않은데요."라며 자신의 생각을 드러내고 있다.

③ 학생 1은 물음의 형식을 활용해 상대방에게 추가적인 설명을 요구하고 있다.

④ 학생 2는 발명가가 설명한 "아이디어 창출 중심 모형"이 세 단계로 구성되었다는 정보를 이용하여 이어질 내용을 예측하고 있다. 아이디어 창출 중심 모형은 체험 단계(물건을 탐색하며 호기심 가짐), 인지 단계(과학적 원리 학습), 발명 단계(물건을 개선할 아이디어 창출)로 구성되어 있다. ⓔ 앞에서 체험 단계까지 설명을 마쳤으므로, 다음에는 인지 단계의 과학적 원리 학습이 이어질 것이라고 예측할 수 있다.

⑤ 손전등에 전자기 유도 법칙이 이용됐다는 것을 참고해 빛을 내는 볼펜이라는 아이디어를 생성한 사례를 제시하여, ⓜ 앞의 발화("기존의 다른 발명품을 참고한다")를 보충하고 있다.

02

정답설명

④ 학생 1이 선배님(발명가)의 말씀을 활용하여 글을 쓴다고 하였으므로 고려할 것은 두 가지이다. (1) **(가)의 발명가의 발화에 포함된 내용인가**, (2) **(나)에서 (1)과 연관되는 내용이 서술되었는가.**

(가)의 발명가의 세 번째 발화에서 "기존의 다른 발명품들을 참고할 수 있"다는 말을 찾을 수 있으며, (나)에서 튜브를 참고해 물에 뜨는 자전거에 대한 아이디어를 제시하였다. 따라서 '기존의 다른 발명품을 참고하여 아이디어를 창출하는 내용을 글에 포함해야겠다'는 것은 적절한 내용이라 할 수 있다.

오답설명

① (가)에서 발명가는 인터뷰에서 발명품을 만드는 데 겪은 어려움에 대해 언급한 적이 없다.

② (가)에서 발명가가 주변 사물에 호기심을 갖고 개선점을 찾아보라고 한 것은 맞으나, (나)에서 개선이 필요한 주변 사물의 문제점을 서술하지는 않았다.

③ (가)에서 발명가는 자신의 발명품 중 하나를 소개하기 위해 여러 가지 양념

을 담는 통을 보여 준 것이지, 모형의 각 단계를 설명하기 위해 양념 담는 통을 언급한 것이 아니다. 발명가는 모형의 각 단계를 필기구로 설명하고 있다.

⑤ (나)에는 아이디어 창출 과정이 제시되었을 뿐, 물건의 제작이나 완성 과정은 제시되지 않았다.

 형태쌤의 과외시간

[화법 – 대화]
대화는 단순 일치 문제들이다. 대화 문제를 풀면서 신경 써야 할 것은 다음과 같다.
1) 대화의 의도
2) 공감과 동조의 표현
3) 준언어적 표현(어조, 성량) / 비언어적 표현(몸짓, 손짓, 표정)
'대화의 의도' 문제에서 학생들이 흔들리는 가장 큰 이유는 본인의 주관적인 생각만 고수하기 때문이다. **본인의 생각만 옳다고 고수하면서 출제자의 판단을 허용하지 못하면, 명확한 정답이 있음에도 불구하고 오답 선지로 손이 가게 된다.**
대화나 행동의 의도는 A라고 단정 지을 수 없을 때가 있다. 이때는 A′나 A″가 선지에 나왔을 때도 허용하면서, 명확하게 적절하지 않은 선지를 찾아가야 한다. 의도를 무조건 A만 된다고 우겨봤자 돌아오는 것은 등급 하락뿐이다.

03

정답설명

④ 선생님의 조언에 따라 중심 내용의 요약과 중심 내용이 지닌 의의를 고려해야 한다.
(나)의 중심 내용은 아이디어 창출 중심 모형이므로, 모형 단계의 요약과 의의가 제시된 ④번 선지가 적절하다.

오답설명

①, ③ 아이디어 창출 중심 모형에 대한 요약 없이 의의만 제시되어 있다.

② 첫 번째 문장은 아이디어 창출 중심 모형의 요약이라고 볼 수 있으나 두 번째 문장은 요약이라고 볼 수 없으며, 의의 또한 제시되지 않았다.

⑤ 아이디어 창출 중심 모형에 대한 요약이 제시되어 있으나, 의의가 제시되지 않았다.

04

정답설명

① (나)에서는 비교의 방법을 사용하고 있지 않다.

오답설명

② 2문단에서 '먼저', 3문단에서 '그 후', 4문단에서 '마지막으로'와 같은 순서를 알려 주는 표지를 사용하였으므로 적절한 평가이다.

③ 2문단의 '그리고 직접 자전거를 타 보이기도 하고, 자전거를 분해해 보이기

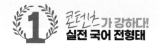

도 하면서 탐색된다.'라는 문장은 '그리고 직접 자전거를 타 보기도 하고, 자전거를 분해해 보기도 하면서 탐색한다.'와 같이 수정하는 것이 적절하다.

④ 3문단의 '이때 자전거를~써 보는 것도 좋다.'는 글의 흐름과 어긋나는 문장이므로 글의 통일성을 위해 삭제하는 것이 적절하다.

⑤ 4문단의 첫 번째 문장이 '개선 방안을 생각한다.'로 끝나므로 그 뒤에는 세 번째 문장인 '개선 방안을 생각할 때는 기존의 다른 발명품을 참고할 수 있다.'로 이어지는 것이 자연스럽다. 따라서 내용이 매끄럽게 연결되도록 4문단의 두 번째 문장과 세 번째 문장의 순서를 바꾸는 것이 적절하다.

형태쌤의 과외시간

[작문 – 통합형] / [화작 융합]

지금까지 배웠던 유형들의 통합형 문제들이다. 통합형이라고 다를 것은 없다. 각 유형에서 날카롭게 다듬은 판단력을 통해 동일하게 풀이를 진행하면 된다. 볼 것이 많다고 당황하지는 말자. 어차피 지문이나 조건을 제대로 봐야 문제를 풀 수 있다. 누구나 시간이 어느 정도는 걸린다는 생각으로 차분하게 접근해야 한다.

문제분석 05-08번

번호	정답	정답률 (%)	선지별 선택비율(%)				
			①	②	③	④	⑤
5	④	94	2	2	1	94	1
6	①	94	94	2	1	2	1
7	④	91	3	2	3	91	1
8	②	94	2	94	1	2	1

05

정답설명

④ ㉠ : 1문단을 통해 또래 상담으로 위안을 받은 경험이 지원 동기가 되었음을 알 수 있다.
㉣ : 2문단의 공부방 봉사 활동, 3문단의 「상담 심리학의 기초」를 읽은 활동은 모두 또래 상담과 관련된 의미 있는 활동이라 할 수 있다.
㉤ : 마지막 문단에 친구의 이야기와 고민을 경청하고 공감하겠다는 다짐이 제시되어 있다.

오답설명

㉡, ㉢ : (가)에서 학생의 성장 배경 및 가정환경, 성격의 장단점은 언급되지 않았다.

06

정답설명

① 또래 상담으로 위안을 받은 경험, 공부방 봉사 활동이나 「상담 심리학의

기초」를 읽으며 상담 관련 내용을 공부한 경험을 제시하여 지원 분야에 대한 관심을 드러내고 있다.

오답설명

② (가)에는 지원 분야와 관련된 학업 계획이 언급되지 않았다. 상담 관련 내용을 공부하기 위해 「상담 심리학의 기초」를 읽은 것은 학업 '계획'이 아니며, 상담 분야와 관련하여 이미 수행한 활동이다.

③ (가)에는 지원 분야에 대한 분석 결과가 인용되지 않았다.

④ (가)에는 비유적 표현이 활용되지 않았다.

⑤ 지원자에 대한 전문가의 평가는 (가)에 제시되어 있지 않다. 상담 선생님은 「상담 심리학의 기초」라는 책을 추천해 주었을 뿐, 지원자를 평가하지는 않았다.

07

정답설명

④ [B] : ⓐ, ㉯
면접자는 자기소개서에 제시된 「상담 심리학의 기초」의 인간 중심적 상담 이론과 관련하여 해당 이론에서의 상담자 태도에 대해 추가적인 설명을 요구하는 질문하였고(ⓐ), 면접 대상자는 책의 내용을 바탕으로 자세하게 답변하였다(㉯).

오답설명

[A] : ⓑ, ㉰
면접자는 또래 상담이 왜 필요한지를 질문하였다. 이는 또래 상담이 필요한 이유를 들어 답하라는 것이므로, 지원 분야의 필요성에 대한 근거를 요구하는 것이다(ⓑ). 또한 면접 대상자는 자기소개서에 언급되지 않은 설문 조사 결과를 근거로 답변하고 있다(㉰).

[C] : ⓒ, ㉮
면접자는 성적이 떨어져 우울해하는 또래의 상황을 제시하여, 면접 대상자의 상담 수행 능력을 확인하고자 한다(ⓒ). 이에 대해 면접 대상자는 자기소개서 2문단에서 언급한 '상호 간의 신뢰와 친근감', 3~4문단에서 언급한 '공감'을 적용해 답변하고 있다(㉮).

08

정답설명

② (나)에는 면접 대상자가 면접자와의 견해 차이를 인정한 부분이 나타나 있지 않다.

오답설명

① 면접자의 "상담에서 말하는 '래포'가 무엇인지 알고 있나요?"라는 질문에 대해, 면접 대상자는 "래포의 개념을 말씀하시는 건가요?"라고 되물으며 질문 내용을 확인하였다.

③ 면접자는 '인간 중심적 상담 이론에서 제시한 상담자의 태도'에 대한 면접 대상자의 답변을 듣고 "잘 알고 있네요."라는 긍정적 반응을 보였다.

④ 면접자는 '래포'에 대한 면접 대상자의 답변을 듣고, "신뢰와 친근감을 뜻하는 래포는 진솔하게 이야기를 나눌 수 있게 하는 상담의 중요한 요소라는

말이군요."라며 요약 및 재진술하였다.

⑤ 면접자는 면접의 도입부에 "긴장한 것 같은데요, 편안한 마음으로 답변하면 됩니다."라며 면접 대상자의 긴장을 풀어 주는 말을 하였다.

문제분석   09-12번

번호	정답	정답률 (%)	선지별 선택비율(%)				
			①	②	③	④	⑤
9	③	96	1	1	96	1	1
10	④	92	1	1	1	92	5
11	⑤	73	1	6	17	3	73
12	③	91	1	5	91	1	2

09

정답설명

③ ㉮ : '현지'는 토의에 앞서 '허생의 처가 추구하는 행복의 조건은 무엇인가?'라는 토의 주제를 언급하였다.

㉯ : '현지'의 두 번째, 세 번째 발화의 "정리하면"을 통해, 토의 흐름을 이해할 수 있도록 토의 내용을 정리해 주었다는 것을 알 수 있다.

㉰ : '현지'는 두 번째 발화에서 "허생의 처가 추구한 행복의 조건을 다른 측면에서는 어떻게 접근할 수 있을까?"라는 질문을 통해 다른 관점에서의 생각을 유도하였다.

오답설명

㉯ : (가)에서 '현지'는 발언 순서를 지정해 주지 않았다.

㉰ : (가)에서 '현지'는 참여자들에게 근거를 함께 제시하도록 요구하지 않았다.

10

정답설명

④ [B]에서 '영수'는 "맞아."라며 '민호'의 의견에 수긍하고 있다. 또한 허생의 처가 남편에 대해 한탄하는 대목인 "나는 내 남편이~나를 모르고…."를 인용하여 '민호'의 의견을 보완하고 있다.

오답설명

① [A]에서 '영수'의 질문은 '민호'에게 추가적인 근거를 요구하기 위한 것이 아니라, '민호'의 의견에 대해 반론하기 위한 것이다.

② '영수'는 [A]에서 '민호'의 의견에 반대되는 의견을 피력하고 있으므로 적절하지 않다.

③ [A]에서 '영수'가 '민호'의 의견에 동의하거나 재진술하는 부분은 찾을 수 없다.

⑤ '영수'는 [B]에서 '민호'의 의견에 동의하고 있으므로, 논리적 오류를 지적하면서 상반된 의견을 제시하고 있다는 것은 적절하지 않다.

11

정답설명

⑤ '민호'는 (나)에서 허생의 처가 행복하지 않던 이유로 강요된 희생과 가족

간의 소원한 관계를 제시하고, 이에 비추어 자신의 삶을 반성하는 내용을 담아냈다. 그러나 허생의 처가 행복하지 않은 이유를 주된 이유와 부차적인 이유로 구별하지는 않았다.

오답설명

① 1문단에는 허생의 처가 행복의 외적 조건을 추구하고 있다는 기존의 '민호' 의견과, 토의를 통해 수정된 의견이 모두 제시되어 있다.

② 2문단은 생계 문제만 해결된다면 허생의 처가 행복해질 수 있었을까 하는 의문을 제기하고 이에 답하는 방식으로 서술되었다.

③ '영수'가 허생의 처의 말을 인용하면서 개진한 의견은, 가족 간의 소원한 관계가 허생의 처가 행복하지 않았던 이유 중 하나라는 것이었다. '민호'는 이를 반영하여 2문단에 허생의 처가 행복해지기 위한 조건 중 하나로 가족 구성원 간의 바람직한 관계를 제시하였다.

④ 3문단에는 외적 조건이 행복의 전부가 아니라는 것을 깨달았다는 내용이 제시되어 있다.

12

정답설명

③ ㉠에서는 외적 조건이 행복의 전부가 아니라는 깨달음을 진술하고 있다. 이를 구체화하기 위해서는 외적 조건 이외의 요소로도 행복을 느낄 수 있다는 자료를 제시해 주어야 한다. ③번 선지는 ⓒ를 활용하여 인간관계에서의 만족 수준이 행복에 영향을 미친다는 것을 구체화하고 있으므로 적절하다.

오답설명

① 행복을 위한 물질적 부의 수준이 사람마다 다를 수 있다는 것은 ⓐ와 관계가 없으며, ㉠을 구체화할 수 있는 방안이라 볼 수도 없다.

② ⓑ의 자료는 물질적 부가 행복의 유일한 조건이 될 수 없다는 근거는 될 수 있다. 그러나 '소득이 일정 수준을 넘어서면 소득이 더 증가해도 행복 수준은 더 이상 상승하지 않는다'는 것은, 일정 수준 이하의 소득에서는 소득 상승에 따라 행복 수준이 상승한다는 의미로도 해석될 여지가 있다. 따라서 ⓑ는 외적 조건 이외의 요소로도 행복을 느낄 수 있다는 내용을 구체화하기에 적절한 자료라 할 수 없다.

④ 바람직한 가족 관계를 형성하려면 일정 수준 이상의 소득이 보장되어야 한다는 내용은, 행복을 위해서는 외적 조건이 필수로 선행되어야 한다는 것이므로 ㉠을 구체화하기 위한 방안으로 볼 수 없다.

⑤ ㉠의 깨달음은 외적 조건만이 행복의 전부가 아니라는 것이지 물질적 부 자체의 가치를 부정하는 것이 아니다.

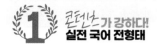

형태쌤의 과외시간

[화법 - 토론과 토의]
화법 문제의 핵심이라고 할 수 있는 유형으로, A와 B가 각자의 입장에서 견해와 근거를 제시하는 유형이다. 지문을 읽을 때 신경 쓸 부분은 다음과 같다.

1) 각자의 주장
2) 근거들
3) 공통점, 상호 인정 / 허용 부분

이때 **주장이 되는 '견해'**는 당연히 중요하다. 하지만 견해는 신경을 쓰지 않아도 자연스럽게 눈에 들어오고 뇌리에 각인된다. **중요한 것은 '근거'다.** 주장은 하나지만 근거는 여러 개가 나올 수 있다. 반드시 근거에 넘버링을 하면서 세심하게 체크를 해 둬야 한다. 그래야 나중에 문제를 풀 때 빠르게 지문으로 와서 확인할 수 있다.
또한 두 입장의 **'공통점, 상호 인정 / 허용 부분'**도 체크 사항이다. 이 부분은 합의에 이르게 되는 중요한 지점이기 때문에 단골로 출제가 되는 부분이다. 미리 지문에서 체크했다면, 빠르게 문제를 풀 수 있다.

문제분석 13-16번

번호	정답	정답률(%)	선지별 선택비율(%) ①	②	③	④	⑤
13	⑤	70	4	4	8	14	70
14	①	88	88	3	2	3	4
15	⑤	84	4	3	3	6	84
16	④	69	4	7	8	69	12

13

정답설명
⑤ '학생 3'은 '학생 2'가 언급한 활동이 어른들만을 대상으로 한 것이기 때문에 예상 독자인 다른 지역 학생들을 고려하여 추가적인 활동을 찾아보겠다며 사랑미술관의 다른 활동을 언급한 것이지, '학생 1'이 제시한 대안의 적절성을 평가한 것이 아니다. 또한 '학생 1'은 '학생 2'의 제안이 가지는 문제점을 지적하였을 뿐, 대안을 제시하지 않았다.

형태쌤의 과외시간

선지 ⑤의 구성을 잘 보자. 'A는 B 때문이다.'라는 선지 구성은 은근히 시간을 잡아먹고 실수를 유발하는 구성이다. 편하게 풀 때는 상관없지만, 시험장에서 빠르게 풀 때는 실수에 주의하면서 A와 B의 관계를 잘 판단해야 한다. '학생 3'이 사랑미술관의 다른 활동을 언급한 이유는 '학생 2'가 제시한 유화 그리기 수업이 어른들을 대상으로 하는 것이어서 예상 독자인 학생들과는 관련이 없는 정보이기 때문이다.

오답설명
① '학생 2'는 다른 지역에 존재하는 △△거리, □□길을 언급하며 맛나거리가 사랑시만의 특색이 드러나는 곳이 아니라고 판단하였다.
② '학생 3'은 맛나거리와 비슷한 장소가 다른 지역에도 많다는 '학생 2'의 발언을 고려하여, 우리 도시의 특색 있는 행사인 반딧불이 축제를 소개하자고 하였다.
③ '학생 2'는 사랑미술관에서 운영하는 유화 그리기 수업은 "우리 도시에서만 하는 거라 특색 있"기 때문에, 모둠 과제 안내장에 제시된 '우리 도시의 특색 있는 장소나 행사를 포함할 것.'이라는 조건에 부합하므로 사랑미술관을 소개하자고 하였다.
④ '학생 1'은 '다른 지역의 학생들'이 예상 독자임에 반해, '학생 2'가 제시한 유화 그리기 수업은 어른들만을 대상으로 하는 것이어서 이러한 점을 고려해야 한다고 판단하였다.

14

정답설명
① ㉠은 "수집한 내용들을 나열해서 쓰기만 하면 평범한 글이 될 것 같"다는 문제 상황을 들어, "어떻게 하면 인상적인 글을 쓸 수 있을까?"라며 논의가 필요한 사항을 제시하고 있다.

오답설명
② ㉡은 ㉠에 대한 해결 방안을 제시하며, 그 방안의 적절성에 대해 다른 학생들에게 묻고 있다. 하지만 상대가 제시한 의견의 문제를 지적하고 있지는 않다.
③ 둘 다 물음의 형식을 활용하고 있고, ㉠이 아닌 ㉡이 자신의 의견에 대한 상대의 동의를 구하고 있다.
④ ㉠과 ㉡ 모두 상대의 질문 내용에 대한 자신의 이해가 정확한지 되묻고 있지 않다.
⑤ ㉠과 ㉡ 모두 자신이 처한 상황을 설명하며 상대의 조언을 요청하고 있지 않다.

15

정답설명
⑤ [B]에서 논의한 내용과 [C]에 작성된 내용은 1) **산할머니 제당과 산할머니 제당에서 열리는 문화제 소개**, 2) **산할머니 전설**, 3) **사랑시 명칭의 유래**, 4) **바람맞이 언덕 소개(제당에서 언덕까지 찾아가는 길 안내)**이다.
이를 바탕으로 적절한 선지를 고르면 ⑤이다. [C]에서 4)에 해당하는 내용은 '제당 뒤편으로 난 길을~많이 찾고 있다.'이다.

오답설명
① 제당과 문화제에서 열리는 다양한 행사를 안내하지 않았다.
② 은행나무가 '사랑시에서 가장 오래된' 나무임을 언급하고 있을 뿐, 은행나무와 관련된 산할머니의 일화는 제시되지 않았다.
③ 사랑시의 명칭이 변화되어 온 과정을 소개하지 않았다.
④ [C]의 "'바람맞이 언덕'에 도착한다.~많이 찾고 있다."에서 바람맞이 언덕을 소개하고 있고, '우리 도시는 효를 으뜸으로 여기며~문화제를 열고 있다.'

III. 화작 융합 **119**

에서 해마다 문화제가 열리는 이유를 설명하고 있다. 그러나 [B], [C]에 따르면 사랑시의 전통을 보여 주는 장소는 바람맞이 언덕이 아닌 산할머니의 제당이다. 또한 해마다 문화제가 열리는 장소는 산할머니의 제당이므로 사랑시의 전통을 보여 주는 바람맞이 언덕을 소개하자는 의견을 반영하여 해마다 문화제가 열리는 이유를 설명하는 것은 적절하지 않다.

16

정답설명

(가)의 '학생 3'의 발화 "우리 도시를 상징하는~문구에 포함하면 좋겠어."와 그 뒤의 '학생 2'의 발화 "대조의 표현 방식을 사용하는 건 어때?"에 따르면 다음과 같이 조건을 설정해서 판단할 수 있다.

	전통	자연	예술 분야의 특색	방문 시 얻는 좋은 점	대조
④	O	O	O	O	O

형태쌤의 과외시간

'조건에 맞춰 표현하기'에서 조건이 많은 경우 은근히 시간을 많이 잡아 먹는다. 이럴 때는 가장 쉽고 확실한 조건으로 선지를 소거한 후에 나머지 선지를 다른 조건으로 지워나가야 한다. 일단 크게 보면 내용(전통, 자연, 예술, 좋은 점)과 형식(대조)으로 조건이 나눠지는데, '형식(대조)'에 주목하면, ④와 ⑤가 남는다. 이때부터 본격적으로 다른 조건을 비교하는 것이다.

④ '효의 정신이 담긴 산할머니 전설'에서 사랑시의 전통을, '화가들의 작품 이야기'에서 예술 분야의 특색을, '청정한 사랑시'와 '반딧불'에서 자연을 드러내고 있다. 또한 '여러분들 마음속에 여유가 생길' 거라며 사랑시를 방문하면 얻을 수 있는 좋은 점을 언급했으며 '어두운 여름밤을 수놓는 밝은 반딧불'이라는 대조법을 사용하고 있다.

오답설명

	전통	자연	예술 분야의 특색	방문 시 얻는 좋은 점	대조
①	O	O	X	O	△
②	O	O	O	X	X
③	O	O	O	O	X
⑤	X	O	O	X	O

① '효의 고장'에서 전통을, '별빛처럼 피어나는 반딧불'에서 자연을, '텅 빈 가슴이 빛으로 가득 찰 거예요.'에서 사랑시를 방문하면 얻을 수 있는 좋은 점을 드러내고 있지만, 예술 분야의 특색이 드러나지 않았고 대조법을 활용하지도 않았다.
일반적으로 대조는 대등한 대상의 차이점을 비교할 때 쓰인다. '텅 빈 가슴'과 대조가 되는 표현을 제시하려면, '빛으로 가득 찬 가슴'이 제시되어야 한다. 따라서 '텅 빈 가슴이 빛으로 가득 찰 거'라는 표현은 일반적인 대조로 보기 어렵다. 하지만 넓게 본다면, '텅 비다 / 가득 차다'의 표현은 분명 대조가 된다. 따라서 △ 표시를 하였다. 이렇게 판단하기 애매한 부분이 있을 때, 평가원에서는 다른 부분에서 확실히 X가 나오도록 선지를 구성하니, 이 부분 때문에 너무 스트레스 받을 필요는 없다.
② '산할머니 전설이 남아 있는 사랑시에는 효의 전통과'에서 전통을, '깨끗한

자연 풍경'에서 자연을, '아름다운 예술'에서 예술 분야의 특색을 드러내고 있지만, 사랑시를 방문하면 얻을 수 있는 좋은 점이 드러나지 않았고 대조법을 활용하지도 않았다.
③ '맑고 깨끗한 자연'에서 자연을, '그림'과 '화가의 해설'에서 예술 분야의 특색을, '효의 전통을 느낄 수 있는 산할머니 전설'에서 전통을, '가족의 소중함을 깨닫게 해 줍니다.'에서 사랑시를 방문하면 얻을 수 있는 좋은 점을 드러내고 있지만, 대조법을 활용하지 않았다.
⑤ '사랑스러운 반딧불이'에서 자연을, '눈은 시원하게 마음은 따뜻하게'에서 대조를, '사랑시의 평범한 사람들의 일상이 오롯이 담긴 미술 작품'에서 예술 분야의 특색을 드러내고 있지만, 사랑시의 전통과 사랑시를 방문하면 얻을 수 있는 얻는 좋은 점이 드러나지 않았다.

문제분석 17-21번

번호	정답	정답률 (%)	선지별 선택비율(%)				
			①	②	③	④	⑤
17	①	95	95	1	2	1	1
18	②	85	8	85	2	3	2
19	④	94	1	1	2	94	2
20	④	94	2	1	2	94	1
21	⑤	85	3	4	4	4	85

17

정답설명

① 찬성 측 입론의 "학생들의 투표율이 낮아, 선출된 학생회장의 대표성에 대해 논란이 제기되고 있습니다."와 "(결선 투표제를) 도입하면 선거에 대한 관심이 고조되고 투표율이 높아져~기대됩니다.", 반대 측 입론의 "학생회장 선거의 투표율을 높여야 하는 것에는 공감하지만"에서 확인할 수 있다.

오답설명

② 찬성 측과 반대 측 모두 선거 홍보 방법의 다양화를 언급하지 않았다.
③ 찬성 측은 결선 투표제를 새롭게 도입해야 한다고 주장하지만, 반대 측은 결선 투표제 도입을 반대하고 있다.
④ 찬성 측과 반대 측 모두 무효표를 줄이기 위한 방안에 대해서는 언급하지 않았다.
⑤ '찬성 1'이 후보자의 자질과 능력이 향상될 것이라 언급했지만, 이는 선거 기간이 길어져서가 아니라 1차 투표와 결선 투표를 거치면서 서로 다른 의사가 수렴되기 때문이다. 또한 반대 측은 결선 투표제에 따른 후보자의 자질과 능력 향상에 대해 의문을 품고 있으며, '찬성 1'은 '반대 2'의 반대 신문 이후 "그렇다고 후보자의 자질과 능력이 향상되지는 않겠지요."라며 주장을 수정하고 있다.

18

정답설명

② '반대 1'은 입론에서, 찬성 측의 주장에 대한 문제점을 언급하며 자신의 주장을 강조하고 있다. 그러나 상대방이 제기한 문제점인 '학생들의 투표율

이 낮아, 선출된 학생회장의 대표성에 대한 논란이 제기됨'에 대한 원인을 다양하게 분석하지는 않았다.

오답설명

① '반대 2'는 반대 신문에서, 결선 투표제를 도입하면 후보자의 자질과 능력이 향상될 것이라는 '찬성 1'의 말을 지적하는 질문을 하여 상대방 스스로 "그렇다고 후보자의 자질과 능력이 향상되지는 않겠지요."라며 자신의 생각이 잘못되었음을 인정하게 하고 있다.

③ '찬성 1'은 반대 신문에서, '반대 1'의 "단순 다수제는~후보자를 더 신중하게 결정하게 되는 민주적 절차입니다."라는 말을 언급하며 결선 투표제가 더 민주적이지 않느냐고 질문함으로써 자신이 원하는 답변을 이끌어 내고 있다.

④ '반대 1'은 반론에서, 찬성 측의 주장대로 결선 투표제를 실시하면 후보자들 간의 담합이 발생할 수 있다는 문제점을 거론하며 찬성 측의 주장에 대해 반박하고 있다.

⑤ '찬성 1'은 반론에서, 반대 측이 주장한 시간과 비용 문제를 투표 방식을 변경하여 해결할 수 있다며 ○○고등학교의 사례를 제시하고 있다.

19

정답설명

④ 예상되는 반박에 대비한 해결 방안은 제시하지 않았다.

오답설명

① 학생들의 투표율이 낮아, 선출된 학생회장의 대표성에 대해 논란이 제기되고 있다는 문제 상황을 제시하였다.

② 결선 투표제 도입을 문제 해결 방안으로 제시하였다.

③ 결선 투표제의 개념을 제시하였다.

⑤ 결선 투표제를 도입한다면 선거에 대한 관심이 고조되고 투표율이 높아져 대표성을 인정받는 학생회장이 선출되며, 후보자의 자질과 능력도 향상될 것이라는 기대 효과를 제시하였다.

20

정답설명

④ 찬반 양측의 입장 중 하나를 선택하여 글을 쓰지 않았다.

오답설명

① 1문단에서 '대표성 높은 학생회장을 선출하기 위해' 토론회가 개최되었다며 토론회가 개최된 목적을 밝혔다. 또한 '토론에 대한 의견을 밝혀 학교의 중요한 의사 결정에 참여하고자' 글을 쓰게 되었음을 드러내었다.

② 2문단에서 사회 시간에 배운 A 나라의 결선 투표제 실시 결과를 제시하면서 찬성 측의 근거는 타당하지 않다고 언급하였다.

③ 4문단에서 '대표성은 어떻게 생기는 것일까?'라는 의문점을 언급하고, 관련 서적을 찾아본 뒤 자신의 생각을 정리하였다.

⑤ 마지막 문단에서 '민주적 의사 결정의 과정을 경험'하게 했다는 토론회의 의의를 밝히고, '문제 해결을 위해 논쟁하고 공동체의 일원으로서 의견을 나누는 것은 민주적 의사소통의 첫걸음이라고 생각한다'며 토론의 필요성을 제시하며 글을 마무리하고 있다.

21

정답설명

⑤ 3문단을 통해 필자는 반대 측이 반론 단계에서 담합의 가능성을 문제점으로 제시했지만 사례나 증거를 들어 자신의 주장을 입증하지 못했으므로 적합하지 않다고 평가하였음을 알 수 있다.

오답설명

① 2문단의 '그런데 사회 시간에 배운~찬성 측의 근거는 타당하지 않다고 생각한다.'에서 확인할 수 있다.

② 2문단의 '반대 측은 입론에서 단순 다수제가~입증되지 않아 설득력이 부족하다.'에서 확인할 수 있다.

③ 2문단의 '반대 측은 투표율이~근거를 보여 주지 못하였다.'에서 확인할 수 있다.

④ 3문단의 '이 토론에서 반대 측은~강화하는 것이므로 입론 단계에 적합하다.'에서 확인할 수 있다.

문제분석 22-25번

번호	정답	정답률 (%)	선지별 선택비율(%)				
			①	②	③	④	⑤
22	④	86	2	3	3	86	6
23	④	79	3	8	3	79	7
24	⑤	89	3	0	5	3	89
25	③	67	25	3	67	3	2

22

정답설명

④ (가)의 둘째 문단 첫 문장은 (나)의 '학생 2'가 언급한 문제점인 "선생님들도 응원 메시지를 직접 써서 가슴에 달고 뛰셨는데 본문에 그 내용을 빠뜨린 것 같아."를 고려하여 수정해야 한다. 그러나 ㉣ 역시 해당 내용이 빠져 있으므로 적절한 수정이 이루어졌다고 볼 수 없다. '이날 행사에 참가한 선생님들과 학생들은 평소 마라톤을 즐겼던 K 군을 생각하며 응원 메시지를 직접 써서 가슴에 달고 뛰었다.'와 같이 수정하는 것이 적절하다.

오답설명

① 표제는 (나)의 '학생 3'이 '학생 1'의 의견을 반영하여 말한 "중심 소재를 담고 화합이라는 행사의 의미를 드러낼 수 있도록 비유적 표현을 활용해서 표제를 다시 작성하는 게 좋을 것 같아."를 바탕으로 수정해야 한다. 따라서 비유적 표현 '작은 물방울들 하나 되어'를 통해 화합이라는 행사의 의미를 드러내고, '사제동행 마라톤'이라는 중심 소재를 담은 ㉮는 적절하다.

② 전문은 (나)의 '학생 1'의 "전문은 육하원칙 중 빠진 내용을 추가해야 할 것 같아."를 고려하여 수정해야 한다. 육하원칙은 기사문 작성의 6가지 기본 요소로, '누가, 언제, 어디서, 무엇을, 어떻게, 왜'를 밝혀야 한다는 것이다. (가)의 전문은 '지난 10월 4일(언제) 우리 학교 선생님들과 학생들은 (누가) K 군을 돕기 위해(왜) 응원 메시지를 달고(어떻게) 사제동행 마라

오답설명

① [A]에서 '학생 2'는 '학생 1'이 말한 "여러 종류의 식물이 있는 곳"을 재진술한 후, 그곳보다는 "학생들에게 친숙한 장소가 더 좋을 듯"하다는 자신의 견해를 밝히고 있다.

② [A]에서 '학생 3'은 '□□ 농장'에 가자고 제안했다. 이에 대해 '학생 1'은 '□□ 농장'에 여러 종류의 식물이 없다는 이유로, '학생 2'는 '□□ 농장'에 "아무나 들어갈 수가 없어서 가 본 학생이 거의 없"다는 이유로 반대하고 있다.

④ [B]에서 '학생 3'은 "식물이 어떤 효용이 있는지도 제시"하자고 제안했다. 이에 대해 '학생 2'는 "그거 좋은데?"라며 공감을 표한 후, "우리가 행복산에서 조사할 꽃과 나무 중 일부에는 그런 내용도 추가로 표시하면 되겠다."라며 '학생 3'의 제안을 구체화할 방안을 제시하고 있다.

⑤ '학생 3'은 [A], [B] 모두에서 "너희 생각은 어때?", "너희는 어떻게 생각해?"라며 '학생 1'과 '학생 2'의 의견을 묻고 있다.

78

정답설명

② (가)의 2문단에 따르면, ○○ 고등학교에서는 '최대한 여러 종류의 식물 사진을 찍'고 '지도 위에 조사한 모든 식물의 이름을 표시'했다. 그런데 이와 달리 '몇몇 주목할 식물만 지도에 표시'하는 것은 ○○ 고등학교의 사례를 수용한 것으로 볼 수 없다.

오답설명

① "그리고 식물 이름은 ○○ 고등학교처럼 누리집을 이용해 편리하게 찾자."라는 (나)의 '학생 2'의 발화에서 확인할 수 있다.

③ "우리 셋이서 ○○ 고등학교가 한 것처럼 넓은 공간을 조사하긴 힘들 듯하니 학교에서 걸어갈 만한 거리만 지도의 범위로 삼는 게 좋지 않을까?"라는 (나)의 '학생 2'의 발화에서 확인할 수 있다.

④ "나는 우리 학교 학생들이 볼 지도이니 학생들에게 친숙한 장소가 더 좋을 듯해."라는 (나)의 '학생 2'의 발화에서 확인할 수 있다.

⑤ "그런데 ○○ 고등학교가 이어 붙이는 방식으로 지도를 만든 건 참신하긴 한데 통일감이 없어 부자연스러울 듯해. 우리는 조사한 내용을 모아 함께 지도를 그리자."라는 (나)의 '학생 2'의 발화에서 확인할 수 있다.

79

정답설명

④ '학생 2'가 "장소마다 대표 식물을 하나씩 선정해서 그 식물 이름 밑에 식물의 사진도 함께 제시하는 건 어때?"라고 하였으므로, ㉣에 '하늘습지'를 대표하는 식물의 사진을 추가해야 한다는 반응은 적절하다.

오답설명

① 식물의 효용을 표시하기로 한 것이지, 식물이 있는 곳의 핵심적인 특징을 제시하기로 하지는 않았다.

② 행복산에는 갈림길이 많으니 걷기에 편한 길을 화살표로 표시하기로 한 것이지, 국가 보호종 식물이 있는 곳으로 가는 길의 동선을 표시하기로 하지는 않았다.

③ '□□ 농장'은 조사 장소 세 군데(행복산, 구름천, 하늘습지)에 포함되지 않

으므로 선지의 내용은 적절하지 않다.

⑤ 군집을 이루고 있는 식물은 '모두' 빗금으로 표시하기로 했으므로 선지의 내용은 적절하지 않다.

문제분석   80-84번

번호	정답	정답률 (%)	선지별 선택비율(%)				
			①	②	③	④	⑤
80	④	82	2	8	7	82	1
81	③	90	1	6	90	2	1
82	⑤	62	2	3	12	21	62
83	①	60	60	4	22	2	12
84	④	92	1	3	2	92	2

80

정답설명

④ '찬성 1'은 입론에서 "얼마 전 초보 운전자의 운전 미숙으로 인해 교통사고가 연이어 발생하면서 초보 운전 표지 의무화에 대한 논의가 본격화되고 있습니다."라며 최근 발생한 사건을 언급하여 논의의 필요성을 드러내고 있다.

오답설명

① '찬성 1'은 입론에서 "초보 운전자"라는 핵심 용어를 정의하였지만, 이에 대해 상대의 동의를 구하지는 않았다.

② '찬성 1'은 입론에서 일본의 사례만 들고 있을 뿐, 외국의 사례를 분류하여 논의의 범위를 확장하고 있지는 않다.

③ '찬성 1'은 입론에서 "저는 최근에 '초보인데 보태 준 거 있어?'라는 표지를 커다랗게 붙인 차를 봤습니다."라며 특정 경험을 활용하고 있으나, 이를 통해 기존 정책의 목적을 설명하고 있지는 않다.

⑤ '찬성 1'은 입론에서 정책이 변화한 과정을 제시하지 않았다.

81

정답설명

③ ㉢은 경력 운전자들이 초보 운전자를 배려할 수 있다는 '찬성 1'의 주장에 반대하여 일부 경력 운전자들이 초보 운전자에 대해 위협 운전을 할 수 있는 가능성을 고려하지 않았음을 지적한 것이지, '찬성 1'이 불공정하게 경력 운전자의 입장만 반영하였음을 지적한 것은 아니다.

오답설명

① ㉠은 '찬성 1'이 인용한 "초보 운전자의 사고율이 전체 운전자의 평균에 비해 18%p 높다는 통계"가 신뢰할 만한 것인지 정확한 출처를 확인하는 질문이다.

② ㉡의 "그 자료에서처럼~주요 원인이라면"을 통해, '찬성 1'이 인용한 자료에는 초보 운전자 사고의 주요 원인이 '초보 운전자의 운전 미숙'으로 나와 있음을 알 수 있다. '반대 2'는 사고의 주요 원인은 초보 운전 표지 미부착이

아니기 때문에 초보 운전 표지를 의무적으로 부착하는 것이 사고를 감소시켜 준다는 상대의 주장이 타당하지 않음을 지적하고 있는 질문이다.

④ ㄹ은 '초보 운전자의 사고 위험 감소', '운전 문화 개선'이라는 득보다 '국가 예산 소요'라는 실이 더 클 것으로 보는 발화이다. 따라서 상대의 주장을 비용의 측면에서 보았을 때 제도의 실질적 이익이 있는지 확인하는 질문이라 할 수 있다.

⑤ ㅁ은 초보 운전 표지 의무화 제도를 위반하였을 때 제재를 가하는 것이 현실적으로 실행 가능한지 확인하는 질문이다.

82

정답설명

⑤ (나)의 2문단에서 '초보 운전자 대부분이 표지를 부착하고 있다는 설문 결과도 찾아 스크랩했다.'라고 하였으므로 선지의 앞부분은 적절하다. 그러나 (가)의 '반대 2'가 "표지를 규격화해 제작하고 배부하려면 국가의 예산이 소요됩니다."라고 하였으므로, 표지 교체 비용을 초보 운전자가 부담하게 된다는 선지의 내용은 적절하지 않다.

오답설명

① (나) 2문단의 "'초보 스티커, 되레 난폭 운전자들의 표적'이라는 제목의 표지 부착 부작용 사례를 다룬 인터넷 신문 기사를 수집했다."와 (가)의 "그런데 일부 경력 운전자들이 표지를 부착한 초보 운전자에 대해 위협 운전을 할 수도 있지 않습니까?"라는 '반대 2'의 말을 통해 적절함을 알 수 있다.

② (나) 2문단의 '미국 대다수의 주에서는, 표지 부착은 의무화하지 않으면서 임시 면허 기간을 두어 초보 운전자의 운전 숙련도를 높이는 단계적 운전면허 제도를 시행하고 있다는 논문 자료를 찾았다.'를 통해 적절함을 알 수 있다.

③ (나) 2문단의 '이후 관련 기관에 메일로 자료를 요청하여 운전 행태, 교통안전 등을 평가해 수치화한 교통 문화 지수가 운전자의 인식 개선을 위한 다양한 활동을 통해 매년 꾸준히 상승하고 있다는 보도 자료를 받았다.'를 통해, 표지 부착 의무화 없이도 운전 문화가 개선될 수 있다는 주장이 가능함을 추론할 수 있다.

④ (나) 2문단의 '인터넷에서 자신의 개성을 자유롭게 표현하고 있는 다양한 초보 운전 표지 사진들을 찾아 저장했다.'와 (가)의 '반대 2'의 "방금 찬성 측이 한 발언은 표지 규격화가 표현의 자유를 침해한다는 점을 인정한 것으로 보입니다."를 통해, 국가 차원에서 표지를 규격화하면 초보 운전 표지로 개성을 표현할 수 있는 자유가 침해될 수 있다는 주장이 가능함을 추론할 수 있다.

83

정답설명

① 1문단에서는 토론에 참여하게 된 계기만을 제시하고 있을 뿐, 논제에 대한 입장을 선택하게 된 계기에 대해서는 밝히고 있지 않으므로 선지의 내용은 적절하지 않다.

오답설명

② 2문단에서 '먼저', '다음 날에는', '그리고', '이후', '그다음 날에도'와 같은

표지를 통해, 토론을 준비하는 과정을 시간 순서에 따라 제시하였다.

③ 2문단에서 '인터넷에서', '관련 기관에 메일로 자료를 요청하여', '자료를 찾으러 친구와 함께 도서관에 갔다.'와 같이 토론에 활용할 자료를 수집한 경로에 따라 나누어 제시하였다.

④ 3문단의 '평소 사람들 앞에서 말할 때 긴장해서 말을 더듬는 편이라 걱정이 되었다. 이를 극복하기 위해 실전처럼 말하는 연습을 반복했고'를 통해 알 수 있다.

⑤ 3문단의 '한편 토론 후 상호 평가를 해 보니, 친구는 준비한 자료를 활용해 논리적으로 답변한 반면 나는 찬성 측 반론을 미흡하게 반박한 것 같아 조금 아쉬웠다.'에서 '친구'와 '나'를 대비하여 토론 활동에 대한 평가를 제시하고 있다.

84

정답설명

④ **고쳐 쓰기 문제는 고쳐 쓰기 전과 후의 차이점만 비교하면 쉽게 풀 수 있다.** 고쳐 쓰기 전인 [A]에서는 토론을 준비할 때 많은 시간과 노력이 든다는 점만 밝히고 있으나, <보기>에서는 '토론 중 상대의 발언을 잘 들었더니 문제를 깊이 이해할 수 있었고 사회적 쟁점을 바라보는 다양한 시각의 중요성을 알았다.'라며 실제 토론을 하면서 깨달은 점을 추가하여 제시하고 있다.

오답설명

① 토론의 경쟁적 속성이 지닌 장점은 [A]에서 확인할 수 없으며, 고쳐 쓴 글에는 단점이 제시되지 않았다.

② [A]에서 토론에서 배운 점을 다루고 있으나, 고쳐 쓴 글에서 시행착오와 이를 보완할 계획이 제시되지 않았다.

③ [A]에서 자료 조사의 어려움은 다루고 있으나, 고쳐 쓴 글에서 토론 중 겪은 어려움이 제시되지 않았다.

⑤ [A]에서 토론 준비 과정에서의 개인적 노력은 다루고 있으나, 고쳐 쓴 글에서 협력하며 준비하는 토론의 가치가 제시되지 않았다.

문제분석 **85-89번**

번호	정답	정답률 (%)	선지별 선택비율(%)				
			①	②	③	④	⑤
85	④	75	23	1	1	75	0
86	⑤	86	1	3	8	2	86
87	①	49	49	10	6	16	19
88	⑤	74	5	3	15	3	74
89	①	65	65	5	9	13	8

85

정답설명

④ [B]에서 '진행자'는 "공간 구성에 대한 두 분의 좋은 말씀 고맙습니다."라며 두 전문가가 밝힌 의견에 대해 감사를 표하고 있다. 또한 "다음으로 운영상 중점을 둘 부분을 논의해 볼까요?"라며 이어서 논의할 사항을 제시하고 있

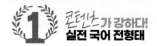

으므로 선지의 설명은 적절하다.

오답설명

① [A]에서 '진행자'는 '전문가 1'의 질문 내용이 아닌, ○○ 문화권 상설 전시실의 규모 확대에 대한 제안을 요약한 후 '전문가 2'의 생각을 묻고 있다.

② [A]에서 '진행자'는 '전문가 1'의 답변 중 이해가 어려운 내용을 밝히고 있지 않다.

③ [B]에서 '진행자'는 "상설 전시실의 규모를 확대"하자는 '전문가 1'의 제안과 "시민 활용 공간들을 확보"하자는 '전문가 2'의 제안을 종합하고 있지 않다.

⑤ [C]에서 '진행자'는 '전문가 2'가 언급한 내용의 일부인 "시민에게 의견을 묻고 이를 운영에 반영"을 재진술하고 있으나, 예상되는 문제가 아닌 기대 효과를 밝히고 있다.

86

정답설명

⑤ '전문가 2'는 "시민 활용 공간들을 확보해서 박물관을 복합 문화 공간으로 조성해야" 한다는 의견을 언급하고 있을 뿐, 공간별로 시민이 얻을 수 있는 효과가 다양함을 이유로 제시하고 있지는 않다.

오답설명

① '전문가 1'은 ○○ 문화권 상설 전시실 규모의 확대가 필요한 이유로 박물관에서 "토기와 왕릉의 왕관 등 ○○ 문화의 흥망성쇠를 보여 주는 유물을 다수 보유하고 있"다는 점을 제시하고 있다.

② '전문가 1'은 "충분한 연구가 전제되지 않으면 내실 있는 전시가 어렵"다며, 유물 연구 강화의 필요성을 제시하고 있다.

③ '전문가 1'은 "인류의 귀중한 유산을 보존하는 게 박물관 본연의 기능"이라며, "보존 공간이 부족해 5년 만에 재증축한 □□ 박물관"의 사례를 근거로 유물 보존 공간이 충분히 확보되어야 한다는 의견을 제시하고 있다.

④ '전문가 2'는 박물관의 정의에 "공동체의 참여에 관한 내용"이 추가되었음을 언급하며, 박물관 운영 과정에서 시민의 의견을 적극적으로 수용해야 함을 제시하고 있다.

87

정답설명

① (나)에서 '학생회장'은 "박물관의 핵심은 유물 보존과 연구"라는 '전문가 1'의 발언을 언급하며, "이와 관련한 강좌는 진로 개발에 큰 도움이 될 거"라는 의견을 밝히고 있다. 이러한 의견은 (다)의 3문단에서 '유물의 보존과 연구에 대해 배우는 강좌가 운영된다면, 지역 청소년의 진로 개발에 큰 도움이 될 것'이라는 기대 효과로 제시되었으므로 선지의 내용은 적절하다.

오답설명

② (가)에서 '전문가 2'는 "이번 증축을 계기로 박물관이 시민에게 더 다가가는 공간이 되었으면 합니다."라는 바람을 전하고 있다. 이러한 의견은 (다)의 마지막 문단에서 증축될 박물관이 '자랑스러운 역사를 간직한 참여의 공간이 될 것'으로 보는 향후 전망으로 제시되었음을 확인할 수 있다. 하지만 (나)에서 '학생회장'이 '전문가 2'의 발언을 언급하며 밝힌 의견은 제시되지 않았으므로 선지의 내용은 적절하지 않다.

③ (나)에서 '학생 1'은 "이 지역은 ○○ 문화의 중심지"라는 '전문가 1'의 발언을 언급하며, "박물관을 왕릉 모양으로 만들면 뜻깊을 거"라는 의견을 밝히고 있다. 하지만 이러한 '학생 1'의 의견은 (다)에 반영되지 않았으므로 선지의 내용은 적절하지 않다.

④ (나)에서 '학생 1'은 "설명 위주의~체험할 수 있는 공간을 만들어 달라고 건의하자."라는 의견을 제시하고 있다. 이러한 의견은 (다)의 2문단 '유물 모형을 체험할 수 있는 공간을 마련해 주십시오.'에 반영되어 있다. 이때, '유물 모형을 체험할 수 있는 공간'을 마련해야 하는 이유로 "저희 청소년은 체험해 보는 교육 활동을 좋아"함을 제시하고 있음을 확인할 수 있다. 하지만 '학생 1'이 '전문가 2'의 발언을 언급한 부분은 제시되지 않았으므로 선지의 내용은 적절하지 않다.

⑤ (나)에서 '학생 2'는 "역사학 관련 체험 강좌가 박물관에 없어서 진로 체험 기회가 부족한 게 문제"라는 의견을 제시하고 있다. 이러한 의견은 (다)의 3문단에서 역사학 관련 '진로 체험의 기회'가 부족한 문제 상황을 제시하는 데 활용되었음을 확인할 수 있다. 하지만 '학생 2'는 이러한 내용과 관련하여 '전문가 2'의 발언을 언급하고 있지 않으므로 선지의 내용은 적절하지 않다.

88

정답설명

⑤ ⓒ에서는 박물관 운영상의 부담과 청소년이 꿈을 키우고 지역에 대한 자긍심이 높아지는 효과를 비교하고 있다. 이는 우려하는 점보다 건의 수용의 기대 효과가 더 크다는 것을 제시하는 것이므로 ㉰에 해당한다.

오답설명

① ㉠은 체험 공간 조성으로 지역 청소년이 얻을 수 있는 이점을 제시하고 있다. 하지만 이는 건의를 받는 독자(박물관장)의 이점이 아니므로 ㉯에 해당하지 않는다. 지역 청소년이라는 다수를 위한 것이라는 점에서 ㉮에 해당한다고 할 수 있다.

② ㉡은 체험 중 안전사고의 문제를 언급하며 건의를 수용할 경우 우려되는 점을 제시하고 있다. 하지만 이러한 문제를 해결해 달라는 요구는 하고 있지 않으므로 선지의 내용은 적절하지 않다.

③ ㉡은 체험 중 안전사고의 문제를 언급하며 건의를 수용할 경우 우려되는 점을 제시하고, 자원봉사자의 참여를 언급하며 우려를 해소하는 방안을 제시하고 있다. 이때 청소년에게 자원봉사의 기회를 제공하는 것은 우려를 해소하는 방안에 따라오는 이점에 해당한다. 따라서 ㉡은 체험 중 안전사고에 대한 우려와 자원봉사 기회 제공이라는 이점을 비교하고 있는 것이 아니다.

④ ㉢은 박물관 운영상의 부담에 대한 우려를 제시하고 있을 뿐, 이러한 부담이 해결된다는 이점이 있음을 제시하고 있지는 않다.

89

정답설명

① 고쳐 쓰기 전인 (다)의 3문단의 초고와 고쳐 쓴 (다)의 3문단 모두 청소년 진로 개발의 중요성을 언급하고 있지 않으므로 선지의 내용은 적절하지 않다.

오답설명

② 3문단 초고의 '박물관에서 진로 체험 강좌를 운영해야 합니다.'는 (다)의 3문단에서 '청소년 대상의 진로 체험 강좌를 운영해 주십시오.'로 수정되었다. 진로 체험 강좌의 수강 대상인 '청소년'을 제시하고 있으므로 선지의 내용은 적절하다.

③ 3문단 초고의 '우리 지역은 역사적 자긍심이 느껴지는 곳입니다.'는 (다)의 3문단에서 '우리 지역은 ○○ 문화의 중심지여서 많은 청소년이 역사적 자긍심을 느끼고 있습니다.'로 수정되었다. '우리 지역은 ○○ 문화의 중심지'임을 청소년이 지역에 자긍심을 느끼는 이유로 추가하였으므로 선지의 내용은 적절하다.

④ 3문단 초고의 '체험 강좌가 운영된다면'은 (다)의 3문단에서 '유물의 보존과 연구에 대해 배우는 강좌가 운영된다면'으로 수정되었다. 청소년이 진로 체험 강좌를 통해 배울 수 있는 내용으로 '유물의 보존과 연구'를 밝히고 있으므로 선지의 내용은 적절하다.

⑤ 3문단 초고의 '또한 음악회, 미술전 등 문화 행사도 열어 주셨으면 합니다.'는 (다)의 3문단에서 삭제되었다. '음악회, 미술전 등 문화 행사' 개최는 진로 체험 강좌 운영의 요구에서 벗어나는 내용이므로 선지의 내용은 적절하다.

문제분석 90-94번

번호	정답	정답률 (%)	선지별 선택비율(%)				
			①	②	③	④	⑤
90	④	77	3	2	17	77	1
91	⑤	78	2	2	4	14	78
92	①	35	35	13	19	24	9
93	③	86	1	2	86	8	3
94	③	87	3	5	87	3	2

90

정답설명

④ '학생 1'은 "유네스코 인류 문화유산으로~기억하지? 전통 한지의 우수성부터 이야기해 볼까?"라며 이전 대화의 내용을 환기하고 우선 이야기할 내용을 제시하고 있다. 이후 "그럼 해결 방안에 대해 이야기해 볼까? 전통 한지를 계승하고 발전시킬 수 있는 방법에는 뭐가 있을까?"라며 문제 상황에 대한 것에서 해결 방안에 대한 것으로 대화 내용을 전환하고 있음을 확인할 수 있다.

오답설명

① '학생 1'은 이야기할 내용에 대한 의견 요청을 하고 있을 뿐, 대화에 적극적인 태도로 참여할 것을 요청하고 있지는 않다.

② '학생 1'은 "잘 정리해서 글을 써 볼게."라며 대화의 내용을 정리해 글을 작성할 것임을 밝히고 있을 뿐, 추후 모임에서 논의할 사항을 안내하고 있지는 않다.

③ '학생 1'은 "너희는 각각~입장인 거지? 둘 다 일리가 있는 말이야."라며 '학생 2'와 '학생 3'의 입장의 차이점을 확인하고 양쪽 모두 일리가 있음을

인정하고 있다. 하지만 양쪽의 합의를 이끌어 내고 있지는 않다.

⑤ '학생 1'은 대화 참여자가 제시한 정보에 대해 출처를 요구하고 있지 않다.

91

정답설명

⑤ [B]에서 '학생 2'는 전통 한지를 계승하고 발전시킬 수 있는 방법으로 "높은 품질을 유지"하는 것과 "정부 차원의 노력이 필요"하다고 말하고 있다. 이에 대해 '학생 3'은 "그것만으로 문제를 해결할 수 있"을지 의문을 가지며 민간에서 많이 사용하는 것이 더 중요하다고 말하고 있다. 또한 '학생 2'가 "품질 낮은 한지가 대부분"이라고 말하자, '학생 3'은 이러한 내용에 대한 "확인이 필요할 것 같"다고 지적하고 있다. 즉 '학생 3'은 '학생 2'의 주장에 대해 한계를 지적하거나 정보의 확인이 필요함을 지적하고 있을 뿐, 해결 방안이 공정하지 못하다고 지적한 것이 아니다.

오답설명

① [A]에서 '학생 3'이 "전통 한지는 빛에 안정적"이라 "보존성이 좋"다고 말하자, '학생 2'는 "서양 종이는 빛을 받으면 색이 잘 변하는데 전통 한지는 빛에 더 강하단 말이지?"라며 표현을 바꾸어 말하면서 자신이 이해한 내용을 확인하고 있다.

② [A]에서 '학생 2'는 서양 종이와 전통 한지를 비교하고 있다. 이에 대해 '학생 3'은 닥나무로 만든 중국, 일본의 종이와 전통 한지를 비교하여 자신이 알고 있는 정보를 덧붙임으로써 전통 한지의 우수성을 드러내고 있다.

③ [B]에서 '학생 3'이 전통 한지는 "어떤 식으로든 사용하지 않으면 결국 사라지게 될" 것이라고 말하고 있다. 이에 대해 '학생 2'는 "나도 그렇게 생각해."라며 수용한 후, 전통 한지 사용을 늘리기 위한 정부 차원의 노력이 필요하다는 자신의 의견을 제시하고 있다.

④ [B]에서 '학생 2'는 민간에서 생활용품이나 공예품을 만들 때 쓰이는 한지는 품질 낮은 한지가 대부분이라고 말하고 있다. 이에 대해 '학생 3'은 "민간에서 쓰이는 한지가 대부분 품질이 낮다는 건 확인이 필요할 것 같아."라고 하며 정보의 정확성에 의문을 제기하고 있다.

92

정답설명

① ㉠은 "유럽에서는 손상된 종이 문화재를 원상태로 되돌리는 용도로 우리 전통 한지를 사용하고 있"다는 '학생 2'의 발화를 토대로 작성된 것이다. 하지만 (나)에서 전통 한지가 유럽에서 문화재 상태 복구에 사용된다는 내용은 전통 한지의 우수성을 부각하기 위한 내용이 아니라, 국내에서 전통 한지를 사용하는 사람이 많지 않다는 내용을 부각하기 위해 활용되었으므로 선지의 내용은 적절하지 않다.

오답설명

② 전통 한지가 보존성이 좋다는 '학생 3'의 첫 번째 발화를 토대로, (나)의 2문단에 '유네스코 세계 기록 유산을 아시아에서 가장 많이 보유한 나라'가 우리나라이며 이들 '대부분이 전통 한지에 기록된 문화유산'이라는 내용으로 추가되어 반영되었다.

③ '학생 3'은 첫 번째 발화에서 전통 한지가 빛에 안정적이라고 하였으며, 두 번째 발화에서는 전통 한지의 질기고 오래가는 특성을 언급하였다. (나)

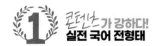
의 2문단에는 이 중 두 번째 발화의 내용만이 반영되고 첫 번째 발화의 내용은 제외되었다.

④ '학생 2'는 네 번째 발화에서 전통 한지의 높은 품질을 유지하기 위한 방법으로 전통 방식으로 한지를 만들고 국내산 닥나무만 사용할 것을 제시하였으며, 기술 전수 교육이 필요함을 주장하였다. 이 중 국내산 닥나무만 사용해야 한다는 것은 '재료 측면'으로, 전통 방식으로 만들고 기술 전수 교육을 해야 한다는 내용은 '제작 기술 측면'으로 범주화되어 (나)의 4문단에 반영되었다.

⑤ 전통 한지 사용을 늘리기 위한 정부 차원의 노력이 필요하다는 '학생 2'의 다섯 번째 발화 내용은, (나)의 4문단에 전통 한지의 사용 확대를 위한 정부 차원의 방안으로 공공 부문에서의 전통 한지 사용 장려와 문화재 수리에서의 활용이 제시됨으로써 구체화되어 반영되었다.

93

정답설명

③ 4문단에서는 전통 한지 사용을 확대하기 위한 노력이 필요하다며 이를 위해 민간 차원에서 전통 한지의 활용 분야를 넓힐 필요가 있다고 주장하고 있다. 이때 '일례로 전통 한지는~의류와 침구류 제작에 사용되고 있어, 그 응용 범위가 점차 확대되어 갈 것으로 기대된다.'라는 주장을 뒷받침하는 사례를 들어 주장의 실현 가능성을 제시하고 있으므로 선지의 내용은 적절하다.

오답설명

① 자신의 특별한 경험이 아닌 전통 한지와 관련된 현황을 토대로 문제의 심각성을 드러내고 있다.

② 자신의 주장에 대한 예상 반론과 그에 대한 반박은 언급되지 않았다.

④ 2문단에서 전통 한지의 섬유 조직에 대한 언급을 하고 있으므로 제재의 물리적 특성을 분석한 내용은 있다고 볼 수 있으나, 이를 통해 한지의 우수성을 언급하고 있는 것이지 문제 상황의 원인을 제시한 것은 아니다.

⑤ 보도 자료의 내용을 인용한 부분은 확인할 수 없으며, 전통 한지와 관련한 정책의 변화를 드러내는 내용도 확인할 수 없다.

94

정답설명

③ (나)의 마지막 문단에는 전통 한지의 계승 및 발전과 관련하여 전통 한지와 그 제작 기술의 가치를 이어 나가기 위한 노력이 필요하다는 점만 언급되었다. 하지만 고쳐 쓴 글에는 '전통 한지와 그 제작 기술의 원형을 보존하여 품질을 유지하는 한편, 전통 한지의 사용을 확대하여 전통 한지가 다양한 방식으로 활용될 수 있도록 해야 한다.'와 같이 전통 한지의 사용을 확대하기 위한 노력의 방향이 추가로 언급되어 있다. 이는 4문단에 제시된 전통 한지의 계승 및 발전을 위한 두 가지 방안에 해당하므로, 고친 글에 반영된 수정 계획은 '전통 한지의 계승 및 발전을 위한 방안을, 앞서 제시한 두 가지 방향이 드러나도록' 수정하는 것이었음을 알 수 있다.

오답설명

① 고쳐 쓴 글에는 전통 한지를 계승하고 발전시킴으로써 예상되는 기대 효과가 언급되어 있지 않다.

② (나)의 마지막 문단의 '우리의 자랑스러운 문화유산'을 통해 전통 한지를 계승해야 할 필요성이 드러나 있다고 볼 수 있다.

④ (나)의 마지막 문단에서 사용한 접속 표현 '따라서'는 적절한 표현이며, 고친 글에서 수정되지 않았다.

⑤ (나)의 마지막 문단에는 전통 한지의 특성에 대한 내용이 언급되어 있지 않다.

문제분석   **95-99번**

번호	정답	정답률 (%)	선지별 선택비율(%)				
			①	②	③	④	⑤
95	①	64	64	9	21	5	1
96	⑤	90	1	4	1	4	90
97	④	85	3	5	6	85	1
98	⑤	83	2	2	11	2	83
99	②	42	2	42	13	41	2

95

정답설명

① 전파 시스템의 도입으로 "장서 관리도 효율적"이며, "교과와 관련성이 높"은 책을 눈에 잘 띄는 서가에 배치할 수 있었다는 '부원 1'의 발화와 전파 시스템의 도입으로 "학생들이 책을 찾기 쉬워졌"다는 '부원 3'의 발화를 통해 원활한 장서 관리로 학습과 관련된 도서를 쉽게 찾을 수 있어 과제 수행에 도움을 받을 수 있음을 알 수 있다. 따라서 이는 전파 식별 시스템 도입의 ⓐ(기대할 수 있는 효과)에 해당하는 내용으로 볼 수 있다.

오답설명

② "학생증이 없더라도 아이디와 비밀번호를 입력하면 대출과 반납을 할 수 있다"는 '부원 1'의 발화는 전파 식별 시스템 도입의 ⓐ에 해당하지 않으므로 선지의 내용은 적절하지 않다.

③ "자가 대출 반납기를 사용하게 돼서 점심시간 말고도 도서관을 개방할 수 있게 된 덕분이기도 하고."라는 '부원 2'의 발화를 통해 전파 식별 시스템 도입 이전에는 점심시간에만 도서관이 개방되었음을 알 수 있으므로 선지의 내용은 적절하지 않다.

④ "교과와 관련성이 높거나 학생들의 선호도가 높은 책을 눈에 잘 띄는 서가에 배치할 수 있었어."라는 '부원 1'의 발화를 통해 전파 식별 시스템 도입으로 교과 관련성, 학생들의 선호도를 고려한 서가의 배치가 이루어졌음을 알 수 있다. 하지만 동선을 고려한 서가와 책상의 배치로 도서를 편안하게 열람할 수 있음은 제시되지 않았으므로 선지의 내용은 적절하지 않다.

⑤ "학교에서 도서관을 새로 단장했다고 학교 누리집에 안내를 해 주긴 했는데"라는 '부원 1'의 발화에서 학교 누리집에 대해 언급이 되긴 했으나, 도서관 소식을 전하는 학교 누리집 게시판이 활성화될 수 있음을 언급하지는 않았으므로 선지의 내용은 적절하지 않다.

96

정답설명

⑤ [B]에서 '부원 1'이 "그럼 우리가 달라진 도서관에 대해 소개하는 안내문을 써서 학급 게시판에 붙여 두자."라는 '부원 2'의 직전 발화를 "그러니까 안내문으로 학생들의 도서관 이용을 돕자는 말이지?"라며 재진술하고 있는 것은 맞다. 하지만 새로운 절충안을 제시하고 있지는 않으므로 선지의 설명은 적절하지 않다.

오답설명

① [A]에서 '부원 1'은 "그렇지 않니?"라는 질문의 형식을 통해 학생들의 반응과 관련한 자신의 생각이 다른 부원들의 생각과 같은지를 확인하고 있다.

② [A]에서 '부원 2'는 "학생들 반응이 좋은 것 같아. 그렇지 않니?"라는 '부원 1'의 직전 발화에 "맞아"라고 긍정하였으며, "반 친구들이 도서관 이용이 편리해졌다는 말을 많이 하더라."라며 긍정한 이유를 언급하고 있다.

③ [B]에서 '부원 3'은 "아직 달라진 도서관에 대해 잘 모르는 학생들이 있더라."라며 자신이 인식한 문제 상황을 밝히고, "이 문제부터 해결하는 게 어때?"라며 문제 상황을 해결하자고 제안하고 있다.

④ [B]에서 '부원 2'는 "그럼 우리가 달라진 도서관에 대해 소개하는 안내문을 써서 학급 게시판에 붙여 두자."라며 '부원 3'이 밝힌 문제 상황을 해결할 구체적인 방법을 제시하며 부원들에게 함께할 것을 요청하고 있다.

97

정답설명

④ ㉣을 바탕으로 작성된 메모의 '도서 분실 방지 장치 작동 중'이라는 내용은 (나)의 '도서 분실 방지 장치 작동' 부분에 반영되어 있다. 하지만 (나)에 경보음이 울렸을 때의 대처 방안은 제시되지 않았으므로 선지의 설명은 적절하지 않다.

오답설명

① ㉠을 바탕으로 작성된 메모의 '여러 권 동시 처리 가능'은 (나)의 '수월해진 대출·반납' 부분에 '길게 줄 서는 일 없이 대출·반납이 가능'하다는 내용, 즉 대출에 소요되는 시간이 줄었다는 내용으로 반영되어 있음을 알 수 있다.

② ㉡을 바탕으로 작성된 메모의 '장서 점검기 활용의 이점'은 (나)의 '이용 편의성을 높인 도서 배치' 부분에 '도서관 이용 편의성을 고려하여 도서를 배치했'다는 내용, 즉 이용 편의를 고려해서 도서를 정리했다는 내용으로 반영되어 있음을 알 수 있다.

③ ㉢을 바탕으로 작성된 메모의 '도서부원 없이도 대출 가능'이라는 내용은 (나)의 '대출 가능 시간 확대' 부분에 '과거에는 도서부원이 있는 점심시간에만 대출이 가능했'다는 내용과 함께 반영되어 있음을 알 수 있다.

⑤ ㉤을 바탕으로 작성된 메모의 '도서관 행사'는 (나)의 '새 단장 기념 행사' 부분에 '추천 도서 소개, 도서 속 보물찾기 등'이라는 행사의 종류를 소개하는 내용으로 반영되어 있음을 알 수 있다.

98

정답설명

⑤ '자가 대출 반납기 이용 방법'은 '이용 편의성을 높인 도서 배치'와 달리, 자가 대출 반납기를 이용하는 절차를 순서대로 제시하는 방식으로 내용을

조직하고 있으므로 선지의 설명은 적절하다.

오답설명

① '수월해진 대출·반납'은 대출에 소요되는 시간이 줄든 이유에 대해 설명하고 있을 뿐, 시간의 흐름에 따른 순서를 중심으로 내용을 조직하지 않았다.

② '이용 편의성을 높인 도서 배치'는 과거와 현재 사이의 공통점이 아닌, 차이점을 중심으로 내용을 조직하였으므로 선지의 설명은 적절하지 않다.

③ '수월해진 대출·반납'과 '대출 가능 시간 확대'는 모두 문제점을 밝히고 그 해결 방안을 제시하는 방식으로 내용을 조직하지 않았다.

④ '도서 분실 방지 장치 작동'과 '새 단장 기념 행사'는 모두 현상의 원인을 먼저 분석하고 그에 따른 결과를 제시하는 방식으로 내용을 조직하지 않았다.

99

정답설명

② '전파 식별 시스템 도입으로 달라진 우리 학교 도서관'을 소개하기 위한 목적으로 안내문을 썼음을 글의 처음 부분에 기술하고 있으므로 선지의 설명은 적절하지 않다.

오답설명

① (나)에는 안내문의 제목이 없으므로 독자의 주목을 끌기 어려울 수 있다. 따라서 전체적인 내용을 고려해 제목을 만들자는 선지의 설명은 적절하다.

③ (나)의 '대출 가능 시간 확대'에서는 '대출 가능 시간이 확대되었'다는 사실만 밝히고 있으므로 시간을 명시적으로 밝히자는 선지의 설명은 적절하다.

④ (나)의 '대출 가능 시간 확대'에서 '도서부원은 앞으로 책 읽기 좋은 환경을 조성하는 일에 힘쓰겠습니다.'는 소제목으로 포괄할 수 없는 문장이므로 이를 삭제하자는 선지의 설명은 적절하다.

⑤ (나)의 '자가 대출 반납기 이용 방법'에서는 자가 대출 반납기를 이용하는 일련의 절차를 차례로 설명하고 있다. 이를 그림으로 표현하여 추가한다면 글보다 그림을 더 쉽게 이해하는 독자에게 도움을 줄 수 있으므로 선지의 설명은 적절하다.

문제분석 **100-104번**

번호	정답	정답률 (%)	선지별 선택비율(%)				
			①	②	③	④	⑤
100	⑤	96	1	1	1	1	96
101	②	94	1	94	2	2	1
102	⑤	58	5	6	4	27	58
103	④	91	1	6	1	91	1
104	③	88	1	5	88	4	2

100

정답설명

⑤ ㉤에서 '학생 2'는 크기가 다른 별 스티커를 직접 붙임으로써 얻게 되는 효과를 언급하고 있다. 하지만 "사람들한테 크기가 다른 별 스티커를 직접

붙이게 할까?"라는 '학생 3'의 직전 발화 내용을 재진술하고 있지는 않으므로 선지의 설명은 적절하지 않다.

오답설명

① ㉠에서 '학생 3'은 "영조 때의 혜성 관측 기록"을 언급한 '학생 2'의 직전 발화를 듣고 '학생 2'에게 어떤 내용이 실렸는지를 묻고 있으므로, 직전 발화에 대한 세부적인 정보를 요청하고 있다고 볼 수 있다.

② ㉡에서 '학생 2'는 "전시물은 어떤 형식으로 만들 거야?"라는 '학생 1'의 직전 발화와 관련하여 "혜성 기록을 날짜별로 정리해서 전시물을 만들고 있"으나 "좀 밋밋해 보"인다는 고민이 있음을 언급하였다. 이후 "좋은 생각 있어?"라며 질문을 통해 전시물 형식에 대한 대안을 요청하고 있으므로 선지의 설명은 적절하다.

③ ㉢에서 '학생 2'는 "영상으로 만들면 생생할 것 같"다는 '학생 1'의 직전 발화 내용에 대해 "영상은 생동감이 있어서 좋"다며 영상의 긍정적인 부분을 언급하였다. 이후 "행사 전까지 제작하려면 시간이 부족할 것"이라는 예상되는 문제점을 제시하고 있으므로 선지의 설명은 적절하다.

④ ㉣에서 '학생 2'는 "카드에 미리 별의 위치를 표시해 두는 것까지 했는데, 그러면 사람들이 쉽게 그릴 수 있겠지?"라는 '학생 3'의 직전 발화에 "응."이라며 동의하였다. 이후 이와 관련된 유사한 사례로, 학교 행사 때 지리 동아리가 지역 명소를 표시한 활동지를 제공해 참여자들이 여행 지도를 쉽게 그릴 수 있었던 사례를 제시하였으므로 선지의 설명은 적절하다.

101

정답설명

② '학생 1'은 조선 시대 별자리 해설과 관련하여 "준비하는 데 시간이 많이 걸릴" 것인지에 대해 묻고 있을 뿐, 해설하는 시간이 얼마나 걸릴 것인지에 대해서는 묻지 않았으므로 제시된 선지는 적절하지 않다.

오답설명

① '학생 1'은 조선 시대의 천체 관측 기록에 대한 전시에 사용할 "전시물은 어떤 형식으로 만들" 것인지 묻고 있으므로 제시된 선지는 적절하다.

③ '학생 1'은 "옛 별자리가 사람들에게 어려울 수 있을 것 같은데, 별자리는 어떤 방식으로 설명할" 것인지 묻고 있으므로 제시된 선지는 적절하다.

④ '학생 1'은 옛 별자리 그리기 활동과 관련하여 "얼마나 준비됐"는지 묻고 있으므로 제시된 선지는 적절하다.

⑤ '학생 1'은 옛 별자리 그리기 활동과 관련하여 "투명 카드와 야광 펜 외"에 더 필요한 물품이 있는지 묻고 있으므로 제시된 선지는 적절하다.

102

정답설명

⑤ '학생 3'이 "화면에 밤하늘 사진을 보여 주고 우리 옛 별자리의 모양이 서양 별자리와 어떻게 다른지 설명할 거"라며 별자리를 설명하는 방식에 대해 언급한 내용은 '서양과 조선의 별자리의 차이점을 설명해 주니 쉽게 이해되었'다는 ⓑ의 반응을 이끌어 냈다. 이는 (나)의 3문단에서 '서양 별자리와 대조해 설명하니 쉽게 이해된다는 반응이어서 함께 이야기하길 잘했다고 생각했다.'라며 설명 방식 선택에 대한 글쓴이의 긍정적 인식으로 제시되었으므로 선지의 설명은 적절하다.

오답설명

① '학생 1'이 "남은 예산으로 별 스티커랑 참여 후기 쓸 메모지를 구입해서 곧 나눠 줄게."라며 구입 물품 배분에 대해 언급한 내용이 '카드가 부족해서 별자리 그리기 체험을 못 한 것이 속상했'다는 ⓒ의 반응과 연결되는 것은 맞다. 그리고 이는 (나)의 3문단에서 '카드가 부족해 발길을 돌린 사람들도 있어 죄송했다.'라며 행사 물품 부족에 대한 글쓴이의 부정적 인식으로 제시되었다. 그러나 행사 물품 준비 과정에 대한 글쓴이의 부정적 인식이 제시되지는 않았으므로 선지의 설명은 적절하지 않다.

② ⓑ의 경우, 직녀 이야기가 별에 대한 이야기인 것을 알게 되어 재밌었다는 반응이, (나)의 3문단에서 '견우성과 직녀성이 마주보고 있다고~이야기하길 잘했다고 생각했다.'라며 해설 내용 선정에 대한 글쓴이의 긍정적 인식으로 제시된 것은 맞다. 하지만 '학생 2'가 "별들의 밝기 차이도 카드에 나타내면 좋겠"다며 별들의 밝기에 대해 언급한 내용과 ⓑ의 재미있었다는 반응은 관련이 없으므로 선지의 설명은 적절하지 않다.

③ '학생 2'가 "영조 때의 혜성 관측 기록"이 "핼리 혜성을 관측한 기록"이었다며 혜성 관측 기록에 대해 언급한 내용은 '혜성 관측 기록이 유네스코 세계 기록유산으로 등재될 수도 있다는 게 놀라웠'다는 ⓒ의 반응을 이끌어 냈다. 이는 (나)의 2문단에서 '조선 천문학의 우수성을 보여 주는 관측 기록을 전시 주제로 다루길 잘했다는 생각이 들었다.'라며 전시 주제 선정에 대한 글쓴이의 긍정적 인식으로 제시되었다. 이때 전시 주제 변경은 없었으며, 이에 대한 글쓴이의 부정적 인식도 제시되지 않았으므로 선지의 설명은 적절하지 않다.

④ '학생 3'이 "역사 신문 형식"은 "조선 시대 혜성 관측을 당시에 직접 취재한 것처럼 실감나게 표현할 수 있을 거"라며 역사 신문 형식 활용에 대해 언급한 내용은 '현재에 일어난 일처럼 생생하게 느껴'져 현장감 있다는 ⓐ의 반응을 이끌어 냈다. 이는 (나)의 2문단에서 '전시 활동으로는 조선 시대의 혜성 관측을 가상으로 취재한 역사 신문을 준비했다.'라는 내용으로 제시되었다. 하지만 이는 전시물을 역사 신문 형식으로 제시했다는 사실을 언급한 것일 뿐, 전시물 형식 선택에 대한 글쓴이의 긍정적 인식이 나타나지는 않았으므로 선지의 설명은 적절하지 않다.

103

정답설명

④ 2, 3문단에서는 '전시 활동', '이후 이어진 체험 활동'과 같이 축제에서 동아리가 진행한 활동들을 시간의 흐름에 따라 서술하였다.

오답설명

① 3문단에서 '옛 별자리 그리기와 별 스티커 붙이기 활동'에서 '예상보다 많은 사람들이 몰려 카드가 부족'한 문제가 발생했음을 제시하였으나, 이를 해결하는 과정을 서술하지는 않았다.

② 2문단에서 전시 활동으로 '조선 시대의 혜성 관측을 가상으로 취재한 역사 신문을 준비했'음을 제시했을 뿐, 전시 활동에서 활용한 전시물의 특징을 분류해 서술하지는 않았다.

③ 1문단에서 '우리 천문 동아리는 8월마다 개최되는 지역의 천문 축제에 올해도 참가했'음을 밝혔을 뿐, 동아리의 참가 분야를 작년과 대비하여 서술하지는 않았다.

⑤ 4문단에서는 축제에 참여한 경험에서 얻은 의미를 '이번 축제를 통해 조선 천문학에 대해 더 알게 되고 동아리 친구들과 사이가 돈독해져서 행복했다.'와 같이 평서형으로 제시하고 있으므로, 묻고 답하는 방식으로 서술하였다는 선지의 설명은 적절하지 않다.

104

정답실명

③ '글의 목적을 고려해, 인상 깊었던 경험을 구체화'하는 것이 좋겠다는 '학생 3'의 의견을 반영해, [A]에서는 관측 행사에서 본 별똥별의 모습을 '관측에서 별똥별도 볼 수 있었다.'라며 간단하게 언급한 초고와 달리, '관측에서 까만 밤하늘을 가로지르는 별똥별의 반짝이는 모습도 볼 수 있었다.'로 구체화하여 제시하였으므로 선지의 설명은 적절하다.

오답설명

① 초고와 [A] 모두 내년 축제의 참여 의향을 밝힌 '내년 축제에도 꼭 다시 참가하고 싶다.'를 삭제하지 않았다.

② '글의 흐름이 자연스럽도록, 일부 내용을 삭제'하는 것이 좋겠다는 '학생 2'의 의견을 반영해, [A]에서는 관측 행사 도우미의 참여 조건과 관련한 초고의 '관측 행사 도우미로는 전시 체험 행사에 참가한 동아리의 학생들이 참여할 수 있었다.'를 삭제하였다. 따라서 해당 조건을 언급한 문장의 위치를 변경하였다는 선지의 설명은 적절하지 않다.

④ [A]에서는 축제를 통해 배우고 느낀 점에 대해 '이번 축제를 통해 조선 천문학에 대해 더 알게 되고 동아리 친구들과 사이가 돈독해져서 행복했다.'라는 초고의 내용을 그대로 제시하였으므로 선지의 설명은 적절하지 않다.

⑤ '글의 목적을 고려해, 인상 깊었던 경험을 구체화'하는 것이 좋겠다는 '학생 3'의 의견을 반영해, 초고와 달리 [A]에서는 '관측 장비를 설치하고 조작법을 안내하며 관측을 도왔다.'라는 내용을 추가하여 관측 도우미 경험을 구체화하였다. 하지만 관측 행사 도우미로서 한 일에 대한 소감을 추가하지는 않았으므로 선지의 설명은 적절하지 않다.

문제분석 105-109번

번호	정답	정답률(%)	선지별 선택비율(%)				
			①	②	③	④	⑤
105	④	96	1	1	1	96	1
106	⑤	77	2	2	7	12	77
107	④	71	4	17	5	71	3
108	③	89	5	2	89	2	2
109	①	86	86	3	3	3	5

105

정답설명

④ ㉣에서 '학생 3'은 교훈 변경의 필요성과 그 기대 효과를 알리는 것이 중요함을 강조하고 있다. ㉣ 이전에 '학생 1'은 대안을 제시하지 않았으며, ㉣ 역시 상대가 제시한 대안에 대해 문제를 제기한 것이 아니므로 선지의 설명은 적절하지 않다.

오답설명

① ㉠에서 '학생 2'는 "○○고가 개교 60주년을 앞두고 교가 가사를 바꿨다"는 '학생 1'의 직전 발화를 듣고 ○○고가 교가 가사를 바꾼 이유에 대한 정보를 요청하고 있다.

② ㉡에서 '학생 2'는 "비슷한 시기에 개교한 우리 학교 교훈도 문제가 있지 않니?"라는 '학생 3'의 생각에 "맞아."라고 수긍한 후, "교훈을 보면 마음이 좀 불편"했다는 자신의 경험을 제시하고 있다.

③ ㉢에서 '학생 1'은 "교훈은 지금 시대에도 맞는 보편적 가치를 담고 있어야 하"며, "누구나 공감할 수 있어야 하"는데 자신들의 교훈은 그렇지 않은 것 같다는 '학생 3'의 견해를 바탕으로 "학교 교훈이 괜찮다고 생각했"던 기존의 인식을 "바꿔야겠다"로 전환하고 있다.

⑤ ㉤에서 '학생 3'은 "새로운 교훈도 제안받아 보자."라는 '학생 1'의 직전 발화를 듣고, "교훈을 미리 제안받으면 교훈 변경이 확정된 것처럼 오해할 수 있으니 그 내용은 빼는 게 어"떻냐며 '학생 1'의 생각과 다른 자신의 의견을 제안하고 있다.

106

정답설명

⑤ '학생 1'은 학생회 회의 안건이 통과될 경우 학생들을 대상으로 "교훈 변경에 대한 찬반 의견을 조사하고, 교훈을 바꾸자는 의견이 많으면 이를 바탕으로 학교에 건의"를 하자고 제안하였다. 이에 '학생 2'는 학교에 건의를 할 때 "동문 선배들의 의견을 모아 달라고도 부탁해 보자."라고 하였으므로, 동문 선배들의 의견 수렴은 학생회 회의 전이 아닌 이후임을 알 수 있다.

오답설명

① "○○고가 개교 60주년을 앞두고 교가 가사를 바꿨다"는 '학생 1'의 발화를 들은 '학생 3'은 "비슷한 시기에 개교한 우리 학교 교훈도 문제가 있지 않"냐며 학교의 교훈에 대한 문제를 제기하고, "교훈 변경을 추진할지 말지 학생회 회의 안건으로 올려" 논의할 것을 제안하였다.

② '학생 3'이 "우리 학교 교훈도 ○○고 교가처럼 특정 역할만이 두드러지는 것 같"다고 하자, 이를 들은 '학생 2'는 "그래서 많은 학생들이 공감하기 어"렵다고 하였다.

③ '학생 1'은 ○○고가 교가 가사를 바꾸는 과정에서 "동문회를 설득하는 것이 쉽지 않았"음을 언급하였으며, 이에 '학생 3'은 "동문 선배들과 학교 구성원의 의견도 충분히 들어야 할 것"임을 강조하였다.

④ '학생 3'은 "교훈 변경을 추진할지 말지 학생회 회의 안건으로 올려 보자."라고 제안하였으며, 이를 들은 '학생 1'은 "다른 학교의 사례를 더 찾아서 회의 때 공유"하겠다고 하였다.

107

정답설명

④ "교훈 변경에 대한 학생들의 의견을 조사해 보자."라고 제안한 [D]의 내용은, (나)의 4문단에서 '학생회에서 설문 조사로 학생들의 의견을 수렴한 결과 전교생의 91.8%가 교훈 변경에 찬성했다'는 내용으로 반영되었다. 이는 ㉣(건의 내용 및 근거 제시)를 고려한 것이므로 선지의 설명은 적절하다.

오답설명

① ○○고의 "가사 내용이 개교 당시에는 중요한 가치로 여겨졌겠지만 지금은 그렇지 않"다는 [A]의 내용은 (나)의 3문단에서 우리 학교의 교훈을 바꿔야 하는 이유를 언급하는 내용 속에 반영되어 있을 뿐, 학생들의 삶이 예전보다 행복해졌음을 강조하기 위한 사례로 반영되어 있지 않다. 또한 (나)의 2문단에서 ○○고의 변경된 교가 가사가 '학생들의 미래와 행복한 삶을 강

조'한다고 하였을 뿐, 학생들의 삶이 예전보다 행복해졌음을 언급하고 있지는 않으므로 선지의 설명은 적절하지 않다.

② "교훈은 지금 시대에도 맞는 보편적 가치를 담고 있어야 하"며 "누구나 공감할 수 있어야 하"지만 우리 학교의 "교훈은 그렇지 않"다는 [B]의 내용은, 과거와 현재가 아니라 '현재와 미래의 구성원이 지향해야 하는 가치를 반영하지 못하는 문제가 있'다는 내용으로 (나)의 3문단에 반영되어 있다.

③ [C]에서는 "교훈을 바꾸는 일도 교가를 바꾸는 것만큼 어"렵다고 했을 뿐, 교가보다 교훈을 바꾸기 어렵다고 하지는 않았다. 또한 (나)에서 새로운 교훈을 제안받아 달라고 건의하지 않았으므로 선지의 설명은 적절하지 않다.

⑤ "교훈을 바꾸자는 의견이 많으면 이를 바탕으로 학교에 건의하"자는 [E]의 내용은, (나)에서 교장 선생님을 예상 독자로 하는 건의문의 형태로 나타나 있다. 하지만 (나)에서 지역 학교들과의 공감대를 형성해야 한다는 내용은 제시되지 않았으며, [E]의 내용이 그 이유로 반영되어 있지도 않으므로 선지의 설명은 적절하지 않다.

108

정답설명

③ ⓒ에서는 '교훈은 학교의 이념을 표현하지만, 단순히 표현에만 그치는 것은 아'님을 강조하여 학교 교훈을 변경해야 하는 이유를 밝히고 있을 뿐, 예상되는 반론을 제시하고 있지는 않다.

오답설명

① ⓐ에서는 건의문의 특성을 고려하여 '저는 학생회 대표 안△△입니다.'와 같이 건의의 주체를 제시하였다.

② ⓑ에서는 '인근 학교인 ○○고가 학교 구성원의 노력 끝에 교가 가사를 변경하였다'는 정보의 신뢰성을 높이기 위해 '◇◇방송 뉴스'라는 출처를 제시하였다.

④ ⓓ에서는 '정신적 가치를 담는 그릇'이라는 비유적 표현을 제시하여 화제인 '교훈'의 중요성을 환기하고 있다.

⑤ ⓔ에서는 1) 교직원, 동문 선배, 학부모에게 교훈 변경의 취지를 설명하고, 2) 그분들의 의견을 수렴한 후, 3) 학교운영위원회에서 심의하도록 해 달라며 건의 내용을 실현하기 위해 거쳐야 하는 과정을 제시하였다.

109

정답설명

① '기대 효과가 좀 부족'하다는 [친구의 조언]을 반영해 (나)의 5문단에서는 [5문단 초고]와 달리 '학생들의 노력으로 교훈을 바꿨다는 자부심을 느끼게 될 것'이며, '그 과정에서 학생들은 물론 부모님들과 선생님들도 학교에 관심을 더 갖게 되면서 자연스럽게 애교심과 학교에 대한 긍지가 높아질 것'이라는 내용이 추가되었다. 이는 학교 구성원의 입장에서의 긍정적인 측면을 드러낸 것이므로 선지의 내용은 적절하다.

오답설명

② 학교의 교훈 변경이 '교훈을 바꾸고 싶은 다른 학교에도 좋은 영향을 끼칠 것'이라는 내용은 [5문단 초고]에도 제시가 되었으므로, 선지의 내용은 적절하지 않다.

③ 교훈의 내용이 학교생활의 지침이 된다는 점은 (나)의 5문단에 제시되지 않았다.

④ 지역 사회에서 학교의 위상이 강화된다는 측면은 (나)의 5문단에 제시되지 않았다.

⑤ 건의를 받는 대상인 '교장 선생님'이 학생의 성장을 이끌 수 있다는 점은 (나)의 5문단에 제시되지 않았다.

나 없이

기출

풀지마라

나 없이

기출

풀지마라

나 없이

나 없이

기출

풀지마라